विज्ञापन, बाजार
और
हिन्दी

विज्ञापन, बाजार और हिन्दी

डॉ. कैलाश नाथ पाण्डेय

पूर्व रीडर तथा अध्यक्ष
हिन्दी-विभाग
स्नातकोत्तर महाविद्यालय, मलिकपुरा
जनपद-ग़ाज़ीपुर-233001
(उ.प्र.)

लोकभारती प्रकाशन

लोकभारती प्रकाशन
पहली मंजिल, दरबारी बिल्डिंग, महात्मा गाँधी मार्ग
प्रयागराज-211 001
वेबसाइट : www.lokbhartiprakashan.com
ईमेल : info@lokbhartiprakashan.com
शाखाएँ : 1-बी, नेताजी सुभाष मार्ग, दरियागंज
नयी दिल्ली-110 002
अशोक राजपथ, साइंस कॉलेज के सामने
पटना-800 006 (बिहार)
1, अनमोल सोराबजी संतुक लेन, मरीन लाइंस
मुम्बई-400002

मूल्य : ₹ 1395

प्रथम संस्करण : 2018
वर्तमान संस्करण : 2024

जे.के. आर्ट प्रेस
प्रयागराज द्वारा मुद्रित

VIGYAPAN, BAZAR AUR HINDI
by Dr. Kailash Nath Pandey

ISBN : 978-93-88211-67-3

अनुक्रम

तृतीय पर्व

हिन्दी

आमुख और आभार

विज्ञापन, बाजार, पूँजी और उपभोक्ता—इन सभी के बीच सम्बन्धों की संहिता बेहद पुख्ता होती है। इनमें सूचना संचार माध्यमों में सबसे वृद्ध माध्यम प्रिण्ट अर्थात् पत्र, पत्रिकाएँ और हालिया जन्मे विद्युतीय माध्यमों—दूरदर्शन, इण्टरनेट, गूगल, ह्वाट्सऐप, तरंग यान्त्रिकी की महत्त्वपूर्ण सम्पदा—फेसबुक, वीडियो शेयरिंग साइट-यू ट्यूब, निजी डायरी के रूप में प्रयोग में आनेवाले ब्लाग, ट्विटर, फोरस्क्वायर, टेबलर, जी-मेल, ई-मेल, एवरनोट, इन्स्टाग्राम, लैपटॉप, डेस्कटॉप, पीक्लाउड—आदि ऐसे सोशल मीडिया के प्लेटफॉर्म और टूल्स हैं, जिन पर विज्ञापनों की प्रभावी-प्रभविष्णु उपस्थिति ने भारतीय समाज की दिशा-दशा को बदला है। समाज का अन्तरंग और 'पैराडाइम' परिवर्तित हुआ है। लोगों के सरोकार और मुद्दे तो बदले ही, सामाजिक सरोकारों के अक्स भी गायब हो गये। विज्ञापनों की वजह से हमारे संस्कार, रुचि और समझदारी में भी फर्क-फॉक आ गया। दरअसल, नवउपभोक्तावादी, बाजारवादी सांस्कृतिक विचलन के दौर में आधुनिकता के शोर-शराबे का एक खतरनाक अन्धड़ इन विज्ञापनों के माध्यम से भारतीय समाज में प्रवेश किया, फल हुआ, भारतीय समाज सांस्कृतिक रूप से बंजर-बाँझ होने की ओर अग्रसर होना शुरू हो गया।

विज्ञापनजनित इच्छाओं का खासा घातक असर युवा वर्ग पर हुआ। विभिन्न माध्यमों पर दिखाये जानेवाले विज्ञापनों ने इस देश के युवा-युवतियों को रहस्यों की 'पैरानॉर्मल' दुनिया में खड़ा कर दिया। आह-ए-आशिकां, इश्कियाँ से लेकर युवा वर्ग सपनों की मण्डी में घूमते हुए, श्रम-रहित शॉर्टकट सम्पन्नता और भोग-विलासिता के लिए दिन में ही तारे देखने लगा। युवावर्ग दिशाहीनता और भावनात्मक भटकन की जड़ता का शिकार हुआ। धैर्य, संयम एवं विवेक की जगह इन्होंने छद्म यथार्थ और आभासी दुनिया को वास्तविक मान लिया। हताशा, कुण्ठा, असन्तोष और अपने भीतर पनपे राग-द्वेष से जूझती इस युवा पीढ़ी पर फैशन और पब संस्कृति का मारक-बेधक प्रभाव तो पड़ा ही, साइबर दुनिया ने भी इन्हें अपनी गिरफ्त में ले लिया। फलतः खयालबन्दी और भ्रम में जकड़ ये संवेदनशून्य, आत्मकेन्द्रित, अकिंचन और खस्तहाल हो गये। सपनों और इच्छाओं की रंगीन दुनिया में कैद एक ही परिवार के बच्चे, एक ही कक्ष-कमरे में बैठे, पर, एक-दूसरे से अपरिचित और बेखबर, जैसे वह इनका घर न होकर कोई पथिकाश्रय, मुसाफिरखाना या सराय हो, जहाँ विज्ञापन सृजित स्वप्नों को पकड़ने में ये एक-दूसरे से संवादहीन-संवेदनहीन बन गये हों। विज्ञापनों ने इनकी 'लाइफस्टाइल' बदली, कपड़ों के ट्रेण्ड बदले, पुराने कपड़े 'आउट ऑफ फैशन' हो गये, उन्हें 'ट्रेण्डी' कहकर सन्दूक और बक्से से बाहर कर दिया गया। इसी तरह खान-पान, मनोरंजन, पानी की बोतल, बेबी फूड, गाड़ी, घड़ी, जूते, पॉर्लर, लिपस्टिक, साड़ी, मोबाइल, फर्नीचर, परदे-कुशन, कवर कुल मिलाकर आज के टेक्नोसेवी, 'टू मिनट नूडल' की भावना से ग्रसित मध्यवर्ग को विज्ञापनों ने दिखावटीपन का फर्गुल पहना फ़लकज़द और भ्रमित कर दिया।

युवा वर्ग की तरह स्त्री-देह भी विज्ञापनबाजों की घटिया और कुत्सित नीति की शिकार हुई। भारत में स्त्रियों को सम्मान देने की परम्परा बहुत पुरानी है। यास्क और पाणिनि ने 'स्त्री' की व्युत्पत्ति 'स्त्यै' धातु से मानी है, जिसका अर्थ होता है—'लज्जा से सिकुड़ना'—"लज्जार्थस्य लज्जेन्तेपि हिताः"। पाणिनि भी स्त्री के लिए 'स्त्यै शब्द संघातयोः" कहते हैं। इधर, पतंजलि ने भी स्त्री के लिए—'शब्द-स्पर्श-रूप-रस-गन्धानां गुणानां स्यानं स्त्री" अर्थात् स्त्री शब्द, स्पर्श, रूप, रस, गन्ध आदि गुणों का स्यान यानी समुच्चय है,—कहा है। कहने की मन्शा यह कि जिस देश में स्त्री को इतना मान दिया गया है, उसी देश में आज के विज्ञापनों में खुदमुख्तारी का भय दिखाकर स्त्री को मर्दवादी चाबुक और निर्मम कोड़े से हाँका गया। परिणाम हुआ, तथाकथित स्त्री-स्वाधीनता और मुक्ति का प्रश्न लुका-छिपी के खेल में बदल गया। इस तेज रफ्तार चुनौतीपूर्ण मौजूदा समय में आत्म-वेदना की भट्ठी में तपकर खाँटी सोने की तरह सौ टंच खालिस स्त्री-देह की—बाजार को साधने और नयी धार देने के लिए—विज्ञापनों में वीभत्स प्रस्तुति शुरू हुई। उसकी चेतना और देह दोनों का वस्तुकरण हुआ। खुलासा यह कि विज्ञापनों ने स्त्री-देह को—व्यावसायीकरण के नये सूत्र में बाँधा तो व्यावसायीकरण ने समाज में स्त्री को फ़क़त देह में बदल दिया। स्त्री-देह को सेक्सुअलिटी के फन्दे में उलझा स्त्री के देह-विमर्श पर विकृत राजनीति और बहस-मुबाहसा होने लगा। इस तरह वह उपनिवेश में तब्दील हो गयी। यहाँ एक ध्यानाकर्षक सवाल यह है कि आखिर स्त्री को ही केन्द्र मानकर अधिकांश विज्ञापनों की निर्मिति क्यों होती है? वह मर्दवादी सांस्कृतिक अभिव्यक्तियों और जकड़बन्दियों में ही क्यों उलझ-अझुरा गयी है? कभी फूको और जूडिथ बटलर सरीखे स्त्री-चिन्तकों ने पूछा था कि 'जेण्डर स्टडीज' के तहत समूची दुनिया में स्त्रियों का ही अध्ययन क्यों किया जाता है? पुरुषों का क्यों नहीं? बहरहाल, इस प्रश्न का उत्तर चाहे जो हो, पर इतना तो मैं कह ही सकता हूँ कि समाज में स्त्री का मान-सम्मान बढ़ने के बावजूद भारत में आज भी मुक्त स्त्री की कल्पना सम्भव नहीं हो पा रही है, क्योंकि विज्ञापनों में दिखायी जानेवाली स्त्री की खुली-अधखुली देह तो कम-से-कम यही कह रही है।

एक विद्वान् श्री अरुण होता का कहना है कि सन् 2000 तक का समय बाजार के आगमन का है तो 2013-15 के समय को पूँजी और बाजार के वर्चस्व काल के रूप में जाना जा सकता है। पूँजी को बाजार और सत्ता की मिलीभगत ने मानवीय मूल्यों को ध्वस्त करना शुरू कर दिया। सत्ता पूँजी की गुलाम हो गयी। पूँजी ने एकतरफ अपने मुनाफे में कई गुना बढ़ोत्तरी की तो दूसरी तरफ उसके प्रभाव से सारे सम्बद्ध रिश्ते, नाते बिकाऊ होने लगे। सम्बन्धों का आधार अर्थ हो गया, नतीजतन रिश्ते टूटने-बिखरने लगे। पूँजीवादी अर्थव्यवस्था में बाजार की प्रभुता मनुष्य और मानवता की शक्तियों को लील जाना चाहती है। कभी साम्राज्यवादी और फॉसीवादी ताकतें विध्वंस की लीलाएँ करती थीं, लेकिन इधर बाजार एक जौ आगे बढ़ उनसे भी अधिक संहार करने लगा है। वस्तुतः इस मूल्यमूढ़ और प्रतिस्पर्द्धी समय में पूँजी विज्ञापनों को सींच रही है, उनका पोषण-पल्लवन कर रही है। इधर, अर्थ-प्रधान उपभोक्तामूलक समय का बेजा लाभ लेकर बाजार उपभोक्ता का अनुचित दोहन कर रहा है। इस बाजारीकरण से विचारशून्यता बढ़ी है। दूसरी ओर मानवीय चेतना के भीतर पूँजी गहरे घुसपैठ कर चुकी है। यह समय कॉरपोरेट पूँजी के फैलाव का है, जब कि पूँजी-पसार से रहित व्यक्ति के लिए यह मनहूस वक्त है। अर्थ-केन्द्रीयता से निर्मित समाज में पैसे का वर्चस्व और प्रभुत्व बढ़ा है। पूँजी ने व्यक्ति की आकांक्षाओं, मूल्यों, संस्कारों और रुचियों को अनेक खण्डों में विभाजित-विखण्डित कर दिया है। सम्प्रति पूँजीहीन व्यक्ति एकाकी और शिथिल हो गया है;—

"पैसा ही रंग रूप है, पैसा ही माल है
पैसा न हो तो आदमी चरखे की माल है।
पैसे ही का अमीर के दिल में खयाल है,
पैसा ही का फकीर भी करता सवाल है।
पैसा ही फौज, पैसा ही जालो जलाल है,
जन्नत की सैर करते हैं, पैसे के जोर से।
पैसा ही का 'नजीर' यह आदम गुलाम है,
पैसा ही रंग रूप है,
पैसा ही माल है।"

बाजार की गणित तेजी से बदली है। प्रतियोगितावादी संस्कृति समाज में हावी हुई है। अतः आज के उपभोक्तावादी तथा बाहरी और भीतरी दबावों से भरे समय में उपभोक्ता अपने अस्तित्व को बचाये रखने के लिए संघर्षरत है। बाजार और पूँजी के इस साझे खेल में उपभोक्ता अलानाहक पिस रहा है। पूँजी ने बाजार को तो लकदक साजा, किन्तु मनुष्य को बिलासी, मतलबपरस्त, संज्ञाहीन और ग़ाफिल बना दिया। जगह-जगह पूँजी के कुतुबमीनार खड़े हो गये। मैंने कहीं पढ़ा है कि आदमी को आदमखोर बना देनेवाली पूँजी के लिए गाँधी जी ने बहुत नेक बात कही थी कि—"पूँजी बने, पूँजी बढ़े और पूँजी बँटे"। सवाल है, क्या यह सम्भव है?

बहरकैफ, उक्त कुछ ज्वलन्त मुद्दों को लेकर लिखी गयी, **'विज्ञापन, बाजार और हिन्दी'** नाम की यह पुस्तक आपके हाथों में है। आप पायेंगे कि यह पुस्तक प्रचलित ढर्रे-ढब और लीक से हटकर लिखी गयी है। विज्ञापन और बाजार के वर्तमान परिदृश्य पर लिखी गयी यह कृति हिन्दी में विरल आमद सिद्ध होगी। विज्ञापन और बाजार पर केन्द्रित इस पुस्तक में सामग्री सम्बन्धी बाजारूपन आप नहीं देखेंगे। भोर में आकाश से चुपचाप टपक पड़ी ओस की तरह कोमल इसकी भाषा आपके मन को सन्तृप्ति देगी। साफ शब्दों में, पारम्परिक शैली से हटकर आपको भाषा और शिल्प का नवाचार यहाँ मिलेगा। इतना ही नहीं, मैंने बड़ी स्थापना का सरंजाम और बन्दोबस्त भी इस पुस्तक में किया है। एक महत्त्वपूर्ण बात यह कि अपनी बात की पुष्टि के लिए मैंने जिन देशी-विदेशी विद्वानों की पुस्तकों से उद्धरणों और चित्रों को लिया है, उन्हें मैं सादर प्रणाम करता हूँ। पुस्तक लिखते समय स्वामी सहजानन्द पी.जी. कॉलेज, गाजीपुर के सैन्य विज्ञान के विद्वान् विभागाध्यक्ष डॉ रवीन्द्र नाथ राय तथा पी.जी. कॉलेज गाजीपुर के इतिहास-विभाग में रीडर, चर्चित वक्ता डॉ. समर बहादुर सिंह साथ ही आलोचक चिन्तक डॉ. सन्तोष कुमार तिवारी ने मेरी मदद की है। लोकभारती प्रकाशन के युवा प्रकाशक श्री आमोद-माहेश्वरी बेहद शालीन, सौम्य और विनम्र प्रकृति के सुलझे व्यक्ति हैं। आप मेरी पुस्तकें बहुत मनोयोग और रुचि के साथ छापते हैं। अतः आप सभी को मेरा धन्यवाद।

कहते हैं, इस संसार में सात महापुरुष—अश्वत्थामा, बलि, व्यास, हनुमान, विभीषण, कृपाचार्य और परशुराम अमर हैं, जिसका उल्लेख आनन्द रामायण में इस प्रकार हुआ है,—

"अश्वत्थामा बलिर्व्यासो हनुमांश्च विभीषणः।
कृपः परशुरामश्च सप्तैते चिरजीविनः।"

इन सातों में भी अजर-अमर कोई है तो केवल संकटमोचन श्री हनुमान जी। यह अमोघ आशीर्वाद जगद्जननी माता जानकी द्वारा सीतान्वेषण के समय अशोक वाटिका में श्री हनुमान

जी को दिया गया है, जिसका उल्लेख प्रातः स्मरणीय गोस्वामी जी ने मानस में इस प्रकार किया है,—

अजर अमर गुणनिधि सुत होहूँ।
करहु बहुत रघुनायक छोहूँ''

मैं उसी अंजनीनन्दन को निश्छल भाव से स्मरण करते हुए यह पुस्तक आपको सौंप रहा हूँ। गलतियों के लिए क्षमा चाहूँगा।

मकर संक्रान्ति 2019 ई. **डॉ. कैलाश नाथ पाण्डेय**

प्रथम पर्व

विज्ञापन

अध्याय-1

विज्ञापन : प्रकृति, स्वरूप-सिद्धान्त, संकल्पना-अभिकल्पना तथा अर्थ-अवधारणाएँ

(1) विज्ञापनों की बाँकी-विलक्षण दुनिया–

"मायावी क्षवियों का अनुगामी दास-मन,
जाता है पथ भूल,
इस दृश्यालेख में।"

अधोलिखित पंक्तियों में कहा गया है,—

"न जातु कामः कामानामुपभोगेन शाम्यति।
हविषा कृष्णवर्त्मेव पुनरेवाअभिवृद्धये।"[1]

अर्थात् कामनाओं के उपभोग से कामनाओं की शान्ति नहीं होती। इसी सत्य पर आधारित है—पूरी विज्ञापन सेवा और बाजार व्यवस्था। अन्तहीन कामनाओं से ही बाजार निरन्तर फलता-फूलता है। इन कामनाओं को 'वाक्-पटु' (Rhetoritian) विज्ञापन जगाता है और भावुकताजीवी (Sentimentalist) लोगों को छलता है। विज्ञापन व्यक्ति के शान्त-सम्भ्रान्त मन को झकझोरता है। यह व्यक्ति-मन के आँगन में चक्षुओं के रोशनदान से उतर आयी धूप के शोख टुकड़े की तरह आहिस्ता-आहिस्ता उसे गुदगुदाता है। सच तो यह है कि, विज्ञापन दर्शकों को सब्जकालापन दिखाकर उनमें अधैर्यता पैदा करते हैं, जिसमें अँधेरे के अनगिनत रेशे तैर रहे होते हैं। ये जादुई दुनिया के सजावटी पुतले होते हैं। ये हमें सपनों की मण्डी और फेण्टेसी की रंगभूमि में मुक्त रूप से घुमाते हैं। मन के कैनवास पर शब्दों के कोलॉज बनाते हैं। शब्दों के कोलॉज से भीतर की खामोशी और मौन को वाणी देते हैं। ये जटिल-कुटिल विज्ञापन मन के भीतर अति नाटकीय (Melodramatic) ढंग से कोमल चीख रचते हैं। दरअसल, ये शातिर विज्ञापन मन-प्रकोष्ठ में सबसे पहले लोभ-लालच की स्निग्ध, मंजुल, मृदुल (Soft) ज्योति जलाते हैं, फिर अफीम की प्याली का-सा नशा पैदा करते हैं। ये दर्शकों की आँखों में आँख डालकर उनके एक-एक रग-रेशे, परत-दर-परत को उघाड़ते-उधेड़ते आँखों को मनोरंजक लगनेवाले सनसनीदार (Sensational) दृश्यबन्ध (Panorama) रचते हैं। यही नहीं, अपने खूबसूरत तर्जोतरीका से रफ्ता-रफ्ता, रबिश-रबिश और जर्द-जर्द को अपने तिलिस्मी अन्दाज में आलोकित भी करते हैं। साफ शब्दों में, व्यक्ति के ठूँठ हो गये सपनों को अपनी जादुई भाषा से जगाते-जिलाते हैं। इस तरह ग्राहकों और उपभोक्ताओं के हाथ में लुभावना गुलदस्ता देकर उन्हें ठगते हैं। ये विज्ञापन छलिया, कपटी, धोखेबाज और प्रवंचक

(Fraudulent) होते हैं, क्योंकि ये व्यक्ति की इच्छाओं को रंगीन बना पहले उन्हें दहकाते हैं, पश्चात् उन्हें दिग्भ्रमित कर छलते हैं। ये रक्तशोषी भी होते हैं। इन्होंने अपने मायावी वितान से भारत में एक नयी ग्लैमरस, फैशनेबुल और सेल्युलाइड दुनिया खड़ी कर ली है। यह ग्लैमर और फैशन की झिलमिलाती दुनिया बेहद बेबुनियाद और बेमानी साबित हो रही है। छद्मों का कवच पहनकर इन्होंने यहाँ खूबसूरत लैण्डस्केप और रूमानी परिवेश निर्मित कर लिया है। एक शब्द में, विज्ञापन मन को रंग-बिरंग या चित्र-विचित्र चित्र से चित्रित करनेवाले रंगसाज़ होते हैं, तभी तो एक आँख की कानी महिला को भी विज्ञापनों में "बन्नो तेरी अँखिया सुरमेदानी" गाया जाता है।

सम्प्रति विज्ञापनों की गैलरी और परिसर का विस्तार हुआ है। आज ये बाजार, उपभोक्ता, मीडिया और पूँजी से नालिनालबद्ध और शै-सगोतिया हो चुके हैं। इनके लिए ये मुनाफादेह कारोबार सिद्ध हो रहे हैं तो ग्राहक के लिए फ़क़त स्वर्ण-मृग। फिलवक्त-मीडिया, उपभोक्तावाद, पूँजीवाद, धर्मान्धता, दोमुँहापन, व्यावसायिकता और विज्ञापनों ने मनुष्य की संवेदना और शिल्प को कृत्रिम बना दिया है। हमारे समय में राजनीति, व्यापार, उपभोग और मनोरंजन ने हमसे हमारा एकान्त छीन लिया है, आकी-बाकी कोर-कसर प्रिण्ट और इलेक्ट्रॉनिक मीडिया की छाती पर चढ़कर विज्ञापनों ने पूरा कर दिया है। इन विज्ञापनों के पराये शब्दों में दर्शकों का मन शामिल हो जाता है। विज्ञापन, वस्तुतः **बाजार** का यारबाशी होता है। दोनों के बीच अलकतरा की तरह यारमन्दी होती है। विज्ञापन, बाजार की चकाचौंध और ग्लैमर को पुट देते हैं। थोड़ा आगे बढ़कर बाजार को कब्जाने का ये धारदार हथियार होते हैं। ये दोनों गलबहियाँ डालकर उपभोक्ताओं की जेब से पैसा निकालते हैं। आर्थिक वैभव से उपजे, विसंगत मूल्यों को पालने-पोसने वाले बाजार ने, विज्ञापनों से रिश्तों की अपनी पुख्ता संहिता बनाकर, मानवीय संवेदनाओं को क्षीण एवं कुन्द करते हुए उन्हें जड़ और यान्त्रिक बना दिया है। आज बाजार के हर नियम विज्ञापनों पर लागू होते हैं। ये बाजार की आतिश होते हैं, जो जिसके मन में लगते हैं,—**अलेक्जेण्डर सेल्फिर्क** की "**ओ सालिट्यूड**" की तरह 'बुझाये न बने' होते हैं। बाजार के क्षितिज को विस्तार देनेवाले विज्ञापन अजूबा भूमण्डलीकृत बाजार तन्त्र के मायावी लम्पट होते हैं। ये बाजार 'का कण्टूर मैप' तैयार करते हैं। सभी जानते हैं, बाजार अब दुकानों से निकलकर घरों और मानवीय रिश्तों में फैल गया है। आज का बाजार न हमें केवल नये-नये उत्पादों से परिचित कराता है, आकर्षित करता है, बल्कि हमारी संवेदनाओं को निष्प्राण और भोथरा भी करता है। ये विज्ञापन उसी बाजारजनित आकांक्षाओं को सोते से जगाते हैं, इस तरह ये बाजार की नयी शक्ल-सबीह और व्याकरण रचते हैं।

यह बड़ी **पूँजी** का समय है। पूँजी, बाजार की हमजबाँ और मित्र होती है। मीडिया पर हावी इस पूँजी का कोई एकआयामी चरित्र नहीं होता। सत्ता से इसका गठजोड़ इसे दुर्जेय बनाता है। पूँजी, बाजार और विज्ञापन के बने नये समीकरण ने मनुष्य से उसका सब-कुछ छीन-झपट लिया है। आज के ये विज्ञापन पूँजी-पोषण के लिए आग में घी का काम करते हैं। पूँजी की बैसाखी पर चलनेवाले विज्ञापनों ने अपनी ही जड़ों, परम्पराओं और विविध आभामयी इन्द्रधनुषी साझा संस्कृतियों को विनष्ट और क्षरित, खण्डित किया है, परिणामतः हमारे देसी मूल्य छीज रहे हैं। कहते हैं, पूँजी के असर से पैदा हुए नये सामाजिक दर्शन (या दर्शनविहीनता) का नाम ही **उपभोक्तावाद** है। इस उपभोक्तावाद में तात्कालिकता की प्रतिष्ठा बहुत गहरी होती है। वस्तुतः उपभोक्तावाद इस संस्कृति का प्राणशब्द है। यह उपभोक्तावाद बाजार का ही नहीं, क्रान्ति का भी होता है। चरम उपभोक्तावाद का धुआँधार

प्रचार-प्रसार करते इलेक्ट्रॉनिक मीडिया के तूफानी विस्तार ने विज्ञापनों को नये अवतार में ढाला है। सच तो यह है कि नयी तकनीक की सुविधा से लैस विद्युतीय माध्यमों द्वारा प्रचारित-प्रसारित विज्ञापनों ने बेहद विद्रूप उपभोक्तावादी और बाजारू संस्कृति पैदा की है। इन्होंने इस देश की संस्कृति और रोटी पर हमला किया है। हमारे घरों में अपसंस्कृति का प्रवेश, इन्हीं के चलते, हुआ है। भारतीय मूल्य बोध विकृत और अनेक अर्थों में दरिद्र और कबीहसूरत हुआ है। विश्वमण्डी में पहुँचे नये उत्पाद के प्रवक्ता आज के इन विज्ञापनों से प्रिण्ट और विद्युतीय माध्यम गले तक डूब गये हैं, इसका दुष्परिणाम हुआ है—इन माध्यमों से खबरें गायब होती चली गयी हैं। कुल मिलाकर यह कि ये विज्ञापन मीडिया और बाजार को पुष्ट तथा उन्नत बनाने वाले 'इन्फ्रास्ट्रक्चर' अर्थात् ढाँचा और साधन सिद्ध हो रहे हैं। सच तो यह है कि विज्ञापन की जलती रंग-बिरंगी मशाल, ग्रीक दर्शन की अवधारणा, जो प्लेटो के शब्दों में, कालान्तर में मुहावरा बन गयी 'यूटोपिया' (काल्पनिक समाज) से कुछ अधिक नहीं है, परन्तु इतना तो यह तय है कि बाजार के लिए 'फ्यूजम' और 'रिमिक्स' यानी करिश्माई साधन बने विज्ञापनों ने शोषणकारी भूमिका में जीते सम्प्रति सम्पूर्ण भारतीय समाज को अपना क्रीतदास तो बना ही लिया है।

मीडिया-मर्मज्ञ पं. जगदीश्वर चतुर्वेदी विज्ञापनों के विषय में बड़ी महत्त्वपूर्ण बात कहते हैं कि[2] मध्यवर्ग को सम्बोधित विज्ञापनों में 'पर्सुएसिव' रणनीति की केन्द्रीय भूमिका होती है। वहाँ व्यक्तिवाद प्रमुख रूप से अभिव्यक्ति पाता है। विज्ञापन के व्यक्तिवाद की विशिष्ट प्रकृति यह होती है कि कोई वस्तु विशेष ही व्यक्ति की क्षमता के साथ मेल खाती है। उसकी क्षमता के साथ न्याय कर सकती है। यही विज्ञापन का व्यक्तिवाद है। यह व्यक्तिवाद मूलतः बाजार-चेतना से जुड़ा है। यह ऐसा व्यक्तिवाद है जो शंकालु, टालमटोल करनेवाला और गैर-लड़ाकू है। इसे सिर्फ प्रभाव की चिन्ता है। वह दुनिया को बदलना नहीं चाहता।

इस व्यक्तिवाद की धुरी 'मैं' है। यही फ्रायड का अहं भी है। इसमें औरों से श्रेष्ठता का भाव है। यह हृदयहीन व्यक्ति की श्रेष्ठता है। पूँजीवादी समाज में जहाँ पार्थक्य का बोलबाला होता है, वहाँ केवल वस्तुओं का मूल्य होता है और मनुष्य भी वस्तुओं के बीच में एक वस्तु बन जाता है। इतना ही नहीं, वह उन वस्तुओं में भी सबसे ज्यादा घृणास्पद वस्तु बन जाता है। माल का विज्ञापन तर्कबुद्धि के बजाय तर्कातीत दिशा की ओर ले जाता है। वह ऐसे समाज को पेश करता है जिसमें 'सफलता' ही सब-कुछ है, मनुष्य कुछ भी नहीं। यही 'सफलता' वाला तत्त्व 'कैरियर' और 'सेक्सुअल इमेज' के साथ सम्प्रेषित किया जाता है। विज्ञापन के बारे में मार्क्सवादी चिन्तकों की यह आम राय है कि वह यथार्थ को छिपाता है। यथार्थ को छिपाना मूलतः पूँजीवादी रहस्यीकरण है। यह पूंजीवादी अलगाव का परिणाम है। भारतीय विज्ञापन की विशेषता है कि वह वस्तु के होने पर बल देता है। अगर 'वस्तु है' तो सब-कुछ है। यानी 'होना' ही सब-कुछ है, 'करना' कुछ भी नहीं। इस तरह वह 'करने' का निषेध करता है। किसी भी वस्तु के होने से जब मनुष्य के अस्तित्व की गारण्टी की धारणा दी जाने लगती है तो इसमें कर्मशीलता का निषेध होता है। यही वजह है कि विज्ञापनों में 'कर्मशीलता' और 'कामगार व्यक्तित्व' की इमेज काम की प्रक्रिया आदि का पूरी तरह लोप कर दिया गया है। कर्मशील व्यक्तित्व गतिशील होता है। उसी तरह कर्म भी गतिशील होता है। इसका अर्थ यह भी होगा कि समाज भी गतिशील है। यह बुर्जुआ प्रचार अभियान के मिथ का खण्डन है, इसलिए विज्ञापन में अमूमन इसे नजरअन्दाज किया जाता है। विज्ञापनों में 'कर्मण्यता' की बजाय 'होना' की धारणा पर बल देने के कारण ही यथार्थ की मिथकीय और यथास्थितिवादी

छवि का सम्प्रेषण किया गया। विज्ञापन का व्यक्तिवाद ऐसे व्यक्ति की मनोसंरचना तैयार करता है जो समाज में किसी का भी नहीं होता, उसकी कोई विशिष्ट पहचान नहीं होती। वह यथार्थ को अयथार्थ में और मनुष्य को अमानुष में बदल देता है। परिणति स्वरूप व्यक्ति सामाजिक उत्तरदायित्वों और विचारधाराओं से पलायन कर जाता है। यही विज्ञापन का अमानवीय रूप है। विज्ञापन में व्यक्तिवाद 'विशिष्ट' और 'खास' को जनाधारित उत्पादित माल के साथ जोड़कर पेश करता है। इससे हमें एक काल्पनिक पर्दा मिलता है। हम आसपास की चीजों और व्यक्तियों को पहचानना बन्द कर देते हैं। वह वस्तु को सामाजिक हैसियत के साथ जोड़ कर पेश करता है। सामाजिक वर्गों में विभाजित समाज में जब वस्तु के साथ 'विशिष्ट' और 'सामाजिक' हैसियत का तत्त्व आने लगता है तो वह श्रम से जुड़े मुद्दो को हजम करना शुरू कर देता है। इससे उच्च वर्ग के सामाजिक समर्थन को विस्तार मिलता है। विज्ञापन न तो मात्र सूचना है और न सिर्फ जीवनशैली, बल्कि इस सबके बावजूद वह विचारधारा के रूप में 'मास कल्चर', के पुनरुत्पादन का उपकरण है जिसका सन्देश है—भोग करो, खूब भोग करो और मर जाओ।

बहरहाल, विज्ञापन के जिस मायावी संसार का सामना आज हम कर रहे हैं, उसमें विज्ञापन से बचकर कोई नहीं निकल सकता। दर्जनों लांछनाओं के बावजूद विज्ञापन हमारे दौर की अनिवार्यता है। प्रचार माध्यम चाहे कोई भी हो, विज्ञापन के बिना हमारा सारा जीवन चक्र अधूरा है। निश्चय ही विज्ञापन अपने आप में एक आधुनिक कला है, जिसने तकनीकी सभ्यता के नवीनतम संसाधनों को अपना रखा है। विज्ञापन के अन्तर्गत् वे सारी क्रियाएँ आ जाती हैं, जिसके अनुसार मौखिक अथवा श्रव्य-दृश्य सन्देशों के माध्यम से जनता को किसी वस्तु। संस्था। व्यक्ति के बारे में सुनिश्चित एवं प्रभावशाली जानकारी सम्प्रेषित होती है। एक अन्य विचारधारा के अनुसार विज्ञापन का उद्देश्य वस्तुओं। सेवाओं को सम्भावित क्रेता, समूह के बीच परोसना है। निश्चय ही विज्ञापन सम्प्रेषण का आकर्षक विधान है। यह उत्पादन की माँग करता है और विपणन-प्रणाली को सम्वर्द्धित करता है।[3] विज्ञापन व्यावसायिक शक्ति है, विक्रय कला की प्रणाली है, किसी संस्थान को पैसा और प्रतिष्ठा दिलाने का माध्यम है, उपभोक्ता के लिए सूचना और सुझाव है, लोकसेवा है, घोषणा है, उपभोक्ता की क्रयशक्ति का सम्वर्द्धक है, यह गैर व्यक्तिगत, मौखिक, दृश्यगत प्रस्तुतीकरण है,—व्यावसायिक माध्यम (Business Media) और अब' विज्ञापन माध्यम (Advertising Media) है।

(2) ज्ञान, ज्ञापन और विज्ञापन—विज्ञापन शब्द तो पुराना है, किन्तु विज्ञापन की अवधारणा नयी है। विज्ञापन शब्द धर्म, विज्ञान, प्रकृति शब्दों की ही भाँति एक परम्परागत शब्द है। अतः ऐसी स्थिति में इसका एक परम्परागत अर्थ होता है—जानने के लिए प्रेरित करना अर्थात् जनाना। यह विज्ञापन शब्द का 'व्युत्पत्ति लाभ अर्थ' है। इसके साथ ही 'वि' उपसर्गपूर्वक 'ज्ञा' धातु से प्रेरणा अर्थ में 'णिच्' प्रत्यय लगाकर बने (वि + ज्ञा + णिच् + पुक् आगम) इस शब्द का एक अर्थ 'प्रवृत्ति लभ्य अर्थ' भी है। दूसरे शब्दों में इसका एक अन्य व्यावहारिक अर्थ भी है। जानने और जनाने में भेद है। जानने की क्रिया में जाननेवाले का अपना अध्यवसाय, प्रयोजन एवं श्रम होता है, परन्तु जनाने की क्रिया में वह सब-कुछ एक भिन्न कर्त्ता का अपना होता है। जाननेवाला केवल जानने के लिए प्रेरित किया जाता है। यहीं दो-दो कर्त्ता अपना सन्दर्भ पाते हैं, जैसे—इच्छा करना, इच्छा करनेवाले तक सीमित है, परन्तु कोई भिन्न कर्त्ता इच्छा करनेवाले की इच्छा जगाये तो बात दूसरी होती है। फूल अच्छे लगते हैं। अच्छा लगना क्रिया का कर्त्ता वह नहीं है, जिसे अच्छा लगता है, अपितु

वे फूल हैं, जो इच्छा जगाते हैं। जगी हुई इच्छा को 'चाहना' कहते हैं। चाह में चाहनेवाले का वश नहीं, क्योंकि चाह तो किसी अन्य कर्त्ता के द्वारा की जा रही है। कुछ ऐसा ही सन्दर्भ विज्ञापन में है। यहीं से इस शब्द का आधुनिक सन्दर्भ जन्म लेता है।

राज्य अथवा बाजार के अभिकरणों (एजेन्सियों) द्वारा नागरिकों अथवा उपभोक्ताओं को विशेष सूचनाएँ दी जाती हैं। सूचना देने की यह क्रिया 'जनाने' की क्रिया होती है। राज्य नागरिकों के कल्याणार्थ विभिन्न योजनाओं की सूचना विज्ञापित करते हैं, तो बाजार के अभिकरण अपने लाभ के लिए वस्तुओं अथवा सेवाओं के विषय में उपभोक्ताओं को सूचित करते हैं। यहाँ पर लक्ष्यीभूत नागरिक अथवा उपभोक्ता सूचना के मात्र ग्रहीता होते हैं। वे अपने स्तर पर सूचनाओं को नहीं पा सकते और न पाना चाहते हैं, परन्तु एजेन्सियाँ उन्हें सन्दर्भ विशेष में **ज्ञान** देना चाहती हैं। यहाँ पर लक्ष्यीभूत उपभोक्ता एक विशेष सामाजिक श्रेणी है, जिसे आज की भाषा में Target Group कहते हैं। जो अभिकरण अपनी सेवाओं अथवा वस्तुओं का विपणन करना चाहते हैं, उनके सामने उनके लक्ष्य में समाज की यही श्रेणी होती है। इन्हें ही अपने उत्पादों के विषय में जानकारी देकर उपभोक्ताओं को सम्भावित क्रेता के रूप में तैयार करने का लक्ष्य होता है।

यहाँ यह उम्मीद की जाती है कि लक्ष्यीभूत श्रेणी, सेवाओं एवं वस्तुओं का परिचय अपनी गरज से स्वयं ही पालेगी, परन्तु बाजार जितना ही विस्तृत एवं विविधतापूर्ण होगा, परिचय पाने की क्रिया उतनी ही जटिल होगी। समय भी बहुत लगेगा, इसीलिए सेवाओं एवं वस्तुओं के विक्रेता विज्ञापन के अभिकरणों का सहारा लेते हैं, जो प्रेस एवं विद्युतीय माध्यमों के द्वारा अत्यन्त शीघ्रता से विशाल भौगोलिक क्षेत्रों में फैले अपनी लक्ष्यीभूत श्रेणियों को सूचनाएँ सम्प्रेषित कर लेते हैं। इस क्रिया में मनोवैज्ञानिक दृष्टि से **ज्ञान, प्रयोजनशीलता एवं रुचि** के स्तर का फ़र्क़ पड़ता है, क्योंकि ज्ञान के विभिन्न स्तरों पर एक जैसे विज्ञापनों से काम नहीं चलता, जैसे—किसी अच्छी पुस्तक के विज्ञापन के लिए एक सधे हुए लेखक के द्वारा 'रिव्यू' सम्प्रेषित करना होता है तो साबुन, शैम्पू आदि उत्पादों के लिए साधारण विज्ञापनों से काम चल जाता है। **ज्ञान** के स्तर का ध्यान इसलिए रखा जाता है, क्योंकि सचेतन उपभोक्ताओं को झाँसा नहीं दिया जा सकता। इसी तरह प्रयोजनशीलता के सन्दर्भ में भी यह महत्त्वपूर्ण है कि कौन-सा उत्पाद किन लोगों के प्रयोजन का है। जिस प्रकार अखिल भारतीय साहित्यिक सम्मेलनों में साहित्य से सम्बन्धित प्रकाशन प्रभूत मात्रा में विज्ञापित किये जाते हैं। ये विज्ञापन टेलीविजन जैसे दृश्य-श्रव्य माध्यमों द्वारा नहीं किये जाते। **रुचि** के सन्दर्भ में भी विज्ञापन एजेन्सियाँ गहन शोध करके लोक रुचियों की विविधता का पता करती हैं। अतः रुचि के अनुरूप **रुचि, ज्ञान** एवं **प्रयोजन** इन सभी के मेल से विज्ञापनों की रणनीति बनानी पड़ती है। तकनीकी रूप से यहाँ **ज्ञान** एवं **विज्ञापन** की प्रक्रियाओं के अन्तः सम्बन्ध का ध्यान रखना होता है। अगर, जानने की इच्छा ही न हो तो, व्यक्ति को कोई क्या जनायेगा? अतः विज्ञापन अभिकरण जानने की चाह पैदा करने का उद्यम करते हैं। यही कारण है कि आजकल विज्ञापन जगत में 'चाह' (Interest) पैदा करने के लिए विज्ञापन किये जाते हैं। इसका कारण यह है कि अब आविष्कार इसलिए नहीं होते कि आवश्यकता है, बल्कि आवश्यकताओं को विज्ञापित इसलिए किया जाता है कि लोग जाने कि आविष्कार हो चुके हैं। आवश्यकता अर्थात् 'चाह' अर्थात् कभी न मिटने वाली भूख। यह भूख बनी रहे, इसलिए नये-नये उद्दीपक उत्पादों का विज्ञापन किया जाता है। पहले श्वेत-श्याम टी.वी. सेट से काम चल जाता था, परन्तु रंगीन टी.वी. का उदय होने के बाद भूख नये सिरे से भड़क जाती

है। अब श्वेत-श्याम को देखकर भूख नहीं जगती है। अतः विज्ञापन सेवाओं में मनोवैज्ञानिकों की फौज खड़ी रहती है। कैसे कामनाओं का उद्दीपन होगा, नित नये उत्पादों का सृजन होते रहना चाहिए, अतः इस मनोवैज्ञानिक प्रक्रिया में दो छोर हैं—एक प्रेरक का और दूसरा प्रेर्यमान का। प्रेरक तो अत्यन्त सक्रिय छोर है, जहाँ नयी-नयी तरकीबों से प्रेरणा होती रहती है, वहीं दूसरा छोर मात्र ग्रहीता (receiving end) होने के कारण निष्क्रिय रहता है। पहल सक्रिय छोर की होती है, निष्क्रिय की नहीं। कहने को तो बाजार के साम्राज्य में उपभोक्ता राजा होता है, परन्तु वह बीते जमाने की बात है। अब तो उत्पादों के जनक एवं उनका विपणन करनेवाले 'विज्ञापन अभिकरण' ही वास्तविक शासक होते हैं। वे जैसा परोसते हैं, उपभोक्ता की थाली में वैसी ही ज्ञानराशि पहुँचती है। बहरलाल, ऐसी स्थिति में उपर्युक्त दोनों छोरों की अन्तः क्रिया अक्षुण बनाये रखने की युक्ति साधी जाती है। जहाँ यह क्रिया शाश्वत रहती है, वह विकसित बाजार कहलाता है और जहाँ यह क्रिया धीमी और क्षीण होती है, वह बाजार पिछड़ा अथवा विकासहीन माना जाता है, जिसे अभी विकसित होना है।

संस्कृत के 'ज्ञा' धातु से बने **'ज्ञापन'** शब्द का अर्थ होता है—किसी वस्तु की जानकारी, जानना या बताना। 'ज्ञापन' में सन्निहित 'आप' शब्द का आशय होता है—सूचित करना, ध्यान दिलाना या याद दिलाना। इस तरह से कुल मिलाकर ज्ञापन शब्द का अर्थ हुआ; किसी का ध्यान आकृष्ट करने, उन्हें स्मरण दिलाने सम्बन्धी दिया गया पत्र—"The writing in which the terms of transaction or contract are embodied, a summary of the grounds for or against on auction. वस्तुतः 'विज्ञापन' शब्द 'ज्ञापन' से ही बना है, जिसका अर्थ होता है—बताना, जताना, प्रकट करना आदि। वृहत् हिन्दी कोश में इसे 'संज्ञा' शब्द माना गया है, जिसका अर्थ होता है—वह पत्र, जिसमें स्मरण दिलाने के लिए कुछ जरूरी सूचनाएँ, संक्षेप में टाँक और लिख दी गयी हों। इसे घटनाओं का संक्षिप्त अभिलेख भी कहा जाता है। इसी ज्ञापन में 'वि' उपसर्ग लगाने से 'विज्ञापन' शब्द जन्मता है, जिसका स्पष्ट अर्थ, सूचना, प्रसार या विशेष ज्ञापन से लगाया जाता है। कुल मिलाकर इसे हम एक वाक्य में इस तरह भी कह सकते हैं कि ज्ञापन का अर्थ होता है; किसी बात की सूचना देना और विज्ञापन का अर्थ विशेष रूप से सूचना देना अर्थात् ज्ञापन में जो सूचना या बात कुछ लोगों को मालूम रहती है, वही बात विज्ञप्ति होने पर सबको ज्ञात हो जाती है।

वस्तुतः सूचना प्रौद्योगिकी के इस युग में विज्ञापन सेवा सच्चे अर्थों में वैश्वीकृत हो गयी है। अब पूरी दुनिया 'ग्लोबल विलेज' (विश्वग्राम) बन गयी है। हम भारतीय तो 'वसुधैव कुटुम्बकम्' का सन्देश देते हैं, परन्तु सांस्कृतिक और आध्यात्मिक अर्थों में नहीं। आज पूरी दुनिया सचमुच कुटुम्ब है, तो यह कुटुम्ब विश्वउपभोक्ताओं का है। इधर, विज्ञापन सम्पूर्ण धरती पर क्षण भर में फैल जाता है। यहाँ पर राष्ट्रीय सीमाएँ अर्थहीन हो जाती हैं, उसी तरह से जैसे उत्पाद या माल (Comodity) का विपणन अन्तरराष्ट्रीय होता है। इनके उत्पादक बहुराष्ट्रीय हैं, उसी तरह वस्तुओं एवं सेवाओं का विज्ञापन करनेवाले अभिकरण भी अन्तरराष्ट्रीय हैं। इस दृष्टि से शक्ति के केन्द्र उत्पादों के स्वामी और विज्ञापनों के अभिकरण होते हैं। विश्वजनित उपभोक्ता मन्त्र मुग्ध विज्ञापनों के अनुसार अपनी इच्छाओं की अभिवृद्धि करते रहते हैं। आज का तो बाजार मूल्य है कि माँग बनी रहनी चाहिए, वरन आपूर्ति बन्द हो जायेगी। आपूर्ति के लड़खड़ाने का अर्थ होगा—'मन्दी' और मन्दी का संकट युद्ध की विभीषिका जैसा भयावह होता है। अतः माँग और आपूर्ति का शाश्वत अन्तः सम्बन्ध बनाये

रखना विज्ञापन सेवा का अर्थ एवं इति है। कुल मिलाकर विज्ञापन सेवा का यही परमार्थ है अर्थात् बाजार का स्वार्थ है।

(3) विज्ञापन शब्द की व्युत्पत्ति तथा अर्थ–आशय—विज्ञापन शब्द संस्कृत भाषा का है। विज्ञापनम् = ना — (वि + ज्ञ + णिच् + ल्युट्, पुकारामः) अर्थात् 'वि' उपसर्ग + ज्ञा (जानना) धातु + णिच् + ल्युट् प्रत्यय से 'विज्ञापन' शब्द की सर्जना हुई है, जिसका अर्थ होता है—सूचना देना, समाधान, इश्तहार, समाचार-पत्रों आदि में प्रचार (Advertisement) निवेदन, प्रार्थना, शिष्ट उक्ति या संवाद, वर्णन और शिक्षण आदि। महाकवि कालिदास ने इस शब्द का प्रयोग अपनी सुप्रसिद्ध कृति 'कुमार सम्भव' में बहुत पहले इस प्रकार किया था—

"काल प्रयुक्ता खलु कार्यविद्धि।
विज्ञापना भर्तृषु सिद्धमेति।।[4]

ऊर्दू में इसे **इश्तेहार** कहते हैं, जिसका अर्थ होता है—प्रचार-प्रसार, प्रोपेगेण्डा, विज्ञापन, मुश्तहरी का पर्चा, मुनादी और घोषणा आदि। **फारसी भाषा** में विज्ञापन को **'जंग-ए-जरदारी'** कहा जाता है। **बांग्ला भाषा** में भी इसे **विज्ञापन** ही कहा जाता है, लेकिन **उड़िया** में **विज्ञापन** और **प्रचार**। इधर, **मराठी** और **कन्नड़** में विज्ञापन के लिए **जाहीरात** शब्द का इस्तेमाल करते हैं। इस शब्द का समानार्थी शब्द पाश्चात्य भाषा में लैटिन के 'एडवरटर' (Adverter) से गृहीत 'एडवरटाइजिंग' (Advertising) है, जिसका अर्थ उस भाषा में—'टू टर्न टू' यानी किसी ओर मुड़ना। दूसरे शब्दों में किसी के प्रति या किसी ओर आकर्षित करना या आकर्षित होना। वस्तुतः यह शब्द यौगिक है और उसमें दो शब्दों का योग है—'वि + ज्ञापन'। 'वि' शब्द उपसर्ग के रूप में अर्थ देता है—'विशेष' का और 'ज्ञापन' द्वारा अर्थ देता है—सूचना या ज्ञान देने का।

विज्ञापन के लिए अंग्रेजी में कभी-कभी 'Advertising' के साथ-साथ 'Advertizing' शब्द भी व्यवहृत होता है, जिसके लिए कहा जाता है— 'Advertising or Advertizing is a form of marketing communication used to promote or sell something, usually a business's **product** or **Service.** In Latin language; adverter means "to turn toward". The purpose of advertising may also be to reassure employees or shareholders that a company is viable or succesful. Advertising messages are usually paid for by sponsors and viewed via various old media, including mass media such as news paper, magazines, television advertisement, radio advertisement, out-door advertising or direct mail : or new media such as blogs, web sites or text messages," सच तो यह है कि Advertising लैटिन के 'Advertere' से बना है, जिसका अर्थ—'मस्तिष्क का केन्द्रीभूत' होना है। इस प्रकार मस्तिष्क को प्रभावित करना या किसी वस्तु या व्यक्ति-विशेष के प्रति जन सामान्य के मस्तिष्क को आकर्षित करने का प्रयास करना ही विज्ञापन है। कई लोगों ने विज्ञापन की भिन्न-भिन्न व्याख्या भी की है। माध्यम की दृष्टि से विज्ञापन प्रचारित-प्रसारित के मुख्य तीन प्रकार हैं—(1) लिखित, जिसका माध्यम प्रेस है, (2) मौखिक, इसका माध्यम आकाशवाणी है और (3) मौखिक-लिखित, जिसका माध्यम दूरदर्शन एवं सिनेमा या चलचित्र है। लिखित के कई प्रकार, स्थान, गाड़ी, मोटर, यानादि हैं। सभी माध्यमों की अपनी-अपनी विशेषताएँ एवं शैलियाँ हैं। विज्ञापन के डिजाइन करने की प्रक्रिया को 'विज्यूलाइजिंग' कहते हैं। 'ले-आउट' आदि कई कलाएँ इसकी हैं, जैसे—

हेडलाइन, सबहेड, बॉडी, तस्वीर, सिम्बल आदि। नारे, कूपन, पैकिंग, फोटोग्राफ आदि भी विज्ञापन को सशक्त बनाते हैं।[5]

कुल मिलाकर विज्ञापन का अर्थ होता है—समझना, सुझाव देना, सूचना देना, निवेदन या प्रार्थना करना। किसी बात या तथ्य की विशेष जानकारी अथवा इत्तला देना भी विज्ञापन ही है। विज्ञापन एक जटिल प्रक्रिया है। विभिन्न माध्यमों में इसकी जगह बेची जाती है या उसका विपणन किया जाता है। व्यवसाय के लिए विज्ञापन का वही महत्त्व माना जाता है, जो उद्योग में ऊर्जा का। कहा जाता है कि टकसाल के अतिरिक्त कोई भी बिना विज्ञापन के मुद्रा उत्पन्न नहीं कर सकता। विज्ञापन विक्रय का रास्ता आसान करता है, सेवाओं का विस्तार करता है। बाजारीकरण के इस प्रतिस्पर्द्धी और गलाकाटू दौर में इसका महत्त्व पहले की तुलना में बढ़ा है। यह उत्पाद और विपणन की गति बनाये रखने का जरिया है। यह व्यावसायिक शक्ति है, जिससे विक्रय-वृद्धि में सहायता मिलती है। विज्ञापन, सूचनाओं, सन्देशों को प्रभावपूर्ण शैली में प्रचारित करता है। यह वस्तुओं की खरीद के लिए उत्सुकता जगाता है, वस्तु, व्यक्ति या संस्थान के प्रति दिलचस्पी पैदा करता है।

(4) विज्ञापन कला है, व्यवसाय उद्योग है, व्यावसायिक अभियान्त्रिकी, आक्रामक तकनीक, मात्र प्रबन्धन अथवा शास्त्र या विज्ञान है?–विज्ञापन बहुआयामी चरित्र की संश्लिष्ट-संस्पर्शी, संसक्त-सुसज्जित और संजीदा सिन्फ (विधा) है, बेहद लोकप्रिय और कभी-कभी काफी हद तक विवादास्पद भी। यहाँ अनगढ़ और शुष्क भाव संवेग और संवेदना के जब्बे के साथ प्रस्तुत किये जाते हैं तो कृत्रिम नाटकीयता की खूबसूरत चाशनी में फेट कर चित्ताकर्षक मंजर भी गढ़े जाते हैं। बहरहाल, कुछ लोग विज्ञापन को सम्प्रेषण की एक 'सम्पूर्ण कला' मानते हैं। जिस प्रकार कवि बिम्बों के माध्यम से अपनी भावनाओं का अंकन और प्रकटीकरण करता है, ठीक उसी तरह विज्ञापन प्रतीकरूप में मानवीय भावनाओं, इच्छाओं और कामनाओं-अभिलाषाओं का संस्पर्श करता है। सच तो यह है कि अपनी बात कहने के लिए विज्ञापन प्रतीकों को गढ़ता है और उसके माध्यम से अपनी भावना सम्प्रेषित करता है। कभी हास्य के माध्यम से, कभी भय के माध्यम से और कभी-कभी अपनी विशिष्ट लय के माध्यम से अपनी मन्शा हम तक पहुँचाता है। उसके पास कलात्मकता और सृजनात्मकता की अकूत बहुतायत होती है, यथा—उसके यहाँ कभी फूल और सौन्दर्य प्रेम के प्रतीक बन जाते हैं तो कभी हरे रंग का शैतान व्यक्ति की ईर्ष्या को व्यक्त करता है। बाजार में आने से पहले किसी वस्तु या उत्पाद के रूप-रंग, संरचना और गुण को वह प्रजापति की तरह अपने अन्दाज में गढ़ता है, उसे कलात्मक स्वरूप देता है।

बहरहाल, विज्ञापन को उद्योग, व्यवसाय, कला, शास्त्र, विज्ञान, प्रबन्धन, अभियान्त्रिकी—इनमें से क्या माना जाय—इस प्रश्न का उत्तर यदि बहुत कठिन नहीं तो अति सरल-सहज भी नहीं है। साफ शब्दों में, पलक झपकते इस प्रश्न का उत्तर नहीं दिया जा सकता। बहरकैफ, इस प्रश्न के समाधान के लिए मैंने अपने चलदूरभाष (Mobile Phone) से मीडिया से सम्बन्धित लोगों के साथ हिन्दी उपन्यासकारों और आलोचकों साथ ही संस्कृत के विद्वानों से बात की, क्योंकि विज्ञापन का साबका सभी से नित्यशः और हर रोज होता है। सभी विद्वानों ने अपने-अपने तर्कों से इसे कला, विज्ञान और शास्त्र बताया। कुछ ने उद्योग और व्यवसाय भी बताया। इसे 'उद्योग' बतानेवालों का तर्क था कि जिस प्रकार किसी उद्योग में पूँजी, कच्चामाल, श्रमिक शक्ति और उत्पादन आवश्यक होते हैं, ठीक उसी तरह विज्ञापन

निर्माण में भी उक्त सभी चीजें आवश्यक होती हैं। इसे 'व्यवसाय' सिद्ध करनेवालों का तर्क था कि व्यवसाय की तरह ही विज्ञापन में भी वस्तुओं का क्रय-विक्रय करके अधिक-से-अधिक लाभ कमाने की मन्शा होती है। विज्ञापन-कर्त्ता का उद्देश्य क्रय-विक्रय द्वारा अधिक मुनाफा कमाना होता है। अतएव यह व्यवसाय की भी परिधि में आयेगा।

लेकिन अधिकांश लोगों ने इसे दृश्य-श्रव्य कला ही बताया, किसी ने इसे बौद्धिक कलागत व्यवसाय बताया तो किसी ने मुद्रण के रूप में विक्रय कला तो किसी ने वस्तु एवं सेवा की माँग उत्पन्न करने की कला कहा। मेरे इस सवाल पर एक विद्वान् ने ठठाकर हँसते हुए इसे दोनों हाथ से धन बटोरनेवाली 'पाखण्डी कला' तक कहा। अब आइये आगे बढ़ें। सुप्रसिद्ध पत्रकार तथा माखनलाल चतुर्वेदी राष्ट्रीय पत्रकारिता विश्वविद्यालय के पूर्व कुलपति **श्री अच्युतानन्द मिश्र** ने विज्ञापन को मनोरंजन का एक 'क्राफ्ट' और 'शैली' बताया। इसे वे शास्त्र, कला, विज्ञान और व्यवसाय आदि कुछ भी नहीं मानते। पत्रकारिता विषयक दुर्लभ ग्रन्थों के प्रणेता कोलकाता के **डॉ. कृष्ण बिहारी मिश्र** का विचार है कि विज्ञापन महज अर्थार्जन का कौशल है, यद्यपि यह कला के अन्तर्गत् ही आयेगा। सुप्रसिद्ध पत्रकार और पद्म श्री जैसे महत्त्वपूर्ण राष्ट्रीय अलंकरण से सम्मानित आदरणीय **श्री रामबहादुर राय** टेक्नोलॉजी से जुड़ने पर इसे विज्ञान मानते हैं। उनका विचार है कि मूलतः यह व्यवसाय की कला है, शास्त्र तो कत्तई नहीं है। भारतीय जन संचार संस्थान, हिन्दी पत्रकारिता विभाग (सूचना प्रसारण मन्त्रालय भारत सरकार) के एसोशियेट प्रोफेसर तथा 'संचार माध्यम' (जे. एन. यू. कैम्पस) के प्रधान सम्पादक **डॉ. आनन्द प्रधान** विज्ञापन में उद्योग, कला और व्यवसाय सब-कुछ देखते हैं। उनका कहना है कि इसमें एक साथ कई चीजें हैं। चूँकि विज्ञापन व्यवसाय है तो उद्योग भी है। उनका विचार है कि विज्ञापन बहुत जटिल विषय और जटिल विधा है। चूँकि इसके सृजन के समय उपभोक्ताओं के मानस को समझना होता है, काफी शोध करना होता है, अतः इस दृष्टि से यह विज्ञान भी है। सुप्रसिद्ध पत्रकार पटना के **श्री सुरेन्द्र किशोर** ने इसे सबका मिला-जुला रूप माना है। यह तो कुछ अभिमत थे—पत्रकारिता से जुड़े लोगों के। अब कुछ साहित्यकारों सम्पादकों कोशकारों के विचारों को देखा जाय। चर्चित कहानीकार-उपन्यासकार और दिल्ली हिन्दी अकादमी की उपाध्यक्षा मुहतरमा **मैत्रेयी पुष्पा** विज्ञापन को 'मीठा डोज' कहती हैं, जिसका नुकसान नजर नहीं आता, इसके अलावा विज्ञापन कुछ भी नहीं है। इधर, आलोचक चिन्तक **डॉ. पी.एन. सिंह** विज्ञापन को खाँटी व्यावसायिक कला मानते हैं। ठीक इसी तरह आलोचक-चिन्तक **डॉ. सदानन्द साही** विज्ञापन को कला मानते हैं।

सुप्रसिद्ध कोशकार **श्री बदरीनाथ कपूर** विज्ञापन को विज्ञान और कला दोनों मानते हैं। उनका कहना है कि विज्ञापन में यदि सौन्दर्य है तो वह कला हो जायेगा और नियमबद्धता है तो विज्ञान हो जायेगा। इधर, ख्यातिलब्ध आलोचक **डॉ. मैनेजर पाण्डेय** विज्ञापन को महज झूठ की कला मानते हैं। उनका कहना है कि आजकल के विज्ञापनों में 80% दृश्य होता है, शेष 20% शब्द होते हैं। आज के जमाने में तुक कविता की कला है। ठीक उसी तरह लगभग प्रत्येक विज्ञापन में तुक मिलाने की कोशिश होती है। डॉ. पाण्डेय का विचार है कि आज के विज्ञापन आकांक्षा और प्रतीक्षा का मायालोक रचते हैं। ये केवल आकांक्षा जगाते हैं और प्रतीक्षा कराते हैं। एक अन्य विद्वान् आलोचक भागलपुर के **डॉ. भगवान सिंह** का कहना है कि विज्ञापन का कोई चरित्र नहीं होता है। इसमें झूठ ही ज्यादा होता है। यह झूठ बोलकर प्रचार करता है, यह प्रपंच और झूठ का प्रचारक है। इसका सम्बन्ध बुद्धि से

भी नहीं है। यह शास्त्र की मर्यादा को भंगकर रहा है। इधर, चूँकि विज्ञान का सम्बन्ध सत्य से है और विज्ञापन का सम्बन्ध झूठ से है, अतः यह विज्ञान भी नहीं है। संस्कृत भाषा और साहित्य के उद्‌भट विद्वान् और पूर्व कुलपति **डॉ. राधावल्लभ त्रिपाठी** विज्ञापन में शास्त्र, कला और विज्ञान—इन तीनों को पाते हैं। उनका मानना है कि इसमें तीनों के ही तत्त्व समाहित हैं। इसमें तीनों का ही समन्वय है। रचनात्मक दृष्टि से इसमें साहित्य का पुट होने से यह कला हो जाता है, तन्त्र और तकनीक की दृष्टि से यह विज्ञान हो जाता है, सन्देश-उपदेश देने के कारण यह शास्त्र के करीब पहुँच जाता है। एक अन्य लेखक **कृष्ण कुमार मालवीय** का कहना है कि विज्ञान चूँकि सत्य के मूर्त रूप का बुद्धिजन आधार है, इसमें निश्चितता होती है और कल्पना का कोई स्थान नहीं, अतः विज्ञापन को विज्ञान के अन्तर्गत् नहीं रखा जा सकता। विज्ञापन को उपभोक्ता के मन को 'छूने' से लेकर उस पर 'छा' जाने एवं उत्पाद विशेष खरीदने के लिए बाध्य करने तक कार्य करना पड़ता है। अन्त में मेरा विचार है कि चूँकि विज्ञान में ज्ञान का प्राधान्य होता है और कला में कौशल का। अतः **मेरी राय** में रंग-संयोजन, सन्देश, शब्द और चित्रों की मनोरम तथा कमनीय निर्मिति की दृष्टि से विज्ञापन कला ही है।

(5) विज्ञापन की परिभाषाएँ—विज्ञापन, विज्ञापक-प्रायोजक (Sponsor) की वस्तुओं को बेचता है। यह उत्पादों, सेवाओं एवं विचारों को विभिन्न माध्यमों द्वारा जन सामान्य तक पहुँचाता एवं प्रेरित करता है। वस्तुतः विज्ञापन 'Multi-dimensional' हैं, 'a powerful marketing tool' है, 'a Component of economic system', है, साथ ही 'ameans of financing. the massmedia, 'a social institution, 'an art form, 'an instrument of business management,' 'a field of employment' और 'a paying profession' भी है। विज्ञापन को हम कई सन्दर्भों में उत्पादों की खरीद के लिए कुशल सलाहकार, परामर्शी (advisory) या परामर्शदाता कह सकते हैं। यह दक्ष, चतुर-निष्णात् और प्रवीण वकील की तरह वस्तुओं की हिमायत और वकालत (advocacy) करता है। अभी विगत सफों में बताया गया है कि 'विज्ञापन' शब्द 'वि' तथा 'ज्ञापन' शब्दों से मिलकर बना है। 'वि' का अर्थ 'विशेष' या 'विशिष्ट' से है और 'ज्ञापन' का अर्थ, 'जानकारी' देने से है। इस प्रकार विज्ञापन का अर्थ विशेष या विशिष्ट जानकारी देने से है। अंग्रेजी भाषा में विज्ञापन के लिए 'Advertising' शब्द का प्रयोग किया जाता है। 'Advertising' शब्द लेटिन के 'Adverto' शब्द का पर्यायवाची है। 'Ad' का अर्थ 'की ओर' तथा 'verto' का अर्थ 'मोड़ना' है। इस प्रकार व्यावसायिक जगत् में विज्ञापन का अर्थ "दूसरी वस्तुओं तथा सेवाओं की ओर से अपनी वस्तुओं एवं सेवाओं की ओर ग्राहकों का ध्यान मोड़ने" से किया जाता है।

सम्प्रति विज्ञापन का वितान और इयत्ता-सीमा वैश्वीकृत हो चुका है। जानकारी देने के साथ-साथ यह एक व्यापक और महत्त्वपूर्ण संचार उपकरण भी बन गया है। इतना ही नहीं, यह सूचक है, तो विश्वास भी जगाने का काम करता है। हाँ, यहाँ यह ध्यान रखियेगा कि, विज्ञापन का पुराना, पिटा-पिटाया या बासी अर्थ—'विशेष सूचना देना' या 'विशिष्ट ज्ञान कराना' होता था। पहले इसका आशय उन समस्त क्रियाओं से सम्बद्ध माना जाता था, जिनका उद्‌देश्य या मन्शा किसी वस्तु की 'लोक प्रसिद्धि' हुआ करता था, किन्तु साम्प्रतिक बाजारवादी प्रतिस्पर्द्धी युग में विज्ञापन के अर्थ का फ़लक विस्तृत हुआ है। अब इसके भीतर वे सभी माध्यम-साधन समाविष्ट हो रहे हैं, जो उपभोक्ताओं को बाजार के आँगन में उतर गयी

हर छोटी-बड़ी वस्तु की सूचना मुहैया कराते हैं। फिलवक्त भारत के साथ-साथ सम्पूर्ण वैश्विक समाज की दिशा-दशा बदलनेवाले इस बेहद महत्त्वपूर्ण कारक और रचयिता विज्ञापन की सर्वप्रथम कुछ महत्त्वपूर्ण भारतीय परिभाषाओं को देखिये—

(क) (1) आदि वृहत् हिन्दी कोश के अनुसार—"समझना, सूचना देना, इश्तेहार, निवेदन, प्रार्थना।"[6]

(2) श्री रामचन्द्र वर्मा के अनुसार—"जिसके द्वारा कोई बात लोगों को बतायी जाती है, वह सूचना-पत्र इश्तेहार। बिक्री आदि के माल या किसी बात की सूचना, जो सब लोगों को विशेषतः पत्रों के द्वारा दी जाती है।"[7]

(3) डॉ. नगेन्द्र द्वारा सम्पादित कोश के हिसाब से—"परचे, परिपत्र, पोस्टर अथवा पत्र-पत्रिकाओं द्वारा सार्वजनिक घोषणा। किसी वस्तु आदि के वास्तविक अथवा काल्पनिक अथवा आरोपित गुणों का प्रचार।"[8]

(4) पत्रकार डॉ. रामचन्द्र तिवारी के अनुसार—"विज्ञापन उन गतिविधियों का नाम है, जिनका उद्‌देश्य अपने खर्चे पर निर्वैयक्तिक रूप से किसी विचार, वस्तु या सेवा के विषय में जानकारी प्रसारित करना हो, जिससे उसके ज्ञात प्रस्तुतकर्त्ता की इच्छा के अनुसार व्यक्ति कार्रवाई करने को मनशः बाध्य हो जाय।"[9]

(5) डॉ. नरेन्द्र सिंह यादव का कहना है कि विज्ञापन जाने माने प्रायोजक द्वारा अपने खर्चे पर विभिन्न माध्यमों के जरिये दिया गया नियन्त्रित कला सन्देश है, जो विशिष्ट उत्पाद या सेवा पर वि॰वास दिलाता है, जिससे उस उत्पाद या सेवा की बिक्री में अभिवृद्धि होती है।"[10]

(ख) कुछ पाश्चात्य परिभाषाएँ—

(1) महत्त्वपूर्ण ग्रन्थ **इनसाइक्लोपीडिया ब्रिटानिका** के अनुसार—"A Form of paid announcement intends to promote the sale of a commodity or service to advance an idea to bring about some other effect, desired by the advertiser." अर्थात् किसी वस्तु के विक्रय अथवा किसी सेवा के प्रसार हेतु मूल्य चुकाकर की गयी घोषणा ही विज्ञापन है।[11]

(2) **एनीनिमस** कहते हैं,— "The newspaper is a collection of advertisements-that are sold with the help of the reading matter."[12]

(3) **एक अमेरिकन पत्रिका** में लिखा है, —"Advertising is the dissemination of information concerning an idea, service or product to compel action in accordance with the interest of the advertisers."[13]

(4) **फ्रेंक जेफकिन्स** सस्ते दर पर उत्पादित सामग्रियों एवं सेवाओं के उचित ढंग से प्रभावकारी प्रस्तुतीकरण को विज्ञापन कहते हैं, —"Advertising is the means by which we make known wha. :ave to sell or what we want to buy"[14]

(5) **अमेरिकन पत्रिका 'Advertising Age :** ने सन् 1932 में विज्ञापन का परिष्कृत स्वरूप दूसरी बार इस प्रकार प्रस्तुत किया, —Advertising in the printed, written, spoken or pictured reprensentation of a person, product, service or movement openly sponsored by the advertiser and at his expense for purpose of enfluencing sales or use vote" अर्थात् किसी व्यक्ति, वस्तु, सेवा या आन्दोलन को प्रस्तुत करनेवाली मुद्रित सामग्री, लिखित शब्द, बोले गये शब्द या चित्रांकन विज्ञापन है, जिसे

विज्ञापनदाता अपने खर्चे पर बिक्री प्रयोग, वोट या अन्य प्रकार की सहमति प्राप्ति के लिए खुल्लमखुला प्रस्तुत करें। विज्ञापन उद्योग का जीवन रक्त है तथा समाचार-पत्रों हेतु यही आधार है।[15]

(6) विज्ञापनों का इतिहास–विकास : विश्व एवं भारत का विज्ञापन परिदृश्य–

(क) विज्ञापनों का प्रारम्भिक स्वरूप–

(1) विश्व में विज्ञापन का प्रारम्भिक रूप—विज्ञापनों की हाइपर रिअलिटी या मायावी यथार्थ का विराट् वितान बहुत पहले से ही वैश्विक रहा है। आज भी इसके छायाभासों के वृत्त में उलझ-अझुराकर पूरी दुनिया हाँफ रही है। वास्तविकता की जगह यहाँ भ्रमों, छलनाओं और कपटी इच्छाओं का वर्चस्व होता है। चूँकि विज्ञापन की सफलता का एक मात्र पैमाना होता है कि उसने कितना पैसा कमाया, सो ग्लैमर, चमत्कार और मनोरंजन के बल पर इसने पूरी दुनिया को स्वप्नों के जाल में लपेट लिया है। इधर, हम जानते हैं, व्यवसाय के बिना बाजार नहीं चल सकता और बाजार के लिए पूँजी बेहद जरूरी होती है अतएव विज्ञापन ने सम्पूर्ण विश्व में पहले से ही 'कन्ज्यूमर कल्चर' पैदा कर इन्हें जिन्दा-जीवन्त बने रहने का पुख्ता इन्तजाम कर रखा है। विज्ञापन के माया-मृग के पीछे दौड़ते-दौड़ते सम्पूर्ण विश्व जैसे उपभोक्तावादी संस्कृति का शिकार हो गया है। इस तरह पूरी धरती फिलवक्त बाजार, पूँजी और विज्ञापन की गुलाम हो चुकी है। सच तो यह है कि विज्ञापन बाजार बनाता है और बाजारवाद उपभोक्ता को अहमियत देता है। वह 'यूजर फ्रेण्डली' उत्पाद बनाता है, 'कस्टमर फ्रेण्डली' भुगतान प्रणाली और मूल्य रखता है, फिर सभी जानते हैं, 'कस्टमर इज किंग' का सुप्रसिद्ध मुहावरा तो पूरी दुनिया में आदिकाल से ही चला आ रहा है। कुल मिलाकर सम्पूर्ण धरती पर 'अपमार्केट' बनाने के लिए विज्ञापनों का होना बहुत जरूरी है और इस तरह इन विज्ञापनों ने सर्वत्र 'कॉरपोरेट कल्चर' पैदा कर अपना पाँव पसार लिया है।

वैश्विक स्तर पर विज्ञापन का इतिहास उतना ही पुराना है, जितना मानव सभ्यता का। आदिकाल से लेकर आज तक इस धरती पर किसी-न-किसी रूप में विज्ञापन का अस्तित्व विद्यमान रहा है। पाषाणयुग में पत्थर और धातु के औजारों से आदिम व्यक्ति पेड़ों, चट्टानों आदि पर कुछ मतलब-बेमतलब वाली आकृतियाँ बनाकर अपने आप को विज्ञापित ही करता था। ईसा से पूर्व विश्व की अनेक सभ्यताओं में ऐसे उदाहरण मिलते हैं, जिनमें डुगडुगी बजाकर लोगों को इकट्ठा करके सूचना देने की प्रथा थी। प्राचीन मन्दिर, स्मारक, महल, पिरॉमिड आदि सभी उनके निर्माताओं की कलात्मकता और विज्ञापन अभिरुचि का संकेत देते हैं। भारत में भी आदि ग्रन्थ 'रामायण' और 'महाभारत' में तत्कालीन समय के विज्ञापनों की पदचाप सुनायी पड़ती है। निष्कर्षतः यह कि चित्रित, लिखित, अलिखित, बोलकर, मुनादी कर, ढोल एवं डुग्गी पीटकर सूचनाओं, खबरों और सन्देशों के प्रसारण और विज्ञापन की सतत् परम्परा इस धरती पर—मिस्र, चीन, यूरोप, इंग्लैण्ड, फ्रान्स, संयुक्त राज्य अमेरिका, रोम, अरबिया, दक्षिण अमेरिका, कनाडा, न्यूजीलैण्ड, बेबीलोन, असीरिया, सुमेरिया, फिलाडेल्फिया, जर्मनी, ईराक, न्यूयार्क, सिंगापुर तथा भारत आदि देशों में बहुत पहले से ही रही है। एक शब्द में यह कि अनथक यात्री की तरह विज्ञापन इस धरती पर बहुत पहले से ही यात्रा कर रहा है। मौजूदा रूप तक पहुँचने के लिए इसने लम्बा सफर तय किया है। वैश्विक स्तर पर विज्ञापन की शुरुआत के साक्ष्य 550 ईसा पूर्व से ही मिलते हैं। भारत में भी विज्ञापन की शुरुआत सदियों पहले हुई। यह बात अलहदा है कि समय-समय पर इसके

तरीके बदलते गये। युवा लेखक श्री नरेन्द्र सिंह यादव ने[16] अध्ययन की सुविधा के लिए विज्ञापनों के इतिहास को निम्न चार कालों में बाँटा है,—

(1) मुद्रण से पूर्व एवं प्रारम्भिक मुद्रण काल (प्रारम्भ से 1840 ई. तक),

(Pre-Printing and Early Printing Period)

(2) विज्ञापन का विस्तार काल (1840 से 1900 ई. तक), (Period of Expansion)

(3) विज्ञापन का वैज्ञानिक विकास काल (1900 ई. से 1945 ई. तक) तथा

(Period of Scientific Developing)

(4) विज्ञापन का व्यावसायिक एवं आधुनिक विकास काल (1945 ई. से वर्तमान तक)।

(Period of Business and Modern Development)

बहरहाल, कुछ प्रमुख देशों में विज्ञापन की प्रारम्भिक स्थिति को हम इस प्रकार देख सकते हैं,—

मिश्र में विज्ञापन कार्य के लिए पपाईरस का प्रयोग किया जाता था। उल्लेखनीय है कि पपाईरस पेड़ के तने में एक खास तरह की वस्तु होती थी, जिस पर कुछ लिखा जा सकता था। वहाँ इस पर सन्देश अंकित करके इसका प्रयोग पोस्टर के रूप में किया जाता था। इसे दीवार पर चिपका दिया जाता था। साफ शब्दों में, Egyptians used papyrus to make sales messages and wall posters. Commercial messages and Political compaign displays 'ave been found in the ruins of Pompeii and ancient Arabia. Lost and found advertising on papyrus was common in Ancient Greece and Ancient Rome. Wall or rock painting for commercial advertising is another manifestation of an ancient advertising form, which is present to this day in many parts of Asia, Africa and South America, The tradition of wall painting can be traced back to Indian rock art paintings that date back to 4000 B.C. अर्थात् **मिस्त्र** के लोग बिक्री सन्देशों और दीवाल इश्तहार के लिए पपाइरस को कागज की तरह प्रयोग करते थे। व्यापारिक सन्देशों और राजनीतिक प्रचारों को पॉम्पी और **प्राचीन अरब** के खँडहरों में पाया गया है। व्यापारिक विज्ञापनों के लिए, 'दीवाल या रॉक पेटिंग' प्राचीन विज्ञापन का एक दूसरा स्वरूप है जो आज तक एशिया, अफ्रीका और दक्षिण अमेरिका में प्रचलन में हैं। दीवाल-पेटिंग की परम्परा को 4000 ई.पू. (B.C) भारतीय राक पेटिंग कला के साथ जोड़ा जा सकता है। प्राचीन **यूनान** और **रोम** में इसका प्रयोग 'खोया-पाया' विज्ञापनों के लिए किया जाता था। दीवारों और पत्थरों पर पेटिंग के जरिये भी उस दौर में विज्ञापन किया जाता था। अगर दीवाल पेटिंग को भी विज्ञापन के प्रेषण का माध्यम मान लिया जाय तो इसका इतिहास तो और भी पुराना है। ऐसे साक्ष्य मिले हैं, जिनके आधार पर इसकी शुरुआत चार हजार वर्ष ईसा पूर्व मानी जा सकती है।

प्राचीन **चीन** में सर्वप्रथम विज्ञापन की परम्परा मौखिक रूप में ज्ञात होती है। इसका उल्लेख 11वीं और 7वीं सदी ई.पू. की प्राचीन कविताओं में किया गया है। उस समय कैण्डी बेचने के लिए बाँस से बनी बासुरी का प्रयोग किया जाता था। विज्ञापन प्रायः सुन्दर लिखावट के साइनबोर्ड और स्याही के कागज के रूप में होते थे। साँग राजवंश के समय में ताँबे की छपाई-प्लेट के द्वारा वर्गाकार कागज पर पोस्टर्स छापे जाते थे, जिस पर खरगोश का प्रतीक या चिह्न (Logo) बना होता था और उस पर 'जीना लूईस की सूई की सुन्दर दुकान' लिखा

होता था। आगे यह भी वहीं टंकित होता था कि, ''हम लोग उच्च गुणवत्तावाले स्टील-रॉड खरीदते हैं और अच्छी गुणवत्ता वाली सूई बनाते हैं...''। इस तरह चीन का यह विज्ञापन दुनिया का सबसे पहला छपा हुआ विज्ञापन माना जाता है—"In ancient China, the earlest advertising known was oral, as recorded in the Classic of Poetry (11th to 7th centuries B C) of bamboo fluets played to sell Candy. Advertisement usually takes in the form of calligraphic signboards and inked papers. A copper printing plate dated back to the Song dynasty used to print posters in the form of a square sheet of paper with a rabbit logo with ''Jinan lin's Fine needle Shop" and "We buy high-quality steel rods and make fine quality needles, to be ready for use at home in no time" Written above and below is considered the world's earliest identified printed advertising medium.

संसार की सम्भवतः प्रथम मुद्रित पुस्तक हीरक सूत्र (चीन)

बहरहाल, यह उस दौर की बात है, जब नयी तकनीकों का ईजाद नहीं हो पाया था। जैसे-जैसे समय आगे बढ़ा, विज्ञान ने पूरे परिदृश्य में ही क्रान्तिकारी बदलाव ला दिया। इस वजह से कई कार्यों में सुगमता तो आयी, साथ-ही-साथ कई मोर्चों पर काम करने का ढंग भी बदल गया। जाहिर है, तकनीक के प्रभाव से विज्ञापन भी नहीं बच पाया। पन्द्रहवीं और सोलहवीं शताब्दी के दौरान मुद्रण के क्षेत्र में व्यापक परिवर्तन हुआ। छापे की मशीनों का चलन बढ़ने लगा। इस वजह से विज्ञापन के लिए छपे हुए पर्चों का प्रयोग होने लगा। वर्तमान युग में विज्ञापनों के बिना किसी अखबार का चलाना असम्भव सरीखा ही लगता है। पर, शुरुआती दौर में लम्बे समय तक अखबारों ने विज्ञापन से दूरी बनाये रखी थी। कई जानकारों का मानना है कि उस वक्त लोग यह सोच नहीं पाते थे कि विज्ञापन का जरिया अखबार भी बन सकता है। इस तर्क को पूरी तरह नकारा नहीं जा सकता।

यूरोप में मध्य युगीन समय में कस्बों-शहरों का विकास प्रारम्भ हुआ और आमजन पढ़ने में लगभग अक्षम ही था। मोची, मिल में काम करनेवाले, दर्जी और लोहार आदि शब्दों को अक्षरों के स्थान पर उनसे सम्बन्धित कार्य-व्यापार से जुड़े जैसे, बूट, सूट, हैट, घड़ी, हीरा, घोड़ा, जूता, कैण्डिल और यहाँ तक कि ऑटे का बैग आदि को रेखा चित्र के रूप में प्रयोग करते थे।

गुटनबर्ग द्वारा मुद्रित गुटनबर्ग बाइबिल (1450-1455) का प्रथम पृष्ठ

फल और सब्जियाँ शहरों में घोड़ा-गाड़ी पर रखकर बेचते थे और इन सामग्रियों के विक्रेता— ग्राहकों की सुविधा के लिए Street Caller रखते थे। ये गली या कस्बे में तेज आवाज के माध्यम से सामानों के बारे में घोषणा करते थे। इस प्रकार के प्रथम विज्ञापनों का संग्रह तेरहवीं सदी में लिखी Gui llaume de la Villeneuve की कविता 'Les Crieries de Patis' में प्राप्त होता है, — "In Europe, as the towns and cities of the Middle Ages began to grow, and the general pounlace was unable to read, instead of signs that read" 'Cobbler', 'Miller', 'Tailor', or 'Blacksmith' wauld use an image associated with their trade such as a boot, a suit, a hat, a clock, a diamond, a horse shoe, a candle or even a bag of flours. Fruits and vegetables were sold in the city square From the backs of carts and wagons and their proprietors used street callers (town criers) to annomee theirs where abouts for the conenience of the customers. The first compilation of such advertisements was gathered in "Les Crieries de Paris'', a thirteenth-cantury poem by Guillanm de la Villeneuve.

समाचार-पत्रों में विज्ञापन की शुरुआत सत्रहवीं शताब्दी में हुई। इसकी शुरुआत **इंग्लैण्ड** के साप्ताहिक अखबारों से हुई थी। उस समय पुस्तक और दवाओं के विज्ञापन प्रकाशित किये जाते थे। अठारहवीं शताब्दी में भी इस क्षेत्र में काफी प्रगति हुई। इस सदी में अर्थ-व्यवस्था मजबूत हो रही थी। इस वजह से विज्ञापन को भी मजबूती मिल रही थी। इसी दौर में वर्गीकृत विज्ञापनों का चलन शुरू हुआ, जो अभी भी काफी लोकप्रिय है। सच तो यह है कि अठारहवीं सदी में इंग्लैण्ड में विज्ञापन साप्ताहिक समाचार-पत्रों में दिखायी पड़ना प्रारम्भ हो गया था। इस प्रारम्भिक छपे हुए विज्ञापनों का प्रयोग विशेष रूप से पुस्तकों और समाचार-पत्रों, जो छापेखाने के विकास के कारण तेजी से आमजनों की पहुँच में आ रहे थे—के प्रचार के लिए और उन दवाओं के प्रचार के लिए, जिनकी माँग बीमारी से ग्रस्त यूरोप के लोगों के बीच बढ़ रही थी—के लिए किया जाता था। पर, दुर्भाग्य से झूठे विज्ञापनों और तथाकथित क्वैक विज्ञापनों के कारण कुछ समस्याएँ भी पैदा हुईं, फलतः यहाँ पर पहली बार विज्ञापनों के

विलियम कैक्सटोन द्वारा मुद्रित प्रतीक चिह्न (मध्य में)

विलियम कैक्सटोन द्वारा मुद्रित प्रतीक चिह्न (मध्य में)

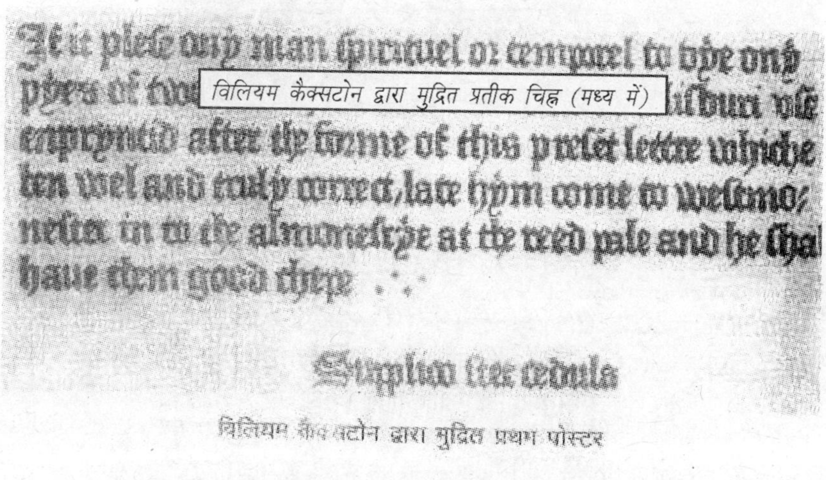

विलियम कैक्सटोन द्वारा मुद्रित प्रथम पोस्टर

विलियम कैक्सटोन द्वारा मुद्रित प्रथम पोस्टर

निमयों-कानूनों के बारे में सोचा जाने लगा —"In the 18th century advertisements started to appear in Weekly newspapers in England. These early print advertisements were used mainly to promote books and newspapers, which became increasingly affordable with advances in the printing press; and medicines, which were increasingly sought after as disease ravaged Europe. However, false advertising and so-called "quack" advertisements became a problem, which ushered in the regulation of advertising content."

लन्दन के थॉमस जे. बैरेट को ''आधुनिक विज्ञापन का जनक'' कहा जाता है। पियर्स साबुन (Pears Soap) की कम्पनी में कार्य करते हुए बैरेट ने कम्पनी के उत्पादों के लिए एक प्रभावी विज्ञापनों की मुहिम चलाई, जिसमें लक्ष्य-निर्धारित नारे (Slogans), रेखा-चित्र और

A 1900 advertisement for Pears soap

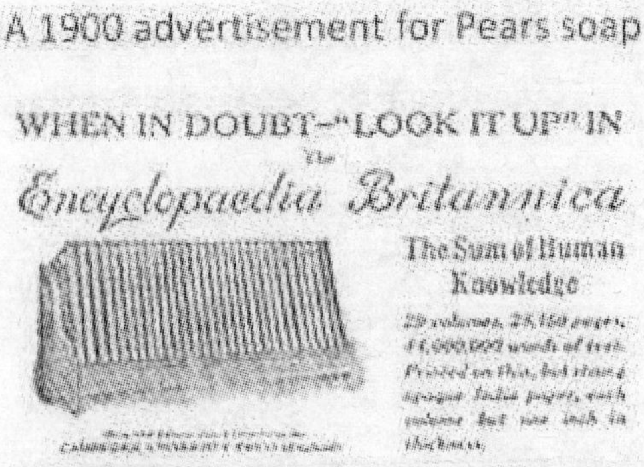

मुहावरे शामिल होते थे। उनमें से एक नारा था—''गुड मार्निंग। क्या आपने पियर्स साबुन का प्रयोग किया?'' यह विज्ञापन उन दिनों बहुत ही प्रसिद्ध था। सफल विज्ञापन के लिए बैरेट ने कई महत्त्वपूर्ण सुझाव दिये। उन दिनों उनके विज्ञापन सम्बन्धी विचारों का चारों तरफ बड़ा आदर हुआ। उन्होंने पियर्स साबुन की सशक्त तथा विशेष तरह की ''ब्राण्ड छवि'' की महत्ता पर लगातार जोर तो दिया ही, सन्तृप्त मुहिम के द्वारा उत्पाद की उपलब्धता पर भी बल दिया। उन्होंने बाजार की बदलती रुचि के अनुसार पुनर्मूल्यांकन के महत्त्व को समझा। अपनी इसी नीति के तहत सन् 1907 में उन्होंने यह कहा भी कि लोगों की रुचि और फैशन समय-समय पर बदलते रहते हैं, अतः विज्ञापन कम्पनियों को भी उनके साथ बदलना होगा। एक विचार, जो एक पीढ़ी पहले प्रभावी था, वह बासी और अप्रासंगिक तो होगा ही, किसी भी कीमत पर लाभकारी भी नहीं होगा, यदि आज उसे लोगों के समक्ष प्रस्तुत किया जायेगा।

मई 1789 में प्रकाशित एक विज्ञापन

इसका तात्पर्य यह नहीं कि आज का विचार हमेशा पुराने से अच्छा है, किन्तु यह उससे भिन्न है, यह वर्तमान रुचि को प्रभावित करता है, —Thomas J. Barrat from London has been called' the father of modern advertising." Working for the Pears Soap company, Barrat created an effective advertising campaign for the Company products, which involved the use of targeted slogans, images and phrases.' One of his slogans," Good morning. Have you used Pears Soap.?" was famous in its day and into the 20th century. Barrat introduced many of the crucial ideas that lie behind successful advertising and these were widly circulated in his days. He constantly stressed the importance of a strong and exclusive brand image for Pears and of emphasizing the product's availability through saturation campaigns. He also understood the importance of constantly reevaluating the market for changing tastes and mores, stating in 1907 that tastes change, fashions change and the advertiser has to change with them..."

जून 1836 में **फ्रान्स** के समाचार-पत्र 'ला प्रेस' ने पहली बार अपने पृष्ठों में भुगतान लेकर विज्ञापनों को शामिल किया और उसी समय पत्र का मूल्य भी घटाया, परिणाम हुआ, अखबार के पाठकों को आर्थिक लाभ तो हुआ ही, अखबार भी मुनाफे में आया। बस क्या था, अन्य समाचार-पत्रों ने भी यही सूत्र अपनाया। सन् 1840 में वाल्नी बी. पाल्मर ने विभिन्न समाचार-पत्रों में बड़ी मात्रा में कम मूल्य पर स्थान खरीदा और उन्हें विज्ञापन कर्त्ताओं को ज्यादा मूल्य पर बेचा। वास्तविक विज्ञापन कॉपी, ले-आउट और अभी अन्य कलात्मक कार्य कम्पनी के द्वारा तैयार किया जाता था। इसमें पाल्मर की भूमिका अखबारों में विज्ञापन के लिए स्थान खरीदनेवाले दलाल या आढ़तिया की होती थी। आगे चलकर उन्नीसवीं सदी में परिस्थितियाँ बदलीं। इसी समय 'एन.एच. अय्यर ऐन्डसन्स' नामक विज्ञापन एजेन्सी की स्थापना हुई। 'अय्यर ऐन्ड सन्स' ने अपने ग्राहकों के लिए पूरी योजना बनाने, रचना करने और सम्पूर्ण विज्ञापन मुहिम को कार्य रूप में परिणत करने के लिए अवसर प्रदान किया। सन् 1900 ई. तक विज्ञापन एजेन्सी 'रचनात्मक योजना' का केन्द्र बिन्दु बन गयी थी और विज्ञापन एक पेशे के रूप में दृढ़ता के साथ स्थापित हो चुका था। इसी काल में, फ्रान्स में चार्ल्स लुईस ने अपनी नयी विज्ञापन एजेन्सी की सेवाओं का विस्तार किया। लुईस ह्वास ने विज्ञापन दलाली को पहली बार फ्रेंच समूह में संगठित रूप दिया। प्रारम्भ में एजेन्सी समाचार-पत्रों में विज्ञापन के स्थान के लिए दलाल या स्थान खरीदनेवाले व्यक्ति के रूप में सामने आयी। इधर, अय्यर ऐण्ड सन्स नामक कम्पनी ने भी पहली बार पूर्ण रूप से विज्ञापन सम्बन्धी उत्तरदायित्वों को निभाया। अय्यर ने सन् 1869 में इसकी स्थापना फिलाडेल्फिया में की, In June 1836, French Newspaper La Press was first to include paid advertising in its pages allowing it to lower its price, extend its readership and increase its profitability and the formula was soon copied by all titles. Around 1840, Volney B. Palmer established the roots of the modern day advertising agency in Philadelphia. In 1842-Palmer bought large amounts of space in various newspapers at a discunted rate then resold the space at higher rates to advertisers... N.W. Ayer snd Son was the first full service agency to assume responsibility for advertising content. N.W. Ayer opened in 1869, and was located in Philadelphia.

जैसे-जैसे आर्थिक विस्तार हुआ, उन्नीसवीं सदी में, विज्ञापन भी साथ-ही-साथ विस्तार पाता गया। संयुक्त राज्य अमेरिका (U.S.A) में तो विज्ञापन के इस प्रारूप ने **'मेल-विज्ञापन'** (Mail Advertising) को जन्म दिया। यही नहीं, वर्गीकृत विज्ञापनों की शुरुआत ही अमेरिका से हुई, जहाँ अखबारों में खबर लगाने के बाद बीच-बीच में बचे हुए छोटे-छोटे स्थानों पर सूचनात्मक विज्ञापनों का प्रयोग फिलर के तौर पर होता था। आज विज्ञपनों का महत्त्व वहाँ कितना बढ़ गया है इसका अन्दाजा आप इस बात से लगा सकते हैं कि कई अखबारों में विज्ञापन देने के बाद बची जगह में ही खबर लगायी जाती है। कहा जा सकता है कि खबरों का प्रयोग ही विज्ञापनों के लिए 'फिलर' के तौर पर किया जा रहा है। विज्ञापनों की ताकत में अमेरिका में साफ तौर पर इजाफा हुआ। दुनिया की पहली विज्ञापन एजेन्सी 1841 ई. में बोस्टन में खुली। वालनी पाल्मर नाम की इसी एजेन्सी ने अखबारों से विज्ञापन के एवज में कमीशन लेने की शुरुआत की। उस वक्त यह एजेन्सी पच्चीस प्रतिशत कमीशन लेती थी।

मौजूदा दौर में विज्ञापन में महिलाओं के बढ़ते प्रयोग पर काफी चिन्ता जतायी जा रही है। आज महिलाओं के जरिये विज्ञापन में कामुक पुट डालना आम बात है। शायद ही कोई ऐसा विज्ञापन दिखता है जिसमें प्रदर्शन के रूप में नारी देह का प्रयोग नहीं किया गया हो। विज्ञापन निर्माताओं के लिए यह बात कोई खास मायने नहीं रखती है कि विज्ञापित वस्तु महिलाओं के प्रयोग की है या नहीं। कई विज्ञापन तो ऐसे भी होते हैं जिनमें महिलाओं की कोई आवश्यकता नहीं है। पर यह बाजार आधारित अर्थव्यवस्था का ही असर है कि नारी की काया को बिकनेवाले उत्पाद में परिवर्तित कर दिया गया है। इसके सहारे पूँजी उगाहने का भरसक प्रयास किया जाता है।

वैसे बीसवीं सदी की शुरुआत से ही विज्ञापनों में औरतों का प्रयोग होने लगा था। उस वक्त विज्ञापन बनानेवालों ने यह तर्क दिया कि महिलाएँ घर की खरीददारी में अहम् भूमिका निभाती हैं। इस लिहाज से उनका विज्ञापनों में प्रयोग किया जाना फायदे का सौदा है। विज्ञापन के क्षेत्र में पहले पुरुष ही होते थे, किन्तु बाद में इस काम में महिलाएँ भी जुड़ने लगीं। वस्तुतः नारी को सेक्सुअल रूप में पेश करनेवाला दुनिया का पहला विज्ञापन भी एक अमेरिकी महिला ने ही बनाया था। उसके बाद तो इस चलन को अद्‌भुत सफलता मिली। अब तो बगैर सेक्सी लड़की को दिखाये विज्ञापन पूरा ही नहीं होता है। ब्लेड से लेकर ट्रक तक के विज्ञापन में नारी काया की माया का सहारा लिया जा रहा है। उस वक्त तो विज्ञापनों के लिए प्रिण्ट ही एकमात्र माध्यम था। इलेक्ट्रानिक माध्यम के आने के बाद नारी को और विकृत रूप में दिखाने की होड़ लग गयी।

बीसवीं शताब्दी के दूसरे दशक से रेडियो का प्रसारण आरम्भ हुआ। उस समय कार्यक्रमों का प्रसारण बगैर विज्ञापन के किया जाता था। ऐसा इसलिए था क्योंकि पहला रेडियो स्टेशन स्वयं रेडियो की लोकप्रियता बढ़ाने के लिए स्थापित किया गया था। जब रेडियो स्टेशनों की संख्या बढ़ी तो बाद में चलकर इसमें विज्ञापनों की शुरुआत प्रायोजित कार्यक्रमों के जरिये हुई। उस वक्त विज्ञापन देनेवालों के व्यवसाय से सम्बन्धित जानकारी कार्यक्रम की शुरुआत और आखिरी में दी जाती थी।

उसके बाद रेडियो स्टेशन चलाने वालों ने अधिक पैसा कमाने के लिए नया रास्ता निकाला। पूरा कार्यक्रम प्रायोजित करने के बजाये एक ही कार्यक्रम में छोटे-छोटे टाइम स्लाट के लिए विज्ञापन ढूँढ़े गये। यह प्रयोग काफी सफल रहा। आज भी सामान्य तौर पर विज्ञापन

के इसी फारमेट का प्रयोग रेडियो पर होता है। इसी ट्रेंड को टेलीविजन ने भी अपनाया। इंग्लैण्ड में इस बात को लेकर विवाद भी हुआ कि रेडियो एक जनमाध्यम है और इसका प्रयोग व्यावसायिक हितों के लिए नहीं होना चाहिए। पर समय के साथ रेडियो की ताकत और पहुँच बढ़ती गयी। साथ-ही-साथ विज्ञापन के लिए भी यह सशक्त माध्यम बनता गया।

पचास के दशक में टेलीविजन पर भी छोटे-छोटे टाइम स्लाटों पर विज्ञापन दिखाया जाने लगा। टी.वी की दुनिया में ऐसा इसलिए हुआ क्योंकि, पूरे कार्यक्रम का एक प्रायोजक नहीं मिल रहा था। हालाँकि, बाद में टेलीविजन पर भी प्रायोजित कार्यक्रम प्रसारित होते रहे। उस समय कार्यक्रम के कंटेंट में प्रायोजक का काफी दखल होता था। कई कार्यक्रम तो ऐसे भी थे जिनका पूरा स्क्रिप्ट विज्ञापन एजेन्सी वाले ही लिखते थे।

विज्ञापन के क्षेत्र में साठ के दशक में व्यापक बदलाव आया। रचनात्मकता पर जोर बढ़ने लगा। ऐसे विज्ञापन बनाये गये जो लोगों को बरबस अपनी ओर आकर्षित कर सकें। लोगों को सोचने पर विवश करनेवाले विज्ञापन इस दौर में बनाये गये। साठ के दशक में वोक्सवैगन कार के विज्ञापन से विज्ञापन की दुनिया में क्रान्तिकारी बदलाव लाने का श्रेय बिल बर्नब्रैय को जाता है। दरअसल, उस दौर को अमेरिका के विज्ञापन इतिहास में रचनात्मक क्रान्ति का दौर कहा जाता है।

अस्सी और नब्बे के दशक में दुनिया सूचना क्रान्ति के दौर से गुजर रही थी। इसी दौरान केबल टेलीविजन का आगमन हुआ। इसका असर विज्ञापन के बाजार पर भी पड़ा। माध्यम के बढ़ जाने की वजह से प्रतिस्पर्द्धा बढ़ी और विज्ञापन के नये-नये तरीके ईजाद होने लगे।

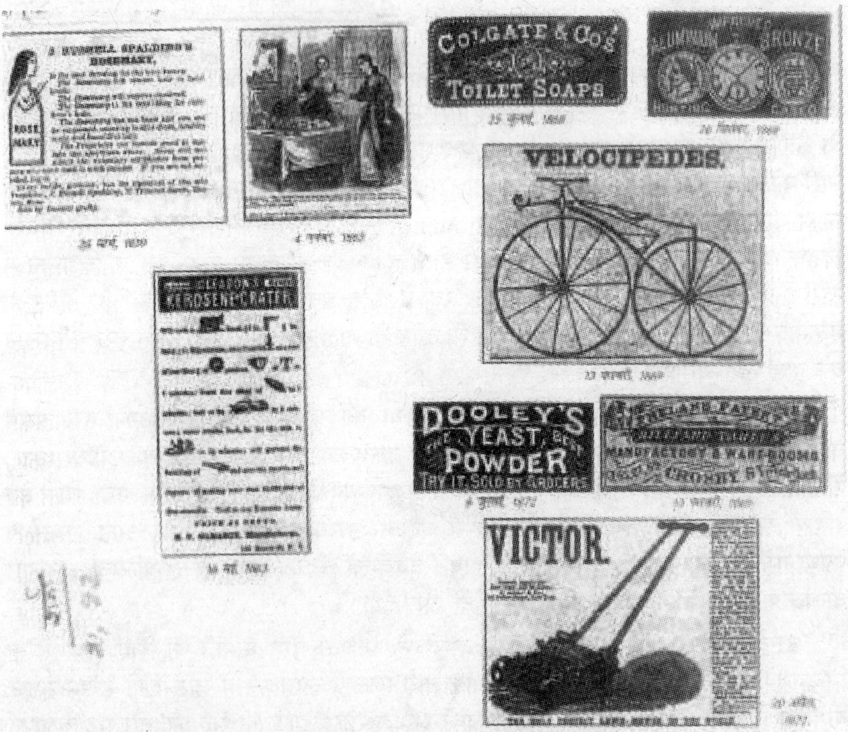

इन्हीं में से एक था म्यूजिक वीडियो का चलन में आना। दरअसल, ये विज्ञापन होते हुए भी दर्शकों का मनोरंजन करते थे। इसलिए यह काफी लोकप्रिय हो गया। इसी समय टेलीविजन चैनलों पर टाइम स्लाट खरीदकर विज्ञापन दिखाने का सिलसिला शुरू हुआ।

बाद में तो कई देशों में शापिंग नेटवर्क वालों ने तो बाकायदा विज्ञापन चैनल ही खोल लिया। भारत में भी टाटा स्काई के डीटीएच पर ऐसा चैनल है जो सेवा से सम्बन्धित जानकारियाँ ही देता रहता है। यह विज्ञापन का बढ़ता प्रभाव है कि कई उद्योगपति खुद टेलीविजन चैनल खोल रहे हैं। रिलायन्स और वीडियोकान द्वारा लाये जानेवाले समाचार चैनलों को भी इसी कवायद से जोड़कर देखा जा रहा है।

टेलीविजन विज्ञापनों के परिदृश्य में भी व्यापक बदलाव हुए हैं। इस जनमाध्यम के जरिये लोगों को लुभाने की कोशिश जारी है। यहाँ रचनात्मकता पर अश्लीलता हावी है। उल्लेखनीय है कि पहला टेलीविजन विज्ञापन अमेरिका में पहली जुलाई 1941 को प्रसारित किया गया था। बीस सेकेण्ड के उस विज्ञापन के लिए बुलोवा वाच कम्पनी ने डब्ल्यूएनबीटी टी.वी. को नौ डालर का भुगतान किया था। इसे बेसबाल के चल रहे एक मैच के पहले दिखाया गया था। इस विज्ञापन में बुलोवा की घड़ी को अमेरिका के नक्शे पर रखा हुआ दिखाया गया जिसके पीछे से वायस ओवर के जरिये कहा गया 'अमेरिका बुलोवा के समय से चलता है' उस वक्त से अब तक टेलीविजन विज्ञापन काफी लोकप्रिय रहे हैं।

इस तरह स्पष्टतः यह कि संयुक्त राज्य अमेरिका में विज्ञापनों में नाटकीय ढंग से वृद्धि हुई। औद्योगिकीकरण के साथ निर्मित उत्पादों की प्रपूर्ति में वृद्धि इसका कारण बनी। उत्पादन में अत्यधिक वृद्धि से लाभ के लिए उद्योगों को अपने कल कारखाने के उत्पादों के ग्राहक के रूप में कर्मचारियों की नियुक्ति करनी पड़ी। ऐसा उन्होंने, बड़े पैमाने पर लोगों के आर्थिक व्यवहार को प्रभावित करनेवाली Mass-Marketing की खोज के कारण किया। सन् 1910 और 1920 के दशकों में अमेरिका ने इस सिद्धान्त को अपनाया कि मनुष्य के भीतर वस्तुओं की खरीद की इच्छा में इजाफा किया जा सकता है। सिगमण्ड फ्रेड के भतीजे एडवर्ड बार्नेस इस सिद्धान्त से सहमत थे। इन्होंने आगे चलकर विज्ञापनों की दुनिया में मेहनत करके अपनी पहचान बनायी, अतः कुछ लोग इन्हें वहाँ आधुनिक विज्ञापन और सार्वजनिक सम्बन्धों का बुनियाद डालनेवाला मानते हैं। सन् 1920 में अमेरिकन सरकार के वाणिज्य-व्यापार सचिव हर्बर्ट हूवर ने भी विज्ञापनों को बढ़ावा देने में काफी काम किया। इतना ही नहीं, हूवर ने स्वयं 1925 में ''एसोसिएटेड एडवरटाइजिंग क्लब ऑफ वर्ल्ड' (Associated Advertising Club of World) को सम्बोधित करते हुए विज्ञापन को 'राष्ट्रीय जीवन की जीवनी शक्ति, बताया। अक्टूबर, 1929 में अमेरिका के विदेश और गृह विभाग के व्यापार प्रमुख जूलियस क्लेन (Julius-Klein) ने कहा कि, 'विज्ञापन दुनिया की सम्पन्नता की कुंजी है।' सन् 1933 में प्रकाशित प्रसिद्ध अमेरिकन पत्रिका 'European Economic' के अनुसार सन् 1920 के दशक में विज्ञापन, व्यापार और सरकार के बीच अतुलनीय सहभागिता का हिस्सा था। इधर, तम्बाकू कम्पनियाँ 'पैकेजसिगरेट' बेचने के लिए प्रमुख विज्ञापनकर्त्ता बनीं। इन्होंने नयी विज्ञापन तकनीक को अपनाया, In 1920, under secretary of Commerce Herbert Hoover, the American government promoted advertising. Hoover himself delivered an address to the Associated Advertising Clubs of the World in 1925 called "Advertising is a Vital Force in our National life".

अमेरिका में विज्ञापन का प्रयोग सांस्कृतिक सामंजस्य के साधन के रूप में भी किया जाता था। इसका प्रयोग कर्मचारियों की पारस्परिक आदतों और सामुदायिक ढाँचों को आधुनिक जीवन

शैली के परिप्रेक्ष्य में परस्पर बदलाव को प्रोत्साहित करने के लिए किया जाता था। प्रवासी कामगारों को प्रभावित करने के लिए "अमेरिकन एसोसिएशन ऑफ फॉरेन लैंग्वेज न्यूज पेपर्स' (AAFLN) को एक महत्त्वपूर्ण साधन के रूप में प्रयोग किया जाता था। बीसवीं सदी के अन्त में महिलाओं के लिए व्यापार में कुछ करने के लिए कुछ विकल्प थे जिनमें विज्ञापन भी एक था। चूँकि अधिकांशतः घरेलू खरीददारी का उत्तरदायित्व महिलाओं की होती थी, इसलिए विज्ञापनकर्त्ता और विज्ञापन एजेन्सियों ने रचनात्मक प्रक्रिया के तहत महिलाओं की अन्तर्दृष्टि के मूल्य को पहचाना। वास्तव में प्रथम बार, जैसा कि थोड़ा पहले मैंने संकेत किया है, अमेरिकन विज्ञापन में, 'सेक्सुअल-सेल' की रचना एक महिला के द्वारा एक साबुन के उत्पाद के लिए की गयी। यद्यपि आज के विज्ञापन-मानकों को लागू करते हुए, एक स्त्री- पुरुष के जोड़े के साथ सन्देश लिखा होता था, "A skin you love to touch."

सन् 1920 के दशक में मनोवैज्ञानिक वाल्डर डी. स्कॉट और जाह्न वी. वास्टसन ने विज्ञापन के क्षेत्र में 'व्यावहारिक, मनोवैज्ञानिक सिद्धान्तों' की स्थापना कर योगदान किया। स्काट ने कहा,—"मानव को तार्किक शक्ति सम्पन्न जानवर" कहा जाता है, किन्तु इससे अधिक सत्यता के साथ उसको "सलाह का प्राणी" (Creature of Suggestion) कहा जा सकता है। वह तार्किक है, किन्तु इससे कहीं अधिक (Suggestible) सलाह प्रभावित होनेवाला है,... Scott Said, "Man hasbeen Called the reasoning animal but he could with greater truth fulness be called the creature of suggestion. He is reasonable, but he is to a greater extent suggestible." वस्तुतः 1920 के दशक के प्रारम्भ में रेडियो उपकरणों के निर्माण कर्त्ताओं द्वारा रेडियो स्थापित किये गये और वितरकों द्वारा अपने ग्राहकों को अधिक-से-अधिक रेडियो बेचने के लिए कार्यक्रम दिये गये। समय के प्रवाह के साथ लाभ न लेनेवाले कई संगठनों, जिसमें स्कूल, क्लब (Clubs) और नागरिक समूह सम्मिलित थे, ने अपने-अपने रेडियो स्टेशन स्थापित करने के लिए मुकदमा दायर किये। जब प्रायोजित कार्यक्रमों को लोकप्रियता मिलने लगी, तो प्रत्येक रेडियो कार्यक्रम किसी एक व्यापार के द्वारा प्रायोजित होता, जिसके बदले में कार्यक्रम के प्रारम्भ और अन्त में उस व्यापार विशेष का संक्षिप्त प्रसारण किया जाता, किन्तु शीघ्र ही रेडियो स्टेशन के स्वामियों को यह आभास होने लगा कि प्रायोजित अधिकार को बेचकर (Sponsorship rights) अधिक लाभ लिया जा सकता है, यदि अपने रेडियो स्टेशन के सभी प्रसारणों के दौरान कम समय में कई व्यापारों को विज्ञापित किया जाय, बजाय कि किसी एक व्यापार के लिए, एक कार्यक्रम को प्रायोजित किया जाय।

सन् 1950 के दशक के प्रारम्भ में 'डू माण्ट टेलीविजन' ने विज्ञापन समय को विभिन्न प्रायोजकों को बेचने का आधुनिक प्रयोग प्रारम्भ किया। शुरू में, डू माण्ट टेलीविजन को अपने कई कार्यक्रमों के लिए प्रायोजकों को प्राप्त करने में कठिनाई आयी और इसकी पूर्ति उन्होंने विज्ञापन अवधि के छोटे हिस्से के लिए कई व्यापारों में लगे लोगों को बेचना आरम्भ किया। कालान्तर में अमेरिका में यही 'कामर्शियल टेलीविजन उद्योग' के लिए मानक बन गया, किन्तु अभी भी एकल-प्रायोजित कार्यक्रम जैसे 'द यूनाइटेड स्टेट्स स्टील आवर'—व्यवहार में थे। अब एकल प्रायोजित मॉडल प्रचलन में कम ही हैं। हाँ, विशेष अपवाद के रूप में 'हॉलमार्क हाल ऑफ फेम' अभी बचा हुआ है।

सन् 1980 के अन्तिम वर्षों तथा 1990 के दशक के प्रारम्भ में केबिल टेलीविजन का आगाज हुआ और विशेषकर MTV ने 'म्यूजिक वीडियो' की संकल्पना के साथ विज्ञापन की दुनिया में एक नये तरीके से प्रवेश किया। विज्ञापन सन्देश के लिए ग्राहकों को 'म्यूजिक

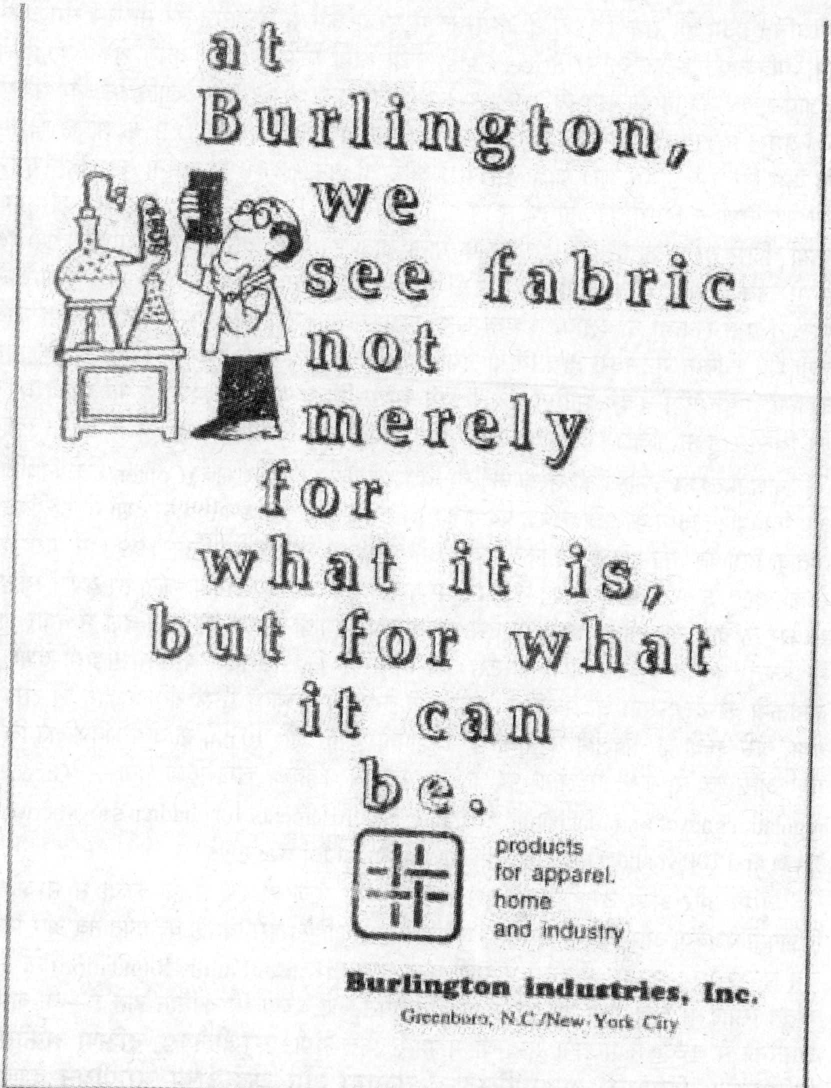

ट्यून' सुनायी पड़ने लगी। जैसे-जैसे केबिल और सैटलाइट' टेलीविजन का विस्तार हुआ, विशेष चैनल्स, जो विज्ञापन के प्रति समर्पित थे यथा— Qr. V.C. Home Shopping Net work और Shop T.V.—स्थापित होने लगे। सन् 1990 के दशक में 'विज्ञापन सर्वर' के आगमन के साथ 'आन लाइन विज्ञापन' का तेजी के साथ विकास हुआ। सम्पूर्ण विज्ञापन संगठन पूर्णतया विज्ञापन-रेवेन्यू (revenue) के द्वारा संचालित होने लगा। प्रत्येक वस्तु के लिए कूपन्स के द्वारा मुफ्त 'इण्टरनेट ऐक्सेस' के ऑफर की शुरुआत हुई। इक्कीसवीं सदी के आगमन के साथ कुछ वेबसाइट —(Websites) में बदलाव हुआ। इतना ही नहीं सर्च इंजन गूगल तथा 'आन लाइन विज्ञापनों में भी परिवर्तन हुआ। यह परिवर्तन वेब ब्रोसिंग बिहेवियर (Web browsing behaviour) में Personalizing Ads द्वारा किया गया। सन् 1925 से समाचार माध्यमों, में परिवर्तन के कारण GZP के सापेक्ष विज्ञापन खर्च का हिस्सा भी

परिवर्त्तित हुआ है। सन् 1925 में अमेरिका में मुख्य रूप से विज्ञापन का माध्यम समाचार-पत्र, पत्रिकाएँ, स्ट्रीट कार्स (Street Cars) तथा बाह्य पोस्टर्स हुआ करते थे। G.D.P में विज्ञापन खर्च का हिस्सा लगभग 2.9% था। आगे चलकर 1998 तक टेलीविजन और रेडियो वहाँ प्रमुख विज्ञापन माध्यम बन गये, किन्तु विज्ञापन खर्च का हिस्सा G.D.P. के सापेक्ष थोड़ा-सा कम लगभग 2.4% था। थोड़ा-सा पीछे लौटें तो सन् 1440 में जर्मनी के जोहन गुटेन बर्ग ने गतिशील अक्षरों का आविष्कार किया। गुटेनबर्ग ने 42 लाइनोंवाली बाइबिल का मुद्रण किया, जिसे यूरोप की प्रथम मुद्रित पुस्तक माना जाता है। वैसे, चीन में पेई सिंग द्वारा 1040 ई. में लकड़ी का ब्लॉक बनाकर (मिट्टी के अलग-अलग अक्षर बनाकर उन्हें पकाने के पश्चात एक लकड़ी के ब्लॉक में एक साथ रखकर) गतिशील अक्षरों से मुद्रण किया जाने लगा था, लेकिन गुटेनबर्ग द्वारा किया गया आविष्कार भविष्य में सूचना, शिक्षा व विज्ञापन के लिए महत्त्वपूर्ण कदम साबित हुआ। इसी समय विश्व के अन्य देशों में भी मुद्रण कला का विस्तार हुआ, जिसने विज्ञापन को मुद्रित रूप प्रदान किया।[17]

कुल मिलाकर जनहित की सुरक्षा के लिए विज्ञापनों के प्रभाव और भाव (Content) को नियन्त्रित और विनियमित करने के अधिकाधिक प्रयोग हुए हैं। इसके कुछ उदाहरण विभिन्न देशों में 'टेलीविजन तम्बाकू विज्ञापन' को प्रतिबन्धित किया जाना और **स्वीडन** सरकार द्वारा सन् 1991 में बारह वर्ष से कम आयु के बच्चों से सम्बन्धित विज्ञापनों पर पूर्ण रूप से प्रतिबन्ध लगाया जाना है। यद्यपि स्वीडन सरकार के द्वारा यह कानून आज भी ऐसे प्रसारणों पर प्रभावी है, जो कार्यक्रम देश में तैयार होते हैं, किन्तु 'यूरोपीयन कोर्ट ऑफ जस्टिस' का विचार है कि सैटलाइट के द्वारा पड़ोसी देशों के कार्यक्रमों को देखा-सुना जा सकता है। कुछ इसी तरह का प्रतिबन्ध **ग्रीस** सरकार द्वारा भी लगाया गया, जैसे बच्चों के खिलौने से सम्बन्धित विज्ञापनों 7 am और 10 pm के बीच प्रतिबन्धित किया गया और युद्ध सम्बन्धी खिलौनों पर तो पूर्ण रूप से प्रतिबन्ध लगा दिया गया— "Greece's regulations are of a similar nature," banning advertisements. for children's toys between 7AM and 10PM and a total ban on advrtisement for war toys."

यूरोप और अन्य जगहों में भी इस समय गम्भीर चर्चा हो रही है कि बच्चों से सम्बन्धित विज्ञापनों पर क्या और कितना नियन्त्रण लगाया जाना चाहिए। इस विमर्श को बक्त तब और मिला जब सन् 2004 फरवरी में केसर फेमिली फाउण्डेशन (Kaiser Family foundation) के द्वारा प्रस्तुत रिपोर्ट में कहा गया कि फास्ट फूड विज्ञापन, जो बच्चों पर केन्द्रित होते हैं—के कारण अमेरिका में बच्चों में मोटापा सम्बन्धी महामारी फैल गयी। **न्यूजीलैण्ड, दक्षिण अफ्रीका, पाकिस्तान, सिंगापुर, अफगानिस्तान, कनाडा और कई अन्य यूरोपीयन** देशों में विज्ञापन-उद्योग 'स्व-नियन्त्रित' (Self-regulation) चलाए जाते हैं। विज्ञापनकर्त्ता, विज्ञापन एजेन्सी और प्रसारण माध्यम या समाचार माध्यम एक ऐसी विज्ञापन-संहिता के मानकों पर सहमत होते हैं, जिसका वे स्वतः अपनाने या पालन करने का प्रयास करते हैं। इस तरह के 'कोड' का सामान्य उद्देश्य यह सुनिश्चित करना होता है कि विज्ञापन, संवैधानिक, सौम्य, ईमानदार और सत्य है। कुछ स्व-नियन्त्रित संगठनों और उद्योगों द्वारा इसके लिए धनराशि मुहैया करायी जाती है। यू. के. अर्थात **इंग्लैण्ड** में बाल विज्ञापनों के विभिन्न स्वरूपों जैसे—बिलबोर्ड के प्रदर्शन पर ''यू.के टाउन'' और ''कण्ट्री प्लानिंग सिस्टम'' के माध्यम से नियन्त्रण किया जाता है। अभी हाल में 'प्लानिंग अथॉरिटी' की बिना सहमति या अनुमति के विज्ञापन प्रदर्शन को अपराध (Criminal-offence) माना गया है और इस तरह के प्रति अपराध पर 25,00 पौण्ड का जुर्माना भी किया गया है।

अमेरिका में विभिन्न समुदायों का यह मानना है कि बाह्य-विज्ञापन (Out-door Advertising) जनहित में नहीं है या दूसरे शब्दों में जनहित को हॉनि पहुँचाते हैं। कई वर्ष पूर्व या कह सकते हैं कि 1960 के दशक में अमेरिका में ग्रामीण क्षेत्रों के बिलबोर्ड विज्ञापनों को प्रतिबन्धित करने

An advertisement for a diner. Such signs are common on storefronts.

Paying people to hold signs is one of the oldest forms of advertising, as with this human billboard.

A bus with an advertisement for GAP in Singapore. Buses and other vehicles are popular media for advertisers.

का प्रयास किया गया था। **लन्दन** में भी इस तरह के गैर-कानूनी प्रदर्शनों पर विशेष कानूनों के द्वारा नियन्त्रित करने के नियम बनाये गये। कई विज्ञापन कर्त्ता विभिन्न तरह की भाषायी-तकनीकी का प्रयोग 'रेगुलेटरी कानूनों' या नियमों से बचने के लिए करते हैं। उदाहरण के तौर पर **फ्रान्स** में अंग्रेजी शब्दों का प्रयोग बड़े अक्षरों में किया जाता है और सन् 1994 की धारा 120 टाबोन लॉ (Toubon Law) के तहत अंग्रेजी के प्रयोग को सीमित करते हुए फ्रेंच अनुवाद को अच्छी या आकर्षक छपाई में प्रस्तुत किया जाता है। इसी तरह कई देशों में विवादास्पद उत्पादों जैसे सिगरेट और कण्डोम का विज्ञापन सरकारी नियमों या कानून के विषय बन गये हैं। उदाहरण के तौर पर तम्बाकू उद्योग को नियमतः विभिन्न देशों में 'चेतावनी' का प्रदर्शन, ग्राहकों को अपने उत्पाद से स्वास्थ्य सम्बन्धी खतरों से अवगत कराते हुए करना पड़ता है।

वैश्विक स्तर पर **बीसवीं शताब्दी** में विज्ञापनों की स्थिति पर यदि एक दृष्टि डालें तो सन् 1902 और 1926 के मध्य अमेरिका और इंग्लैण्ड में मुद्रण उद्योग स्थापित व्यवसाय बन गया था और इसी के साथ विज्ञापन उद्योग भी दिन दूनी रात चौगुनी वृद्धि कर रहा था। सन् 1920 में रेडियो के आगमन से विज्ञापन नयी-नयी ऊँचाइयों को छूने लगा। उस समय रेडियो पर विज्ञापन सन्देश के लिए 100 डॉलर दिये जाते थे। सन् 1913 में प्रदर्शित हुई भारत की पहली बोलती फिल्म 'आलमआरा' का भी मुद्रण माध्यमों और रेडियो पर धुआँधार विज्ञापन किया गया। सन् 1960 से 1970 तक का समय, विज्ञापनों के क्षेत्र में रचनात्मक-विज्ञापन का काल माना जाता है। इसमें नये-नये कलात्मक ढंग से ग्राहकों को लुभाने का प्रयास किया जाता था। इस काल के सर्वाधिक लोकप्रिय व रचनात्मक विज्ञापनों में वैक्स वैगन, लेमन, हथवे कमीज, रॉल्स रायल कार, एविस जूतों एवं ऐण्टल परिधानों के विज्ञापन प्रमुख थे। सन् 1970 से 1980 का दशक विज्ञापन के क्षेत्र में स्थानिकता (पॉजिशनिंग) का दौर माना जाता है। स्थानिकता-संकल्पना का प्रारम्भ 1972 में 'एडवरटाइजिंग एज' नामक जर्नल में प्रकाशित, जैक ट्राउड व एल राइट्स के शोध लेखों से हुआ। इस स्थानिकता—संकल्पना ने सम्पूर्ण विश्व के विज्ञापनों को प्रभावित किया। इस संकल्पना पर आधारित भारतीय उत्पादों-ओनिडा टेलीविजन, हीरो होण्डा मोटर साइकिल व कैडबरी चॉकलेट्स के विज्ञापन उल्लेखनीय हैं।[18]

(2) प्राचीन भारत में विज्ञापन—संसार के पहले विज्ञापन के बारे में एक सुप्रसिद्ध श्लोक अधिकांश ग्रन्थों में उपलब्ध होता है,—

तारुण्य कान्त्यू पचितोऽपि सुवर्णहार,
ताम्बूल पुष्प विधिना समलङ्कृतोऽपि।
नारी जनः प्रि (श्री) यमुपैति न तावद् प्रियाँ,
यावन्न पट्टमय-वस्त्र युगानि धत्ते।
स्पर्श (व) ता वर्ण्णान्तर विभाग चित्रेण नेत्र सुभगेन।
यैस्सकलमिदं क्षितितलमलङ्कृतं पट्ट-वस्त्रेण।।"[19]

अर्थात् चाहे कितना भी यौवन तन पर फूट पड़ा हो, अंग-अंग पर कान्ति छितरायी हो, आलेपन (क्रीम) युक्त अंग हों, होंठ क्यों न ताम्बूल के समान लाल रचे हों, फूलों से वेणी गुँथी हो और कलियों से माँग भरी हो, लेकिन समझदार नारी उस समय तक अपने प्रिय (पति) के पास नहीं जाती, जब तक वह हमारे द्वारा बुने रेशम का जोड़ा धारण नहीं कर लेती। इसके बिना उसका पति उसे स्वीकार ही नहीं करेगा।

डॉ. भगवत शरण उपाध्याय इसे विश्व का प्रथम विज्ञापन मानते हैं। यह विज्ञापन 'बुनकर व्यापारी संघ' द्वारा प्राचीन गुप्तकालीन एक सूर्य मन्दिर की दीवारों पर लगवाया गया था। यह सूर्य मन्दिर वर्तमान में मध्यप्रदेश के मन्दसौर जिले में दशपुर नामक स्थान पर स्थापित है। सच तो

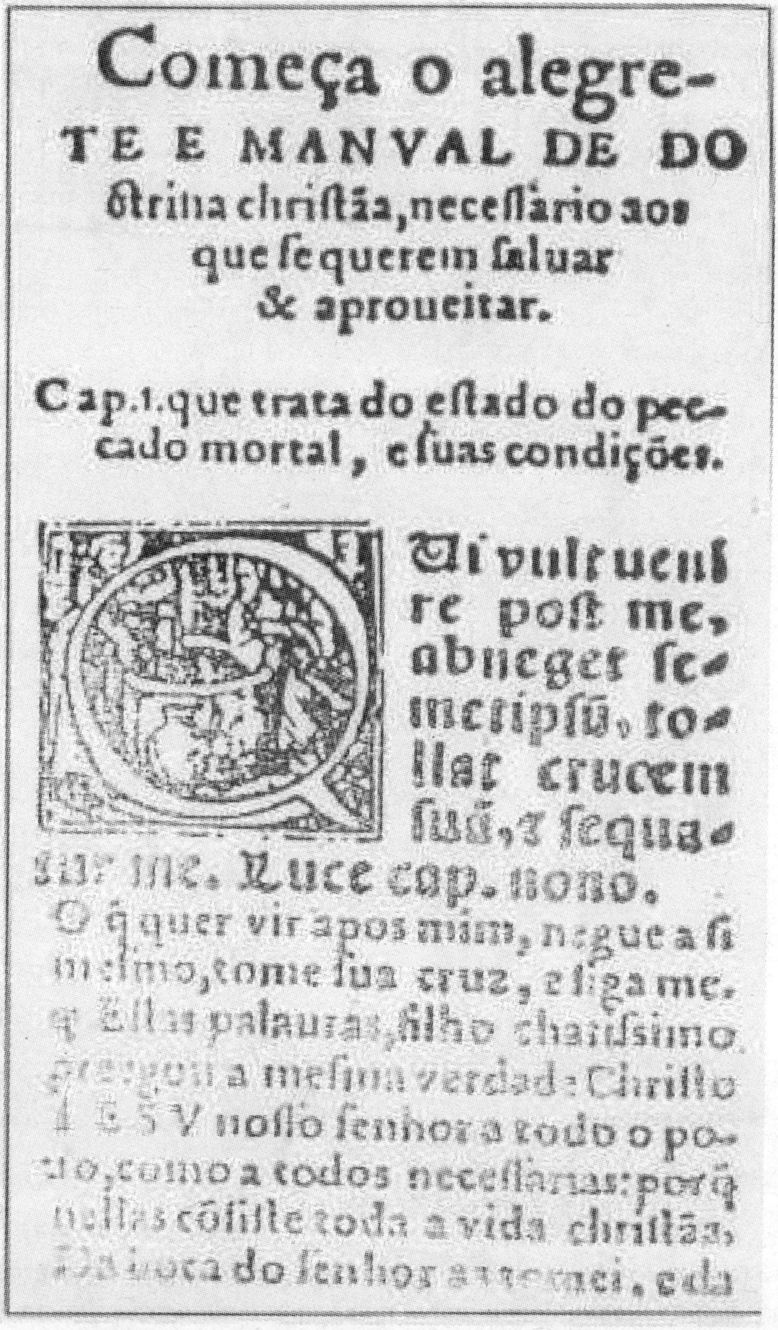

Começa o alegre-
TE E MANVAL DE DO
ctrina christãa, necessario aos
que se querem saluar
& aproueitar.

Cap. I. que trata do estado do pec-
cado mortal, e suas condições.

Qui vult ueni-
re post me,
abneget se-
metipsum, tol-
lat crucem
suam, & sequa-
tur me. Luce cap. nono.

O q quer vir apos mim, negue a si
mesmo, tome sua cruz, e siga me.
Estas palauras, filho charissimo,
pregou a mesma verdade Christo
IESV nosso senhor a todo o po-
uo, como a todos necessarias: porq
nellas cõsiste toda a vida christãa.

गोवा (भारत) में मुद्रित प्रथम पुस्तक का एक पृष्ठ (1561 ई.)

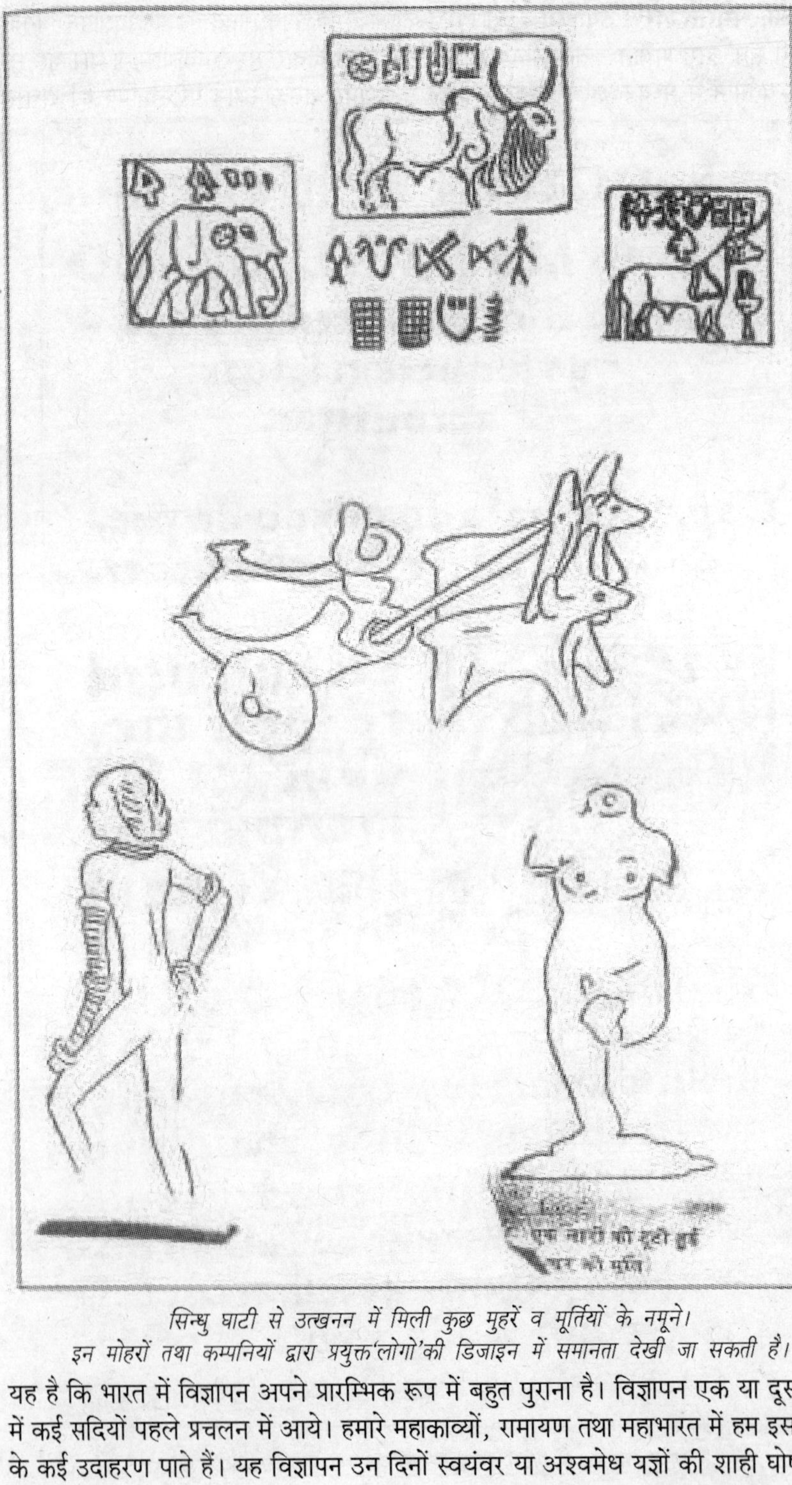

सिन्धु घाटी से उत्खनन में मिली कुछ मुहरें व मूर्तियों के नमूने।
इन मोहरों तथा कम्पनियों द्वारा प्रयुक्त'लोगो'की डिजाइन में समानता देखी जा सकती है।

यह है कि भारत में विज्ञापन अपने प्रारम्भिक रूप में बहुत पुराना है। विज्ञापन एक या दूसरे रूप में कई सदियों पहले प्रचलन में आये। हमारे महाकाव्यों, रामायण तथा महाभारत में हम इस प्रकार के कई उदाहरण पाते हैं। यह विज्ञापन उन दिनों स्वयंवर या अश्वमेध यज्ञों की शाही घोषणाओं

के रूप में होते थे। इस प्रकार के विज्ञापनों का प्रयोग लोगों को खेल तथा नाटकों के लिए आमन्त्रित करने के लिए भी किया जाता था। भाट तथा चारण भी एक प्रकार के मौखिक विज्ञापनकर्त्ता थे। वह अपने विज्ञापन व प्रसारण की शैली कविताओं के रूप में रोचक बनाकर

इन्दु लिपि में प्रयुक्त चिह्न (सिन्धु सभ्यता)

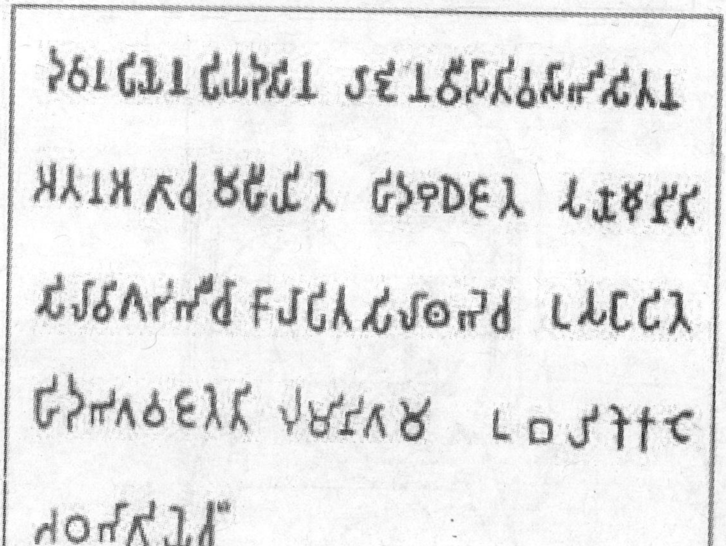

प्रचार-विज्ञापन का एक उत्कृष्ट उदाहरण लुम्बिनी का शिल्प लेख (बौद्ध काल)

राजाओं को खुश करने के लिए उनकी प्रशंसा में करते थे। भारत कला के विभिन्न क्षेत्रों में बहुत खुशहाल व समृद्ध रहा है। मोहनजोदड़ो, कालीबंगा और लाहौल की खुदाई के दौरान विभिन्न मोहरें प्राप्त हुई हैं। इनको हम पुरातन 'ट्रेड मार्क' की संज्ञा से विभूषित कर सकते हैं। हालाँकि इस बात की पुष्टि करने के लिए कोई ठोस प्रमाण उपलब्ध नहीं हैं, किन्तु ऐसा माना जाता है

पद्मपाणि अवलोकितेश्वर अजन्ता (गुजरात 3-4 से 6वीं शती)

वादामी गुफा मन्दिर का भित्ति चित्र (गुजरात 3-4 से 6वीं शती)

DOCTRINA CHRISTAM
en LinguaMalauar Tamul.

भारतीय भाषा तमिल में पहली बार प्रकाशित पुस्तक 'ड्क्ट्रीना क्रिस्तमा' (1578 ई.)

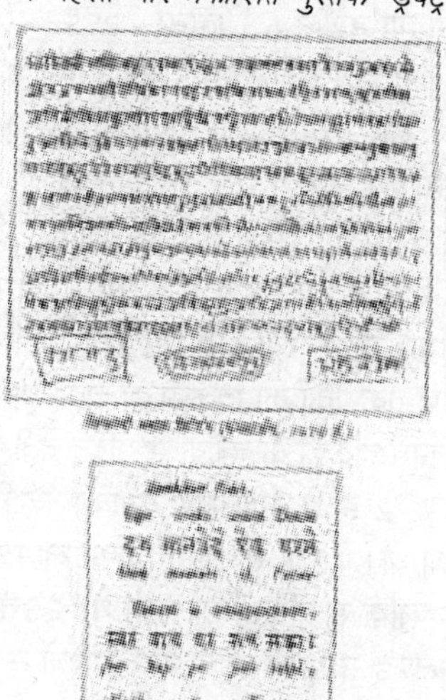

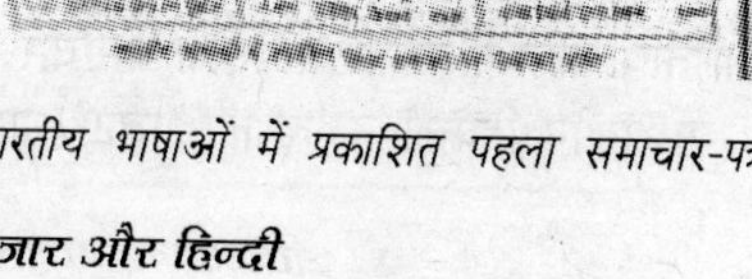

भारतीय भाषाओं में प्रकाशित पहला समाचार-पत्र 'समाचार दर्पण'

कि भारत ही वह स्थान है, जहाँ पर लिखित विज्ञापन के बीज लगभग 1500 वर्ष पूर्व अंकुरित तथा पल्लवित हुए और महता प्राप्त की। ऐसा प्रथम विज्ञापन लगभग 500 ई. पुराना है।[20] मध्यप्रदेश का मन्दसौर जिला इसका पुष्ट प्रमाण है।

विश्व के प्रसिद्ध इतिहासज्ञों और पुरातत्त्ववेत्ताओं को इस बात के प्रमाण मिले हैं कि प्राचीनकाल में शासक, प्रजा को जिन नियमों से अनुशासित करना चाहते थे उन नियमों को प्रजा की जानकारी के लिए सार्वजनिक स्थानों पर भित्ति, पट्ट आदि पर खुदवा दिया जाता था। धार्मिक सूचनाओं, राजाज्ञाओं और सरकारी आदेशों को शिलालेखों पर विज्ञापन के रूप में उत्कीर्ण कराने की प्रथा भारतीय सम्राट अशोक के समय में विद्यमान थी। सम्राट अशोक ने शिलालेखों पर अनेक सूचनाएँ उत्कीर्ण करायीं।[21] इन्हीं सूचनाओं में जगदीश्वर चतुर्वेदी विज्ञापन की पृष्ठभूमि तलाशते हैं, ''प्राचीन भारतीय समाज में विज्ञापन का लक्ष्य धार्मिक विचारों का प्रचार करना था। सम्राट अशोक के स्तम्भों और भित्ति सन्देशों, गुफा चित्रों आदि को 'आउटडोर' विज्ञापन का पूर्वज कह सकते हैं। 'इण्डोर विजुअल' सम्प्रेषण कला के पूर्वज के रूप में अजन्ता, साँची और अमरावती की कलाओं को पढ़ा जा सकता है।''[22]

(अ) बंगाल गजट और विज्ञापन—जिस प्रकार मुद्रण के आविष्कार ने अन्य देशों में विज्ञापन को प्रोत्साहन दिया, उसी तरह भारत में भी विज्ञापन के लिए मुद्रण कला का महत्त्वपूर्ण योगदान रहा है। भारत में सर्वप्रथम मुद्रण मशीन 6 सितम्बर, 1556 में संयोगवश ही आ गयी। इस मुद्रण मशीन को पुर्तगाल से गोवा होते हुए अबीसीनियाँ भेजा जाना था। राजनैतिक कारणों से इस मशीन को गोवा में ही रोक लिया गया और गोवा में प्रथम मुद्रण-मशीन (Printing Press) की स्थापना हुई, जिससे प्रथम पुस्तक **'दौक्त्रीना क्रिस्ताओ'** का प्रकाशन किया गया। भारत में दूसरी मुद्रण-मशीन, 1674-75 ई. में स्थापित की गयी जिसे गुजरात के व्यापारी भीम जी पारिख ने इंग्लैण्ड से मँगवाया था। इसके बाद लगभग 1712 ई. में मद्रास में तीसरी मुद्रण मशीन की स्थापना की गयी। उपरोक्त सभी मशीनों की स्थापना ईसाई मिशनरियों द्वारा धर्म प्रचार के लिए की गयी थी। आगे 18वीं सदी के प्रारम्भ में कोलकाता के मुद्रण तकनीकों का विकास हो चुका था और स्थानीय लोगों ने अपनी कार्यशालाएँ स्थापित कर लीं थी, जिनमें लकड़ी के ब्लॉक से मुद्रित देवी-देवताओं एवं बंगाली साहित्य का प्रकाशन किया जाता था। सन् 1792 ई. में बंगाली में विज्ञापन प्रकाशित किया गया, जो सम्भवतः लकड़ी के ब्लॉक से मुद्रित किया गया था। 18वीं सदी में विज्ञापन का लिखित सन्देश गतिशील टाइप फेसों से तथा इलस्ट्रेशन लकड़ी के ब्लॉक से मुद्रित किये जाते थे। 18वीं सदी के अन्त में रेखा अम्ल आंकन (Eaching) की तकनीक इंग्लैण्ड से भारत पहुँची और अंग्रेजों ने पुस्तकों में चित्रों एवं रेखाचित्रों का मुद्रण प्रारम्भ किया।[23]

भारत में पहला समाचार-पत्र प्रकाशित करने का श्रेय एक अंग्रेज जेम्स आगस्टस हिक्की को जाता है, जो एक बुनकर का बेटा था और इस पेशे में आने से पहले समुद्री जहाजों द्वारा माल ढुलाई के व्यापार में भारी घाटा खा चुका था। सन् 1877 में हिक्की ने मात्र 2000 रुपये की राशि से कोलकाता में कुछ टाइप खरीदे और लकड़ी का एक ढाँचा बनाकर अपने प्रेस की बुनियाद रखी। लगभग तीन वर्ष तक कोलकाता के मुद्रण के क्षेत्र में उसका एकाधिकार रहा। ईस्ट इण्डिया कम्पनी के लिए भी वह छपाई का काफी काम करता था, लेकिन उसे कम्पनी से काम के बदले झगड़े के बावजूद पूरा भुगतान नहीं मिलता था। 29 जनवरी, सन् 1780 को उसने अपने प्रेस से **'बंगाल गजट'** नामक साप्ताहिक समाचार-पत्र का प्रकाशन प्रारम्भ किया। यही समाचार-पत्र कलकत्ता और किसी भारतीय भाषा में प्रकाशित पहला समाचार-पत्र था।[24] सवा दो सौ साल पहले वारेन हेस्टिंग्स के समकालीन हिक्की ने 'बंगाल गजट' नाम का जो अखबार

प्रकाशित किया, वह भारत में पत्रकारिता का दिशा-निर्देशक और जनक सिद्ध हुआ।

जेम्स आगस्टस हिकी सबसे लम्बी आयुवाले पत्रकार हैं। उनकी मृत्यु की पुष्टि आज तक नहीं हो सकी है। उनके अन्तिम दिनों की कहानी ठीक-ठीक कोई नहीं जान सका। अंग्रेजों के विरुद्ध हिकी ने 'बंगाल गजट' प्रकाशित किया था। दस महीने तक यह पत्र प्रकाशित होता रहा। 14 नवम्बर, 1780 को इसके प्रकाशन पर ब्रिटिश शासकों ने प्रतिबन्ध लगा दिया। हिकी को जेल में डाल दिया गया। अन्त में जेल, जुर्माना और आर्थिक तंगी के कारण यह पत्र बन्द हो गया। चारों ओर से निराश, हिकी ने भारत छोड़ने का फैसला किया। 1802 में पूरब की ओर जानेवाले 'एंजेवस' नामक एक जहाज पर सवार होकर हिकी भारत से रवाना हुए और सम्भवतः उसी जहाज में हिकी का जीवनावसान हुआ! 16 दिसम्बर, 1802 में कलकत्ता से ही प्रकाशित होनेवाले समाचार-पत्र 'कलकत्ता गजट' में हिकी की मृत्यु के सम्बन्ध में एक छोटा-सा समाचार छपा। कलकत्ता गजट के 16 दिसम्बर के अंक में हिकी की मृत्यु का समाचार प्रकाशित होने पर भी, मृत्यु की सही तारीख की जानकारी नहीं मिलती। 'एंजेवस' किस देश के लिए रवाना हुआ था, समाचार में इसका भी उल्लेख नहीं मिलता। पर 'कलकत्ता गजट' में प्रकाशित अन्य खबरों के जरिये मालूम होता है कि 'एंजेवस' जहाज कलकत्ता का ही था। हिकी की मृत्यु का समाचार प्रकाशित होने के एक महीने बाद 'एंजेवस' के चीन पहुँचने का समाचार प्रकाशित हुआ। कलकत्ता से चीन पहुँचने के लिए तीन माह से कुछ ज्यादा समय लगता था।

एंजेवस जहाज में अक्टूबर के अन्त में या नवम्बर के शुरू में हिकी की मृत्यु हुई होगी। यह भी एक अनुमान है कि हिकी जहाज पर डॉक्टर की नौकरी लेकर भारत से रवाना हुए थे क्योंकि डॉक्टर या शल्य-चिकित्सक के सहायक के रूप में समुद्र-यात्रा का अनुभव उन्हें था। 1662 में पहली बार जब हिकी यूरोप से 'बहिंकम' जहाज से भारत आये थे, उस समय जहाज के सहायक-चिकित्सक के रूप में ही उनका कलकत्ता आना हुआ था। कलकत्ता आकर कलिंगा-अंचल में उन्होंने एक दवाखाना खोला और लोगों की चिकित्सा करने लगे। ब्रिटिश सरकार द्वारा अखबार बन्द कर दिये जाने के बाद भी, वे चिकित्सा-काम में लगे रहे। पर बाद में हिकी की आर्थिक स्थिति इतनी खराब हो गयी थी कि वह भारत छोड़ने को मजबूर हुए।

हिकी के अन्तिम दिनों के सम्बन्ध में कुछ जानकारी कुछ विज्ञापनों से मिलती है जिनसे पता चलता है कि उनकी मृत्यु का समाचार कलकत्ता पहुँचने के बाद उनकी तमाम सम्पत्ति को नीलाम कर दिया गया था। जिस जहाज पर हिकी भारत से रवाना हुए थे, वह एंजेवस जहाज मार्च, 1803 के प्रथम सप्ताह में कलकत्ता लौट आया था। जहाज के कलकत्ता लौटने के दो माह बाद 'कलकत्ता गजट' में एक विज्ञापन (12 मई, 1803 के अंक में) छपा। उस विज्ञापन में 'डिसिज्ड' या मृतक के रूप में हिकी के नाम का उल्लेख किया गया था। इस विज्ञापन को सुप्रीम कोर्ट के रजिस्ट्रार विलियम जैक्सन ने दिया था। सुप्रीम कोर्ट ने जैक्सन पर मृतक हिकी की सम्पत्ति की देखभाल की जिम्मेदारी सौंपी थी। यानी जैक्सन ही हिकी-स्टेट का 'एडमिनिस्ट्रेटर' था। जैक्सन ने उस विज्ञापन में आम लोगों को सूचित किया था कि जो लोग हिकी के कर्जदार हैं, वे उस कर्ज को चुका दें। दूसरी ओर जिनका हिकी-स्टेट से कुछ लेना है, वे अविलम्ब इसकी जानकारी दें। यह विज्ञापन तीन बार प्रकाशित हुआ था। इसके बाद हिकी की सम्पत्ति नीलाम कर दी गयी। हिकी ने सम्भवतः कोई वसीयत नहीं दी थी। इसके अलावा हिकी पर कर्ज भी काफ़ी था। जैक्सन द्वारा विज्ञापन देने के बाद भी 'कलकत्ता गजट' में दो और विज्ञापन छपे थे। नीलामी के लिए दोनों विज्ञापनों को कोरिया विलियम्स ऐण्ड होलर' नामक एक कम्पनी ने प्रचारित किया था। नीलामी के लिए भी इसी कम्पनी को नियुक्त किया गया था।

यह उल्लेखनीय है कि विज्ञापन में हिकी का पूरा नाम न लिखकर सिर्फ आगस्टस हिकी लिखा था। पहला विज्ञापन प्रकाशित होने के दो सप्ताह बाद 'कलकत्ता गजट' में नीलामी का दूसरा विज्ञापन 26 मार्च, 1803 को छपा। इस विज्ञापन में हिकी का पूरा नाम जेम्स आगस्टा हिकी लिखकर नीलामी करनेवालों ने पहले विज्ञापन की त्रुटि दूर कर दी। जिस दिन दूसरा विज्ञापन छपा, उसके दूसरे दिन नीलामी का दिन निर्धारित किया गया था। पहले विज्ञापन की अपेक्षा यह विज्ञापन आकार में कुछ बड़ा था। कारण चाहे जो भी हो, निर्धारित पहली नीलामी नहीं हुई थी इसलिए दूसरी बार नीलामी के लिए विस्तृत विवरण के साथ विज्ञापन किया गया। दूसरे विज्ञापन से यह जानकारी मिलती है कि हिकी की सम्पत्ति कई जगह बँटी हुई थी फिर भी हिकी के अन्तिम दिनों के बारे में आज भी विवाद है।

बहरहाल, 'बंगाल गजट' या कलकत्ता जनरल एडवरटाइजर' आदि में छपनेवाले अधिकांश विज्ञापन विभिन्न शीर्षकों के अधीन वर्गीकृत कॉलमों में ही छपते थे। ये कॉलम होते थे—'खोया और पाया', 'शराबें', 'लाटरी', 'आवश्यकता है', 'सार्वजनिक नीलाम' आदि। कुछ आयातित वस्तुओं के विज्ञापन भी होते थे, जैसे पनीर, आटा, पावरोटी, वस्त्र, टोप, जूते आदि।

सन् 1784 से लेकर 19वीं सदी के प्रारम्भ के वर्षों तक जो विज्ञापन इन समाचार-पत्रों में प्रकाशित होते थे, वे तत्कालीन सामाजिक दशाओं पर अच्छी रोशनी डालते हैं। समाचार-पत्रों में अकसर भाग गये गुलाम लड़कों या किसी के साथ भाग गयी गोरी मेमों के बारे में भी विज्ञापन प्रकाशित होते थे। 31 मई, 1787 को 'कलकत्ता गजट' में निम्नलिखित विज्ञापन प्रकाशित हुआ था।

RUNAWAY

A SLAVE BOY, fourteen or fifteen years old, four feet eight or nine inches high; stout made; dark yellowish colour, little pock-marked; full face; short notes; had on when he eloped an old turban, which had been blue; old nankeen jacket; bannian shirt; a pair of trousers, made of Europe check; a pair shoes, with round buckles. The little finger of his right hand contracted by being formerly cut, his voice somewhat effeiminate, answers to the name of CHRISTMAS, called by his late master ANTONY. One Gold Mohur will be given to any person, who will bring him to R. Hollies. near the Old Foujdar's house.

भाग गया

एक गुलाम छोकरा, 14 या 15 वर्ष आयु का, 4 फुट 8 या 9 इंच ऊँचे कद का, सीधी कद-काठी, गहरा पीला रंग, कुछ चेचक के दाग, भरा हुआ चेहरा, छोटी नाक, जब भागा तो उसके सिर पर पीले रंग की पगड़ी थी, पुरानी चीनी सूती कपड़े की जैकेट, बनियान कमीज, यूरोपी चैक का बना पाजामा, गोल बकलवाले एक जोड़ी जूते। उसके दाहिने हाथ की छोटी उँगली कटी है, आवाज औरतों जैसी है, क्रिसमस का नाम लेने पर

BENGAL GAZETTE;
OR THE ORIGINAL
Calcutta General Advertiser.

जवाब देता है। जो व्यक्ति उसे ढूँढ़कर लायेगा उसे एक मोहर (स्वर्ण मुद्रा) इनाम में दी जायेगी।[25]

आगे चलकर सन् 1790 में मुम्बई में द कोरियर नामक समाचार-पत्र का प्रकाशन प्रारम्भ हुआ, जिसमें सर्वप्रथम भारतीय भाषाओं—उर्दू, गुजराती, मराठी आदि भाषाओं में विज्ञापन छापे गये। सन् 1816 में अमेरिकी ईसाई मिशनरियों द्वारा मुम्बई में मुद्रण की विस्तृत व्यवस्था की गयी थी। पहला भारतीय भाषा का समाचार-पत्र **दिग्दर्शन** सन् 1818 में बंगाल में प्रकाशित किया गया था। भारत में 1822 ई. में लिथोग्राफी द्वारा मुद्रण प्रारम्भ किया गया था। प्रथम लिथोग्राफी प्रेस की स्थापना कोलकाता में की गयी थी। पटना भी लिथोग्राफी द्वारा मुद्रण का प्रारम्भिक केन्द्र रहा है। यहाँ पर चित्रकार सर चार्ल्स डी. ओलेय ने अपने द्वारा बनाये चित्रों को मुद्रित करने के लिए बिहार लिथोग्राफी प्रेस की स्थापना की थी। इन्होंने स्थानीय चित्रकार जयराम दास को लिथोग्राफी में प्रशिक्षित किया और अपना सहायक बनाया था। सन् 1820 से 1850 के मध्य कोलकाता में बहुत अधिक लिथोग्राफी प्रेसों की स्थापना हो चुकी थी और लिथोग्राफी तकनीक द्वारा चित्रों का मुद्रण किया जाने लगा था। 30 मई, 1826 को हिन्दी का पहला समाचार-पत्र **उदन्त मार्तण्ड** कोलकाता से प्रकाशित किया गया। उस समय छपनेवाले अधिकतर विज्ञापन वर्गीकृत व घोषणाएं होती थीं जो विदेशी वस्तुओं के लिए अधिक होते थे, जैसे टोप, जूते, कपड़े

और पनीर आदि। इन विज्ञापनों में भाषा पर बहुत अधिक ध्यान नहीं दिया जाता था। उनकी भाषा काम-चलाऊ होती थी। 19वीं सदी के पूर्वार्द्ध के दशकों में धातु उत्कीर्ण की अपेक्षा काष्ठ उत्कीर्ण अधिक लोकप्रिय रहा। भारत के कला विद्यालयों में भी काष्ठ उत्कीर्ण एवं लिथोग्राफी की तकनीकों पर विशेष ध्यान दिया जाने लगा था।[26]

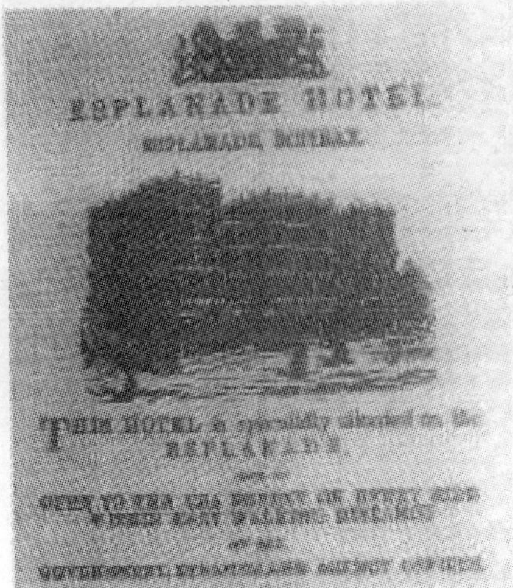

इलेस्ट्रेटेड वीकली में प्रकाशित विज्ञापन, 1880 ई.

टाइम्स ऑफ इण्डिया में प्रकाशित विज्ञापन, 1911ई.

मोरारजी मिल्स के लिए जारी किया गया विज्ञापन

पियर्स साबुन का विज्ञापन

इनो फ्रूट का विज्ञापन

1860 के दशक में मद्रास में 'The General Advertiser & Journal of Commerce' नामक समाचार-पत्र छापा गया, जिसमें चार पृष्ठ विज्ञापनों से सम्बन्धित थे। सन् 1880 तक कोलकाता में रंगीन लिथोग्राफी बहुत लोकप्रिय हो चुकी थी और बड़े-बड़े रंगीन पोस्टर लिथोग्राफी द्वारा मुद्रित किये जाने लगे थे। मुम्बई में राजा रवि वर्मा द्वारा भी अपने लिथोग्राफी प्रेस से बड़े-बड़े पोस्टर एवं कैलेण्डर मुद्रित किये गये थे। उस समय भागे हुए लड़कों के बारे में भी समाचार-पत्रों में विज्ञापन छपते थे, जैसा अभी थोड़ा पहले बताया गया है। 31 मई, 1887 को **'कलकत्ता गजट'** में भागे हुए लड़के के बारे में विज्ञापन छपा था, जिसमें उसके बारे में जानकारी थी एवं उसे खोजकर लानेवाले को एक सोने की मोहर (मुद्रा) देने के बारे में लिखा गया था। इस प्रकार के विज्ञापनों की भाषा कामचलाऊ होती थी। इसी तरह 21 नवम्बर, 1888 ई. को मुम्बई से **दी टाइम्स ऑफ इण्डिया** में दो विज्ञापन मुद्रित हुए जो खाने के सामान से सम्बन्धित थे। उस समय अधिकतर विज्ञापन विदेशी आयातित वस्तुओं से सम्बन्धित होते थे। भारत में 1890 ई. में छपनेवाले विज्ञापनों में लगभग 50 प्रतिशत विज्ञापन तो एलोपैथिक दवाओं के ही होते थे, जिनकी भाषा अंग्रेजी होती थी। ये विज्ञापन **टाइम्स आफ इण्डिया** व **ट्रिब्यून** में छपते थे। उस समय आयुर्वेदिक दवाओं के विज्ञापन **मुम्बई समाचार-पत्र** में छपते थे, जैसे—भगवद्गीता, उत्तर रामचरित तथा आईने-अकबरी आदि के विज्ञापन भी समाचार-पत्रों में सम्मानजनक स्थान लिए हुए होते थे। आगे 19वीं सदी के अन्त तक भारत में भी यूरोप की तरह लोकप्रिय टाइपफेसों का आविर्भाव हो चुका था। इस समय कोलकाता का बाजार तेजी से विकसित हो रहा था और इसमें ग्रामोफोन, साइकिल एवं बैंक आदि सम्बन्धी सेवाएँ उपलब्ध होने लगी थीं।[27]

(ब) भारत में बीसवीं शताब्दी में विज्ञापन : कुछ स्याह-शुभ पक्ष—बताते हैं, महात्मा गाँधी के साप्ताहिक 'हरिजन' में कोई विज्ञापन नहीं छपता था। वस्तुतः राष्ट्रपिता के महान

व्यक्तित्व और उनके विचारों के प्रचार से ही 'हरिजन' की बिक्री इतनी ज्यादा हो जाती थी कि उसे प्रकाशित करने के लिए विज्ञापनों की आवश्यकता नहीं पड़ती थी। सभी जानते हैं, 'हरिजन' का संचालन रुपया कमाने के लिए नहीं होता था। इधर, सन् 1902 में 'सरस्वती' और 'सुदर्शन' की प्रेरणा से सुप्रसिद्ध कहानीकार श्री चन्द्रधर शर्मा गुलेरी ने 'समालोचक' का प्रकाशन शुरू किया। सम्पादक बने बाबू गोपाल राम गहमरी। 'समालोचक' के प्रवेशांक में नियमावली शीर्षक के अन्तर्गत् 'विज्ञापन' तथा 'समालोचना' के मानदण्डों का खुलासा करते लिखा गया, ''समालोचक में विज्ञापन होंगे, उनमें कुछ भी झूठा व अतिरंजित होगा, तो उसकी समालोचना करके सर्वसाधारण को धोखे से बचाने की चेष्टा की जायेगी। कोई विज्ञापन बिना पूरी जाँच किये नहीं छापा जायेगा।'' सन् 1902 में ही प्रकाशित ''बंगाल केमिकल्स ऐण्ड फार्मोसीटीकल वर्क्स'' के विज्ञापन में स्वदेश में बनी वस्तुओं की उत्कृष्टता पर जोर दिया गया था। इसी तरह 'हिन्दू बिस्कुट कम्पनी लिमिटेड दिल्ली' ने अपने विज्ञापनों में दावा किया था कि उसके द्वारा बनाये गये बिस्कुट श्रेष्ठ हैं, क्योंकि वे 'ताजा हैं, पौष्टिक हैं और आयातित या निर्यातित पुराने बिस्कुटों से सस्ते भी हैं।'' 'भारत का उत्तर', 'स्वदेशी वस्तुएँ खरीदिये'—ऐसी कुछ भावनाएँ और अपीलें थीं, जिनका अनेक कम्पनियों ने अपनी वस्तुओं के विज्ञापन में प्रयोग किया।[28]

सन् 1906-1911 के दौर में स्वदेशी आन्दोलन ने भारतीय उद्योगों के विकास को काफी बढ़ावा दिया, परिणामस्वरूप, विज्ञापन एजेन्सियों को उभरने का मौका मिला। सन् 1906 में ऊनी वस्त्रों के प्रचार-प्रसार के लिए अपने समय की सुप्रसिद्ध कम्पनी धारीवाल का विज्ञापन था—''भारत में बना भारत का'' इसी समय रेल, बैंक तथा शेयर मार्केट ने भी विज्ञापनों को बढ़ावा देना शुरू किया। सन् 1907 में भारत में रोटरी मशीन के आ जाने के बाद सबसे पहले कलकत्ता से प्रकाशित होनेवाले समाचार-पत्र **स्टेट्समैन** ने इस मशीन का प्रयोग शुरू किया और बाद में अन्य समाचार-पत्रों ने भी इस मशीन का प्रयोग करना प्रारम्भ किया, जिससे पत्र-पत्रिकाओं की छपाई सस्ती व अधिक संख्या में होने लगी। अब अधिक संख्या में लोग समाचार-पत्र और पत्रिकाएँ पढ़ने लगे और इनमें विज्ञापनों की संख्या भी बढ़ी। उस समय कोलकाता देश की राजनीतिक राजधानी और मुम्बई देश की औद्योगिक राजधानी थी, इसलिए विज्ञापन उद्योग का प्रारम्भ भी इन्हीं केन्द्रों पर हुआ। सन् 1907 में ही मुम्बई में प्रथम भारतीय विज्ञापन एजेन्सी की स्थापना हुई। सन् 1909 में कोलकाता में विज्ञापन एजेन्सी की स्थापना हुई। ये विज्ञापन एजेन्सियाँ विज्ञापनकर्त्ता को कला सम्बन्धी सेवाएँ भी देने लगी थीं। भारत में टाइम्स ऑफ इण्डिया ने 1910 ई. में अपने वार्षिक अंक में प्रथम बार रंगीन विज्ञापन मुद्रित किये, जो पियर्स साबुन तथा इनो फ्रूट नमक से सम्बन्धित थे। इन विज्ञापनों में जो रंगीन चित्र प्रयुक्त किये गये थे, वे ऐचिंग पद्धति द्वारा मुद्रित किये गये थे। इनमें 'पियर्स' का विज्ञापन पोस्टर की तरह दिखायी देता था, जब कि 'इनो फ्रूट' नमक का विज्ञापन अधिक सुरुचिपूर्ण एवं कालांकित था। इनमें चित्र वाला भाग तीन रंगों से मुद्रित किया गया था।[29]

विज्ञापनों ने **भारतीय फिल्मों** के उत्कर्ष में भी काफी सक्रिय भूमिका निभायी है। सन् 1913 ई. में भारतीय सिनेमा के जन्मदाता कहे जानेवाले और भारत की पहली मूक फिल्म 'राजा हरिश्चन्द्र' के निर्माता श्री दादा साहेब फाल्के की उक्त फिल्म का प्रचार-प्रसार सम्पूर्ण भारत में इस प्रकार किया गया था—

''मात्र तीन आने में देखिये, दो मील लम्बी
फिल्म में 57000 से भी अधिक चित्र।''

सन् 1914-18 के आसपास प्रथम विश्वयुद्ध के समय समाचार-पत्रों की संख्या बढ़ी। भारतीय बाजारों में विदेशी वस्तुओं की आमद बढ़ी। विदेशी निर्माताओं के लिए भारत बड़े बाजार के रूप में दिखायी दिया, फलतः अपने-अपने उत्पादों की बिक्री और प्रचार-प्रसार के लिए अखबारों में विज्ञापनों की भरमार होने लगी। विज्ञापनों की यह बाढ़ प्रेस से लेकर होर्डिंग तक हो गयी। भारत में विज्ञापन कर्म को व्यावसायिक दिशा देने के लिए 1920-1922 के बीच मुम्बई में एक अंग्रेज विज्ञापन विशेषज्ञ ने पहली विज्ञापन एजेन्सी की स्थापना की। इसके बाद छोटी-मोटी विज्ञापन एजेन्सियाँ खुलीं, लेकिन बड़े पैमाने पर पहली भारतीय विज्ञापन एजेन्सी सन् 1930 में स्थापित हुई, जिसका नाम 'नेशनल एडवरटाइजिंग सर्विस' रखा गया। सन् 1939 में इण्डियन ऐण्ड ईस्टर्न न्यूज पेपर ससोसियेशन' (IENA) की स्थापना हुई। समाचार-पत्रों में छपनेवाले इस समय के विज्ञापनों में कलात्मकता और खूबसूरती दिखायी देने लगी थी।

लेकिन कहते हैं, भारत में विज्ञापनों का असल विकास देश के स्वतन्त्र होने के बाद ही हुआ। समाचार-पत्रों की निश्चित संख्या प्रमाणित करने के लिए सन् 1948 में 'आडिट ब्यूरो ऑफ सर्कुलेशन' की स्थापना की गयी। सन् 1950 तक बननेवाली फिल्मों में विज्ञापनों की संख्या बढ़ी। सन् 1952 तक स्थिति यह हो गयी कि विज्ञापन समाचार-पत्रों के राजस्व का मुख्य स्रोत ही बन गया। प्रेस आयोग के मुताबिक समाचार-पत्रों और अन्य माध्यमों से विज्ञापन पर तब लगभग 10 करोड़ रुपये की धनराशि व्यय की गयी थी। प्रारम्भिक वर्षों में उपभोक्ता वस्त्रों के विज्ञापनों पर काफी बलदिया गया। 60वें दशक के दौरान वस्त्र आदि उपभोक्ता वस्तुएँ ही विज्ञापन की पहली पंक्ति में अग्रणी थी। 70 के दशक के दौर में रेडियो एवं टेलीविजन पर विज्ञापन का प्रसारण शुरु हो गया। 80 के दशक के आखिर तक जहाँ समाचार-पत्रों में 66% विज्ञापन छपे, वहीं रेडियो, टी.वी. के माध्यम से 15% समय में विज्ञापन प्रसारित किये गये। आज रेडियो, टेलीविजन के माध्यम से न केवल विज्ञापन प्रसारित किये जाते हैं, बल्कि अधिकांश कार्यक्रम भी विज्ञापन कम्पनियों द्वारा आयोजित होते हैं।

सच कहा जाय तो विज्ञापन की तकनीक 1920 के बाद आधुनिकता की ओर अग्रसर हुई, जब 'जे. वाल्टर थाम्पसन' जैसे विदेशी विज्ञापन एजेन्सियों ने भारत में अपने कार्यालय खोले। सामाजिक मनोविज्ञान तथा बदलते हुए समय पर आधारित नयी चीजों एवं विक्रय चिह्नों के साथ नयी अपीलें प्रस्तुत हुईं। प्राथमिक आवश्यकताओं के स्थान पर गौण आवश्यकताएँ अपीलों के रूप में उभरीं। विभिन्न वस्तुओं—साबुन व टूथपेस्ट से लेकर ट्रक तथा ट्रैक्टर तक के विज्ञापनों में नारी आकर्षण सर्वोत्तम अपील के रूप में सामने आया। फोटोग्राफी तथा टाइपोग्राफी की ओर अधिक ध्यान दिया गया। वस्त्र विज्ञापन में, जो 1954 के बाद बड़े पैमाने पर शुरू हुआ, बड़े उन्मादी दृश्यों व चित्रों का प्रकाशन प्रारम्भ हुआ। इस क्षेत्र में बहुत से प्रतियोगी मैदान में आ गये। सन् 1947 और 51 के बीच कपड़े के विज्ञापनों में केवल चार प्रकार की अपीलें होती थीं—गुण (50%), फैशन (10%), किस्म (30%) और बचत (10%), किन्तु इसके बाद गुणों की संख्या और बढ़ गयी और फिर धीरे-धीरे कम होती गयी। यहाँ तक कि फैशन पर इतना अधिक जोर दिया जाने लगा कि वस्तु के गुणों को भी नजर अन्दाज कर दिया गया।[30]

बहरहाल, विज्ञापनों की गुणवत्ता सुधारने के लिए सन् 1952 में, 'भारतीय विज्ञापन समिति' की स्थापना की गयी। सन् 1956 में 'प्रथम एड क्लब' बना। सन् 1959 में 'एडवरटाइजिंग काउन्सिल ऑफ इण्डिया' तथा 1967 में, 'नेशनल काउन्सिल ऑफ एडवरटाइजिंग एजेन्सीज' स्थापित हुई, जिसका फल हुआ, देश में 'विज्ञापन कला' को नया आयाम मिलना आरम्भ हुआ।

(स) दृश्य-श्रव्य माध्यमों में विज्ञापनों की वर्तमान स्थिति—सन् 1970 के दशक

को हम 'हिप्पी संस्कृति' से प्रभावित दशक मान सकते हैं। सन् '60 और 70' के दशक में उपभोक्ता वस्त्रों के विज्ञापनों पर काफी बल दिया गया। वस्त्र आदि उपभोक्ता वस्तुएँ ही विज्ञापन की पहली कतार में थीं। 2 नवम्बर, 1967 से रेडियो पर विज्ञापन प्रसारित होने लगे। विज्ञापनों को नयी गति देने के लिए 1 जनवरी, 1970 से दूरदर्शन पर भी विज्ञापनों का प्रसारण तेजी से प्रारम्भ हुआ। इधर हम सभी जानते हैं, अखबार की संजीवनी और रसायन विज्ञापन ही होते हैं, अतः अखबारों में भविष्य में विज्ञापित होनेवाले विज्ञापनों की बाढ़ को रोकने के लिए प्रेस आयोग ने सन् 1954 में सुझाव दिया था कि दैनिक समाचार-पत्रों में विज्ञापनों का स्थान कुल छपे स्थान का 40% से अधिक नहीं होना चाहिए। आयोग का यह कथन था कि इससे यह सुनिश्चित हो जायेगा कि पाठक को समुचित मात्रा में समाचार व विचार प्राप्त हो रहे हैं और विज्ञापनों का प्रभाव बहुत अधिक विज्ञापन ठूँसे जाने के कारण कम नहीं हो रहा है। आयोग ने आगे कहा, विज्ञापनों की अधिकतम सीमा 40% निर्धारित करने के लिए हमने केवल तात्कालिक प्रथा को ही दृष्टि में नहीं रखा है, वरन् उस भावी मनोवृत्ति को भी ध्यान में रखा है, जिसकी हमें प्रति पृष्ठ मूल्य निर्धारण होने पर उभरने की आशा है। हमें इस बात की आशा है कि जब समाचार-पत्रों की पृष्ठ संख्या कम करने या प्रति का मूल्य बढ़ाने पर बाध्य होना पड़ेगा तब समाचारों व सम्पादकीयों को संक्षेप में प्रस्तुत करने का आकर्षण गम्भीर रूप से बढ़ जायेगा ताकि सभी आरक्षित विज्ञापन समाचार-पत्र में समा सकें। इसके फलस्वरूप, विज्ञापन और पाठ्य सामग्री के स्थान का अनुपात बढ़ जायेगा इसीलिए हमारी राय है कि इसको हमारे द्वारा प्रतिपादित सीमा तक ही रखा जाय।

समय साक्षी है कि आयोग की आशंका सही थी। विज्ञापन व पाठ्य-सामग्री के बीच आयोग द्वारा निश्चित 40 : 60 का अनुपात पिछले कई वर्षों में अनेक समाचार-पत्रों में उलटा हो गया है। इससे पूर्व कि हम उन पक्षों की गहराई में जायँ, स्वतन्त्रता के फौरन बाद समाचार-पत्रों में विज्ञापन की स्थिति क्या थी, यह समझ लेना भी आवश्यक है।[31]

स्वतन्त्रता-प्राप्ति के पश्चात प्रथम पाँच वर्षों में राष्ट्रीय-पत्रों ने विज्ञापन स्थान 35-37 प्रतिशत से बढ़ाकर लगभग 40 प्रतिशत तक कर दिया था। वृद्धि की यह दर 1963 तक बनी रही जब यह 52 प्रतिशत तक पहुँच गयी। यह बिना हस्तक्षेप के सुनियोजित विकास का वह समय था जिसमें देश उत्पादन-क्षमता, उत्पादन-गति व विक्रय के दौर से गुजर रहा था। बहुत अधिक उतार-चढ़ाव के बाद विज्ञापन का स्थान 1963 के मुकाबले 1972-73 में 60 प्रतिशत हो गया। यह कथन केवल अंग्रेजी समाचार-पत्रों के बारे में है। भारतीय भाषाओं के अधिकतर समाचार-पत्रों में 50 प्रतिशत से अधिक विज्ञापन नहीं होते थे। यद्यपि उनमें से कइयों की बिक्री अपने अंग्रेजी अखबारों से अधिक थी। 1951 में 'नवभारत टाइम्स' में औसतन 13 प्रतिशत विज्ञापन होते थे। 1957 में यह बढ़कर 35.2 प्रतिशत हो गये। यह प्रतिशत 1967 में बढ़कर 37.3 और 1971 में 54 तक पहुँच गया। भारतीय भाषाओं के कई समाचार-पत्रों की तुलना में 'नवभारत टाइम्स' की स्थिति काफी अच्छी थी। भारतीय भाषाओं के मध्यम व लघु समाचार-पत्र हमेशा विज्ञापनों के लिए तरसते रहते थे। इस तथ्य के विपरीत कि भाषायी पत्र आज सभी शिक्षित व सम्पन्न व्यक्तियों द्वारा पढ़े जाते हैं, विज्ञापनदाताओं का अंग्रेजी समाचार-पत्रों में विज्ञापन पर अधिक व्यय करने का विरोधाभास अभी भी जारी है। कुछ अंशों तक तो यह बात समझ में आती है कि औद्योगिक व व्यावसायिक विज्ञापन करनेवाले अंग्रेजी अखबारों को प्राथमिकता दें क्योंकि इनके द्वारा वे विशेष सम्भावित खरीदारों तक पहुँच सकते हैं किन्तु सरकारी विज्ञापनों का उद्देश्य वस्तुओं की बिक्री करना नहीं है वरन् सेवाओं व विचारों को सम्पन्न वर्ग की अपेक्षा सामान्य

पाठकों तक पहुँचाना है। परिवार-नियोजन, एकता, कृषि, स्वास्थ्य और इसी प्रकार के दूसरे अभियानों का सीधा लक्ष्य सामान्य पाठक होने चाहिए। दुर्भाग्यवश भाषायी समाचार-पत्रों को उनका पूरा हक नहीं मिल पा रहा है। 1963-64 में दृश्य व श्रव्य प्रचार निदेशालय ने प्रेस-विज्ञापन पर 56.8 लाख रुपये की राशि खर्च की थी। इसमें से 31.8 लाख रुपये अंग्रेजी प्रेस को दिये गये। लगभग 25 लाख भारतीय भाषाओं के पत्रों को मिले, जिसमें हिन्दी पत्रों का हिस्सा मात्र 8.2 लाख रुपये था। सरकार को 31.8 लाख रुपये के बदले अंग्रेजी अखबारों में 6 लाख कॉलम सेण्टीमीटर स्थान मिला जबकि भाषायी पत्रों पर खर्चे 25 लाख रुपयों में 11 लाख कालम सेण्टीमीटर स्थान प्राप्त हुआ। यह स्थान 5.20 रुपये प्रति कालम सेण्टीमीटर पड़ता है। सरकार की नीति अधिक-से-अधिक भारतीय भाषायी प्रेस को प्रोत्साहित करने की ओर उन्मुख है। अब अंग्रेजी व भाषायी दोनों समाचार-पत्रों को लगभग बराबर विज्ञापन मिलते हैं यद्यपि भाषायी पत्रों की प्रति कालम सेण्टीमीटर दर अभी तक कम है।

अप्रैल 1972 में सरकार ने देश में प्रकाशित होनेवाले दैनिक समाचार-पत्रों की पृष्ठ संख्या सीमित कर दी थी। इस निर्धारण का मूल उद्देश्य समाचार-पत्रों, विशेषकर बड़े समाचार-पत्रों में विज्ञापन पर दिये जा रहे जोर पर रोक लगाना था। सर्वोच्च न्यायालय द्वारा इस तरीके को अवैधानिक घोषित कर दिया गया।

किन्तु इस (दस पृष्ठ) सीमा निर्धारण के समाप्त होने से पहले ही अखबारी कागज में 30 प्रतिशत कटौती ने पृष्ठ सीमा निर्धारण से भी बड़े विवाद को जन्म दिया। हाल ही में पहली बार समाचार-पत्रों ने अपनी सम्पूर्ण शक्ति से इस कटौती के विरोध में आवाज उठायी और समाचार-पत्रों के मूल्य और विज्ञापन-दरों में वृद्धि के लिए काफी जोर से दौड़-भाग की। काफी सीमा तक समाचार-पत्र अपनी दरें बढ़ाने में सफल हुए।

विज्ञापनों का स्थान व विज्ञापनों से होनेवाली आय दोनों ही दस पृष्ठ सीमा निर्धारण के बाद कम हो गयी जबकि 30 प्रतिशत अखबारी कागज में कटौती के बाद इनमें कुछ वृद्धि हुई। कटौती के बाद आय में वृद्धि विज्ञापन दरों में हुई वृद्धि को दर्शाता है। ओ. आर. जी. (ओरिएण्टल रिसर्च ग्रुप) के एक अध्ययन के अनुसार 1973 में प्रेस विज्ञापनों पर 60 करोड़ रुपये व्यय हुए। इनमें

1980 के दशक में प्रकाशित विज्ञापन

से 51 करोड़ रुपये दैनिक समाचार-पत्रों के माध्यम से खर्च किये गये। देश में प्रेस विज्ञापनों में किये जानेवाले व्यय का 90 प्रतिशत से कुछ अधिक 120 प्रकाशनों के माध्यम से हो रहा है। तीस बड़े प्रकाशनों के पास 60 प्रतिशत विज्ञापन व्यय और लगभग 40 प्रतिशत विज्ञापन स्थान है। विज्ञापन पर व्यय होनेवाली कुल राशि का लगभग आधा अंग्रेजी प्रकाशनों को जाता है जबकि वे केवल कुल विज्ञापन स्थान का 1/3 भाग देते हैं। अंग्रेजी दैनिकों का हिस्सा धीरे-धीरे घट रहा है। 1973-74 के दौरान यह लगभग 15 प्रतिशत वित्त के रूप में और 6 प्रतिशत विज्ञापन स्थान के रूप में घट गया है।[32]

सन् 1980 विज्ञापनों की सफलता का अभूत पूर्व दशक था। भौतिक वस्तुओं के विज्ञापन पर इस दशक में विशेष बल दिया गया। दूरदर्शन और आल इण्डिया रेडियो दोनों शक्तिशाली विज्ञापन माध्यम बनकर उभरे। सन् 1990 में विज्ञापनों की जमीनी हकीकत पर विशेष बल दिया गया। विज्ञापन-निर्माण में सावधानी बरती गयी और ब्राण्ड पर अधिक बल दिया गया।[33] बीसवीं शताब्दी के अन्त में भारत में बहुराष्ट्रीय कम्पनियों का प्रवेश हुआ, फल हुआ, उत्पादों की अधिक-से-अधिक बिक्री के लिए विज्ञापनों का खूब प्रयोग किया गया। इसी समय विज्ञापनों की भाषा भी बदलनी शुरू हुई। साफ शब्दों में, आज अधिकांश विज्ञापन ध्यानाकर्षण के लिए 'हिंग्लिश' का भरपूर प्रयोग करते हैं। अब India बनेगा Lightning Fast, Healthy'[34] होगा हिन्दुस्तान, खुशियों की Home dilivery-इस प्रयोग के कुछ ज्वलन्त उदाहरण हैं। 'हिग्लिश' न सिर्फ, 'फैशनेबल' 'युवाओं की भाषा है, अपितु भिखारी भी इसका सटीक प्रयोग कर रहे हैं। टेलीविजन विज्ञापन जिनकी 'टारगेट ओडियन्स' पूर्व में केवल उच्च और मध्यम वर्ग थी, अब निम्नवर्ग एवं निम्नमध्यमवर्ग भी हो गयी है।[35]

आज भारतीय विज्ञापनकर्त्ता पाश्चात्य विज्ञापन शैली से निकलकर भारतीय शैली पर अपना ध्यान केन्द्रित करने लगे हैं। सर्फ की ललिता जी वाला विज्ञापन इसकी एक मिसाल है। कितनी सहजता से एक मध्यवर्गी मोलभाव करनेवाली नारी को एक अप्रत्यक्ष प्रश्नकर्त्ता के प्रश्नों का उत्तर देते दिखाया गया है।[36] इस विज्ञापन ने न सिर्फ उपभोक्ता पर अपनी अमिट छाप छोड़ी, अपितु विज्ञापन जगत् में भी एक 'ट्रेण्ड' का आगाज किया।[37] इसके बाद हमने एरियल तथा हार्पिक के विज्ञापनों में भी इस तकनीक का सफल प्रयोग देखा। इसका श्रेय लिण्टाज के ऐलिक पद्मसी को जाता है, जिन्होंने अपनी माँ को ललिता जी के रूप में पर्दे पर उतारा।[38] इसी तरह का एक अन्य 'ट्रेण्ड सेटिंग' विज्ञापन फेवीकोल का है, जिसमें एक खाती को हथौड़ी से अण्डा तोड़ते दिखाया गया है। भारतीय विज्ञापनों में संगीत का विशेष स्थान है। इसी कारण अधिकतर विज्ञापनों में कविता के लगभग सभी तत्त्व चिह्नित किये जा सकते हैं। 'अब बालों की उलझन से सुलझन'[39] में आन्तरिक लय है।' घने मुलायम काले बाल, खिले-खिले मतवाले बाल'[40] में लगातार विशेषण का प्रयोग किया गया है। 'फेविकोल' ऐसे जोड़ लगाये, अच्छे से-अच्छा तोड़ न पाये'[41] में भी दोनों पंक्ति लयमय हैं। निरमा डिटर्जेण्ट पाउडर का विज्ञापन पूर्ण रूप से एक लघु कविता है—

''निरमा, वॉशिंग पाउडर निरमा,
दूध सी सफेदी निरमा से आये,
रंगीन कपड़ा भी खिल खिल जाए।''[42]

'Cadbyry's 5 Star, Joukhaye, Kho Jayae' में समानान्तर वाक्यों का प्रयोग किया गया है।[43]

बाजारीकरण के इस युग में विज्ञापन समस्त मीडिया जगत् का केन्द्र बन चुका है। चाहे बात समाचार-पत्र या पत्रिकाओं की हो या टी.वी. रेडियो के कार्यक्रमों की, सम्पूर्ण मीडिया का विशेष ध्यान विज्ञापन की ओर है, क्योंकि विज्ञापनों से ही अधिक-से-अधिक मुनाफा हो रहा है। यही

कारण है कि व्यापार जगत् में अब जितना खर्च उत्पादों पर किया जाता है, उससे कहीं ज्यादा उस उत्पाद के विज्ञापन पर किया जाने लगा है। सम्प्रति विज्ञापन सपने खूब बेच रहे हैं। ये सपने ऐसे हैं, जो कभी मूर्त रूप नहीं लेते, फिर भी उपभोक्ता बाजार खूब दौड़ रहा है। कोरी काल्पनिक दुनिया रचकर ये विज्ञापन व्यक्ति को भ्रमजाल में उलझा रहे हैं। साफ शब्दों में, प्रिण्ट और विद्युतीय माध्यम—ये दोनों नयी विज्ञापन संस्कृति को हमें परोस रहे हैं, दूरदर्शन से ज्यादा निजी क्षेत्र के चैनल्स अन्धाधुन्ध विज्ञापनों की बौछार कर दोनों हाथ से पैसा बटोर रहे हैं। बताते हैं दूरदर्शन आज तक वित्तीय रूप से आत्म निर्भर नहीं बन पाया है। सन् 2008-2009 में इसका कुल राजस्व 737.05 करोड़ का था, जो पिछले साल के इसके राजस्व (724.42 करोड़ रुपये) से ज्यादा था। व्यापार की दृष्टि से देखें 2008-09 में 400 करोड़ रुपये से अधिक घाटे में था, जब कि एक साल पहले शुरू हुए निजी चैनल्स कलर्स की पहली और दूसरी तिमाही की कमायी के हिसाब से उम्मीद थी कि 2008-09 में इसका राजस्व 500 करोड़ से ऊपर होगा। इसी तरह एफ. एम. रेडियो को सुननेवालों के 75 प्रतिशत हिस्से पर कब्जा करने का दावा करनेवाले आकाशवाणी की कमायी 2008-09 में सिर्फ 208 करोड़ थी, जो पिछले वित्त वर्ष में इसके 233 करोड़ के राजस्व के करीब, 10% कम था। आकाशवाणी 232 रेडियो स्टेशन चलाता है, जिसमें 171 एफ. एम. स्टेशन हैं। देश भर में स्थित निजी एफ. एम. चैनलों की संख्या 242 है और 2008-09 में इनकी कुल कमायी 632 करोड़ थी। कहते हैं, कई शहरों में आकाशवाणी के स्टेशन लोकप्रिय हैं, लेकिन मार्केटिंग के मामले में यह पीछे रह जाता है।[44]

सम्प्रति भारतीय विज्ञापन उद्योग में बहुत तेजी से परिवर्तन हो रहा है। अधोलिखित आँकड़े वास्तविक व्यय और पिछले समय में हुई बढ़ोत्तरी को प्रकट कर रहे हैं,—

Year	Amount Spent (Rupees in Millions)	Percentage Increase[45]
1961	491	—
1965	587	19.55%
1971	650	10.73%
1975	2,122	226,46%
1981	4,715	93.92%
1985	6,200	50.66%
1991	15,450	149.19%
1995	40,100	159.55%
2001	1,00,500	150.62%
2005	5,60,000	457.72%
2011	13,17,700	35.30%
2015	21,13,800	60.40%
2021 Estimated	35,48,900	67.89%
2025 Estimated	47,56,800	34.40%

भारत का 2001-2002 में सकल उत्पाद 2,08,02,560 मिलियन रुपयों का था और सकल राष्ट्रीय उत्पाद (G.N.P) 2,06,06,040 का। कहते हैं कि विज्ञापन में ऐसी शक्ति होती है कि वह भविष्य में किसी भी सीमा तक रुपयों की कमायी करवा सकता है,—

Media-Mix Spending in India[46]

Advertising	1961		1971		1981		1991		2001	
	Amt	%	Amt	%	Amt	%	Amt	%	Amt	%
Press	294.60	60	390.00	60	1852.75	45	6952.50	45	46230.00	46
Radio	73.65	15	104.00	16	205.75	05	463.50	03	3015.00	03
T.V.					1646.00	40	6952.50	45	43215.00	43
Cinema	73.65	15	97.50	15	205.75	05	309.00	02	2010.00	02
Direet	9.82	02	26.00	04	82.30	02	309.00	02	2010.00	02
Promotion	14.73	03	19.50	03	82.30	02	309.00	02	2010.00	02
Others	24.55	05	13.00	02	41.15	01	154.50	01	2010.00	02
Millions Rs	491	100%	650	100%	4,115	100%	15.450	100%	100.500.	100%

इसी तरह निम्नलिखित सारणी प्रकट करती है कि भारत में 1986, 1990, 1994, 1998 और 2001 में विज्ञापन पर कितना व्यय किया गया[47]—

Media	Year 1986		Year 1990		Year 1994		Year 1998		Year 2001	
	Million Rupees	%	Million Rupees	%	Million Rupees	%	Million Rupees	%	Million Rupees	%
1. Press	3868.80	62.00	9,174.40	61.00	20,184.00	58.00	33,92.7	43%	46,230	46%
2. T.V	312.00	05.00	1,654.40	11.00	6,264.00	18.00	34.716	44%	43,215	42%
3. Radio	187.20	03.00	376.00	02.5	696.00	02.00	157.8	02%	43,215	43%
4. Cinema	187.20	03.00	451.20	03.00	696.00	02.00	2367	03%	2,010	02%
5. Ou-Door	312.00	05.00	902.40	06.00	2,436.00	07.00	2367	03%	2,010	02%
6. Video	374.40	06.00	1,203.20	08.00	3,132.00	09.00	4734	6%	5,025	5%
7. Others0	998.40	16.00	1278.40	08.50	1,392.00	04.00	1578	2%	2,010	2%
Total	6,240.00	100%	15,040.00	100%	34,800.00	100%	789,00	100%	1,00,500	100%

इसी तरह मीडिया क्षेत्र में बढ़ते कारोबार और विज्ञापन खर्च में तेजी से आते सुधार के बाद भारतीय मीडिया और मनोरंजन उद्योग की औसत सालाना वृद्धि 14% रहने की उम्मीद की गयी थी। फिक्की-केपीएजी रिपोर्ट के मुताबिक वर्ष 2015 तक भारतीय मीडिया और मनोरंजन उद्योग 12,7,500 करोड़ रुपये (करीब 28 अरब डालर) का हो गया था। रिपोर्ट के मुताबिक 2010 में मीडिया और मनोरंजन उद्योग में 2009 के मुकाबले 11 फीसदी की वृद्धि हुई और यह 65,200 करोड़ रुपये, तक पहुँच गया। इस साल इसमें 13 फीसदी की वृद्धि का अनुमान था। वर्ष 2010 में विज्ञापन पर होनेवाले खर्च में 17 फीसद की वृद्धि हुई और यह 26,600 करोड़ रुपये हो गया, जो उद्योग के कुल कारोबार का 41 फीसद था। रिपोर्ट में कहा गया था कि टी.वी. विज्ञापन और ग्राहकों से होनेवाली आमदनी के 2015 तक बढ़कर क्रमशः 21,400 करोड़ रुपये और 41,600 करोड़ रुपये हो जाने की उम्मीद थी।

निष्पक्ष कहें तो दोनों मुख्य माध्यमों में सम्प्रति बिगड़ैल विज्ञापनों का सैलाब आ गया है। इनमें कई तरह की विकृतियाँ पनप चुकी हैं। हाल के वर्षों में विज्ञापन कारोबार, बेशक काफी बढ़ा है, लेकिन इनसे समाज में काफी गलत सन्देश भी गया है। चैनलों पर इस तरह के ढेरों विज्ञापन दिखाये जा रहे हैं, जिनमें औरतों को महज 'वस्तु' के रूप में प्रस्तुत किया जा रहा है। यहाँ तक कि पुरुषों के इस्तेमाल की चीजों में भी महिलाओं का प्रयोग हो रहा है। अंग-प्रदर्शन दिखाकर अश्लीलता को बढ़ावा दिया जा रहा है। इधर, आलम यह है कि उपभोक्ता विज्ञापन की सारी असलियत जानते हुए भी स्वयं को विज्ञापन की फन्तासी में जीने से रोक नहीं पाते, यदि हम, वस्तुतः विज्ञापनों की बात भारतीय संस्कृति के सन्दर्भ में करें तो पायेंगे कि शुरू से ही यहाँ के विज्ञापनों पर पाश्चात्य संस्कृति वजनी पड़ी है। भूमण्डलीकरण के इस दौर में विश्वव्यापी पसर चुकें ये विज्ञापन आधुनिकता का लबादा ओढ़े, जिस प्रकार की संस्कृति का प्रसार कर रहे हैं, वह देश की युवा पीढ़ी को सांस्कृतिक दृष्टि से अन्तर्विरोध और विसंगतियों के ऐसे चौराहे पर खड़ा कर रही है, जहाँ से उसे सुखद भविष्य का रास्ता साफ नजर नहीं आ रहा है। यदि हम विज्ञापनों की प्रभावकारिता पर ध्यान दें तो पायेंगे कि आधुनिक विज्ञापनों ने सबसे अधिक नाबालिग किशोरों को प्रभावित किया है। परिपक्वता की कमी के कारण ये किशोर विज्ञापनों की दुनिया को वास्तविक समझ लेते हैं। उदाहरण के लिए कुछ समय पहले 'थामसम' पेय के विज्ञापन में सुपरस्टार अक्षय कुमार को एक ऊँचे छत से उलटा गिरते हुए दिखाया गया था, इस विज्ञापन ने किशोरों को इतना प्रभावित किया कि लखनऊ और दिल्ली जैसे शहरों में बच्चों ने इस 'स्टाइल' को दुहराते हुए इमारतों से गिरकर जान दे दी। अगली बात यह आज विज्ञापन बटोरने के लिए अखबार और टी.वी. चैनल्स सभी मर्यादाओं को ताक पर रख दे रहे हैं। केन्द्रीय सूचना और प्रसारण मन्त्रालय की यह शिकायत सही है कि टी.वी. चैनल्स, समाचार प्रसारण के नाम पर अनुमति और लाइसेन्स प्राप्त करते हैं, किन्तु ये सभी समाचारों को छोड़कर बाकी सभी कुछ,—सेक्स, छिनरपन, अपराध, भूत-प्रेत और ज्योतिष, पाखण्ड आदि दिखाते हैं।

उत्तर प्रदेश के सूचना निदेशालय में विज्ञापनों हेतु लगभग 4000 अखबार सूची बद्ध हैं। इनमें करीब 1000 दैनिक, 2500 साप्ताहिक और 500 पाक्षिक और मासिक अखबार शामिल हैं। ऐसे तमाम अखबार हैं, जिनकी गिनी-चुनी प्रतियाँ ही छपती हैं। उनमें अधिकांश के पास अपने प्रेस तक नहीं हैं। एक ही प्रेस से छपनेवाले कई-कई अखबारों के नाम और पन्नों की अदला-बदली का धन्धा चलता है। ऐसे अखबारों में छपनेवाली सामग्री कहीं पूरी तो कहीं अधिकांश प्रिण्टिंग प्रेस मालिक ही उपलब्ध करा देते हैं। अच्छी विज्ञापन दरों के लिए ये अखबार अपनी प्रसार संख्या बढ़ा-चढ़ा कर दिखाते हैं। कुछ समय पहले उत्तर प्रदेश सरकार ने विज्ञापनों के लिए सूचीबद्ध अखबारों की मान्यता नवीनीकरण से पहले कई सवालों के जवाब माँगा था। इन सवालों के साक्ष्य सहित सन्तोष जनक जवाब के बाद ही जिले के अधिकारी अपनी रिपोर्ट ऊपर भेजे थे। सरकार द्वारा जारी सवालों की सूची में पूछा गया था कि क्या अखबार के मुद्रण के लिए अपना प्रिण्टिंग प्रेस है? यदि हाँ, तो उसकी क्षमता कितनी है? यदि अन्य प्रेस से अखबार छपता है तो उसकी क्षमता और उसकी प्रिण्टिंग मशीन का आकार 18 गुणा 23 इंच से कम तो नहीं है? प्रिण्टिंग मशीन हेतु कितनी क्षमता का विद्युत कनेक्शन स्वीकृत है? इस मद में पिछले साल किये गये भुगतान का साक्ष्य भी माँगा गया था। इसके साथ ही यह भी पूछा गया था कि क्या न्यूनतम दस किलोवाट का कामर्शियल कनेक्शन लिया गया है या नहीं? यदि जेनरेटर की सहायता ली जाती है, तो साक्ष्य सहित क्षमता और पिछले पाँच महीने में प्रयोग किये गये डीजल के बिल माँगे गये थे। पिछले साल अखबारी कागज की खरीद और उनके भुगतान के ब्यौरे के साथ ही आयकर रिटर्न की पिछले दो साल की प्रतियाँ भी देने का निर्देश था। समाचार-पत्रों की बिक्री और विज्ञापनों

से हुई आय को अलग-अलग पेश करने को कहा गया था। आगे, अखबारों का मूल्य, उनकी सशुल्क और निशुल्क प्रसार संख्या और राज्य और मण्डल स्तर पर सूचीबद्धता हेतु यह जानकारी भी माँगी गयी थी कि किस जनपद में कितने समाचार-पत्र किस साधन से भेजे गये। ऐसे साधनों के किराया भुगतान की पिछले छह माह की रसीदें भी संलग्न करनी होगी? विज्ञापन सम्बन्धी ताजा निर्देशों से अफरा-तफरी का माहौल था। ऐसे अखबार, जिन्हें डीएवीपी से विज्ञापन मान्यता प्राप्त है, उन्हें उत्तर प्रदेश सरकार डीएवीपी की दरों से भुगतान करती है। केवल उत्तर प्रदेश में सूचीबद्ध अखबारों की विज्ञापन दर सूचना निदेशालय निर्धारित करता है। कुल मिलाकर यह कि इतनी सरकारी सख्ती के बाद भी अखबारी विज्ञापनों को सरकार से प्राप्त करने का गोरख धन्धा चल ही रहा है। यह विज्ञापन का कृष्ण पक्ष है।

अन्त में यह कि स्वतन्त्रता प्राप्ति के बाद इस समय को हम विज्ञापनों का 'उफान और उत्कर्ष काल' कह सकते हैं, किन्तु अधिक-से-अधिक लोभ-लाभ कमाने के उधातम में विज्ञापन-निर्माण करनेवालों ने उसकी शक्ल बिगाड़ी है, फल हुआ-विज्ञापनों के प्रति विश्वास घटा है, अतः जाहिर है, विज्ञापनों का महत्त्व भी घटा है। चुनावी साल में खबरें विज्ञापन की शक्ल ओढ़ विज्ञापन बन जाती हैं। विज्ञापन और खबरों के बीच फर्क-फॉक कम हो जाता है। खबरें विज्ञापन रेट पर छपती हैं। पाठक भ्रमित होता है। खबरों का ढाँचा, खबरों की भाषा निष्पक्ष, तटस्थ और विषयनिष्ठ नहीं रह जाते। खबरों के वेश में विज्ञापन, पेडन्यूज' को जन्म देता है और अखबार तथा पत्रिका का उपभोक्ता/पाठक ठगा- सा रह जाता है। आज के प्रतिस्पर्द्धी युग में विज्ञापन निर्माता उत्पादों को बाजार में प्रवेश पहचान दिलाने-कराने के लिए नानाधतकरम कर रहे हैं। वस्तु को खरीदने के लिए लालायित कर रहे हैं, झूठ कपट, धोखा, मिथ्या-वर्णन और अश्लीलता का सहारा ले नैतिकता के मूल्यों और मानदण्डों को तोड़ रहे हैं, रोमांच और थ्रिल पैदा कर रहे हैं, देह में ऐसी सनसनाहट और झनझनाहट पैदा कर रहे हैं, जिसमें उत्तेजना हो, कौंध हों, चमक हो। क्रूरता और हिंसा अलग से पैदा कर रहे हैं। नारी देह का भद्दा और नग्न प्रदर्शन कर कामुकता, छेड़छाड़ और यौनाचार को बढ़ावा दे रहे हैं। प्रेम और रोमान्स की उत्तेजक मुद्राएँ दिखाकर हत्या, बलात्कार, यौन-पिपासा को आमन्त्रित कर रहे हैं। एक शब्द में इन विज्ञापनों के शोरोगुल, चीख-चीत्कार और हल्ला-गुल्ला में अभिभूत और सम्मोहित हो युवा पीढ़ी कैबरे, पॉप तथा और न जाने क्या-क्या करती बिगड़ रही है, जिसका असर समाज में दूरगामी होगा। यदि उक्त विकृतियों की तलछट और गाद विज्ञापनों में नहीं होती, तो बेशक ये समाज के दिशा-निर्देश्क सिद्ध होते।

(7) विज्ञापन की आवश्यकता-उपयोगिता-उपादेयता और लाभ—पश्चिम के एक मीडिया-विशेषज्ञ ने विज्ञापन के बारे में लिखा है, "I am the voice of to-day, herald of tomorrow, I weave in to wrap of the past, the woof of the future. Itell the stories of peace and of war alike xxx I am light, knowledge and power."[48] अर्थात् मैं वर्तमान की आवाज हूँ, भूतकाल के आवरण का ताना तथा भविष्य का बाना हूँ। मैं शान्ति तथा युद्ध दोनों की समान रूप से कहानियाँ बताता हूँ—मैं प्रकाश, ज्ञान तथा शक्ति हूँ। सम्प्रति विज्ञापन का युग है। विज्ञापन की एक नयी, कल्चर' इस देश में पैदा' हुई है। दही के थक्के की तरह तमाम अन्तर्विरोधों के बावजूद विज्ञापन आज उपभोक्ताओं को उत्पाद, वस्तु, विचार और नीति की जानकारी मुहैया करा रहे हैं। इन्होंने हमारी जीवन शैली, रहन-सहन, दिशा-दशा को गहरे तक प्रभावित किया है। व्यावसायिकता की बात को थोड़ा परे खिसका दें, तो कई सन्दर्भों में कह सकते हैं, विज्ञापनों ने भारतीय समाज में व्यापक और असरकारक सन्देश दिया है। सम्प्रति ये लोकसेवी की भूमिका में जी रहे हैं।

सच तो यह है कि पुख्ता सोच, परिपक्व अनुभव और शऊर से निर्मित आज अनेक विज्ञापन कलावादी और रूमानी चौखटे को तोड़ते हुए आम आदमी के गीत गा रहे हैं। इनमें प्रेम के संवेग और संवेदना के जज्बे बेहद शिद्दत के साथ मौजूद हैं। राष्ट्रीय भावनाओं से ओत-प्रोत ढेरों विज्ञापनों ने भारतीय मन, मिजाज और लहजे को बदला भी है। चिन्तन की गहरी और मानवीय गरिमा सम्पृक्त विज्ञापनों ने भारतीय समाज में उच्च मूल्यों की पैरवी करते हुए आदर्श के नये मानक-मानदण्ड स्थापित किये हैं। ठोस वैचारिक प्रतिबद्धता और पैनी नजरवाले विज्ञापन जहाँ टूटे हुए मनुष्य के दुःख का गीत आलाप रहे हैं, वहीं निराशा के सफ्फाक सन्नाटे और घटाटोप, सूची-भेद्य अन्धकार में आशावाद की नयी सुबह का सन्देश भी उनमें फूटा है। यही नहीं, विज्ञापन द्वारा आप अपनी सूचना या जानकारी या अपील जब चाहें, जिस तरह चाहें पहुँचा सकते हैं, क्योंकि जैसा भी आप विज्ञापन देंगे, वैसा ही छपेगा। सच तो यह है कि उत्पादन में मशीन का जो काम है, वही काम विज्ञापन का वितरण में है। मशीन के उपयोग से हमारी वस्तुओं का उत्पादन बहुत बढ़ जाता है, ठीक उसी तरह विज्ञापन जैसे सामूहिक माध्यम के उपयोग से विक्रय के प्रयास में तेजी आ जाती है। विज्ञापन वितरण को बढ़ाता है। वह कम लागत पर अधिक-से-अधिक लोगों तक पहुँचता है और विक्रय के प्रयासों को गति प्रदान करता है तथा भावी ग्राहकों की संख्या बढ़ाता है। अतः विशाल उत्पादन और अधिक उपभोगवाली अर्थव्यवस्था में विज्ञापन से ग्राहक पाने की अधिक-से-अधिक सम्भावना रहती है। आज विज्ञापन अपनी पूरी चमक-दमक के साथ सारे जनमानस पर इस तरह छा चुका है कि अब किसी भी वस्तु के मापदण्ड का नजरिया विज्ञापन ही होकर रह गया है। अच्छी चीज भी सही प्रचार के अभाव में लुप्त होकर रह जाती है। विज्ञापन ही है, जो किसी वस्तु के लिए बाजार खड़ा करता है।[49] Informative advertising tells the market about a new product-Suggests the uses of product-drives home price change-explains the working of a product-describes available services-corrects false and prejudiced impressions, reduces buyer's fears, builds company image among others. "Persuasive advertising has its own role to play and is significance is felt when competition heats up."[50]

इस तरह विज्ञापन की आवश्यकता और उपयोगिता स्वतः सिद्ध है। सच तो यह है कि विज्ञापनों से नवनिर्मित वस्तुओं की माँग बढ़ती है, वस्तुओं की माँग स्थायी बनी रहती है, उत्पादन में वृद्धि होती है, व्यवसाय की ख्याति और प्रसिद्धि बढ़ती है, परिणामतः उद्यमी को आर्थिक लाभ होता है। अतः अर्थशास्त्र के सिद्धान्त के अनुसार बड़ी मात्रा में उत्पादन के परिणामस्वरूप उत्पादन-व्यय प्रति इकाई कम हो जाता है, लाभ में बढ़ोतरी होती है, थोक और फुटकर कीमतों में काफी कमी होती है। बताते हैं, अच्छा विज्ञापन उत्तम प्रभाव कायम करता है, 'ब्राण्ड' के अन्तर्गत् अच्छे किस्म का माल मिलता है, माल की किस्म में सुधार होता है। विज्ञापन से वितरण कार्य सरल होता है, यही नहीं, विज्ञापन के परिणामस्वरूप उपभोक्ता वर्ग एक विशिष्ट प्रकार के माल-सामान के उपभोग का आदी हो जाता है। इन सबसे परे हटकर विज्ञापन से शिक्षाप्रद और ज्ञानवर्द्धक जानकारियाँ भी मिलती हैं। खासकर, महिलाओं को विज्ञापन से कढ़ाई-बुनाई-सिलाई तथा विभिन्न प्रकार के स्वादिष्ट व्यंजन बनाने की विधि तथा शिक्षा से सम्बन्धित ढेरों जानकारियाँ प्राप्त हो जाती हैं। मध्यस्थों की संख्या में कमी होती है, उपभोक्ताओं के समय में बचत होती है, वस्तु के मूल्यों की सही-सटीक जानकारी प्राप्त होती है, रहन-सहन का स्तर सुधरता है, उत्पादों की किस्म में सुधार होता है, अच्छी किस्म की 'गारण्टी' मिलती है, धोखाधड़ी में कमी होती है, माल उपलब्धता की सूचना मिलती है तथा विक्रेताओं को प्रोत्साहन और समर्थन मिलता है।

कुल मिलाकर विज्ञापन से कम्पनी मालिकों के साथ-साथ सभी माध्यमों की आय बढ़ती है। समाचार-पत्रों की लगभग 32% कालम जगह और दूरदर्शन का 5% से भी कम समय विज्ञापनों में प्रयुक्त होता है। आज से लगभग 50 वर्ष पूर्व भारत में जहाँ विज्ञापन पर व्यय मात्र 7 करोड़ रुपये था, वह अब बढ़कर 2000 करोड़ से भी अधिक हो गया है। सन् 1988 के दौरान 1987 की तुलना में कुल विज्ञापन व्यापार में 14.7 प्रतिशत की वृद्धि हुई थी, जबकि इसके पहले के दो वर्षों 85-86 में वृद्धि की यह दर क्रमशः 24.7 और 27.6 प्रतिशत थी। ऑपरेशन रिसर्च ग्रुप (Operation Research Group) के आँकड़ों के अनुसार सन् 1989 में अकेले दूरदर्शन को विज्ञापनों से 200 करोड़ रुपये की आय हुई थी, जबकि दूरदर्शन द्वारा अपने 'स्टॉफ' और कार्यक्रमों पर आने वाली कुल लागत लगभग 300 करोड़ रुपये रही। अकेले 'महाभारत' सीरियल से दूरदर्शन को 35 करोड़ की आय हुई थी, बाद में दूरदर्शन की विज्ञापनों से होनेवाली आय में 1000 प्रतिशत की वृद्धि हो गयी। आकाशवाणी के मामले में यह वृद्धि मात्र दो गुना हुई थी। सन् 1988 में वह बढ़कर 600 करोड़ रुपये हो गयी और 2005-06 में यह कई हजार करोड़ हो गयी। इसी तरह निजी क्षेत्र में कार्यरत 103 बड़ी कम्पनियों ने 1987-88 के दौरान विज्ञापनों पर 196.47 करोड़ रुपये की धनराशि खर्च की थी और 2005-06 में यह भी बढ़कर हजार करोड़ में पहुँच गयी। कुल मिलाकर आज विज्ञापन की उपादेयता और महत्त्व औद्योगिक-व्यावसायिक, निजी रुचि, लोक-शिक्षण, सामाजिक क्षेत्र, सांस्कृतिक विकास, आर्थिक क्षेत्र, राष्ट्रीयता-बोध, उत्पादन वृद्धि आदि सन्दर्भ में बेलौस बढ़ा है। आज यह शहर से लेकर गाँव तक उपभोक्ता और बाजार के बीच संवाद और पुल का कार्य कर रहा है। इसका भविष्य बहुत उज्ज्वल है।

(8) दग़ाबाज-धोखेबाज विज्ञापन : दोष और हॉनियाँ–

"तन्त्र-मन्त्र और रुहानी इल्म के
माहिर/खुला चैलेंज। लाभ
101 प्रतिशत/20 मिनट में
गारण्टी कार्ड के साथ/जैसा चाहोगे,
वैसा होगा। रोते हुए आओगे, हँसते हुए
जाओगे/माई प्रॉमिस।
मनचाहा वशीकरण स्पेशलिस्ट।
कारोबार में रुकावट बंदिश, गृह-क्लेश,
मियाँ-बीबी के झगड़े, तलाक,
दुश्मन और सौतन से छुटकारा,
कर्जमुक्ति, संतानहीनता, कोख बन्धन,
मुठकरनी, विदेश यात्रा, लव-मैरिज
फिल्मी और मॉडलिंग, कैरियर में
रुकावट जैसी जीवन की जटिल समस्याओं का समाधान।
चेतावनी : मेरे किये को काटनेवाले को 1,51,000 रुपये ईनाम।
सभी इल्मों की काट हमारे पास है।

—प्यार में चोट खाए स्त्री एवं पुरुष
एक बार अवश्य मिलें। एक
अगरबत्ती का पैकेट और दो नीबू साथ लायें।
नोट–*अगर आप का विश्वास किसी*
ज्योतिष, पण्डित बाबा, मियाँ-मुल्ला और
तान्त्रिक से उठ गया हो तो एक बार अवश्य मिलें।
—रुहानी और सातों इल्मों के बेताज
बादशाह, वर्ल्ड फेमस सिद्ध गुरु
अक़बर भारती या समीर जी या
फलाँ-फलाँ-फलाँ...।"

नगर सेवा की बसों, सड़क के किनारे या पेशाबखानों की दीवारों जैसी जगहों पर चिपकाये गये 'गुप्त रोगों का शर्तिया इलाज' की तरह के ऐसे विज्ञापनों पर एक पढ़े-लिखे और सभ्य व्यक्ति होने के नाते हमारी क्या प्रतिक्रिया होती है? हम मुँह बिचकाते हैं, ऐसा विज्ञापन करनेवालों को ठग और मक्कार कहते हैं और उनके पास जानेवाले लोगों को मूर्ख मानते हैं। अगर हम ऐसा विज्ञापन करनेवाले ठगों और मक्कारों को अपराधी की तरह देखते हैं या उनके खिलाफ हमारे भीतर नफरत के भाव पैदा होते हैं तो शायद यह गलत नहीं है।[51]

ग़ज़लकार **राजेश रेड्डी** की बात मानें तो विज्ञापनों के कारण—

"झूठ तो जितना भी था,
सारा-का-सारा बिक गया।
सच की बोली ही न लग पायी,
खरीददारों के बीच।।"

सम्प्रति यह समय विज्ञापन प्रधान है। हमारे उत्तर आधुनिक होते वक्त में भारतीय समाज उपभोक्तावादी समय की जटिलताओं से जूझ रहा है। विज्ञापनों ने उसमें 'जलती आग में घी' का काम किया है। भारतीय समाज के लिए ये विज्ञापन कई मायने में उपयोगी और लाभकारी सिद्ध हुए हैं, तो 'साइड इफेक्ट' के रूप में प्याज के छिलके की तरह इनमें ढेरों दोष भी परत-दर-परत छिपे हुए हैं। साँड़ की मानिन्द कुलांचे भरते, छल-छद्म सम्पृक्त इन विज्ञापनों ने हमारे जीवन, समाज, आस्थाओं तथा परम्पराओं को छला है। आदर्शों और मूल्यों को लांछित किया है। प्रपंचों और धूर्तताओं की पैरहन में लिपटे कस्बे, छोटे शहरों और महानगरों तक फैले स्वार्थी, आत्मनिष्ठ, धूर्त और पाखण्डी विज्ञापनों ने अपने अजीज दोस्त मीडिया से साँठ-गाँठ कर हमारी देशज संस्कृति को बदल दिया है। तथाकथित धर्म के ठेकेदारों और बाजारवादी टी.वी. चैनलों ने पाखण्ड और जहालत का खेल खेलते हुए सड़क छाप नेताओं-बाबाओं की मार्फत बेलगाम मीडिया पर बेखौफ धड़ाधड़ प्रसारित होनेवाले विज्ञापनों के माध्यम से धर्म को बिकाऊ 'माल' बना दिया है। इन्होंने हमारे सांस्कृतिक और सामाजिक परिवेश को विघटित किया है। इनकी वजह से यहाँ पैदा हुई पतनशील उपभोक्तावादी अपसंस्कृति ने मूल्य और मनुष्य को क्षरित कर उन्हें एक किस्म के राक्षसी चरित्र में तब्दील कर दिया है। कुल मिलाकर, इन विज्ञापनों ने यहाँ के 'श्रेष्ठ' नैतिक मूल्यों को नष्ट किया है। खूबसूरत भाषा-व्यंजना की चाशनी में पगे ये विज्ञापन फिलवक्त रक्त-पिपासु और लुटेरे बन गये हैं।

छत्तीसगढ़ी में एक 'हाना' अर्थात् लोकोक्ति प्रसिद्ध है—**लोभिया ला लबरा ठगे।** इसका आशय होता है—लोभी व्यक्ति को तिकड़मबाज और झूठा आदमी ठग लेता है। बताते हैं, संसार का प्रत्येक व्यक्ति लोभी-लालची होता है। यह प्रवृत्ति उसमें जन्मना होती है। चारे, भोजन और दाने की लालच-प्रलोभन देकर आदमी मछली, वन्य पशुओं और पक्षियों को फाँसता है, तो विज्ञापन उसी लालची व्यक्ति को 'फ्री', 'मुफ्त' और 'फोकट' शब्दों के अचूक चारे-चुग्गे के झाँसे और जाल में फाँसता है। ये शब्द व्यक्ति को अपनी ओर आकर्षित करते हैं और वह सब-कुछ मुफ्त और खैरात पाने के चक्कर में छला-लूटा जाता है। अब मैं कुछ उदाहरण आपको दे रहा हूँ,

(1) बाजार में आप 'दो साबुन खरीदने पर एक साबुन बिलकुल मुफ्त' जैसी स्कीम का विज्ञापन रोज ही देखते होंगे। यह सोचकर हम खुश हो जाते हैं कि एक साबुन हमें मुफ्त मिल रहा है। हालाँकि इतने साबुन की हमें फिलहाल कत्तई जरूरत नहीं है, फिर भी हम तीन साबुन खरीद लेते हैं। क्यों? सिर्फ लालच में आकर। लेकिन हमें यह पता होना चाहिए कि जिसने हमें दो साबुन की कीमत में तीन साबुन दिये हैं, उसने घाटा खाने के लिए दुकान नहीं खोला है। उसने हमसे कुछ-न-कुछ कमाया ही है। उसने अपनी कमायी के लिए हमारी लालच की मानसिकता का लाभ उठाते हुए हमें बेवकूफ बनाया है। मान लीजिये, एक साबुन की कीमत पन्द्रह रुपये है तो दो साबुन के दाम, यानी तीस रुपये में आपको तीन साबुन मिलते हैं। जरा सोचिये, साबुन बनानेवाली कम्पनी बेवकूफ तो है नहीं, जो बिना किसी लाभ के साबुन बेचेगी। तीस रुपये में तीन साबुन बेचने पर भी उसे लाभ ही हो रहा है। इसका स्पष्ट अर्थ यह है कि एक साबुन का मूल्य मात्र दस रुपये है तो इस हिसाब से कम्पनी को साबुन का दाम पन्द्रह रुपये से कम करके दस रुपये कर देना चाहिए, पर कम्पनी दाम कम न करके हमें एक मुफ्त साबुन का लालच देती है और हम लालच में आकर एक साबुन के बदले तीन साबुन खरीद लेते हैं, जब कि दो अतिरिक्त खरीदे गये साबुनों की हमें फिलहाल बिलकुल आवश्यकता नहीं है। अगर कम्पनी ने दाम कम कर दिया होता तो हम दस रुपये में एक ही साबुन खरीदते और बाकी बीस रुपये का कहीं और सदुपयोग करते। इस तरह से दाम न घटाने का कम्पनी को एक और फायदा होता है। अगर हम केवल एक साबुन खरीदेंगे तो पन्द्रह रुपये देने पड़ेंगे। इस प्रकार सिर्फ एक साबुन खरीदने पर मुनाफाखोर कम्पनी पाँच रुपये जबरन लूट लेगी! भाई मेरे, अगर साबुन बिलकुल मुफ्त है तो मुफ्त में दो न! चाहे कोई दो साबुन खरीदे या नहीं। दो साबुन खरीदने की शर्त क्यों रखते हो?

(2) अगला उदाहरण लीजिये। कभी-कभी कम्पनियाँ अपना बाजार बढ़ाने के लिए **स्पेशल सेल-डे** की घोषणा करती हैं। सामान की बिक्री बढ़ाने के लिए एक-दो दिन बाद एक नाटक 'स्टॉक खत्म' की सूचना बाहर लगाकर ग्राहकों को विज्ञापित करती हैं। जब इन्हें लगता है, कि 'स्टॉक खत्म' का मनोवैज्ञानिक असर ग्राहकों पर पड़ा है, तब पुनः 'माल उपलब्धता' की सूचना देकर सामान का दाम बढ़ाकर बेचना प्रारम्भ करती हैं। ऐसी स्थिति में मान लीजिये अगर ढाई हजार के किसी मोबाइल की कीमत एक रुपये या करीब चौदह हजार रुपये 'टैबलेट' चौदह सौ में मिलने की घोषणा की जा रही हो तो समझने की जरूरत है कि यह धोखे के सिवा और क्या हो सकता है? इसी तरह दिन भर टी.वी. चैनलों पर सस्ती दर में उपभोक्ता वस्तुएँ उपलब्ध कराने के दावेवाले विज्ञापन चलते रहते हैं। इनके झाँसे में आकर लोग रोज ठगे जाते हैं किन्तु हमारे यहाँ उपभोक्ताओं को जागरूक और उनके अधिकारों की रक्षा करने के लिहाज से समाज और सरकारी तन्त्र दोनों विफल हैं। विडम्बना है कि इस बाबत फिलहाल ऐसा कोई दिशा-निर्देश नहीं है, जिसके तहत कारोबार के इस तौर-तरीके का नियमन किया जा सके। ऐसी कम्पनियाँ भले

ही खुद को भले सिर्फ़ 'कमीशन एजेण्ट' के रूप में पेश करें, इनके बेलगाम और हमलावर प्रचार के साथ-साथ बहुत सारी चीजों पर रिआयत एक ऐसा पहलू है, जो सामान्य ग्राहकों को भी आकर्षित करता है। यही वजह है कि ज्यो-ज्यों इण्टरनेट उपभोक्ताओं का बाजार बढ़ा है, ऑनलाइन खरीददारी भी नयी ऊँचाइयाँ छू रही है, लेकिन इसका सीधा असर सामान्य खुदरा कारोबार पर पड़ा है। दरअसल, बड़ी पूँजीवाली कम्पनियाँ, कम या शून्य मुनाफे पर पहले अपने प्रतिद्वन्द्वियों को कमजोर या खत्म करती हैं, फिर उपभोक्ताओं के सामने विकल्पहीन स्थितियाँ पैदा कर अकूत फायदा कमाने लगती हैं। खुदरा बाजार में वॉलमार्ट जैसी विशालकाय बहुराष्ट्रीय कम्पनियों के दाखिल होने के विरोध के पीछे यही तर्क है। अब ई-कॉमर्स या आनलाइन खरीददारी के चलन ने उसी चुनौती का विस्तार किया है।

(3) **विज्ञापन** धोखाधोड़ी का तीसरा उदाहरण देखिये। आज ऐसे कई विज्ञापन प्रसारित हो रहे हैं, जो हमारी मानसिकता को नकारात्मक सोच से भर रहे हैं। टी.वी. चैनलों पर प्रसारित हो रहे वाटर हीटर बनाने वाली एक नामी कम्पनी के विज्ञापन में एक सौम्य महिला से बस में छेड़छाड़ होती है और फिर घर के पास भी कुछ शोहदे उसे सीटी मारकर छेड़ते हैं। वह महिला डरी-सहमी घर जाकर इस कपंनी के वाटर-हीटर के गर्म पानी से नहाती है और विज्ञापन कहता है, "धो डालिए सभा परेशानियों को।" यानी विज्ञापन सीधे-सीधे महिलाओं के छेड़छाड़ को चुपचाप सहते रहने का समर्थन कर रहा है। यह विज्ञापन छेड़छाड़ करनेवालों को करारा जवाब देकर भी बनाया जा सकता था, जैसे—वह महिला इसी वाटर-हीटर के पानी से नहाकर घर से निकलती और बस में धक्कामुक्की करनेवालों को जोर का धक्का या झटका देती या घर के पास सीटी मार रहे शोहदों को करारा थप्पड़ रसीद करती और फिर विज्ञापन कहता, "गरमाहट ऐसी कि अच्छे-अच्छों को ठण्डा कर दे", तो इससे प्रचार भी हो जाता और गलत इरादे रखने वालों को सन्देश भी मिलता।

(4) अगला उदाहरण देखें, तुरन्ता आहार यानी 'फास्ट फूड' से बच्चों और किशोरों की सेहत पर पड़नेवाले दुष्प्रभाव को लेकर जहाँ चिन्ता जतायी जाती रही है, वहीं डिब्बाबन्द भोजन की गुणवत्ता सुनिश्चित करने, ऐसे खाद्य पदार्थों में पोषक तत्त्वों का मिथ्या प्रचार करनेवाले विज्ञापनों पर निगरानी रखने आदि को लेकर कई नियम-कायदे हैं। तैयार खाद्य-पदार्थों का कारोबार करनेवाली कम्पनियों, उनके वितरकों आदि पर नजर रखने के लिए तन्त्र हैं। मगर हकीकत यह है कि कम्पनियों को लोगों की सेहत की बजाय अपने मुनाफे की चिन्ता अधिक सताती है। स्कूल परिसरों में जंक फूड की बिक्री पर पाबन्दी लगाने की सिफारिश लम्बे समय से की जाती रही है। अमेरिका आदि देशों के उदाहरण भी दिये जाते हैं, जहाँ स्कूलों में ऐसे खाद्य पदार्थ पूरी तरह प्रतिबन्धित हैं, किन्तु इस मामले में स्कूलों के प्रबन्धकों ने कभी गम्भीरता नहीं दिखायी, फिर कम्पनियों की तरफ से संवेदनशीलता दिखाने की उम्मीद कैसे की जा सकती है, जिनके लिए अपनी बिक्री और मुनाफा बढ़ाने का मकसद ही सर्वोपरि रहता है। इसलिए हैरत की बात नहीं कि पिज्जा, बर्गर, चिप्स, शीतल पेय आदि बनानेवाली कम्पनियों ने दिल्ली उच्च न्यायालय के समक्ष अपील की है कि स्कूल परिसर के आसपास इन पदार्थों की बिक्री पर पूरी तरह प्रतिबन्ध लगाने की बजाय इसे नियन्त्रित करने के उपाय तलाशे जायं। बहरहाल, जंक फूड में इस्तेमाल पदार्थों के बारे में कम्पनियाँ चाहे जितना बढ़-चढ़ कर दावे करें कि इनसे बच्चों को सम्पूर्ण पोषण मिलता है, उनके विकास, स्मरण शक्ति आदि पर सकारात्मक प्रभाव पड़ता है, पर सच्चाई इसके उलट है। बच्चों और किशोरों के स्वास्थ्य पर किये गये अनेक शोध बताते हैं कि ऐसा डिब्बाबन्द और तुरन्त आहार खाने से हड्डियों की कमजोरी, रक्ताल्पता, मोटापा, स्मरण शक्ति क्षीण होने

जैसी परेशानियाँ पैदा होती हैं, किन्तु कम्पनियों के लिए यह चिन्ता का विषय नहीं है। कुल मिलाकर विज्ञापनों में किये गये उनके दावे खरे नहीं उतरते।

वस्तुतः विशेषज्ञों को जंक फूड की लोकप्रियता और बच्चों में इसके प्रति दीवानगी का राज इनके मनोहारी विज्ञापनों में मिला है। दरअसल, आहार और पोषण विशेषज्ञों का मानना है कि जिस प्रकार से सिगरेट और तम्बाकू निर्मित अन्य उत्पादों के बारे में स्वास्थ्य सम्बन्धी विशेष दिशा-निर्देश पैक पर लिखे होते हैं, जंक फूड के बारे में भी उन पर पोषण सम्बन्धी जानकारी दर्ज होनी चाहिए, क्योंकि इन उत्पादों के पैक पर पोषण के बारे में बढ़ा-चढ़ाकर बातें लिखी होती हैं। आहार-विशेषज्ञों का कहना है कि शीतल पेय, हैंबर्गर, फ्रेंच फाई, चाकलेट, कुकीज, फ्राइड चिकेन आदि सभी वर्गों में प्रचार और विज्ञापनों के कारण लोकप्रिय हो रहे हैं। ये उत्पाद 'रेडी टू यूज' होते हैं। इस कारण भी इनकी लोकप्रियता बढ़ती जा रही है। जंक फूड शब्द सन् 1972 में अस्तित्व में आया। यह शब्द पश्चिमी विद्वान् माइकल जैकोब्सन की देन है। धीरे-धीरे इसने भारतीय समाज में अपनी जड़ें गहरी कर लीं। आज इनसे मुक्त होना कठिन हो रहा है। जंक फूड विज्ञापनों के दुष्प्रभाव पर ब्रिटेन में 2006 में शेफ जेमी ओलिवर ने मीडिया प्रचार अभियान चलाया। नेशनल हार्ट फोरम ने भी दबाव बनाया था, जिसके बाद इस प्रकार के खाद्य-उत्पादों के सम्बन्ध में सूचनात्मक प्रचार अभियान चलाया गया। फूड स्टैण्डर्ड एजेन्सी ने भी इस बारे में कदम उठाया। मामले के तूल पकड़ने के फलस्वरूप बच्चों के लिए कार्यक्रमों की प्रसारण अवधि के दौरान वहाँ जंक फूड के विज्ञापनों पर प्रतिबन्ध लगा दिया गया।

(5) माना जाता है कि बाजार में प्रतिस्पर्द्धा उपभोक्ता और अर्थव्यवस्था के लिए लाभकारी होती है, किन्तु इस होड़ की कई विकृत शक्लें भी दिखायी देती हैं। बिक्री बढ़ाने के चक्कर में बहुत-से विज्ञापनों में झूठे या अतिरंजनापूर्ण दावे किये जाते हैं। खासकर, ऐसे प्रचार आहार या दवाओं के बारे में हों तो यह मामला सीधे लोगों की सेहत से जुड़ जाता है। खाद्य पदार्थों, दवाओं और सौन्दर्य प्रसाधन में मिलावट को रोकने के लिए कड़े दण्ड और जुर्माने के प्रावधान किये गये तथा उम्मीद की गयी कि इससे मिलावट खोरी पर जल्दी ही काबू पा लिया जायेगा, किन्तु हकीकत यह है कि इसमें बढ़ोतरी ही हुई है। भ्रामक विज्ञापनों के जरिये माल की बिक्री बढ़ाने, मिलावट करने के मामले दिन-प्रतिदिन बढ़े हैं। टी.वी. चैनलों, पत्र-पत्रिकाओं, चौक-चौराहों पर ऐसे विज्ञापन आम हैं, जिनमें वस्तुओं पर भारी छूट, आकर्षक उपहार, गुणवत्ता की गारण्टी के अलावा चर्बी घटाने, गिरते बालों को रोकने, सौन्दर्य निखारने, गोराबनाने, कद बढ़ाने के वादे किये जाते हैं। मधुमेह, रक्तचाप, हृदयरोग आदि बीमारियों से निजात दिलानेवाली खाद्य सामग्री का प्रचार भी खूब चलता रहता है। आटा, चावल, दाल, चाय, शर्बत जैसी रोजमर्रा इस्तेमाल की वस्तुओं को देसी नुस्खे से तैयार करने, आयुर्वेदिक फॉर्मूला अपनाने, जड़ी-बूटियों के इस्तेमाल वगैरह का बढ़ चढ़कर दावा किया गया होता है। चूँकि उपभोक्ता के पास इन दावों को जाँचने का कोई तरीका नहीं होता, वह कम्पनी या दुकानदार पर भरोसा करके उनका इस्तेमाल करने लगता है। इन पदार्थों का उपभोक्ता की सेहत पर क्या असर पड़ता है, यह भी परखने का कोई उपाय लोगों के पास नहीं होती। अगर ऐसे किसी पदार्थ के सेवन से कोई गम्भीर दुष्परिणाम नजर आता है, तभी दुकानदारों के खिलाफ कानूनी कार्रवाई की सम्भावना बन पाती है। मिलावट और झूठे विज्ञापन के पीछे सबसे बड़ा कारण खाद्य सुरक्षा-सम्बन्धी उपायों पर अमल में ढिलाई तथा विज्ञापनों की विषय-वस्तु की जाँच में संजीदगी का अभाव है। उपभोक्ता मन्त्रालय खाद्य अपमिश्रण और सौन्दर्य प्रसाधन नियामक कानून के प्रावधानों और पंजीकृत कम्पनियों के उत्पाद में गुणवत्ता मानकों का पालन सुनिश्चित करा पाने में पूरी तरह सफल नहीं हो पाया है।

ठग, प्रयोगधर्मिता में माहिर होते हैं। उनके ठगने के तरीके बेहद सधे होते हैं। लाख कोशिश कर ली जाय, उनके चंगुल में बहुत सारे लोग फँस ही जाते हैं। ध्रुवस्वामिनी नाटक के द्वितीय अंक में नाटककार जयशंकर प्रसाद पुरोहित से कोमा को समझवाते हुए लिखते हैं, ''बेटी! हृदय को सँभाल। प्रतारणा (छल कपट) में बड़ा मोह होता है, उसे छोड़ने को मन नहीं करता।...पर उसका परिणाम अन्ततः बेहद कष्टकर और हृदय-विदारक होता है।'' यही हाल विज्ञापनों की है। विज्ञापन भी इन्सान की नब्ज पकड़ने में माहिर होते हैं, व्यक्ति उनके फॉस में फँसता है और अन्ततः हाथ मलता रह जाता है। एक-दो उदाहरण इनके झूठ के और देख लीजिये।

(6) 'पेप्सी' और 'कोक' के कैसे-कैसे विज्ञापन होते हैं, हम सब जानते हैं। 'डर आगे जीत है' वाला डरावना 'स्टण्ट' भी है। सोडा के नाम पर शराब का विज्ञापन होता है। मोबाइल फोन, जूतों, बाल उगाने, रंग चढ़ाने के विज्ञापन याद कीजिये। भारत जैसे देश में गोरे रंग को लेकर जो पागलपन है, उसे भुनाने में कोई किसी से कम नहीं। 'मर्द होकर औरतोंवाली क्रीम लगाते हो' जैसी वाहियात टिप्पणी भी है। लगे हाथ नहाने के साबुनों के विज्ञापन भी याद कीजिये। दमकती-महकती त्वचा और पता नहीं क्या-क्या! कुछ साबुन तो ऐसे दावे के साथ बाजार में उपलब्ध हैं, मानो वे साबुन नहीं, बल्कि कोई जादू हों। टी.वी. पर टिकिया इधर-से-उधर गयी नहीं कि कपड़े झकाझक सफेद, 'डियो' और 'परफ्यूम' के विज्ञापन तो लड़के-लड़कियों के पटने-पटाने और बिस्तर तक घसीट ले जाने की गारण्टी का पर्याय ही बन गये हैं। मोबाइल, टेलीफोन, इण्टरनेट सेवाप्रदाता कम्पनियाँ उपभोक्ता से ऐसे दावे करती हैं कि क्या कहना! मर्दानगी और सन्तानोत्पत्ति की गारण्टीवाले विज्ञापन तो हैं ही। टी.वी. अखबार, इण्टरनेट, मोबाइल तथा पत्र-पत्रिकाएँ आज विज्ञापन को आम जनता तक पहुँचाने का प्रमुख माध्यम हैं, पर ये खुद किसी प्रकार की कोई जवाबदेही तो दूर, नैतिक जिम्मेदारी तक का निर्वाह करने से कतराते हैं। अखबारों में बलात्कार की खबरों के नीचे ही अंग मोटा-पतला करने के विज्ञापन और बाबाओं की पोल खोलनेवाले चैनल पर रोज किसी बाबा का प्रवचन आम बात है। आजकल एक नया चलन भी है, 'रियल लाइफ हीरोज' से विज्ञापन कराने का, जो आसानी से अपने हीरोपन को चन्द पैसों के चक्कर में आकर विज्ञापनों के सुपुर्द कर देते हैं। आज हर चीज विज्ञापन के दायरे में है, जो बाजार का हिस्सा बन बिक सकती हैं।

यद्यपि कुछ विज्ञापन सुन्दर, संवेदनशील और सच्चे भी होते हैं, लेकिन ज्यादातर झूठ का मायाजाल बुने रहे हैं। वस्तुतः यह किसी सेलिब्रिटी के माध्यम से एक झूठ को बार-बार और अलग-अलग तरीके से बोलकर सच बनाने की साजिश है, जिस पर निश्चित रूप से लगाम लगनी चाहिए। साथ ही, जिस माध्यम से ये विज्ञापन आम जनता तक पहुँचते हैं, उसकी भी जवाबदेही होनी चाहिए। ये भ्रामक विज्ञापन हैं, इनके मायाजाल से नियम, कानून, समिति आदि बना देने से मुक्ति नहीं मिलेगी। जन-जागृति के बिना यह काम अधूरा ही रहेगा, जब तक उपभोक्ता भ्रम के शिकार होते रहेंगे, इस गलाकाट प्रतियोगिता के समय में लोग भ्रम का मायाजाल रचते रहेंगे। अन्तिम उदाहरण देखिये—

(7) अक्सर होता है कि कोई साधारण व्यक्ति अगर किसी बड़ी कम्पनी की बुराई करे, तो लोग ध्यान नहीं देते, पर वही बात कोई सेलिब्रिटी यानी चर्चित अभिनेता-अभिनेत्री करे, तो उस पर सबका ध्यान जाता है। कई अध्ययनों से तथ्य उजागर हैं कि शीतल पेय में हानिकारक तत्त्व होते हैं, इसलिए उसका इस्तेमाल नहीं करना चाहिए। कई किसान अपने खेतों में कीटनाशक के स्थान पर कोला पेय का इस्तेमाल कर रहे हैं। यही बात बाबा रामदेव और दूसरे कुछ स्वयंसेवी

संगठनों ने कही तो वह हमारे गले नहीं उतरी, पर अमिताभ बच्चन की बात समझ में आ गयी। हाल में उनका बयान आया कि, जिसका वे विज्ञापन कर रहे हैं, उसमें जहर की मात्रा है, इसलिए उन्होंने उसका प्रचार करना बन्दकर दिया। यह ज्ञान उन्हें एक मासूम बच्ची के कहने पर हुआ। उनके इस विज्ञापन से कोला पेय बनानेवाली बहुराष्ट्रीय कम्पनियाँ हड़बड़ा गयीं। अब लोग विचार करने लगे कि जब बात इतनी गम्भीर है तो आमिर खान और शाहरुख खान जैसे अभिनेताओं और धोनी जैसे खिलाड़ी आखिर ऐसे जहरीले पेय पदार्थों का विज्ञापन क्यों करते हैं? आखिर अमिताभ बच्चन को अपनी अन्तरात्मा की आवाज सुनने में इतना वक्त कैसे लग गया? यह किस्सा 2001 का है, पर अमिताभ बच्चन ने 2005 तक पेप्सी का प्रचार किया। इम्पीरियल कॉलेज लन्दन के एक शोध के अनुसार शीतल पेय की हर बोतल (350 मिली) के साथ टाइप-2 डायबिटीज होने का खतरा बीस प्रतिशत बढ़ जाता है। शोध टीम का हिस्सा रहे प्रो. निक वेअरहेम के मुताबिक शीतल पेय की बोतलों पर भी तम्बाकू उत्पादों की तरह स्वास्थ्य चेतावनी होनी चाहिए। सवाल यहाँ यह है कि पैसा कमाने के नाम पर इस तरह के झूठे विज्ञापन की आवश्यकता ही क्या है? ये सभी प्रामाणिक उदाहरण मैंने जनसत्ता जैसे समादृत और विश्वसनीय समाचार-पत्र से दिये हैं।

सुप्रसिद्ध पत्रकार आदरणीय श्री अनिल चमड़िया कहते हैं कि भूमण्डलीकरण की आर्थिक नीतियों ने लोकतन्त्र की तमाम संस्थाओं को बेपर्दा किया है। सभी संस्थाएँ बेशर्मी छिपाने या लोकतन्त्र के कारण अपनी बला दूसरे के सिर डाल रही हैं। आज विज्ञापन की जरूरत भूमण्डलीकरण की आर्थिक नीतियों और उससे बने वातावरण की देन है। इस तरह विज्ञापन की प्रथा पूँजीवाद की सैद्धान्तिक देन है। विज्ञापनों के जरिये ठगी और बेईमानी आम बात हो गयी है। संसदीय राजनीति में लोक सेवक के लिए जनसम्पर्क की जगह पूँजीवादी मीडिया में विज्ञापन की जरूरत पैदा करना भी एक सैद्धान्तिक देन है। खबरों के ढाँचे और खबरों की भाषा बदलकर छपनेवाले 'पेड न्यूज' इसी के उदाहरण हैं। बहरहाल, झूठ की जमीन पर खड़े इन विज्ञापनों ने समाज में ढेरों बुराइयों को जन्मा है, अस्वस्थ प्रतिस्पर्द्धा बढ़ी है, नित नये प्रचारित फैशनों ने युवक-युवतियों को आर्थिक संकट में डाला है, एकाधिकार को प्रोत्साहन मिला है, मूल्यों में वृद्धि का भार सीधे उपभोक्ताओं पर पड़ा है, राष्ट्रीय संसाधनों का अपव्यय हुआ है, वस्तुओं की लागत में वृद्धि हुई है। कुल मिलाकर धोखे के ये विज्ञापन एक ओर उपभोक्ताओं और ग्राहकों की जेब निरन्तर काट रहे हैं, वहीं दूसरी ओर समाज में इन्होंने पारंपरिक रीति-रिवाजों पर अपना असर डालकर सांस्कृतिक प्रदूषण का संकट भी खड़ा किया है। इन कपटपूर्ण विज्ञापनों ने समाज में उपभोक्तावाद का पोषण कर उपभोक्ता के मन-मस्तिष्क पर गहरा असर डाला है। विज्ञापनों के 'ग्लैमर' ने ग्राहकों के मन को हीन ग्रन्थि ग्रस्त किया है। 'लेटेस्ट' वस्तु खरीदने के चक्कर में आर्थिक तंगी और जड़ता का शिकार हो जाने के कारण 'फ्रेस्ट्रेशन' और कुण्ठा ने उपभोक्ता को चारों ओर से घेर लिया है। इस तरह इन छलिया विज्ञापनों ने विज्ञापन कला को आईना दिखाते उसे भी क्षरित-खण्डित किया है।

(9) विज्ञापन के कार्य या विज्ञापनों के मनोवैज्ञानिक, सामाजिक, आर्थिक तथा कलात्मक पक्ष—विज्ञापन, बाजार और उपभोक्ता के बीच संवाद सेतु का काम करते हैं। इनका सरोकार पैसा और व्यवसाय के साथ-साथ समाज से भी गहरा होता है। एक ओर ये बाजार की रक्षा करते हैं तो दूसरी ओर ये उपभोक्ता-हित-पोषक होते हैं। भाषा, अनुभव और कथ्य के मेल से बने विज्ञापनों का एक नया संसार भारतीय समाज में दाखिल हुआ है। एकरसता और ऊब के विरुद्ध जद्दोजहद करनेवाले, नया रचने और रूढ़ियों को तोड़ने की हिकमत का परिचय

देनेवाले इन विज्ञापनों ने समाजार्थिक क्षेत्रों में ढेर सारे परिवर्तन किये हैं। सच तो यह है कि गहरे अनुसन्धान और निरन्तर अभ्यास से निर्मित ये विज्ञापन महज अखबार, पत्र-पत्रिकाओं और चैनल्स के शोर ही नहीं हैं, बल्कि ये प्रेरणास्पद सूचना देते हैं, वस्तुओं और सेवाओं के विभिन्न गुणों का बखान-बयान भी करते हैं। सच तो यह है कि ये खालिस वस्तुओं और सेवाओं के भोपूँ और प्रचारक ही नहीं हैं, वस्तुओं के विनियोजन तथा विक्रय में मदद भी करते हैं। ये उपभोक्ता को सतत् जागरूक करते हैं तो उन्हें 'ज्ञानवृद्ध' भी करते हैं। बताते भी हैं, चित्रकला में जो स्थान 'पोस्टर' का है, वही स्थान शब्दों के माध्यम से ध्यान आकर्षित करनेवाले इश्तिहार या विज्ञापन का है। बहरहाल, पश्चिम के विज्ञापनविद् जेम्स वेब यंग ने बताया है कि विज्ञापन अपने उक्त कार्यों को सम्पादित करने के लिए पाँच तरह से सतत् सक्रिय और क्रियाशील रहता है, यथा—(1) वस्तुभिज्ञता, (2) अनुसरण, (3) सूचना प्रसारण, (4) सांस्कृतिक विकास तथा (5) विज्ञापन व्यय।

प्रथम प्रकार के कार्य में विज्ञापन उत्पादित वस्तु की सम्पूर्ण जानकारी उपभोक्ता तक पहुँचाता है तथा उसके प्रयोग से प्राप्त होनेवाले लाभों की गणना भी कराता है। **अनुस्मरणपरक कार्य** सम्पादन के क्षेत्र में विज्ञापन बार-बार उपभोक्ता के समक्ष उत्पादित वस्तु की स्मृति कराता है तथा पत्र-पत्रिकाओं में एक ही वस्तु, उत्पाद के लिए प्रयुक्त विविध विज्ञापन-प्रस्तुतीकरण से स्मृति की पुनरावृत्ति करता है। **सूचना प्रसारण** के क्षेत्र में विज्ञापन का कार्य एक परिचित कार्य क्षेत्र से हटकर नये व्यवसायी क्षेत्र की सम्भावनाओं के लिए नये क्षेत्र में उत्पादित वस्तु के सम्बन्ध में सूचना देता है, नमूने वितरित कर वस्तु के प्रचार में योग देता है तथा उसके जीवनोपयोगी अथवा सुखदायी होने का दावा करता है। प्रतिस्पर्द्धा के क्षेत्र में सूचना-प्रसारण की आवश्यकता और भी प्रबल रूप में कार्य करती है। विज्ञापन, विकसित समाज और उपभोक्ता वर्ग की उन्नति या जीवन स्तर के उन्नत स्वरूप के प्रतिपादन में सहायक होता है तथा उक्त समाज या वर्ग की आर्थिक एवं अनार्थिक स्तर पर उत्पाद या वस्तु के प्रचार के द्वारा सेवा उपलब्ध कराकर **सांस्कृतिक विकास** में सहयोगी बनता है क्योंकि उत्पादक वस्तु का उत्पादन तो करता है, पर किस वर्ग—उच्च, मध्य और निम्न वर्ग में वस्तु की कितनी उपयोगिता और उपयोग-सामर्थ्य होगी, इसका विश्लेषण विज्ञापन उनके सांस्कृतिक विकास के आधार पर ही कर पाता है। विज्ञापन का कार्य निर्मूल्य नहीं होता है। विज्ञापक को प्रचारार्थ विज्ञापन तैयार कराने और विज्ञापन को उपभोक्ता तक पहुँचाने तक पर्याप्त व्यय करना पड़ता है, इस स्थिति में **विज्ञापन का समस्त व्यय** विक्रय मूल्य में जुड़कर उत्पाद का विक्रय मूल्य निर्धारित करता है। यदि कोई उत्पाद अपनी गुणवत्ता और उपयोगिता सिद्ध करने में उपभोक्ता की विश्वसनीयता बनाये रखने में अपरिवर्तिता बनाता है तो निश्चित ही विज्ञापन उसके विक्रय-मूल्य को घटाने और वस्तु या उत्पाद की विक्रय वृद्धि में अपना पूरा योग देता है।[52]

इन सभी के अलावा विज्ञापन के कुछ अन्य कार्यों में नये ग्राहकों की संख्या में वृद्धि करना, वस्तु की माँग बनाये रखना, मध्यस्थों की सहायता करना, उपयोग में वृद्धि की रुचि बनाये रखना, बिक्रीवाली वस्तु के गुणों की बार-बार प्रशंसा करना, विक्रय की बाधाओं को दूर करना, मिथ्या प्रचार का खण्डन करना, मूल्यों में स्थिरता लाना, नये बाजारों का विकास करना, उपभोक्ताओं को नये बन रहे बाजारों और उनकी रुचियों के अनुसार समय-समय पर सूचित करना, ग्राहकों को सन्तुष्टि प्रदान करना, उनके संशय एवं भ्रम को दूर करना आदि हैं। बहरहाल, अध्ययन की सुविधा की दृष्टि से विज्ञापन के प्रमुख कार्यों को हम स्थूल रूप से अधोलिखित टुकड़ों में बाँट सकते हैं, यथा—

(1) मनोवैज्ञानिक कार्य, (2) सामाजिक कार्य अथवा विज्ञापन के सामाजिक दायित्व, (3) आर्थिक कार्य, (4) कलात्मक कार्य, (5) सांस्कृतिक विकास, (6) ब्राण्ड की आवश्यकता को जगाना तथा (7) अनुस्मरण। इन्हें हम संक्षेप में इस प्रकार देख सकते हैं—

(1) विज्ञापन के मनोवैज्ञानिक कार्य—मनोवैज्ञानिक कार्य के अन्तर्गत् विज्ञापन की भूमिका पाँच स्तरों पर स्वीकार की जाती है—(क) प्रेरणा (ख) ध्यान (ग) रुचि (घ) स्मृति तथा (ङ) सुझाव। प्रथम स्तर पर विज्ञापन का उद्देश्य जहाँ उत्पादक या विज्ञापक को सन्तुष्टि प्रदान करना है, वहीं उसका प्राथमिक कार्य उपभोक्ता को विज्ञापित वस्तु के लिए प्रेरित करना भी है। इसके लिए विज्ञापन संस्थान या विज्ञापनकर्त्ता के लिए, आवश्यक हो जाता है कि किसी समाज, वर्ग या समुदाय के प्रेरकों के मूल में व्यक्ति की आवश्यकताएँ, इच्छाएँ, आर्थिक स्थिति तथा जीवन स्तर आदि की प्रधानता होती है। विज्ञापन संस्थान, विज्ञापनकर्त्ता का कार्य इन सभी का अध्ययन करना होता है। द्वितीय स्तर पर विज्ञापन संस्थान ध्यान या एटेंशन जैसी मानसिक प्रक्रिया के सिद्धान्त पर अपनी सक्रियता केन्द्रित करता है। मनोवैज्ञानिक स्तर पर ध्यान के सात सिद्धान्त इस प्रकार हैं—आकार, तीव्रता, गति, प्राथमिकता, नव्यता, विरोध और पुनरावृत्ति। विज्ञापन आज वर्तमान में दीर्घ आकारीय या बड़े होने पर तीव्रता से ध्यान आकर्षित करते हैं। समाचार-पत्रों एवं पत्रिकाओं में प्रथम दो और अन्तिम पृष्ठ अधिक ध्यानाकर्षण का केन्द्र रहते हैं। तृतीय स्तर पर 'रुचि' सम्वर्द्धन का कार्य है। विज्ञापन में इसका सम्बन्ध बहुत गहरा व 'तार्किक' है। समाचार-पत्र में आज के बाद कल बासी समाचार-पत्र को कोई नहीं पढ़ना चाहता तो भी प्रतिदिन प्रथम, द्वितीय और अन्तिम पृष्ठ के स्थायी विज्ञापन जन अभिरुचि का निर्माण करते हैं। चतुर्थ स्तर पर स्मृति की भूमिका कम नहीं है। विज्ञापन का मूल उद्देश्य सामान्य जनता और उपभोक्ता को बार-बार अपने उत्पाद सन्देश या विचार के विषय में स्मरण कराते रहना है। ऐसी स्थिति में विज्ञापन का कार्य प्रत्यक्ष और अप्रत्यक्ष रूप से उपभोक्ता, पाठक या दर्शक की स्मृति को ताजा करते रहना आवश्यक हो जाता है। सामान्यतः मनोवैज्ञानिक रूप से यह माना जाता है कि समय बीतने के साथ स्मृति धुँधली हो जाती है तथा वस्तु का स्वरूप और उपयोग का अधिकांश विस्मृत हो जाता है। इसलिए विज्ञापनकर्त्ता किसी वस्तु का लगातार विज्ञापन करना ही उचित समझता है और उसके बाद सप्ताह में दो बार, कुछ अवधि के बाद सप्ताह में एक बार, फिर माह में एक बार या समय सन्दर्भ के अनुसार दीपावली, होली या स्थानीय पर्वों के अवसर पर ही स्मृति दिलाने का कार्य सम्पन्न किया जाता है।[53]

(2) विज्ञापन के सामाजिक कार्य या सामाजिक दायित्व—विज्ञापन के अपने कुछ सामाजिक दाय भी हैं। बाजार में उपलब्ध नयी वस्तुओं की सूचना उपभोक्ताओं को देकर समाज के जीवन स्तर में विज्ञापन सुधार लाने का प्रयास करता है। नयी-नयी वस्तुओं के प्रयोग की इच्छा उपभोक्ता के अन्तर्मन में जागृत करके विज्ञापन समाज में आशावाद का संचार करता है। समाज के विभिन्न वर्गों, कलाकारों, श्रमिकों आदि को यह काम के अवसर सुलभ कराता है। इस तरह यह रोजगार के अवसर बढ़ाता है, खासकर, आज के इस बेरोजगारी के दौर में इसका यह बहुत ही महत्त्वपूर्ण दाय है। सामाजिक आवश्यकताओं की प्रपूर्ति खासकर विवाह, रोजगार आदि की सूचना देकर सामाजिक भलाई में अपना महत्त्वपूर्ण योगदान देता है,—'Advertising is a social institution as much as it is economic. To-day, we-conceive it has an on going social process. Process in something that speaks of ceaseless efforts, activities in search of what is desired social process stands for all those social activities that are carried out to achieve the aims of individual social in character, They may be economic, political educational, religious or cultural which are indispensible and in-separable from society...It is an essential concomitant of social life. It is the thick shade of social creation."[54] कुल मिलाकर अच्छे विज्ञापनों को लगातार देखते-देखते समाज के लोग अपने-आप स्वच्छ रहने, जीवन स्तर को सुधारने, अच्छा खाने-पीने के आदी हो जाते हैं। इस तरह विज्ञापनों से सामाजिक रहन-सहन का स्तर सुधरता है।

(3) विज्ञापन के आर्थिक कार्य—विज्ञापन मूलतः आर्थिक क्रिया-कलाप है, जिसके बिना व्यवसाय का चहुँमुखी विकास सम्भव नहीं है। विज्ञापन के द्वारा एक विज्ञापन कर्त्ता अपनी बात उपभोक्ता तक पहुँचाता है, दूसरी ओर उपभोक्ता विज्ञापन को देखकर आर्थिक निश्चयों के लिए प्रभावित होता है। विज्ञापन ग्राहक बनाने में सहायता करता है, नयी वस्तुओं के विकास में योगदान देता है। उत्पादन में वृद्धि होती है, प्रति इकाई लागत में कमी आती है, वितरण लागत में कमी आती है, एकाधिकार एवं स्वस्थ प्रतिस्पर्द्धा का अन्त होता है। विज्ञापन के आर्थिक प्रभावों के पक्ष एवं विपक्ष में अनेक तर्क दिये जाते हैं, जिनमें कुछ मुख्य इस प्रकार हैं,

(1) विज्ञापन में माँग में वृद्धि होती है, जिसके कारण बड़े परिमाण में उत्पादन एवं वितरण होता है, जिससे बड़े पैमाने पर मितव्ययिताएँ प्राप्त होती हैं, जिन्हें कम कीमत लेकर उपभोक्ताओं तक पहुँचाया जा सकता है,

(2) विज्ञापन से प्रतिस्पर्द्धा बढ़ती है, जो उत्पादकों और निर्माताओं को निरन्तर नवाचार, शोध, विकास एवं गुणवत्ता में सुधार लाने के लिए बाध्य करती है।

दूसरी ओर आर्थिक आधार पर कुछ आलोचना भी की जाती है, यथा—

(1) विज्ञापन अनावश्यक रूप से लागतों एवं कीमतों में वृद्धि करता है,

(2) विज्ञापन के बल-बूते पर बड़े विज्ञापनदाता बाजार पर अपना आधिपत्य जमा लेते हैं।

(3) लुभावने एवं प्रभावशाली विज्ञापन उपभोक्ताओं को विवेकशील निर्णय लेने से वंचित कर देते हैं तथा—

(4) आर्थिक पोषण से विज्ञापनदाता माध्यम की स्वतन्त्रता को प्रत्यक्ष एवं परोक्ष रूप से प्रभावित करते हैं।[55]

इस तरह कुल मिलाकर हम कह सकते हैं कि—Advertising is the subsystem of economic system of nation- A free economy is a competitive economy that gives a man a wider opportunity to make products that he thinks that others will buy and provides the consumer a wider choice of products. Consumer is the king and has the right to choice. In a Competative economic system, it is consumer who tells the system what, when where, why, how much to produce. Just as each cosumuer has the freedum of choice each supplier has the freedum of entry and cosumer f avours competition among the suppliers, as it guarantees innovation and improved effeciency[56]।

(4) विज्ञापन के कलात्मक कार्य—विज्ञापन स्वयं में एक कलात्मक कार्य है। यदि विज्ञापन में कलात्मक कार्य विधि की सन्निहित न हो तो वह उपभोक्ता या दर्शक का ध्यान आकर्षित ही नहीं कर सकती। ध्यानाकर्षण के लिए विज्ञापन के लिए कला पक्ष का विधिवत् संयोजन ही सर्वाधिक महत्त्वपूर्ण कार्य होता है। उत्पादक और विज्ञापक एक ही कार्य करता है कि वह विज्ञापन संस्थान को अपना नारा, मोनोग्राम या प्रतीक चिह्न देकर एक कल्पना प्रसूत दृश्य

का संकेत दे, शेष कार्य विज्ञापन संस्थान के कलाकार या विजुअलाइजर अथवा कला निर्देशक का होता है, जिसमें उत्तम प्रकार के नारे अथवा विज्ञापित वस्तु के समर्थन में सर्वथा सार्थक दृश्यपट तैयार करके उत्पादक अथवा विज्ञापक की सहमति प्राप्त करे। विज्ञापन, विन्यास कला का संक्षिप्त एवं सटीक रूप है, जिसके अन्तर्गत किसी सजीव छायाचित्र, दृश्य अथवा रेखांकन को उपयुक्त रंग-संयोजना द्वारा उपभोक्ता, पाठक अथवा दर्शक के ध्यानाकर्षण का केन्द्र बनाया जाता है। इस तरह कुल मिलाकर विज्ञापन का कलात्मक कार्य विस्मृत नहीं किया जा सकता। वर्गीकृत एवं पैनल विज्ञापन के अतिरिक्त प्रायः सभी प्रकार के विज्ञापनों के लिए कलात्मक कार्य की अपरिहार्यता निश्चित ही है।[57]

(10) विज्ञापन का महत्त्व एवं उनकी भूमिका—

राजस्थानी की शेखावटी क्षेत्र की बोली में एक सुप्रसिद्ध देसज कथन कहा जाता है कि,—

''बोले बांका तो बुरा भी बिके,
नी बोले बांकी जुवार भी न बिके''।

या

''बोले बीकां तो बुरा भी बिक जा सी,
बिन बोलां का जुआरां बी ना बिकसी।''

अर्थात् जो अपने अनाज के गुणों को बखानता है, उसकी खराब और रद्दी ज्वार भी बिक जाती है, लेकिन बिन बोले ग्राहकों का इन्तजार करनेवाले की अच्छी ज्वार भी नहीं बिकती। जाहिर है, सड़क पर बिकनेवाली ज्वार जैसी वस्तु भी अपने दाम के लिए प्रचार-प्रसार और विज्ञापन की गरज रखती है, तो फिर अन्य वस्तुओं की स्थिति क्या होगी? यही है—विज्ञापन का महत्त्व और उत्पाद, तथा वस्तु के बिकने में उसकी महत्त्वपूर्ण भूमिका। घर के बाहर, घर के भीतर जिधर देखिये छपर गये हैं—विज्ञापन। घर के भीतर सुबह अखबार, अखबार के भीतर पम्फलेट्स, पत्रिका, रेडियो, माचिस, बैग और बक्सों, फिल्म और दूरदर्शन पर विज्ञापन तो घर के बाहर पाँव रखते ही—दीवालों पर विज्ञापन, खम्भों पर विज्ञापन, सड़कों के ऊपर कपड़ों या साइन बोर्डों—बिल बोर्डों पर बने विज्ञापन, पेड़ों पर टँगे विज्ञापन, ट्रेन, ट्राम, बस, ट्रक, आटो-टेम्पो, स्कूटर तथा अन्य तरह की मोटर-गाड़ियों जैसे आवागमन के साधनों पर चस्पा विज्ञापन, विमान तल, रेलवे स्टेशनों, बस अड्डों, सिनेमा घरों, खेल मैदान के बीच खेल रहे खिलाड़ियों के कपड़ों पर विज्ञापन, कैलेण्डर, डायरी, होर्डिंग, बैनर, कार्यालय, संस्थान, कम्पनी आदि के शीर्ष-पत्र, फाइलों, फर्नीचर, कार, भवन, कॉपी-किताब, स्टेशनरी, विजिटिंग कार्ड, नोटिस बोर्ड और कर्मचारियों की वर्दियों पर विज्ञापन, उपहार की वस्तुओं पर विज्ञापन—कुल मिलाकर खड्ग में, खम्भ में, जल-थल, नभ में—कहाँ नहीं विज्ञापन? चारों ओर ''ये दिल माँगे मोर'' विज्ञापन।

सच तो यह है कि आज अजीबो-गरीब चीजों के अजीबो-गरीब विज्ञापन देखे जाते हैं। मिमिकरी करते, सरकस के जोकरों की तरह हाथ-पाँव नचाते, मुँह बनाते, करतब करते जवान-स्त्री-पुरुष, बूढ़े-बूढ़ियाँ और बच्चे तक भी—सबकी शिरकत है उनमें। उम्दा-से-उम्दा कारों के विज्ञापन, बढ़िया शराबों के विज्ञापन, पहनने-ओढ़ने के कपड़ों के विज्ञापन—जीन्स, ब्रा, पेन्टी आदि के विज्ञापन, जवान और खूबसूरत दिखने के लिए किशोर और युवा लड़के-लड़कियों को रिझानेवाले तरह-तरह के सौन्दर्य-प्रसाधनों के विज्ञापन, मध्यवर्ग की गृहणियों की रात-भर की नींद हराम करनेवाले रसोईघर के विविध उपकरणों के विज्ञापन, जवानों, बूढ़ों और बच्चों के स्वास्थ्य

को बरकरार रखनेवाले विज्ञापन, आइसक्रीम, केडबरी, पेप्सी, कोला, हार्लिक्स, कम्प्लान, पिजा, मैगी, टॉफी, बिस्कुट आदि के विज्ञापन, नारी देह के तरह-तरह के विज्ञापन, उत्तेजक माल की तरह प्रायोजित होनेवाले विज्ञापन, बाजार में अँटे-पटे, चमत्कारिक मायावाले मोहक विज्ञापन, कुल मिलाकर सृष्टिमय विज्ञापन।

सभी जानते हैं, हम आज तक कई युगों की यात्रा करते करते आये हैं। पहले आखेट युग, फिर चारागाह एवं कृषि-युग, औद्योगिक, वैज्ञानिक युगों से गुजरते हुए हम आज अन्तरिक्ष युग में हैं तथा संचार युग भी इसे हम कह सकते हैं। यहाँ तक आने में अहं भूमिका विज्ञापनों की है, इसीलिए अब इसे हम विज्ञापन—युग कहें तो कोई अनुचित नहीं होगा। अब तो रात में सोने से सुबह के उठने तक गजल, भजन गीतादि के साथ-साथ चाय, तेल, सिरदर्द की टिकियों एवं न जाने कौन-कौन विज्ञापन सुनने एवं दूरदर्शन, सिनेमादि में देखने को मिल रहे हैं। इनकी प्रस्तुति भी ऐसी की बड़े-बड़े, बच्चे, नर-नारी सभी आकर्षित हुए बिना नहीं रह सकते। ऐसे विज्ञापनों का महत्त्व सभी क्षेत्रों में इतना अधिक बढ़ गया है, कि इसे शब्दों में नहीं कह सकते।[58] **मोहन राकेश** एक स्थान पर कहते हैं—''मतलब यह कि जहाँ जायें, जिधर जायें; जहाँ रहें, जैसे रहें इस विज्ञापन की लपेट से नहीं बचा जा सकता। घर में बन्द होकर बैठ जायें तो विज्ञापन रोशनदानों के रास्ते हवा में तैरते आते हैं—क्या आपने आज अपने दाँत सफेद किये हैं। सबेरे उठते ही सबसे पहले क्लोरोफिलवाले टूथपेस्ट से दाँत साफ कीजिये। याद रखिये, दाँतों को रोगों से बचाने के लिए यही एक साधन है।...घर से निकलें तो हर चौराहे-चौराहे और खम्भे पर विज्ञापन—खतरे से सावधान—धोखे से बचिये—इसके पढ़ने से बहुतों का भला होगा। अखबार उठायें, विज्ञापन, पुस्तक उठायें—विज्ञापन। बस में बैठें तो—विज्ञापन। क्या आप का दिल कमजोर है? क्या आपका जिस्म टूटता रहता है? क्या आपके सिर के बाल झड़ रहे हैं? क्या आपके घर में झगड़ा रहता है? गोया कि आपकी व्यक्तिगत जिन्दगी बिलकुल व्यक्तिगत नहीं है—उसे केवल इन विज्ञापनदाताओं के परामर्श से ही जिया जा सकता है।'' मोहन राकेश के उपरोक्त कथन की सत्यता पर प्रश्नचिह्न कहाँ है? यह तो प्रतिपल, प्रतिपग की जिन्दगी है, जहाँ मनुष्य सदा, शरीक है। अब तो हालात ऐसी है कि लीवर साल्ट, बेबी मिल्क, कैमरे, नेशनल सेविंग सर्टिफिकेट विटामिन्स, लिपस्टिक आदि न जाने क्या-क्या विज्ञापित करने के लिए कितने आकर्षक दृश्य दूरदर्शन पर देख रहे हैं, अखबारों में देख पढ़ रहे हैं, कितनों को गिनायें। एक शब्द में कहा जाय तो इसे विज्ञापनों की नगरी कहेंगे।[59]

कुल मिलाकर विज्ञापन स्वतन्त्र और आत्मनिर्भर मीडिया के लिए सुरक्षा कवच हैं। इसके द्वारा राष्ट्र की सम्पन्नता, प्रगति व आर्थिक आत्मनिर्भरता का पथ प्रशस्त होता है। यह राष्ट्रीय आय में वृद्धि करता है। विज्ञापन, विज्ञापक और उपभोक्ता तथा विक्रेता को लाभ पहुँचाता है। यह सामाजिक प्रगति और जन-जागरण में सहायक होता है। क्रयशक्ति सम्वर्द्धन के साथ जनमत परिवर्तन में योगदान देता है। रोजगार सृजन की सूचना देता है। 'ब्राण्ड की स्थापना के साथ लघु व्यवसाय में भी वृद्धि करता है। हम कह सकते हैं कि विज्ञापन के भारतीय परिदृश्य में तेजी से बदलाव आया है। दिल्ली की तेरहवीं एशियन कान्फ्रेंस ने विज्ञापन को समय के प्रतीक के रूप में स्वीकारा। देश की कई कम्पनियों ने विज्ञापन की मदद से उत्पादों की प्रतिष्ठा व माँग में वृद्धि की। बजाज ऑटो, इण्डिका कार, डाबर, निरमा वॉशिंग पाउडर, लिरिल सोप, विमल, रेमण्ड्स, जे.पी. सीमेण्ट, प्रिज्म, सहारा, लिज्जत पापड़ इसके सर्वश्रेष्ठ उदाहरण हैं। विज्ञापन के कारण ही वीको क्रीम व मंजन अपनी बिक्री व लाभ बढ़ाने में सफल रहे।[60] इस तरह विज्ञापन आज समय का सच बन गया है।

(11) आदर्श विज्ञापन के लक्षण–गाँव से लेकर छोटे-बड़े कस्बों—कैफटेरिया, मझोले और बड़े शहरों, महानगरों हर जगह, हर समाज में, खड्ग में, खम्भ में—विज्ञापन इस वक्त बाजार को साधने और सिद्ध करने का सशक्त औजार-उपकरण हो गया है। आज के बाजार प्रधान समय में विज्ञापन वस्तुओं या उत्पादों के प्रचार-प्रसार और प्रकाशन के लिए साँस की तरह अनिवार्य हो गया है। बिना विज्ञापन देखे, किसी वस्तु की खरीद में हमारा विश्वास ही नहीं होता। सामान के असली-नकली का प्रामाणिक बयान और शाहिद-शहादत यह विज्ञापन ही होता है। स्पष्टतः यह कि आज का आधुनिक समाज और उपभोक्ता सीधे-सीधे विज्ञापन की गिरफ्त में है। मुद्रित-अमुद्रित दोनों माध्यमों के विज्ञापन बाजार, समाज और उपभोक्ता को लक्ष्य करके तैयार किये जाते है और अपनी इस भूमिका में आज के विज्ञापन ने अपने मायाजाल में समाज और बाजार-सबको लपेट लिया है।

इस विज्ञापनों ने समाज में अच्छा-बुरा दोनों तरह का सन्देश दिया है। कुछ विज्ञापनों से भारतीय उपभोक्ता भ्रष्ट और नैतिक रूप में पतिष्णु नियति का शिकार हुआ है। समाज में अपराध, धूर्तता, पाखण्ड, ठगी तो बढ़ी ही है, युवावर्ग में 'शॉर्टकट' सम्पन्नता की ललक भी बढ़ी है, पर श्रवण माध्यम, दृश्य माध्यम तथा प्रिण्ट माध्यमों से विज्ञापित कुछ विज्ञापनों ने समाज को उत्तम शिक्षक और उपदेशक की तरह पाठ भी पढ़ाया है। लोगों में नैतिकता का बोध बढ़ा है। एक अंग्रेज विद्वान् ने तो विज्ञापन को वर्तमान की आवाज, भूतकाल के आवरण का ताना तथा भविष्य का बाना बताया है। उनके अनुसार विज्ञापन शान्ति और युद्ध दोनों में समान रूप से कहानियाँ कहता है। वह ज्ञान, प्रकाश तथा शक्ति-तीनों है—"I am the voice of today, the herald of tomorrow. I weave into the wrap of the past, the woof of the future. I tell the stories of peace and of war alike....I am light, knowledge and power." बहरहाल अब विज्ञापनों से होनेवाले लाभ एवं उपयोगिता पर संक्षेप में इस प्रकार देख लिया जाय—

(1) वस्तु के प्रति विश्वास पैदा करना—बाजार में नये जन्मे या सद्यः 'लाञ्च' हुए उत्पाद के प्रति उपभोक्ता के भीतर विश्वास पैदा करने के लिए कम्पनियाँ किसी क्षेत्र में चर्चित-प्रतिष्ठित व्यक्ति से विज्ञापन करवाती हैं। चर्चित या प्रसिद्धि के शिखर पर पहुँचे विशिष्ट जनों से विज्ञापित वस्तु के प्रति सामान्य जन के भीतर विश्वास पैदा होता है। फल होता है कि बच्चे-बूढ़े सभी इस वस्तु के प्रति आश्वस्त होकर उस वस्तु को खरीदते हैं। विज्ञापन उस वस्तु के भीतर असली-नकली का संशय समाप्त कर देता है।

(2) विज्ञापन व्यापार की ख्याति में वृद्धि करता है—विज्ञापन से व्यापार की लोकप्रियता में अभिवृद्धि होती है। व्यापार उत्कर्ष को प्राप्त होता है। उत्पाद या वस्तुएँ उपभोक्ताओं के जनमानस में स्थान बना उनके घरों में प्रवेश करती हैं। व्यापारी ओर उसका व्यापार भारी आर्थिक लाभ और यश प्राप्त करते हैं। कुल मिलाकर विज्ञापन ही किसी व्यापार को पहचान दिलवाता है। रिलायन्स समूह, जे.पी. सीमेण्ट, धारीवाल समूह की विशिष्ट पहचान के मूल में यह विज्ञापन ही है।

(3) विज्ञापन सोयी महत्त्वाकांक्षाओं को जगाता है—प्रिण्ट और इलेक्ट्रॉनिक माध्यमों में छपनेवाले विज्ञापन अपने प्रति लोभ पैदा करते हैं। व्यक्ति उनकी और आकर्षित होता है। फलतः व्यक्ति विज्ञापित वस्तु को खरीदने के लिए लालायित होता है। इन विज्ञापनों को देखकर घर के भीतर नयी-नयी फरमाइशें शुरू हो जाती हैं। बच्चे जिद्द करते हैं। प्रौढ़ व्यक्ति के भी भीतर की सोयी महत्त्वाकांक्षाएँ जगती हैं। वह भी विज्ञापित वस्तु को अपनी आर्थिक हैसियत के अनुसार खरीदता है। इससे मीडिया और विज्ञापन कम्पनी दोनों को लाभ होता है।

(4) प्रबन्धकों और श्रमिकों का उत्साहवर्द्धन—विज्ञापित वस्तु की बाजार में माँग बढ़ने से प्रबन्धकों और श्रमिकों का उत्साहवर्द्धन होता है। उनके उत्पाद की बिक्री बढ़ती है, आमदनी-आय में इजाफा होता है, फलतः वे आर्थिक स्तर पर थोड़ा निश्चिन्त होना शुरू होते हैं। अगली बात यह कि वे नये सिरे से यह प्रयास करते हैं कि उनके उत्पाद की गुणवत्ता और विश्वसनीयता बाजार में पूर्व की तरह बनी रहे।

(5) उत्पादन और वितरण-व्यय में कमी—अर्थशास्त्र का एक सिद्धान्त है कि वस्तुओं के भारी मात्रा में उत्पादन से लागत मूल्य में कमी आती है। जाहिर है, कम व्यय में अधिक उत्पादन से कम्पनी मालिक और श्रमिक दोनों का लाभ होता है। प्रबन्धन, उत्पादन में श्रमिकों का उल्लास और हौसला बढ़ाने के लिए उत्पादों की बिक्री से होनेवाली आय से समय-समय पर वेतन बढ़ोतरी करता रहता है। ठीक इसी तरह विज्ञापित वस्तु के लोकप्रिय हो जाने के कारण उपभोक्ता स्वतः उस वस्तु को खरीदने के लिए विक्रय स्थल की ओर खिंचा चला जाता है। अतः यहीं से उत्पादन और वितरण-व्यय में कमी की प्रक्रिया शुरू हो जाती है।

(6) मूल्यों में कमी आना—वस्तुओं के उत्पादन व्यय में आयी कमी के कारण माल-निर्माता थोक व्यापारियों को अपने सामान की पूर्ति कम मूल्य पर करता है। प्रक्रिया का यह क्रम जब आगे बढ़ता है तो थोक-व्यापारी फुटकर व्यापारियों को उस उत्पाद को कम मूल्य पर वितरण के लिए देता है। इस तरह से 'मार्केट' में वस्तु के भाव में धीरे-धीरे कमी आती जाती है। अगली बात यह कि बाजार में जिस वस्तु का विज्ञापन हो जाता है, प्रतिस्पर्द्धा में सभी छोटे-बड़े व्यापारी उस वस्तु को अधिक-से-अधिक बेचने के लिए कम मूल्य रखते हैं। इस तरह से वस्तु के मूल्यों में गिरावट कुछ समय बाद स्वतः शुरू हो जाती है, फिर आजकल अधिकांश वस्तु-निर्माता कम्पनियाँ या बड़े व्यापारिक घराने अपने माल या उत्पाद का बाजार दाम उस बिकनेवाली वस्तु पर कहीं-न-कहीं टाँक भी देते हैं, जिससे कोई फुटकर विक्रेता, उपभोक्ता से वस्तु का मूल्य बढ़ाकर न ले सके।

(7) विज्ञापन नये बाजार और दुकानदारों को खोजता है—विशिष्ट ढंग से विधिवत किये गये विज्ञापन में इतनी क्षमता होती है कि वह बेकार माल को भी बाजार में खपा देता है। इसी तरह वह सम्भावनाओं के नये बाजार और नये दुकानदारों, बिक्री केन्द्रों की तलाश करता है। एक दुकानदार से दूसरे दुकानदार के बीच संवाद या मेल-मिलाप का माध्यम या जरिया बनता है। इससे लाभ यह होता है कि उत्पाद के वितरण की 'रेंज' और दायरा बढ़ता है, अधिक-से-अधिक माल-बाजार में खपता है, बिक्री बढ़ती है, व्यापारी लाभान्वित होते हैं।

(8) विज्ञापन से दलालों या मध्यस्थों की संख्या में कमी आती है—वस्तु के विज्ञापित होते ही उसकी खरीद के लिए क्रेता या उपभोक्ता सीधे उत्पादक से जुड़ जाता है। बीच में वह किसी मध्यस्थ या दलाल से सम्पर्क नहीं साधता। दरअसल, किसी उत्पाद की खरीद के लिए यदि बिचौलियों को माध्यम बनाया जाता है तो उस वस्तु का मूल्य काफी बढ़ जाता है, वह इसलिए कि जो बिचौलिया क्रेता-विक्रेता के बीच सम्पर्क का काम करेगा, उसे भी कुछ-न-कुछ उसके समय और श्रम का मूल्य चाहिए। जाहिर है, ऐसी स्थिति में वस्तु या उत्पाद का दाम बढ़ेगा, क्योंकि बिचौलिये को दिये जानेवाला पैसा उसी वस्तु पर रखा जायेगा। अतः विज्ञापन से यहाँ दो लाभ हुआ कि क्रेता को बिचौलिये की जरूरत नहीं पड़ी और दूसरा यह कि वस्तु का मूल्य भी नहीं बढ़ा।

(9) विज्ञापन से उपभोक्ताओं के समय और श्रम में बचत—आजकल विज्ञापनों में वस्तु प्राप्ति का सटीक स्थान, दूरभाष नम्बर आदि देने का चलन है। उपभोक्ता को उत्पाद खरीदने

में इससे बहुत सुविधा होती है। उसका समय बचता है। व्यर्थ का श्रम भी जाया नहीं होता है। कुल मिलाकर यह कि सही वस्तु, सही स्थान पर, ठीक समय पर प्राप्त हो जाती है।

(10) विज्ञापन से रोजी-रोटी का जुगाड़—विज्ञापन, खासकर इलेक्ट्रॉनिक माध्यमों द्वारा किये जानेवाले विज्ञापनों में अनेक लेखकों, विशेषज्ञों, कलाकारों तथा कई अन्य तरह के तकनीकी-गैरतकनीकी लोगों की जरूरत पड़ती है। इनमें कई ऐसे लोग भी होते हैं, जो यहाँ पूर्णकालिक कार्य करते हैं। यह विज्ञापन ही उनकी रोजी-रोटी- या आजीविका का माध्यम होता है। सच तो यह है कि विज्ञापन सम्प्रति स्वतन्त्र व्यवसाय हो गया है। देश-विदेश में इस समय ढेरों विज्ञापन कम्पनियाँ महज विज्ञापन का ही कार्य कर रही हैं, जिसमें बहुत लोग लगे हुए हैं।

(12) अच्छे विज्ञापन की प्रकृति, गुण एवं विशेषताएँ–कागज पर छपे अक्षरों में लिखित और चित्रों से चित्रित तथा विद्युतीय माध्यमों में रंग-बिरंगे परिधानों-लिबासों में उछलकूद करते और बच्चों की तरह धमा-चौकड़ी धूम-धड़ाका करते विज्ञापनों की पहुँच बिलाशक आज गगनचुम्बी अट्टालिकाओं से लेकर झुग्गी झोपड़ियों में रहनेवाले अन्तिम व्यक्ति तक हो गयी है। नयी तकनीक ने इसे व्यापक लोकसमूह, जनकलरव, जनसंवाद, लोकबहस और लोकसंवादों से जोड़ा है। आज ये जनचेतना, लोकमत और 'पब्लिक इण्टरेस्ट' को अपने व्यापक प्रसार, प्रभाव और पहुँच से प्रभावित कर रहे हैं। सम्प्रति ये बाजार के मन्त्र और उसकी ताकत बन गये हैं। एक ओर ये हमें चमत्कारों की अदृश्य दुनिया में जरूर ले जाते हैं, किन्तु दूसरी ओर इन्होंने आज के बाजार को 'हाईटेक' भी बना दिया है। तमाम ना-नुकुर के बाद हम यह भी कह सकते हैं कि आज ये सजग, सचेत समाज गढ़ रहे हैं। समाज को आधुनिकता की तमाम ऊँचाइयों तक ले जाने की कोशिश कर रहे हैं। ठहरे और जड़ समाज में स्पन्दन पैदा कर रहे हैं। बाजार में 'पुराने' की जगह 'नये' की सूचना दे रहे हैं। एक परिपक्व और सिद्धहस्त कारोबारी की तरह इस समय ये विज्ञापन बाजार का कान फूँक रहे हैं। आज के बाजार की यही खनक हैं। आज के 'बिजनेस मॉडल' में इनकी प्रमुख भूमिका बन गयी है। इतना ही नहीं, आज ये विभिन्न अवसरों पर हमारे घरों में घुसकर तब तक लाठी भाँज रहे हैं, जब तक हम डर सहमकर या चुप होकर विज्ञापित उत्पादों को खरीदने की स्वीकृति या हामी नहीं भर देते।

विज्ञापनों की अपनी दुनिया है। वह दुनिया सृजनात्मक, कल्पनाशील, सन्देशवाहक और रचनात्मक है। विज्ञापनों में वे सभी गुण होते हैं जो किसी भी साहित्यिक विधा में पाये जाते हैं। इसमें थोड़े में अधिक कह देने की क्षमता है। वे उतने ही धारदार हैं, जितने कि कार्टून। विज्ञापनों में शब्दों से अधिक जोर से और असरदार तरीके से अपनी बात कह देने की ताकत नजर आती है। मूक विज्ञापन बोले गये शब्दों से अधिक मुखर होते हैं।

यह एक मनोवैज्ञानिक सत्य है कि देखी गयी बात का सुनी गयी बात से ज्यादा असर होता है। तभी तो श्रव्य-दृश्य का अपना महत्त्व है। विज्ञापन आपको दिखाते हैं और सुनाते भी हैं। यही कारण है कि उनका असर बच्चों से लेकर बड़ों तक, सभी पर होता है। कुछ लोग तो उन्हीं की भाषा बोलते दिखायी देते हैं। इस बारे में 'आइडिया' का जवाब नहीं। एक उदाहरण 'बुद्धू बनाविंग' का जुमला है, जिसमें विद्यार्थी से लेकर कार चालक और पुलिसवाले की बातचीत है। सन्देश यही है कि 'आइडिया' का नेटवर्क अधिक चौकन्ना और जागरूक है। एक और विज्ञापन याद आता है, किसी टूथपेस्ट का था। एक व्यक्ति सुबह बिना पेस्ट किये बगीचे में जाता है और उसके मुँह से आती बदबू से घबरा कर दो खिले हुए फूल कुम्हला जाते हैं। सन्देश कितना प्रभाव शाली है, यह आप भी मानेंगे। इसी तरह, दीवार खराब कर रहे बच्चे और उसे डांटते हुए पिता के शब्द, 'सुनते नहीं हो', और जवाब में बच्चे का कहना कि, 'शुक्ला अंकल ने फिक्साइट की पुट्टी

लगवाने को कहा था' और उसका कमरे के चारों ओर पपड़ी दिखाते हुए उसी अन्दाज में बोलना—'सुनते नहीं हो' भी लाजवाब है।

आप पायेंगे कि विज्ञापनों में रचनाधर्मिता, सम्प्रेषण की तीव्रता तो है ही, लोकप्रियता है और पैसा भी। बड़े-बड़े अन्तरराष्ट्रीय स्तर के खिलाड़ी और अभिनेता उनमें नजर आते हैं। अमिताभ बच्चन, शाहरुख खान, सलमान खान, सैफअली खान, बोमन ईरानी, ऐश्वर्या राय, रितिक रोशन जैसे तमाम कलाकार विज्ञापनों में आने के लिए करोड़ों रुपये तक लेते होंगे। वे जानते हैं कि वे समाज सेवा या धर्मार्थ नहीं, बल्कि धन्धा कर रहे हैं। महेन्द्र सिंह धोनी विराट कोहली, गेल और रॉस टेलर, सचिन तेंदुलकर या युवराज सिंह जैसे खिलाड़ी भी पैसों के लिए ही विज्ञापनों में आते हैं। यहाँ तक कि बीमारी और बुढ़ापे से टूटकर बेहद कमजोर और दयनीय दिखनेवाले राजेश खन्ना भी पैसे के लिए ही पंखे का विज्ञापन करते नजर आये थे। अधिकतर विज्ञापन गहने, साबुन, मोबाइल, बैकों के मसले, टूथपेस्ट, शैम्पू, क्रीम और पाउडर जैसे सौन्दर्य प्रसाधनों के होते हैं। कम्पनियाँ भी जानती हैं कि लोग इन्हें देखना चाहते हैं और इनकी बात सुनकर वे इनके द्वारा सुझायी गयी चीजों की ओर आकर्षित होंगे। पता नहीं, छोटे-छोटे स्लोगन लिखनेवालों को भी पर्याप्त धन मिल पाता है या नहीं। इतना जरूर है कि विज्ञापनों की दुनिया से टेलीविजन धारावाहिक और फिल्मों में आने वालों के उदाहरण हैं और सिनेमा से विज्ञापनों में आनेवाले भी कम नहीं हैं। अमेरिका, इंग्लैण्ड और चीन में भी विज्ञापनों का काफी असर देखा गया है। विज्ञापनों को अधिक-से-अधिक आकर्षक, लुभावना और असरदार बनाने के लिए सभी सम्भव प्रयास किये जाते हैं। कोशिश की जाती है कि दृश्य और शब्द दोनों ऐसे हों जो तीर की तरह दर्शकों-श्रोताओं पर असर करें और उनके दिल और दिमाग में गहराई तक उतर जायें। कम-से- कम में अधिक-से-अधिक असर छोड़ने की यह प्रक्रिया सतत चलती रहती है।

दरअसल, कम में बहुत-कुछ कह देने की कला में ही विज्ञापनों का राज छिपा है। विज्ञापन बनाने और तैयार करने के लिए पेशेवर कम्पनियाँ होती हैं। वे हर काम के लिए विशेषज्ञों की सेवाएँ लेती हैं, जिनमें मनोवैज्ञानिक भी होते हैं। इतनी तैयारी से बनाया गया विज्ञापन अपने लक्षित वर्गों और लोगों पर काफी असर डालता है। किस विज्ञापन में किसे लेना है, यह भी काफी सोच-विचार के बाद तय किया जाता है। संवाद का शब्द चयन भी सटीक और ऐसा मारक होता है कि लोग रोज अपनी जिन्दगी में दोहराते हैं। आम आदमी की जुबान पर चढ़ जाय, वही तो जुमला है और यह काम विज्ञापन बखूबी कर रहे हैं। हालाँकि कुछ विज्ञापन कमजोर भी होते हैं और उनका असर नहीं हो पाता। कमजोर विज्ञापनों का जीवन भी छोटा ही होता है। विज्ञापन असरदार भले ही हों, लेकिन सिर्फ उनके प्रवाह में बहने के बजाय, अपने विवेक का इस्तेमाल करने में ज्यादा समझदारी है।[61]

बहरहाल, इन विज्ञापनों के लिए कुछ नियमन, सिद्धान्त और मानक तय किये गये हैं। इनके अनुपालन से विज्ञापनों का अनुशासन नहीं टूटता, उनकी लौ-लपक और लय निरन्तर बनी रहती है। अतः इस सन्दर्भ में विज्ञापकों को चाहिए कि उनके द्वारा प्रस्तुत विज्ञापन आमजन की भाषा में हों। वे पक्ष-पोषण, पिष्ट-पेषण, मनगढ़न्त, नाटकीयता तथा कृत्रिमता से रहित होने चाहिए। विविध रूपों और शैलियों में परोसे जानेवाले ये विज्ञापन मर्यादित हों, जिन्हें पूरा परिवार एक साथ बैठकर देख और पढ़ सके। विज्ञापन जटिल ताने-बाने से रहित हों, अतः सहजता के शिल्प से लैस होने चाहिए, विज्ञापन की विषयवस्तु सहज, रोचक और आसानी से समझ में आने लायक होनी चाहिए। चूँकि बाजार और समाज के नक्शोनिगार में इस समय इन विज्ञापनों की सार्थक भूमिका को सभी जानते हैं, अतः इनमें मानवीय संवेदना, बोधगम्यता और जागरूकता होनी चाहिए। वे एकरसता और जड़ता को तोड़नेवाले हों।

विज्ञापन का एक पुराना सिद्धान्त है कि, "उसे सही माध्यम द्वारा सन्देश लेकर सही लोगों तक सही समय पर पहुँचाया जाय।" यहाँ सवाल है, ये सही लोग कौन हैं? उत्तर है—इनमें बड़ी हैसियत से लेकर अति सामान्य उपभोक्ता हो सकते हैं अतः विज्ञापन-निर्माण के समय उक्त सभी बातों का ध्यान रखा जाना चाहिए। चूँकि विज्ञापन का लक्ष्य ही है। ग्राहकों को अपनी ओर आकर्षित करना, अपने माल को बेचना, सो उपभोक्ताओं की शिक्षा के स्तर, उनके रहन-सहन के स्तर, सामाजिक रीति-रिवाजों, क्रयशक्ति आदि का ध्यान विज्ञापन निर्माण के समय रखना चाहिए। अगली बात यह है कि विज्ञापन उत्तेजक न हों। उनमें स्पन्दन हों, वे सरोकार-सम्पृक्त हों, तेज-तबीयत हों, प्रासंगिक और सुचिन्तित हों। वे ध्यान से देखने योग्य हों, उनमें सतहापन न हो, भरोसे के संकट से दूर हों, तभी वे बाजार और उपभोक्ता का भला कर सकते हैं। वे उपभोक्ता के लिए अदम्य विवक्षित हों। उपभोक्ता के मन में उनके प्रति ललक-चाव और रंगीनिये नजर सतत बनी रहे। वस्तु को खरीदने के लिए वे शिष्ट-सौम्य भाषा में ग्राहकों को लालायित करें। अतः ऐसी स्थिति में उपभोक्ता की भी रुचि का ध्यान रखना आवश्यक होता है। इतना ही नहीं, उक्त गुणों के अलावा कुछ अन्य विशेषताओं को भी रेखांकित किया जा सकता है—

(1) लक्षित समूह को शिक्षित, प्रभावित करे,

(2) संगठन या कम्पनी की नीतियों व कार्य प्रणाली की स्पष्ट जानकारी दे,

(3) कम्पनी की सामाजिक सोच व स्तर के बारे में सूचित करे,

(4) छवि-निर्माण के प्रति सचेत रहते हुए कथ्य के प्रति सकारात्मक रहे,

(5) कम्पनी की वैज्ञानिक पद्धति, तकनीक, विशेषता, उत्पादों में संशोधन, परिवर्तन की सूचना में विश्वसनीयता हो,

(6) जनता का ध्यान आकर्षित करने की कुशलता,

(7) अभिरुचि जाग्रत करने की क्षमता,

(8) उत्पाद, ब्राण्ड, अथवा सेवा को वरीयता देना,

(9) उत्पाद अथवा सेवा के लिए अभिमत, समर्थन, स्वस्थ प्रतियोगिता अथवा प्रतिस्पर्द्धा पर बल,

(10) निर्णय लेने की क्षमता-रचना,

(11) विज्ञापन प्रस्तुति का उत्कृष्ट होना तथा

(12) उत्पाद और मूल्य के प्रति आश्वस्ति।[62]

कुल मिलाकर विज्ञापन बाजार के रसायन होते हैं, अतः उनके शीर्षक प्रभविष्णु और खूबतरीन-खुशनुमा होने चाहिए। इससे लाभ यह होता है कि सामान्य दर्शक और पाठक भी उनकी ओर आकर्षित होता है, यथा—'पालन-पोषण सही कीजिये, बच्चों को बोर्नविटा दीजिये।' 'लाइफबॉय है जहाँ, तन्दुरुस्ती है वहाँ।' इनके अतिरिक्त यह भी ध्यान देना होता है कि विज्ञापनों में बड़बोलापन और जाति, धर्म, वर्ग, सम्प्रदाय आदि पर किसी तरह की गैरवाजिब, गैर मुनासिब टिप्पणी नहीं होनी चाहिए। वे शाइस्ता और शालीन हों। विज्ञापन में उहात्मकता, अतिरंजना और अतिरेक नहीं होना चाहिए। लब्बोलुबाब यह कि विज्ञापन बहुआयामी चरित्र के हों। जीवन की सहज लय में रचे-बसे हों। वह समाज को शिक्षित करें, उत्पाद, मूल्य और उपभोक्ता के प्रति आश्वस्तिकर हों। छवि-निर्माण के प्रति चौकन्ने रहें। वस्तु-पदार्थ की उपयोगिता को सिद्ध करें। विज्ञापन में प्रभावी चित्रों का यथास्थान प्रयोग हो, जिससे दर्शक या पाठक उसे आसानी से समझ

सकें। वे सृजन की क्षमता से लैस हों, उनमें नवता-नयापन निरन्तर बना रहे। वे भावान्वेषी हों और 'आम-के-आम गुठलियों के दाम' की तरह हमेशा ताजा-टटका और प्रासंगिक बने रहें।

(13) विज्ञापन के सरोकार, प्रयोजन, लक्ष्य और उद्देश्य–

"काव्ये यशसेऽर्थकृते व्यवहारविदे शिवेतरक्षतये।
सद्यः परनिर्वृत्तये कान्ता सम्मिततयोवदेशयुजे।।"

अर्थात काव्य सर्जना से यश और लक्ष्मी दोनों की प्राप्ति होती है। आशय यह कि हर कार्य के पीछे एक निश्चित लक्ष्य होता है। ठीक इसी तरह करोड़ों खर्चकर उत्पादों को अखबारों, पत्र-पत्रिकाओं और विद्युतीय माध्यमों पर विज्ञापनों को विज्ञापित करानेवाले विज्ञापकों के भी अपने-अपने तयशुदा लक्ष्य होते हैं। सम्प्रति, घोर बाजारू प्रतिस्पर्द्धा का समय है। इस होड़ में विज्ञापक उपभोक्ताओं को विज्ञापन के माध्यम से अपने उत्पाद की मुनादी करवाता है। ये विज्ञापन उपभोक्ता को बाजार जाने का रिझाऊ आग्रह करते हैं। इधर, प्रिण्ट और इलेक्ट्रॉनिक माध्यमों की आय के प्रमुख स्रोत विज्ञापन ही होते हैं। बिना विज्ञापन के कोई माध्यम चल नहीं सकता। इस तरह दोनों एक-दूसरे के शुभेच्छु हैं। वस्तुतः मीडिया का एक ही फण्डा होता है। उसे अधिक-से-अधिक विज्ञापन मिले, सामान भले ही परले दर्जे का हो, उसकी पैकेजिंग आकर्षक होनी चाहिए। सच तो यह है कि विज्ञापन से बाजार को ताकत मिलती है। समाज का विचार और 'टोन' बदलता है। कई तरह की सामाजिक जड़ता टूटती है। शिक्षाप्रद विज्ञापन स्वस्थ और सुन्दर समाज निर्मिति में अपना बहुमूल्य योगदान देते हैं। इन विज्ञापनों से बहुत सारी मूल्यवान् बुनियादी ज्ञानप्रद जानकारी हमें प्राप्त होती है। व्यावसायिकता के सन्दर्भ में यदि देखा जाय तो इससे लागत और वितरण मूल्य में कमी आती है। विज्ञापन का अगला और महत्त्वपूर्ण लक्ष्य—"Advertising aims at committing the producer or the manufacturer, educating the consumer, supplementing the salesman, connecting the dealer to eliminate the Competitor but above all it is a link between the producer and the consumer." अर्थात् उत्पादक अथवा निर्माता को लाभ पहुँचाना, उपभोक्ता को शिक्षित करना, विक्रेता को सहायता देना, प्रतिस्पर्द्धा को समाप्त कर व्यापारियों को अपनी ओर आकर्षित करना और सबसे अधिक तो उत्पादक और उपभोक्ता में सम्बन्ध स्थापित करना है।

इधर, डॉ. दिलीप सिंह[63] कहते हैं कि व्यावसायिक क्षेत्र में विज्ञापन के मुख्य तीन उद्देश्य हैं—माँग उत्पन्न करना (to produce demand), माँग बनाये रखना (to maintain demand) तथा माँग की वृद्धि करना (to increase demand) परन्तु विज्ञापन के ये तीन मोटे उद्देश्य हैं, जब कि आधुनिक युग में विज्ञापन के उद्देश्य बहुमुखी हो गये हैं। आज यह माना जाता है कि उत्पादक को लाभ पहुँचाना, उपभोक्ता को शिक्षित करना, विक्रेता की सहायता करना और उत्पादक तथा उपभोक्ता के बीच मधुर सम्बन्ध विकसित करना आदि भी विज्ञापन के उद्देश्य हैं। इस प्रकार विज्ञापन केवल माँग बढ़ाने का साधन ही नहीं है, बल्कि उसका उद्देश्य व्यवसाय-क्षितिज को और विस्तृत आयाम देना भी हो गया है क्योंकि आज विज्ञापन हमारे जीवन का एक अंग बन चुका है। दूसरे शब्दों में कहें तो हमारा पूरा जीवन विज्ञापनमय हो चुका है। इस विस्तृत परिप्रेक्ष्य में विज्ञापन के निम्नलिखित उद्देश्य निश्चित किये जा सकते हैं—

(i) उत्पादनों की जानकारी प्रदान करना,

(ii) वितरण-प्रणाली को सहज बनाना,

(iii) बिक्री बढ़ाना,

(iv) उत्पादक और उपभोक्ता के बीच सीधा सम्बन्ध स्थापित करना,

(v) व्यापार की ख्याति में वृद्धि करना,

(vi) मूल्यों में स्थिरता लाना,

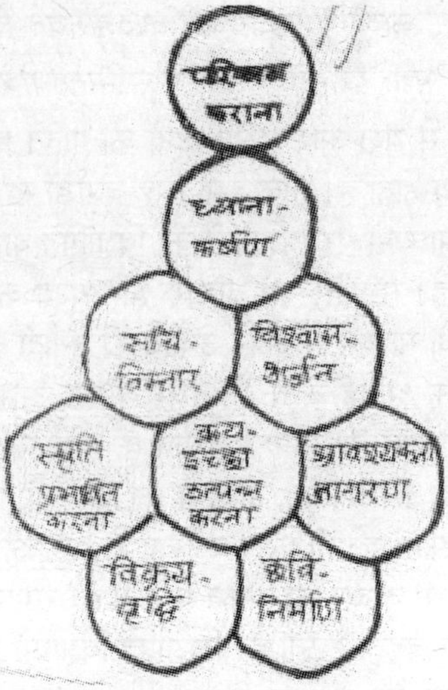

(1) विज्ञापन उत्पाद के लिए बाजार तैयार करता है—कभी-कभी हम सुनते हैं कि अमुक सीरियल या फिल्म अभी 'रिलीज' नहीं हुए, तब तक पहले ही उसके प्रचार-प्रसार के लिए उस फिल्म या सीरियल के कुछ प्रमुख अंशों का विज्ञापन धूम-धड़ाके के साथ विभिन्न माध्यमों में शुरू हो जाता है। ठीक इसी तरह विज्ञापक भी अपने प्रोडक्ट को बाजार में 'लाञ्च' करने से पहले उसके प्रचार-प्रसार के लिए अखबारों, पत्र-पत्रिकाओं और विद्युतीय माध्यमों में 'स्पेस' खरीदते हैं। उपभोक्ता को अपने उत्पाद की जानकारी के लिए उसे विज्ञापित कराते हैं। यदि वस्तु का विज्ञापन न हो तो वह उपभोक्ता के अपरिचय का शिकार हो जायेगी। सभी जानते हैं, अपरिचित वस्तु का बाजार में बिकना कितनी टेढ़ी खीर होती है। अतः हम कह सकते हैं कि विज्ञापन का एक प्रमुख लक्ष्य और उद्देश्य बाजार के प्लेटफॉर्म पर उपभोक्ता और उत्पाद से परिचय के निमित्त हाथ मिलवाना है। इसके बाद तो इन दोनों के बीच मित्रता दिनोदिन गहरी होती चली जाती है।

(2) विज्ञापन का एक उद्देश्य उत्पाद, विषय या विचार के बारे में ध्यानाकर्षण भी है—आज के बाजारवादी और पूँजीवादी समय में विज्ञापकों-उत्पादकों का प्रधान लक्ष्य येन-केन-प्रकारेण मुनाफा कमाना है। विज्ञापनदाताओं ने पाठकों और दर्शकों को अपना सामान बेचने के लिए मीडिया से चोली-दामन का रिश्ता स्थापित कर लिया है। उत्पादक पूँजीपति है। वह पैसा कमाने के लिए अपने उत्पाद को जन-जन तक पहुँचाने हेतु विज्ञापन में पैसा लगाता है। इधर, अखबार में टाँके गये शब्दों पर लोग पूरा भरोसा करते है। टी.वी. में देखे को सच मानते हैं। अखबारों में छपी और टी.वी. पर चित्रित विज्ञापनों को देखकर आमजन से लेकर विशिष्ट जन तक अपना मन बनाते हैं। इस तरह, स्पष्टतः यह कि विज्ञापन विचार निर्मिति में अपनी मख्सूस भूमिका निभाते हैं। विज्ञापक अपने उत्पाद की अधिकाधिक बिक्री के लिए मीडिया माध्यमों के साथ-साथ ऐसे स्थानों का भी चयन करते हैं, जहाँ लोगों की निगाह आसानी से जाय। इसके लिए वे चट्टी-

चौराहे, व्यस्ततम भीड़-भाड़ भरी सड़क, रेलवे स्टेशन, बस स्टैण्ड, शिक्षण संस्थान, कॉर्नर-नुक्कड़, फ्लाई ओवर ब्रिज कुल मिलाकर अपने उत्पाद के प्रचार-प्रसार हेतु ऐसे स्थान का चयन करते हैं, जहाँ लोग आसानी से देख सकें।

(3) व्यवसाय की प्रसिद्धि में अभिवृद्धि—विज्ञापन, विक्रय-वृद्धि का एक महत्त्वपूर्ण जरिया या माध्यम माना जाता है। इसके माध्यम से ही उपभोक्ता वस्तु के विक्रय केन्द्र तक पहुँचता है। विज्ञापनकर्त्ता अपने उत्पाद का बयान खूबसूरत लहजे, सुन्दर शब्दावली और मोहक अन्दाज में इस प्रकार करता है कि लोग उसे खरीदने से स्वतः रोक नहीं पाते। इससे व्यवसाय सम्वर्द्धन पैदा होता है। व्यापारिक सुयश मिलता है। वस्तु और उसे निर्मिति करनेवाली संस्था के प्रति लोगों के मन में विश्वास पैदा होता है। वह प्रतिष्ठान रातोंरात प्रतिष्ठा के शिखर पर पहुँच जाता है। मोदी समूह, टाटा घराना, बिरला, डी. सी. एम. तथा रिलायन्स आदि बड़े व्यावसायिक घराने विज्ञापन द्वारा ही प्रतिष्ठित हो पाये हैं।

(4) उत्पाद के प्रति आकर्षण और रुचि उत्पन्न करना—कुछ समय पहले तक उत्पाद, वस्तु एवं विचार आदि के प्रचार-प्रसार के लिए विज्ञापन की उतनी गरज और भूख महसूस नहीं की जाती थी, जितनी आज की जा रही है। सम्प्रति, बिलाशक, विज्ञापन वस्तु के प्रचारक की भूमिका में जी रहे हैं। ये विज्ञापन रोज नयी शक्लों-सूरत में सृजन की कलात्मकता से लैस होकर हमारे सामने आ रहे हैं। दरअसल, आज इनके होने की सार्थकता तभी सिद्ध हो सकती है, जब ये उपभोक्ताओं के मन में उत्पाद के प्रति गहरा अनुराग, सुरुचि, कामना और लालसा पैदा करें। जनरुचि जगाने में नाकाम-नाकारा विज्ञापनों की बाजारी हलकों में कोई स्थान नहीं रह गया है। उपभोक्ता के 'पॉकेट' से पैसा उगाहकर बाजार पहुँचाने में सार्थक विज्ञापन ही जिन्दा-जीवन्त बना रह सकता है। यही कॉरपोरेटी मीडिया, बाजार और पैसे के भूखे विज्ञापकों के लिए मौजूँ और अहल भी है। सम्भवतः यही कारण है कि बीड़ी, सिगरेट, साबुन, क्रीम, ठण्डापेय पदार्थ तथा खानेवाली अन्य वस्तुओं के विज्ञापन में फिल्म, खेल जगत के महत्त्वपूर्ण लोगों के साथ-साथ महिलाओं का भी प्रयोग किया जाता है। ये ही उपभोक्ता के मन प्रदेश में वस्तु के प्रति विश्वास, ध्यान और रुचि पैदा कर रहे हैं। कहते भी हैं, सुन्दर स्त्री का चित्र व्यक्ति के मन में आकर्षण और रुचि पैदा करता है। यही मनोविज्ञान का भी सच है।

(5) विक्रेता की सहायता करना विज्ञापन का अगला लक्ष्य—व्यापार का विकास करना ही विज्ञापन का मूल उद्देश्य होता है। विज्ञापित वस्तु की सूचना अमूमन उपभोक्ता को विज्ञापन के समय ही हो जाती है। उपभोक्ता उस वस्तु के गुण, विशेषताएँ, आकार-प्रकार की जानकारी तथा उसके मूल्य की सूचना वस्तु के विज्ञापित होते ही जान जाता है। अतः ऐसी स्थिति में क्रेता स्वतः वस्तु की खरीद के लिए विक्रेता के पास चला जाता है। इधर, विक्रेता को उस वस्तु के विषय में क्रेता को बहुत बताने की आवश्यकता नहीं पड़ती, न वस्तु के मूल्य के विषय में और न उसकी गुणवक्ता के विषय में। इस प्रकार यह विज्ञापन परोक्ष-अपरोक्ष विक्रेता की सहायता करता है।

(6) सामाजिक जागरूकता और चेतना पैदा करना विशिष्ट लक्ष्य—विज्ञापनों से समाज में सामाजिक जागरूकता पैदा होती है, जड़ता और भ्रान्तियाँ टूटती हैं, अन्धविश्वासों की अज्ञता का मोह और निविड़ अन्धकार आकाश के बादल की तरह धीरे-धीरे मानसिक क्षितिज से छँटता है। साफ शब्दों में, ये विज्ञापन समाज में पसर चुकी कई तरह की भ्रान्तियों और संशयों को दूर करते हैं। उनकी जगह विवेक का विहान होता है। उदाहरण के लिए एक ओर ये विज्ञापन 'चेचक' को माता मानने जैसी भ्रान्ति को दूर करते हैं तो दूसरी ओर साक्षरता,

बाल कल्याण, धूम्रपान, दहेज-उत्पीड़न, बाल-विवाह जैसे सामाजिक दोषों और बुराइयों पर प्रकाश पात कर उन्हें दूर करने का प्रयास करते हैं। ये विज्ञापन ही समाज में व्याप्त इस संशय को दूर करते हैं कि 'एड्स' छूत का रोग नहीं है। कुल मिलाकर बक़ौल **डॉ. आर. सी. अग्रवाल**[64] संक्षेप में विज्ञापनों के उद्देश्यों को एक साथ इस प्रकार रेखांकित कर सकते हैं—

(i) संस्था की सफलता प्रस्तुत करना,

(ii) क्रय सम्बन्धी निर्णय के अवसर पर प्रभाव डालना,

(iii) वस्तु के प्रति ग्राहक में विश्वास जगाना,

(iv) उपभोक्ताओं को शिक्षित करना,

(v) जनता को नकली माल से सावधान करने हेतु सूचना देना,

(vi) व्यवसाय का भावी विकास करना,

(vii) माल के मूल्यों में वृद्धि आदि के कारणों को स्पष्ट करना तथा

(viii) ग्राहकों को सन्तुष्टि प्रदान करना एवं भ्रान्तियों का उन्मूलन करना।

(7) वस्तु के प्रति भूख, भरोसा और विश्वास पैदा करना—सभी जानते हैं, फिलवक्त आमजन में भरोसे का संकट बिना हल किये सवाल की तरह खड़ा है। बाजार-दुकान में बिकनेवाली वस्तु असली है, नकली है, टिकाऊ है, काम चलाऊ है, क्या इसकी चमक-दमक फीकी है? आदि ढेरों प्रश्न बाजार और दुकान में प्रवेश करने से पहले उपभोक्ता को घेरते-छेकते हैं। 'नक्कालों से सावधान', 'फैशन के इस युग में शुद्धता की गारण्टी नहीं दी जा सकती' का समाधान विज्ञापन कर सकता है। साफ शब्दों में, उपभोक्ता वस्तु की 'वैधता', और 'गारण्टी' चाहता है। वह वस्तु के असल-नकल की निशानदेही और शिनाख्त चाहता है। जन-सरोकारों से जुड़े इस सवाल को हल करने, वस्तु के प्रति उत्पन्न शंका को दूर करने के लिए यहीं पर विज्ञापनों की भूमिका शुरू होती है। उसे समाधानक की भूमिका में यहाँ आगे आना होता है। लोगों की शंकाओं को दूरकर उनमें उत्पाद के प्रति विश्वास पैदा करने के लिए विज्ञापक पुनः खेल-जगत, फिल्म-जगत के नामजद-नामवर लोगों से वस्तु का विज्ञापन करवाता है ताकि क्रेता के मन में साख पैदा हो सके। हाँ, वस्तु की विश्वसनीयता के प्रचार-प्रसार के लिए किसी विद्वान् को मैंने कभी नहीं देखा है।

(8) नये ब्राण्ड की सूचना देना—भूमण्डलीकरण और उपनिवेशवाद के इस जटिल दौर में पूँजीवादी शक्तियों ने बाजार को देशी-विदेशी वस्तुओं से पाट दिया है। बाजार में नये-नये उत्पाद लाने की होड़ मची हुई है। इनमें नये जन्मे उत्पाद हैं तो पुराने भी हैं। वे किसिम-किसिम के हैं। कुछ पुराने ब्राण्ड के हैं तो अनेक नये हैं। स्पष्टतः यह कि ढेरों ट्रेडमार्क की वस्तुएँ बाजार में उपलब्ध हैं। विज्ञापक, विज्ञापन की सेवा यहीं से लेना शुरू करता है। वह विज्ञापनों के माध्यम से उपभोक्ताओं को अपने 'स्टॉक' में नये ब्राण्ड की वस्तुओं के आमद की सूचना देता है। उनकी गुणवत्ता, टिकाऊपन, सस्ते मूल्य पर उनकी उपलब्धता की सूचना विज्ञापनों के माध्यम से उपभोक्ताओं को देता है। इस तरह विज्ञापन, बाजार में नव अवतरित वस्तुओं की सूचना में निरन्तर नया पन्ना जोड़ता है। अधिक-से-अधिक लोग विज्ञापन के द्वारा ही यह जान पाते हैं कि अमुक ब्राण्ड का नया उत्पाद बाजार में आया है। लोग बाजार जाकर उस वस्तु के रूप, गुण, उपयोगिता आदि के विषय में जानकारी प्राप्त करते हैं, विज्ञापित वस्तु यदि मनोनुकूल है तो खरीदते भी हैं।

(9) नये बाजारों को तलाशना और उनका विकास करना—आज पूरी दुनियाँ में नव साम्राज्यवादी शक्तियाँ बाजार तन्त्र के माध्यम से अपना वर्चस्व स्थापित कर रही हैं। यह बाजार तथा हाट मनुष्य की आविष्कृत संस्था है। वैश्विक गाँव ही पूँजी का भूमण्डलीकरण है। उपभोक्तावादी संस्कृति में उत्पाद हावी हो गया है। बाजार की प्रकृति भोगवाद को जन्म देती है। यही भोगवाद उपभोक्ता को बाजार का रास्ता बता रहा है। बाजार का रास्ता बताने में विज्ञापन उसकी मदद कर रहा है। साफ शब्दों में विज्ञापन सम्प्रति नये बाजारों की खोज कर रहा है, यही उसका उद्देश्य है। विज्ञापन उन क्षेत्रों के लोगों को भी उत्पाद या वस्तुओं की जानकारी दे रहा है, जिन्हें पहले से इनकी जानकारी नहीं थी। ये क्षेत्र उक्तवस्तुओं की पहुँच से दूर थे। आज के विज्ञापन का एक प्रमुख लक्ष्य इन्हीं नये क्षेत्रों को तलाशना है, इस तरह नये बाजार का विकास करना है। हम जानते भी हैं, बाजार और विज्ञापन का सम्बन्ध जुड़वा भाई की तरह अटूट होता है। वस्तुतः विज्ञापन का लक्ष्य रोज नये बाजार का सृजन और अनुसन्धान खोज करना होता है और यदि उस बाजार में ग्राहक या उपभोक्ता नहीं है, तो जाहिर है, वह बाजार-बाजार न होकर उचाटभुतहापन से भरा खँडहर है। अतः बाजार के विकास के सन्दर्भ में विज्ञापन का एक लक्ष्य बाजार के लिए ग्राहक मुहैया कराना भी है।

(10) इन सभी के अलावा विज्ञापन के कुछ अन्य लक्ष्य भी हैं, यथा—उपभोक्ता को शिक्षित करना, विक्रय वृद्धि करना, उत्पन्न माँग का पोषण करना, पूँजी मूल्य में वृद्धि तथा कम्पनी शेयर मजबूत करना, माल की बिक्री बढ़ाना, उपभोक्ता माँग में वृद्धि करना, माल के किस्म में गुणात्मक परिवर्तन करना, विक्रेता की सहायता करना, प्रतिस्पर्द्धा को समाप्त कर व्यापारियों को अपनी ओर आकर्षित करना, उत्पादन और लागत में कमी करना, विज्ञापक की ख्याति और प्रतिष्ठा को बढ़ाना, सावधान और सजग करना, उपभोक्ता-संरक्षण और जन-सेवा सन्देश देना, विपणन नीतियों में सहायता करना, समाज हित के प्रति रुचि और संकल्प प्रकट करना, बाजार को निरन्तर प्रभावित करना तथा वर्तमान बाजार को बनाये रखना आदि प्रमुख हैं।

(14) विज्ञापन : समस्याएँ तथा समाधान–अखबार, रेडियो, दूरदर्शन, इण्टरनेट, मोबाइल तथा ह्वाट्सऐप आदि विभिन्न संचार माध्यमों से अपेक्षा की जाती है कि ये देश की सामाजिक, सांस्कृतिक, आर्थिक और राजनीतिक परिदृश्य की तथ्यात्मक, विषयनिष्ठ, निष्पक्ष, तटस्थ और सही तस्वीर प्रकाशित-प्रसारित करें, किन्तु ऐसा हो नहीं रहा है।. इन माध्यमों पर दिखाये जानेवाले विज्ञापनों के जरिये ठगी और बेईमानी आम बात हो गयी है, जिसे मैं कुछ ताजा-टटका उदाहरण देकर समझा रहा हूँ। स्त्री-छवि को ये विज्ञापन 'Sex Object' के रूप में प्रस्तुत कर भारतीय समाज में 'Sexism' या कामुकता, काम-भावना, यौनाकर्षण, रत्यात्मकता (Sexeroticism) आदि कुप्रवृत्तियों को बढ़ावा दे रहे हैं। ज्यादा-से-ज्यादा लाभ कमाने के लिए ये हर तरह का हथकण्डा अपना रहे हैं। विलक्षण शारीरिक सौन्दर्य से मण्डित नारी भी इनके लिए ऐसा ही हथकण्डा है। पुराने जमाने में औरतों की खरीद-फरोख्त होती थी, आज भी उसमें कमी नहीं आयी है, क्योंकि विज्ञापनों के माध्यम से उनकी छवि इस समय भी बेची ही जा रही है। जितनी अनावृत्त नारी, मुनाफा उतना ही ज्यादा। अतः ऐसी स्थिति में विज्ञापन कर्त्ताओं को चाहिए कि सदैव से पूज्या-परस्तीद, मातृ-वत्सला और समर्पिता स्त्री की छवि विज्ञापनों में कत्तई भोग्या, कामुक 'फैशनेबुल' और अश्लील-फूहड़ न परोसी जाय। इस छवि की जगह इन्हें स्वतन्त्र, प्रगतिशील, आत्मसम्मान और स्वाभिमानी स्त्री के रूप में प्रस्तुत किया जाए।

अगली बात यह कि विज्ञापन, स्त्री सम्प्रदाय को सपने दिखाना बन्द करें **'नयनों से लहराये, तन पर खिले फूल मुसकाए; 'जिस देह की आप हकदार हैं, अब उसे प्राप्त**

करें, 'सजीला, जोशीला, कटीला, यानी सरशिल्क का शौकीन, 'रंगप्यार के, अनुराग के, रंग गहरे, रंग हलके, रंगलाली से लाल, हरियाली से हरे, 'आप अपनी देह को फिर से नया आकार दे सकती हैं', 'आपकी झुर्रियाँ आपके नियन्त्रण में', 'पहली नजर में ही आप इसे अपना दिल दे बैठेंगी', जैसे विज्ञापन स्त्री को महज विलासी दुनिया में कैद करना चाहते हैं। विज्ञापनों में स्त्री को संघर्षशील, जुझारू और प्रतिभावान् नहीं दिखाया जाता। अतः विज्ञापन निर्माताओं को चाहिए कि लिंग के आधार पर स्त्री की इस विद्रूप स्थिति को वे न दिखायें, बल्कि वे पुरुष के समान ही उसे समान कार्य करता हुआ समानधर्मा सिद्ध करें। इससे इनकी छवि अस्त-व्यस्तता और तितर-वितरपना का शिकार हो रही है। परिजनों की भलाई के लिए महिलाओं को सब-कुछ सहनेवाली 'दासी' और गुलाम जैसी छवि महिमामण्डित न करें। उनकी क्रूरतम अत्यधिक नकारात्मक छवि, दयनीयता की हदों को छूती हुई आज्ञाकारिता को मूर्तिमान् करनेवाली छवि, परिवार में दूसरे दर्जे की नागरिक, स्त्री देह को उपभोग की वस्तु बतानेवाली छवि आदि दिखाने से रोकने का प्रयास किया जाय। साफ शब्दों में प्रत्यक्ष-अप्रत्यक्ष रूप से सब दिखाना निषिद्ध और प्रतिबन्धित किया जाय। इतना ही नहीं, प्रतिबन्धित सूची में बाल-विवाह, दहेज, बहुपति प्रथा, बेटी की तुलना में बेटे को तरजीह देना, तन्त्र-मन्त्र जैसे विषयों को बढ़ावा न देना भी है। महिलाओं की असामान्यता की हदों को पार करती हुई, अच्छाई व बुराई दोनों ही छवियों को पारिवारिक विज्ञापनों में दिखाया जाना वास्तविक जीवन की नारी के साथ

अन्याय करने जैसा है। यद्यपि केन्द्रीय एवं सूचना प्रसारण मन्त्रालय इस विषय को लेकर जागरूक तो हुआ है और कुछ ठोस करने भी जा रहा है, लेकिन ध्यान देने योग्य यह है कि अश्लीलता और अपराध अक्सर न्यूज चैनलों और विज्ञापनों में दिखाया जाता है। न्यूज चैनलों पर भी अन्धविश्वास पर आधारित अनेक कार्यक्रम नियमित दिखाये जाते हैं। इसी तरह अनेक विज्ञापन अर्द्धनग्न मॉडलों द्वारा, द्विअर्थी संवादों के माध्यम से दिखाये जाते हैं, परिवार के सभी सदस्य इस तरह के फूहड़ और भदेस विज्ञापनों को एक साथ देखते हुए, शर्मसार हो एक-दूसरे से नजरें चुराते हैं, अतः अच्छा होगा कि टी.वी. चैनलों पर प्रसारित होनेवाले कार्यक्रमों के अलावा फूहड़ विज्ञापनों और समाचारों पर भी किसी सेंसर बोर्ड, जो सूचना एवं प्रसारण मन्त्रालय द्वारा गठित हो—का नियन्त्रण हो।

कहते हैं, विज्ञापन सपने बेचता है। सपनों का सम्बन्ध अभाव से होता है। अभाव के लिए भाव का होना आवश्यक है। इधर, हम यह भी जानते हैं कि मीडिया विज्ञापन से चलता है और विज्ञापन की प्रकृति में ही छल होता है। विज्ञापन, आशाओं-आकांक्षाओं, फर्जी, कपोल कल्पित और काल्पनिक खयालों को बेचता है। इस तरह मीडिया और प्रबुद्ध वर्ग की जनपक्षधरता में भी एक छलियापन होता है। जब हम कोई शैम्पू खरीदते हैं तो उसके साथ काले और घने बाल की उम्मीद खरीदते हैं। विज्ञापन का वर्चस्व हमारे सोचने-समझने की शक्ति को कुंद कर देता है। वह हमें एक अच्छा उपभोक्ता बनाता है। यह उपभोक्तावाद हमारे सामाजिक परिवेश की सच्चाई बनता जा रहा है। यही कारण है कि हमारे समाज से धीरे-धीरे भाव-बोध लुप्त होता जा रहा है। हम स्वकेन्द्रित होते जा रहे हैं। इसके उदाहरण आसपास मिल जायेंगे। शहरी परिवेश में लोग अपने पड़ोसी से बात करने के लिए तरसते हैं। गाँवों में स्थिति थोड़ी ठीक है, लेकिन कब तक, यह कहा नहीं जा सकता। कुल मिलाकर विज्ञापनों ने हमारी संवेदनाओं को भोथरा किया है। मनुष्य के भीतर से साहचर्य के भाव को इसने सोख लिया है। अब भी यह मनुष्य का दोहन कर रहा है। सच तो यह है कि विज्ञापन प्रायः उत्तेजक, अतिकाल्पनिक , सीमाहीन, भयावह, बढ़ा-चढ़ाकर पूर्णतया असत्य, अशालीन, नग्न या अति आंशिक वस्त्रों में, द्विअर्थी आपत्तिजनक संवादों, भाव-भंगिमाओं एवं संकेतों से परिपूर्ण होते हैं। इसमें एक सूई से लेकर बड़ी-बड़ी मशीनरी एवं कार तक के उत्पाद सम्बन्धी विज्ञापन शामिल होते है। इसमें दैनिक जीवन की साधारण से उपयोग की वस्तु से लेकर ऐशोआराम एवं सुख समृद्धि की कीमती-से-कीमती वस्तुओं को अत्यन्त आकर्षक, भ्रामक एवं मोहक रूप में प्रस्तुत किया जाता है, जो सम्बन्धित वस्तु की प्रकृति एवं स्वरूप से कदापि मेल नहीं खाता। नतीजतन, इससे जहाँ एकतरफ उपभोक्ता एक अजीब तरह के कल्पना लोक में विचरण करने का आदी हो जाता है, वहीं दूसरी तरफ उसमें एक अनावश्यक भौतिकवादी आक्रामक एवं ईर्ष्यालु प्रवृत्ति का भी जन्म हो जाता है।[65] अतः विज्ञापन बनानेवालों को इसका ध्यान रखना चाहिए।

विज्ञापन वस्तु-उत्पाद का ढिंढोरिया और मुनादी करनेवाला जारची होता है। विज्ञापन की प्रथा पूँजीवाद की सैद्धान्तिक देन मानी जाती है। अभी हाल के दिनों में आपने देखा—पढ़ा होगा कि इसने औद्योगिक उत्पादों की बिक्री, उनके प्रचार प्रसार के साथ-साथ पैसे कमाने के लोभ में अंधा हो एक कदम आगे बढ़कर 'खबर के वेष में विज्ञापन और विज्ञापन की शक्ल में खबर' देकर खबरों के ढाँचे और उसकी भाषा को ध्वस्तकर खबरों की विश्वसनीयता पर संकट पैदा कर दिया था, जिसे 'पेड न्यूज' कहा गया।[66] सुप्रसिद्ध पत्रकार अनिल चमड़िया कहते हैं कि वस्तुतः इस तरह की ठगी के तरीके से चुनाव का सम्पन्न होना, लोकतन्त्र के खत्म होने के कगार पर खड़े होने का एलान जैसा है, जिस पर प्रतिबन्ध लगना चाहिए।

अगली महत्त्वपूर्ण बात यह कि विज्ञापनों में नशाखोरी और जहरीले पेय पदार्थों के प्रचार-प्रसार पर सख्ती होनी चाहिए। विज्ञापन की चित्रमय चेतावनियों के बाद एक सुखद परिणाम सामने आया है कि बहुत लोग धूम्रपान छोड़ना चाहते हैं। सरकार के तम्बाकू विरोधी अभियानों और सिगरेट व गुटखा के पैकेटों पर सख्त चित्रमय चेतावनियों के मद्देनजर ऐसा मालूम होता है कि धूम्रपान छोड़ने की चाह रखनेवाले लोगों की संख्या बढ़ रही है। विश्व स्वास्थ्य संगठन के अनुसार, ब्राजील, कनाडा, सिंगापुर और थाईलैण्ड में चित्रमय चेतावनियों के लागू होने के बाद किये गये अध्ययन लगातार दिखाते हैं कि चित्रों में चेतावनी ने तम्बाकू के इस्तेमाल के नुकसान के बारे में महत्त्वपूर्ण तरीके से जन जागरूकता बढ़ायी है। चीन के बाद भारत-दूसरा सबसे बड़ा तम्बाकू निर्माता और उपभोक्ता देश है, जहाँ करीब 24.1 करोड़ लोग किसी-न-किसी तरह से तम्बाकू का इस्तेमाल करते हैं। **ग्लोबल एडल्ट टोबैको सर्वे** (गैट्स) 20-10 के अनुसार करीब 35 फीसद भारतीय किसी-न-किसी प्रकार से तम्बाकू का इस्तेमाल करते हैं। जिनमें 47 फीसद पुरुष और 20.2 फीसद महिलाएँ हैं। सर्वेक्षण कहता है कि सिगरेट पीनेवाले करीब 38 फीसद लोग, बीड़ी पीनेवाले 29.3 फीसद लोग और तम्बाकू खानेवाले 33.8 फीसद लोग इन उत्पादों पर जारी चेतावनी देखने के बाद धूम्रपान छोड़ने के बारे में चिन्तित दिखे। इसी तरह अन्तरराष्ट्रीय जनसंख्या विज्ञान संस्थान ने डब्ल्यू. एच.ओ. व स्वास्थ्य और परिवार कल्याण मन्त्रालय के साथ मिलकर सर्वेक्षण किया जिसके मुताबिक भारत में 14 फीसद वयस्क धूम्रपान करते हैं वहीं 25.9 फीसद लोग तम्बाकू चबाते हैं। सरकार ने 11वी. पंचवर्षीय योजना में राष्ट्रीय तम्बाकू नियन्त्रण कार्यक्रम के लिए 186 करोड़ रुपये आवंटित किये थे। इनमें 25 करोड़ रुपये तम्बाकू विरोधी अभियान में दृश्य-श्रव्य प्रचार में खर्च हुए। संगठन का आकलन था कि यदि जनसंचार अभियान के जरिये विज्ञापित करके लोगों को नहीं चेताया गया तो 2030 तक भारत में धूम्रपान के कारण 80 लाख लोग तक मारे जा सकते हैं।

(15) विज्ञापनों का भविष्य—कुछ समय पहले तक विद्युतीय माध्यम टी. आर. पी. अर्थात् टेलीविजन रेटिंग प्वाइण्ट तथा प्रिण्ट मीडिया-सर्कुलेशन' के दबाव के तहत उत्पाद और वस्तु के प्रचार-प्रसार के लिए, कह सकते हैं, बेहद गैर जिम्मेदाराना ढंग से विज्ञापनों का प्रसारण कर रहे थे, क्योंकि टी. आर. पी. और सर्कुलेशन के अनुपात में ही इन्हें विज्ञापन मिलते हैं। विज्ञापन ही इनकी आय-आमदनी के मुख्य स्रोत होते हैं। बहरहाल, अखबार वाले यह भूल गये थे कि उनका अखबार सूचना-विचार सम्प्रेषण के साथ-साथ अनेक स्थानों पर सुरक्षित रखा जानेवाला 'दस्तावेज और लेखपत्र' भी होता है और खबरिया चैनल्स से प्रसारित समाचारों को दर्शक सच और विश्वसनीय मानते हैं। सौभाग्य से, हाल के दिनों में उक्त दोनों माध्यमों ने विज्ञापनों को लेकर नमक बराबर ही सही थोड़ा अपने में बदलाव किया है, जिससे संकेत मिलता है कि विज्ञापनों का भविष्य शानदार और टिकाऊ बना रहेगा। विज्ञापन, माध्यमों की अनिवार्य उपस्थिति की तरह जिन्दा-जीवन्त बने रहेंगे। विज्ञापनों की विश्वसनीयता को लेकर न्याय के लिए लड़ता हुआ दर्शकों पाठकों के भीतर का जटायु अब जीत रहा है।

दरअसल, विज्ञापनों की विश्वसनीयता रफ्तारेवक्त समय की माँग है। कुछ अपवादों को छोड़ दें तो आज के विज्ञापन पुराने ख्याल के विज्ञापनों की तुलना में अब तंगनजर-तंग खयाली और किसी तरह की 'इनर्शिया' या जड़ता के शिकार नहीं है। अब हर खबरिया चैनल अपने माध्यम से प्रसारित होनेवाले समाचारों तथा अन्य कार्यक्रमों को लेकर बहुत सजग है। अब वहाँ लिखा जा रहा है—NBA/NBSA द्वारा निर्धारित स्वतन्त्र नियमन का पालन करता है। अगर आपको अमुक पर दिखायी गयी किसी खबर या कार्यक्रम से शिकायत है तो न्यूज ब्राडकास्टिंग स्टैण्डर्ड

अथॉरिटी को लिखें। ज्यादा जानकारी के लिए लॉग ऑन करें। इधर, अखबार वाले भी अपने यहाँ प्रकाशित होनेवाली खबरों, सूचनाओं तथा विज्ञापनों की विश्वसनीयता को लेकर सजग-चैतन्य हैं, तभी तो यहा भी वैधानिक सूचना शीर्षक से बार-बार पाठकों को यह लिखकर चेताया जाता है कि—

वैधानिक सूचना

> *सुविज्ञ पाठकों से अनुरोध है कि इस समाचार-पत्र में प्रकाशित किसी भी विज्ञापन पर प्रतिक्रिया करने से पहले विज्ञापन में दिये गये तथ्यों, शर्तों, दावों और सेवा के बारे में पूरी तरह उपयुक्त जाँच पड़ताल कर लें। यह समाचार-पत्र किसी भी उत्पाद या सेवा की गुणवत्ता आदि के विवरण के बारे में विज्ञापनदाता द्वारा किये गये दावों या उल्लेख की पुष्टि या समर्थन नहीं करता। भविष्य में किसी भी प्रकाशित विज्ञापन में निहित दावों या शर्तों को लेकर पाठक गण को कोई असुविधा या परेशानी होती है तो दैनिक जागरण के मुद्रक, प्रकाशक या सम्पादक उत्तरदायी नहीं होंगे।*

अपने-अपने माध्यमों में विज्ञापित विज्ञापनों के प्रति नैतिकता बरतने का यह भाव इन्हें चाहे सूचना प्रसारण मन्त्रालय, भारतीय प्रेस-परिषद, चाहे एडिटर्स गिल्ड ऑफ इण्डिया, प्रसार भारती जैसे संगठनों, प्राधिकरणों और विभिन्न गणमान्य व्यक्तियों के दबाव, हुल्ला-हुपाड़ से आया हो, परन्तु यह सच है कि आज की लम्पट पूँजी, वित्तीय पूँजी और आवारा पूँजी का पुराना व्यामोह थोड़ा ढीला और कम हुआ है। इतना ही नहीं, अश्लील, अविश्वसनीय और फूहड़ विज्ञापनों को लेकर सरकार ने कुछ नये कारगर कदम भी उठाये हैं। अश्लील, भद्दे और अशोभनीय विज्ञापनों पर निगाह रखने के लिए **भारतीय विज्ञापन मानक परिषद** (ए. एस. सी. आई.) ने हाल ही में कड़े कदम उठाया है। उसने फेसबुक और ट्विटर जैसी सोशल नेटवर्किंग साइट्स के माध्यम से भद्दे विज्ञापनों पर निगाह रखना शुरू किया है। ए. एस. सी. आई. ने युवाओं को इस बात के लिए प्रोत्साहित करने का फैसला किया है कि वे फेसबुक और ट्विटर खातों के जरिये सवालिया विज्ञापन अभियान पर अपनी राय दें। परिणाम हुआ, उक्त परिषद् को काफी शिकायतें मिलीं। उक्त शिकायतों और टिप्पणियों में अश्लील और अशोभनीय विज्ञापनों पर फेसबुक और ट्विटर के जरिये प्रतिबन्ध की माँग की गयी। कालान्तर में जिन विज्ञापनों के खिलाफ शिकायतें मिली थीं, संहिता का उल्लंघन करनेवाली उन कम्पनियों को नोटिस भेजी गयी। इसके लिए उन्हें 15 दिन का समय दिया गया, तब उसके बाद आगे की कार्रवाई की चेतावनी दी गयी और अन्ततः सूचना और प्रसारण मन्त्रालय ने ए.एस.सी.आई. को पत्र भेजकर भद्दे और अश्लील विज्ञापन प्रसारित करनेवाली डियोडरेण्ट कम्पनियों पर कार्रवाई करने को कहा। यही नहीं अब सरकारी विज्ञापनों की शिकायत टण्डन समिति सुनेगी। सरकारी विज्ञापनों को लेकर सुप्रीम कोर्ट के दिशा-निर्देशों का पालन सुनिश्चित करने के लिए केन्द्र सरकार की ओर से गठित टण्डन समिति ने काम शुरू कर दिया है। इसकी ओर से विभिन्न केन्द्रीय मन्त्रालयों, विभागों और संस्थानों को पत्र लिखकर इस बारे में सूचना दी गयी है। विज्ञापनों पर सुप्रीम कोर्ट निर्देशों के पालन के सम्बन्ध में मिलने वाली सभी शिकायतें यह समिति ही देखेगी। पूर्व मुख्य चुनाव आयुक्त बीबी टण्डन की अध्यक्षता में गठित इस समिति की ओर से इसके सदस्य सचिव ने यह पत्र भेजा है। विभिन्न मन्त्रालयों, विभागों और संस्थानों के प्रमुखों को लिखे पत्र में कहा गया है कि वे इस सम्बन्ध में

सुप्रीम कोर्ट की ओर से दिये गये दिशा-निर्देशों का गम्भीरता से ध्यान रखें।

इसी तरह अब आम लोगों को भी अगर लगेगा कि किसी सरकारी विज्ञापन में सुप्रीम कोर्ट के दिशा-निर्देश का उल्लंघन हो रहा है तो वे सीधे इस समिति से शिकायत कर सकेंगे। साथ ही यह समिति इस तरह के किसी उल्लंघन के मामले में स्वतः संज्ञान भी ले सकेगी। समिति को अगर किसी मामले में निर्देशों का उल्लंघन दिखायी दिया तो वह सम्बन्धित मन्त्रालय या संगठन को उसे ठीक करने के लिए जरूरी निर्देश भी दे सकती है। केन्द्रीय सूचना और प्रसारण मन्त्रालय ने इस समिति के संचालन के लिए डी.ए.वी.पी. के अतिरिक्त महानिदेशक एन.वी. रेड्डी को सदस्य सचिव नियुक्त कर दिया है। न्यूज चैनल इण्डिया टी.वी. के मुख्य सम्पादक रजत शर्मा और विज्ञापन एजेन्सी ओगिलवी एण्ड माथर के एक्जेक्यूटिव चेयरमैन पीयूष पाण्डेय इसके अन्य दो सदस्य हैं। समिति के सभी फैसले बहुमत से ही लिए जायेंगे। पिछले साल मई में दिये अपने आदेश में सुप्रीम कोर्ट ने कहा था कि सरकार तीन सदस्यों की एक समिति गठित करे। इसमें ऐसे लोगों को रखा जाए जिनकी निष्पक्षता संदेह से परे हो और जो अपने क्षेत्र में शानदार काम करने के लिए जाने जाते हों। समिति की ओर से सरकारी संगठनों को जारी पत्र में सुप्रीम कोर्ट के दिशा-निर्देशों का भी उल्लेख किया गया है।[67]

बहरहाल, अब विज्ञापनों के प्रति लोगों की सोच और नजरिया में भारत ही नहीं, वैश्विक स्तर पर भी बदलाव आया है। इस सन्दर्भ में वर्ष 1993 का गैल्प इण्टरनेशनल द्वारा कराया गया विश्वस्तरीय सर्वेक्षण उल्लेखनीय है। इस सर्वेक्षण द्वारा 22 देशों के 2000 उपभोक्ताओं को शामिल कर विज्ञापन के प्रति उनके नजरिये को जानने का प्रयास किया गया था। सर्वेक्षण से प्राप्त तथ्यों के आधार पर यह देखा गया कि पहले के कम्युनिस्ट देशों में भी सभी ने विज्ञापन के समर्थन में अपना पूर्ण उत्साह दिखाया। यह एक विशेष प्रकार के उपभोक्तावादी पश्चिमी पूँजीवाद का संकेतक था, लेकिन ठीक इसके विपरीत पूर्व जर्मनी के उपभोक्ताओं में विज्ञापन के लिए बड़ा ही नकारात्मक दृष्टिकोण था। वहीं दूसरी ओर जापान, उरुग्वे तथा बुल्गारिया का नजरिया विज्ञापन के लिए काफी सकारात्मक था। जापान के लोग तो यह मानने को ही तैयार नहीं थे कि विज्ञापन समाज में किसी प्रकार की नकारात्मक भूमिका निभाता है या विज्ञापन द्वारा किसी प्रकार के नैतिक मूल्यों का ह्रास होता है या फिर इसमें किसी प्रकार की नैतिक खामियाँ हैं या इससे किसी प्रकार के बौद्धिक शोषण या अपमान की स्थिति बनती है, वरन् जापान के लोगों ने तो यहाँ तक संकेत दिये कि यदि विज्ञापन को प्रतिबन्धित कर दिया जायेगा तो काफी कमी महसूस होगी। इस सन्दर्भ में एक इजिप्ट ही ऐसे अपवाद देश के रूप में सामने आया जहाँ के सारे उत्तरदाता विज्ञापन के विरोधी पाए गये। शोधकर्त्ताओं ने इसका मुख्य कारण यहाँ की धार्मिक कट्टरता को स्वीकार किया न कि विज्ञापन के कुप्रभाव को। इण्टरनेशनल एडवरटाइजिंग एसोसिएशन (International Advertising Association) के पूर्व निदेशक नारमन वेल ने यह स्वीकार किया कि विज्ञापन लोगों को स्वस्थ एवं नवीन अर्थव्यवस्था की ओर उन्मुख करता है। अस्तु, इसे समाज के लिए उपयोगी माना जाना चाहिए न कि अनैतिकता को बढ़ावा देनेवाले कारक या एक सामाजिक बुराई के रूप में।[68]

अन्त में मैं समझता हूँ आज के विज्ञापन श्रेष्ठतम शाब्दिक निवेश से लैस हैं। पूर्वग्रह से भी मुक्त और आजाद हैं, किसी भी तरह की धर्मगत, जातिगत, वर्गगत जड़ता से बहुत दूर हैं, नकली और भौंड़ी किस्म की बौद्धिकता से मुक्त हैं। ये महज उत्पाद और वस्तु को बाजार ही नहीं पहुँचा रहे हैं, रोजगार के अवसर ही नहीं सृजित कर रहे हैं, बल्कि उन्माद से सर्वथा मुक्त संवेदना-संकुल मानवीय अन्तःकरण से भी ओत-प्रोत हैं। ये सौन्दर्य की अभिव्यक्ति हैं तो साभ्यतिक

विकास के भी शुभ प्रतीक हैं। ये अब तमाम तरह की सामाजिक मर्यादाओं सम्बन्धी अनुशासनों के साथ सक्रिय सर्जक की भूमिका में जी रहे हैं। समाज को प्रभावित करनेवाली इनकी अपनी मन्त्रभाषा है। सरल-सहज भाषा में आज के अनेक विज्ञापन लोक सम्बोधी हैं, जिनका सामान्यजन लोकोत्तर आनन्द ग्रहणकर रहे हैं मद्य-निषेध, शराब पीने से होनेवाली हॉनियों, परिवार नियोजन तथा कृषि-सम्बन्धी अनेक विज्ञापन हमें समय-समय पर सजग, सतर्क और चौकन्ने करते हुए हमारा मार्गदर्शन करते हैं, भटकाव के धुप्प अँधेरे और सफ्फाक सन्नाटे में अनेक शिक्षाप्रद विज्ञापन हमें सही रास्ते की अक्षत् मशाल जलाते हैं तो अनेक विज्ञापन हमारी बौद्धिक मनीषा और चेतना को कुण्ठित और अवसादग्रस्त होने से बचाकर उन्हें जागृत भी रखते हैं। कुल मिलाकर यह कि संवेदनशील भाव-ऊर्जा के साथ इतनी अध्ययन-मननशील शोधपरक बुद्धि ऊर्जा सृजित आज के विज्ञापनों के महत्त्व और उनकी विराटता-भव्यता का फलक काफी व्यापक हो गया है। ये बाजार-व्यवसाय के जीवनरक्त हैं। उनकी ऑक्सीजन हैं। अतः मैं समझता हूँ, लोगों के जीवन में विकास, सुधार और परिवर्तन लानेवाले ये विज्ञापन, जब तक बाजार, जिंदा रहेगा, तब तक ये भी जिन्दा-जीवन्त बने रहेंगे। किसी तरह की गाद, तलछट से रहित पारदर्शी इन विज्ञापनों का भविष्य अत्यन्त उज्ज्वल है, इसमें कोई शक नहीं, आगे इंशा-अल्लाह।

सन्दर्भ

1. मनुस्मृति—2/94
2. जनसत्ता में 'अकर्मण्यता के सर्जक' लेख—जगदीश्वर चतुर्वेदी, 4 अगस्त, 2010 ई., लखनऊ संस्करण
3. प्रयोजनमूलक हिन्दी—सं. डॉ. बालेन्दु शेखर तिवारी, पृ. 189, संजय बुक सेन्टर, गोलघर, वाराणसी, मूल्य—150 रुपये, सन् 1999 ई.।
4. कुमारसम्भव—7/93, 17/40
5. जन संचार माध्यमों में हिन्दी—डॉ. चन्द्रकुमार, पृ.93, क्लासिकल पब्लिशिंग कम्पनी, 28-शॉपिंग सेण्टर, करमपुरा, नयी दिल्ली, मू. 250 रुपये, सन् 2000 ई.।
6. आदि-वृहत् हिन्दी कोश—सं. कालिका प्रसाद, पृ.1197
7. हिन्दी शब्द सागर—श्री रामचन्द्र वर्मा, पृ.1070
8. मानविकी परिभाषा कोश—सं. डॉ. नगेन्द्र, पृ.13
9. विज्ञापन व्यवसाय एवं कला—डॉ. रामचन्द्र तिवारी, पृ.-12, आलेख प्रकाशन, दिल्ली, मूल्य-120 रु. द्वितीय संस्करण सन् 2004 ई.
10. विज्ञापन : तकनीक एवं सिद्धान्त—नरेन्द्र सिंह यादव, पृष्ठ, 12, राजस्थान हिन्दी ग्रन्थ अकादमी—जयपुर, मूल्य-190 रुपये, छठा संस्करण सन् 2014 ई.
11. Encyclopaedia Britanica-P.105
12. The Complete Journalism-Anonymos, P.56
13. Advertising Age (American Journal), P.97
14. Planned Public Relations-Frank Jefkins (Intertext) Ed-1964
15. Advertising Age (American Journal), P.98
16. विज्ञापन : तकनीक एवं सिद्धान्त—नरेन्द्रसिंह यादव, पृ.10
17. विज्ञापन : तकनीक एवं सिद्धान्त—डॉ. नरेन्द्र सिंह यादव, पृ.12
18. उ.प्र. राजर्षि टण्डन मुक्त विश्वविद्यालय की पत्रिका—सं. डॉ. अर्जुन तिवारी, पृ. 11, पंचम खण्ड, इलाहाबाद

19. पट्टवाय श्रेणी का मंदसौर अभिलेख, मालव संवत्—529, सन् 472
20. जनसम्पर्क एवं विज्ञापन पुस्तक में डॉ. संजय अरोड़ा का लेख 'विज्ञापनों का सफरनामा'—सं. डॉ. संजीव भानावत, पृ. 100, राजस्थान हिन्दी ग्रन्थ अकादमी जयपुर, मूल्य-80 रुपये सन् 2010 ई.
21. विज्ञापन की दुनिया—डॉ. कुमुद शर्मा, पृ.18, प्रतिभा प्रतिष्ठान, नयी दिल्ली, मूल्य-175 रु., सन् 2010 ई.
22. जन माध्यम और मास कल्चर—डॉ. जगदीश्वर चतुर्वेदी, पृ.66
23. विज्ञापन : तकनीक एवं सिद्धान्त—डॉ. नरेन्द्र सिंह यादव, पृ.22
24. राजर्षि टण्डन पत्रिका-सम्पादक डॉ. अर्जुन तिवारी पृ.9
25. Early Press Advertising in India—A.N. Pillai, P.26, Indian Press, December-1974
26. विज्ञापन : तकनीक एवं सिद्धान्त—डॉ. नरेन्द्र सिंह यादव, पृ.25
27. विज्ञापन : तकनीक एवं सिद्धान्त—डॉ. नरेन्द्र सिंह यादव, पृ. 22
28. राजर्षि टण्डन मुक्त विश्वविद्यालय की लघु पत्रिका—सं. डॉ. अर्जुन तिवारी, पृ.9
29. विज्ञापन : तकनीक एवं सिद्धान्त—डॉ. नरेन्द्र सिंह यादव, पृ.28
30. हिन्दी पत्रकारिता : विविध आयाम—सं. डॉ. वेद प्रताप वैदिक, पृ. 208, हिन्दी बुक सेण्टर, 4/5, बी, आसफ अली रोड, नयी दिल्ली, सन् 2002 ई., मूल्य-150 रुपये (भाग-2)।
31. हिन्दी पत्रकारिता : विविध आयाम—सं. डॉ. वेद प्रताप वैदिक ,पृ. 211
32. हिन्दी पत्रकारिता : विविध आयाम—सं. डॉ. वेद प्रताप वैदिक, पृ. -212-13
33. Advertising-Jaishri. N Jeth Waney. P. 6, Phoemie Publishing House, New Delhi, 1999
34. BSNL, Advertisement, Zee Cinema, 19 July-2009
35. Advertisement- Dominos Pizza, UTV Movies, 19 July-2009
36. जनसम्पर्क एवं विज्ञापन—सं. डॉ. संजीव भानावात में डॉ. संजय अरोड़ा का लेख 'विज्ञापनों का सफरनामा', पृ. 106
37. जनसम्पर्क एवं विज्ञापन सं. डॉ. संजीव भानावत में डॉ. संजय अरोड़ा का लेख 'विज्ञापनों का सफरनामा, पृ. 106
38. A Double Life-Alyque Padamse, P-58, Penguin Books India, New Delhi. 1999
39. Rejoice Shampoo, Advertisement, Star Plus, Jan-2005
40. Dabur Amla, Advertisement, Zee T.V. May 2002
41. Fevicol, Advertisement, Zee T.V. May 2003
42. Nirma, Advertisement, Zee T.V. Feb. 2002
43. Cadbury's 5 Star Advertisement, Star Gold, 17 July, 2009
44. हिन्दुस्तान में अभिताभ पाराशर का लेख 'कौन रोकेगा प्रसार-भारती की सर्जरी', वाराणसी संस्करण, सन् 2010 ई.
45. Economic Times, Dec.1971
46. (A) Economic Times—Dec. 1978

    (B) Advertising Management—Jan-1992

    (C) Times of India—Feb. 2002
47. O.R.G.

48. Claim of Advertisement and Publicity- Wats Doon. P.76
49. पत्रकारिता : परिचय और विश्लेषण डॉ. प्रीता व्यास, पृ. 247
50. Advertising and Sales Management. C.N. Sontakki. Page-277
51. जनसत्ता, 26 अक्टूबर 2008
52. विज्ञापन सिद्धान्त और प्रयोग—डॉ. विजय कुलश्रेष्ठ, पृ. 18, माया प्रकाशन मन्दिर, उदयसिंह की हवेली, त्रिपोलिया बाजार, जयपुर, मूल्य-125 रुपये, प्रथम संस्करण—1995 ई.
53. विज्ञापन : सिद्धान्त और प्रयोग—डॉ. विजय कुलश्रेष्ठ, पृ.24
54. Advertising and Sales Management-C.N. Sontakki, P.60, Kalyani Publishrs, Rajendra Nagar, Ludhiana, Rs. 275. 2nd Edition, 2007
55. जनसम्पर्क एवं विज्ञापन—डॉ. संजीव भानावत, पृ.152, राजस्थान हिन्दी ग्रन्थ अकादमी, जयपुर मूल्य.80 रुपये
56. Advertising and Sales Management. C.N. Sontakki, P.58
57. विज्ञापन : सिद्धान्त और प्रयोग—डॉ. विजय कुलश्रेष्ठ, पृ.26
58. जनसंचार माध्यमों में हिन्दी—डॉ. चन्द्रकुमार, पृ.90, क्लासिकल पब्लिशिंग कम्पनी, करमपुरा, नयी दिल्ली, मूल्य—250 रुपये, प्रथम संस्करण—सन् 2000 ई.
59. जनसंचार माध्यमों में हिन्दी—डॉ.चन्द्रकुमार—पृष्ठ.91
60. आधुनिक विज्ञापन—डॉ. कृष्ण कुमार मालवीय, पृ. 20, साहित्य संगम, नया—100, लूकरगंज, इलाहाबाद, मूल्य-300 रुपये, प्रथम सं. सन् 2007 ई.
61. जनसत्ता में सूर्यप्रकाश चतुर्वेदी का 'विज्ञापन का जादू' (दुनिया मेरे आगे) नामक लेख) 14 अगस्त 2014 ई.।
62. आधुनिक विज्ञापन—कृष्ण कुमार मालवीय, पृ. 16
63. व्यावसायिक हिन्दी—डॉ. दिलीप सिंह, पृ. 75
64. विक्रय कला, विज्ञापन एवं विपणन—प्रो. आर.सी. अग्रवाल, पृ. 8
65. जन सम्पर्क एवं विज्ञापन-सं. डॉ. संजीव भानावत, पृ. 80
66. इसे विस्तृत रूप में पढ़ने के लिए इस लेखक की पुस्तक 'हिन्दी पत्रकारिता : संवाद और विमर्श' (लोकभारती प्रकाशन इलाहाबाद) को देखा जा सकता है।
67. दैनिक जागरण, 16 जून, 2016 ई. वाराणसी संस्करण।
68. जनसम्पर्क एवं विज्ञापन—सं. डॉ. संजीव भानावत, पृष्ठ-192

अध्याय-2

विज्ञापन के विविध दृश्य-श्रव्य माध्यम-साधन : चयन, चुनाव और नियोजन का जटिल संकट तथा विज्ञापन दरें

(1) विज्ञापन के विविध दृश्य-श्रव्य माध्यम-साधन : अर्थ आशय—सूचना प्रौद्योगिकी के इस क्रान्तिकारी युग में विज्ञापन महज "सौजन्य सहायता" (Courtesy help) नहीं रह गया है, बल्कि वह नीति, विचार, मूल्य-बोध, योजना और नित नये उत्पादों का 'सन्देश-शोधक' या 'सूचना सम्प्रेषक' अथवा 'प्रचार माध्यम' या 'उपकरण उपादान' बन गया है। एक शब्द में यह कि विज्ञापन किसी वस्तु के प्रचार (Publicity) और सम्प्रचार (Propaganda) का सशक्त औजार है। पश्चिम के एक विद्वान् के अनुसार सम्प्रेषण के लिए निम्न वैज्ञानिक तत्त्वों का होना बहुत जरूरी होता है। इन तत्त्वों को "Four Wand One H" कहते हैं, यथा—

—कौन (कहता है) Who?

—क्या (कहता है) What?

—किस माध्यम से (कहता है) Which?

—किसको (कहता है) Whom?

—कितने प्रभाव से (कहता है) How?

कुछ विद्वान् विज्ञापन को 'अभ्यर्थना' और 'अपील' भी कहते हैं, तो कुछ लोग इसे अपने आप में सशक्त "**Media-माध्यम**" कहते हैं। वस्तुतः जिन साधनों, उपकरणों या विधियों से उपभोक्ता या जन सामान्य को बाजार में बिकनेवाली वस्तुओं या सन्देशों, सेवाओं की जानकारी मिलती है, उसे हम 'विज्ञापन-माध्यम' (Media of Advertisement) कह कहते हैं। इसे और अधिक साफ करते और खोलते हुए एक अंग्रेज विद्वान कहते हैं कि,— An advertising medium is the vehicle carrier or means through which an advertisement or advertising message is conveyed to the individuals or groups which is hoped to influence. अर्थात् विज्ञापन का माध्यम वह वाहन अथवा साधन है, जिसके द्वारा विज्ञापन का सन्देश व्यक्तियों व समूहों को प्रभावित करने की आशा से उन तक पहुँचाया जाता है। बहरहाल,

इतना तय है कि विज्ञापन, सम्प्रेषण माध्यम की शृंखला का एक बहुत ही महत्त्वपूर्ण अंग और पड़ाव है, क्योंकि—

(1) Advertising informs the buyers about the existence of Products, its features, its benefits and availability,

(2) Advertising offers an incentive to buy by making several direct offers like price offer or exchange offer,

(3) Advertising provokes us to try the product and once reminds us about its benefits,

(4) Advertising builds brands, gives image and personality to the brand and distinguish them from competitive brands, It creates brands equity,

(5) Advertising helps us to choose out of several brands available. It thus contributes to our brand preference and brand loyalty. तथा

(6) Advertising being mass communication, in the most cost effective way to reach our consumers. It reduces the selling cost

बहरहाल, विज्ञापन जिन कुछ प्रमुख माध्यमों द्वारा उपभोक्ता के समक्ष अपनी शक्ल शबीह दिखाता है, वे इस प्रकार हैं—

(2) कुछ प्रमुख विज्ञापन माध्यमों का वर्गीकरण—फिलवक्त, विज्ञापन के नये-पुराने विभिन्न माध्यम-साधन, जो चलन में हैं,का बँटवारा-वर्गीकरण हम अधोलिखित रूप में इस प्रकार कर सकते हैं—

(क) विज्ञापन माध्यमों का वर्गीकरण—

(1) मुद्रित माध्यम–

(अ) समाचार-पत्र–

(क) दैनिक

(ख) साप्ताहिक

(आ) सावधिक या नियतकालीन पत्रिकाएँ—

(ग) पाक्षिक

(घ) मासिक

(ङ) त्रैमासिक

(च) वार्षिक

(इ) अनियतकालीन—

(छ) स्मारिका

(ज) विशिष्ट अंक

(झ) पोस्टर्स

(ञ) ब्रॉचर्स

(ट) हैण्डबिल्स

(ठ) पम्फलेट्स

(2) इलैक्ट्रॉनाय माध्यम—

(अ) आकाशवाणी

(ब) दूरदर्शन

(स) वीडियो फिल्म्स/स्ट्रिप्स
(द) लघु फिल्में
(य) न्यूज रील
(र) फोटोग्राफी

(3) डिजिटल माध्यम—

(क) इण्टरनेट
(ख) ई-मेल
(ग) चलदूरभाष

(4) शब्द माध्यम—

(1) भाषण,
(2) स्थानीय स्तर पर सभा,
(3) ध्वनि प्रसारण यन्त्रों द्वारा विज्ञापन

(1) प्रेस विज्ञापन—

(1) दैनिक समाचार-पत्र—
(क) वर्गीकृत विज्ञापन,
(ख) अवर्गीकृत विज्ञापन

(2) सावधिक पत्र—

(क) साप्ताहिक
(ख) पाक्षिक
(ग) मासिक
(घ) स्मारिका
(ङ) वार्षिक प्रगति विवरण

(3) पत्रिका विज्ञापन

(5) डाक विज्ञापन–

(अ) स्व-सेवा—

(1) निरख पत्र,
(2) सूचीपत्र,
(3) आदेश पत्र,
(4) पुस्तिकाएँ,
(5) डायरियाँ,
(6) फोल्डर्स
(7) वस्तुओं के चित्र

(आ) डाक सेवा—

(1) पोस्टकार्ड,
(2) अन्तर्देशीय पत्र
(3) निजी व्यावसायिक

(6) वाह्य विज्ञापन अथवा दीवारों पर किये जानेवाले विज्ञापन—

(क) दीवाल या भित्ति विज्ञापन या भित्ति पेण्टिंग,
(ख) स्तम्भ चौखुटी विज्ञापन,

(ग) मार्ग पट्टिकाएँ (होर्डिंग्स),

(घ) बिल बोर्ड विज्ञापन

(ङ) तार के खम्भे

(च) बिजली के खम्भे

(7) इलैक्ट्रॉनाय विज्ञापन—

(अ) रेडियो (आकाशवाणी)

(आ) टेलीविजन (दूरदर्शन) तथा इण्टरनेट

(इ) ऑडियो विजुअल—

(1) फिल्म स्ट्रिप्स,

(2) वीडियो फिल्म स्ट्रिप्स

(3) क्विकी फिल्म स्ट्रिप्स,

(4) चित्र स्लाइड्स

(8) यातायात साधनपरक या परिवहन विज्ञापन—

(अ) स्थिर—

(1) रेलवे स्टेशन प्लेटफॉर्म,

(2) रोडवेज बस स्टैण्ड्स

(3) मिल्क बूथ्स

(4) सिटी बस स्टैण्ड्स

(5) टेलीफोन खम्भे

(6) बिजली के खम्भे

(आ) गतिमान—

(1) बस,

(2) टैम्पो,

(3) ऑटो रिक्शा

(4) साइकिल रिक्शा,

(5) कार रैली,

(6) स्कूटर रैली ,

(7) ट्रक

(9) प्रदर्शनी माध्यम–

(क) वार्षिक एवं स्थायी स्तर पर,

(ख) मेले एवं त्यौहारों में पर,

(ग) विशेष अभियान—

(1) सेल प्रमोशन, (2) एक्स स्टॉक

(घ) सचल वाहन—

(1) बस (2) बिक्रीबस (3) प्रचार वाहन

(10) खिड़की विज्ञापन–

(1) शोरूम (दुकान)

(2) सिनेमा घर शो रूम,

(3) वस स्टैण्ड शोरूम

(4) रेलवे स्टेशन शोरूम

(5) खेल मैदान

(6) सूचना केन्द्र

(7) सार्वजनिक पुस्तकालय

(8) निजी पुस्तकालय

(9) सार्वजनिक औषधालय

(11) प्रकाशन माध्यम—

(क) वार्षिक प्रतिवेदन—

(1) समाचार पत्र (2) बुकलेट

(ख) अन्य प्रकाशन—

(1) पोस्टर्स

(2) हैण्ड बिल्स

(3) फोल्डर्स

(4) ब्रॉचर्स

(5) बुलेटिन

(6) लीफलेट्स

(7) कैलेण्डर्स

(8) चार्ट्स

(12) उपहार एवं रियायत सम्बन्धी विज्ञापन–

(1) डायरी,

(2) पेनसेट्स

(3) पेनस्टैण्ड्स

(4) की चेन्स

(5) एड्रेस बुक्स

(6) टेलीफोन डायरी

(7) इंगेजमेण्ट पैड

(8) ऐश ट्रे

(13) प्रकीर्णक वर्ग माध्यम—

(1) रोगी पर्ची

(2) स्लिप पैड्स

(3) सेमिनार फाइल्स

(4) सेमिनार बैग्स

(5) स्वागत पट्टिका

(6) रेलवे टिकट

(7) कार स्टिकर्स

(8) स्कूटर स्टिकर्स

(9) बस स्टिकर्स
(10) गेट स्टिकर्स
(11) फाइल स्टिकर्स
(12) शर्ट स्टिकर्स
(13) ऑटो व्यूअर शेड्स
(14) व्यावसायिक बैग्स
(15) कैरी ओन बैग्स
(16) पैकिंग पेपर्स
(17) पैकिंग कपड़ा
(18) कार्टून्स

(14) सूचना माध्यम—

(1) संवाददाता सम्मेलन
(2) स्थानीय स्तर पर समाचार प्रेषण,
(3) संवाददाता आतिथ्य
(4) व्यक्तिगत सम्पर्क।

(15) जनसम्पर्क माध्यम—

(अ) व्यक्तिगत सम्पर्क—
(1) संवाददाता सम्मेलन
(2) क्षेत्रीय कार्यकर्त्ताओं का प्रशिक्षण
(3) प्रचारात्मक फिल्में
(आ) सामूहिक सम्पर्क—
(1) लोकोत्सवों में सम्पर्क,
(2) मेलों में सम्पर्क
(3) साप्ताहिक हाट बाजारों में सम्पर्क।

(3) भारत में विज्ञापन माध्यमों का विकास तथा उनका संक्षिप्त परिचय–

(अ) मुद्रित माध्यमों में विज्ञापन–समाचार-पत्र, पत्रिकाएँ, पोस्टर्स, ब्रॉचर्स आदि के माध्यम से किये गये विज्ञापन मुद्रित माध्यम के अन्तर्गत आयेंगे। हाँ, थोड़ा यहाँ हमें यह ध्यान रखना होगा कि मुद्रित माध्यमों और विद्युतीय माध्यमों द्वारा सम्पादित होनेवाले विज्ञापनों का असर पाठकों/दर्शकों के ऊपर अलग-अलग ढंग का होता है,— Print Advertising includes printed advertisements in news papers, magzines brochures and on other printed surfaces, such an posters and outdoor boards, Readers find that reading a publicaton is more flexible than watching or listening to broadcast because they can stop and reread, read sections out of order, or more through the publication at their own speed. Because the print message format is less fleeting than broadcast and more concrete. Print provides more detailed information, rich imagery and a longer message life.[1]

प्रेस विज्ञापन-

(1) 'समाचार-पत्र'–मुद्रित (Printing) माध्यमों या कागज पर छपे-उगे अक्षरों के माध्यम से किया जानेवाला विज्ञापन; 'प्रेस-विज्ञापन' कहा जाता है। पत्र, पत्रिकाएँ अखबार इसी माध्यम के भीतर आते हैं— Press Advertising describes advertising in a printed medium such as newspaper, magzine or trade Journal, thus encompasses, everything from media with a very broad readership base such a major national newspaper magzine, to more narrowly targeted media such as local newspapers trade journals on very specialized topics. A form of Press advertising is classified advertising which allowes private individuals or companies to purchase a small narrowly targeted ad for a low fee advertising a product or service". जन सामान्य तक पहुँचनेवाला विज्ञापन का यह माध्यम बहुत प्रभविष्णु और असरकारक माना जाता है। समाचार-पत्रों के पढ़ने की भूख अलसुबह लगभग हर गाँव, कुनबे, चट्टी चौराहे से लेकर घर के भीतर विभिन्न कार्यों में व्यस्त लोगों में भी होती है। घर में या चाय-पान की दुकानों में दैनिक अखबार आते ही हैं। लोग उन्हें पढ़ने के लिए लपकते हैं। पत्रिकाओं के सापेक्ष इन अखबारों का मूल्य भी कम होता है। इन अखबारों के विषय राजनीति, समाज, आर्थिक, विभिन्न प्रकार की—

अखबार प्रकाशन पद्धति का नमूना–टाइम्स ऑफ इण्डिया–के सन्दर्भ में[2]–

Particulars	Black and	Colour White	Black and White	Colour
1. Per column centimetre (4.50)	Rs. 1,500.00	Rs. 3,000.00	2,500 = 00	6,00 = 00
2. Quarter Page (26 cms ×4 columns)	Rs. 1,48,000.00	Rs. 2,95,000.00	2,50,000 = 00	5,75,000 = 00
3. Half Page (26 cms × 8 columns)	Rs. 3,00,000.00	Rs. 5,95,000.00	6,00,000 = 00	12,50,000 = 00
4. Full page (52 cms × columms	Rs. 5,95,000.00	Rs. 11,75,000.00	11,50,000 = 00	23,50,000 = 00
5. Materials Needed	Art-works Art pulls Bromides upto 65 cms screen	Four colour with progressive proofs of 120 cms screen	Art works Art pulls Bromides up to 65 cms screen	Four colour With progressive proofs of 120 cms screen
6. Materials Deadline... (Date of supply)				

स्रोत (Source) : टाईम्स ऑफ इण्डिया ग्रुप ऑफ पेपर्स (Times of India Group of Papers)

वैश्विक घटनाएँ, शेयर बाजार, खेलकूद, धर्म, दर्शन तथा कूटनीति आदि सभी होते हैं। इसके अलावा इन समाचार-पत्रों को लोग शिक्षण-संस्थानों, वाचनालयों-पुस्तकालयों आदि में भी पढ़ते हैं। ये अखबार चटपटी शैली और सूत्रात्मक भाषा तथा मोहक अन्दाज में प्रस्तुत विविध विज्ञापनों से भरे होते हैं। पढ़े-अनपढ़े, इन विज्ञापनों को निहारते पढ़ते और दूसरों से पढ़वाते भी हैं। विभिन्न किसिम के विज्ञापनों से लथपथ, गाँव-गिराँव में बेहद लोक प्रिय हो चुके इन अखबारों

Depth In inches	1 col.2-1/16"	2 col. 4-1/4"	3 col.6-7/16"	4 col.8-5/8"	5 col. 10-13/16"	6 col. 13"
FD	1 × FD	2 × FD	3 × FD	4 ×FD	5 × FD	6 × FD
18%	1 ×18	2 × 18	3 × 18	4 × 18	5 ×18	6 × 18
15.7"5	1 × 15.75	2 × 15.75	3 × 15.75	4 × 15.75	5 × 15.75	
14"	1 × 14	2 × 14	3 × 14	4 ×14	5 ×14	6 × 14
13"	1 × 13	2 ×13	3 × 13	4 × 13	5 × 13	
10."5	1 × 10.5	2 × 10.5	3 × 10.5	4 × 10.5	5 ×10.5	6 × 10.5
7"	1 × 7	2 × 7	3 × 7	4 × 7	5 × 7	6 × 7
5.2"5	1 ×5.25	2 × 5.25	3 ×5.25	4 × 5.25		
3."5	1 × 3.5	2 ×3.5				
3"	1 × 3	2 × 3				
2"	1 × 2	2 × 2				

1."5	1 ×1.5	
1"	1 × 1	
1 Column 2-1/16" 2 Column 4-1/4" 3 Columns 6-7/16" 4 Columns 8-5/8" 5 Columns 10-13/16 6 Columns 13"	Double Truck 26-3/4" (two pages) There are four suggested double-truck sizes: 13 × FD 13 × 18 13 × 14 13 × 10.5 *FD (full depth) : Can be 21" or deeper. Depths for each broadsheet newspaper are indicated in the Standard Rate and Data Service (SRDA). All broadsheet newspapers can accept 21" ads, and may float them if their depth is greater than 21".	Tabloids : Size 5 × 14 is a full page tabloid for long-cut-off papers. Mid cut-off papers can handle this size with minimal reduction. The N size measuring 9-3/8 × 14 represents the full-page size—the size for tabloids such as the *New York Daily News* and *Newsday* and other short cut-off newspapers. The five 13-inch-deep sizes are for tabloids printed on 55-inch wide presses such as the *Philadelphia News.* See individual SRDS listings for tabloid sections of broadcast newspapers.

के समय-समय पर यथा दीवाली, होली, दशहरा, स्वतन्त्रता दिवस पर विशेषांक भी निकाले जाते हैं। विज्ञापनों की छौंक से सराबोर-सम्पृक्त ये विशेषांक, अखबार-प्रबन्धन और विज्ञापनदाता की मोटी कमायी के जरिया होते हैं। समाचार-पत्रों में नित्य छपनेवाले ये विज्ञापन एक-न-एक दिन पाठक की स्मृति-कोश के महत्त्वपूर्ण अंग हो जाते हैं। इधर, व्यावसायिक कम्पनियाँ भी उपभोक्ताओं के मन-मिजाज को भाँप, उनकी रुचि का अध्ययन कर वही विज्ञापन देती हैं, जिसे क्रेता पसन्दकर वस्तु को खरीदने के लिए आतुर हो उठे।

समाचार वितरण का नमूना—न्यूयार्क टाइम्स तथा वालस्ट्रीट जरनल[3]

Distribution Method	USA Today	Wall Street Journal	New York Times
Circulation	2,162,454	1,820,600	1,130,740
Home delivery	14%	75%	63%
Single Copies	40%	8%	29%
Hotel/Guest Copies	23%	4%	
Third Party (restaurants, airlines etc)	20%	9%	01%

समाचार-पत्रों में विज्ञापन खर्च (मिलियन में)[4]

Type	2001	% change	2002	% change	2003	% change
National	$7,004	-8.5	$7,210	2.9	7,797	8.1
Local/Retail	20,679	-3.4	20,994	1.5	21,341	1,7
Classified	16,622	-15.2	15,898	-4.4	15,801	-0.6

भारत, विश्व के शीर्ष दस देशों में एक है, जहाँ सबसे ज्यादा समाचार-पत्रों का प्रकाशन होता है। अंग्रेजी व हिन्दी के प्रमुख समाचार-पत्रों के कई-कई संस्करण अनेक राज्यों से प्रकाशित हो रहे हैं। समाचार-पत्रों की कुल आय, में लगभग पचास प्रतिशत से भी ज्यादा विज्ञापनों द्वारा हो रही है। सभी समाचार-पत्रों की आय के मुख्य स्रोत डिस्प्ले, सार्वजनिक, वित्तीय, सरकारी, सार्वजनिक क्षेत्र, कानूनी, प्रतिष्ठा, औद्योगिक उत्पाद, सेवाएँ, मनोरंजन, उपभोक्ता, रोजगार, कृषि, वर्गीकृत, धार्मिक, राजनीतिक, तथा टेण्डर से सम्बन्धित विज्ञापन हैं। कार, स्कूटर, बाइक, ठण्डापेय, बैंक, वित्त, सौन्दर्य व कपड़ों के साबुन, शैम्पू, तेल, बीमा, सिगरेट, रेडिमेड वस्त्र,

पेण्ट, कम्प्यूटर, दूर-संचार, मोबाइल फोन आदि के विज्ञापनों से समाचार-पत्रों की आर्थिक व्यवस्था अत्यन्त सुदृढ़ हुई है। समाचार-पत्रों की कई श्रेणियाँ हैं—राष्ट्रीय, क्षेत्रीय, स्थानीय भाषा के अतिरिक्त समाचार-पत्र दैनिक, साप्ताहिक, पाक्षिक प्रकाशित होते हैं। प्रातः व सान्ध्यकालीन संस्करण, रविवासरीय तथा विशिष्ट अवसरों पर विशेषांकों के रूप में पाठकों के समक्ष आते हैं। आफसेट, सैटलाइट पद्धति पर रंगीन पृष्ठों व सचित्र, ग्लेमेराइज्ड रूप से प्रकाशित समाचार-पत्र पाठकों व विज्ञापनदाताओं को आकर्षित करते हैं। समाचार-पत्र अब अपने नये आकार में इस प्रकार होते हैं,[5]—

कॉलमों की संख्या—8

कॉलमों की चौड़ाई—4 से.मी.

कॉलमों की ऊँचाई—50-51 से.मी.

सच तो यह है कि मुद्रित माध्यमों में दैनिक, साप्ताहिक, पाक्षिक, मासिक, त्रैमासिक, चतुर्मासिक पत्र-पत्रिकाएँ ही मुख्य रूप से सम्मिलित की जाती हैं। पहले की तुलना में शहरों की तरह गाँव का थोड़ा-सा भी साक्षर व्यक्ति पत्र-पत्रिकाओं का जागरूक और नियमित पाठक हो गया है। उसे सुबह की चाय के साथ बौद्धिक भूख मिटाने के लिए एक हाथ में अखबार भी चाहिए। अखबार में समाचारों को पढ़ते-पढ़ते उसकी निगाह उसमें छपे विज्ञापनों पर जाती है। ये विज्ञापन समाचार-पत्र की आय के मुख्य साधन होते हैं। समाचार-पत्र और पत्रिकाएँ यदि राष्ट्रीय स्तर की चेहरावाली होती हैं, तो इनमें विज्ञापन छपाई का मूल्य ज्यादा होता है। वस्तुतः समाचार-पत्रों की आय के दो स्त्रोत होते हैं—एक, विज्ञापनों से होनेवाली आय और दूसरे, मुद्रित प्रतियों की बिक्री से होनेवाली आय। आम तौर पर समाचार-पत्रों की कुल आय का लगभग आधा हिस्सा विज्ञापनों से प्राप्त होता है, जब कि वे समाचार-पत्रों में मात्र 28 से 35 प्रतिशत जगह घेरते हैं। कुछ ऐसे समाचार-पत्र भी हैं, जो 50 प्रतिशत से भी अधिक स्थान विज्ञापनों को देते हैं।[6] उदाहरण के लिए सन् 1987-88 में समाचार-पत्र-पत्रिकाओं ने विज्ञापनों को जो स्थान दिया, उसे इस प्रकार देख सकते हैं—

	सभी प्रकाशन	अंग्रेजी	हिन्दी[7]
दैनिक	33.6	37.4	30.7
साप्ताहिक	21.2	20.6	12.5
पाक्षिक	22.9	30.1	17.0
मासिक	19.2	23.9	19.2
सभी/कुल	31.8	35.7	28.6

समाचार-पत्रों में आर्थिक रूप से पुष्ट और कमजोर—इन सबके लिए विज्ञापन-विज्ञापित होते हैं। एक अध्ययन के अनुसार अखबारों में छपे विज्ञापनों का सर्वाधिक प्रभाव पाठकों पर पड़ता है, इसलिए उपभोक्ता वस्तुतों से सम्बन्धित विज्ञापनों की संख्या अधिक होती है, उदाहरण के लिए—

	अगस्त–1987[8]	विज्ञापन जगह का%
(1) सजावटी	% व्यय91.9	92.3
सार्वजनिक वित्तीय	8.7	8.4
सरकारी	4.2	4.7
कानूनी	12.6	14.6
प्रतिष्ठा	3.7	3.6
औद्योगिक वस्तुएँ	3.7	3.3
उपभोक्ता	29.1	24.8
कृषि सम्बन्धी	0.7	1.0
मनोरंजन	10.2	13.3
रोजगार	7.4	6.5
धार्मिक	0.2	0.3
अन्य	11.4	12.1
(2) वर्गीकृत	8.1	7.7

आर्थिक मन्दी के दौर में सम्पूर्ण विश्व में, खासकर भारत में यह आशंका व्यक्त की जा रही थी कि प्रिण्ट मीडिया कुछ दबाव में आयेगा, लेकिन ऐसा हुआ नहीं। वस्तुतः टेलीविजन और इण्टरनेट क्रान्ति के चलते और न्यूज प्रिण्ट की उपलब्धता को लेकर अमेरिका समेत यूरोपीय देशों

में अखबार उद्योग और बाकी की तुलना की जा रही है, लेकिन कभी प्रिण्ट मीडिया के अस्तित्व पर सवाल नहीं उठाए गये। अमेरिका और यूरोपीय देशों में मीडिया घरानों में पूँजी निवेश के इस नये चलन का उदाहरण भारत के सन्दर्भ में मौजूँ हो उठता है। भारत में आर्थिक मन्दी के दौर में न्यूज प्रिण्ट की बढ़ती कीमतों और सिकुड़ते विज्ञापन बाजार का तर्क देते हुए अखबारी उद्योग को संकट में बताया गया था, किन्तु वस्तुस्थिति क्या रही है?

'कॉण्फेडरेशन ऑफ इण्डियन इण्डस्ट्री' और 'प्राइसवाटर हाउस कूपर्स' द्वारा सर्वे के आधार पर तैयार की गयी रिपोर्ट, इण्डिया एण्टरटेनमेण्ट ऐण्ड मीडिया आउटलुक 2013 में दिये गये तथ्यों पर गौर करें तो 18 फीसदी की चक्रवृद्धि वार्षिक वृद्धि दर (सी.ए.जी.आर.) के हिसाब से भारतीय मीडिया उद्योग तरक्की करनेवाला है। सन् 2017 तक इस दर से भारतीय मीडिया उद्योग का राजस्व 2,24,500 करोड़ रुपये तक पहुँच जायेगा। सन् 2011 में यह आँकड़ा 80,500 करोड़ रुपये का था, जो 20 फीसदी वृद्धि दर की रफ्तार से 2012 में 96,500 करोड़ तक पहुँच गया। मीडिया उद्योग में टेलीविजन और प्रिण्ट का वर्चस्व बना हुआ है 40 फीसदी और 22 फीसदी हिस्सेदारी के साथ। यह स्थिति आगे भी बनी रहेगी।[9]

(क) अखबारी विज्ञापन के गुण एवं लाभ—अखबारी विज्ञापन के अपने दायरे में ढेरों लाभ हैं, "Advertisers can reach local or metro markets, Readers generally perceive newspapers, including the advertisements to be current and credible information source. Consumers use newspapers for comparison shopping, so they are especially useful for advertisers that have products with an obvious competitive advantage. Newspapers provide a bridge between the national campaign by using a similar advertisement in the local daily."

सच तो यह है कि अपेक्षाकृत कम खर्च में स्थानीय बाजार में व्यापक जनसमुदाय तक पहुँचने के लिए समाचार-पत्रों की विशेष उपयोगिता है। सम्मान्यतः पाठकों को अपने पत्र के प्रति विश्वास रहता है, इसलिए इसमें विज्ञापनों के प्रति भी विश्वसनीयता कायम रहती है। समाचार-पत्र विज्ञापनदाताओं को सही समय में ग्राहकों को अपनी उत्पादित वस्तु का परिचय कराने में सहायता देता है। समाचार-पत्रों में एक विशेष सुविधा यह रहती है कि विज्ञापन की कॉपी को समय-समय पर परिवर्तित किया जा सकता है, उसमें उपयुक्त चित्रों का समावेश किया जा सकता है और सबसे महत्त्वपूर्ण बात यह है कि पत्र-प्रकाशन के अन्तिम समय के पूर्व भी तुरन्त ही विज्ञापन में आवश्यक संशोधन किया जा सकता है। विज्ञापनों से समाचार-पत्रों की आर्थिक व्यवस्था को भी लाभ पहुँचता है। आय का यह प्रमुख स्रोत होने के कारण समाचार-पत्र अपेक्षाकृत कम मूल्य पर पाठकों को उपलब्ध हो जाता है। इस प्रकार दोनों एक-दूसरे के पूरक हैं।[10]

इन सबके अलावा डॉ. सुरेन चावला कुछ अन्य लाभों की ओर इशारा करते हैं,[11]

(1) समाचार मूल्य और तात्कालिकता (News Value and Immediancy)

(2) चुनिन्दा भौगोलिक क्षेत्र (Selective Geographic coverage),

(3) पठनीयता की नियमितता (Regularity of readership),

(4) जागरूकता की तत्परता (Quick build up of awareness),

(5) व्यावसायिक लाभ तथा

(6) अल्प समापन समय (Short closing time)।

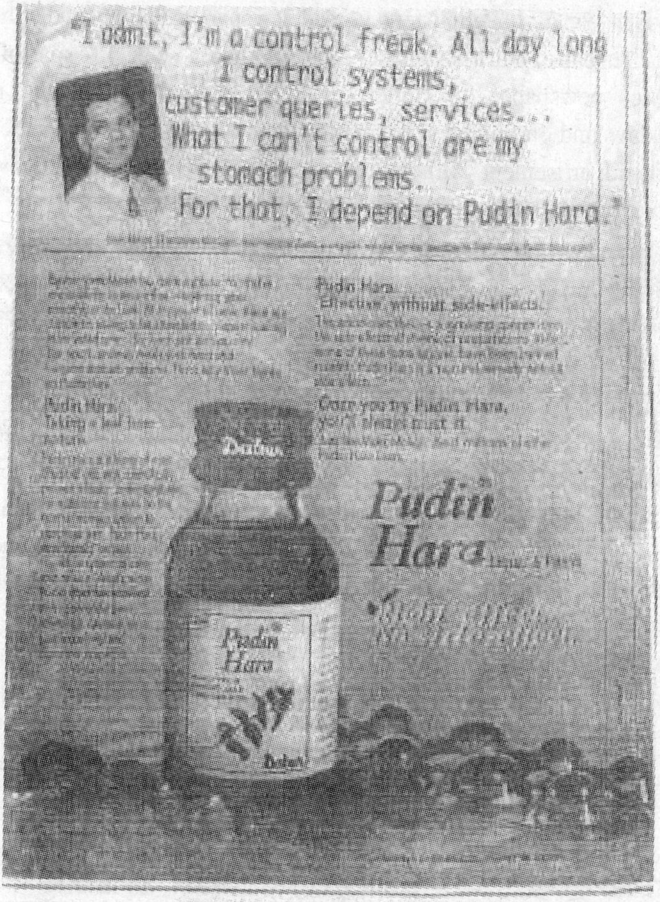

(ख) दोष और दिक्कतें—समाचार-पत्र को विज्ञापन के सशक्त माध्यम के रूप में अपनाने में कुछ दिक्कतें भी होती हैं, जैसे[12]

(1) समाचार-पत्र का जीवन एक दिन या इससे भी कम होता है और हर अगले दिन आज का समाचार-पत्र बासी हो जाता है,

(2) समाचार-पत्र, समाचारों के लिए ही जल्दबाजी में पढ़ा जाता है, इसलिए विज्ञापन की ओर ध्यान जाना आवश्यक नहीं होता। जिन पृष्ठों में विज्ञापन ही भरे होते हैं, उन्हें 'समाचार का भूखा' यों ही पलट जाता है,

(3) हजारों-लाखों की संख्या में शीघ्रता से छपाई होने के कारण मुद्रण की वांछित उत्तमता पत्रों में नहीं होती,

(4) विशिष्ट वर्ग के लोगों तक समाचार-पत्र के माध्यम से पहुँचने में बहुत-सा रुपया खर्च करना होता है और

(5) राष्ट्रीय स्तर पर विज्ञापन-अभियान समाचार-पत्रों के माध्यम से चलाना व्ययसाध्य है, अतः इस ओर बढ़ने से पहले पर्याप्त सोच-विचार करना आवश्यक होता है।

इस तरह कुल मिलाकर, "People tend to read newspapers quickly and only once. The average life span of daily newspaper is only 24 hours, so the life span of the ad is limited. Most newspapers are cluttered with ads, particularly on super market advertising days and on Sundays, when information overload reduces the effect of any single advertisement. Although newspapers have wide market coverage, certain market groups are not frequent readers."

(2) पत्रिकाएँ—मुद्रित माध्यमों में विज्ञापन के लिए पत्रिकाएँ आदर्श और खूबसूरत माध्यम मानी जाती हैं। समाचार-पत्रों की तरह ये भी विज्ञापन का पुराना माध्यम हैं। इनका प्रकाशन, समाचार-पत्रों की तरह रोज नहीं, बल्कि साप्ताहिक, पाक्षिक, मासिक, तिमाही, छमाही और कभी-कभी वार्षिक भी होता है। इनमें छपे लेख अपने-आप में सम्पूर्ण होते हैं। बच्चों से लेकर बड़े-बूढ़े तक सभी के लिए इनमें पर्याप्त, सामग्री छपती है। छपी सामग्री हर तरह के लोगों को ध्यान में रखी गयी होती है, —"By their nature, magazines must fill a niche with unique editorial content to satisfy specific groups of readers. Readers also tend to spend more time reading a magazine than they do reading a newspaper, so there is a better opportunity to provide in-depth imformation. Quality of reproduction is one of the biggest strengths of magazine advertising because it allows the advertiser's products to be presenrted in a format superior to newspaper" पत्रिकाओं में छपे विज्ञापन समाचार-पत्रों की तुलना में दीर्घजीवी होते हैं, सम्भवतः इसीलिए इनके चिकने कागजों पर कलात्मक, आकर्षक विज्ञापन छपते भी हैं। समाचार-पत्रों के विज्ञापन अगले महीने भी जीवित नहीं रहते, क्योंकि हर महीने ये रद्दी के रूप में बिकते रहते हैं। कहते भी हैं,—"Nothing is alive as today's newspaers और 'Nothing is dead as yesterday's newspaper." पत्रिकाओं के माध्यम से किये जानेवाले विज्ञापनों को 'पत्रिका विज्ञापन' कहते हैं।

Magazine Advertising Leaders

Magazine	03 Pages	% Change	03 Revenue	% Change
1. People	3,705	.2	4744,245,218	4.3
2. The New York Times Magazine	3,363	1.5	234,703,794	10.4
3. Bridal Guide	3,128	35.1	56,869,011	5.2
4. Forbes	3,124	-10.8	246,102,559	-12.4
5. Fortune	3,054	-8.3	279,204,933	-4.9
6. In Style	3,045	0.5	292,756,724	10.7
7. Business Week	3,034	-9.0	336,112,450	-4.4
8. Vogue	2,958	2.4	274,944,082	13.2
9. Bride's Magazine	2956	5.4	161,840,483	3.4
10. Transworld Skateboarding	2496	-13.5	24,786,585	-5.6
11. New York Magazine	2,457	-2.2	64,165,120	-10.1
12. TV Guide	2,453	-0.2	381,603,743	8.4
13. Time	2,350	0.8	604,865,803	6.3
14. Sports Illustrated	2338	-6.4	644,468,454	-0.4
15. The New Yorker	2.280	2.2	175,886,753	15.4

Source: "Data Center : Magazine Ad Page Leaders" Advertising age (January 26, 2004)

पत्रिकाओं को दो श्रेणियों में बाँटा गया है, विशेष और साधारण। विशेष पत्रिकाओं में फिल्म फेयर (Film Fare), स्टार और स्टाइल (Star and Style), फेमिना (Famina), एनेस साप्ताहिक

(Eve's weekly), हेल्थ केयर (Health Care), आर्किटेक्ट (Architect), डेण्टिस्ट (Dentist), एक्जेक्यूटिव (Executive), बैंकर (Banker), औद्योगिक टाइम्स (Industrial time), व्यापारिक भारत (Business India) और प्रमोशन (Promotion) आदि। उक्त पत्रिकाएँ विभिन्न तरह के प्रयोजनों के साथ छपती हैं। साधारण पत्रिकाओं में रीडर डाइजेस्ट (Reader digest), फ्रण्ट लाइन (Front line), इण्डिया टुडे (India To-day), इम्प्रिण्ट्स (Imprints), मिरर (Mirror), इलेस्ट्रेटेड वीकली (Illustrated Weekly), टाइम्स (Times), लाइफ (Life), स्पान (Span), व्यापारिक संसार (Business world), फार्चून (Fortune), राष्ट्रीय भौगोलिक (National Geographic), विज्ञापन और बाजारीकरण (Advertisement and Marketing), विज्ञापन एज (Advertising Age) आदि। सम्प्रति 6,550 साप्ताहिक, 450 पाक्षिक, 8,040 मासिक, 560 तिमाही और 12,230 वार्षिक पत्रिकाओं का प्रकाशन हो रहा है। इनकी कुल संख्या 27,830 है। साप्ताहिक पत्रिकाओं में कुमुदम (Kumudam), की लगभग 8,76,000 प्रतियाँ छपती हैं, इण्डिया टुडे की 3,96,000 प्रतियाँ और मासिक रीडर डाइजेस्ट की तकरीबन 3,86,000 प्रतियाँ छपती हैं।

Publication	Circulation	Full Page Black and White Rs.	Cost per 1,000 Readers Rs.
"Kumudam"	8,76,000	32,200	36.78
"India To-day"	3,96,000	16,100	40.48
"Readers Digest"	3,86,000	15,000	38.85
"Screen"	1,16,500	6,800	42.87
"Show Time"	67,800	6,500	88.31
"Film-fare"	90,100	6,500	96.95
"Star and Style"	95,600	9,600	94.67
"Movie"	62,600	6,000	105.56
"Star Dust"	168,700	20,000	110.12

स्त्रोत (Source)—इण्डियन एक्सप्रेस जून 1994

SPECIMEN OF ADVERTISEMENT RATE CARD IN CASE OF MAGAZINES

Details	*Per Insertion*
A. Black and White	
Full Page	
Casual : 1 to 5 Insertions	Rs. ...
Contract : 6 Insertions and more	Rs. ...
Half Page	
Casual : 1 to 5 Insertions	Rs. ...
Contract : 6 Insertions and more	Rs. ...
Quarter Page	
Casual : 1 : 5 Insertions	Rs. ...
Contract : 6 Insertions and more	Rs. ...

B. Colour

Inside Page Rs. …

Black outer cover : 10% over inside cover page rate Rs. …

RREMIA

Double-spread :

With or wihout bleed one page : 10% Rs. …

Bleed : Single page (Black & White): 10% Rs. …

Special Specified Position (Black & White) : 25% Rs. …

Details	*Per Insertion*

BASIC ADVERTISING DATA

Full page : 30 cms × 23.75 cms.

Half page : (Horizontal) 15 cms × 23.75 cms.

Half page : (vertical) 30 cms × 11.25 cms.

Quarter page : 15 cms × 11.25 cms

Bleed Size : 32.5 cms × 25 cms

Materia' : Art work, sketches, photographs, halftone, screens should be avoided as they result in more effect.

Printing process : Rotogravure

Dead-line :

Black and white : Three weeks ; Colour : Seven weeks.

इनके अलावा वैश्विक स्तर पर कुछ और पत्रिकाएँ बेहद चर्चित हैं, यथा—फोर्ब्स और फार्चून, न्यूज वीक, मॉडर्न मैच्योरिटी, गारमेण्ट, आर्किटेक्चरल डाइजेस्ट, काण्ड नेस्ट ट्रेवलर, पीपुल, न्यूयार्क टाइम्स मैगजीन आदि। कुल मिलाकर अखबारों की तुलना में इन पत्रिकाओं के कागज चित्ताकर्षक चिकने होते हैं, अतः अखबारों की तुलना में इनके विज्ञापन कमनीय, मनोरम और लुभावने होते हैं। साफ शब्दों में लुभावने विभिन्न रंगों में निर्मित पत्रिका विज्ञापन मन और चित्त में बसनेवाले होते हैं। विभिन्न विषयों को आधार बनाकर प्रकाशित पत्रिकाओं में छपे विज्ञापन बेहद असरदार तरीके से पाठकों के मन-मस्तिष्क पर असर डालते हैं। अखबारों के सापेक्ष इनमें छपे विज्ञापनों का असर स्थायी-टिकाऊ होता है, क्योंकि अखबार अगले ही दिन निरर्थक और बासी माना जाता है, जबकि ये खाली समय में पढ़ने के लिए लम्बे समय तक घरों में सुरक्षित रखी जाती हैं। समाचार-पत्रों और पत्रिकाओं में छपनेवाले विज्ञापनों में एक सजगता बरतनी होती है। चूँकि अखबार प्रतिदिन छपते हैं और पत्रिकाओं का जन्म सप्ताह में होता है, इसलिए विज्ञापनदाता को यह ध्यान रखना पड़ेगा कि जिस वस्तु का विज्ञापन वह साप्ताहिक पत्रिका में छपवा रहा है, उस समय तक उस वस्तु की माँग बाजार में रहेगी कि नहीं। बहरहाल, लब्बोलुबाब यह कि प्रेस-विज्ञापन यदि अश्लील, भद्दे, असंगत, बेजां, अशिष्ट-उद्दीपक न हों तो ये पाठक के मन पर बहुत आसानी से अपना स्थायी प्रभाव छोड़ते हैं।

(क) पत्रिका विज्ञापन के गुण और खूबियाँ—अखबार की तुलना में पत्रिकाओं का क्षेत्र वृहद् होता है। अखबार की प्रकृति से हटकर ये स्थायी महत्त्व की होती हैं। पत्रिकाओं में रंगों और चित्रों से सुसज्जित विज्ञापन विशिष्ट व्यक्तियों तक पहुँचते हैं, यदि पत्रिका ख्यातिप्राप्त है, तो उसके विज्ञापन बहुत अधिक लोगों पर अपना असर डालते हैं। दरअसल पत्रिकाओं में विज्ञापन हेतु पृष्ठों के हिसाब से स्थान खरीदा जाता है। रंगीन विज्ञापनवाले पृष्ठ का मूल्य श्वेत व श्याम पृष्ठ से कई गुना अधिक होता है। दूसरे, तीसरे और चौथे कवर पर प्रकाशित होनेवाले विज्ञापनों की दरें सबसे अधिक होती हैं। इन पत्रिकाओं का प्रसार क्षेत्र समाचार-पत्रों की अपेक्षा कहीं अधिक होता है। ये पत्रिकाएँ उन उत्पादों और सेवाओं के लिए सबसे अधिक उपयोगी हैं, जो उच्च आय वर्ग के लिए हैं या जिनकी एक विषय-विशेष में रुचि हैं[1]। साफ शब्दों में —Magazines have a high level of audience reseptivity. The editorial environment of magazine lends authority and credibility to the advertising. Many magazines claim that advertising in their publication gives a product prestige. The visual quality of magazines tends to be excellent because they are printed on High quality paper that provides superior photo reproduction in both[2] black and white and colour as fashion advertisers, in particular, appreciate."

वस्तुतः,

(1) पत्रिका का जीवनकाल लम्बा होता है। इसे पाठकों द्वारा लम्बे समय तक पढ़ा जाता है। कुछ पत्रिकाएँ जैसे—धार्मिक, वास्तुशास्त्र, शैक्षिक और कला सम्बन्धी पत्रिकाओं को पाठक लम्बे समय तक अपने पास रखता है, जिसके कारण ज्यादा-से-ज्यादा लोग इसे पढ़ते हैं, फलस्वरूप विज्ञापन को बहुत महत्त्व मिलता है,

(2) पत्रिकाओं की चयनात्मकता समाचार-पत्रों से अधिक होती है, किसी विशेष श्रेणी के उपभोक्ताओं तक पत्रिका द्वारा आसानी से पहुँचा जा सकता है,

(3) पत्रिकाओं के मुद्रण में अच्छे कागज और रंगों का प्रयोग किया जाता है, जिससे उसकी गुणवत्ता बनी रहती है और विज्ञापन भी सुन्दर और प्रभावित करनेवाले होते हैं, तथा—

(4) पत्रिका में छपनेवाले विज्ञापन अधिक सृजनात्मक और लम्बे सन्देश देनेवाले होते हैं।[3] इस तरह, कुल मिलाकर, इनकी कुछ और विशेषताएँ होती हैं, यथा—

(1) अवकाश के समय पठनीयता (Leisurely readership),

(2) सन्देश की स्थायित्वता (Permanence of message)

(3) रंगों की उपलब्धता (Colour availability)

(4) विशेष अभिरुचि की सम्भावना (Special interest possibilities) तथा

(5) सम्पादकीय अनुरूपता वातावरण (Editorially compatible environment)[4]

(ख) पत्रिका विज्ञापन के दोष और खामियाँ—

(1) पत्रिकाओं के लिए विज्ञापन तैयार करने पर काफी खर्च आता है और इसे बनाने में कई कठिनाईयों का सामना करना पड़ता है। पत्रिकाएँ छोटे विज्ञापनों के लिए लाभदायी नहीं हैं, क्योंकि किसी भी माध्यम में विज्ञापन की दरें बहुत महँगी होती हैं।

(2) पत्रिकाएँ निम्न आय वर्गों तक नहीं पहुँच पाती हैं। वे कम पढ़े-लिखे होते हैं और उनके पास महँगी पत्रिकाओं के खरीदने के लिए धन नहीं होता।

(3) पत्रिकाओं में विज्ञापनों को काफी पहले भेजना होता है। अतः विज्ञापनों में तात्कालिकता का होना सम्भव नहीं हो पाता।[5]

संक्षेप में,—

(4) जागरूकता निर्माण की धीमी गति (Awareness build-up slow),

(5) उच्च अनियमित पठनीयता (High irregular readership),

(6) दीर्घ कालीन विज्ञापनदाता प्रतिबद्धता (Long term advertiser commitments),

(7) तात्कालिकता का अभाव (Lack of urgency),

(8) दीर्घ समापन तिथि (Long closing dates),

(9) प्रदर्शन का अभाव (No demonstration).[6]

कुल मिलाकर यह कि समाचार-पत्रों की तुलना में पत्रिकाओं का लागत मूल्य अधिक होता है। इनके वितरण में कठिनाई होती है। इनकी छपाई से बहुत पहले ही विज्ञापनों को यहाँ भेजना पड़ता है, —Ads must be submitted well in advance of the publication date. In some instances advertiser must have camera ready full-colour advertisements at the printer more than two months before the coverdate of monthly publication. Magazines also limit the choices for Ad locations, Prime locations, such as the back cover or inside front cover may be sold months in advance. The final disadvantage of magazines is their limited distribution"

(ब) विद्युतीय माध्यमों में विज्ञापन—गाँव-जवार की गलियों-खोरियों, शहरों की चारआली-चौराहों पर खड़े होकर किसी वस्तु, भाव-विचार के प्रचार-प्रसारवाले युग से आगे बढ़, मुद्रण युग को पार कर आज विज्ञापन इलेक्ट्रॉनिक युग में प्रवेश कर चुका है। पिछले डेढ़-दो दशक की सूचना क्रान्ति की आँधी में रेडियो, दूरदर्शन, वीडियो कैसेट, टेपरिकार्डर और फिल्म के साथ गलबहियाँ डाले विज्ञापन ने इन माध्यमों को ताल ठोक तब चुनौती देते हुए ललकारा जब लखनऊ की शबनम और मक्का के इंजीनियर अब्दुल कलाम ने 23 अप्रैल, 2005 को इण्टरनेट पर वैवाहिक विज्ञापन के माध्यम से ''इण्टरनेट-निकाह'' कर लिया। कुल मिलाकर मुद्रण युग में जो विज्ञापन 'कागद की लेखी' था, वही विद्युतीय युग में 'आँखिन की देखी' हो गया। बहरहाल, आइये—अब कुछ विद्युतीय माध्यमों द्वारा होनेवाले विज्ञापनों की जाँच कर ली जाय—

(3) रेडियो विज्ञापन—सितम्बर 1959 में जब भारत में दूरदर्शन ने जन्म लिया, तो बहुत लोगों के मन में एक सवाल खदबदाने लगा कि दूरदर्शन अब रेडियो के विकल्प के रूप में खड़ा हो गया है। इसे सुननेवाले कम हो जायेंगे, सो इसका महत्त्व अब कम हो जायेगा। पर, रेडियो श्रोताओं के सौभाग्य से इसका रुतबा और इसके चाहनेवाले पहले की तुलना में घटे नहीं, बल्कि बढ़े हैं। यह गरीब की टूटही झोंपड़ी से लेकर पाँच सितारा होटलों में आवाज की अपनी उसी खनक, रवानगी, लय और मन्त्र मुग्ध कर देनेवाली लजीज शैली के साथ बजते हुए लोगों के सुख-दुःख में सहयोग-सहकार कर रहा है। वस्तुतः यह जिन्दा और जीवन्त श्रव्य माध्यम है। सन्देश, समय-समय पर देश-विदेश के समाचार, संगीत, खेलकूद, कृषि, नौकरी,

खोया-पाया और निजी तथा सरकारी विज्ञापन—क्या नहीं है इसके पास?

रेडियो की शुरुआत अपने देश में तो सन् 1927 में हुई, किन्तु इस पर विज्ञापनों का शुभारम्भ 1 नवम्बर, 1967 में शुरू हुआ, वह भी विविध भारती कार्यक्रम के माध्यम से। रेडियो पर दो किस्म के विज्ञापन प्रसारित होते हैं। ये कार्यक्रम हैं—स्पाट विज्ञापन और दूसरे प्रायोजित कार्यक्रम। स्पाट विज्ञापन छोटी अवधि के होते हैं—7, 10, 15, 20, 30 सेकेण्ड के। यदि इन्हें किसी निश्चित समय पर प्रसारित किया जाना है, तो उसके लिए अतिरिक्त दरें चार्ज की जाती हैं। विविध भारती के जो केन्द्र विज्ञापन प्रसारित करते हैं, उन्हें चार ग्रुपों में बाँटा गया है—'ए' ग्रुप में दिल्ली, 'बी' ग्रुप में मुम्बई, कोलकाता, चेन्नयी, हैदराबाद, बंगलौर, अहमदाबाद, कानपुर और विजयवाड़ा, ग्रुप 'सी' में जयपुर, बड़ौदा, लखनऊ, इन्दौर, इलाहाबाद, पुणे, नागपुर, जालन्धर, त्रिवेन्द्रम, त्रिचुरापल्ली, पटना और ग्रुप 'डी' में कटक, श्रीनगर, भोपाल, जोधपुर, रांची, कालीकट, धारवाड़, चण्डीगढ़ और राजकोट शामिल हैं।[7]

स्वरूप	समयावधि
अ—सामान्य सन्देश वाचन	7 सेकेण्ड्स
आ—नाटकीय या साम्बादिक	10-15 सेकेण्ड्स
इ—प्रमाणीकृत सूक्ति वाचन	20-20 सेकेण्ड्स
ई—लयात्मक	7-10 सेकेण्ड्स
उ—प्रायोजित	10-15 मिनट्स

ये सभी विज्ञापन व्यावसायिक सेवा के अन्तर्गत रेडियो के निर्धारित कार्यक्रम के पहले, बाद और मध्य में अथवा विविध भारती द्वारा बजाए गये एक गीत के समापन और नयी उद्घोषणा से पूर्व सन्देश के रूप में प्रसारित किये जाते हैं। रेडियो के उस व्यावसायिक प्रसारण के मध्य विज्ञापनों के लिए निर्धारित समयावधि किराये पर उसी प्रकार लिया जाता है, जिस प्रकार पत्र-पत्रिकाओं में स्थान किराये पर लिया जाता है।[1] कुल मिलाकर आकाशवाणी के विज्ञापन प्रसारण सेवा के अन्तर्गत् 10, 15, 20 और 30 सेकेंड के टेप किये हुए विज्ञापन किसी भी भाषा में इस समय स्वीकार किये जाते हैं। राष्ट्रीय समाचारों के प्रसारण से पहले और बाद में सीमित आधार पर प्राइमरी चैनल (फेज-1) से 26 जनवरी, 1985 में प्रायोजित कार्यक्रम आरम्भ किये गये। इस समय प्राइमरी चैनल (फेज-2) पर 55 केन्द्रों से विज्ञापन सेवा की भी शुरुआत 26 जनवरी, 1985 से हुई। प्राइमरी चैनल (2) पर विज्ञापन प्रसारित करनेवाले केन्द्रों की संख्या वर्तमान में 71 है। वर्ष 1994-95 में आकाशवाणी को विविध भारती और प्राइमरी चैनल पर प्रसारित विज्ञापनों से 65 करोड़ रुपये की आमदनी हुई।[2] इस समय रेडियो के एफ.एम. गोल्ड चैनल से भी विज्ञापन प्रसारित हो रहे हैं।

कुल मिलाकर देश की आबादी का लगभग 90% क्षेत्रफल और 98% जनसंख्या तक रेडियो की पहुँच है। सन् 1990 के दशक के अन्तिम वर्ष में भारत में रेडियो उद्योग का निजीकरण किया गया। भारत में वर्तमान में 36 ऑपरेटर, 245 निजी रेडियो स्टेशन, 227 AIR रेडियो स्टेशन और 108 रेडियो (सामुदायिक) स्टेशन हैं। वर्ष 2011 में मीडिया और मनोरंजन इण्डस्ट्री को विज्ञापन से प्राप्त होनेवाली कुल आय का लगभग 3.83% रेडियो के खाते में आया है, जो वर्ष

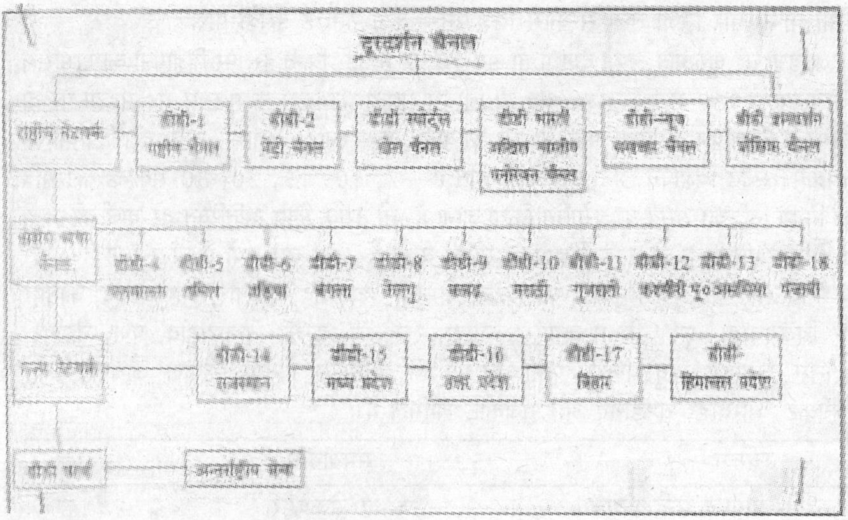

2008 में प्राप्त आय से 0.5% तथा वर्ष 2004 में प्राप्त आय से 1.8% अधिक है तथा 2015 तक इसमें लगभग 5% वृद्धि की सम्भावना व्यक्त की गयी थी। वर्ष 2007 में रेडियो को विज्ञापन से 700 करोड़ रुपये, वर्ष 2010 में 1000 करोड़ रुपये तथा वर्ष 2011 में 1200 करोड़ रुपये प्राप्त हुए जो 2012 में लगभग 1500 करोड़ रुपये तथा 2015 में 20% वृद्धि दर से 2500 करोड़ रुपये तक पहुँच गये थे। वर्ष 2011 की सर्वेक्षण रिपोर्ट के अनुसार दिल्ली और मुम्बई, रेडियो के सबसे बड़े बाजार हैं। दिल्ली में 18.52 मिलियन लोगों में से 88% लोग रेडियो सुनते हैं तथा मुम्बई में 16.67 मिलियन लोगों में से 70% लोग रेडियो सुनते हैं।[3] अन्त में यह कि—Radio advertisements are broadcasts as radio waves to the air from a trasmitter

to an antenna and thus to a receiving device. Airtime is purchased from a station or network in exchange for airing the commercials. While radio has the limitation of being restricted to sound, proponents of radio advertising often this is an advantage Radio is an expanding medium that can be found on air and also ontline. According to Arbitron, radio has approximately 241.6 million wcekly listeners or more than 93 percent of the U.S population.

(4) दूरदर्शन विज्ञापन–दूरदर्शन की नाटकीय भाषा तथा चमत्कृत शैली में प्रस्तुत कार्यक्रम तथा विज्ञापनों ने कुछ वर्षों पूर्व लोगों को अपनी ओर इतना अधिक आकर्षित कर लिया था, कि वे दीवानगी की हद तक इसके साथ जुड़ गये थे। समाजशास्त्री और मनोविज्ञानियों ने उनकी इस आदत को 'बेवकूफी का पिटारा' (Idiot Box) तक कहा था। बहरहाल, श्रव्य-दृश्य माध्यम दूरदर्शन ने हर व्यक्ति को उसके घर में कैद कर रखा है। व्यक्ति निपट अकेला और व्यक्तिवादी हो गया है। यद्यपि अब इसमें कुछ कमी आ रही है। बहरहाल, दूरदर्शन पर व्यावसायिक विज्ञापनों की शुरुआत जनवरी 1976 को हुई और तब से लेकर आज तक वर्ष-दर-वर्ष विज्ञापनकर्त्ताओं की संख्या में बढ़ोतरी होती रही है और दूरदर्शन की आय में भी वृद्धि हो रही है। आज राष्ट्रीय स्तर पर कोई भी निर्माता/विक्रेता दूरदर्शन के बिना बाजार तक पहुँचने का जोखिम नहीं उठा सकता। देश में विज्ञापनों पर होनेवाले कुल व्यय का लगभग 20 प्रतिशत दूरदर्शन विज्ञापनों पर होता है। सन् 1981 में दूरदर्शन विज्ञापनों पर जहाँ मात्र 12 करोड़ रुपये का व्यय हुआ था, वहाँ सन् 1988 में यह व्यय बढ़कर 175 करोड़ रुपये हो गया।[4] सन् 1991-92 में यह व्यय 300 करोड़ रुपये से ऊपर था। दूरदर्शन पर प्रसारित होनेवाले विज्ञापनों से हुई राजस्व सम्बन्धी आय के कुछ आँकड़े इस प्रकार हैं—

1982-83	15.89 करोड़ रुपये
1983-84	19.79 करोड़ रुपये
1984-85	31.43 करोड़ रुपये
1985-86	50.00 करोड़ रुपये
1990-91	253.85 करोड़ रुपये
1991-92	300.61 करोड़ रुपये
1992-93	360.23 करोड़ रुपये
1993-94	380.00 करोड़ रुपये
1994-95	400.00 करोड़ रुपये
1998-99	419.99 करोड़ रुपये
1999-2000	496.23 करोड़ रुपये
2000-2001	508.74 करोड़ रुपए

डीडी वर्ल्ड अन्तरराष्ट्रीय सेवा

कुल मिलाकर, दूरदर्शन वस्तुओं तथा सेवाओं के लिए विज्ञापन प्रसारित करता है। विज्ञापनों को व्यापारिक विज्ञापन आचार- संहिता के अनुसार ही स्वीकार किया जाता है। सिगरेटों, तम्बाकू से तैयार चीजों, मादक पदार्थों, शराब तथा अन्य नशीले पदार्थों, गहनों और नान-मसालों के विज्ञापन स्वीकार नहीं किये जाते हैं।[5] वर्ष 2011 में टी. वी. को विज्ञापन से लगभग 11,500 करोड़ रुपये की आय हुई। वर्ष 2015 तक यह आय 16% वृद्धि की दर से लगभग 21,400 करोड़ रुपये हो गयी थी। वर्ष 2011 में दूरदर्शन पर दस क्षेत्रों के खाते से समग्र विज्ञापन की 60% हिस्सा राशि खर्च की गयी थी, जिसका विवरण इस प्रकार है,—खाद्य पेय 14% व्यक्तिगत देखभाल। व्यक्तिगत स्वास्थ्यकर उत्पाद 13% सेवाएँ 6%, बालों की देखभाल करनेवाले उत्पाद 5%, व्यक्तिगत सहायक उत्पाद 5%, टेलीकाम 4%, परिवहन 4%, बैंकिंग/ वित्तीय / बचत 3%, व्यक्तिगत स्वास्थ्य देखभाल उत्पाद 3% तथा घरेलू उत्पाद 3%। इसी तरह वर्ष 2011 में दूरदर्शन पर हिन्दुस्तान लीवर द्वारा 2598 करोड़ रुपये, कोलेगेट पामोलिव 410 करोड़ रुपये, भारतीय एयरटेल 3,277 करोड़ रुपये और आइडिया सेलुलर द्वारा 2,351 करोड़ रुपये विज्ञापन के लिए खर्च किये गये।[6]

खुलासा यह कि दूरदर्शन विज्ञापन का जिन्दा-जीवन्त और प्रभावशाली माध्यम है। यह बहुत सहजता से दर्शकों का ध्यान अपनी ओर खींचता है। इसकी पहुँच अब देश के अधिकांश हिस्से तक हो गयी है। इसे action medium. कहा जा सकता है, —'Television advertising is embedded in television programming, so most of the attention in media buying, as well as in the measurement of television advertising's effectiveness, is focussed on the performance of various shows and how they engage their audiences. Television is used for advertising, because it works like the movies ... It brings brand images to life and adds personality to a brand. "

(5) वीडियो कैसेट तथा ऑनलाइन विज्ञापन—कई जानकारों ने वीडियो को दूरदर्शन और फिल्म से काफी प्रभावी सूचना माध्यम बताया है, तो कुछ ने इसे 'सूचना की खुली खिड़की' (Windows of Information)। बहरहाल, इतना तय है कि वीडियो सूचना का पुख्ता और स्थायी संसाधन तो है ही, "Major communication tools ever invented by humanity." यह मनुष्य के दिमाग से उपजी सुन्दर और विशिष्ट तकनीक है —"Video is hailed as the ultimate media to be incorporated into multi-media technology—and with this integration, Multimedia is expected to overtake television very soon, if not now, with full screen full motion quality video..." कुल मिलाकर वीडियो में दूरदर्शन और फिल्म की सारी विशेषताएँ मौजूद हैं।

दरअसल पिछले, कुछ वर्षों के दौरान देश में वीडियो एक बड़े विज्ञापन माध्यम के रूप में उभरा है। एक प्रमुख विज्ञापन एजेन्सी के अनुसार देश में लगभग 18-20 लाख वीडियो सेट हैं और इस संख्या में प्रतिमास लगभग 7000 नये सेट जुट जुड़ जाते हैं। इनके अतिरिक्त लगभग 25,000 वीडियो किराया केन्द्र हैं और अनुमान है कि वीडियो पर बनी एक फिल्म को अनगिनत कैसेटों के माध्यम से 45,000 दर्शक देखते हैं। निश्चय ही वीडियो विज्ञापन का अपना एक अलग स्थान है। वीडियो सेट उन्हीं लोगों के पास हैं, जो उच्च आय वर्ग के लोग हैं। अतः निर्माता जो अपना सन्देश उच्च आय वर्ग के लोगों को सम्बोधित करना चाहते

हैं, उनके लिए वीडियो एक अच्छा माध्यम है। कुछ विशेषज्ञों का मत है कि वीडियो विज्ञापन टी.वी. और सिनेमा से अधिक प्रभावशाली है, क्योंकि वीडियो में एक ही स्थान पर विज्ञापनों की भीड़ नहीं लगायी जाती, वरन् एक फिल्म में अलग-अलग जगहों पर केवल कुछ विज्ञापनों को ही दर्शाया जाता है। निश्चय ही, वीडियो विज्ञापनों में टेलीविजन और सिनेमा विज्ञापनों से कहीं अधिक लोच और सुविधा है। विज्ञापन के लिए वीडियो माध्यम टी.वी. और सिनेमा से काफी सस्ता है। दूरदर्शन के राष्ट्रीय कार्यक्रम पर 10 सेकेण्ड स्पॉट के लिए विज्ञापन कर्त्ता को लगभग 70,000 रुपये देने होते हैं, जबकि एक वीडियो कैसेट पर 30 सेकेण्ड के स्पॉट की दर लगभग 6000 रुपये है। हाल में किये गये एक अध्ययन के अनुसार, वीडियो पर प्रति 1000 दर्शकों के पीछे 30 सेकेण्ड के एक स्पॉट पर जहाँ 6 रुपये का खर्च आता है, वहाँ टेलीविजन और सिनेमा पर क्रमशः 11 रुपये और 13 रुपये का व्यय होता है।[7]

विज्ञापन का एक नया माध्यम 'आन लाइन' काफी लोकप्रिय हुआ है, —Online advertising is a form of promotion that uses the Internet and World Wide Web for the expressed purpose of delivering marketing message to attract customers. यह माध्यम 'सर्वर' के जरिये विज्ञापनों को विज्ञापित करता है,— Online ads are delivered by an Ad Server. Examples of Online advertising include contextual ads that appear on search engine, results pages, banner ads, inpay per click text ads, rich media ads, social networks advertising, one line classified advertising, advertising networks and e-mail marketing, including e-mail spam. विज्ञापन के नितान्त नये इस माध्यम की अपनी कुछ परेशानियाँ भी हैं, यथा —The biggest problem is that the placement may not be noticed. There is so much going on in most movies that you need to call attention to the product in order for its appearance to register. A more serious problem occurs when there is not a match between the product and the movie or its audience.

(6) फिल्म (सिनेमा) विज्ञापन—फिल्म अभिव्यक्ति का सशक्त माध्यम है। इसके माध्यम से विचारों और भावनाओं को एक नया रूप दिया जाता है। फिल्म में भावपूर्ण बिम्बों और तकनीकों के माध्यम से संयोजन किया जाता है। डॉ. रोजर्स का मत है कि, "फिल्म किसी क्रिया को उत्प्रेरित करने के लिए एक उत्तरोत्तर अनुक्रम में छाया चित्रों की एक लम्बी शृंखला द्वारा विचारों के सम्प्रेषण का माध्यम है।" इस माध्यम में अभिनय, नाट्य लेखन, अभिकल्पन, साज-सज्जा, मंच, काल्पनिकता आदि विभिन्न विधाओं का समागम होता है।[8] पर, दुर्भाग्य से सिनेमा जो कभी आम आदमी के लिए 'क्रेज' था, अब दूरदर्शन और वीडियो के असीम विस्तार के परिणामस्वरूप बुरी तरह उपेक्षा का शिकार हुआ है। सिनेमाघरों में जानेवाले लोगों की भीड़ दिन-ब-दिन घटती जा रही है। आर्थिक दृष्टि से पुराने सिनेमाघरों को चलाना लाभदायी नहीं रह गया है और नये सिनेमाघरों का निर्माण तो लगभग बन्द हो चुका है। सन् 1984 में विज्ञापनों से सिनेमाघरों को 16 करोड़ रुपये की आय हुई थी, जो 1988 में घटकर 13 करोड़ रुपये हो गयी। सन् 1976 में सिनेमा देखनेवालों की संख्या एक करोड़ थी, जो 1986 में घटकर मात्र 55 लाख रह गयी थी। ऐसे में विज्ञापनकर्त्ताओं के लिए यह स्वाभाविक है कि वे सिनेमा पर कम और अन्य माध्यमों पर अधिक खर्च करें। देश में कुछ ऐसे क्षेत्र हैं, जहाँ टेलीविजन और वीडियो नहीं पहुँचे हैं और निरक्षर लोगों की संख्या काफी है, ऐसी जगहों में अभी भी सिनेमा विज्ञापनों की उपयोगिता विद्यमान है।[9]

एक विद्वान् का विचार है कि सिनेमाघर में फीचर फिल्म के साथ ही, उसके पूर्व तथा मध्यान्तर में छोटी-छोटी विज्ञापन फिल्में दिखायी जाती हैं। इससे मनोरंजन भी होता है और विज्ञापन भी। प्रायः जो विज्ञापन दूरदर्शन पर दिखाये जाते हैं, उनका ही विस्तार इन फिल्मों में होता है। सिनेमाघरों में फिल्म के मध्यान्तर में फिल्म स्लाइड्स द्वारा विविध वस्तु तथा स्थानीय विक्रेता के विज्ञापन होते हैं। दूरदर्शन के प्रचार-प्रसार के साथ ही इस प्रकार के विज्ञापनों अर्थात् फिल्म तथा फिल्म स्लाइड्स का आकर्षण प्रसारण उसके द्वारा होने लगा और सिनेमाघर के ये विज्ञापन फीके से लगने लगे। दूरदर्शन के प्रचार-प्रसार का प्रभाव फिल्म व्यवसाय तथा सिनेमाघरों पर जिस तरह से हुआ है, चित्रपट गृह विज्ञापन पर भी वैसा ही हुआ है। फिर भी सिनेमा माध्यम लचीला है, और विज्ञापनकर्त्ता को बड़े पैमाने पर मनपसन्द, चुनिन्दा दर्शक/श्रोता समूह उपलब्ध कराता है।[10]

(7) इण्टरनेट विज्ञापन—कम्प्यूटर की सरहद पार कर सूचना संसाधनों के विद्युतीय माध्यम 'इण्टरनेट' का अवतार हुआ। सूचना विस्फोट का नया युग शुरू हुआ। कुछ लोगों ने इसे 'स्याही विहीन क्रान्ति' कहा। बहरहाल, इसमें कत्तई संशय नहीं कि वैद्युतिक संचार साधनों में इण्टरनेट ने 'बामन' की तरह पूरे पृथ्वीमण्डल और अन्तरिक्ष को नाप दिया है। सूचना गति को इसने बहुत आगे बढ़ाया। इस यन्त्र को बनानेवाला भी सम्भवतः इसकी क्षमता को देखकर झँख मार रहा होगा। आज का युग चल-दृश्य भाषा का युग है। फिल्म, वीडियोग्राफी, कम्प्यूटर, मोबाइल (सेल) फोन और इण्टरनेट—हर जगह विजुअल का अटूट सम्बन्ध है। फिल्मकार **महेश भट्ट** के अनुसार, "लिखे शब्द की इस शताब्दी में आहिस्ता-आहिस्ता मौत हो जायेगी, इसलिए दृश्य-साक्षरता (Audio-visual Literacy) को बढ़ावा देने की जरूरत है।" स्थिर दृश्य (चित्रकला फोटोग्राफी), चलायमान दृश्य (मूवी) और चलायमान दृश्य-श्रव्य (ऑडियो-विजुअल) या वाणी (ऑडियो माध्यम में शब्द) तथा केवल मुद्रित शब्द—ये सब अपने-अपने स्थान पर अभिव्यक्ति के सशक्त माध्यम हैं।[11]

किन्तु, इन सभी अभिव्यक्ति के माध्यमों में इण्टरनेट एक जाल है, महाजाल है, दुनिया भर में फैले करोड़ों कम्प्यूटरों का। इसमें पूरी गुंजाइश है प्यार की, प्यार के इजहार की एवं परिणय-संस्कार की। यदि लाखों मील की दूरी पर बैठी अपनी प्रियतमा से आप गुफ्तगू करना चाहते हैं, तो इण्टरनेट फोन स्थानीय दर पर आपका माध्यम बन सकता है। इण्टरनेट की अपनी संस्कृति है, यान्त्रिक संस्कृति। विभिन्न धर्म, संस्कृति, भाषा और नस्ल में बँटा यह विशाल विश्व एक छोटे से "खगोलीय ग्राम" में इसके माध्यम से बदलना शुरू हो चुका है।[12] इण्टरनेट सूचनाओं का अकूत खजाना है। बस! इस पर अपनी एक 'वेब' बना लीजिये, सूचना दीजिये और लीजिये—"Web is the name given to a large collection of information, pictures and other data you access over the Internet. In Web language, any information that contains links to other information or to a service is called HYPERTEXT."

एक सूचना के अनुसार वर्तमान भारतीय विज्ञापन बाजार लगभग 10 हजार करोड़ रुपये का है। इसमें इण्टरनेट के माध्यम से भी उपभोक्ता वस्तुओं का विज्ञापन शामिल है। इण्टरनेट के माध्यम से आज जहाँ बहुत आसानी से शिक्षा, ज्ञान-विज्ञान, सम्प्रेक्षण सूचना-तन्त्र, मनोरंजन आदि की जानकारी हमें प्राप्त हो रही है, वहीं हम इस पर विज्ञापन के जरिये माल

खरीद और बेच सकते हैं। विदेशी कम्पनियों ने इस पर अपने उत्पाद का विज्ञापन देकर बेतहाशा लाभ कमाया है। सच तो यह है कि वैश्वीकरण की बयार ने विज्ञापन का चेहरा और माध्यम-दोनों बदला है। इण्टरनेट ने विज्ञापन के माध्यम से घर में ही अन्तरराष्ट्रीय मण्डी उपलब्ध करा दिया है, तभी तो भदोही (उ.प्र.) की कालीन इण्टरनेट के माध्यम से खाड़ी के देशों में बैठे-बैठे, बिना किसी बिचौलिये के—आसानी से बिक जा रही है। कुल मिलाकर, उपभोक्ता और माल पैदा कर बेचने वालों के लिए यह एक वरदान सिद्ध हुआ है। आजकल इण्टरनेट के जरिये बोली लगाकर किसी भी वस्तु की खरीद, नीलामी, वैवाहिक विज्ञापन, उपहार आदि दिये और लिए जा सकते हैं, किन्तु इस सुविधा का कुछ लोग दुरुपयोग भी कर रहे हैं, यथा—ई शॉपिंग के जरिये खरीददारी करने पर भुगतान के बावजूद खराब सामान मिलना, फ्री गिफ्ट का लालच देकर उसे न देना आदि। अतः ऐसी स्थिति में इण्टरनेट जैसे माध्यमों के जरिये शॉपिंग में उपभोक्ता हितों के संरक्षण की बहुत जरूरत है। धोखाधड़ी कर खराब वस्तु देना, या सामान पसन्द न आने पर उसे लौटाने की व्यवस्था बहुत जरूरी है, तभी उपभोक्ता हितों का संरक्षण हो सकता है।

वस्तुतः मीडिया की दुनिया में अब भी इण्टरनेट को बतौर माध्यम बहुत गम्भीरता से नहीं लिया जाता। पत्रकारिता के अधिकतर कोर्स में ऑनलाइन पत्रकारिता एकाध टॉपिक से ज्यादा नहीं है। मीडिया पढ़ाने वालों और पढ़ने वालों को इण्टरनेट की खासियतों को समझना होगा। वरना उन्हें मीडिया में आउटडेटेड होते हुए देर नहीं लगेगी।

इण्टरनेट न सिर्फ पूरे मीडिया जगत पर असर डालने की स्थिति में है, बल्कि कई कारोबार का चेहरा इस मीडियम से पूरे तौर पर बदलने जा रहा है। हाल के आँकड़े बताते हैं कि भारत में मार्च, 2008 तक करीब 5.5 करोड़ लोग इण्टरनेट प्रयोग कर रहे थे। यूँ भारत की जनसंख्या के सन्दर्भ में यह आंकड़ा पूरी जनसंख्या का करीब पाँच प्रतिशत भी नहीं बनता। 2010 तक भारत में इण्टरनेट प्रयोक्ताओं की संख्या 6.7 करोड़ तक पहुँचने के आसार थे। अभी कुल विज्ञापन का अधिकांश हिस्सा प्रिण्ट टी.वी. के खाते में जाता है। प्रतिशत के हिसाब से देखें तो कुल विज्ञापन में करीब 85 प्रतिशत हिस्सेदारी प्रिण्ट और टी.वी. की है। इण्टरनेट की यहाँ भूमिका नगण्य दिखायी देती है, पर आंकड़े बताते हैं कि 2006 में इण्टरनेट के हिस्से में करीब 210 करोड़ रुपये के विज्ञापन आये थे। 2007 में यह आँकड़ा बढ़कर 450 करोड़ रुपये का हो गया। 2009 के अन्त तक इस आँकड़े के करीब 2250 करोड़ रुपये होने के आसार थे। इण्टरनेट से जुड़ा कारोबार बहुत तेजी से बढ़ रहा है। इसलिए उससे जुड़े विज्ञापन भी तेजी से बढ़ रहे हैं।

आनलाइन कारोबार बढ़ने के कई निहितार्थ हैं। विकसित देशों से खबर है कि वहाँ छपे हुए अखबार और छपी हुई पत्रिकाएँ बाकी तरह की प्रतिस्पर्द्धा का सामना तो कर ही रही हैं, पर उनकी प्रतिस्पर्द्धा अपने ही ऑनलाइन संस्करणों से भी है। ऑनलाइन पढ़नेवाले बढ़ रहे हैं, मुद्रित संस्करण की मांग कम हो रही है। ऐसी सूरत भारत में आने में कई साल लग सकते हैं। पर इण्टरनेट की खासियत का एक आयाम यह हो सकता है कि कम लागत के चलते कई कारोबारी विषय विशेष पर फोकस वेबसाइट बना सकते हैं। विज्ञापन वहाँ जा सकते हैं। जैसे हाल में आईपीएल पर फोकस एक वेबसाइट आईपीएलन्यूज न तो किसी बड़े अख़बार से ताल्लुक रखती थी, न किसी बड़े टी.वी. चैनल से, फिर भी इसने सिर्फ आईपीएल पर

फोकस बेहतर कवरेज दी। अब क्रिकेट के इवेण्ट से जुड़े विज्ञापनों के लिए प्रतिस्पर्द्धा सिर्फ अखबारों और टी.वी. चैनलों के बीच नहीं होनी है, ऐसी वेबसाइट भी इस तरह के विज्ञापनों की कैण्डीडेट है। तीस पेज के अख़बार में चार पेज आईपीएल पर आ सकते हैं, पर आईपीएल पर फोकस वेबसाइट पर तो कई हजार पेज सिर्फ आईपीएल पर हो सकते हैं। फोकस और फास्टनेस, ये खासियतें इण्टरनेट को बाकी और माध्यमों से अलग करती हैं। फिर एक बड़ी खासियत इण्टरनेट माध्यम को बेहद महत्त्वपूर्ण बनाती है, वह यह है कि कुछेक क्लिक में यहाँ पूरा कारोबार सम्पन्न हो जाता है। जैसे टी.वी. पर विज्ञापन आता है, उस विज्ञापन में कुछ को दर्शक याद रखता है। फिर याद रखने के बाद बाजार में उस चीज की माँग करता है। इण्टरनेट पर विज्ञापन पर दर्शक या पाठक क्लिक करता है। क्रेडिट या डेबिट कार्ड का यूज करता है, तीन-चार मिनट में माल खरीद लिया गया। टी.वी. और प्रिण्ट के विज्ञापन के मुकाबले इण्टरनेट का विज्ञापन ज्यादा सीधी मार करता है और इण्टरनेट विज्ञापन में खरीदार और विक्रेता के बीच कोई नहीं है। जबकि बाकी सारे माध्यमों में मामला इतना सीधा नहीं है। अन्य शब्दों में इण्टरनेट का विज्ञापन किसी भी मध्यस्थ को अप्रासंगिक बना देता है। इसलिए यह अनायास नहीं है कि सिर्फ मध्यस्थता से कमानेवाले कई कारोबार विकट संकट में हैं। रेलवे और एयरलाइन्स की बुकिंग करानेवाले एजेण्ट संकट में हैं। अब एयरलाइन्स और कस्टमर के बीच इण्टरनेट है, वहाँ से सीधे काम हो रहा है। अब रेलवे और कस्टमर के बीच इण्टरनेट है, वहाँ से सीधे काम हो रहा है। किताबों से लेकर सीड़ी, कपड़ों से लेकर टूरिस्ट बुकिंग सब-कुछ इण्टरनेट से ली जा सकती है। इसके लिए किसी माध्यस्थ को कमीशन या उसका प्रॉफिट क्यों चुकाना। इण्टरनेट विज्ञापन कई धन्धों को खत्म करने में लगे हुए हैं। कुल मिलाकर इण्टरनेट की डाइरेक्ट एक्शन की इस खूबी ने कारोबार के नये मॉडल दिये हैं। मध्यस्थ का रोल लगभग खत्म हो गया है। इलेक्ट्रानिक आइटमों से लेकर किताबों तक को बेचने का काम तमाम अखबारों, पत्रिकाओं की वेबसाइट पर हो रहा है। अखबार सूचना भी दे रहे हैं, और साथ सस्ते कैमरे भी बेच रहे हैं। लॉजिक साफ है। जो अखबार की साइट का विजिटर है, उसे सीधे ही वहाँ ग्राहक में परिवर्तित किया जा सकता है। अखबार खुद ही तमाम तरह की शापिंग करा रहे हैं। जो कमीशन या कट किसी मध्यस्थ को जाता, वो मीडिया हाउस खुद रख सकता है।

कुल मिलाकर इण्टरनेट ने साफ सन्देश दे दिया है कि अगर किसी भी स्तर पर आप कुछ खास वैल्यू ऐड नहीं कर रहे हैं, तो आपके लिए पूरी चेन में कोई जगह नहीं है। ग्राहक तो अब उसका है, जो उस तक पहुँच रहा है। मध्यस्थों का रोल खत्म। इण्टरनेट का बतौर मीडिया, यह सबसे महत्त्वपूर्ण रोल है।[13]

कुल मिलाकर विज्ञापन माध्यमों का यह शिशु रूप सम्प्रति बहुत तेजी से सम्पूर्ण दुनिया में पनप रहा है। खासकर, जिन लोगों के पास दूरदर्शन, रेडियो और अखबारों को देखने सुनने और पढ़ने का समय नहीं है, उनके लिए यह माध्यम वरदान सिद्ध हो रहा है —Internet advertising although still the new baby on the advertiser block, is a growing industry. Advertisers see it at as a relatively low-cost alternative to mainstream advertising media. It is also form that reaches people who are not watching much television or reading newspapers.[14]

erall ustry size 'R billion) ır Calendar ars)	2008	2009	2010	2011	2012	2013	2014	Growth in 2014 over 2013	2015P	2016P	2017P	2018P	2019P
	82.0	88.0	103.0	116.0	124.8	135.9	154.9	14.0%	174.6	198.4	226.2	260.1	299.1
nt	108.0	110.4	126.0	139.4	149.6	162.6	176.4	8.5%	192.6	211.8	232.9	255.2	280.0
lio	8.4	8.3	10.0	11.5	12.7	14.6	17.2	17.6%	19.6	22.3	27.0	32.7	39.5
·H	16.1	13.7	16.5	17.8	18.2	19.3	22.0	14.0%	24.4	27.1	29.6	32.2	35.1
gital vertising	6.0	8.0	10.0	15.4	21.7	30.1	43.5	44.5%	62.5	84.0	115.3	138.2	162.5
al	221	228	266	300	327	362.5	414.0	14.2%	474	544	631	718	816

ıdustry size (INR billion) (For Calendar Years) 2008 2009 20102011 2012 2013 2014Growth in 2014 over 2013 2015P 2016P 2017P 2018P 2019P CAGR (2014 2019P)

	244.0	257.0	297.0	329.0	370.4									
	172.0	75.2	192.0	208.8	224.1									
	104.4	89.3	83.3	92.9	112.4									
	6.4	8.3	10.0	11.5	12.7									
	7.4	7.8	8.6	9.0	10.6									
	16.1	13.7	16.5	17.8	18.2									
ion and VFX		17.5	20.1	28.7	51.8	85.3								
;	7.0	8.0	10.0	18.0	15.3									
Advertising6.0		8.0	10.0	15.4	21.7									
	580	587	652	728	821	918	1.026	11.7%	1169	1330	1532	1740	1964	13.9%

industry size (INR billion) (For Calendar Years) 2008 2009 2010 2011 2012 2013 2014Growth in 2014 over 2013 2015P 2016P 2017P 2018P 2019P CAGR (2014 2019P)

	244.0	257.0	297.0	329.0	370.4									
	172.0	75.2	192.0	208.8	224.1									
	104.4	89.3	83.3	92.9	112.4									
	6.4	8.3	10.0	11.5	12.7									
	7.4	7.8	8.6	9.0	10.6									
	16.1	13.7	16.5	17.8	18.2									
tion and VFX		17.5	20.1	28.7	51.8	85.3								
ʒ	7.0	8.0	10.0	18.0	15.3									
Advertising6.0		8.0	10.0	15.4	21.7									
	580	587	652	728	821	918	1.026	11.7%	1169	1330	1532	1740	1964	13.9%

(ख) वैश्विक स्थिति—

Media	2002 (in million $)	2003 (in million $)	% Change	% of Media
Newspapers	$45,341	**$46,256**	**2.0**	**23.8**
Local newspaper	20,994	$21,341	1.7	
National newspapers	7,210	7,797	8.1	
Free-standing inserts	1,239	1,317	6.3	
Classifieds	15,898	15,801	-0.6	
Magazines	**26,047**	**27,280**	**4.7**	**14.0**
Consumer magazines	17,254	18,347	6.3	
B-to-B magazines	7,227	7,277	0.7	
Sunday magazines	1,264	1,331	5.3	
Local magazines	311	325	4.6	
Directories	**13,776**	**14,370**	**4.1**	**7.3**
Television	**52,™**	**54,462**	**3.4**	**28.0**
Network TV	20,016	20,375	1.8	
Spot TV	17,165	16,244	-5.4	
Cable TV	10,593	12,251	15.6	
National syndication	2,946	3,396	15.3	
Spanish-language network TV	1,946	2,196	12.8	
Radio	**9,993**	**10,368**	**3.8**	**5.3**
Local radio	6,575	6,732	2.4	
Network radio	966	1,001	3.6	
National spot radio	2,452	2,635	7.5	
Outdoor	**2,475**	**2,673**	**8.0**	**1.3**
Internet	**5,613**	**6,495**	**15.7**	**3.3**
Other	**30,730**	**32,320**	**4.9**	**16.6**
Total:	**$165,144**	**$175,048**	**6.0**	

(स) बाह्य विज्ञापन माध्यम—बाह्य विज्ञापन माध्यम, विज्ञापन का शुरुआती स्वरूप है। इस माध्यम में व्यवसायी अपने यहाँ बेचने वाली वस्तु का प्रचार दुकान के बाहर चित्र, चिह्न या सन्देश लिखकर करते थे। सम्प्रति इस माध्यम का काफी विकास हुआ है। दीवाल, विज्ञापन, पोस्टर, होर्डिंग, बोर्ड, सैण्डविच बोर्ड, ट्राण्जिट विज्ञापन, बैनर, रोड साइन, यूनिपोल, स्काई राइटिंग, बस, ट्रेन, ट्राम, शॉपिंग माल, डिस्प्ले, गली के खम्भे, स्टीकर, बिजली द्वारा सजावट, अप्रमापित चिह्न (Non-standard Signs), कचरे के डब्बे, पुलों के खम्भे, पुलिस पोस्ट, डिजिटल

स्क्रोलर, स्ट्रीट फर्नीचर तथा टॉवर आदि पर टँगे-बने विज्ञापन इसी श्रेणी में आते हैं। कई लोग इस माध्यम को उपभोक्ता को याद दिलानेवाला 'Reminder' (अनुस्मारक या स्मरण करानेवाला) माध्यम कहते हैं, तो कुछ लोग 'Out of home' या 'Out door' या 'Mural Advertising' भी कहते हैं, "Out of home advertising includes everything from billboards to hot-air balloons. That means ads on buses, posters on walls, telephone booths and shopping kiosks, painted semitrucks, taxi signs, transit and railway platforms, airport and bus terminal, displays shopping mall displays, in-store merchandising signs grocery store carts, shopping bags, Public rest room walls, sky writing, in-store clocks and aisle displays."[1]

भारत में बाह्य विज्ञापन उद्योग वर्ष 2007 में 1400 करोड़ रुपये था, जो वर्ष 2010 में 1700 करोड़ रुपये, वर्ष 2011 में 1900 करोड़ रुपये तथा वर्ष 2012 में 2200 करोड़ रुपये के लगभग रहा है और 2015 तक 12% वृद्धि दर से लगभग 2960 करोड़ रुपये होने का अनुमान था। वर्ष 2011 में खर्च किये गये 1900 करोड़ रुपये का लगभग 50% बिल बोर्ड पर, 30% हवाई अड्डों एवं अन्य परिवहन माध्यमों (रेल, ट्रक एवं बस आदि) पर, 17% स्ट्रीट फर्नीचर पर तथा 3% अन्य वाहनों पर खर्च किया गया। कुल विज्ञापन आय का लगभग 5% इस माध्यम द्वारा अर्जित किया जाता है। वर्ष 2010 तथा 2011 वर्षों के बाह्य विज्ञापन का व्यय वाहनों के अनुसार इस प्रकार था—

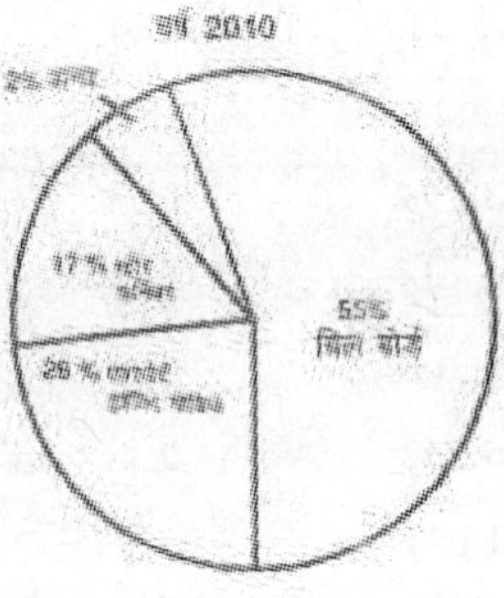

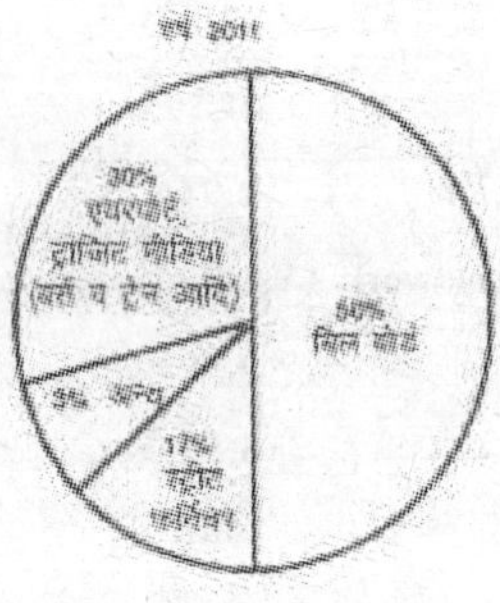

भौगोलिक क्षेत्र के अनुसार देखें तो मुख्यतः छह मेट्रो शहरों में OOH का 60% विज्ञापन खर्च होता है, जिसमें सबसे अधिक कुल राशि का लगभग 32% मुम्बई, 12% दिल्ली, 6% कोलकाता, 4% बेगलुरु, 4% हैदराबाद, 4% अहमदाबाद, 2% चैन्नयी एवं 2% पूना तथा 34% अन्य स्थानों पर खर्च होता है।[2] हमें यहाँ यह भी ध्यान रखना होगा कि इस तरह के विज्ञापन में सड़क के किनारे लिखे हुए सभी प्रकार के बोर्ड भी शामिल होते हैं। बहरहाल, बाह्य विज्ञापन माध्यमों में से कुछ प्रमुख को हम इस प्रकार देख सकते हैं—

(8) दीवाल या भित्ति चित्रण विज्ञापन—अंग्रेजी 'Mural' का हिन्दी अर्थ होता है 'दीवाल' या 'दीवार'। जाहिर है, दीवारों, पर किया जानेवाला विज्ञापन 'दीवारों का विज्ञापन या 'बाह्य विज्ञापन' (Out door or Mural Advertising) कहा जाता है। इस तरह के विज्ञापनों को 'समाचार-पत्रीय' विज्ञापनों का पूरक (Supplement) माना जाता है। आदिम युग या प्राचीन काल में जब मुद्रण कला का जन्म नहीं हुआ था, तब इस तरह के विज्ञापनों का चलन शुरु हुआ था। भारत में ही नहीं, बताते हैं, विश्व के कई अन्य मुल्कों—चीन, इंग्लैण्ड, रोम, इटली आदि में

भी दीवाल विज्ञापनों के उदाहरण मिलते हैं, जो आज भी ब्रिटिश संग्रहालयों में सुरक्षित हैं। इन देशों के व्यापारी अपने उत्पादों के प्रचार-प्रसार के लिए अपने घरों, दुकानों के समक्ष 'व्यापार बोर्ड' (Trade Board) लगाते थे। एक विद्वान् हिंघम (Hingham) का विचार है कि इन व्यापार-बोर्डों को लगाने से ही 'दीवाल विज्ञापन' की शुरुआत हुई। आज दीवाल विज्ञापन महज़ दीवालों तक ही सीमित नहीं रह गया है, बल्कि ट्रेने, ट्राम, बस, ट्रक, गली-चौराहे, विशिष्ट वेष-भूषा, सैण्डविच बोर्डों पर चस्पा किये विज्ञापन भी इसी श्रेणी में आते हैं। वायुयान द्वारा धुएँ से अक्षर लिखना, उत्पादों का संक्षिप्त विवरण संयुक्त कर गुब्बारों को आकाश में उड़ाना, डायरी, कैलेण्डर, पेन्सिल और ब्लाटिंग पेपर पर रंगीन चित्र बनाकर उन्हें विज्ञापित करना तथा रंगीन वेषभूषा बनाकर वस्तुओं के सन्देशों को छाते-छतरियों पर लिखकर, अपनी टाँगों में डण्डा बाँधकर ऊँची लम्बाई के शहरों में घूम-घूमकर विज्ञापित करना भी दीवाल विज्ञापन के विस्तार हैं।

दीवाल विज्ञापन सस्ता, सुलभ विज्ञापन है, कम पैसे में मुफीद विज्ञापन। बड़े-छोटे सभी राहगीरों की निगाह इस पर जाती है। थोक या बड़े व्यापारियों की तुलना में फुटकर व्यापारी कम खर्च में विज्ञापन की इस विधि से लाभ उठाते हैं। ग्राहक इन्हें देख-पढ़कर उसे खरीदने के लिए स्वतः दुकानदार के पास पहुँच जाता है। वस्तुतः दीवाल विज्ञापन वस्तु की माँग में वृद्धि करते हैं। चालाक-चतुर व्यवसायी अपने उत्पाद के प्रचार के लिए खूब सुन्दर, आकर्षक रंगीन चित्र दीवालों पर बनवाते हैं। कुछ लोग पोस्टर माध्यम से उन्हें मेले, प्रदर्शनी, स्थानीय हाट-बाजार में भी विज्ञापित करते हैं, दीवाल विज्ञापन से अन्य तरह के लाभ के साथ एक लाभ यह भी होता है कि ये दीर्घकालिक होते हैं, महीनों, वर्षों तक जीवित रहते हैं।

दीवाल-विज्ञापन से तमाम लाभों के साथ कुछेक दोष भी होते हैं, यथा-बिना पूछे किसी सुन्दर दीवाल को अपने विज्ञापन के लिए गन्दा करना, पहले के लिखे, चित्रित विज्ञापन को मिटाकर उस पर अपनी वस्तु का विज्ञापन करना, कभी-कभी कुछ विज्ञापनों की भाषा अशिष्ट, अनैतिक होती है, इससे समाज में गलत सन्देश जाता है। अतः इन सभी दोषों से बचना चाहिए। विज्ञापनदाता को चाहिए कि वह इस सन्दर्भ में उपयुक्त स्थान का चुनाव करे। इसके लिए धर्मशाला, पार्क, होटल, चौराहा, बस स्टैण्ड, रेलवे स्टेशन, नदी के घाट, मन्दिर आदि का चयन करना चाहिए। दीवालों पर किये जानेवाले विज्ञापनों में उत्पादों की सूचना संक्षिप्त रूप में देनी चाहिए। वस्तु का नाम, ट्रेडमार्क, प्राप्ति स्थान स्पष्ट अक्षरों में शिष्ट ढंग से लिखा जाना चाहिए। इसमें दैनिक उपयोग यथा—तेल, साबुन आदि का विज्ञापन हो, तो उत्तम है। विज्ञापित वस्तु का शीर्षक उपयुक्त और सटीक होना चाहिए। लिखावट सुन्दर, मोहक हो, अक्षर बड़े हों, जिससे धुँधली दृष्टि का व्यक्ति! उपभोक्ता भी उन्हें आसानी से पढ़ ले, चित्रों की निर्मिति सुन्दर हो, रंगों की भरान स्वाभाविक हो, भाषा में स्थानीय बोली के शब्द हों। कुल मिलाकर बाह्य या दीवालों का विज्ञापन 'कम खर्च बाला नसीं' होता है। लागत कम, आमदनी ज्यादा। डॉ. स्मिता मिश्र[3] की बात मानें तो पोस्टर, पम्फलेट्स, ब्राशर, कैटलॉग, डैंगलर्स, बण्टिंग्स के अतिरिक्त एक और विज्ञापन माध्यम है जो कि भारतीय सन्दर्भ में बहुत मत्त्वपूर्ण है। वह है—सार्वजनिक स्थलों की बाहरी दीवारें। यह सुनने में शायद हास्यास्पद लगे, किन्तु जनता इन दीवारों पर लिखी सामग्री। विज्ञापन को बहुत ध्यान और रुचि से पढ़ती है। विज्ञापन का सर्वाधिक सस्ता और सुलभ माध्यम होने के कारण यह छोटे विज्ञापनकर्त्ताओं में अत्यधिक लोकप्रिय है। विज्ञापन किसी राजनीतिक दल का हो या स्वास्थ्यवर्द्धक कैप्सूलों, किसी तांत्रिक का हो या फिर रिश्ते मिलानेवालों का, इसका प्रसार व्यापक होता है। रिश्ते मिलानेवाले 'पाठक जी' का यह विज्ञापन 'दुल्हन वही जो पाठक जी दिलवाएँ' उत्तर भारत से दक्षिण भारत तक के रेलमार्ग में पड़नेवाले हर प्रमुख शहर की दीवाल पर लिखा मिलेगा।

(९) पोस्टर विज्ञापन —"A Poster is a sheet of paper pasted on a wooden card or metal board depicting the advertising message. Poster is the single largest form of outdoor media accounting for 75 percent of this media. A Poster can be standardised or non- standardised as to size. The success of advertising depends on two factors namely-

(i) designing the poster and

(ii) selection of its site.[4]

अर्थात् पोस्टर कागज का एक टुकड़ा होता है। इस पर लकड़ी अथवा कार्ड अथवा मैटल बोर्ड पर सन्देश लिखा जाता है। पोस्टर, समस्त बाहरी विज्ञापनों का लगभग 75% सबसे बड़ा माध्यम होता है। पोस्टर छोटे और बड़े-दोनों नापों में हो सकते हैं। विज्ञापन की सफलता दो तत्त्वों पर निर्भर करती हैं—

POSTER TYPES OF SIZE

(1) पोस्टर का ढाँचा तैयार करने तथा (2) इसके स्थान का चुनाव करने में।

वस्तुतः पोस्टर कागज पर छापे जाते हैं। आम तौर पर ये रंग-बिरंगे होते हैं और इन्हें वांछित स्थानों पर लगाया जाता है। इन्हें ऐसी जगहों पर लगाया जाता है, जहाँ बहुत ज्यादा लोग आते-जाते हैं या जहाँ लोगों की बहुत ज्यादा भीड़ इकट्ठी होती हो। बिजली टेलीफोन के खम्भों, दीवारों, बस स्टैण्डों, रेलवे-स्टेशनों पर इन्हें देखा जा सकता है। आम चुनावों के दौरान तो नगर की सारी दीवारों, चौराहों, सड़कों आदि पर पोस्टरों की भरमार होती थी, सम्प्रति चुनाव आयोग के निर्देश के कारण इन पर अब प्रतिबन्ध लगा हुआ है। चुनावी प्रचार के अलावा इस पर अन्य तरह के सन्देश प्रसारित किये जा सकते हैं, वह भी महानगरों में पोस्टर लगाने के लिए स्थानीय अधिकारियों की आज्ञा लेना आवश्यक होता है।[5]

(10) **पेण्टयुक्त डिस्प्ले या होर्डिंग्स विज्ञापन**—इसे हिन्दी में 'मार्ग पट्टिकाएँ' भी कहा जाता है। इनका निर्माण धातु की चादरों पर किया जाता है। इन्हें लकड़ी या लोहे के खम्भों की सहायता से खुले में खड़ा किया जाता है। सच तो यह है कि बाह्य विज्ञापन का दूसरा स्तर मार्ग पट्टिकाएँ या होर्डिंग्स हैं, जिनके द्वारा विज्ञापन सन्देश उपभोक्ताओं या जनसमुदाय तक पहुँचाया जाता है। इस प्रकार के विज्ञापन हेतु राजमार्गों, प्रमुख नगरीय मार्गों के आसपास के क्षेत्र, उभरे हुए भूखण्डों, आवासीय भवनों के खाली स्थानों, संस्थागत या व्यावसायिक संस्थानों की छतों के स्थान वार्षिक किराये पर लेकर पैनल स्टैण्ड का ढाँचा या 'स्ट्रक्चर' खड़ा कर लिया जाता है। कई बार विज्ञापन संस्थान ऐसे सीधे दर्शकों को आकर्षित करनेवाले क्षेत्रों, भूखण्डों, स्थलों पर स्थायी रूप से ढाँचे (स्ट्रक्चर) खड़े रखते हैं और उनके मालिकों या अधिकृत व्यक्तियों को वार्षिक किराया चुकाते रहते हैं तथा अनुबन्ध हो जाने पर उत्पादक या विज्ञापक की आवश्यकतानुसार किराये पर बेचकर उनके विज्ञापन की मार्ग पट्टिकाएँ लगाते हैं। इस प्रकार की मार्ग पट्टिकाओं की व्यवस्था के लिए प्रमुख मार्गों पर बने नगर बस सेवा स्टैण्ड, आवासीय भवनों, सड़क की विशेष माड़ी, मिल्क बूथ की छतों, सार्वजनिक सभा स्थलों की छतों, खेल के मैदानों के बाह्य क्षेत्र चयन किये जाते हैं। अनेक बार ऐसे स्थलों पर किसी अन्य बाह्य विज्ञापक संस्थान द्वारा खड़े किये गये ढाँचों को अपनी आवश्यकतानुसार दूसरे विज्ञापन संस्थान किराये पद्धति पर अपने विज्ञापक के लिए किराये पर लेती हैं तथा अपने विज्ञापक को पुनः किराये पर स्थल उपलब्ध कराती हैं।[6]

(11) **विज्ञापन बोर्ड**—यह भी उत्पाद के प्रचार-प्रसार और बिक्री हेतु विज्ञापन का सशक्त माध्यम है। इस तरह के विज्ञापन सम्बन्धी बोर्ड कुछ दिनों पहले तक बड़े शहरों में ही

चौराहों कल-कारखानों, शिक्षण संस्थानों—कुल मिलाकर बेहद भीड़-भाड़वाली जगहों पर लगाये जाते थे, किन्तु अब ये अपेक्षाकृत छोटे शहरों और कस्बों में भी बड़े-बड़े मजबूत खम्भों पर लटकाये या स्थाई रूप से टाँगे जा रहे हैं। इन्हें चौराहों पर लगाने के पीछे मकसद होता है, अधिक-से-अधिक लोगों की निगाह उन विज्ञापनों पर पड़ सके।

(12) स्टीकर विज्ञापन— 'Stick' अर्थात् चिपकाना (With or as with, paste) या लगाना (fixon), साफ शब्दों में इस तरह के विज्ञापन झोला, अटैची तौलिए, रैकेट, बैट, जूते आदि पर लगाये जाते हैं। वस्तुतः स्टीकर विज्ञापन की शुरुआत भारत में प्रथमतः एयर इण्डिया ने किया था। एयर इण्डिया ने टेनिस के सुप्रसिद्ध पूर्व खिलाड़ी अशोक अमृतराज, विजय अमृतराज से एक अनुबन्ध किया था, जिसमें यह शर्त रखी गयी थी कि ये खिलाड़ी कहीं भी खेलेंगे, वे एयर इण्डिया का प्रचार करेंगे। खेलते समय उनकी शर्ट पर 'एयर इण्डिया' लिखा रहेगा। इसके बदले एयर इण्डिया उन्हें अपने विमानों में निःशुल्क यात्रा की सुविधा देगी।

(13) बस, ट्रेन तथा ट्राम विज्ञापन—यह माध्यम मुख्यतः शहरों में प्रयुक्त किया जाता है। इस माध्यम में परिवहन के लिए साधनों—बस, टैक्सियों, रेल आदि अन्य परिवहन के साधनों के अन्दर एवं बाहर तथा बस स्टैण्ड, बस शेल्टर, हाइड्रोलिक मोबाइल डिस्प्ले वैन, रेलवे स्टेशन और हवाई अड्डे के अन्दर लगे हुए विज्ञापन इसी श्रेणी में आते हैं। इस प्रकार के विज्ञापनों में परिवहन के साधनों का ही प्रयोग किया जाता है, इसलिए इसे परिवहन विज्ञापन (Transit-Advertising) कहा जाता है। इस माध्यम में बस, ट्रक, रेल, टैक्सी आदि को पूर्ण रूप से एक उत्पाद के विज्ञापन में रंगकर भी प्रयुक्त किया जाता है। इस माध्यम की बारम्बारता अधिक होती है, इसलिए यह दोहराव (पुनः याद दिलाने) का कार्य करता है। यह माध्यम चौबीस घण्टे प्रभावी रहता है।

(14) विद्युत द्वारा सजावटी विज्ञापन—इस तरह के विज्ञापनों का प्रयोग विज्ञापनकर्त्ता प्रायः रात्रि के समय करते हैं। विद्युत-बल्बों की विभिन्न तरह की रोशनी में नहाये खूबसूरत रंगीन अक्षर राहगीरों को अनायास ही आकर्षित कर लेते हैं। कम खर्च में वस्तुओं के विज्ञापन का यह एक प्रभावी तरीका है। बड़ी-बड़ी अट्टालिकाओं पर सुन्दर और बड़े अक्षरों में टँगे विज्ञापन बोर्डों के भीतर आजकल श्वेतवर्णी बल्ब या राड लगाने का चलन है। यह माध्यम सफल भी कहा जा सकता है।

(15) डाक द्वारा प्रत्यक्ष विज्ञापन—जब कोई विज्ञापनदाता अपने उत्पाद या बिक्री सम्बन्धी वस्तु से सम्बन्धित कुछ उपयुक्त या खास लोगों को लिखित या छपा-छपाया सन्देश भेजता है, तो इस तरह के विज्ञापन को हम 'डाक द्वारा प्रत्यक्ष विज्ञापन' (Direct Mail-order Advertising) कहते हैं। इस तरह के विज्ञापन में व्यक्ति को प्रधानता दी जाती है। यहाँ समूह गौड़ होता है। पाश्चात्य विद्वान् जे.डब्ल्यू. कैसिल्स (J.W. Cassels) डाक द्वारा प्रत्यक्ष विज्ञापन के सम्बन्ध में कहते हैं, "Direct mail advertising is using the letter box to tell the right people about the right goods, in the right way." अर्थात् डाक द्वारा प्रत्यक्ष विज्ञापन के अन्तर्गत् पत्र-पेटी का प्रयोग करके सही व्यक्तियों को सही वस्तुओं के बारे में सही समय पर तथा सही तरीके से सूचित किया जाता है। इसी तरह इस विज्ञापन के सम्बन्ध में एक अन्य विद्वान् **रिचर्ड मैसनर** (Richard Messner) का विचार है कि— "Direct mail advertising is a vehicle for transmitting a publicist's message in permanent printed, written or procecssed form with controlled distribution direct to selected individuals." अर्थात् "प्रत्यक्ष डाक विज्ञापन प्रचार के सन्देश को, जो स्थायी रूप से छपा हुआ, लिखित अथवा

प्राविधिक हो, नियन्त्रित वितरण द्वारा सीधे चुने हुए व्यक्तियों तक पहुँचाने का साधन है।''

इस तरह से डाक द्वारा प्रत्यक्ष विज्ञापन सम्बन्धी उक्त तथ्यों को हिलोरा-पछोरा जाय तो हम इसके अग्रलिखित आधारभूत तत्त्व पायेंगे,—

(1) सही वस्तुएँ (The Right Goods), (2) सही तरीका (The Right way)
(3) सही व्यक्ति (The Right People), (4) सही समय (The Right Time)।

डाक द्वारा प्रत्यक्ष-विज्ञापन की विशेषता यह होती है कि यहाँ किसी उपभोक्ता, ग्राहक या खरीददार को सीधे, विक्रय-केन्द्र या दुकान पर बुलाने का आमन्त्रण नहीं दिया जाता, बल्कि वस्तु को डाक द्वारा मँगाने का आमन्त्रण दिया जाता है। यह विज्ञापन सर्व सामान्य के लिए नहीं, बल्कि विज्ञापनदाता जिन कुछ लोगों को अपने हिसाब-विचार से सटीक मानता है,—उन्हें भेजता है। इसमें गश्ती चिट्ठियाँ, सूची पत्र, पुस्तिकाएँ आदि डाक के माध्यम से ग्राहकों को प्रेषित की जाती हैं। इस पद्धति में विज्ञापन दाता कुछ विशिष्ट चुनिन्दा लोगों की सूची बना लेता है। इसके बाद डाक द्वारा उनसे सम्पर्क साधता है। सम्पर्क साधने की इस प्रक्रिया में वह ग्राहक को मय मूल्य के वस्तु की विवरण पुस्तिका, गश्ती पत्र भेजता है। कुल मिलाकर विज्ञापन की इस पद्धति में उत्पादक, उपभोक्ता का सीधा संवाद या साक्षात्कार नहीं हो पाता, माध्यम केवल डाक व्यवस्था या कूरियर होता है। इसमें उत्पादक अपने विक्रय-वस्तु की श्रेष्ठता तथा टिकाऊपन सम्बन्धी विश्वसनीयता का भरोसा दिलाता है। यहाँ यह भी भरोसा दिलाया जाता है कि वस्तु के नकली या गलत-अनुपयुक्त होने पर उपभोक्ता उसे प्रेषक के पास पुनः लौटा भी सकता है।

भारत में बहुत दिनों से प्रचलित-पुरानी इस विज्ञापन की दो पद्धतियाँ हैं। अव्वल तो यह कि विज्ञापक अपने विक्रय-पत्र (Sales letter) को ग्राहक के पास छपवाकर भेजता है, जिसमें ग्राहक से उस वस्तु को देखने खरीदने का आग्रह करता है और दूसरी यह कि एक ही विषय की सूची पत्र तथा लीफलेट्स (Leaflets) छपवाकर प्रत्येक ग्राहक के पास अलग-अलग उनके पते पर भेजता है। यहाँ यह ध्यान रखा जाता है कि पत्र कलात्मक हो, भाषा सरल और आत्मीय हो, तकनीकी (Technical) न हो। वस्तु के प्रति विश्वास पैदा करने वाली हो, जिससे ग्राहक उसे खरीदने के लिए अवश्य विवश हो जाय। कागज खूबसूरत और चिकना हो, छपाई आकर्षक हो, 'गेट-अप' सुन्दर हो। यहाँ यदि जवाबी कार्ड लगा दिया जाय तो ठीक रहेगा। हो सकता है कि वस्तु के पसन्द हो जाने पर ग्राहक उस जवाबी कार्ड पर अपना आदेश लिखकर विज्ञापक के पास भेजे।

विज्ञापन की इस पद्धति से अमूमन छोटे व्यवसायी लाभान्वित होते हैं। कम आर्थिक संसाधन में इस तरह का विज्ञापन दिया जा सकता है। इसमें सामान्यतया प्रत्येक वस्तु ग्राहक को उपयुक्त समय पर मिल जाती है। इस तरह के विज्ञापन में गोपनीयता बनी रहती है, यद्यपि कुछ लोग इस तरह के विज्ञापन को समाचार-पत्रों की तुलना में खर्चीला मानते हैं। कुछ लोग यह भी कहते हैं कि यदि प्रापक या ग्राहक अपना पता बदल देता है तो सूचना के गलत पते पर जाने पर या तो वह लौट आती है या कहीं नष्ट हो जाती है। अतः इस स्थिति में विज्ञापक का नुकसान होता है, पर यहाँ हमें यह ध्यान रखना चाहिए कि इस तरह के विज्ञापन का बाजार बहुत सीमित होता भी है और यह पद्धति ग्राहकों के मन-मस्तिष्क पर बहुत गहरा प्रभाव डालती है।

इस तरह विज्ञापन के और भी अन्य अनेक छोटे-बड़े माध्यम हैं, यथा—परिवेशी विज्ञापन (Ambient Advertising Media), विण्डोडिस्प्ले (Window Display), हेंगिंग (Hanging), शोकॉर्ड (Show Card), शॉपिंग बैग (Shopping Bag), गलियारा प्रदर्शन (Aisle Display), फैशन शो, थैलों के द्वारा कम्प्यूटर द्वारा, विज्ञापन पत्र पैरासाइट्स (Parasites), टॉवर डिस्प्ले

(Tower Display), पिलर डिस्प्ले (Pillar Display), कियोस्क (Kiosk), बिलबोर्ड (Interactive Billboard), खरीद को प्रभावित करनेवाले विज्ञापन माध्यम (Point of Purchase Advertising = P.O.P), डिजिटल मीडिया माध्यम (Digital Media), यलोपेज विज्ञापन माध्यम (Yellow Pages Advertising) आदि। दरअसल, विज्ञापन माध्यमों का स्वरूप समय-समय पर बदलता रहता है। कभी रेडियो, सिनेमा, दूरदर्शन, समाचार-पत्र, पत्रिकाएँ ही विज्ञापन की प्रमुख माध्यम रही हैं। आज नये-नये ऊपर लिखित नितांत नवीनतम माध्यमों ने जन्म ले लिया है। ये माध्यम— विज्ञापनदाता, लिखित एवं विद्युतीय मीडिया तथा बाजार इन तीनों की कमायी के अकूत साधन बन गये हैं। कम्प्यूटर, इण्टरनेट और डिजिटल माध्यमों के द्वारा विज्ञापन आज अपने पूरे ऊफान, रौ और फन अन्दाज में परवान चढ़ा हुआ है।

(4) विभिन्न माध्यमों को विज्ञापनों से हुए लाभ का संक्षिप्त लेखा-जोखा— विज्ञापन माध्यम समाज में विज्ञापन सन्देश भेजने के उपयुक्त प्लेटफॉर्म माने जाते हैं। व्यापार के लिए इन माध्यमों का चुनाव करना, माध्यम के चुनाव को प्रभावित करनेवाले तत्त्वों की शिनाख्त करना कठिन काम माना जाता है। वांछित बाजार तक अपना उत्पाद पहुँच जाय, अतः इसके लिए किस माध्यम का चुनाव करें, टेढ़ी खीर होती है। कभी-कभी उचित माध्यम और साधन के अभाव में अच्छा उत्पाद बिना प्रचार के रह जाता है। बहरहाल, हाल के वर्षों में विभिन्न माध्यमों को विज्ञापनों से हुए लाभ का एक छोटा-सा चित्र इस प्रकार है—

Media	Year 1986		Year 1990		Year 1994		Year 1998		Year 2001	
	Million Rupees	%	Million Rupees	%	Million Rupees	%	Million Rupees	%	Million Rupees	%
1. Press	3869.80	62.00	9,174.40	61.00	20,184.00	58.00	33,92.7	43%	46,230	46%
2. T.V	312.00	05.00	1,654.40	11.00	6,264.00	18.00	34,716	44%	43215	42%
3. Radio	187.20	03.00	376.00	02.00	696.00	02.00	157.8	02%	43215	43%
4. Cinema	187.20	03.00	451.20	03.00	696.00	02.00	2367	0.3%	2010	02%
5. Out-Door	312.00	05.00	902.40	06.00	2,436.00	07.00	2367	3%	2010	02%
6. Video	374.40	06.00	1,203.20	08.00	3,132.00	09.00	4734	6%	5025	5%
7. Others	998.40	16.00	1,278.40	08.00	1,392.00	04.00	1578	2%	2010	2%
Total	6,240.00	100%	15,040.00	100%	34,800.00	100%	789,00	100%	1,00,500	100%

स्रोत —ओ.आर.जी.

हमारे देश का 2001-2002 में सकल उत्पाद 2,08,02,560 मिलियन रुपये का था और सकल राष्ट्रीय उत्पाद (G.N.P) 2,06,06,040 था। इस दृष्टि से यदि हम विचार करें तो विज्ञापनों से माध्यमों को भारी कमायी हो रही है—

MEDIA-MIX SPENDING IN INDIA[7]

Advertising Medium	1961 Amt.	%	1971 Amt	%	1981 Amt	%	1991 Amt	%	2001 Amt	%
Press	294.60	60	390.00	60	1852.75	45	6952.50	45	46230.00	46
Radio	73.65	15	104.00	16	205.75	05	463.50	03	3015.00	03
T.V	—	—	—	—	1646.00	40	6952.500	45	43215.00	43
Cinema	73.65	15	97.50	15	205.75	05	309.00	02	2010.00	02
Direct	9.82	02	26.00	04	82.30	02	309.00	02	2010.00	02
Promotion	14.73	03	19.50	03	82.30	02	309.00	02	2010.00	02
Others	24.55	05	13.00	02	41.15	01	154.50	01	2010.00	02
Million Rs.	491	100%	650	100%	4,115	100%	15,450	100%	100,500	100%

स्पष्टतः यह कि प्रिण्ट और विद्युतीय तथा नितान्त नये ई-मेल, मोबाइल एस.एम.एस, इण्टरनेट आदि माध्यमों को विज्ञापनों से खासा कमायी हो रही है। विज्ञापनों ने माध्यमों को मुकम्मल फलक दिया है। ये विज्ञापन ही इन माध्यमों की संजीवनी बूटी और सम्पूर्ण ऊर्जा हैं। स्वतन्त्रता पूर्व प्रिण्ट माध्यमों की बात अपवादस्वरूप छोड़ दें तो हाल-फिलहाल हम कह सकते हैं कि बिना विज्ञापन के माध्यमों के अस्तित्व पर संकट आ सकता है। यह कोई भ्रामक आलाप नहीं है, बल्कि सच है। माध्यमों की दीर्घायुता इन विज्ञापनों पर ही निर्भर है। यह महज कल्पना, फन्तासी और बकवास नहीं है। इस तरह माध्यमों के लिए विज्ञापन बहुत बड़ी भूमिका में जी रहे हैं। आज राष्ट्रीय और अन्तरराष्ट्रीय व्यावसायिक संगठन करोड़ों रुपये विज्ञापन मद में खर्च कर रहे हैं, जिसका परिणाम हुआ है विभिन्न विज्ञापन माध्यम खासे आर्थिक लाभ में हैं। यह विज्ञापनों पर खर्च होनेवाली राशि दिनोदिन बढ़ती जा रही है। प्रो. जे. वी. विलानिलम इस बारे में कहते भी हैं, —"Advertising is the economic base of mass communication. There is a symbiotic relationship between the modern media of mass communication and advertising. One helps develop the other. Some may even say that one feeds on the other. This kind of economic and business relationship between the two is not only undeniable but invevitable because both are engaged in and related to huge business corporation."

सन् 2011 ई. में वैश्विक स्तर पर कुल विज्ञापन खर्च लगभग 50,000 करोड़ डालर का खर्च प्रतिशत विभिन्न माध्यमानुसार निम्न प्रकार था—दूरदर्शन 41.3%, समाचार-पत्र 20%, पत्रिकाएँ-9.2%, रेडियो—7%, बाह्य विज्ञापन—6.7%, सिनेमा—0.5%, इण्टरनेट 15.2%। आगे अनुमान किया गया था कि वैश्विक स्तर पर वर्ष 2010 से 2014 के मध्य इण्टरनेट में 15.9% की वृद्धि दर से बढ़ोतरी होगी, जो वर्तमान में किसी भी माध्यम से अधिक है। इसमें Paid Search का सबसे बड़ा हिस्सा है। वैश्विक स्तर पर मुद्रण माध्यमों की आय में गिरावट आयी है, लेकिन भारत में इसमें वृद्धि हुई है।

भारत में भी वर्ष 2007 से 2012 तक विभिन्न माध्यमों (टी.वी. मुद्रण, रेडियो, बाह्य डिजिटल) को विज्ञापन से जो आय हुई, वह तथा अग्रिम वर्षों की सम्भावित आय का विवरण

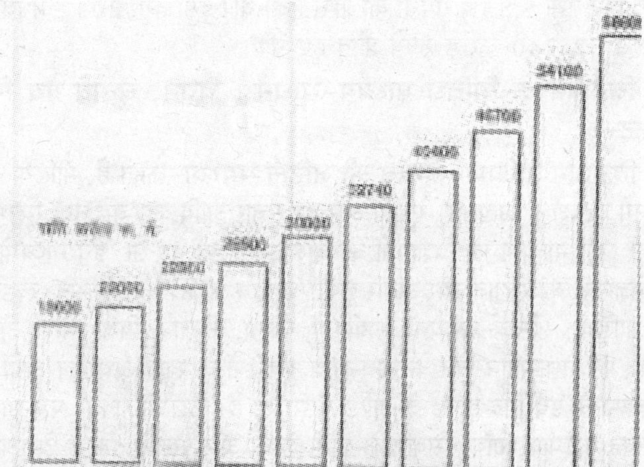

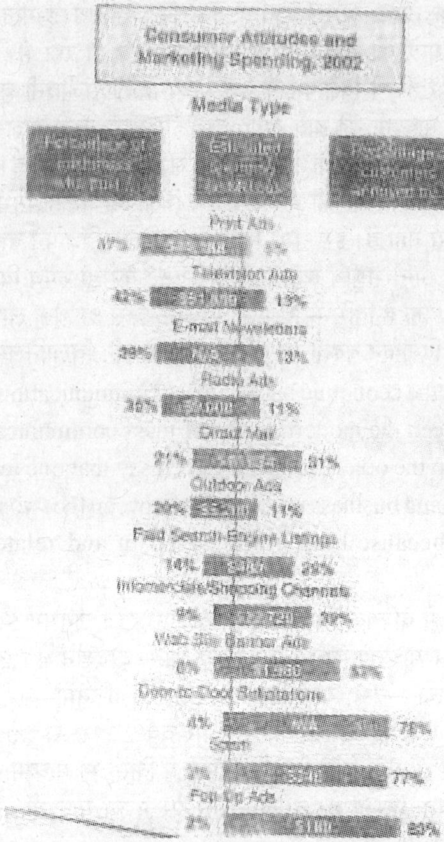

ऊपर दिखाया गया है। भारत में वर्ष 2011 में विभिन्न माध्यमों को विज्ञापन से लगभग 30000 करोड़ रुपये प्राप्त हुए, जिनमें 46% मुद्रण माध्यमों, 39 % टी.वी, 6.27 % बाह्य (OOH), 5% डिजिटल विज्ञापन तथा 3.83% रेडियो को प्राप्त हुआ था। इसी तरह 2012 में विभिन्न माध्यमों को विज्ञापन से 32,740 करोड़ रुपये प्राप्त हुए थे।[8]

(5) विज्ञापन के विविध माध्यम–साधन : चयन, चुनाव एवं नियोजन का जटिल संकट–

(क) विज्ञापन माध्यम : चुनाव की जटिल समस्या–कहते हैं, मीडिया की हजार बाहें होती हैं, जिनमें दूरदर्शन, अखबार, रेडियो और दूर संचार आदि कुछ बूढ़े तथा सुलभ माध्यम माने जाते हैं। इधर, इन माध्यमों पर विज्ञापनों की बाढ़ आयी हुई है। सो, इन माध्यमों पर किसिम-किसिम के विज्ञापनों का सैलाब और अंबार छपरा-पसरा हुआ है। कार, शराब, लड़के-लड़कियों, जीन्स, ब्रा, साड़ियों, सौन्दर्य-प्रसाधनों, गृहणियों, कोला, कंप्लान, पिजा, मैगी, टॉफी, बिस्कुट, कैडबरी आदि पेय तथा खान-पान के साथ-साथ युवतियों के खुले-अधखुले अंगों से सम्बन्धित विज्ञापन माध्यमों के इर्द-गिर्द झुण्ड-के-झुण्ड मँडरा रहे हैं। कुल मिलाकर, महानगरों के पंचतारा होटलों से लेकर फुटपाथ, गाँव, सिवान के छानी-छप्पर और पलानी तक ये विज्ञापन अपना पाँव पसार चुके हैं। घर, दुकानें, बरामदे, गलियारे, इमारतों की बालकनियाँ और छाजन-छज्जे ये सभी

विज्ञापनों से अँटे-पटे हैं। दवा की दुकान, मिठाई की दुकान, हर चौराहों पर खड़े खम्भों में विज्ञापनी कीलें ठोंक दी गयी हैं। 'रोड साइड' की दुकानें भी विज्ञापनों की कैद में हैं। कुल मिलाकर, बाजार, सड़क, सड़क पर फर्राटे से दौड़ने वाली छोटी-बड़ी गाड़ियाँ—ये सभी विज्ञापनमय हो गयी हैं। विभिन्न माध्यम इन्हें ढो रहे हैं। इसी तरह कपड़े, जूते, शीतल पेय, टी.वी. मसाले, साबुन, अखबार, तेल, फ्रिज, टूथपेस्ट तथा दुपहिये-चारपहिये वाहनों आदि सभी के विज्ञापन विभिन्न माध्यमों को अपना आधार बनाकर फल-फूल रहे हैं।, हाँ, एकाध अपवाद को छोड़कर, किसी पुस्तक के विज्ञापन कभी नहीं दिखायी पड़ते।

बाजार में ढेर सारे माध्यमों के होने के बाद भी एक यक्ष-प्रश्न विज्ञापनदाताओं के सामने सवाल की तरह खड़ा होता है कि उनके द्वारा 'प्रोडक्ट' वस्तु या उत्पाद के प्रचार के लिए निर्मित इन विज्ञापनों का माध्यम क्या हो? ढेरों माध्यम हैं—किसका चुनाव किया जाय? चुनाव का आधार क्या हो? स्पष्टतः यह कि उत्पाद का प्रभावशाली प्रचार-प्रसार किस माध्यम से हो सकता है? दरअसल, आज के इस उपभोक्तावादी जटिल समय में विज्ञापन माध्यमों का चयन-चुनाव बहुत सरल और सामान्य बात नहीं है। साफ शब्दों में, निर्माता के सामने अपनी वस्तु के प्रचार-प्रसार के लिए विज्ञापन देते समय यह समस्या पैदा होती है कि विज्ञापन के तमाम माध्यमों में से किस सटीक और उपयुक्त माध्यम का चुनाव किया जाय, जो उपभोक्ता के मन-मस्तिष्क पर 'वस्तु' का काफी गहरा असर पैदा करे। बाजार में उसकी वस्तु की खरीद और माँग पुरजोर बढ़े। प्रबन्धन के सामने विज्ञापन-माध्यमों का चुनाव करते समय यह भी समस्या पैदा होती है कि किस माध्यम से उसके उत्पाद को खरीदनेवाले धनी, गरीब, रईसजादे, पढ़े-अनपढ़े कैसे एक साथ आकर्षित होंगे?

चूँकि, बाजार की स्थिति रोज बदलती रहती है, वस्तुओं-उत्पादों के मूल्यों में उतार-चढ़ाव होते रहते हैं, नयी-नयी वस्तुओं की आमद बाजार में होती रहती है, अतः ऐसी विकट-विषमस्थिति में कुछ नपे-तुले या गिने-गिनाए विज्ञापन माध्यमों पर ही निर्भर नहीं रहा जा सकता। बहुत सारे विज्ञापन माध्यम हैं, अपनी सुविधा के अनुसार किसी का भी चयन किया जा सकता है, "Virtually any medium can be used for advertising. Commercial advertising media can include wall paintings, billboards, street furniture components, printed flyers and rack cards, radio, cinema and television adverts, web banners, mobile telephone screens, shopping cards, web pop-ups, sky writing, bus-stop benches, human billboards and forehead advertising, magazines, newspapers, towa criers, sides of buses, banners attached to or sides of airplanes (logojets), in-flight advertisements on seatback traytables or overhead storage bins, taxicab doors, roof mounts and passenger screens, musical stage shows, subway, platforms and trains, elastic bands on disposable diapers, doors of bathroom stalls, stickers on apples on supermarkets, shopping cart handles (grabertisings), the opening section of streaming audio and video, posters and the backs of event tickets and supermarket receipts. Any place an "identified" sponsor pays to deliver their message through a medium is advertising". इस तरह यह कि हमारे सामने विज्ञापन माध्यमों की फौज खड़ी है, इनमें से मनमुताबिक माध्यम की तलाश का संकट है। कुछ विज्ञापनदाता अपनी वस्तुओं का प्रचार-प्रसार राष्ट्रीय स्तर पर कराना चाहते हैं, अतः ऐसी स्थिति में उन्हें अखिल देशीय विज्ञापन माध्यम की दरकार होती है। वे एक ही विज्ञापन को बार-बार विभिन्न माध्यमों द्वारा दुहरवाते हैं। परिणामतः

इसका अच्छा सन्देश उपभोक्ताओं पर पड़ता है। ये विज्ञापनदाता यदि अपनी वस्तुओं का प्रचार-प्रसार एक से अधिक माध्यम से करते हैं तो इसे **मीडिया-मिक्स** (Media Mix) कहते हैं, ...most organizations need a variety of ways-a-media mix to get their messages out of their customers... using a number of media distributes the message more widely because different media tend to have different audience profiles. Different media also have different strengths in terms of reach and frequency.

सच तो यह है कि 'मीडिया-मिक्स' में बड़े औद्योगिक समूह अथवा उत्पाद निर्माता कई विभिन्न-माध्यमों का प्रयोग करते हैं। इसमें होनेवाले विभिन्न-व्ययों का अनुपात ज्ञात होता है। उदाहरण स्वरूप, बालों को धोने वाले शैम्पू निर्माता कम्पनी का 'मीडिया-मिक्स' द्रष्टव्य है,—

टेलीविजन चैनल	— 50%
सिनेमा फिल्म	—15%
समाचार-पत्र, पत्रिकाएँ	—25%
अन्य माध्यम	—10%

आवश्यकता तथा माँग के अनुसार इनमें परिवर्तन सम्भव है। विज्ञापन निर्गत करते समय उनकी आवृत्तियाँ, माध्यम में वैकल्पिक परिवर्तन का समय, सन्देश सामग्री में संशोधन आदि के बारे में स्पष्ट ज्ञान होना चाहिए। विज्ञापनदाता को इसके लिए श्रोता/ग्राहक। जन-अभिरुचि व बाजार अनुसन्धान व सर्वेक्षणों के महत्त्व को नकारना नहीं चाहिए।[9]

(ख) विज्ञापन माध्यम के सही चयन में सावधानियाँ–

(1) वस्तु की प्रकृति, उसके रूप, गुण के अनुसार विज्ञापन का माध्यम हो तो उत्तम है,

(2) अगली बात यह कि विज्ञापन दाता अपनी आर्थिक हैसियत के अनुसार विज्ञापन माध्यम का चुनाव करें तो इसलिए श्रेयस्कर है कि 2 अप्रैल, 2011 को भारत में सम्पन्न हुए क्रिकेट की विश्वकप प्रतियोगिता में चैनलों ने उत्पाद प्रचार के लिए 10 सेकेण्ड का 22 लाख रुपये लिया था। जाहिर है, सामान्य व्यवसायी इस माध्यम को झेल नहीं पाएगा। उसे लेने-के-देने पड़ जायेंगे,

(3) अगली ध्यान देनेवाली बात यह कि विज्ञापन का माध्यम ऐसा हो, जिसकी पहुँच महलों से लेकर गाँव-गिराव की झोपड़ी तक आसानी से हो। पढ़े-अनपढ़े, साक्षर-निरक्षर सभी के लिए वह माध्यम बोधगम्य हो।

(4) विज्ञापनदाता को अपने उत्पाद के विज्ञापित होनेवाले माध्यमों के चुनाव के लिए मनोविज्ञानियों से भी राय-मशविरा लेना चाहिए कि विज्ञापन का कौन माध्यम, उपभोक्ताओं पर मनोवैज्ञानिक असर पैदा करेगा?

(5) यह भी ध्यान रखना चाहिए कि जनता में समादृत विज्ञापन माध्यमों का प्रतिष्ठित पारंपरिक माध्यम भी न छूटे और अपना उत्पाद भी बाजार में धूम मचाये, यानी 'आम-के-आम और गुठलियों के दाम भी' बना रहे।

(6) विज्ञापनदाता को यह भी ध्यान देना चाहिए कि किस प्रकार के माध्यम की अनेकबार पुनरावृत्ति की जा सकती है।

(7) विज्ञापन माध्यम का स्तर और प्रतिष्ठा क्या है? क्या उसके द्वारा अधिक समय तक उपभोक्ता को आकर्षित किया जा सकता है।

(8) विज्ञापन माध्यम का चयन करते समय इस बात का भी खयाल रखना चाहिए कि उस विज्ञापन को पढने-सुननेवालों की सामाजिक हैसियत, धर्म-सम्प्रदाय, वातावरण आदि क्या है?

(9) विज्ञापन माध्यम के चुनाव में बाजार के क्षेत्र, आकार, विज्ञापन का व्यय तथा उत्पाद, मूल्य आदि का भी ध्यान रखना चाहिए, तथा

(10) अन्तिम बात यह कि विज्ञापन माध्यम के चुनाव के समय प्रतियोगियों के विज्ञापन का आकलन तथा अपने सन्देश की प्रकृति, प्रकार एवं स्वरूप का ध्यान रखना चाहिए।

(6) विज्ञापन की दरें—माध्यम कोई भी हो, सभी के जिन्दा-जीवन्त, स्वस्थ-सक्रिय और दीर्घ जीवी बने रहने के लिए आर्थिक रसायन का लेप बेहद जरूरी होता है। साफ शब्दों में, विज्ञापन माध्यमों की साँस होते हैं। खासकर, आज के उपभोक्तावादी समय में माध्यमों के लिए विज्ञापनों की उपयोगिता के बारे में कोई संशय नहीं। इधर, विज्ञापनदाता अपने उत्पाद की जनपदीय, प्रादेशिक, अखिल भारतीय या वैश्विक पहचान के लिए इन माध्यमों पर विज्ञापन के लिए इनके पास जाता है। आज बाजार में पुराने से लेकर नितांत नये-इण्टरनेट, E-Business and Marketing Communication (I.B.M), Web-sites, E-Mail, Spam, New Media, Wireless Communication. Hybrid Technologies, Instant Messaging (I.M.) Nonelectronic New Media, Guerilla Marketing, Direct Mail. आदि माध्यमों की भीड़ लगी हुई है। माध्यमों की भीड़ में यहीं पर विज्ञापनदाता के सामने, माध्यम-चयन के संकट के साथ, कई अन्य तरह के सवाल खड़े होते हैं। यथा—पहली बात तो यह कि उसके उत्पाद का स्तर क्या है। दूसरी बात यह कि वह अपने उत्पाद की पहचान की 'रेंज' कितनी दूर तक चाहता है? तीसरी बात यह कि विभिन्न तरह के माध्यमों में कौन सा माध्यम उसके उत्पाद के प्रचार के लिए मुफीद और सरल-सहज रहेगा और चौथी बात यह कि अपने उत्पाद के प्रचार-प्रसार के लिए वह प्रिण्ट और इलेक्ट्रॉनिक माध्यमों में से जिनका चुनाव करेगा, उसके लिए उसे कितने पैसे चुकाने पड़ेंगे? अर्थात् उक्त माध्यमों की **दर** और **रेट्, भाव** क्या है? कितना है? उसे साफ-साफ उक्त माध्यम की **दर-सूची** जान लेनी चाहिए। वस्तुतः विज्ञापनदाता यहाँ संशय के तिराहे पर अपने को खड़ा पाता है। खुलासा यह कि उसे अपना उत्पाद, माध्यम और उसमें प्रचार-प्रसार के लिए कितनी **रकम-राशि** अदा करनी है—ये सभी सवाल उसे एक ही साथ छेंकते हैं। इस कृति के पाठक जानते हैं, आज माध्यमों में विज्ञापन बहुत महँगा हो गया है। प्रत्येक माध्यम की दर और रेट आसमान को चुनौती दे रहे हैं, किन्तु लगे हाथ यहाँ यह भी सच है कि उत्पाद के प्रचार-पहचान के लिए चूँकि माध्यमों की केन्द्रीय भूमिका होती है, सो इनके माध्यम से विज्ञापन के लिए इनकी दरें तो टटोलनी ही पड़ती हैं।

सच तो यह है कि जिस प्रकार वस्तु या उत्पाद को बाजार में जीवित रहने और वहाँ उनकी मुकम्मल तथा पुख्ता पहचान बनी रहने के लिए माध्यमों की जरूरत होती है, ठीक उसी तरह विज्ञापनकर्त्ता को उन माध्यमों की 'दर' जानने की जरूरत होती है। अपनी आर्थिक औकात के आधार पर ही वह 'दर' और फिर 'माध्यम' का चयन चुनाव करता है। माध्यमों के चुनाव में वह 'दर' अर्थात् विज्ञापन प्रकाशित होने या छपने के बदले माध्यम-मालिक को कितनी राशि चुकता करनी है?—का ध्यान तो वह रखता ही है, वह माध्यम की प्रतिष्ठा, उसकी व्यापकता-विस्तार, प्रिण्ट माध्यम है तो उसकी प्रसार एवं वितरण संख्या, उसे पढ़नेवाले पाठकों की जमात, विद्युतीय माध्यम है तो क्या वह राष्ट्रीय हैसियत और चरित्र-सबीह सम्पृक्त है या प्रादेशिक-क्षेत्रीय माध्यम

है? इन सभी बातों का उसे ध्यान देना होता है। वस्तुतः हर माध्यम की अपनी तयशुदा दरें होती हैं।

टाइम्स आफ इण्डिया, हिन्दू, जनसत्ता, हिन्दुस्तान, इण्डियन एक्सप्रेस, दैनिक जागरण, इकोनॉमिक टाइम्स, फाइनेन्शियल एक्सप्रेस, दी स्टेट्समैन, अमर उजाला, नवभारत टाइम्स आदि समाचार-पत्र राष्ट्रीय स्तर के महत्त्व के माने जाते हैं। इसी तरह गाण्डीव, मुम्बई समाचार, जनवार्त्ता, नागपुर टाइम्स, हरिभूमि, जन्मभूमि, उदयवानी, नवहिन्द टाइम्स (गोवा), हेराल्ड, गोमान्तक तथा नवप्रभा आदि क्षेत्रीय स्तर के अखबार हैं। भारत में 1994 में 24,560 अखबार छपते थे। मलयालम मनोरमा की 6,45,800 प्रतियाँ निकलती थीं। इसी तरह इण्डियन एक्सप्रेस की 5,87,500, टाइम्स ऑफ इण्डिया की 5,67,800, पंजाब केसरी की 5,42,800, गुजराती समाचार की 4,79,000, आनन्द बाजार पत्रिका की 3,46,700, युगान्तर की 3,28,500 प्रतियाँ छपती थीं। इन सबकी अपनी अपनी दरें हैं। बतौर बानगी देखिये—

Particulars	Black and White	Colour	Black and White	Colour
1. Per column centimetre (4.50)	Rs. 1,500.00	Rs. 3,000.00	2,500 = 00	6,000 = 00
2. Quarter page (26 cms × 4 columns)	Rs. 1,48,000.00	Rs 2,95,000.00	2,50,000 = 00	5,75,000 = 00
3. Half page (26 cms × 8 columns)	Rs. 3,00,000.00	Rs. 5,95,000.00	6,00,000 = 00	12,50,000 = 00
4. Full page (52 cms × 8 columns)	Rs. 5,95,000.00	Rs. 11,75,000.00	11,50,000 = 00	23,50,000 = 00
5. Materials Needed	Art-works Art-pulls Bromides up to 65 cms screen	Four colour With progressive proofs of 120 cms screen	Art works Art pulls Bromides up to 65 cms screen	Four colour with progressive proofs of 120 cms screen
6. Materials Deadlince... (Date of supply)				

स्रोत (Source) : टाइम्स आफ इण्डिया ग्रुप आफ पेपर्स (Times of India Group of Papers)

पत्रिकाओं में फिल्म फेयर, स्टार और स्टाइल, फैमिना, ऐनेस साप्ताहिक, हेल्थ केयर, आर्किटेक्ट, डेण्डिस्ट, एक्जेक्यूटिव, बैंकर, औद्योगिक टाइम्स, व्यापारिक भारत और प्रमोशन के साथ रीडर डाइजेस्ट, फ्रण्टलाइन, इण्डियाटुडे, इम्प्रीण्ट्स, मिरर, इलेस्ट्रेटेड वीकली, टाइम्स, लाइफ, स्पेन, व्यापारिक भारत, व्यापारिक संसार, फार्चून तथा विज्ञापन येज आदि पत्रिकाएँ सुप्रसिद्ध हैं। कुछ समय पहले तक 6,550 साप्ताहिक, 450 पाक्षिक, 8040 मासिक, 560 तिमाही और 12230 वार्षिक पत्रिकाएँ छपती थीं। साप्ताहिकों में कुमुदम की बिक्री 8,76,000 प्रतियाँ थीं, पाक्षिक, पत्रिकाओं में इण्डिया टुडे की बिक्री 3,96,000 प्रतियाँ थीं तथा मासिक छपने वाली रीडर डाइजेस्ट की बिक्री 3,86,000 प्रतियाँ थीं। इन सबकी विज्ञापन दरें इस प्रकार थीं—

Publication	Circulation	Full Page Black and White Rs.	Cost per 1,000 Readers Rs.
"Kumudam"	8,76,000	32,200	36.78
"India To-Day"	3,96,000	16,100	40.48
"Readers Digest"	3,86,000	15,000	38.85
"Screen"	1,16,500	6,800	42.87
"Show Time"	67,800	6,500	88.31
"Film-Fare"	90,100	6,500	96.95
"Star and Style"	95,600	9,600	94.67
"Movie"	62,600	6,000	105.56
"Star Dust"	1,68,700	20,000	110.12

स्रोत (Source)—इण्डियन एक्सप्रेस जून 1994

SPECIMEN OF ADVERTISEMENT RATE CARD IN CASE OF MAGAZINES

Details	*Per Insertion*
A. Black and White	
Full Page	
Casual : 1 to 5 Insertions	Rs. ...
Contract : 6 Insertions and more	Rs. ...
Half Page	
Casual : 1 - 5 Insertions	Rs. ...
Contract : 6 Insertions and more	Rs. ...
Quarter Page	
Casual : 1 - 5 Insertions	Rs. ...
Contract : 6 Insertions and more	Rs. ...
B. Colour	
Inside Page	Rs. ...
Black outer cover : 10% over inside cover page rate	Rs. ...
RREMIA	
Double-spread :	
With or wihout bleed one page : 10%	Rs. ...
Bleed : Single page (Black & White): 10%	Rs...
Special Specified Position (Black & White) : 25%	Rs. ...

Details	*Per Insertion*

BASIC ADVERTISING DATA Full page : 30 cms × 23.75 cms.

Half page : (Horizontal) 15 cms × 23.75 cms.

Half page : (vvertical) 30 cms × 11.25 cms.

Quarter page : 15 cms × 11.25 cms

Bleed Size : 32.5 cms × 25 cms

Material : Art work, sketches, photographs, halftone, screens, should be avoided as they result in more effect.

Printing process : Rotogravure

Dead-line :

Black and white : Three weeks ; Colour : Seven weeks.

TABLE SHOWING DETALS OF BROADCASTING

Details	1986 Year	1990 Year	1904 Year
1. Number of Broadcasting stations	88	203	251
2. Number of M. W. Transmitters	123	150	176
3. Number of S.W. Transmitters	30	54	66
4. Number of F.M. Transmitters	04	104	128
5. Area Covered by AIR	82%	91%	93%
6. India Population covered	90%	97.5%	98%

Statement Giving Details of T.V. Network Growth

Year	Production Centres	High Power Transmitters	Low Power Transmitters	very Low Power Trans TramsmittersPosers		Total Transmitters
1986	17	44	135			179
1990	18	55	374	72	18	519
1994	30	85	386	96	30	597

STATEMENT SHOWING POPULATION COVERAGE

Year	Population Coverage	Area Coverage	T.V. Sets in Millions Black & White	Colour	Black & White	One Set Per Person
1986	66.70%	43.50%	1,560	20%	80%	5.00
1990	76.30%	54.50%	2,133	25%	75%	3.75
1994	90.10%	76.60%	3,965	40%	60%	2.50

स्रोत (Source)—दूरदर्शन वार्षिक रिपोर्ट 1994 (Doordarshan Annual Report 1994)

जहाँ तक विज्ञापन टैरिफ (Advertising tarrif) का प्रश्न है वह दूरदर्शन के प्रोग्रामों, अन्तरराष्ट्रीय प्राइवेट और राष्ट्रीय समस्याओं पर निर्भर है। निम्नलिखित सारणी "तत्कालीन" (Spot) और स्पान्सर्ड ('Sponsored') प्रोग्रामों तथा खाली समय के लिए स्पान्सर्ड (Sponsored) प्रोग्रामों विज्ञापन टैरिफ का विवरण प्रकट करती है।

Table Showing Ad Rates For Spot of 10 Seconds

Kendras	Categories of programs		
	Super "A"	"A"	"B"
	Rs.	Rs.	Rs.
National Network	70,000	40,000	25,000
Delhi-LPTs	25,000	16,000	5,000
Bombay + LPTs	18,000	11,200	4,000
Calcutta + Madras	7,000	6,000	2,000
Bangalore + Hyderabad	-do-	-do-	-do-
Lucknow + Jalandhar	-do-	-do-	-do-
Ahmedabad + Trivendrum	-do-	-do-	-do-
Bombay + Delhi II Chan.	-do-	-do-	-do-
Srinagar + Guwahati	2,000	1,500	1,000

TABLE SHOWING SPONSORED (SUPPLIED BY DD) FOR 30 MINUTES

Kendras	Categories of programs		
	Super "A"	**"A"**	**"B"**
	Rs.	**Rs.**	**Rs.**
National Network	1,5000	1,00,000	70,000
Delhi Relay Trans.	30,000	24,000	18,000
Bombay Relay Trans.	20,000	16,200	12,000
Calcutta + Madras	7,500	6,000	5,000
Bangalore + Hyderabed	-do-	-do-	-do-
Lucknow + Jalandhar	-do-	-do-	-do-
Ahmedabad + Trivendrum	-do-	-do-	-do-
Bombay + Delhi II Channel	-do-	do-	-do-
Srinagar + Guwahati	5,000	5,000	5,000

TABLE SHOWING SPONSORSHIP OF SPONSOR-PRODUCED PROGRAM FOR 30 MINUTES

Kendras	**Categories of programs**		
	Super "A"	**"A"**	**"B"**
	Rs.	**Rs.**	**Rs.**
National Network	2,50,000	2,00,000	1,00,000
Delhi Relay Trans.	85,000	76,000	40,000
Bombay Relay Trans.	50,000	45,000	30,000
Calcutta + Madras	25,000	15,000	10,000
Bangalore + Hyderabad	-do-	-do-	-do-
Lucknow + Jalandhar	-do-	-do-	-do-
Ahmedabad + Trivendrum	-do-	-do-	-do-
Bombay + Delhi II Channel.	-do-	-do-	-do-
Srinagar + Guwahati	14,000	8,000	8,000

TABLE SHOWING FREE COMMERCIAL TIME FOR DOORDARSHAN PRODUCED PROGRAMMES OF 30 AND 15 MINUTES

Time Duration of programme	**Categories of Programmes**		
	Super "A"	**"A"**	**"B"**
30 Minutes Programme	40 Seconds	40 Seconds	60 Seconds
15 Minutes Programme	20 Seconds	20 Seconds	40 Seconds

TABLE SHOWING COMMERCIAL FREE-TIME FOR PROGRAMMES PRODUCED BY SPONSORS :

	Categories of Programmes		
	Super "A"	**"A"**	**"B"**
National Network	60 Seconds	90 Seconds	120 Seconds
Delhi+Bombay	90 Seconds	90 Seconds	150 Seconds
Other Kendras	150 Seconds	150 Seconds	150 Seconds

स्रोत (Source)—दूरदर्शन वार्षिक रिपोर्ट—1994 (Doordarshan Annual Report-1994)

अन्तरराष्ट्रीय जैसे—सी.एन.एन. (CNN) ए.टी.एन. (ATN), ए.एस.आई.ए. (ASIA) टी.वी. राष्ट्रीय जी. (ZEE), एम. (M), ''वी.'' (V) टी.वी. के प्रतियोगिता पूर्ण चलायमान होने के कारण ''टैरिफ दरें'' दूरदर्शन एवं विदेशी कम्पनियों हेतु प्रतियोगी होगी। सन् 1995 से निजीकरण (Privatisation) पर अधिक जोर देने के कारण टैरिफ दरें और कम होंगी।

सन्दर्भ

1. विज्ञापन : सिद्धान्त और प्रयोग—डॉ. विजय कुलश्रेष्ठ, पृ.140
2. विज्ञापन—डॉ. अशोक महाजन, पृ. 126
3. विज्ञापन : तकनीक एवं सिद्धान्त— नरेन्द्र सिंह यादव, पृ.228
4. विज्ञापन—डॉ. अशोक महाजन, पृ. 128
5. विज्ञापन—डॉ. अशोक महाजन, पृ. 129
6. विज्ञापन : तकनीक एवं सिद्धान्त—नरेन्द्र सिंह यादव, पृ.229-230
7. विज्ञापन डॉ. अशोक महाजन, पृ.129
8. जनसम्पर्क : सिद्धान्त और व्यवहार डॉ. सुशील त्रिवेदी, डॉ. शशिकान्त शुक्ल, पृ.70
9. विज्ञापन—डॉ. अशोक महाजन, पृ.135
10. विज्ञापन—डॉ. अशोक महाजन, पृ.135
11. अनभै (प्रवेशांक, वर्ष-1) सं. डॉ. रतन कुमार पाण्डेय, पृ.47, जनवरी-मार्च, 2004, दादर, मुम्बई
12. पत्रकारिता और पत्रकारिता—डॉ. अरुण जैन, पृ.302, हिन्दी बुक सेण्टर, नयी दिल्ली, मूल्य-275 रुपये, सन 2003 ई.
13. इण्टरनेट मीडिया यानी डाइरेक्ट दुकान' लेख—आलोक पुराणिक, हिन्दुस्तान, 12.6.2008, वाराणसी।
14. Advertising : Principles and Practice-Wells, Moriarty, Burnett, Page-271

अध्याय-3

विज्ञापन : विविध प्रकार, भेद या वर्गीकरण तथा आयाम

विज्ञापन, बाजार और मीडिया का मान चित्रक, प्रारूपकार, नक्शानवीस और 'ड्राफ्ट' होता है। वह इन दोनों का उत्सव और पाण्डुलेख होता है। सम्प्रति, मुक्त बाजार का समय है। समय-समय पर इस बाजार में कई तरह के बदलाव आते रहे हैं। समयगत दबाव में बाजार का विस्तार हुआ। वस्तुओं, उत्पादों, विचारों और सेवाओं को बेचने के लिए नये-नये तरीके जन्मे। इधर, विज्ञापनों का भी, आवश्यकतानुसार निरंकुश पूँजीवादी व्यवस्था के तहत स्वरूप बदलता गया। अतिरेक मे जीनेवाले कॉरपोरेट और पूँजीवादी मीडिया तथा बाजार की हाइब्रिड औलाद विज्ञापन का अपनी विभिन्न शक्लो-सूरत में नैतिकता, सरोकार, सामाजिक प्रतिबद्धता को छोड़ अपने केवल एक 'लक्ष्य' उत्पाद बेचना, स्वप्न बेचना के 'बिजनेस मॉडल' पर चलना रहा है। पूँजी के पक्ष में संचालित हो, लूट को बढ़ावा देनेवाले विज्ञापनों के वर्गीकरण और उनके भेद के विषय में विज्ञापनविदों में काफी मत-मतान्तर है।

(1) वर्गीकरण के आधार—विज्ञापनों के कितने निश्चित और सर्वमान्य प्रकार हो सकते हैं, इस सवाल पर विज्ञापन-विशेषज्ञ एक राय नहीं है। हिन्दी में विज्ञापनों के जितने वर्गीकरण या विभाजन किये गये हैं—वे अन्तिम नहीं हैं। दरअसल, इस अन्तिम न होने के पीछे वर्गीकरण के अलग-अलग आधार हैं। साफ शब्दों में, विज्ञापनों का वर्गीकरण वस्तु की माँग या उपभोक्ता के आधार पर, तो कभी भौगोलिक क्षेत्रों के आधार पर, कभी विषय वस्तु के आधार पर, तो कभी प्रत्यक्ष और प्रत्यक्ष कार्यवाही के आधार पर किया गया है, यथा—

(1) उद्देश्य के आधार पर—(क) वस्तुओं और सेवाओं के विज्ञापन, (ख) संस्थानीय विज्ञापन

(2) माँग के प्रभाव स्तर पर—(क) प्राथमिक माँग पैदा करनेवाले विज्ञापन, (ख) चुनिन्दा माँग को उत्प्रेरित करनेवाले विज्ञापन

(3) प्रत्यक्ष कार्यवाही के आधार पर—(क) प्रत्यक्ष कार्यवाहीवाले विज्ञापन, (ख) अप्रत्यक्ष कार्यवाही वाले विज्ञापन, (ग) व्यक्तिगत विज्ञापन/सहकारी विज्ञापन, (घ) सजावटी और वर्गीकृत विज्ञापन

(4) श्रोता और पाठक के आधार पर—(क) उपभोक्ता विज्ञापन, (ख) औद्योगिक विज्ञापन, (ग) व्यापारिक विज्ञापन, (घ) वित्तीय विज्ञापन, (ङ) कृषि-विषयक विज्ञापन, (च) राजनीतिक विज्ञापन।

(5) भौगोलिक पहुँच के आधार पर—(क) अन्तरराष्ट्रीय विज्ञापन, (ख) राष्ट्रीय विज्ञापन, (ग) क्षेत्रीय विज्ञापन, (घ) स्थानीय विज्ञापन।

(6) प्रयोग किये जानेवाले माध्यमों के आधार पर—यथा—प्रेस विज्ञापन, बाह्य विज्ञापन, टी.वी. विज्ञापन, रेडियो विज्ञापन, सिनेमा विज्ञापन, डाक विज्ञापन, प्वाइण्ट ऑफ परचेज (Point of purchase) विज्ञापन तथा अन्य विज्ञापन।

डॉ. विजय कुलश्रेष्ठ[1] विज्ञापनों को मोटे तौर पर—(क) सम्मानक या प्रतिष्ठा विज्ञापन, (ख) संस्थागत विज्ञापन—यथा—राष्ट्रहितपरक, जनकल्याणपरक तथा चेतावनीपरक, (ग) तुलनात्मक विज्ञापन—इन तीन रूपों में विभाजित करते हैं, शेष विज्ञापनों को वे 'विज्ञापनों के अन्य प्रकार' शीर्षक में इस प्रकार विभाजित करते हैं—

1. वर्गीकृत विज्ञापन (Classified Advertising)
2. सजावटी विज्ञापन (Display Advertising)
3. प्रमाणीकृत विज्ञापन (Certified Advertising)
4. पत्रिका विज्ञापन (Magazine Advertising)
5. उपहार विज्ञापन (Gift Advertising)
6. आकस्मिक विज्ञापन (Casual Advertising)
7. आनुबन्धिक विज्ञापन (Contract Advertising)
8. पैनल विज्ञापन (Panel Advertising)
9. स्मारिका विज्ञापन (Souvenir Advertising)
10. राजकीय विज्ञापन (Government Advertising)
11. व्यापारिक विज्ञापन (Public Service Advertising)
12. लोकसेवा विज्ञापन (Business Advertising)

डॉ. सुशील त्रिवेदी तथा डॉ. शशिकान्त शुक्ल ने घुमा-फिराकर विज्ञापनों के कुल आठ प्रकार माने हैं,[2]—

(1) संस्थानीय विज्ञापन, (2) सूचनात्मक विज्ञापन,
(3) वर्गीकृत विज्ञापन, (4) सहकारी विज्ञापन,
(5) वित्तीय विज्ञापन, (6) औद्योगिक विज्ञापन,
(7) फुटकर विज्ञापन, (8) शासकीय विज्ञापन।

सच तो यह है कि विज्ञापन की बनावट, माध्यम, बाजार, विज्ञापनकर्त्ता, सन्देश-सृजन, भौगोलिक क्षेत्र सन्देश के प्रस्तुतीकरण तथा सन्देश के उद्देश्यों के अनुसार इनके वर्गीकरण किये जाते हैं। डॉ. कृष्ण कुमार मालवीय ने इनका वर्गीकरण इस प्रकार किया है,[3]

21वीं शताब्दी में विश्व की तीव्र आर्थिक शक्ति के रूप में उभरनेवाले देशों में भारत प्रमुख है। देश की महान् लोकतान्त्रिक प्रणाली, विशाल मध्य वर्ग एवं उच्च वर्ग की क्रय शक्ति में वृद्धि, ग्रामीण वर्ग की सम्पन्नता तथा प्रौद्योगिकी व औद्योगिकी के विस्तार ने एक नये क्रान्तिकारी युग का सूत्रपात किया है। इसके साथ ही देश के व्यावसायिक परिदृश्य में विज्ञापन एक अनिवार्य ताकत के रूप में उभरा है। विज्ञापनों के अध्ययन में इस क्षेत्र के वर्गीकरण के साथ इसके विविध प्रकार एवं आयाम निम्नवत हैं—

उत्पाद एवं सेवा विज्ञापन (Product and Service Advertisment)

1. औद्योगिक विज्ञापन (Industrial Ads)

2. उपभोक्ता-उत्पाद विज्ञापन (Consumer-Product Ads)
3. वित्तीय विज्ञापन (Financial Ads)
4. निगमित विज्ञापन (Corporate Ads)

विज्ञापनकर्ताओं के सन्दर्भ विज्ञापन (Advertisers Reference Advertisement)

1. संस्थानीय विज्ञापन (Institutional Ads)
2. सहकारी विज्ञापन (Co-operatvie Ads)
3. व्यापारिक विज्ञापन (Trade Ads)
4. वर्गीकृत विज्ञापन (Classified Ads)
5. थोक विज्ञापन (Wholesale Ads)
6. फुटकर विज्ञापन (Retail Ads)
7. उत्पादन विज्ञापन (Production Ads)
8. राजकीय विज्ञापन (Government Ads)

विविध वर्ग के विज्ञापन (Miscellaneous Advertisment)

1. अनुनय विज्ञापन (Persuasive Ads)
2. सूचनात्मक विज्ञापन (Informative Ads)
3. अनैतिक विज्ञापन (Immoral Ads)
4. अप्राकृतिक विज्ञापन (Un-natural Ads)
5. जन-चेतना विज्ञापन (Mass-concsious Ads)
6. सजावटी विज्ञापन (Display Ads)
7. तुलनात्मक विज्ञापन (Comparative Ads)
8. प्रोपेगण्डा/राजनीतिक विज्ञापन (Propaganda/Political Ads)
9. चेतावनी विज्ञापन (Warning Ads)
10. स्मारिका विज्ञापन (Brochure/Souvenir Ads)
11. उपहार विज्ञापन (Gift Ads)
12. कानूनी विज्ञापन (Legal Ads)
13. समाचारपरक विज्ञापन (News Ads)

भौगोलिक विज्ञापन (Geographical Advertisement)

1. अन्तरराष्ट्रीय विज्ञापन (International Ads)
2. राष्ट्रीय विज्ञापन (National Ads)
3. क्षेत्रीय विज्ञापन (Regional Ads)
4. स्थानीय विज्ञापन (Local Ads)

अन्य विज्ञापन (Other Advertisement)

1. कृषि विज्ञापन (Agricultural Ads)
2. अपील विज्ञापन (Appeal Ads)
3. परिवेशी विज्ञापन (Ambient Advertising),

4. परिवहन (Transit Advertising),

सीधे डाक द्वारा विज्ञापन, चेतावनी परक विज्ञापन, तुलनात्मक विज्ञापन आदि को भी इसी श्रेणी में लिया जा सकता है। इनमें से कुछ प्रमुख को निम्नवत् देख सकते हैं,—

(2) विज्ञापनों के प्रमुख प्रकार—

(1) औद्योगिक विज्ञापन–औद्योगिक क्षेत्रों में उत्पादन व उत्पादित वस्तुओं की निर्माण-प्रक्रिया में लघु उद्योगों, मशीन, पुर्जे, कच्चा माल की आवश्यकतापूर्ति हेतु प्रकाशित-प्रसारित होनेवाले विज्ञापन औद्योगिक विज्ञापनों की श्रेणी में आते हैं। औद्योगिक विज्ञापन लक्षित जनता व ग्राहकों को सीधे तौर पर भी प्रेषित किया जाता है। इस प्रकार के विज्ञापनों हेतु समाचार-पत्र-पत्रिकाएँ, इलेक्ट्रॉनिक मीडिया, प्रदर्शनी, व्यापारिक व आर्थिक प्रकाशनों को माध्यम के रूप में लिया जाता है

2. उपभोक्ता-उत्पाद विज्ञापन—उपभोक्ता एवं ग्राहकों को कम्पनियों द्वारा दैनिक आवश्यकता की वस्तुओं की सूचना उनकी अन्य भौतिक आवश्यकता को ध्यान में रखते हुए उत्पादों की जानकारी देने, हेतु प्रस्तुत किये जानेवाले विज्ञापन उपभोक्ता-उत्पाद विज्ञापन कहलाते हैं। विभिन्न उत्पाद अथवा सेवा ब्राण्डों की स्थापना हेतु भी इस श्रेणी के विज्ञापन किये जाते हैं जैसे—दैनिक आवश्यकता रेडीमेड वस्त्र, परिधान, सौन्दर्य उत्पाद, रोजमर्रा की खाने-पीने की वस्तुएँ, तेल, साबुन, शैम्पू, क्रीम, रेजर, साइकिल, मोटर साइकिल आदि। इन विज्ञापनों में वस्तुओं की गुणवत्ता, विश्वसनीयता और बेहतर होने का तर्क प्रस्तुत किया जाता है। वितरक,

फुटकर विक्रेता, थोक-व्यापारी एवं संस्थाएँ भी अपने ग्राहकों के लिए विज्ञापन करते हैं।[5]

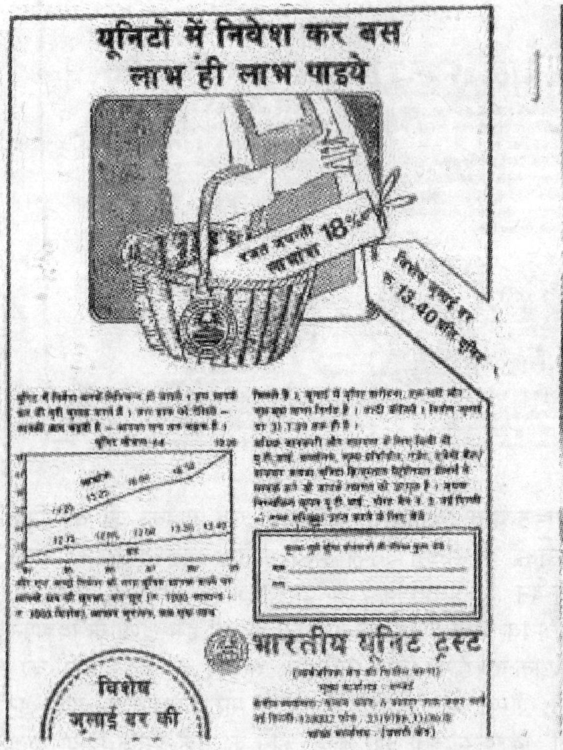

(3) वित्तीय विज्ञापन—इस प्रकार के विज्ञापन वित्तीय संस्थाएँ, बैंक और बीमा कम्पनियाँ आदि अपनी वित्तीय गतिविधियों की जानकारी देने, उपभोक्ता को वित्तीय सुविधाएँ देने तथा कम्पनियों द्वारा पूँजी बाजार में वित्तीय समर्थन जुटाने के लिए जारी किये जाते हैं। इस प्रकार के विज्ञापनों द्वारा कम्पनियाँ अपनी वित्तीय उपलब्धियों, अनुमानित लाभ और विस्तार योजनाओं के बारे में बताती हैं। कम्पनियाँ अपनी वार्षिक आय-व्यय का ब्यौरा भी इन विज्ञापनों द्वारा उपभोक्ताओं को देती हैं। इस प्रकार के विज्ञापनों में लिखित सन्देश ज्यादा होता है। एक निश्चित पाठक-वर्ग ही इस तरह के विज्ञापन पढ़ता है। ये विज्ञापन वित्तीय पत्र-पत्रिकाओं, डाक द्वारा और अन्य माध्यमों द्वारा भी प्रसारित किये जाते हैं। वित्तीय क्षेत्र में निजी कम्पनियों के प्रवेश के बाद इस तरह के विज्ञापनों के बजट व संख्या में काफी बढ़ोतरी हुई है। उदाहरणार्थ—भारतीय जीवन बीमा निगम (एल.आई.सी.) का विज्ञापन बजट 1995 में 35 करोड़ था, जो 2002 में लगभग 100 करोड़ रुपये हो गया था। वर्ष 2009 में भारतीय जीवन बीमा निगम का विज्ञापन बजट 280 करोड़ रुपये का था। भारत में विभिन्न बीमा कम्पनियों द्वारा वर्ष 2011 में लगभग 16,000 करोड़ रुपये विज्ञापन पर खर्च किये गये, जिनमें सबसे बड़ा हिस्सा एल. आई. सी. द्वारा खर्च किया गया। वर्ष 2010 में बीमा कम्पनियों द्वारा मुद्रण माध्यमों पर किये गये कुल विज्ञापन खर्च का लगभग 71% एल. आई. सी. द्वारा तथा 29% अन्य कम्पनियों द्वारा खर्च किया गया।[6]

निगमित विज्ञापन

(4) निगमित विज्ञापन—कॉरपोरेट विज्ञापन के माध्यम से कोई भी औद्योगिक, सार्वजनिक व निजी क्षेत्र के संगठन देश-विदेश में तथा अपनी लक्षित वर्ग अथवा जनता से व्यावसायिक सम्बन्ध स्थापित करते हैं। संगठन की सर्वग्राही छवि, नाम व पहचान के लिए जनता से निरन्तर अभिगम (Approach) एवं उनकी भावनाओं का संगठन के उत्पादों व सेवाओं के प्रति उदात्तीकरण कारपोरेट विज्ञापन का लक्ष्य होता है। इसमें अनेक जनसंचार माध्यमों द्वारा विज्ञापन अभियान जारी किया जाता है। विज्ञापन तार्किक, स्तरीय प्रभावित करनेवाला होता है। इन विज्ञापनों को जारी करने में जनसम्पर्क विभाग की मुख्य भूमिका होती है।[7]

(5) संस्थानीय विज्ञापन या संस्थागत विज्ञापन—संस्थागत विज्ञापन किसी वस्तु या सेवा से इतर संस्था की प्रतिष्ठा व छवि-निर्माण में वृद्धि के लिए किया जाता है। ये विज्ञापन—'जनसम्पर्क' विज्ञापनों से ज्यादा सम्बन्धित होते हैं। इनसे संस्थाएँ अपनी साख जमाती हैं।[8]

(6) सहकारी विज्ञापन—कुछ उत्पादक अपने उत्पाद के साथ-साथ अपने वितरकों तथा एजेण्टों का विज्ञापन भी मुख्य विज्ञापनों के साथ करते हैं। इस प्रकार के विज्ञापनों का लाभ यह होता है कि उत्पाद विशेष स्थानीय स्तर पर कहाँ उपलब्ध होगा, इसकी जानकारी मिल जाती है। ऐसे विज्ञापनों का खर्चा दोनों मिलकर वहन करते हैं। ऐसे उत्पादों के लिए विज्ञापन की सामग्री एवं अन्य दिशा-निर्देश मुख्य उत्पादक द्वारा प्रदान किया जाता है तथा स्थानीय विक्रेता विज्ञापन में अपना नाम इत्यादि जोड़कर उसे प्रसारित कर देता है।[9]

(7) व्यापारिक विज्ञापन या व्यावसायिक विज्ञापन—सीधी-सादी भाषा में व्यापारिक तथा आर्थिक पत्र-पत्रिकाओं में छपनेवाले इस तरह के विज्ञापनों में निर्माता उपभोक्ता को अपनी कम्पनी का उत्पाद बेचने, नयी एजेन्सी शुरू करने, डीलर नियुक्त करने आदि की सूचना दैनिक समाचार-पत्रों के माध्यम से देता है, —"It is used to promote product to resalers encouraging them to Stock the product. Unless the product is available with the retailer."

(8) वर्गीकृत विज्ञापन—वर्गीकृत विज्ञापन समाचार-पत्रों के कुछ निश्चित पृष्ठों पर क्रमवार एक कॉमन शीर्षक के अन्तर्गत प्रकाशित होते हैं, जैसे—'किराये के लिए', 'बिकाऊ', 'चाहिए', 'वैवाहिक विज्ञापन', 'रिक्तियाँ', 'निविदा', 'सूचनाएँ' आदि। इन विज्ञापनों में साज-सज्जा और आकर्षण का अभाव होता है। चित्रों आदि के प्रकाशन की अनुमति नहीं होती। इनका लेखन आवश्यकता पर आधारित और सूचना-प्रधान होत है।[10]

(9) थोक विज्ञापन—उत्पादों अथवा बिक्री के लिए थोक व्यापारी वर्ग का अत्यन्त महत्त्व होता है। वितरण प्रणाली के माध्यम से इनके उत्पाद जन-जन तक आसानी से पहुँच पाते हैं। थोक व्यापारी भी अपने बिक्री-भण्डार की वस्तुओं के प्रचार एवं जानकारी हेतु पत्रों एवं टी.वी. में विज्ञापन देते हैं। थोक विज्ञापन होर्डिगों एवं चलचित्र गृहों में स्लाइडों के माध्यम से भी दिये जाते हैं।[11]

(10) फुटकर विज्ञापन—इस प्रकार के विज्ञापनों में सीधे सन्दर्भ प्रणाली प्रयोग में लायी जाती है। इसमें राष्ट्रीय स्तर के विज्ञापन की सार्थकता सम्बन्धित वस्तु अथवा सेवा के विक्रय से है।[12]

JAGRAN
Classifieds

REQUIRED

WANTED TEACHERS
ST. THOMAS SCHOOL

CHINA
MBBS
7677501852

NDA
AIR FORCE / NAVY
SCRA
RAKSHAK

(11) उत्पादन विज्ञापन—एक वस्तु या सेवा, जिसके बदले या आदान-प्रदान में उपभोक्ता कुछ मूल्य चुकाता है, एक उत्पाद है। इस प्रकार के विज्ञापनों का उद्‌देश्य विज्ञापनकर्त्ता की वस्तु या सेवा बेचना है। भौतिक वस्तु स्वयं उत्पाद है, जैसे साबुन, टी.वी., कार, पेन, पेन्सिल आदि। सेवाएँ अत्प्रत्यक्ष उत्पाद हैं, जैसे कि वित्तीय, विधिक, चिकित्सकीय, मनोरंजनात्मक सेवाएँ एवं उपभोक्ता के अन्य लाभ आदि। उत्पादरहित विज्ञापनों को **संस्थागत विज्ञापन** भी कहा जाता है। इस प्रकार के विज्ञापनों में विज्ञापनकर्त्ता अपनी छवि को सँवारने या किसी विचार, वस्तु के बारे में लोगों की राय को प्रभावित करने की कोशिश करता है, जैसे—सामाजिक बुराइयों आदि के प्रति जागरूकता लाने के लिए विभिन्न कम्पनियों द्वारा जारी किये गये विज्ञापन। उत्पादरहित विज्ञापन का उद्‌देश्य उत्पाद की खरीद नहीं है, बल्कि पाठकगण को यह विचार प्रदान करना है कि इस विचार वस्तु की चर्चा या विज्ञापन को किसने प्रायोजित किया है।[13]

(12) सरकारी या राजकीय विज्ञापन—सरकारी या राजकीय विज्ञापन सरकार द्वारा प्रकाशित कराए जाते हैं। लोकतान्त्रिक व्यवस्थावाले भारत जैसे देश में राजकीय विज्ञापन देश की रक्षा, अखण्डता, राष्ट्रीयता, विश्व-शान्ति, साम्प्रदायिक सौमनस्य, परिवार कल्याण, सार्वजनिक स्वास्थ्य, पर्यावरण सुरक्षा सम्बन्धी होते हैं, जो पत्र-पत्रिकाओं की निश्चित संख्या के आधार पर वर्गीकृत रूप में पूर्व निश्चित दरों पर ही समय-समय पर प्रकाशनार्थ दिये जाते हैं। ये विज्ञापन

राजकीय विज्ञापन

सामान्यतः सुरुचिपूर्ण, राष्ट्र, गौरवयुक्त, सादगीपूर्ण होते हैं। इनमें प्रतिस्पर्द्धा नहीं होती।[14]

(13) अन्तरराष्ट्रीय विज्ञापन—अन्तरराष्ट्रीय विज्ञापन को सांसारिक विज्ञापन नाम से भी जाना जाता है। समस्त संसार में उत्पाद, सेवाओं तथा विचारों को सन्देश के रूप में विज्ञापित किया जाता है। इस प्रकार के विज्ञापन साधारण तौर पर हम कारों (Cars), दो पहियों, सफेद माल (White goods), बैंकिंग और हवाई सेवाओं के रूप में देखते हैं।

(14) राष्ट्रीय विज्ञापन—राष्ट्रीय विज्ञापन को 'साधारण विज्ञापन' अथवा 'विदेशी विज्ञापन' नाम से भी जाना जाता है। इस विज्ञापन का प्रयोग विज्ञापनकर्त्ताओं द्वारा राष्ट्रीय स्तर पर अन्तिम उपभोक्ता तक सन्देश पहुँचाने के लिए किया जाता है, ताकि माँग में भारी वृद्धि हो सके।

अन्तर्राष्ट्रीय विज्ञापन

इस तरह के विज्ञापन हम गाड़ियों (Automobiles), ठण्डे पेय तथा खाद्य-पदार्थों, सिगरेट, जूतों, पेस्ट, साबुन, क्रीम और कपड़ों आदि के प्रचार में देखते हैं। दूरदर्शन, रेडियो, अखबार, पत्रिकाएँ आदि इस विज्ञापन के मुख्य माध्यम होते हैं।

(15) क्षेत्रीय विज्ञापन—इस तरह के विज्ञापनों का सम्बन्ध प्रायः क्षेत्र विशेष से होता है, 'Regional' advertising is confined to a particular region of the country that is, or the Consumers of a specific part as their needs differ from others both geographically and seasonally. It is widely undertaken by the manufactures, wholsalers and retailers. The media used are television, radio, film, magzines and newspapers.

(16) स्थानीय विज्ञापन—इसे 'फुटकर विज्ञापन' नाम से भी जाना जाता है। इसकी सीमा विशेष व्यापारिक क्षेत्र या शहर विशेष तक होती है। इसका विज्ञापन सामान्यतया फुटकर व्यापारियों द्वारा होता है। इस विज्ञापन में उत्पाद की प्रस्तुति बेहद आकर्षक ढंग से की जाती है कि उसका गहरा असर उपभोक्ताओं पर पड़े।

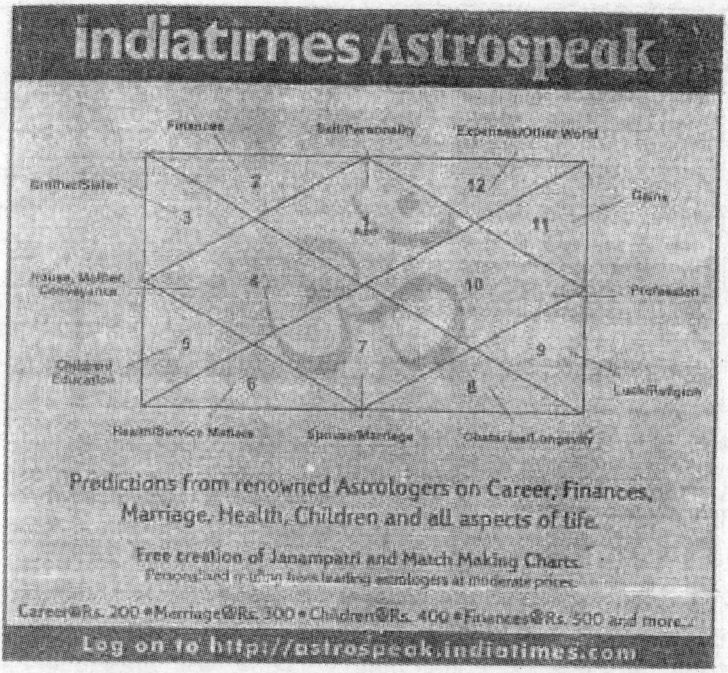

(17) अनुनय विज्ञापन—विद्वानों के अनुसार इस श्रेणी के विज्ञापन प्रत्यक्ष विक्रय (Hard selling) से सम्बन्धित होते हैं, जो ग्राहकों को सीधे तौर पर वस्तुओं की खरीद के लिए अनुनय करते हैं। ये विज्ञापन वस्तुतः जैविक आवश्यकताओं अथवा मूलभूत आवश्यकताओं (Biogenic need nor basic needs) जैसे—भोजन, कपड़ा, मकान, शिक्षा, मनोरंजन, स्वास्थ्य, आदि से सम्बन्धित वस्तुओं अथवा सेवाओं के होते हैं। अनुनय विज्ञापन के निम्न पाँच कार्य होते हैं,[15]—

(i) ध्यानाकर्षण (Attracting Attention)

(ii) अभिरुचि नियन्त्रण (Commanding interest)

(iii) अभिरुचि उत्पन्न (Creative desire)

(iv) उत्प्रेरण (Inspiring convictions) तथा

(v) क्रियान्विति उत्तेजन (Provoking actions)।

(18) संसूचनात्मक विज्ञापन —संसूचनात्मक विज्ञापन तार्किक विज्ञापन से बिलकुल भिन्न, विपरीत एवं तर्कहीन स्वरूप रखते हैं, परन्तु वे अपने ध्येय पूर्ति में पूर्णतः सफल रहते हैं तथा उपभोक्ताओं या जनसमुदाय के बीच अपने उत्पाद विषयक संसूचनाओं को सम्प्रेषित करने का प्रयास करते हैं तथा जागरूक उपभोक्ता को उक्त विज्ञापित उत्पाद के महत्त्व और उसकी संवेगात्मक गुणवत्ता से परिचित कराने में सफल रहते हैं। उपभोक्ताओं की इच्छाओं को जानकर, उसका विश्लेषण करके विज्ञापक या उत्पादक को विज्ञापन माध्यम उत्पाद विशेष के प्रति सुखद भावों की अभिप्रेरणा देकर गुणवत्ता बनाये रखने तथा विक्रय-वृद्धि की सम्भावनाओं को विकसित कराता है। इसके लिए विज्ञापन माध्यम संसूचना (suggesions)

को दो रूपों में प्रस्तुत करता है—प्रत्यक्ष संसूचनात्मक और अप्रत्यक्ष संसूचनात्मक विज्ञापन माध्यम।

(19) अनैतिक विज्ञापन माध्यम—कतिपय संगठन जनता को भ्रमित करते हुए विज्ञापनों में छद्म, झूठ, कपट मिथ्या, अश्लीलता व अनैतिक कथ्यों का सहारा लेते हैं। ये विज्ञापन स्वास्थ्य, शिक्षा, धन-वृद्धि, उत्पाद व सेवा से सम्बन्धित होते हैं, जैसे—ताकत के कैप्सूल, दमा व मधुमेह का शर्तिया इलाज, स्मरण शक्ति बढ़ाने की दवा, शिक्षा, शिक्षण-प्रशिक्षण के गैर सरकारी, गैर मान्यता प्राप्त संस्थान आदि के विज्ञापन अनैतिक विज्ञापन होते हैं।[16]

(20) अप्राकृतिक विज्ञापन—वस्तुओं और सेवाओं के बारे में दी जानेवाली सूचनाओं में जब अप्राकृतिकता हो, तो ऐसे विज्ञापन इस श्रेणी में आते हैं। इन विज्ञापनों में वस्तु की किसी ऐसी काल्पनिक विशेषता का उल्लेख किया जाता है, जो किसी भी दशा में सम्भव नहीं होती है, जैसे जूतों के विज्ञापन में बच्चों को जूता पहनकर दीवार पर उलटा चलते हुए दिखाना व एक पेय विशेष को पीने के बाद बच्चे का 'सुपरमैन' में परिवर्त्तित हो जाना।[17]

(21) जनचेतना या जन कल्याण परक विज्ञापन—विभिन्न विज्ञापक अपने संस्थानों-नगर निगम, नगरपालिका, जिला-परिषदें, ग्राम-पंचायतें, समाज सुधार कार्यों में संलग्न विभिन्न नागरिक संस्थान समय-समय पर सार्वजनिक अथवा लोक कल्याण के लिए विज्ञापन प्रचारित करते हैं, जिनके माध्यम से जन अभिरुचि के निर्माण के साथ ही जन कल्याणकारी योजना के लिए मत समर्थन जुटाने की व्यवस्था निहित होती है। इन विज्ञापनों के प्रचार से उनके उत्पाद की व्यावसायिक माँग और विवरण का सीधा सम्बन्ध भले ही नहीं रहता, लेकिन विज्ञापन माध्यम के प्रश्रय में परोक्ष रूप से उन सभी विज्ञापक संस्थाओं के कार्यों और जनकल्याणपरक योजना के लिए जनसमर्थन जुटाने का अवसर मिलता है। इन विज्ञापनों में किसी उत्पाद के क्रय की प्रेरणा और प्रचार की भावना नहीं कार्यरत होती अपितु जन कल्याण परक नारे और अभियान ही प्रमुख होते हैं।[18]

(22) सजावटी विज्ञापन—नाम से ही सूच्य है—सजावटी विज्ञापनों की भाषा लालित्यपूर्ण रंग, चित्र, कलाकारी और विन्यास तथा शिल्प का सुन्दर समंजन सम्पृक्त उपभोक्ताओं को मोहक लगते हैं। वर्गीकृत विज्ञापनों के बाद आम-आमदनी के लिहाज से सजावटी विज्ञापन का महत्त्वपूर्ण स्थान है।

(23) तुलनात्मक विज्ञापन—अनेक व्यावसायिक संस्थान या प्रतिष्ठान, जो मूलतः उपभोक्तावादी उत्पादों में कार्यरत हैं अथवा ऐसे उद्योग समूह, जो विशिष्ट प्रकार के उद्योगों में संलग्न हैं और वे प्रतिस्पर्द्धा के रूप में बाजार में अपने उत्पाद की माँग वृद्धि और आपूर्ति के लिए विज्ञापन माध्यम की सेवाएँ जुटाये जाने के लिए सक्रिय होते हैं, वे तुलनात्मक विज्ञापनों का आश्रम लेते हैं। उन्हें समय-समय पर अथवा किसी विशेष पर्व या उत्सव या धार्मिक आयोजन भ्रमण या यात्रा अथवा मेलों के अवसर पर तुलनात्मक विज्ञापन के माध्यम से जनसमुदाय को यह विदित कराते हैं कि उनके उत्पाद बाजार में उपलब्ध वैसे ही उत्पादों से किस प्रकार श्रेष्ठ हैं तथा उनकी गुणवत्ता किस प्रकार उनसे बढ़ चढ़कर है?

इन विज्ञापनों में किसी अन्य उत्पाद को निकृष्ट नहीं बताया जाता, परन्तु अपने उत्पाद की गुणवत्ता, श्रेष्ठता, किफायतीपन और सुलभता का परिचय दिया जाता है तथा उसके उपभोग पर बल देने की बात कही जाती है। इस प्रकार के तुलनात्मक विज्ञापन जन सामान्य का समर्थन प्राप्त करने में सफल सिद्ध होते हैं। ऐसे उपभोक्ता जो न आकर्षण में फँसते हैं और न विज्ञापन से प्रभावित होते हैं, उनके लिए ये विज्ञापन ही क्या किसी और प्रकार का विज्ञापन भी कोई प्रभाव नहीं डाल पाता।[19]

(24) प्रोपेगेण्डा / राजनीतिक विज्ञापन—प्रजातांत्रिक गणराज्यों में राजनीतिक विज्ञापनों का महत्त्वपूर्ण स्थान है। खासकर, चुनावों के आसपास ये विज्ञापन विशेष भूमिका निभाते हैं। इन विज्ञापनों में राजनीतिक दल लोगों को अपनी उपलब्धियों और लक्ष्यों के बारे में बताकर उनके समर्थन की माँग करते हैं। इन विज्ञापनों में परोक्ष या अपरोक्ष रूप से विरोधी पक्ष की आलोचना

विद्यमान हो सकती है या ऐसे वायदे हो सकते हैं, जो विज्ञापनकर्त्ता राजनीतिक दल द्वारा पूरे किये जा सकते हैं। राष्ट्र और जनहित के मुद्दों को लेकर भी विज्ञापन बनाये जा सकते हैं। तमाम राजनीतिक विज्ञापनों का एकमात्र उद्देश्य होता है, एक विषय विशेष पर जनमत तैयार करना अपने दल/संगठन के लिए समर्थन जुटाना।[20]

(25) **चेतावनीपरक विज्ञापन**—कुछ व्यावसायिक प्रतिष्ठान या संस्थान जनकल्याण विषयक कार्यों में संलग्न रहकर जन समाज को शिक्षा देने का कार्य भी सम्पादित करते हैं। ऐसे संस्थानों और प्रतिष्ठानों में सरकारी और गैर सरकारी दोनों संस्थान कार्यरत होते हैं, जैसे—जनस्वास्थ्य विभाग, जल संस्थान, परिवार कल्याण विभाग, पुलिस विभाग और स्वायत्त संस्थाएँ, नगर निगम, नगर पालिका, जिला-परिषदें, ग्राम पंचायतें, बैंकिंग संस्थान आदि के अतिरिक्त राष्ट्रीय और प्रान्तीय कम्पनियाँ जन स्वास्थ्य और जन सुविधाओं की विज्ञापन पट्टिकाएँ प्रचारित करती हैं और उनके नीचे प्रायोजक के रूप में अपने संस्थान का परिचय देती हैं। इस प्रकार के चेतावनीपरक विज्ञापनों में उत्पाद के प्रति ध्यानाकर्षण और विक्रय-व्यवस्था के विकास की पहल नहीं की जाती, अपितु परोक्ष रूप से जनसामान्य में यह प्रचलित किया जाता है कि विज्ञापक जनसामान्य के स्वास्थ्य की चिन्ता करता है और अपने लोक कल्याणकारी कार्यों के प्रति सचेत रहकर जनसामान्य को भी सावधान करने में पीछे नहीं रहता है।[21]

(26) **स्मारिका विज्ञापन**—स्मारिका विज्ञापन वास्तव में सौजन्यपरक (Courtesy) होते हैं। इसका प्रकाशन आर्थिक लाभ की प्राप्ति के लिए उतना नहीं होता, अपितु अपने उत्पाद और संस्थान के सम्मान के लिए विभिन्न समयों पर प्रकाशित की जानेवाली स्मारिकाओं के लिए विज्ञापन दिये जाते हैं। इनके पीछे कारण स्वतः स्पष्ट है कि स्मारिकाएँ जिन व्यक्तियों के हाथों में जायेंगीं, उन तक उत्पादक या विज्ञापक के उत्पाद का प्रचार होगा। इसी कारण तात्कालिक आर्थिक लाभ के अभाव में यह सौजन्य विज्ञापन ही कहा जा सकता है। स्मारिका प्रकाशित करनेवाली संस्था को अवश्य इन विज्ञापनों से लाभ होता है, क्योंकि प्रकाशन के तुरन्त बाद विज्ञापनदाताओं को बिल भेजकर भुगतान प्राप्त कर लिया जाता है, विज्ञापक को इतना लाभ अवश्य मिलता है कि स्मारिका विज्ञापन पर किये गये व्यय पर आयकर (Income Tax) की छूट मिल जाती है। यदि नकद धनराशि उत्पादक या विज्ञापक देता है तो वह उसकी आय में गिनी जाती है, पर स्मारिका विज्ञापन के रूप में भुगतान की गयी राशि पर विज्ञापक को सीधे आयकर छूट मिल जाती है। विज्ञापन-व्यय के लिए स्वीकृत मद में से उक्त राशि आयकर मुक्ति के अन्तर्गत व्यय की जाती है।[22]

(27) **उपहार विज्ञापन**—अपने उत्पाद के प्रति उपभोक्ताओं को प्रेरित करने के लिए उत्पादक या विज्ञापक कभी-कभी उपहार प्रणाली का भी प्रयोग करते हैं। इसके अन्तर्गत उत्पादक या विज्ञापक अपने उत्पाद के बिक्री अभियान में पाठक या उपभोक्ता को भी सम्मिलित करने का प्रयास करता है। उसके लिए यह शर्त रखता है कि उक्त अभियान में सम्मिलित होनेवाले उपभोक्ता या पाठक या कोई अन्य को कोई-न-कोई वस्तु उपहारस्वरूप भेंट की जायेगी। कभी-कभी विक्रेता उत्पाद खरीदते समय अपने ग्राहकों को प्रोत्साहित करता है कि अमुक उत्पाद क्रय करने पर नकद या अमुक वस्तु का उपहार प्राप्त कर सकते हैं अथवा पैकेट में निकले कूपन के बदले विक्रेता से आपको अपना उपहार प्राप्त हो जायेगा।

इस उपहारात्मक विज्ञापन का मूल मन्तव्य उपभोक्ता को अपने उत्पाद के प्रति आकर्षित करना तो है ही, साथ ही उसके मन में उत्पाद के प्रति प्रेरणा जगाना है। जब वह मन से प्रेरित होता है तो अवश्य ही उत्पाद की क्रय-इच्छा उसमें उत्पन्न होगी। यह उपहारात्मक विज्ञापन प्रक्रिया मनोविज्ञान पर आधारित होती है।[23]

(28) कानूनी विज्ञापन—जन सूचनाएँ एवं कानून सम्बन्धी विज्ञापनों से आशय उन विज्ञापनों से है जिन्हें समाचार-पत्रों एवं अन्य माध्यमों से कानूनी दृष्टि से विज्ञापित करना आवश्यक माना जाता है। समाचार-पत्र के कई विज्ञापन कानूनी विषयों से सम्बन्धित होते हैं। कानून सम्बन्धी विज्ञापनों में अग्रांकित सूचनाएँ शामिल हैं—जनलेखा सूचनाएँ (जनाधिकारियों द्वारा जारी रिपोर्ट एवं वक्तव्य) कानून एवं उनमें किये गये परिवर्तनों से सम्बन्धित सूचनाएँ, चुनावी मुद्दे, घोषणाएँ, कर देय सूचनाएँ, दिवालियापन सम्बन्धी सूचनाएँ, चेतावनी सूचनाएँ, प्रोबेट सूचनाएँ, तलाक सूचनाएँ आदि। समाचार-पत्र के विज्ञापन विभाग को कानून सम्बन्धी विज्ञापनों के लिए अटार्नी (न्यायविदों), न्यायालय और सरकार से सम्पर्क बनाये रखना चाहिए।

(29) समाचारपरक विज्ञापन—समाचार-पत्रों व पत्रिकाओं में कुछ विज्ञापन समाचार अथवा इम्पैक्ट फीचर के रूप में प्रकाशित किये जाते हैं। इन विज्ञापनों में शीर्षक, उपशीर्षक, टाइप फेस व सन्देश आदि पूरी तौर पर समाचार की भाँति प्रस्तुत किये जाते हैं। उपभोक्ता को प्रत्यक्ष रूप से विज्ञापन का बोध न हो, ऐसी कोशिश की जाती है। इन विज्ञापनों के कोने में कहीं बहुत छोटे रूप में Adv. या विज्ञापन लिखा जाता है।

समाचार पत्र विज्ञापन प्रकार

संदेश मूलक
शोधन विज्ञापन
राष्ट्रीय
क्षेत्रीय
स्थानीय/खुदरा
स्थानीय सेवाएँ
नीलामी
राजनीतिक
अन्य

वर्गीकृत विज्ञापन
वर्गीकृत
संदेश मूलक
व्यवसाय कार्य
व्यावसायिक कार्ड
नीलामी
राजनीतिक

जनसूचनाएँ
कानूनी
जनसूचनाएँ
वित्तीय रिपोर्ट

पाठक
(सशुल्क सूचनाएँ)

(30) कृषि विज्ञापन—कृषि क्षेत्र न तो उपभोक्ता बाजार है और न औद्योगिक बाजार, बल्कि दोनों का सम्मिश्रण है। इसकी एक विशेषता के कारण कृषि जगत के विज्ञापनों का अलग ही वर्ग है। कृषि का खासा यन्त्रीकरण हो चुका है। उन्नत बीजों, रासायनिक खादों,

कीटनाशक तथा खर-पतवार नाशक औषधियों का प्रयोग बढ़ रहा है। इसके साथ ही रासायनिक खादों या कीटनाशकों के अनेक दुष्प्रभाव भी देश के सामने आये हैं। उनके भी विज्ञापन आते रहते हैं। साथ ही, पशुपालन, मधुमक्खी पालन, मुर्गीपालन आदि का भी प्रसार हो रहा है। इन सबके लिए पौष्टिक आहार बनते हैं। इन सब वस्तुओं की सही जानकारी कृषक वर्ग तक पहुँचाने के लिए कृषि-पत्रिकाएँ आदर्श साधन हैं। रेडियो तथा टेलीविजन भी इस दिशा में उपयोगी हैं। टेलीविजन पर कृषि उपकरणों को काम करते देखकर किसान उन्हें खरीदने को तैयार हो सकता है। इन साधनों से किसानों को उपलब्ध वस्तुओं, सेवाओं या उपकरणों की ही जानकारी नहीं दी जाती, वरन् नयी-नयी वस्तुओं एवं आविष्कारों की भी जानकारी कृषक वर्ग को मिल जाती है।[24]

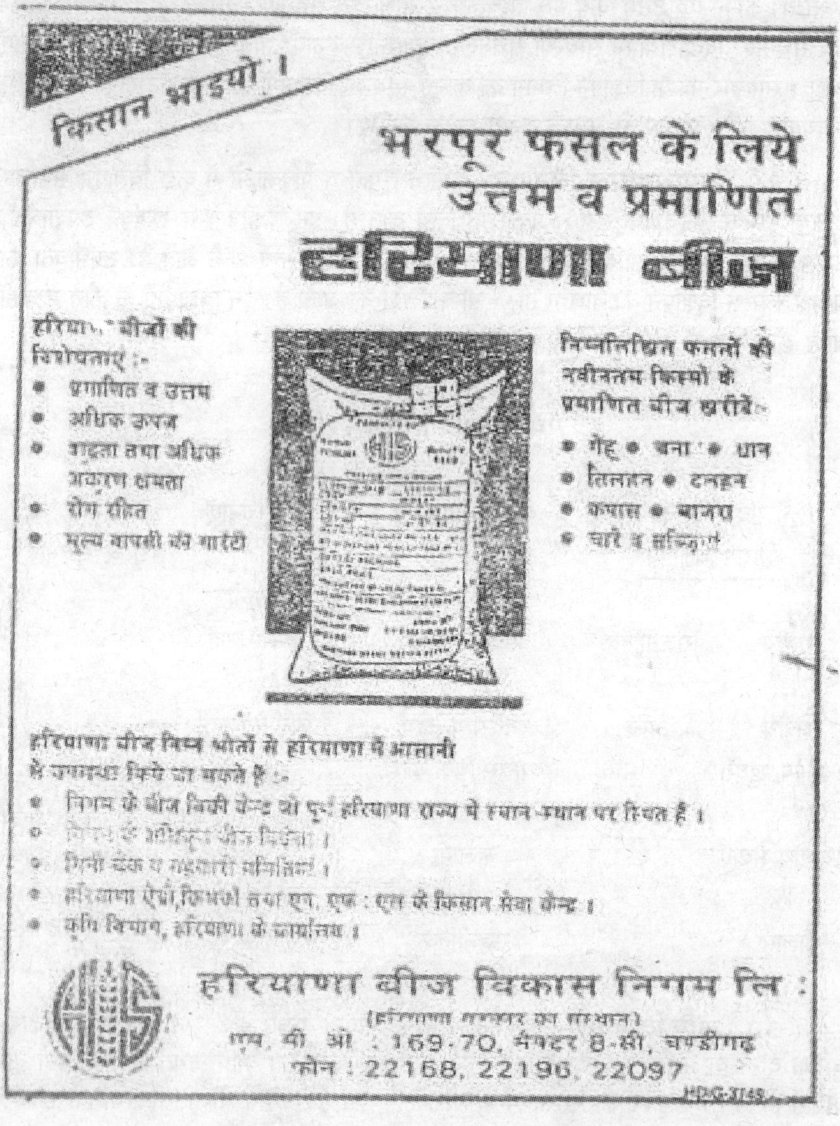

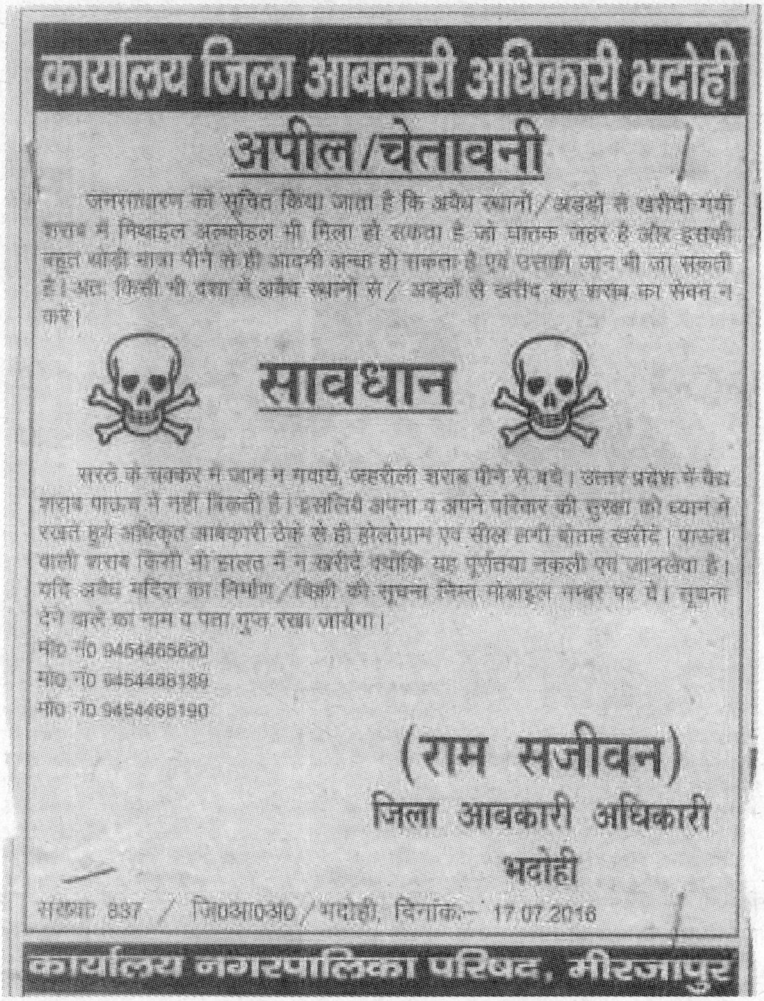

कार्यालय जिला आबकारी अधिकारी भदोही

अपील/चेतावनी

जनसाधारण को सूचित किया जाता है कि अवैध स्थानों/अड्डों से खरीदी गयी शराब में मिथाइल अल्कोहल भी मिला हो सकता है जो घातक जहर है और इसकी बहुत थोड़ी मात्रा पीने से ही आदमी अन्धा हो सकता है एवं उसकी जान भी जा सकती है। अतः किसी भी दशा में अवैध स्थानों से/अड्डों से खरीद कर शराब का सेवन न करें।

सावधान

सस्ते के चक्कर में जान न गवायें, जहरीली शराब पीने से बचें। उत्तर प्रदेश में वैध शराब पाऊच में नहीं बिकती है। इसलिये अपना व अपने परिवार की सुरक्षा को ध्यान में रखते हुये अधिकृत आबकारी ठेकों से ही होलोग्राम एवं सील लगी बोतल खरीदें। पाऊच वाली शराब किसी भी हालत में न खरीदें क्योंकि यह पूर्णतया नकली एवं जानलेवा है। यदि अवैध मदिरा का निर्माण/बिक्री की सूचना निम्न मोबाइल नम्बर पर दें। सूचना देने वाले का नाम व पता गुप्त रखा जायेगा।

मो0 नं0 9454465620

मो0 नं0 9454466189

मो0 नं0 9454466190

(राम सजीवन)

जिला आबकारी अधिकारी

भदोही

संख्या 837 / जि0आ0अ0 / भदोही, दिनांक:- 17.07.2016

कार्यालय नगरपालिका परिषद, मीरजापुर

(31) अपील विज्ञापन—अपील विज्ञापन में उत्पाद, संगठन अथवा सरकार—उपभोक्ता अथवा जनता को उन विषयों-बातों-घटनाओं पर सन्देश विज्ञापित करती हैं, जिसका सम्बन्ध उनकी छवि-विश्वसनीयता एवं लोक-कल्याण (पोलियो आदि) से जुड़ा होता है। मान लीजिये कि बाजार में किसी उत्पाद या वस्तु की अत्यधिक माँग व खपत है तथा किसी कारणवश उसकी आपूर्ति बाधित है, तो ऐसे में संगठन 'अपील विज्ञापन' के माध्यम से कारणों को स्पष्ट कर जनता को सन्तुष्ट करते हैं। वे वस्तुओं की शीघ्र आपूर्ति किये जाने का आश्वासन देते हैं। इसी प्रकार बैंक, स्वास्थ्य, रेल, परिवहन, विद्युत, नगर निगम आदि विभागों में कर्मचारियों की हड़ताल पर भी जनता से धैर्य, सहयोग, अपेक्षा हेतु इस प्रकार के विज्ञापन निर्गत किये जाते हैं।[25]

(32) प्रमाणीकृत विज्ञापन—यह विज्ञापन सजावटी विज्ञापन का ही छाया रूप माना जाता है। इसमें उत्पादक अपने उत्पादन का प्रचार किसी लोकप्रिय खिलाड़ी, अभिनेता या अभिनेत्री

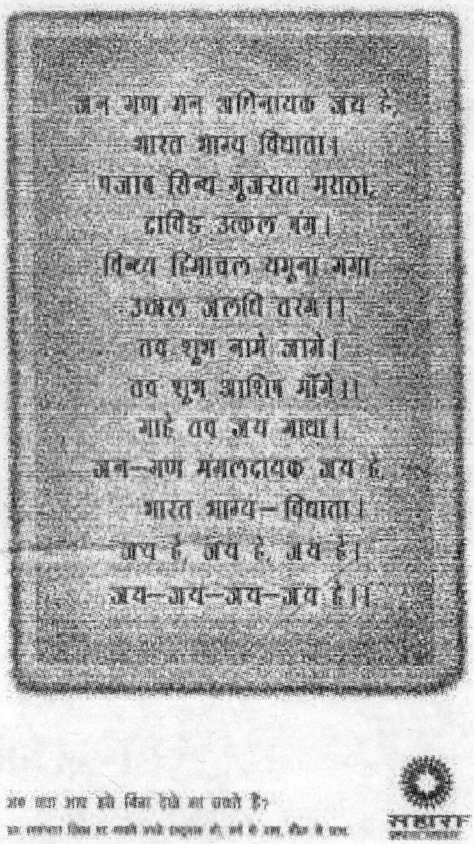

से करवाता है। इसके पीछे मन्शा यही रहती है कि खिलाड़ी या अभिनेता जो कह रहा है, वह प्रामाणिक और विश्वसनीय है।

(33) प्रतिष्ठा विज्ञापन—प्रतिष्ठा विज्ञापन वास्तव में सर्वाधिक कठिन प्रकार ही नहीं, अपितु ऐसा विशिष्ट प्रकार है, जिससे लोकमत या जनमत निर्धारण में सहायता मिलती है। यह कहा जा सकता है कि प्रतिष्ठा विज्ञापन वर्तमान युग की सबसे बड़ी देन है। देश में लोकतन्त्र की स्थापना के बाद प्रत्येक वर्ष में आम निर्वाचन व्यवस्था के अन्तर्गत और विकेन्द्रीकृत सत्ता के स्तर पर नगर पालिका एवं पंचायत स्तर तक के निर्वाचन में विभिन्न राजनीतिक दलों द्वारा जनता अथवा मतदाता के विश्वास अर्जित करने के लिए चुनाव घोषणा पत्र या चुनावी नीतियों का प्रचार किया जाता है। इस प्रकार के घोषणा-पत्र को इसी सम्मानक या प्रतिष्ठा विज्ञापन का श्रेष्ठतम रूप कहा जा सकता है। राष्ट्रीय सहारा द्वारा विज्ञापित तथ्य दृश्य ऊपर द्रष्टव्य है।[26]

(34) संस्थागत विज्ञापन—संस्थागत विज्ञापनों का प्रयोग इस शताब्दी के आरम्भ से शुरू हुआ और द्वितीय विश्वयुद्ध के समय इनका चलन बढ़ा। भारत में उन दिनों ब्रिटिश सरकार की ओर से नेशनल वार फ्रंट के नाम से बड़े-बड़े विज्ञापन छपवाए जाते थे, जिनका उद्देश्य यहाँ की जनता में मित्र राष्ट्रों के लिए सहानुभूति उत्पन्न करना था। ऐसे प्रचार की आवश्यकता इसलिए पड़ी, क्योंकि प्रमुख राजनीतिक पार्टी कांग्रेस युद्ध का विरोध कर रही थी। चुनावों में तो संस्थागत विज्ञापनों का प्रयोग सभी अनुभव करते हैं, जब विभिन्न राजनीतिक दल अपने कार्यक्रमों और

घोषणा-पत्रों का प्रचार इसी माध्यम से करते हैं। इस तरह के विज्ञापन प्रायः बहुत महँगे होते हैं। बड़ी-बड़ी कम्पनियाँ, होटल, उद्योग, कारोबारी संस्थान, बीमा निगम आदि अपने काम के लिए अनुकूल लोकमत पैदा करने के लिए इस प्रचार पद्धति का प्रयोग करते हैं। राज्य तथा केन्द्रीय सरकारें भी अपने प्रचार अभियानों को सफल बनाने के लिए संस्थागत विज्ञापनों को ही माध्यम बनाती हैं। गत वर्षों में भारतीय समाचार-पत्रों में भावनात्मक एकता, परिवार नियोजन, छोटी बचतों और हरित क्रान्ति के शीर्षकों के अन्तर्गत् संस्थागत विज्ञापनों की शृंखलाएँ प्रचारित की गयी हैं। कई बार धार्मिक संस्थाएँ किसी कारोबार के लिए संस्थागत विज्ञापनों का सहारा लेकर अपना प्रचार करती हैं, जैसे—रेडक्रास या रक्तदान की संस्था, ब्लडबैंक, किसी दवाई बनाने या बेचने वाली फर्म की सहायता से अपना सन्देश जनता तक पहुँचती हैं। संस्थागत विज्ञापनों की साज-सज्जा आकर्षक होनी चाहिए। चित्रों और लिखित सन्देश में सन्तुलन उनकी प्रभावोत्पादकता को बढ़ाता है।[27]

(35) ग्राहकोन्मुखी विज्ञापन—इस प्रकार के विज्ञापन निर्माता तब प्रसारित करता है, जब उसका उद्देश्य ग्राहकों के मन में अपनी वस्तु के ब्राण्ड का नाम बैठाना होता है और यह आशा की जाती है कि ग्राहक उसे खरीदेगा। इस प्रकार के विज्ञापनों में प्रायः यह नहीं दिया जाता कि यह वस्तु या सेवा कहाँ से प्राप्त होगी। इनका उद्देश्य ब्राण्ड नाम की पहचान कराना है और उसके बाद यह भाव जगाना कि ग्राहक उसी वस्तु की माँग बाजार में जाकर करे। इस प्रकार ग्राहक अनेक 'निर्माताओं' को जान जाता है, भले ही उनसे उसका व्यक्तिगत सम्पर्क कभी न होता हो। ये विज्ञापन प्रायः राष्ट्रीय स्तर पर किये जाते हैं। इसी वर्ग में स्थानीय रूप से छोटे व्यापारिक क्षेत्र में ही विज्ञापन किया जाता है, जिससे लोगों की घरेलू आवश्यकताएँ पूरी होती हों या मनोरंजन का साधन सुलभ होता हो। इस प्रकार के विज्ञापनों का विशेष महत्त्व होता है, क्योंकि इससे ग्राहक सीधी खरीद करने की स्थिति में होता है।[28]

(36) पैनल विज्ञापन—प्रायः प्रत्येक दैनिक समाचार-पत्र में शीर्षक के दोनों ओर दो वर्गाकार या आयताकार जगह में विज्ञापन प्रकाशित किये जाते हैं। इन्हें पैनल (Panel) कहते हैं। इसके लिए अलग-अलग समाचार-पत्रों में दरें भी भिन्न होती हैं। प्रायः इन जगहों के लिए विज्ञापन कुछ ज्यादा समय के लिए स्वीकार किये जाते हैं।[29]

(37) जनहित या लोकसेवा विज्ञापन—कुछ लोग इसे 'विचार विज्ञापन' भी कहते हैं। वस्तुतः इस तरह के विज्ञापन का उद्देश्य कारोबारी नहीं होता, बल्कि सामुदायिक विकास, सामाजिक उत्थान, परिवार नियोजन परिवार व बाल कल्याण, यातायात सुरक्षा, साम्प्रदायिक सद्भाव, पर्यावरण विकास, नशाबन्दी, साक्षरता-प्रसार, अपराध-नियन्त्रण, स्वास्थ्य सुधार, राष्ट्रीय एकता के लिए जनहित विज्ञापन का इस्तेमाल किया जाता है।

(38) परिवेशी-विज्ञापन—परिवेशी विज्ञापन में घर के बाहर आसपास बाजार, गलियों, सड़कों, पुलों या अन्य स्थलों पर उत्पाद या ब्राण्ड को स्थापित किया जाता है। इस प्रकार के विज्ञापन उपभोक्ता को बिना ढूँढ़े किसी अच्छी वस्तु को पाने की शक्ति से आश्चर्यचकित होने का अवसर देते हैं तथा उपभोक्ता के मस्तिष्क में ब्राण्ड या उत्पाद के प्रति अभिरुचि का सृजन भी करते हैं। इस प्रकार के विज्ञापन में किसी भी संगठित माध्यम को शामिल करने की आवश्यकता भी नहीं होती है तथा यह क्रियान्वयन में सरल व कम लागतवाला होता है। परिवेशी-विज्ञापन उपभोक्ता को ब्राण्ड खोजने के लिए मौका देने से अधिक उपभोक्ता को ब्राण्ड के प्रति मन्त्रमुग्ध करता है।[30]

(39) डाकद्वारा विज्ञापन—इस तरह के विज्ञापन को प्रारम्भ करने का श्रेय जॉन होवी राइट को है, जिन्होंने सन् 1840 में सबसे पहले इसका प्रयोग किया। रिचार्ड मैनसर के अनुसार डाक द्वारा प्रत्यक्ष विज्ञापन एक विज्ञापन का स्थायी रूप से मुद्रित, लिखित या चित्रित रूप में सन्देश होता है, जिसका चुने हुए व्यक्तियों तथा प्रत्यक्ष रूप से नियन्त्रित वितरण किया जाता है, "Direct mail advertising is a vehicle for transmitting a publicist" message in permanent printed, written or processed form with controlled distribution direct to selected individuals". इधर एक अन्य विद्वान् जे. डब्ल्यू सल्स का कहना है कि डाक द्वारा प्रत्यक्ष विज्ञापन में लेटर बाक्स का प्रयोग कर सही व्यक्तियों को सही वस्तुओं के बारे में सही समय पर सूचित किया जाता है, "Direct mail advertising is using the letter box to tell the right people about the right goods at the right time in the right way" एक अन्य लेखक विलियम एच. अन्तरिम तथा डोर के अनुसार कोई भी विज्ञापन, जो ग्राहकों को डाक द्वारा भेजा जाता है, प्रत्यक्ष डाक विज्ञापन कहलाता है, —"Any advertising that is sent to customers by mail is direct mail advertising."

(40) गुप्त विज्ञापन—यह एक अलग प्रकार के अप्रत्यक्ष विज्ञापन होते हैं, जिनमें उत्पाद या ब्राण्ड को मनोरंजन के माध्यमों—टी.वी. सिनेमा आदि—में सम्मिलित किया जाता है। इन्हें गुप्त विज्ञापन इसलिए कहा जाता है कि क्योंकि इन्हें देखनेवाले दर्शकों को यह ज्ञात नहीं होता कि यह विज्ञापन है और इसके लिए पैसा दिया गया है। इसमें उत्पाद या ब्राण्ड को इस प्रकार स्थापित किया जाता है कि वह उस दृश्य का ही हिस्सा नजर आते हैं। गुप्त विज्ञापन मुख्यतः तीन तथ्यों में महत्त्वपूर्ण भूमिका का निर्वहन करते हैं,—

(क) ब्राण्ड या उत्पाद के प्रति जागरूकता बढ़ाना,

(ख) ब्राण्ड या उत्पाद के प्रति ध्यानाकर्षण को प्राप्त करना, तथा

(ग) सन्देश का पुनः स्मरण कराना ताकि उत्पाद या ब्राण्ड पर उपभोक्ता का विश्वास बढ़े और वह उस ब्राण्ड या उत्पाद को खरीदे।[31]

(41) आकस्मिक विज्ञापन—आकस्मिक या कैजुअल विज्ञापन पत्रिकाओं में प्रायः प्रकाशित नहीं किये जाते क्योंकि उनकी समयावधि अल्पकालिक होती है तथा उन्हें दैनिक समाचार-पत्र में प्रकाशित किया जाता है अथवा डीलर की दुकान पर या दुकान के पास 'क्रासरोडबैनर' लगाकर ही विज्ञापन किया जाता है। वार्षिक बिक्री (Annual Sale) या पुराने माल बिक्री के लिए 'रिडक्शन सेल' (Reduction Sale) के विज्ञापन इस दृष्टि से देखे जा सकते हैं। ऐसे विज्ञापनों का मूल मन्तव्य दुकान पर पहुँचे ग्राहक या उपभोक्ता को मूल्य की छूट उपलब्ध कराना होता है या त्योहारों पर विशेष छूट का लाभ पहुँचाने के साथ नये माल के लिए स्थान रिक्त करना होता है।[32]

(42) स्थानीय (रिटेल) **विज्ञापन**—इस प्रकार के विज्ञापन स्थानीय दुकानदारों, होटलों, वस्त्र-विक्रेताओं, ब्यूटी सैलूनों, डिपार्टमेण्टल स्टोर आदि द्वारा जारी किये जाते हैं। इन विज्ञापनों को खुदरा 'रिटेल' विज्ञापनों की संज्ञा दी गयी है। इन विज्ञापनों के मुख्य चार लक्ष्य होते हैं,—

(1) अपना माल बेचना,

(2) विज्ञापनों द्वारा अपने स्टोर या दुकान की एक अलग प्रतिष्ठा कायम करना,

(3) दुकान की स्थिति के बारे में बताना, तथा

(4) ग्राहकों को दुकान पर आने के लिए निमन्त्रण देना।

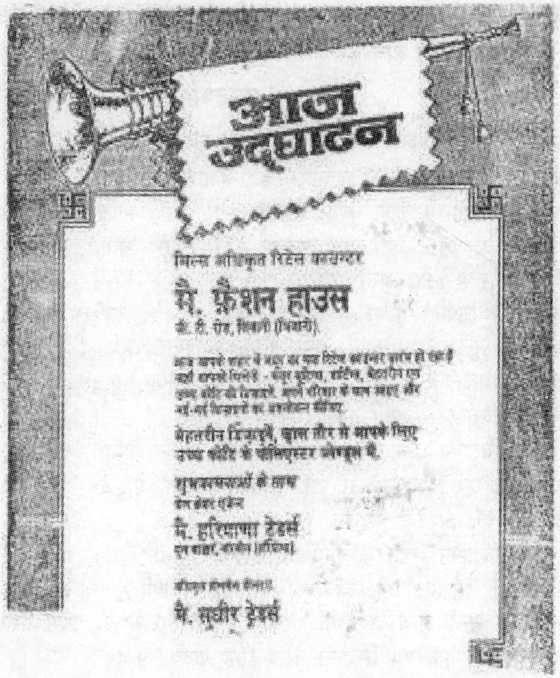

यद्यपि अधिकांश स्थानीय विज्ञापनों के आकार छोटे होते हैं, लेकिन इसके बावजूद वे दुकानदार और उसके माल के बारे में भरपूर जानकारी प्रदान करते हैं। स्थानीय विज्ञापनों के लिए स्थानीय समाचार-पत्र, रेडियो और सिनेमा का इस्तेमाल करते हैं। होर्डिंग, बैनर, परचे और पोस्टर आदि भी प्रयोग में लाये जाते हैं।[33]

(43) आनुबन्धिक विज्ञापन—यह विज्ञापन की ऐसी कोटि है, जिसमें उत्पादक या विज्ञापक अपने उत्पाद या योजना के निरन्तर प्रचार के निमित्त स्थानीय या बाह्य स्तर पर प्रकाशित होनेवाले दैनिकों में पूरे वर्ष के लिए या छह माह की अवधि के लिए विज्ञापन अनुबन्ध पर देते हैं। अनुबन्धित विज्ञापन उत्पादक या विज्ञापक को एक विज्ञापन प्रतिदिन की आवृत्ति में प्रकाशित विज्ञापन की दर से अधिक भुगतान पर प्रकाशित कराने के लिए बाध्य होना पड़ता है, परन्तु जब विज्ञापन दीर्घ काल तक उपभोक्ताओं का ध्यान केन्द्रित करने के लिए किया जाता है तो उसमें वार्षिक या अर्द्धवार्षिक या त्रैमासिक स्तर पर मिलने वाली छूट का लाभ लेकर निरन्तर अनुबन्ध पर विज्ञापन प्रकाशित कराये जाते हैं।[34]

(44) निजी विज्ञापन—कभी-कभी निजी या व्यक्तिगत स्तर पर वस्तुओं के प्रचार-प्रसार, उपभोक्ताओं को रिझाने, बाजार में अपनी वस्तु की धाक जमाने आदि की गरज से इस तरह के विज्ञापन प्रकाशित कराये जाते हैं। प्रायः देखा जाता है कि कोई बड़ा निर्माता अपने 'होलसेल' या खुदरा व्यापारियों को क्षेत्रीय या स्थानीय स्तर पर अपने उत्पाद की सूचना के लिए निजी या व्यक्तिगत विज्ञापन प्रकाशित कराता है।

(45) पत्रिका विज्ञापन—समाचार-पत्रों के साथ-साथ राष्ट्रीय या स्थानीय स्तर की साप्ताहिक, पाक्षिक, मासिक, त्रैमासिक, चतुर्मासिक, अर्द्धवार्षिक पत्रिकाओं में भी वस्तुओं के

विज्ञापन की पुरानी परम्परा रही है। समाचार-पत्रों की तुलना में इनमें छपे विज्ञापन स्थायी और बहुत दिन तक असर करनेवाले होते हैं।

सन्दर्भ

1. विज्ञापन : सिद्धान्त और प्रयोग—डॉ. विजय कुलश्रेष्ठ, पृ.90
2. जनसम्पर्क : सिद्धान्त और व्यवहार—डॉ. सुशील त्रिवेदी, पृ.79
3. आधुनिक विज्ञापन—कृष्ण कुमार मालवीय, पृ. 40, साहित्य संगम, इलाहाबाद
4. आधुनिक विज्ञापन : कला एवं व्यवहार—डॉ. अर्जुन तिवारी, पृ.66, विश्वविद्यालय प्रकाशन, वाराणसी, मूल्य-150 रुपये, सन् 2010 ई.
5. आधुनिक विज्ञापन—कृष्ण कुमार, मालवीय, पृ.41, साहित्य संगम, नया-100, लूकरगंज, इलाहाबाद, मूल्य 300 रुपये, प्रथम संस्करण, सन् 2007 ई.
6. विज्ञापन : तकनीक एवं सिद्धान्त—नरेन्द्र सिंह, यादव, पृ.39-40
7. आधुनिक विज्ञापन—कृष्ण कुमार मालवीय, पृ.43
8. आधुनिक विज्ञापन : कला एवं व्यवहार—डॉ. अर्जुन तिवारी, पृ.66
9. जन सम्पर्क एवं विज्ञापन—सं. डॉ. संजीव भानावत, पृ.84
10. विज्ञापन—डॉ. अशोक महाजन, पृ.123
11. आधुनिक विज्ञापन—डॉ. कृष्ण कुमार मालवीय पृ.48
12. जनसम्पर्क : सिद्धान्त और व्यवहार—डॉ. सुशील त्रिवेदी तथा डॉ. शशिकान्त शुक्ल, पृ. 75, मध्य प्रदेश हिन्दी ग्रन्थ अकादमी, भोपाल, मूल्य-60 रुपये, प्रथम संस्करण-1996 ई.
13. विज्ञापन : तकनीक एवं सिद्धान्त नरेन्द्र सिंह यादव, पृ.49
14. विज्ञापन : सिद्धान्त और प्रयोग—डॉ. विजय कुलश्रेष्ठ, पृ.161, माया प्रकाशन, जयपुर, मूल्य-125 रुपये प्रथम संस्करण—1995 ई.
15. आधुनिक विज्ञापन—कृष्ण कुमार मालवीय, पृ.49,
16. आधुनिक विज्ञापन—कृष्ण कुमार मालवीय, पृ.50
17. विज्ञापन : निर्माण और प्रक्रिया—डॉ. निशान्त सिंह, पृ.90
18. राजर्षिटण्डन पुस्तिका-सं. डॉ. अर्जुन तिवारी, पृ.22
19. विज्ञापन—डॉ. अशोक महाजन—पृ.72
20. राजर्षि टण्डन पुस्तिका—सम्पादक-डॉ. अर्जुन तिवारी, पृ.22
21. राजर्षि टण्डन पत्रिका—सं. डॉ अर्जुन तिवारी, पृ.24
22. विज्ञापन : सिद्धान्त और प्रयोग—डॉ. विजय कुलश्रेष्ठ—पृ.156
23. विज्ञापन : सिद्धान्त और प्रयोग—डॉ. विजय कुलश्रेष्ठ,—पृ.159
24. विज्ञापन : व्यवसाय एवं कला—डॉ. रामचन्द्र तिवारी, पृ.26, आलेख प्रकाशन, दिल्ली, मूल्य-120 रुपये, सन् 2004 ई.
25. आधुनिक विज्ञापन—कृष्ण कुमार मालवीय, पृ.56
26. उ.प्र. राजर्षि टण्डन मुक्त विश्वविद्यालय की पाठ्य-सामग्री—सं. डॉ. अर्जुन तिवारी, पृ.24
27. पत्रकारिता : परिचय और विश्लेषण—डॉ. प्रीता व्यास, पृ. 250-251
28. विज्ञापन : व्यवसाय एवं कला—डॉ. रामचन्द्र तिवारी, पृ.24
29. पत्रकारिता के सिद्धान्त—डॉ. रमेश चन्द्र त्रिपाठी, पृ.318
30. विज्ञापन : तकनीक एवं सिद्धान्त—नरेन्द्र सिंह यादव, पृ.52
31. विज्ञापन : तकनीक एवं सिद्धान्त—नरेन्द्र सिंह यादव, पृ.51
32. विज्ञापन : सिद्धान्त और प्रयोग—डॉ. विजय कुलश्रेष्ठ, पृ.159
33. विज्ञापन— डॉ. अशोक महाजन, पृ.73
34. विज्ञापन : सिद्धान्त और प्रयोग—डॉ. विजय कुलश्रेष्ठ, पृ.159

अध्याय-4

विज्ञापन एजेन्सी (अभिकरण) का इतिहास तथा कुछ प्रमुख एजेन्सियाँ एवं संगठन

(1) विज्ञापन एजेन्सी का अर्थ-आशय—हिन्दी में 'Agent' के लिए 'अभिकर्त्ता' या 'प्रतिनिधि' शब्दों का प्रयोग किया जाता है तो 'Agency' के लिए 'अभिकरण', 'माध्यम' और 'साधन' आदि। साफ शब्दों में, अधीनस्थ काम करनेवाली संस्था को 'अभिकरण' कहा जा सकता है। विज्ञापन एजेन्सी या 'अभिकरण' की स्थापना, विज्ञापन माध्यमों को विज्ञापन सामग्री भेजने के मकसद से की जाती है। विज्ञापन एजेन्सी या 'ऐड' (Ad.) एजेन्सी ऐसी सेवाओं का व्यापार है, जिसमें अपने ग्राहकों के लिए विज्ञापन बनाना, उनका नियोजन करना और सँभालना भी शामिल है। विज्ञापन एजेन्सी ग्राहक से पूर्ण रूप से स्वतन्त्र होती है और ग्राहक के उत्पादों या सेवाओं को बेचने के लिए अलग नजरिया प्रदान करती है। विज्ञापन एजेन्सी अपने ग्राहकों के लिए विपणन, ब्राण्ड बनाने और बिक्री से जुड़े प्रचार की समग्र रणनीतियों को सँभाल सकती है। विज्ञापन के प्रचार के लिए एजेन्सियों को किराये पर भी लिया जा सकता है।

वस्तुतः यह पेशेवर संगठन होता है। विभिन्न संस्थानों, संगठनों और जनसम्पर्क विभागों से विज्ञापन प्राप्त करना ही विज्ञापन एजेन्सी का मूल लक्ष्य होता है। इतना ही नहीं, विज्ञापन देनेवालों के लिए ये खूबसूरत शब्दावली, साज-सज्जा और ब्लॉक आदि का भी इन्तजाम करती हैं। विज्ञापनों के जन्मने के बाद उन्हें ये विभिन्न माध्यमों समाचार-पत्रों, रेडियो, दूरदर्शन तथा फिल्मों को मुहैया कराती हैं। अपनी भूमिका को थोड़ा आगे खिसकाकर ये विभिन्न माध्यमों-अखबारों, पत्रिकाओं, दूरदर्शन, रेडियो आदि का अपनी टकसाल में गढ़े-रचे गये विज्ञापनों के लिए 'स्पेस' और 'समय' भी खरीदती हैं। इस प्रकार ये बिचौलिया और मध्यस्थ की भूमिका में भी जीती हैं।

कुछ लोग इन विज्ञापन एजेन्सियों को **रोगियों को अलग-अलग तरह की चिकित्सा-सुविधा देनेवाले स्पेशलिस्ट डॉक्टरों से लैस 'क्लीनिक'** कहते हैं, तो कुछ विज्ञापनविद् इन्हें **'फव्वारे का मुखाग्र** कहते हैं, वहीं कुछ लोग इन्हें **विज्ञापन-विशेषज्ञों का समूह और संगठन।** अमेरिका विज्ञापन एजेन्सी संघ ने इन्हें, "Advertising agency in an independent business, composed of creative and business people who develop, prepare and place advertising in advertising media for sellers seeking to find customers for their goods or service." मानते हैं। इन्हें हम कई सन्दर्भों में वस्तुओं का 'स्टॉक' इकट्ठा करने, कम पड़ने पर उनका उत्पादन करवाकर बाजार में माँग के अनुसार वितरण करवानेवाले

'अढ़तिया', 'सम्भारक', 'संग्राहक' भी कह सकते हैं। सच तो यह है कि आज के समय में विज्ञापन एक विशेषीकृत व्यवसाय बन गया है। किसी एक फर्म के लिए अब यह सम्भव नहीं हो पाता है कि वह अपने उत्पाद के लिए स्वयं माध्यम का चयन करे, सारी आधार सामग्री एकत्र करे, फिर विज्ञापन तैयार करे, भेजे, यह बताये कि विज्ञापन किन तारीखों में और पत्र के किस स्थान पर छपना है या प्रसारित होना है, फिर यह देखे कि विज्ञापन ठीक से दिया गया या नहीं, फिर बिलों की जाँच करे और उनका भुगतान करे। इसलिए अब यह काम विज्ञापन एजेन्सियों को सौंप दिया जाता है। इसके लिए एजेन्सियों को कमीशन दिया जाता है। अनुबन्ध तय हो जाता है और उत्पादक अपने उत्पाद का सारा विज्ञापन कार्य एजेन्सी को देकर निश्चित हो जाते हैं।[1]

विज्ञापन एजेन्सी का प्रधान मीडिया एक्जेक्यूटिव होता है, जो तय करता है कि किस पत्र या पत्रिका को किस ग्राहक का विज्ञापन भेजना है, वह विज्ञापन किस आकार का हो और कब-कब प्रकाशित हो। प्रकाशन के समय हर बार नयी विज्ञापन सामग्री दी जाय या पिछली विज्ञापन सामग्री ही छपे। अलग-अलग विज्ञापनकर्त्ता के अलग-अलग विज्ञापन अलग-अलग माध्यमों पर निर्धारित समय पर तथा शुद्धता के साथ प्रकाशित या प्रसारित हो सके, यह सुनिश्चित करना इस विभाग का काम होता है। जब विज्ञापन होर्डिंग आदि के माध्यम से करना है तो विज्ञापन एजेन्सी पहले से ही अच्छी और मौके की जगहों का ठेका ले लेती हैं और उन्हें ऊँचे दामों पर विज्ञापनकर्त्ता को होर्डिंग लगाने के लिए देती हैं।[2]

(2) विज्ञापन एजेन्सियों का इतिहास–

(क) विज्ञापन एजेन्सियाँ : भारतीय परिदृश्य—यद्यपि वैश्विक स्तर पर विज्ञापन कम्पनियों का इतिहास बहुत पुराना है, किन्तु भारतीय परिदृश्य में ऐसा नहीं है। भारत में इन एजेन्सियों की बुनियाद 20वीं शताब्दी में पड़ी। अपने सीमित साधनों के बावजूद, तमाम तरह के जोखिमों और संकटों को झेलते हुए इन कम्पनियों ने पूरे दमखम के साथ विज्ञापनों को जन्मने, उनके स्तर को सुधारने आदि में अहम् भूमिका निभाई। अपनी सोच-समझ और गम्भीर तैयारी के साथ इन्हें दस्तावेजी महत्त्व देने का प्रयास किया। फल हुआ, विज्ञापन कम्पनियों की इस गतिविधि से सन्नाटे में हलकी-सी गूँज या शून्य में थोड़ा-सा भराव शुरू हुआ। जहाँ तक मैं समझता हूँ, भारत में विज्ञापन कम्पनियों का खुलना स्वतः स्फूर्त नहीं था, बल्कि सन् 1920 में विदेशी विज्ञापन कपंनियों ने जब भारत में अपना पाँव प्रथमतः रखा और विज्ञापन कला को 'व्यवसाय' का रूप दिया, तभी यहाँ विज्ञापन कम्पनी खोलने की सुगबुगाहट शुरू हुई। इसी बीच तत्कालीन बम्बई में सन् 1922 में एक विदेशी विज्ञापन व्यवसायी श्री एल. ए. स्ट्रोनाच ने अपनी पहली विज्ञापन एजेन्सी खोली, परिणाम हुआ, भारत के मद्रास, कोलकाता तथा त्रिचुरापल्ली आदि शहरों में भी विज्ञापन कम्पनियाँ खुलनी शुरू हुईं।

बताते हैं, भारत में सन् 1905 में पहली विज्ञापन कम्पनी का श्री गणेश मुम्बई में 'दत्ताराम ऐण्ड कम्पनी' नाम से हुआ। साफ शब्दों में, भारत की यह प्रथम विज्ञापन कम्पनी थी। इसके बाद

सन् 1907 में मुम्बई में विज्ञापन कम्पनी एच. टी. ए. की स्थापना की गयी, हालाँकि कुछ लोग इसे ही पहली भारतीय विज्ञापन एजेन्सी मानते हैं। बहरहाल, सन् 1909 में अगली विज्ञापन एजेन्सी भारत में स्थापित हुई, जिसका मुख्य कार्य अखबारों में विज्ञापनों को छपवाना होता था। इस तरह सन् 1920 तक आते-आते भारत में देशी-विदेशी विज्ञापन कपंनियों का जमघट लगना शुरू हुआ। कुछ दिनों बाद सन् 1926 ई. में एक विदेशी मि. आई. ए. टेलन ने कोलकाता में 'पब्लिसिटी सोसाइटी ऑफ इण्डिया' नाम की विज्ञापन कम्पनी का गठन किया। इसी समय

त्रिचुरापल्ली में 'ओरियण्टल एडवरटाइजिंग एजेन्सी' स्थापित हुई। लगभग इसी वक्त कुछ अन्य विदेशी कम्पनियों—डी. जे. कपनेर (ओगिल्वी बेन्सन ऐंड मेंथर) तथा जे. वाल्टर थामसन (हिन्दुस्तान थाम्पसन) आदि ने भी भारत में विज्ञापन सेवा देना प्रारम्भ किया। इन कम्पनियों के इस क्षेत्र में पदार्पण करने का परिणाम हुआ—विज्ञापनों का स्वरूप और स्तर सुधार, नित नयी-नयी तकनीकें जन्मने लगीं, साफ शब्दों में इनमें परस्पर प्रतिस्पर्द्धा और होड़ बढ़नी शुरू हुई। कुछ सालों बाद सन् 1930 में एक कम्पनी 'नेशनल एडवरटाइजिंग सर्विस' नाम से खुली। एक विद्वान् इसे भी भारत की पहली विज्ञापन एजेन्सी मानते हैं। लगभग इसी समय मद्रास में 'मॉडर्न पब्लिसिटी यूनिट' नाम की विज्ञापन एजेन्सी खुली, जिसका कालान्तर अर्थात् 1967 में 'एसोसिएटेड एडवरटाइजिंग एजेन्सीज एसोसिएशन ऑफ इण्डिया' में नामान्तरण किया गया। इस समय तक आते-आते विज्ञापन की विभिन्न विधाओं में दक्षता हासिल हो रही थी। कुशल, अनुभवी, प्रशिक्षित कर्मचारियों और जानकारों की संख्या बढ़ गयी थी। प्रिण्टिंग, ब्लाक-मेकिंग, और डिजाइन आदि के पुराने स्वरूपों में नयापन आ गया था। फल हुआ, सन् 1931 में लीवर ब्रदर्स द्वारा निर्मित शेवरलेट (चेभरलेट) कार के विज्ञापन की बेहद तारीफ हुई, जिसमें कार का मुकाबला तीव्रगति से चलनेवाली ट्रेन से दिखाया गया था। यहीं से बना 'डालडा' घी का विज्ञापन भी बहुत चर्चित हुआ था। इधर, सन् 1939 में 'इण्डियन ऐन्ड ईस्टर्न न्यूज पेपर सोसाइटी' विज्ञापन एजेन्सी की स्थापना हुई, जिसका उद्देश्य अखबारों के आम व्यापारिक हितों को बढ़ावा देना था। आगे चलकर 21 सितम्बर, 1945 को 'एडवरटाइजिंग एजेन्सीज एसोसिएशन आफ इण्डिया (AAAI) की स्थापना हुई, जिसका उद्देश्य भारत में विज्ञापन हितों का पोषण करना था। इस तरह सन् 1939-40 से 1947 तक के बीच में भारत में आइ. एन. एस. (INS) से मान्यता प्राप्त विज्ञापन कम्पनियों की संख्या लगभग 50 हो गयी थी।

व्यावसायिक पक्ष के साथ-साथ इन कम्पनियों का एक अलहदा काबिले अदब कार्य भी है। द्वितीय विश्वयुद्ध के समय सरकारी कार्यों का प्रचार-प्रसार करने में इन कम्पनियों ने महत्त्वपूर्ण कार्य किया। राष्ट्रीय जनमत तैयार करने, जनता को ललकारने, राष्ट्रीयता बोध का एहसास कराने में इन्होंने बेहद अच्छी भूमिका अदा की। स्वेच्छा से सरकार के कदम-से-कदम मिलाते, जनता में उत्साह भरने के लिए नये-नये विज्ञापनों का सृजन-पल्लवन किया। राष्ट्रीय हित में बचत की भावना पैदा करनेवाले विज्ञापनों का निर्माण किया। इस समय उन्होंने एक अभियान शुरू किया, जिसका नाम था—'सफर कम करो'। इसका आशय था कि रेलगाड़ियों में भीड़-भाड़ कम होने से सेना को अस्त्र-शस्त्र और रसद भेजने में सुविधा होगी। इस दौर में कुछ अन्य विज्ञापन अभियान भी एजेन्सियों द्वारा चलाए गये, यथा युवकों को सेना में भर्ती होकर देश की सेवा करनेवाले विज्ञापनों का निर्माण, डॉक्टर, इन्जीनियर तथा नर्स आदि के लिए भी सेना का महत्त्वपूर्ण हिस्सा बनकर सेवा करनेवाले विज्ञापनों का निर्माण आदि। युद्ध के दौरान सरकार के विभिन्न विभागों के विज्ञापन 'क्रिएटिव पब्लिसिटी यूनिट' (जिसे बाद में एसोसिएटेड एडवरटाइजिंग एजेन्सीज नाम दिया गया।) द्वारा रिलीज/जारी किये जा रहे थे। युद्ध के बाद सरकार द्वारा प्रचार और विज्ञापन के मामलों पर विविध विभागों में तालमेल, विज्ञापन व्यय पर नियन्त्रण, विज्ञापन बिलों का भुगतान करने और सरकार को युद्धकालीन विज्ञापन एवं प्रचार गतिविधियों के बारे में परामर्श देने के लिए पहली बार एक विज्ञापन परामर्शदाता नियुक्त किया गया था। जिसका नाम था—मेजर पीटर जॉनसन, जो जन्म से अंग्रेज था और सन् 1939 में युद्ध शुरू होने के समय बम्बई स्थित एल. ए. स्ट्रोनाच एण्ड कम्पनी नामक विज्ञापन एजेन्सी में कार्यरत था। सन् 1943 में मेजर पीटर जॉनसन का स्थान श्री अरशाद हुसेन को मिला, जो इम्पीरियल तम्बाकू कम्पनी अपनी एजेन्सी

'जनरल एडवरटाइजिंग एजेन्सी' में थे। हुसेन देश के विभाजन तक सरकार के विज्ञापन परामर्शदाता रहे और उसके बाद पाकिस्तान चले गये।

द्वितीय विश्वयुद्ध के बाद तेजी से बदलते सामाजिक-आर्थिक परिवेश के फलस्वरूप विज्ञापनों के स्तर में भी महत्त्वपूर्ण बदलाव आया। भारतीय निर्माताओं ने स्थानीय बाजारों में अपनी वस्तुओं की बिक्री बढ़ाने और अपनी प्रतिष्ठा जमाने के उद्देश्य से विज्ञापन के हथियार का कौशल के साथ इस्तेमाल करना प्रारम्भ किया। विज्ञापनों के स्वरूप में भी क्रान्तिकारी परिवर्तन आये। विज्ञापन कला में ऊँचे व्यावसायिक स्तरों की प्राप्ति के लिए विज्ञापन कम्पनियों की स्थापना हुई। इसके बाद समाचार-पत्रों की प्रसार संख्या को प्रामाणिकता प्रदान करने के उद्देश्य से सन् 1948 में ऑडिट ब्यूरो ऑफ सर्कुलेशन (ए.बी.सी.) की स्थापना हुई। बहरहाल, विज्ञापन सिद्धान्तों को बढ़ावा देने और उन पर अमल करने के उद्देश्य से सन् 1952 में इण्डियन सोसाइटी आफ एडवरटाइजर्स का जन्म हुआ। बाद में सन् 1959 में एडवरटाइजिंग काउन्सिल ऑफ इण्डिया, सन् 1967 में नेशनल काउन्सिल ऑफ एडवरटाइजिंग एजेन्सीज आदि की स्थापना से देश में विज्ञापन कला और विज्ञापन-व्यापार में अभूतपूर्व प्रगति का दौर शुरू हुआ।[3]

इधर, हाल के वर्षों में 1974 में 'नेशनल काउन्सिल ऑफ एडवरटाइजिंग एजेन्सीज' की स्थापना हुई। सन् 2005 ई. के आँकड़ों के अनुसार, भारत में 6000 विज्ञापन कम्पनियाँ थीं। इनमें 3,358 पंजीकृत थीं। इन कम्पनियों में हिन्दुस्तान थॉम्पसन एसोसिएट (HTA=वर्तमान JWT) अपने देश की सर्वाधिक प्राचीन एवं बड़ी कम्पनी है। इनमें दस विज्ञापन कम्पनियों का वार्षिक विज्ञापन कारोबार 1000 करोड़ से अधिक का है। एच. टी. ए. मुद्राओं, बी. एम. प्लेरियम, एवरेस्ट, आर. के. स्वामीज़, लिटास, जे. डब्ल्यू. टी., सिस्टा, क्लेरियन, चैत्रा आदि विज्ञापन कम्पनियाँ अपने विज्ञापनों में नित नये अभिनव प्रयास कर उन्हें खूबसूरत और प्रभविष्णुस्वरूप देने में लगी हुई हैं। ये विज्ञापन कम्पनियाँ, पत्र-पत्रिकाओं में 'स्पेस' खरीदकर उन्हें विज्ञापनदाताओं

को बेचकर 'कमीशन' या 'लाभांश' प्राप्त करती हैं। इसके दो कदम आगे बढ़कर ये विज्ञापन कम्पनियाँ, मार्केटिंग करती हैं, माध्यम का चयन खोजने में मदद करती हैं, विज्ञापन का स्वरूप एवं रूप-रचना बनाती हैं, प्रिण्ट उत्पादन करती हैं, ट्रैफिक नियन्त्रण में मदद करती हैं, जनसम्पर्क तो करती ही हैं, विज्ञापनदाताओं की भी खोज करती हैं। इनमें कुछ ऐसी भी हैं, जिनके काम करने की प्रकृति अलग होती है, यथा—कुछ जहाँ महज अपनी कम्पनी का काम देखती हैं, वहीं कुछ मध्यस्थ की भी भूमिका में जीती हैं, कुछ पेंटरों, कलाकारों की नियुक्ति करती हैं, तो कुछ कॉपी-राइटिंग भी करवाती हैं। इसी तरह ये अनेक कलात्मक प्रयोग भी अपने विज्ञापनों में करती हैं। इन सबके अतिरिक्त ग्राहक कम्पनियों को बिल प्रेषित करवाना, भुगतान मँगवाना, रिकॉर्ड का रख-रखाव करना, ऑडिट करवाना तथा करों की अदायगी करना भी इनका दायित्व बनता है। उक्त कार्यों के निर्विघ्न संपादन के लिए ये मार्केट मैनेजर, दिग्दर्शक, टाइपोग्राफर, लेखाकार, मैनेजर, नियन्त्रक, संयोजक मीडिया कार्यकर्त्ता, सज्जा कलाकार तथा अनुवादक आदि कई तरह के कर्मियों की नियुक्ति करती हैं।

(अ) भारत में प्रमुख विज्ञापनदाता कम्पनियाँ–

1. कोकाकोला
2. पैप्सी कोला
3. मारुति
4. मोटरोला
5. भारती टेलीकाम
6. नोकिया
7. जीवन बीमा निगम
8. एशियन पेन्ट
9. एवरेडी
10. क्राम्पटन ग्रीब्ज
11. हिन्दुस्तान लीवर
12. हुण्डई
13. अशोक ली लैण्ड
14. ग्लेक्सो इण्डिया
15. आई टीसी
16. डाबर इण्डिया
17. एल. जी. इलेक्ट्रॉनिक्स इण्डिया
18. नेस्ले इण्डिया
19. मेकडावेल एण्ड कम्पनी
20. ब्रिटानिया इण्डस्ट्रीज
21. केस्ट्राल
22. टाइटन घड़ियाँ
23. निरमा
24. बजाज
25. कोलगेट पामोलिव इण्डिया
26. प्राक्टर गेम्बल
27. लक्मे
28. वीडियोकान
29. फिलिप्स
30. रिलायन्स
31. एम आर एफ
32. अपोलो
33. जे. के.
34. गोदरेज इण्डस्ट्रीज
35. जे. के. सीमेण्ट
36. अक्वागार्ड
37. झण्डू
38. एम. डी. एच. मसाले
39. हीरो होण्डा
40. टाटा
41. रेनबैक्सी
42. अमूल
43. वर्लपूल
44. विप्रो
45. पान पराग
46. घड़ी डिटर्जेण्ट
47. बुक ब्राण्ड
48. फोर्ड
49. ओरियण्टल इन्श्योरेन्स
50. नेरोलेक पेण्ट

(ब) भारत में सबसे बड़ी और अच्छी कम्पनियाँ—

भारत में छोटी-बड़ी 6,000 से अधिक एजेन्सियाँ काम कर रही हैं। सबसे बड़ी और अच्छी कम्पनियाँ इस प्रकार हैं,—

S No.	1998 1999	1999 2000	Gross income 1998-99 Million Rs.	Gross Income 1999-2000 Millions Rs.	% Growth	Name of the Agencies with HQ
1	1	1	1523.85	1,615.75	6.03	Hindustan Thompson Associates-Mumbai
2	3	2	772.35	1,113.89	44.22	Qgilvy and Mather-Mumbai
3	4	3	717.99	781.49	9.26	Mudra Communications-Ahmedabad
4	5	4	574.20	782.26	36.23	FCB Ulka Advertising-Mumbai
5	6	5	451.34	664.42	47.21	Rediffusion-D 1/2 R-Mumbai
6	8	6	334.71	521.67	55.86	Mc Cann Erickson India-New Delhi
7	7	7	347.22	384.48	10.73	R.K. Swamy/BBDO Advertising Ltd.-Chennai.
8	11	8	241.00	331.00	37.34	Trikaya Grey Advertising (1)-Mumbai
9	12	9	237.18	295.08	24.41	Chaitra Leo Burnett Mumbai
10	09	10	166.16	280.77	69.98	Pressman Advertising and Marketing-Calcutta

स्रोत (Source)—विज्ञापन और प्रबन्ध एजेन्सी रिपोर्ट 15th सितम्बर, 2000 (Advertising and Management Agency Report 15th Sept., 2000.)

रिपोर्ट यह पूर्णतया स्पष्ट करती है कि हिन्दुस्तान थाम्पसन सेट (Hindustan Thompson Set) और प्रथम नम्बर और आर. के. स्वामी/बी.बी.डी.ओ. (R. K. Swamy/B.B.D.O.) सातवें नम्बर पर हैं। ओगिल्वी और मादर (Ogilvy and Mather) तीसरे स्थान से दूसरे स्थान पर पहुँच गयी हैं जो कम्पनियाँ सीढ़ियाँ चढ़ी हैं अथवा ऊपर गयी हैं वे इस प्रकार है—ओगिल्वी और मादर (Ogilvy and Mather) मुंद्रा सन्देशवाहन (Mundra Communication) एक.सी.वी. ऊलका विज्ञापन करनेवाली (F.C.B. Ulka Advertising) रेडीफूयन डी. वाई और वाई भारतीय मैकनन ईरिक्सन भारतीय ट्रकिया ग्रे विज्ञापन करनेवाली, चैयतरालियो बरनेट (Rediffusion Dy and Y, Mceann Erickson India Trikya Grey advertising, Chaitraleo Burnett) I अपनी अवस्था खो देनेवाली प्रैसमैन विज्ञापनकर्त्ता और बाज़ारीकरण (Pressman Advertising and Marketing) केवल एक ही कम्पनी है।

विज्ञापन पर अच्छा व्यय करनेवाली (Best Spenders on Advertising) **कम्पनियाँ—**

दस सबसे ऊपर व्यय करनेवाली कम्पनियाँ इस प्रकार हैं:—

S.No.	Name of the company	Ad spendina Increase				Rank
		1995-96	1996-97	Actual	%	
1	Hindustan Lever Ltd.	118.08	273.38	165.33	152.94	1
2	ITC Ltd.	164.87	172.60	7.73	4.69	2
3	Videocon Int. Ltd.	107.52	108.05	0.53	0.49	3
4	Colgate Palmolive (1) LN	68.05	103.75	35.70	52.46	4
5	Indexport Ltd.	58.65	63.98	5.33	9.09	5
6	Shaw Wallace Co. Ltd.	31.83	58.60	26.77	84.10	6
7	Nestle India Ltd.	44.36	56.00	11.64	26.24	7
8	Bajaj Auto Ltd.	36.91	53.54	16.63	45.06	8
9	Dabur India Ltd.	41.75	52.06	10.31	24.69	9
10	Codfrey Philisp India Ltd.	44.38	50.61	6.23	14.04	10

स्रोत (Source)—विज्ञापन और बाजारीकरण (Advertising and Marketing) 31-12-1998.

1995-96 और 1996-97 के दो वर्षों में अधिक व्यय करनेवाली कम्पनियों को नम्बर प्रदान किये गये हैं। यह दस अधिक व्यय करनेवाली कम्पनियाँ अपनी क्रिया पर आधारित हैं चाहे उनकी दिशा अलग क्यों नहीं।

(स) अच्छे ब्राण्ड–

S.No.	Details	Score Points	Rank	Remarks
1	Colgate Colgate Palmolive Ltd.	56.20	1	
2	Dettol	43.60	2	
3	Tata	43.20	3	
4	Lux	42.40	4	
5	Lifebuoy	41.50	5	
6	Britannia	40.00	6	
7	Vicks	38.60	7	
8	Surf	37.50	8	
9	Nirmn	37.20	9	
10	Bata Bata shoe Company Ltd.	37.00	10	

स्रोत (Source)—विज्ञापन और प्रबन्ध (Advertising and Management)-15 Feb., 2002.

(द) अधिक प्रशसंनीय बाजारीकरण कम्पनियाँ (Most Admired Marketing Companies)—भारत में दोनों स्थायी और अस्थायी उपभोक्ता 1998 और 1999 में रहे। यह रैन्क (ranks) बिन्दुओं में सैम्पल (Samples) के आधार पर स्तर मैनेजर्स, स्टाफ स्तर मैनेजर्स और लाइन मैनेजर्स की ग्रुप नीतियों के आधार पर लिए गये।

FMCG COMPANIES OF INDIA

S. No.	Name of the Company	Points Scored 1998	Points Scored 1999	Rank 1998	Rank 1999
1	Hindustan Lever Ltd.	NA	8.43	1	1
2	Coca Cola India Ltd.	NA	7.98	7	2
3	Cadbury Fry Ltd.	NA	7.77	8	3
4	Pepsi Foods Ltd.	NA	7.60	3	4
5	Colgate Palmolive Ltd.	NA	7.48	9	5
6	Nestle	NA	7.46	5	6
7	Britannia India Ltd.	NA	7.34	4	7
8	India Tobacco Comp. Ltd.	NA	6.99	6	8
9	Amul (GCMMF)	NA	6.87	10	9
10	Lakme Lever	NA	6.83	11	10

स्रोत (Source)—विज्ञापन और बाजारीकरण 30.11.99 (Advertising and Marketing)

(य) दस सर्वाधिक प्रशंसित कम्पनियाँ—

MOST ADMIRED TOP TEN DURABLES MARKETING COMPANIES

S. No.	Nature of Company	Points Scored 1998	Points Scored 1999	Rank 1998	Rank 1999
1	Titan Watches	NA	7.96	1	1
2	BPL	NA	7.76	2	2
3	Maruti	NA	7.55	4	3
4	Intel	NA	7.47		4
5	LG Electronics	NA	7.39	11	5
6	Godrej-GE	NA	7.13	7	6
7	MRF	NA	7.07	3	7
8	Bajaj Auto	NA	7.05	13	8
9	Hero Honda	NA	6.96	13	9
10	Asian Paints	NA	6.96	15	10

स्रोत (Source)—विज्ञापन और बाजारीकरण (Advertising Marketing)—30.11.99.

उपरोक्त सारणी से यह स्पष्ट है कि टाइटन (Titan), बी. पी. एल. (B.P.L.), इनटेल (Intel) एल. जी. (L.G) इलेक्ट्रॉनिक्स (Electronics), गोदरेज जी. ई. (Godrej (G.E.) ने अपना स्थान और अग्रसर किया और दूसरों ने अपना आधार खो दिया।

(र) इनके अतिरिक्त कुछ अन्य प्रमुख विज्ञापन कम्पनियाँ—

1. बेन्सन ऐण्ड मादर प्रा. लि., मुम्बई
2. हिन्दुस्तान थॉम्पसन एसोसिएट लि., मुम्बई
3. लिण्टास इण्डिया लिमिटेड, मुम्बई
4. आर. के. स्वामी एडवरटाइजिंग प्रा. लि., चेन्नई
5. क्लेरियॉन एडवरटाइजिंग प्रा. लि., कलकत्ता
6. ऐवरेस्ट एडवरटाइजिंग प्रा. लि., मुम्बई
7. उल्का एडवरटाइजिंग ऐण्ड मार्केटिंग प्रा. लि., कलकत्ता
8. प्रेसमैन एडवरटाइजिंग सर्विस, मुम्बई
9. सौभाग्य एडवरटाइजिंग सर्विस, मुंबई
10. चित्रा एडवरटाइजिंग प्रा. लि., मुम्बई
11. सिस्टा प्रा.लि., मुम्बई
12. कॉएट्रैक्ट एडवरटाइजिंग (इ.) लि., मुम्बई
13. मुंद्रा कम्युनिकेशन्स प्रा. लि., अहमदाबाद
14. रेडिफ्यूजन एडवरटाइजिंग प्रा. लि, मुम्बई
15. जैनसन एडवरटाइजिंग, मुम्बई
16. एडवरटाइजिंग ऐण्डसेल्स प्रमोशन कं., नयी दिल्ली
17. कामदार पब्लिसिटी, मुम्बई
18. एलिगेण्ट पब्लिसिटीज, चेन्नई
19. इण्टरेडेडवरटाइजिंग, नयी दिल्ली
20. त्रिकाया एडवरटाइजिंग प्रा. लि., मुम्बई
21. एफिशिएण्ट पब्लिसिटीज, चेन्नई
22. एण्टरप्राइज एडवरटाइजिंग प्रा.लि. मुम्बई
23. अक्षर एडवरटाइजिंग, नयी दिल्ली
24. जुपीटर पब्लिसिटी कं., नयी दिल्ली
25. एडवरटाइजिंग ऐण्ड मास कम्युनिकेसन सर्विस, नागपुर

(ल) भारत में कार्यरत शीर्ष-25 विज्ञापन एजेन्सियाँ

क्र. सं.	एजेन्सी	स्कोर
1	ओगिल्वी एण्ड मेन्थर (O&M)	7.47
2	मैकनन इरिक्सन (Me Cann Erickson)	6.76
3	लो लिण्टास (Low Lintas)	6.71
4	जे. डब्लू. टी. (JWT)	6.59
5	लियो बर्नेट (Leo Burnett)	6.58
6	मुन्द्रा (Mundra)	6.29
7	ग्रे वर्ल्ड वाइड (Grey World Wide)	6.26
8	एफ सी बी उल्का (FCB-ulka)।	6.03
9	कॉण्ट्रेक्ट एडवरटाइजिंग	5.92
10	रेडिफ्यूजन डी वाइ आर (Rediffusion DYR)	5.86
11	आर. के. स्वामी बी. बी. डी. ओ. (R K Swamy BBDO)	5.82
12	साची एण्ड साची (Saatchi & Saatchi)	5.79
13	गई. बी. एण्ड डब्लू. (I B & W)	5.77
14	यूरो आर. एस. सी. जी. (Euro RSCG)	5.63
15	बेट्स इण्टरप्राइज (Bates Enterprise)	5.61
16	एमबीएन्स पब्लिसीस (Ambience Publicis)	5.56
17	एस. एस. सी. एण्ड बी. लिटाण्स (SSC & B Lintas)	5.51
18	एवरेस्ट (Everest)	5.48
19	डेण्टस (Dentus)	5.46
20	इण्टरफेस (Interface)	5.45
21	पब्लिसीस इण्डिया (Publicis India)	5.33
22	ट्रिटान (Trition)	5.21
23	परसेप्ट एच (Percept H)	5.13
24	इक्वस रेडसेल (Equus Red cell)	5.09
25	टी. बी. डब्लू. ए. (TBWA)	5.09

स्रोतः इकोनामिक्स टाइम्स, 24 मई 2006

(व) सन् 1916-17 में भारत में सक्रिय कुछ सुप्रसिद्ध कम्पनियाँ इस प्रकार हैं–

(1) Ogilvy & Mather Ltd.

Corporate Office New York, USA **Establishment**—1948

Business—Advertising. Marketing **Website**—*www. ogilvy.com*

Ogilvy & Mather is a well known and among the top Advertising companies in India founded by David Ogilvy and has offices in more than 150 countries worldwide. Some of the notable ad campaigns done by Ogilvy & Mather includes Cadbury Dairy Milk and Vodafone.

(2) **GWT Hindustan Thompson Associates**

Corporate office—New York. USA **Establishment**—1864

Business—Advertisement and Marketing **Website**—*www.jwt.com*

One of the oldest advertisement company in the world, JWT was founded in year 1864. The Company has been operating in more than 90 countries worldwide and taken over Hindustan Thompson in the year 2002. It is a leading advertisement company in India which has notable clients such as Nestle. Unilever, DTC etc.

(3) **Rediffusion—DY&R**

Corporate office—New Delhi, India

Business—Advertisement **Website**—*www.wpp.com*

Rediffusion is a part of WPP group which is rated one among the leading advertising agencies in India. The company offers various servics which includes advertisement, consultancy, web design, social media, promotion and program setups.

(4) **Mc Cann-Erickson India Ltd**

Corporate office—U.S.A. **Establishment**—1930

Business—Advertising **Website**—*mccann.com*

A highest ranked company in the advertising agencies in India McCann has offices in 120 countries. McCann has been awarded the Global Agency of the Year by Adweek thrice. Some of the iconic ads created by McCann Erickson includes Coca Cola, Master Card commercial and Nescafe.

(5) **Pressman Advertising and Marketing Ltd.**

Corporate office—Kolkata, West Bengal **Establishment**—1960's

Business—Advertising **Website**—*www.pressmanindia.com*

Pressman is a well known name in the advertising industry in India, having presence in many cities includes Siliguri, Mumbai, Kolkata, Delhi, Chennai, Bhubaneswar, Hyderabad, Bangalore, Nagpur, Guwahati and Patna. Pressman is India's ISO 9001:2008 certified agency.

(6) **FCB-Ulka Advertising Ltd.**

Corporate office—Mumbai, Maharashtra **Establishment—1961**

Business—Advertising **Website**—*www.draftfcbulka.in*

FCB-Ulka established in 1961 is consistently maintaining its position in the top-10 Advertising agencies in India since its inception. FCB-Ulka has its presence in 92 countries having 150 offices across the world.

(7) **RK Swamy BBDO Advertising Ltd.**

Corporate office—Mumbai, Maharashtra **Establishment**-1973

Business—Advertising **Website**—*www.rkswamybbdo.com*

RK Swamy started the advertisement business in year 1973 and became leading brand since then. The company merged with BBDO and renamed it to RK Swamy BBDO advertising. It deals with giant MNC's and national companies and corporate such as Air India, Mercedes-Benz, Piaggio, Asia motors, Volvoline cummins etc.

(8) **Trikaya Grey Advertising (India) Ltd.**

Corporate office—New York, U.S. **Establishment**—1917

Business—Advertising. Entertainment, Marketing **Website**—*www.grey.com*

Grey offers variety of services like advertising, marketing, entertinment, customer relationship management etc. Based in New York, U.S. company has offices in 96 countries including India, Bangladesh, Thailand, Malaysia, Canberra, Korea and more. Company's clients includes Glaxo Smith K Line, Procter & Gamble, Volkswagen and other renowned brands.

(स) विज्ञापन क्षेत्र के कुछ चर्चित व्यक्ति

1. पीयूष पाण्डे (ओ एण्ड एम)
2. प्रसून जोशी (मैकनन इरिकसन)
3. प्रह्लाद कक्कड़ (जेनीसिस Genesis)
4. आर. बालाकृष्णन (लो लिण्टास)
5. मधुकर कामत (मुंद्रा)
6. सैम बलसारा (मेडिसन ('Medison') कम्युनिकेशन)
7. जान गुडमैन (ओ एण्ड एम)
8. प्रसून पाण्डे
9. अरविन्द शर्मा (लियो बर्नेट)
10. अरुण नन्दा (रेडिफ्यूजन डी वाई आर)
11. एलसी नैन्जी (एम बी एन्स पब्लिसीस)
12. सन्तोष देसाई (मैकनन इरिक्सन)
13. मुहम्मद खान (बेट्ज इण्टरप्राइज)
14. अनिल कपूर (एफ सी बी उल्का)
15. आशुतोष खन्ना (ग्रे वर्ल्ड वाइड)
16. के. बी. श्रीधर (लियो बर्नेट)
17. काल्विन हैरिस (जे. डब्लू. टी.)
18. प्राणेश मिश्र (लो)

19. अशोक कुरियन (एम बी सन्स पब्लिसीस)

20. महेश चौहान (एवरेस्ट)

21. अलीक पदमसी (एड. गुरु)

(स्रोत : इकोनामिक्स टाइम्स, 24 मई, 2006

(ख) विज्ञापन एजेन्सियाँ : वैश्विक परिदृश्य—वैश्विक स्तर पर विज्ञापन सम्बन्धी पहली एजेन्सी कहाँ खुली, अध्ययन के दौरान मुझे दो स्थानों के नाम प्राप्त हुए। **प्रथम लन्दन का।** ऐसा माना जाता है कि लन्दन गज़ट के एक अधिकारी जॉर्ज रेनेल ने 1812 में संयुक्त राष्ट्र के लन्दन में पहली विज्ञापन एजेन्सी की स्थापना की थी। सन् 1993 तक यह 'रेनेल ऐण्ड सन ' नाम से पारिवारिक व्यवसाय बना रहा और अब टी.एम.पी. रेनेल ब्राण्ड के अधीन टी.एम.पी. (TMP) वर्ल्ड वाइड एजेन्सी (ब्रिटेन और आयरलैण्ड में) का हिस्सा है। प्रारम्भिक दौर में चार्ल्स बार्कर लन्दन का एक अन्य विज्ञापन एजेण्ट था और उसने जिस फर्म की स्थापना की थी, उसने 2009 में प्रशासन के अधीन जाने से पहले तक 'बार्कर्स' के नाम से कारोबार किया।

इधर, कुछ पुख्ता सूत्र संकेत करते हैं कि दुनिया की पहली विज्ञापन एजेन्सी 1841 में **बोस्टन** में खुली। इसका नाम वालनी बी पामर था। इसी एजेन्सी ने अखबारों में विज्ञापन की एवज में 'कमीशन' लेने की शुरुआत की। यह एजेन्सी पच्चीस प्रतिशत तक कमीशन लेती थी। पामर अखबारों में स्थान बेचनेवाले (Space Broker) के रूप में काम करते थे। उन्होंने कड़े श्रम और संघर्ष के साथ न्यूयार्क एवं बोस्टन आदि शहरों में 1849 तक विज्ञापन एजेन्सी की अपनी कई शाखाएँ खोलीं। सन् 1850 में फिलाडेल्फिया में पहली अमेरिकी विज्ञापन एजेन्सी खुली। यह एजेन्सी अपने ग्राहकों द्वारा निर्मित विज्ञापनों को विभिन्न अखबारों के उत्पादों, फोटोग्राफों, एम्ब्रोटाइप और डग्युरियोटाइप में प्रकाशित कराती थी। उनके विज्ञापन ही पहले ऐसे विज्ञापन थे, जिनकी अक्षराकृति और अक्षर प्रकाशन और दूसरे विज्ञापनों के मूलशब्द से अलग होते थे। उस समय के सभी अखबारों के विज्ञापन एगेट और केवल एगेट में ही बनते थे। उनके द्वारा विशिष्ट बड़े अक्षरों का अधिकाधिक उपयोग सनसनी का कारण बन गया। बाद में उसी वर्ष रॉबर्ट बॉनर ने एक अखबार में पहली बार पूरे पृष्ठ का विज्ञापन दिया। इस बीच, इधर, 1861 तक अमेरिका में तकरीबन 30 विज्ञापन कम्पनियों की स्थापना हो चुकी थी। इनका काम माध्यमों में स्पेस खरीदना और उसे बेचना होता था। फिलाडेल्फिया के ही एक अन्य एजेण्ट एन.डल्ब्यू. अय्यर ने 19वीं सदी के अन्तिम दशक में स्थान बेचने और खरीदने के साथ-साथ कॉपी लेखन सम्बन्धी कई तरह की सुविधाएँ देनी शुरू कीं। फल हुआ, उनका यह व्यापार काफी फला-फूला। सन् 1864 ई. में विलियम जेम्स थार्लटन ने धार्मिक पत्रिकाओं में विज्ञापन के लिए जगह बेचना आरम्भ किया। सन् 1868 में जेम्स वाल्टर थॉम्पसन इस फर्म में शामिल हुए। थॉम्पसन तेजी से उनके सर्वश्रेष्ठ विक्रेता बन गये। यही नहीं, 1877 में कम्पनी को खरीद भी लिया और उसका नाम बदलकर 'जेम्स वाल्टर थॉम्पसन' कम्पनी रख दिया, जो आज सबसे पुरानी अमेरिकन एडवरटाइजिंग एजेन्सी है। यह महसूस करने के बाद कि अगर कम्पनी विज्ञापनदाताओं के लिए विषय को विकसित करने की सेवा उपलब्ध कराती है तो वह और अधिक जगह बेंच सकती है। थॉम्पसन ने लेखकों और कलाकारों को काम पर रखकर पहली बार किसी विज्ञापन एजेन्सी में क्रिएटिव अर्थात्

सृजनात्मक विभाग की स्थापना की। अमेरिका में उन्हें ''आधुनिक पत्रिकाओं में विज्ञापन प्रणाली के जनक'' के रूप में जाना जाता है।

सन् 1917 में एन डब्ल्यू अय्यर के निर्देशन में विज्ञापन एजेन्सी द्वारा कॉपी लेखन और कला सम्बन्धी सेवाओं के साथ-साथ अन्वेषण सम्बन्धी सेवाएँ भी देना प्रारम्भ किया गया। सन् 1917 में ही अमेरिकन एसोसिएशन ऑफ एडवरटाइजिंग एजेन्सीज (AAAA) की स्थापना की गयी और इससे मान्यता प्राप्त विज्ञापन एजेन्सियों के लिए माध्यम में 15 प्रतिशत कमीशन निर्धारित किया गया। इस समय विज्ञापन एजेन्सियों ने सम्पूर्ण विज्ञापन योजनाओं (अभियानों) का नियोजन, सृजन एवं क्रियान्वयन प्रारम्भ कर दिया था। सन् 1928 के लगभग विज्ञापन माध्यम के रूप में रेडियो का प्रारम्भ हुआ और यह माध्यम इतना लोकप्रिय हुआ कि मुद्रण माध्यमों के मुकाबले इस माध्यम का विज्ञापन खर्च अधिक होने लगा था। सन् 1950 में रेडियो के पश्चात् दूरदर्शन पर भी विज्ञापन दिखाये जाने लगे और सन् 1960 तक तो माध्यम सबसे लोकप्रिय माध्यम के रूप में उभर कर सामने आया। सन् 1960 के आसपास विज्ञापन में सृजनात्मकता पर बहुत ज्यादा ध्यान दिया जाने लगा और विज्ञापन एजेन्सी ने आधुनिक स्वरूप धारण कर लिया। वर्तमान में आधुनिकविज्ञापन एजेन्सी विज्ञापनकर्त्ता को हर तरह की सुविधाएँ, सेवाएँ, जैसे—बाजार, मीडिया एवं उत्पाद का अन्वेषण व विज्ञापन योजना से सम्बन्धित सभी प्रकार की सेवाएँ विज्ञापनकर्त्ता को प्रदान करती हैं।[4]

वस्तुतः ऐतिहासिक परिप्रेक्ष्य में देखें तो पायेंगे कि 1950-60 के वर्षों में विश्वविज्ञापन उद्योग पर अमेरिका का वर्चस्व था। अमेरिका के पास 75 फीसदी हिस्सा था। बहुत प्रयासों के बावजूद 1960 के बाद के दशक में कोई बड़ा परिवर्तन नहीं आया, बल्कि अमेरिका का हिस्सा घटकर 60 फीसदी रह गया। कुल मिलाकर अमेरिकी विज्ञापन कम्पनियों ने 33 बिलियन डॉलर का कारोबार किया। जेड जनुस नोरिन ने 'एडवरटाइजिंग एण्ड दि मास मीडिया इन दि एरा ऑफ दि ग्लोबल कारपोरेशन' (1981) शीर्षक शोध पत्र में लिखा है, कि सन् 1950 के बाद के दशक में अमेरिकी विज्ञापन एजेन्सियों ने विदेशों में 26 शाखाएँ खोलीं। सन् 1960-70 के दौरान यह संख्या बढ़कर 191 नयी शाखाओं के आँकड़े को पार कर गयी। सन् 1970-80 के आँकड़े बताते हैं कि विश्व की दस सबसे बड़ी विज्ञापन कम्पनियों में से सात अमेरिका स्थित कम्पनियाँ हैं। इनका कारोबार समूह विज्ञापन कारोबार का 72 फीसदी आँका गया है। कार्ल सावेण्ट ने 'मल्टीनेशनल इण्टरप्राइजेज ऐण्ड दि ट्रांसमीशन ऑफ कल्चर', 'दि इण्टरनेशनल सप्लाई ऑफ एडवरटाइजिंग सर्विसेज ऐण्ड बिजनेसेज एजुकेशन' शीर्षक रिपोर्ट संयुक्त राष्ट्र संघ के लिए तैयार की थी। इस रिपोर्ट में बताया गया है कि विज्ञापन के क्षेत्र में अमेरिकी कम्पनियों का वर्चस्व है। ये कम्पनियाँ अमेरिकी व्यापारिक घरानों की माँग पर तीव्र गति से सक्रिय होती हैं। आक्रामक शैली में प्रचार करती हैं। जन माध्यमों पर अन्तर्वस्तु और नीतियों के परिवर्तन हेतु दबाव डालने का काम करती हैं। इसके अलावा जीवन शैली, खान-पान, रहन-सहन एवं आदतों को भी ये कम्पनियाँ प्रभावित करती हैं, आर्थिक उदारीकरण के बाद तेजी से भारतीय विज्ञापन कम्पनियों का बहुराष्ट्रीय विज्ञापन कम्पनियों से सहयोग और सम्पर्क और बढ़ा है। खासकर, अमेरिकी, दक्षिण कोरिया एवं जापान की बड़ी विज्ञापन कम्पनियों के साथ भारतीय विज्ञापन कम्पनियों के रिश्ते और भी प्रगाढ़ हुए हैं।

विगत चालीस वर्षों से ब्राण्ड केन्द्रित विज्ञापन रणनीति के प्रचार-प्रसार पर मुख्यतः जोर दिया जा रहा है। पहले यह सिर्फ दवाओं के क्षेत्र में ब्राण्ड रणनीति लागू थी। ब्राण्ड को प्रचलित करना,

जनप्रिय बनाना, ब्राण्ड युद्ध के जरिये उपभोक्ता बाजार को विस्तार देना विज्ञापन एजेन्सियों का मुख्य लक्ष्य है। सन् 1954 में अमेरिका की 30 सर्वोच्च विज्ञापन एजेन्सियों ने अपने सकल व्यापार का मुश्किल से 5 फीसदी अंश बाहर से कमाया था। किन्तु, बाद के 30 वर्षों में इसमें पाँच गुनी वृद्धि हुई है। सन् 1984 में अमेरिकी विज्ञापन एजेन्सियों की सकल आय का 26 फीसदी हिस्सा अमेरिका के बाहर से आता था। कुछ कम्पनियाँ इस मामले में अपवाद थीं। मसलन सेकन-इरिकसन कम्पनी के सकल व्यापार का 63.6 फीसदी अंश बाहर से आता था। युंग ऐण्ड रूबीकम, कम्पनी की 1955 में विदेशों से आमदनी 5 फीसदी थी जो 1973 तक आते-आते 40.1 फीसदी हो गयी। ठीक यही पैटर्न 'टेड बारिश वर्ल्डवाइड', 'ओगिल्वी ऐण्ड मदर', 'बीबीडीओ' आदि विज्ञापन एजेन्सियों में भी देखा जा सकता है।

1995 के आँकड़े बताते हैं कि विश्वस्तरीय प्रभुत्ववाली 40 बड़ी विज्ञापन कम्पनियाँ मैदान में थीं। इन सभी का पश्चिमी यूरोप, जापान और अमेरिका में आधार था। तकरीबन 47 बिलियन डॉलर विश्व भर में विज्ञापन पर खर्च होता था। इसमें से 26 बिलियन डॉलर अमेरिका के बाहर खर्च होता था। सन् 1994 के बाद से इसमें 20 फीसदी की वृद्धि हुई है। सर्वोच्च 40 विज्ञापन कम्पनियों में से 8 विज्ञापन कम्पनियाँ ऐसी थीं जो 40 फर्मों की सकल आय के आधे हिस्से पर कब्जा किये हुए थीं। सन् 1970 में अमेरिका के पास भूमण्डलीय विज्ञापनों का 60 फीसदी अंश था, सन् 1995 में घट कर यह 47 फीसदी रह गया। 1995 में भूमण्डलीय विज्ञापन का कारोबार 335 बिलियन डॉलर आँका गया था जिसके बारे में अनुमान है कि सन् 2020 तक 2 ट्रिलियन डॉलर हो जायेगा। इसके अलावा विश्व विज्ञापन आमदनी में उत्तरी अमेरिका के अंश में ह्रास की सम्भावनाएँ व्यक्त की जा रही हैं। जबकि एशिया, लैटिन अमेरिका और पश्चिमी यूरोप में प्रति व्यक्ति विज्ञापन व्यय में तेजी से वृद्धि हो रही है। उदाहरण के लिए चीन को ही लें, चीन में 1991 में विज्ञापन व्यय एक फीसदी था जो 1995 में 8 फीसदी दर्ज किया गया और 1997 तक आते-आते 16 फीसदी हो गया।

सन् 1997 के आँकड़े बताते हैं कि बहुराष्ट्रीय विज्ञापन एजेन्सियों ने तकरीबन 200 नयी शाखाएँ खोलीं। यहाँ हम सर्वोच्च 10 विज्ञापन एजेन्सियों की नेटवर्क क्षमता एवं आमदनी पर विहंगम दृष्टिपात करेंगे, उससे हमें इन एजेन्सियों के विराटकाय स्वरूप को सहज ही जानने में मदद मिल सकती है।

1997 में 'सैकिण्ड विण्ड नेटवर्क' की शुद्ध सकल आय 704 मिलियन डॉलर दर्ज की गयी। जब कि उसने 2,200 मिलियन डॉलर का कुल कारोबार किया, इसकी विश्व स्तर पर 516 एजेन्सियाँ हैं। जिनमें 448 एजेन्सियाँ सिर्फ अमेरिका में हैं। 'वर्ल्ड वाइड पार्टनर्स' की शुद्ध सकल आमदनी 525 मिलियन डॉलर थी, जब कि कुल कारोबार 3,500 मिलियन डॉलर का किया, इसकी पूरी दुनिया में 82 एजेन्सियाँ हैं जिनमें 50 एजेन्सियाँ अमेरिका में हैं। 'लीडिंग इण्डिपेडेण्ट एजेन्सी नेटवर्क' ने 389 मिलियन डॉलर का शुद्ध लाभ कमाया और 2,600 विलियन डॉलर का कारोबार किया, इसकी 22 एजेन्सियाँ है, जिनमें से 10 अमेरिका में हैं। 'इण्टरनेशनल कम्युनिकेशन एजेन्सी नेटवर्क' की शुद्ध आमदनी 352 मिलियन डॉलर दर्ज की गयी, इसी कम्पनी ने 2,352 मिलियन डॉलर का व्यापार किया, इसकी 72 एजेन्सियाँ हैं, जिनमें से 23 अमेरिका में हैं। 'एडवरटाइजिंग ऐण्ड मार्केटिंग इण्टरनेशनल नेटवर्क' की 1997 में शुद्ध आय 345 मिलियन डॉलर आंकी गयी इसने 2,300 मिलियन डॉलर का कारोबार किया इसकी 62 एजेन्सियाँ हैं, जिनमें से 32 अमेरिका में हैं। 'मीडिया

मॉनडिले नेटवर्क' की 270 मिलियन डॉलर की शुद्ध आय हुई, इसने 1,800 मिलियन डॉलर का कारोबार किया, इसकी विश्व भर में 64 एजेन्सियाँ हैं जिनमें से मात्र एक एजेन्सी अमेरिका में है। यह ब्रिटिश कम्पनी है।

'डायलॉग इण्टरनेशनल' ब्रूसेल्स स्थित एजेन्सी है जिसकी 1997 में शुद्ध आमदनी 130 मिलियन डॉलर दर्ज की गयी, इसने 600 मिलियन डॉलर का व्यापार किया इसकी विश्व भर में 20 एजेन्सियाँ हैं, जिनमें से अमेरिका में मात्र दो एजेन्सी हैं। 'इण्टरपार्टनर्स कम्यूनिकेशंस' ब्रूसेल्स स्थित कम्पनी है जिसकी शुद्ध सकल आय 125 मिलियन डॉलर दर्ज की गयी, इसने 856 मिलियन डॉलर का कारोबार किया, इसकी विश्व स्तर पर 23 एजेन्सियाँ हैं जिनमें से एक अमेरिका में है। 'ट्रान्सवर्ल्ड एडवरटाइजिंग एजेन्सी नेटवर्क' ने 1994 में 114 मिलियन डॉलर का मुनाफा कमाया और 760 मिलियन डॉलर का व्यवसाय किया, इसकी 44 एजेन्सियाँ हैं जिनमें से 20 अमेरिका में हैं। 'म्यूचुअल एडवरटाइजिंग एजेन्सी नेटवर्क' ने 99 मिलियन डॉलर का शुद्ध लाभ प्राप्त किया और 659 मिलियन डॉलर का कारोबार किया, इसकी 31 एजेन्सियाँ हैं, ये सभी अमेरिका में हैं। इस तरह 10 सर्वोच्च विज्ञापन कम्पनियों ने 1997 में 2,928 मिलियन डॉलर का शुद्ध लाभ अर्जित किया और 17.627 मिलियन डॉलर का कारोबार किया, इसकी विश्व में 936 एजेन्सियाँ हैं जिनमें 618 एजेन्सियाँ अमेरिका में हैं।[5]

इस तरह अन्त में कुल मिलाकर यह कि आधुनिक विज्ञापन एजेन्सियाँ वे सभी सुविधाएँ विशेषज्ञों द्वारा उपलब्ध करवाती हैं, जो विज्ञापन योजना के लिए आवश्यक होती हैं। विज्ञापन एजेन्सी के विशेषज्ञ बाजार के आधार पर विज्ञापनकर्त्ता की फर्म का विश्लेषण करते हैं और उनको व्यवसाय में लाभ दिलाने के लिए विज्ञापन की कार्य-योजना निर्धारित करते हैं। सामान्यतः हम जो विज्ञापन रोजाना देखते व सुनते हैं—वे सभी विज्ञापन एजेन्सियों द्वारा ही निर्मित और प्रसारित होते हैं।

(अ) विश्व की कुछ प्रमुख विज्ञापन एजेन्सियाँ—

1. डेण्टस टोकिया,
2. मैकनन इरिक्सन वर्ल्ड वाइड, न्यूयार्क,
3. बीबीडीओ वर्ल्ड वाइड, न्यूयार्क,
4. जे. वाल्टर थामसन क., न्यूयार्क,
5. यूरो आर.एस.सी.जी., न्यूयार्क,
6. ओगिल्वी ऐण्ड मेन्थर, न्यूयार्क,
7. पब्लिसीस वर्ल्ड वाइड, शिकागो

(3) विज्ञापन एजेन्सियों के प्रकार—विज्ञापन एजेन्सियाँ अपने हर आकार-प्रकार, छोटी-बड़ी, हैसियत से युक्त उपलब्ध हैं। इनमें कुछ स्वतन्त्र भी हैं, बहुराष्ट्रीय भी हैं, एकल स्वामित्व के अधीन भी हैं। ओमनिकॉम ग्रुप, डब्ल्यू. पी.पी. (WPP) ग्रुप, पब्लिसीस, इण्टर पब्लिक ग्रुप ऑफ कम्पनीज और हवास आदि सुप्रसिद्ध हैं। इनमें से कुछ को इस प्रकार देखा जा सकता है,—

(1) सीमित सेवा की विज्ञापन एजेन्सियाँ—कुछ विज्ञापन एजेन्सियाँ अपनी राशि और सेवा की सीमा तय कर देती हैं। ऐसी एजेन्सियाँ आमतौर पर केवल एक या दो बुनियादी सेवाएँ

प्रदान करती हैं। उदाहरण के लिए, हालाँकि कुछ एजेन्सियाँ "सृजनात्मकता" में विशेषज्ञ हैं, वे विज्ञापन सेवा में योजनाबद्ध तरीके से रणनीति मुहैया करती हैं, उनकी बुनियादी रुचि विज्ञापन बनाने में होती है। इसी तरह, कुछ "मीडिया-क्रय सेवा की खरीद" करनेवाली मीडिया प्लानिंग उपलब्ध कराती हैं, पर मीडिया की खरीद, प्लेसमेण्ट और बिलिंग पर ध्यान देती हैं।

जब विज्ञापनदाता सीमित सेवा मुहैया करनेवाली विज्ञापन एजेन्सियों को चुनता है, तब उसे यह मान लेना चाहिये कि विज्ञापन योजना और समन्वय की गतिविधियाँ नियमित तौर पर पूर्ण सेवा विज्ञापन एजेन्सियों द्वारा नियन्त्रित की जाती हैं। इस प्रकार, जो विज्ञापनदाता सीमित सेवा देनेवाली एजेन्सियों का उपयोग करता है वह आमतौर पर रणनीतिक योजना की अधिक-से-अधिक जिम्मेदारी लेता है, विशेषज्ञ रचनात्मकता और मीडिया एजेन्सियों को विशेष रणनीतिक दिशा देता है और इन एजेन्सियों के विशेष उत्पाद पर अधिक नियन्त्रण के लिए, यह सुनिश्चित करती हैं कि उनकी अलग-अलग गतिविधियाँ अच्छी तरह से सुनियोजित और एकीकृत हैं।

(2) विशेषज्ञ विज्ञापन एजेन्सियाँ—आम विज्ञापन एजेन्सियों की पूर्णकालिक सेवा के साथ ही कुछ ऐसी एजेन्सियाँ भी हैं जो विशेष तरह के विज्ञापन में विशेषज्ञ हैं—आवश्यकता, मददगार, चिकित्सा, वर्गीकृत, औद्योगिक, वित्तीय, सीधी प्रतिक्रिया, खुदरा, येलो पेजेज, नाटकीय/मनोरंजन, निवेश, यात्रा इत्यादि।

ऐसे क्षेत्रों में विभिन्न कारणों से विशेषज्ञता की जरूरत पड़ती है। उदाहरण के लिए अक्सर भर्ती के विज्ञापनों में, विशेषज्ञ मीडिया या मीडिया का उपयोग होता है जिसमें ज्ञान और विशेषज्ञता की आवश्यकता होती है जो आमतौर पर एक सामान्य लाइन एजेन्सी में नहीं मिलता। अन्य मामलों जैसे कि चिकित्सा या औद्योगिक विज्ञापनों में, विषय तकनीकी होता है और ऐसे लेखकों और कलाकारों की आवश्यकता होती है जिन्हें ऐसा प्रशिक्षण प्राप्त हो जिससे वे इसके बारे में सार्थक विज्ञापन सन्देश लिख सकें।

ऐसी विशेषज्ञ विज्ञापन एजेन्सियाँ भी आमतौर पर "पूर्ण सेवा" देती हैं, जिसमें वे विशेषज्ञता के साथ-साथ अपने क्षेत्र में सम्बन्धित विज्ञापन एजेन्सी की बुनियादी सेवाओं के अलावा अन्य परिधीय विज्ञापन सेवाएँ प्रदान करती हैं जो उनकी विशेषज्ञता के क्षेत्र से सम्बन्धित हों।

(3) इन-हाउस विज्ञापन एजेन्सियाँ—कुछ विज्ञापनदाताओं का मानना है कि वे अपने को इस तरह की विज्ञापन सेवाएँ बाहरी एजेन्सी के मुकाबले कम लागत में प्रदान कर सकते हैं।

(4) परस्पर-प्रभावी (इण्टरैक्टिव) एजेन्सियाँ—परस्पर-प्रभावी या इण्टरैक्टिव एजेन्सियाँ वेब डिजाइन विकास, सर्च इंजन मार्केटिंग, इण्टरनेट विज्ञापन/विपणन, या ई-बिजनेस/ई-कॉमर्स परामर्श जैसी विभिन्न प्रकार की सेवाएँ प्रदान कर अपने को अलग साबित कर सकती हैं। परस्पर प्रभावी एजेन्सियों ने परम्परागत विज्ञापन एजेन्सियों द्वारा इण्टरनेट को अपनाने के बहुत पहले ही प्रमुखता प्राप्त कर ली थी। सेवाओं की एक विस्तृत शृंखला मुहैया करने की वजह से कुछ परस्पर-प्रभावी एजेन्सियों ने बहुत तेजी से विकास किया, हालाँकि कुछ ने बाजार की बदलती स्थितियों के सामने उसी तेजी से घुटने टेक दिये। आज, सबसे सफल परस्पर-प्रभावी एजेन्सियों का डिजिटल स्पेस के लिए विशेष विज्ञापन और विपणन सेवाएँ प्रदान करनेवाली कम्पनियों के रूप में परिभाषित किया जाता है। किसी भी मल्टीमीडिया-समर्थ इलेक्ट्रॉनिक चैनल को जहाँ से विज्ञापनदाता के सन्देश को सुना या देखा जा सके, डिजिटल स्पेस के रूप में परिभाषित किया

गया है। 'डिजिटल स्पेस' का मतलब इण्टरनेट, कियोस्क, सीडी-रॉम (CD-ROMs), डी.वी.डी. (DVDs) और जीवन शैली के उपकरण (आइपॉड, पी.एस.पी. 'PSP' और मोबाइल) हैं। परस्पर-प्रभावी एजेन्सियाँ विज्ञापन एजेन्सियों की तरह ही काम करती हैं, हालाँकि वे अपना ध्यान पूरी तरह से परस्पर-प्रभावी विज्ञापन सेवाओं पर ही केन्द्रित करती हैं। वे रणनीति, रचनात्मक, डिजाइन, वीडियो, विकास, प्रोग्रामिंग (फ़्लैश या कुछ और) परिनियोजन, प्रबन्धन और पारितोषक रिपोर्टिंग जैसी सेवाएँ उपलब्ध कराती हैं। अक्सर परस्पर-प्रभावी एजेन्सियाँः डिजिटल प्रभावित पीढ़ी, डिजिटल ब्राण्ड विकास, परस्पर-प्रभावी विपणन और संचार रणनीति, व्यापक मीडिया अभियान, परस्पर-प्रभावी वीडियो ब्राण्ड अनुभव, वेब 2.0 वेबसाइट डिजाइन और विकास, ई अधिगम उपकरण, ईमेल विपणन, एसईओ (SEO)/एसईएम (SEM) सेवायें, पीपीसी (PPC) अभियान प्रबन्धन, सामग्री प्रबन्धन सेवाएँ, वेब अनुप्रयोग विकास और समग्र डाटा खनन और रॉय (ROI) मूल्यांकन जैसी सेवाएँ प्रदान करती हैं।

परस्पर-प्रभावी एजेन्सियों में हाल में आयी तेजी का श्रेय वेब आधारित सामाजिक नेटवर्किंग और समुदायिक साइटों की बढ़ती लोकप्रियता को दिया जा सकता है। माइस्पेस, फेसबुक और यू ट्यूब जैसी साइटों के सृजन ने बाज़ार में रुझान, उत्पन्न किया है, जिसकी वजह से कुछ परस्पर-प्रभावी एजेन्सियों ने अपनी सेवाओं में व्यक्तिगत और कॉर्पोरेट समुदाय साइट के विकास की पेशकश आरम्भ कर दी है। अभी ऐसा कहना जल्दबाजी हो सकता है कि एजेन्सियाँ ग्राहकों के आरओआई (ROI) के मुद्रीकरण के लिए इस प्रकार के विपणन का इस्तेमाल किस तरह से करेंगी, लेकिन सभी संकेत इसी ओर इशारा करते हैं कि ऑनलाइन नेटवर्किंग ही ब्राण्ड की संचार और विपणन रणनीति के ब्राण्ड विपणन और परस्पर-प्रभाव का केन्द्र होगी।

सामाजिक नेटवर्किंग में तेजी के कारण, नयी तरह की कम्पनियाँ प्रतिष्ठा प्रबन्धन कर रही हैं। जब किसी कम्पनी को ऑनलाइन क्षति नियन्त्रण की आवश्यकता हो तब इस तरह की एजेन्सी विशेष रूप से महत्त्वूर्ण होती है। यदि कोई ग्राहक असन्तुष्ट हो जाता है तो सामाजिक नेटवर्किंग साइटों के माध्यम से किसी कम्पनी की प्रतिष्ठा को बहुत आसानी से नुकसान पहुँचाया जा सकता है। क्योंकि इसकी वजह कोई भी जानकारी बड़ी तेजी से फैलती है, ऐसे में किसी भी अफवाह, गपशप या अन्य नकारात्मक ऑनलाइन प्रेस का पता लगते ही उसे सम्बोधित करना आवश्यक हो जाता है।

(5) खोज इंजन एजेन्सियाँ—हाल ही में, पर क्लिक पीपीसी (PPC) और सर्च इंजन ऑप्टीमाइजेशन एसईओ (SEO) जैसी कम्पनियों को कुछ लोगों द्वारा 'एजेन्सी' के तौर पर वर्गीकृत किया गया है क्योंकि वे मीडिया बनाती हैं और विषय आधारित विज्ञापन की खरीद या छवि आधारित और कुछ मामलों में विपणन खोज में प्रभावी होती हैं। इस अपेक्षाकृत युवा उद्योग ने 'एजेन्सी' शब्द को बेहद धीमी गति से अपनाया है, हालाँकि विज्ञापन बनाने (पाठ हो या छवि) और मीडिया खरीद में, वे तकनीकी रूप में 'विज्ञापन एजेन्सियों' के रूप में योग्य साबित हुए हैं।

(6) सामाजिक मीडिया एजेन्सियाँ—सोशल मीडिया या सामाजिक मीडिया एजेन्सियाँ विभिन्न ब्राण्डों के प्रचार के लिए ब्लॉग्स, सामाजिक नेटवर्किंग साइटों, क्यू ऐण्ड ए (Q&A) साइटों, चर्चा मंचों, माइक्रोब्लॉग्स आदि जैसे विभिन्न सामाजिक मीडिया प्लेटफॉर्मों का इस्तेमाल करती हैं। सामाजिक मीडिया एजेन्सियों की मुख्य दो सेवाएँ हैं:

सामाजिक मीडिया विपणन

ऑनलाइन प्रतिष्ठा प्रबन्धन

(7) स्वास्थ्य सेवा (हेल्थकेयर) संचार एजेन्सियाँ—**स्वास्थ्य सेवा** संचार एजेन्सियाँ स्वास्थ्य सेवा और **जीव विज्ञान** उद्योगों के लिए रणनीतिक संचार और विपणन सेवाओं में विशेषज्ञता अर्जित करती हैं। ये एजेन्सियाँ **यू.एस.एण्ड ड्रग एडमिनिस्ट्रेशन या एफडीए** (FDA) द्वारा निर्धारित लेबलिंग और विपणन के कठोर दिशा निर्देशों और एडवामेड (ADVAMED) और **फार्मा** जैसे उद्योग समूहों के दिशा निर्देशों का पालन कर अपने को अन्य एजेन्सियों से अलग बनाती हैं।

उल्लेखनीय उदाहरणः डूडनिक शामिल हैं।

(8) **चिकित्सा शिक्षा एजेन्सियाँ**—चिकित्सा शिक्षा एजेन्सियाँ **स्वास्थ्य सेवा** और **जीव विज्ञान** उद्योगों के लिए शैक्षणिक सामग्री बनाने में विशेषज्ञता प्राप्त करती हैं। ये एजेन्सियाँ आम तौर पर एक दो क्षेत्रों में विशेषज्ञता प्राप्त करती हैं:

विज्ञापन-सम्बन्धी शिक्षा (प्रोमोशनल एजुकेशन)—शिक्षा और प्रशिक्षण सामग्री निर्धारित उत्पाद या उपचार के प्रचार से जुड़े हैं

सतत चिकित्सा शिक्षा (कनटिन्यूइंग मेडिकल एजुकेशन)—सतत चिकित्सक और पेशेवर चिकित्सा शिक्षा के लिए तैयार की गयी मान्यता प्राप्त शिक्षण और प्रशिक्षण सामग्री।

(9) **अन्य एजेन्सियाँ**—अक्सर विज्ञापन एजेन्सियों के स्थान पर *इण्टरप्राइज टेक्नोलॉजी एजेन्सीज़* विज्ञापन एजेन्सियों के साथ मिलकर वेब, मोबाइल उपकरणों और उभरते डिजिटल प्लेटफार्मों के लिए कुछ परस्पर-प्रभावी एजेन्सियों द्वारा उपलब्ध सबसेट सेवाओः वेब 2.0 वेबसाइट डिजाइन और विकास, **सामग्री प्रबन्धन प्रणालियों**, वेब अनुप्रयोग विकास और अन्य सहज ज्ञान युक्त तकनीक समाधान के लिए काम करती हैं।

छात्रों द्वारा संचालित विज्ञापन एजेन्सी मॉडल, मुख्य रूप से विश्वविद्यालय की कक्षाओं के बाहर या छात्र समूहों के रूप में संचालित होती हैं, शैक्षिक अवसरों के बदले में ग्राहकों को मुफ्त में विज्ञापन की सेवाएँ प्रदान करता है।

(4) विज्ञापन एजेन्सी : संरचना, ढाँचा एवं कार्य—विज्ञापन एजेन्सियों के मुख्य रूप से दो ही कार्य स्वीकार किये जाते हैं,—(1) विज्ञापनकर्त्ताओं से विज्ञापन प्राप्त करना तथा (2) विज्ञापन तैयार करके उसे प्रचारित-प्रसारित करना। ये विज्ञापन एजेन्सियाँ समय-समय पर नये-नये ग्राहकों को खोजती रहती हैं। उन्हें आमन्त्रित करने के लिए विज्ञापन भी देती रहती हैं। विज्ञापनकर्त्ता को लाभप्रद सेवा देना इनका मुख्य काम होता है। इसके लिए ये अपने ग्राहकों से मिलकर उनका मकसद और उद्देश्य पूछती हैं। उनकी समस्याओं को सुलझाने का प्रयास करती हैं। आवश्यकता पड़ने पर बाजार का सर्वेक्षण भी करवाती हैं। ये विज्ञापन कम्पनियाँ अपने ग्राहकों की साख और प्रतिष्ठा का पूरा ध्यान रखती हैं। बहरहाल, हम विज्ञापन एजेन्सियों की संरचना और कुछ प्रमुख कार्यों को इस प्रकार देख सकते हैं—

(1) सृजनात्मक (क्रिएटिव) विभाग—विज्ञापन एजेन्सी के केन्द्र के वे लोग जो वास्तव में विज्ञापन बनाते हैं आधुनिक विज्ञापन एजेन्सियाँ आमतौर पर अपने **कॉपी राइटर** और **आर्ट डाइरेक्टर** को सृजनात्मक टीमों में शामिल करती है। सृजनात्मक टीमों की स्थायी भागीदारी भी हो सकती है या यह अलग-अलग परियोजनाओं पर आधारित हो सकती है। आर्ट डाइरेक्टर और कॉपीराइटर **क्रिएटिव डिरेक्टर** को रिपोर्ट करते हैं, जो आमतौर पर एक सृजनकर्त्ता कर्मचारी होता है जिसे वर्षों का तजुर्बा होता है। हालाँकि कॉपीराइटर्स के कार्य

उपाधि में "राइट" और आर्ट डाइरेक्टर्स के नाम में "आर्ट" शब्द रहता है, पर यह जरूरी नहीं कि एक लिखे और दूसरा चित्र बनाये, वे दोनों (विज्ञापन या प्रचार के लिए मुख्य सन्देश) विचारों का प्रतिनिधित्व करने के लिए सन्देश के अनुकूल रचनात्मक प्रस्ताव देते हैं। सृजनात्मक विभाग अक्सर बाहर के **डिजाइन** और **प्रोडक्शन स्टूडियो** के साथ मिलकर उनके विचारों को विकसित और लागू करने के लिए काम करते हैं। सृजनात्मक विभाग **प्रोडक्शन आर्टिस्ट** को एंट्री लेवल पदों पर, साथ ही संचालन और रख रखाव के लिए भी नियुक्त कर सकता है। विज्ञापन प्रक्रिया का सबसे महत्वपूर्ण हिस्सा है सृजनात्मक प्रक्रिया।

(2) एकाउण्ट सेवाएँ—एजेन्सियाँ ग्राहकों के साथ तालमेल बिठाने के लिए एकाउण्ट कार्यकारी को नियुक्त करती हैं। एकाउण्ट एक्ज़ेक्यूटिवों को ग्राहकों की जरूरतों और इच्छाओं के बारे में पर्याप्त पता होना जरूरी है ताकि एजेन्सी के अधिकारियों को निर्देश दिये जा सकें और एजेन्सी की सिफारिश पर उसे ग्राहकों की मंजूरी मिलनी आवश्यक होती है। रचनात्मकता और विपणन कौशल ग्राहक सेवा के लोगों के लिए आवश्यक क्षेत्र हैं। वे प्रत्येक क्षेत्र के विशेषज्ञों के साथ मिलकर काम करते हैं।

(3) मीडिया सेवाएँ—मीडिया सर्विसेज़ विभाग भले ही इतना लोकप्रिय न हो, लेकिन इसके कर्मचारियों के सम्बन्ध विभिन्न रचनात्मक मीडिया के विभिन्न आपूर्तिकर्त्ताओं के साथ होते हैं। उदाहरण के लिए, यदि एक एजेन्सी ग्राहक के लिए फ्लायर्स का उत्पादन करती है तो वे प्रिण्टर्स को सुझाव देने या समझौता कराने में कामयाब होंगे, हालाँकि, जब बड़े मीडिया (प्रसारण मीडिया, आउटडोर और प्रेस) के साथ काम होता है तब यह काम मीडिया एजेन्सी को सौंप दिया जाता है जो मीडिया प्लानिंग पर सलाह देने में सक्षम होती है और जो सामान्य रूप से इतनी विस्तृत होती है कि बातचीत कर एक अकेली एजेन्सी या ग्राहक की अपेक्षा कीमतों को कम कर सके।

(4) उत्पादन—उत्पादन विभाग के बगैर कॉपीराइटर और आर्ट डाइरेक्टर द्वारा बनाया गया विज्ञापन किसी कागज पर लिखे गये शब्दों और चित्रों के अतिरिक्त कुछ भी नहीं होता, संक्षेप में उत्पादन विभाग यह सुनिश्चित करता है कि टी.वी. (TV) कामर्शियल या प्रिण्ट विज्ञापन आदि का उत्पादन हो सके। वे बाहरी विक्रेताओं (टी.वी. विज्ञापनों के मामले में निर्देशकों और उत्पादन कम्पनियों को, प्रिण्ट विज्ञापन या सीधे मेलर्स के मामले में फोटोग्राफरों और डिज़ाइन स्टूडियो को) के साथ अनुबन्ध करने के लिए जिम्मेदार होते हैं। निर्माता प्रारम्भिक रचनात्मक ब्रिफिंग से लेकर निष्पादन और वितरण तक एक परियोजना के हर पहलू में शामिल होते हैं। कुछ एजेन्सियों में वरिष्ठ निर्माता को "कार्यकारी निर्माता" या "सामग्री आर्किटेक्ट" के रूप में जाना जाता है।

आधुनिक एजेन्सियों में एक एकीकृत मीडिया प्लानिंग विभाग भी हो सकता है जो सभी जगह और प्लेसमेंट की योजना बनाता हो।

(5) अन्य विभाग और अधिकारी—छोटी एजेन्सियों में कर्मचारी रचनात्मक और एकाउण्ट सर्विस दोनों का काम करते हैं। बड़ी एजेन्सियाँ ऐसे लोगों को आकर्षित करती हैं जिन्हें एक या अन्य क्षेत्र में विशेषज्ञता हासिल हो और वास्तव में विशिष्ट पदों पर अनगिनत लोगों को उदाहरण के लिए—उत्पादन के काम, **इण्टरनेट एडवरटाइजिंग**, योजना या रिसर्च के लिए रखती है।

कई बार भुला दिये जाने के बावजूद विज्ञापन एजेन्सी के भीतर यातायात एक अभिन्न अंग है। यातायात (ट्राफिक) विभाग एजेन्सी में काम के प्रवाह को नियन्त्रित करता है। इसकी अध्यक्षता आमतौर पर एक यातायात प्रबन्धक (या सिस्टम प्रशासक) करता है। ट्राफिक झूठे कामों को रोककर, अनुचित काम को बढ़ावा न देकर, अधूरी जानकारी को साझा न करके, अधिक और कम लागत का आंकलन करके और मीडिया के विस्तार की जरूरत को पूरा कर एक एजेन्सी की दक्षता और लाभप्रदता को बढ़ाता है। छोटी एजेन्सियों में एक समर्पित यातायात प्रबन्धक के न होने पर उदाहरण के तौर पर एक कर्मचारी कार्यप्रवाह प्रबन्धन के लिए ही नहीं लागत अनुमान एकत्र करने और फोन का जवाब देने जैसे कार्य के लिए भी जिम्मेदार होता है। बड़ी एजेन्सियों में यातायात विभाग में पांच या अधिक कर्मचारी भी हो सकते हैं।

(6) एडवरटाइजिंग इंटर्न्स आम तौर पर विश्वविद्यालय के कनिष्ठ और वरिष्ठ हैं, जो सही मायने में एडवरटाइजिंग में रुचि और योग्यता भी रखते हैं। विज्ञापन एजेन्सियों में इण्टर्नशिप में पांच में से एक क्षेत्र में विशेषज्ञता होनी चाहिए: एकाउण्ट सर्विस, इण्टरैक्टिव, मीडिया, जनसम्पर्क और ट्राफिक।

इण्टर्नशिप कार्यक्रम में आमतौर पर एकाउण्ट में मौलिक काम शामिल है जो एकाउण्ट प्रबन्धन के साथ ही एजेन्सी के अन्य पहलुओं के लिए जोखिम की पेशकश भी होती है। इस स्थिति की प्राथमिक जिम्मेदारी खाता प्रबन्धक की सहायता करनी होती है। खाता प्रबन्धन प्रशिक्षु के कार्य में शामिल हो सकते हैं :

(7) शोध और विश्लेषण : उद्योग के बारे में जानकारी इकट्ठा करना, प्रतियोगिता, ग्राहक उत्पाद या सेवा, साथ ही मौखिक/लिखित रूप में सिफारिशों के साथ निष्कर्ष देना।

आंतरिक बैठकों में शामिल होना और जब उपयुक्त हो ग्राहकों की बैठक करना

रचनात्मक परियोजनाओं के प्रबन्धन में खाता सेवाओं में सहायता करना

अक्सर इन्टर्न्स आंतरिक रचनात्मक प्रक्रिया में हिस्सा लेते हैं, जहाँ उन्हें एक वेबसाइट बनाने और उसके प्रबन्धन की जिम्मेदारी के साथ ही **विज्ञापन अभियान** को विकसित करना होता है। इन परियोजनाओं में काम करनेवाले जैसे ये इण्टर्न्स सीखते हैं कि प्रभावी विज्ञापन और संचार योजना के लिए रणनीति और अच्छी तरह से विकसित विपणन कितना आवश्यक है।

अपने इण्टर्नशिप के दौरान प्रशिक्षु एक विज्ञापन, ब्रोश्योर और प्रसारण या संचार परियोजना की शुरू से अन्त तक की प्रक्रियाओं को अनुभव प्राप्त करते हैं। इण्टर्नशिप के दौरान प्रशिक्षु को एजेन्सी में और विज्ञापन की प्रक्रियाओं में अधिक-से-अधिक मौका मिलना चाहिए।

(5) विज्ञापन एजेन्सियों से माध्यमों को अपेक्षाएँ—(1) विज्ञापन एजेन्सी नये व्यवसाय का विकास करें,

(2) विज्ञापन एजेन्सी विज्ञापन की कठिनाइयों और जोखिमों को कम करके विज्ञापनकर्त्ता की कठिनाइयाँ कम करें और इस प्रकार माध्यम को मजबूत आधार प्रदान करें,

(3) विज्ञापन एजेन्सी विज्ञापन के विचार की वकालत करें,

(4) विज्ञापन एजेन्सी माध्यम के स्थान और समय के अनुरूप आवश्यक तत्त्वों से युक्त विज्ञापनों का सृजन कर खाली समय या स्थान को विज्ञापन के लिए प्रभावी बनायें,

(5) विज्ञापन एजेन्सी विज्ञापन की तकनीक में विकास और सुधार करें,

(6) विज्ञापन एजेन्सी माध्यम की वित्तीय प्रक्रियाओं को आसान बनाकर माध्यम के संचालन में खर्च में कमी करें,

(7) विज्ञापन एजेन्सी विज्ञापन की मशीनी तैयारी में माध्यम की मदद करें तथा

(8) विज्ञापन एजेन्सी निर्धारित तिथि पर विज्ञापन/प्रकाशन उसकी अनुवर्ती प्रक्रिया में मदद करे।

(6) विज्ञापन एजेन्सियों की कार्य-प्रणाली—

विज्ञापन एजेन्सी की कार्य प्रणाली

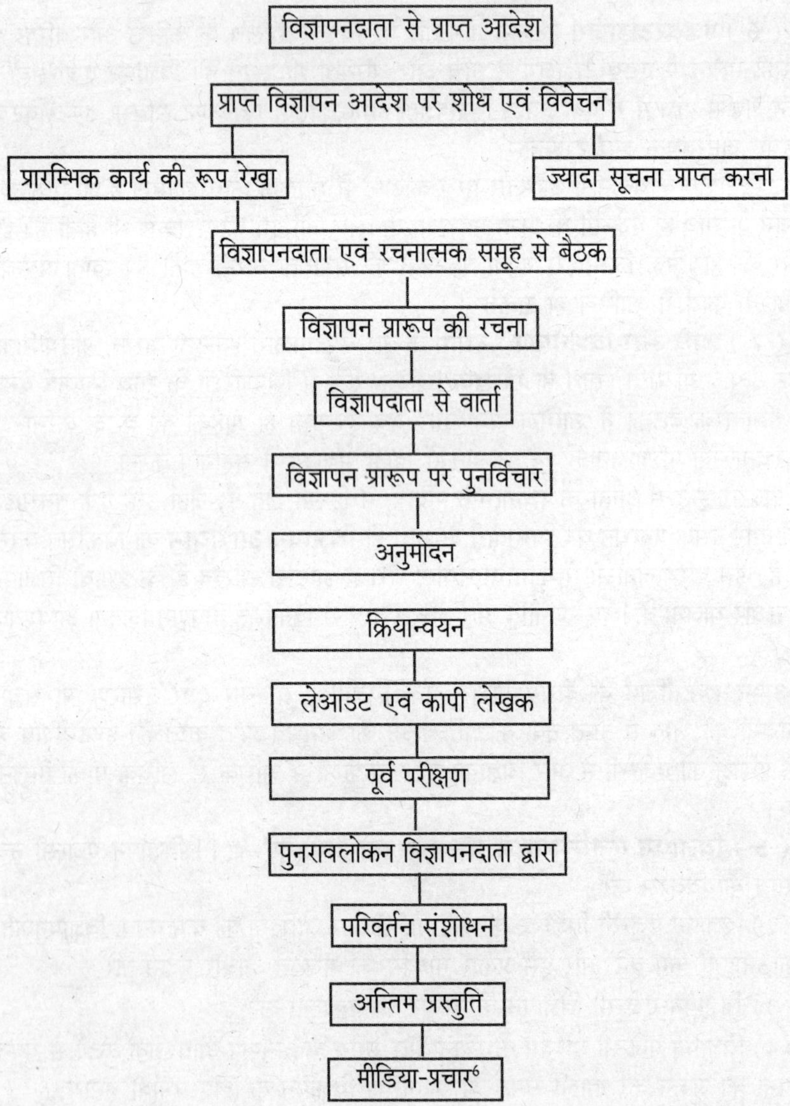

(7) विज्ञापन एजेन्सी : आय के स्रोत—विज्ञापन प्रकाशन और प्रसारण के बाद, कमीशन के रूप में जो मुद्रा प्राप्त होती है, वही विज्ञापन एजेन्सियों की आय का आधार बनती है। विद्युतीय माध्यमो रेडियो, दूरदर्शन तथा निजी क्षेत्र के तमाम चैनल्स पर दिखाये जानेवाले विज्ञापन तथा प्रिण्टमीडिया—पत्र, पत्रिकाओं, समाचार-पत्रों में प्रकाशित विज्ञापन भी एक शर्त के साथ इनकी आय के आधार बनते हैं। वह शर्त है—वास्तविक भुगतान का 15% कमीशन इन्हें कानूनी रूप से प्राप्त होता है। इसके अलावा इन एजेन्सियों को Indian Newspaper Society से प्रमाणित और मान्यता प्राप्त होना अनिवार्य होता है। एजेन्सियों को मान्यता प्राप्त होने का एक लाभ यह होता है कि इन्हें 30 दिन या 60 दिन की क्रेडिट सुविधा प्राप्त होती है। मीडिया के व्यावसायिक एवं वित्तीय हितों की प्रतिपूर्ति होने के कारण एजेन्सियों को उनके द्वारा कमीशन दिया जाता है। एजेन्सियाँ स्थानीय वर्गीकृत, वैवाहिक, सूचना व बाजार आदि विज्ञापनों के प्रकाशन हेतु अग्रिम भुगतान प्राप्त करने के बाद प्रकाशन कार्य करती है। प्रचार, शोध, सर्वेक्षण, प्रदर्शनी, कम्पनी के लिए सम्पर्क, छायांकन, मॉडलिंग, आर्टवर्क आदि के लिए एजेन्सियाँ अलग से भुगतान आधार पर कार्य करती हैं।[7]

विज्ञापन एजेन्सियाँ सेवा शुल्क भी प्राप्त करती हैं। इसके लिए वह विज्ञापनकर्त्ता से अनुबन्ध करती हैं। एजेन्सी की आय का एक अन्य मुख्य स्रोत माध्यम से प्राप्त होनेवाली आढ़त है। यह एजेन्सी की आय का परम्परागत स्रोत है। यह आढ़त विज्ञापन के लिए एजेन्सी द्वारा माध्यम को उपलब्ध करवाये गये व्यवसाय का 15% होता है, जो विज्ञापन एजेन्सी माध्यम से प्राप्त करती है। यह आढ़त एजेन्सी द्वारा विज्ञापनकर्त्ता के लिए माध्यम में खरीदे गये समय और स्थान की लागत पर मिलती है, जैसे कि विज्ञापन एजेन्सी में विज्ञापनकर्त्ता के लिए समाचार-पत्र में पूर्ण पृष्ठ विज्ञापन जारी किया, जिसकी लागत 5,000 है तो माध्यम एजेन्सी को 5,000 रुपये में से 15% कम कर बिल भेजेगा। विज्ञापन एजेन्सी विज्ञापनकर्त्ता से तो 5000 रुपये ही वसूलेगी और इस राशि का 15% आढ़त काटकर माध्यम को भुगतान करेगी और इस प्रकार विज्ञापन एजेन्सी को अपनी सेवाओं के बदले आढ़त के रूप में 7500 रुपये प्राप्त होंगे। भारतीय और पूर्वी समाचार-पत्र संघ (Indian and Eastern News-paper Society = IENS) से मान्यता प्राप्त एजेन्सियों को ही यह कमीशन मिलता है और उन्हें राशि का भुगतान 60 दिनों की अवधि तक करने की छूट होती है। मान्यता नहीं होनेवाली एजेन्सियों से स्थान व समय की खरीद पर लगने वाली राशि का भुगतान माध्यम पहले ही प्राप्त कर लेता है और उन्हें 10% आढ़त के रूप में लौटाता है। पिछले कुछ वर्षों में विज्ञापनकर्त्ता और विज्ञापन एजेन्सी ने इस आढ़तवाली प्रक्रिया पर प्रश्नचिह्न भी लगाये हैं, जिससे इस व्यवस्था में बदलाव आने लगा है।[8]

(8) विज्ञापन एजेन्सियों को मान्यता प्रदान करने का आधार—

विज्ञापन एजेन्सियों को मान्यता प्रदान करने का आई. एन. एस. द्वारा निर्धारित आधार इस प्रकार है,—

(1) अभिकरण के पास अपने ग्राहक को पूर्ण सेवा देने के लिए पूरी सुविधा और साधन होने चाहिए,

(2) अभिकरण के पास तात्कालिक बाजार के उतार, चढ़ाव का अध्ययन और शोध करने के लिए विशेषज्ञ होने चाहिए, जो ग्रहकों को परामर्श दे सकें।

(3) अभिकरण के पास माध्यम की और माध्यम वितरण की पूरी जानकारी होनी चाहिए,

(4) एजेन्सी को ग्राहक के लिए विज्ञापन की योजना या पूरी योजना बनाने का वैज्ञानिक तरीका आना चाहिए,

(5) एजेन्सी को सभी तरह के माध्यमों (मीडिया) के लिए अलग-अलग विज्ञापन बनाना आना चाहिए,

(6) एजेन्सी को सभी माध्यमों (मीडिया) में स्थान और समय खरीदने का तरीका आना चाहिए,

(7) एजेन्सी का एक लेखा (बिलिंग) विभाग अलग से होना अनिवार्य है,

(8) एजेन्सी को विज्ञापन व्यवसाय में कम-से-कम एक वर्ष का अनुभव होना चाहिए,

(9) एजेन्सी का पूर्ण कालिक काम ही विज्ञापन होना चाहिए,

(10) यह अपनी अर्जित कमीशन का कोई हिस्सा अपने ग्राहक को नहीं दे सकती,

(11) एजेन्सी के पास अपने कुल दायित्वों से कम-से-कम 10% अतिरिक्त वित्तीय स्रोत अथवा वित्तीय आधार होना चाहिए तथा

(12) कम्पनी को माध्यमों द्वारा स्थान या समय की निर्धारित दर से माध्यमों के लिए कोई भुगतान नहीं लेना चाहिए। वह केवल अपनी सेवाओं के लिए अपनी इच्छानुसार भुगतान का निर्धारण नहीं कर सकती है।[9]

(9) विज्ञापन एजेन्सी : चुनाव का संकट—बाजार में विज्ञापन एजेन्सियों का जाल बिछा होता है। अतः विज्ञापन निर्माण के लिए किसी ग्राहक, विज्ञापदाता या कम्पनी के सामने यह जटिल संकट खड़ा होता है कि नामी-गिरामी एजेन्सियों से लेकर छोटी-मँझोली तमाम एजेन्सियों में से किसका चुनाव करें और किसका नहीं? चुनाव का आधार क्या-क्या हो? क्या अमुक एजेन्सी विज्ञापनकर्त्ता के उत्पाद का प्रभावपूर्ण और मनोवैज्ञानिक असर उपभोक्ताओं पर पैदा करनेवाला विज्ञापन निर्मित कर पायेगी? क्या उसके Trade mark, Brand या 'छाप' को वह लोकप्रिय बना पायेगी? कुल मिलाकर एजेन्सियों की विश्वसनीयता का संकट उसके सामने खड़ा होता है। एजेन्सियों के चुनाव में वह अपने को संकट के दोराहे पर खड़ा पाता है। अतः ऐसीस्थिति में विज्ञापन-ग्राहक को थोड़ी-सी सावधानी बरतने की आवश्यकता होती है। उसे यहाँ अधोलिखित तथ्यों पर गौर करना चाहिए,

(1) एजेन्सी की बाजार अन्वेषण क्षमता एवं विपणन में विशेषज्ञता,

(2) एजेन्सी की सृजनात्मक क्षमता, कार्यक्षमता, अनुभव एवं साख,

(3) माध्यमों के बारे में एजेन्सी की जानकारी एवं ज्ञान,

(4) विज्ञापन नीति-निर्माण, विज्ञापन-योजना एवं उसका प्रस्तुतीकरण आदि की विशेषता, क्षमता एवं पूर्व रिकॉर्ड के साथ-साथ यह जानना भी जरूरी होता है कि एजेन्सी वर्तमान में क्या कर रही है तथा ग्राहक के ब्राण्ड के लिए भविष्य में क्या करेगी, यह महत्वपूर्ण है,

(5) एजेन्सी की विशिष्टता, आकार एवं शाखाओं आदि की विस्तृत जानकारी, तथा

(6) विज्ञापनकर्त्ता से विज्ञापन एजेन्सी की दूरी एवं एजेन्सी का स्थान।[10]

(10) विज्ञापन एजेन्सी : संगठन-संरचना—किसी भी विज्ञापन-एजेन्सी की संगठन संरचना में अधोलिखित उच्चपदाधिकारी, विशेषज्ञ तथा कार्मिक रखे जाते हैं, यथा—

(1) अध्यक्ष, प्रबन्ध निदेशक अथवा मुख्य अधिशासी अधिकारी (CMD or CEO),

(2) निदेशक मण्डल (Board of Directors),

(3) वित्त निदेशक (Finance Director),

(4) सृजनात्मक निदेशक (Creative Director),

(5) कला निदेशक (Art Director),

(6) दृश्य-श्रव्य निदेशक (Audio-Video Director),

(7) मीडिया क्रयकर्त्ता (Media-Buyer),

(8) कापी लेखक (Copy Writer),

(9) दिग्दर्शक (Visualiser),

(10) संयोजनकार (Lay-out Artist),

(11) टाइप लेखक (Typographer),

(12) ग्राफिक कार (Graphic Artist),

(13) परिष्करण कलाकार (Finishing Artist),

(14) ट्रैफिक नियन्त्रक (Traffic Controller),

(15) लेखाधिकारी (Finance Officer),

(16) ग्राहक सेवा अधिकारी (Consumer Service Officer),

(17) अन्वेषण अधिकारी (Research Officer),

(18) विक्री अभिवृद्धि योजना निर्माता (Sales Promotion Planners),

(19) विपणक विशेषज्ञ (Marketing Specialists),

(20) वेब निर्माता (Web Designer) तथा

(21) जनसम्पर्क प्रबन्धक (Manager, Public Relations).[11]

सन्दर्भ

1. पत्रकारिता : परिचय और विश्लेषण—डॉ. प्रीता व्यास, पृ.256
2. राजर्षि टण्डन मुक्त विश्वविद्यालय की पाठ्य सामग्री—सं. डॉ. अर्जुन तिवारी, पृ.27
3. उ.प्र. राजर्षि टण्डन मुक्त विश्वविद्यालय की पत्रिका-सं. डॉ. अर्जुन तिवारी, पृ.56
4. विज्ञापन तकनीक एवं सिद्धान्त-नरेन्द्र सिंह यादव, पृ.111
5. आज का मीडिया में डॉ. जगदीश्वर चतुर्वेदी का लेख—"मीडिया साम्राज्यवाद", पृ. 64, सं. डॉ. शम्भुनाथ, 20, बालमुकुन्द मक्कर रोड, कोलकाता, 2000 ई., मूल्य-20 रुपये।
6. विज्ञापन : तकनीक एवं सिद्धान्त—नरेन्द्र सिंह यादव, पृ.127
7. आधुनिक विज्ञापन : कृष्ण कुमार मालवीय, पृ.79
8. विज्ञापन : तकनीक एवं सिद्धान्त नरेन्द्र सिंह यादव, पृ.130
9. जन सम्पर्क : सिद्धान्त और व्यवहार—डॉ. सुशील त्रिवेदी तथा श्री शशिकान्त शुक्ल, पृ.79
10. विज्ञापन : तकनीक एवं सिद्धान्त नरेन्द्र सिंह यादव, पृ. 127-128
11. आधुनिक विज्ञापन : कृष्ण कुमार मालवीय, पृ. 79-80

अध्याय-5

विज्ञापन-लेखन (कॉपी की प्रस्तुति), अभिकल्पना (Design) तथा विज्ञापन-लेआउट (Lay Out) या विज्ञापन का रूप-विन्यास तथा सजावट

भाग-एक

विज्ञापन-लेखन

(1) विज्ञापन-लेखन (विज्ञापन कॉपी) की कला—"Advertising has to win its audince—no small task given that it usually competes in a very cluttered environment. For that reason, the copy should be as simple as possible. It is succinct and single minded, meaning it has a clear focus and usually tries to convey only one selling point. Advertising writing is tight : Every word counts because both space and time are expensive. Copywriters revise copy a hundred times to make it as concise as possible. The tighter the copy, the easier it is to understand and the greater its impact."[1] जनसंचार में विज्ञापन का विशेष महत्त्व होता है। आज के युग में कोई भी संस्था चाहे वह सरकारी है, अथवा गैर-सरकारी संगठन, विज्ञापन के जादू से बच नहीं सकती। विज्ञापन का प्रमुख उद्देश्य किसी सेवा अथवा उत्पाद की बिक्री ही नहीं होता, बल्कि अपने संगठन या संस्था की छवि का निर्माण करना भी इसका एक प्रयोजन होता है। जाहिर है, ऐसी स्थिति में विज्ञापन-लेखन का बहुत महत्त्व है। विज्ञापन के साथ समय-समय पर एक सवाल चस्पा कर दिया जाता है कि विज्ञापन कला है या व्यवसाय? बहरहाल, इसका उत्तर चाहे जो हो—लेकिन इतना तय है कि भाषा के ललित और मनोज्ञ प्रयोग तथा शैली की समर्थ विधा और चारुता ने विज्ञापन को कलात्मक अभिव्यक्ति तो बिना ना-नुकुर के बना ही दिया है।

दरअसल, विज्ञापन लेखन एक हुनर है, तकनीक है, सुन्दर सलीका है, वाचिक आयाम की सर्जनात्मक कला है। विज्ञापन लेखन में शब्दों की महत्त्वपूर्ण भूमिका होती है। यदि विज्ञापन कॉपी लेखक शब्दों के खूबसूरत सौन्दर्य और शक्ति को समझता है, तो वह अवश्य अच्छा विज्ञापन कॉपी लेखक हो सकता है, "Words are powerful tools in advertising and the person who understands their beauty and power, as well as how best to use them in the copywriting." विज्ञापन चाहे प्रिण्ट मीडिया का हो या इलेक्ट्रॉनिक मीडिया-रेडियो, फिल्म, दूरदर्शन का या होर्डिंग, पोस्टर, इश्तहार, दीवारों पर लिखायी, हैण्डबिल, ब्रोशर, लघु-पुस्तिकाओं, नाटक, गाना, भजन, मुनादी, कठपुतली, मेले, नुमाइश द्वारा हो रहा हो, इसकी प्रस्तुति सजीव और चिन्ताकर्षक होनी चाहिए। इसके लिए हमें विज्ञापन की भाषा शैली, वस्तु, क्रमबद्धता, दृश्य निर्माण, कला-विन्यास, चित्र, मॉडल विज्ञापन के लिए प्रयोग में आनेवाली मुद्रण कला आदि का ध्यान रखना चाहिए, क्योंकि इसका सीधा असर, पाठक, श्रोता, उपभोक्ता और सामान्य जन पर पड़ता है। अंग्रेजी के एक विद्वान् ने विज्ञापन, लेखन पर प्रकाश डालते लिखा है कि सबसे पहले विज्ञापन-लेखन करते समय निम्न बातों पर ध्यान देना चाहिए—

(1) Attention—Head lines and layout attract our attention.

(2) Interest—Copy should create interest in the product.

(3) Desire— Advertising is to create a desire to process or own the product or to avail the services being offered e.g. Endorsements and Testimonials.

(4) Actions—The logical conclusion of interest arousal and conviction is the action to buy the product. To induce action, the message is repeated (frequency).

इस प्रकार एक अच्छे और स्तरीय-उत्कृष्ट विज्ञापन-लेखन में हमें **शीर्षक** (Headline), **उपशीर्षक** (Sub-headline), **वस्तु-विस्तार, उपसंहार** अथवा **बेसलाइन** आदि का खयाल रखना चाहिए। सच तो यह है कि उपभोक्ता या पाठक सबसे पहले विज्ञापन का शीर्षक देखता या पढ़ता है। अतः विज्ञापन का शीर्षक ऐसा हो जो उपभोक्ता के मन में वस्तु के प्रति विश्वास, रुचि, कौतूहल पैदा करे। शीर्षक लेखन के लिए कुछ निर्देशात्मक स्थितियाँ प्रयोग की जाती हैं,—

(1) ध्यानाकर्षण—सेहत से भरा बिगसिप आपको रखे दस कदम आगे।

(2) स्मरण तत्त्व—आयोडेक्स मलिए, काम पर चलिये।

(3) विश्वास—ये हाथ जीवन बीमा के हैं, ये सुरक्षा के प्रतीक हैं।

(4) सुझाव—लाइफबॉय मैल में छिपे कीटाणुओं को धो डालता है।

(5) कौतूहल—...यह तो मम्मी का तीस साल पुराना राज है।

ठीक इसी तरह उपशीर्षक भी शीर्षक का सहयोगी होता है, अतः यह भी मनमोहक होना चाहिए। उपशीर्षक, वस्तुतः प्रमुख का मूल शीर्षक के ऊपर किसी-न-किसी का सन्दर्भ लिये रहता है। विज्ञापन में मुद्रण लिपिकर्त्ता या कॉपी राइटर इस बात पर विशेष बल देता है, जिससे विज्ञापन का उद्देश्य शीर्षक के सूचित किये जाने के बाद भी पाठक, दृष्टा या उपभोक्ता की आवश्यकता के साथ विस्तार से सामंजस्य स्थापित कर सकता हो। विज्ञापन के उपसंहार में दृष्टा, पाठक या उपभोक्ता या जनसमाज को सन्दर्भगत उत्पाद के क्रय की प्रेरणा देता है। उदाहरण—

तुरन्त आराम पाइये — **उपशीर्षक**

100 नम्बर घुमाइये —**शीर्षक**

जितनी जल्दी आप पुलिस की सहायता के लिए सूचित करेंगे —**विस्तार वर्णन**

उतनी ही जल्दी आपको सहायता मिलेगी, कृपया याद रखिये

अपनी तथा औरों की पूरी सुरक्षा कीजिये—दिल्ली पुलिस —**उपसंहार**[2]

इधर, डॉ. प्रीता व्यास[3] कहती हैं कि विज्ञापन लेखन एक कला है। शब्दावली सरस और सन्देश सीधा व स्पष्ट होना चाहिए। लेख संक्षिप्त व सजीव हो तभी विज्ञापन प्रभावी बनता है।

विज्ञापनदाता को अपनी साख और प्रतिष्ठा भी ऐसी बनानी चाहिए कि जो दावे या वादे विज्ञापन में किये जायँ, उन्हें पूरा भी किया जाय अन्यथा जनता का विश्वास विज्ञापनों से उठ जाता है और व्यापार तथा कारोबार को सामूहिक तौर पर क्षति पहुँचती है। विज्ञापन की आवश्यकता और स्थिति के अनुसार माध्यम का चयन कर लेने के बाद उसके लिए उपयुक्त विज्ञापन कॉपी तैयार की जाती है। विज्ञापन की प्रेस कॉपी (छपाई के लिए जानेवाला अन्तिम प्रारूप) बनाना भी एक कला है। यह बहुत परिश्रम साध्यकार्य है। विज्ञापन की शब्द-रचना कैसी होनी चाहिए, इसे चित्रों व अन्य प्रतीकों द्वारा कैसे अलंकृत करना चाहिए, यह सब बहुत ध्यान रखने की बातें हैं। प्रेस कॉपी बनाते समय कलाकार, चित्रकार और मुद्रक-सबको मिलकर काम करना पड़ता है। लेख से सत्यता, शालीनता और सौहार्द टपकना चाहिए। पाठक को लगना चाहिए कि वह विज्ञापन नहीं, अपना कोई निजी पत्र पढ़ रहा है। लेख के साथ चित्र होना चाहिए।

(2) विज्ञापन कॉपी लेखन : कुछ अनिवार्य शर्तें–मुद्रणलिपिकर्त्ता (कॉपी लेखक) किसी भी विज्ञापन की कॉपी तैयार करते हुए निम्नलिखित अनिवार्य बातों का ध्यान रखता है कि उपभोक्ता को,—

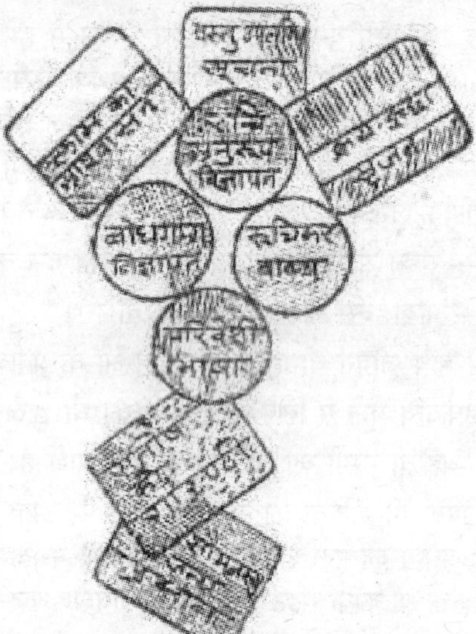

(1) यह सूचना मिल सके कि विज्ञापित वस्तु कहाँ मिल सकेगी?

(2) विज्ञापन आश्वस्त करे कि उत्पाद उसे लाभप्रद सिद्ध होगा।

(3) विज्ञापन अपनी रुचियों एवं विचारों के अनुरूप लगे।

(4) उत्पाद क्रय करने की इच्छा या चाह उत्पन्न करे।

(5) विज्ञापन सहज और बोधगम्य लगे।

(6) विज्ञापन का प्रत्येक वाक्य एवं शब्द रुचि के अनुकूल प्रतीत हो।

(7) विज्ञापन की भाषा अपने परिवेश की प्रतीत हो।

(8) विज्ञापन का मूल-कथ्य या वस्तु सन्तुष्टि की गारण्टी देता हो तथा

(9) विज्ञापन पारस्परिक एवं साम्प्रदायिक सौमनस्य पर स्वाभाविक प्रभाव उत्पन्न करे। निस्सन्देह मुद्रणलिपिकर्त्ता के द्वारा चयनित भाषा, शब्द और वाक्यांश चित्रात्मक विन्यास में निर्दिष्ट टाइपोग्राफिक आकार पाकर विज्ञापन को अधिक आकर्षक बनाने में पूर्णतः सफल रहते हैं।[4]

(3) विज्ञापन कॉपी आलेख लेखन के कुछ महत्त्वपूर्ण तथ्य–अपने प्रारम्भिक दौर में विज्ञापन आलेखन का क्षेत्र बेहद सीमित दायरे का था, किन्तु सम्प्रति इसका क्षेत्र पहले की तुलना में काफी बढ़ा है। पहले महज प्रिण्ट मीडिया के लिए ही विज्ञापन-आलेखन होता था, आज विद्युतीय माध्यमों के अवतरित और सशक्त हो जाने के बाद इसका विस्तार हुआ है। अब मुद्रित शब्दों, चित्रों के साथ-साथ रेडियो तथा दूरदर्शन के लिए संगीत, सुखद शब्दों तथा आवाजों के लिए आलेखन हो रहा है। बहरहाल, उक्त दोनों माध्यमों के लिए विज्ञापन आलेखन तैयार करते समय कुछ महत्त्वपूर्ण तथ्यों यथा—कौन, क्या, किस, कैसे तथा क्यों—पर विचार करना बहुत आवश्यक होता है।

विज्ञापन-आलेखन तैयार करते समय यह तथ्य बराबर ध्यान में रखना चाहिए कि विज्ञापन का मूल मकसद क्या है? उपभोक्ता की मानसिक समझ, सामाजिक जागरूकता के साथ-साथ विज्ञापन का माध्यम क्या है? आदि तथ्यों पर भी विचार करना महत्त्वपूर्ण होता है। विज्ञापन की विषय-वस्तु की प्रस्तुति के कई ढंग होते हैं। विषय-वस्तु, हलकी-फुलकी, गम्भीर, प्रामाणिक या विनोदपूर्ण हो सकती है। विज्ञापन की विषय-वस्तु का भाव, लक्षित उपभोक्ता की मनोदशा से मेल खाना चाहिए। कॉपी आलेख तैयार करते समय लक्षित उपभोक्ता, चयनित माध्यम, व्यावसायिक क्षेत्र की परिस्थितियाँ, उत्पाद की विशेषताएँ, यू.एस.पी. के विषय में जानना अत्यन्त आवश्यक है। विज्ञापन की कथावस्तु के पहले चरण में श्रोता को उत्पाद या सेवा से सम्बन्धित तथ्य व सूचनाएँ उपलब्ध करायी जानी चाहिए। दूसरे चरण में श्रोता की मानसिकता को परिवर्तित करने का प्रयास करना चाहिए। तीसरे व अन्तिम चरण में श्रोता को उत्पाद या सेवा के उपभोग के लिए प्रेरित किया जाना चाहिए। विज्ञापन के आलेख में व्यावसायिक चिह्न (Trade Mark) तथा रिक्त स्थान का प्रयोग आलेख को आकर्षक व प्रेरक बनाता है। आलेख में पर्याप्त मात्रा में रिक्त स्थान विज्ञापन को आकर्षक बनाता है। समाचार-पत्र, पत्रिकाओं में पूरे पृष्ठ को रिक्त छोड़ दिया जाता है और नीचे मात्र एक दो पंक्तियों में सन्देश दे दिया जाता है, जो प्रभावकारी सिद्ध होता है।[5]

(4) विज्ञापन कॉपी लेखन की योजना–"The creation of an advertising message obviously commences with the over-all marketing and advertising goals and more specifically, the objectives of the particular campaign for which an adequate and appropriate brief has been worked-out between the advertiser and its advertising agency."[6] स्पष्ट है, विज्ञापन संदेश, विपणन तथा सृजन कुल मिलाकर विज्ञापन के उद्देश्यों को अधिक प्रभावशाली ढंग से करने में सहायक हैं। यह किसी विशेष अभियान को संक्षिप्त, उद्देश्यपूर्ण, उचित रूप में विज्ञापनदाता व विज्ञापन एजेन्सी के मध्य स्थापित करता है।[7] बहरहाल, जब कॉपी लेखक को किसी कॉपी लेखक या विज्ञापन अभियान की योजना का कार्य सौंपा जाता है तब वह कॉपी लेखन हेतु व्यूह रचना तैयार करता है। कॉपी लेखन की व्यूह रचना हेतु प्रायः निम्नलिखित बिन्दुओं को दृष्टिगत रखा जाता है,[8]—

(1) बाजार में उस उत्पाद की स्थिति क्या है?

(2) सम्भावी ग्राहकों (Target audience) की पहचान कर उनके अनुसार वास्तविक एवं लाभप्रद योजना तैयार करना,

(3) संभावी ग्राहकों को वस्तु या सेवा क्रय करने के लिए प्रेरितकर उपभोक्ता को उसके लाभ की जानकारी प्रदान करना,

(4) दिये गये विज्ञापनों द्वारा अपने मूल उद्देश्य की प्राप्ति करना,

(5) मीडिया द्वारा ग्राहक को अवगत कराना कि निर्माता द्वारा निर्मित वस्तु ही उसकी आवश्यकता के अनुसार सर्वश्रेष्ठ है। इसके अतिरिक्त कॉपी लेखन हेतु विज्ञापनदाता के बारे में कुछ अन्य महत्त्वपूर्ण जानकारियों का होना आवश्यक है,—

(1) उस फर्म का आकार क्या है एवं उसकी बाजार में वित्तीय स्थिति क्या है?

(2) उसके अग्रणीय उत्पाद के बाजार में कितने शेयर हैं?

(3) ग्राहकों के मध्य उसकी साख (Reputation) कैसी है?

(4) यदि फर्म नयी है, तो उसका मकसद एवं उद्देश्य क्या है? तथा—

(5) उसके ग्राहक कौन हैं?

(5) आलेख के प्रकार—विज्ञापन-विशेषज्ञों ने आलेख के मुख्य तीन प्रकार माने हैं। यह विभाजन उन्होंने विषयवस्तु और सन्देश के भाव के आधार पर किया है, यथा—(1) वृत्तान्त आलेख, (2) प्रामाणिक आलेख तथा (3) स्पष्टवादी आलेख। अब इन्हें हम अति संक्षेप में इस प्रकार देख सकते हैं,—

(1) वृत्तान्त आलेख—इसमें तथ्यों और सूचनाओं को एक-एक करके, कथा के रूप में बताया जाता है। इसमें कथा को विकसित करने के कई प्रकार हैं। 'कालक्रम' कथा में, तथ्यों को एक निश्चित क्रम से प्रस्तुत किया जाता है, जब कि 'समस्या निदान' कथा से पहले सम्भावित उपभोक्ता की एक समस्या उठायी जाती है, तत्पश्चात् 'प्रोडक्ट' या 'सेवा' को निदान के रूप में प्रस्तुत किया जाता है।[9]

(2) प्रामाणिक आलेख—आलेख के इस दूसरे प्रकार में उत्पादित वस्तु की प्रामाणिकता के लिए वस्तु की प्रकृति के अनुसार सुप्रसिद्ध लोगों से उसकी तारीफ करायी जाती है। अपने-अपने क्षेत्र की सुप्रसिद्ध शख्सियतें उस उत्पाद की इतने कलात्मक ढंग से प्रशंसा करती हैं कि उपभोक्ता उसे खरीदने के लिए लालायित हो जाता है। उदाहरण के लिए जूतों के प्रचार के लिए फिल्मी-सितारे, साबुन के प्रचार के लिए अभिनेत्रियाँ, दवा के विज्ञापन के लिए डॉक्टरों के साथ-साथ किसी अन्य चर्चित व्यक्ति का सहयोग लिया जाता है।

(3) स्पष्टवादी आलेख—इस आलेख को तथ्यात्मक आलेख नाम से भी जाना जाता है। यह आलेख तथ्य प्रधान होता है। यहाँ तथ्यों की प्रस्तुति सीधी सरल भाषा में की जाती है। कोई बनावटी पन या कृत्रिमता को स्थान नहीं दिया जाता। इस आलेख का प्रयोग फुटकर विज्ञापनों/औद्योगिक उत्पादों और उपभोक्ता वस्तुओं में किया जाता है।

(6) प्रभावकारी आलेख के गुण—विज्ञापन आलेख अपने आप में विशिष्ट कला है। विज्ञापन आलेखन करनेवाला देश और काल का ज्ञाता होता है। वह उपभोक्ता मन का ज्ञानी होता है। अतः उसके द्वारा तैयार विज्ञापन आलेख समाज पर गहरा असर डालता है। उत्कृष्ट आलेख भाषा, भाव, वस्तु और कथ्य के स्तर पर समाज में गहरा सन्देश छोड़ता है। बहरहाल, विज्ञापन आलेख में यदि उपभोक्ता के मन में ललक-लालच जगा सकने और बाजार दौड़ा सकने की क्षमता है तो वह अपने उद्देश्य में सफल माना जायेगा। उत्कृष्ट आलेख में कुछ प्रमुख गुण इस प्रकार रेखांकित किये जा सकते हैं—

(1) सत्य और शालीन हो—आलेख में सत्यता, शालीनता और सौहार्द टपकना चाहिए। पाठक को लगना चाहिए कि वह विज्ञापन नहीं अपना कोई निजी पत्र पढ़ रहा है। लेख के साथ उपयुक्त चित्र होना चाहिए। विज्ञापन का डिजाइन (ले-आउट) तैयार करना और इसे छापने की कला अपने आप में एक अलग विषय है। 'मैटर' को आकर्षक और मनोरंजक बनाना चाहिए।

(2) लम्बे समय तक यादगार बना रहे—आलेख में इतनी क्षमता होनी चाहिए कि वह दीर्घ काल तक श्रोता के मानस पटल पर अंकित रहे। एक मँजा-मँजाया आलेखक अपने आलेख में इस तरह की क्षमता पैदा कर सकता है। डॉ. अर्जुन तिवारी कहते हैं कि इसमें ब्राण्ड का नाम, व्यावसायिक चिह्न, पैकिंग तथा विज्ञापन की बारंबारता की भूमिका प्रभावकारी होती है।

(3) कलात्मकता—बक़ौल डॉ. प्रीता व्यास कॉपी लेखक को कलात्मकता प्रदान करनी चाहिए किन्तु कॉपी को इतना अधिक कलात्मक भी नहीं बना देना चाहिए कि 'सन्देश' दब जाय। कभी-कभी बहुत ही कलात्मक ढंग से लिखी गयी एक अच्छी कॉपी भी विज्ञापन के मूलभूत उद्देश्य से परे चली जाती है। ऐसी कॉपी अपने आप में अच्छी होती हुई भी विज्ञापन को अनुपयोगी बना देती है।

(4) धारणा मूल्य—आलेख में इतनी शक्ति होनी चाहिए कि वह ठोस तर्कों के आधार पर श्रोता की धारणा, विज्ञापित उत्पाद के पक्ष में बना सके। इस प्रकार के आलेखों में अपने उत्पाद की विषेषताओं को उभारा जाता है, जब कि प्रतियोगी उत्पादों की कमियों की ओर भी श्रोता का ध्यान आकर्षित कराया जाता है।[10]

(5) प्रतिस्पर्द्धी उत्पादन के प्रति उपेक्षा के भाव से रहित होना चाहिए—डॉ. व्यास का कहना है कि अपने उत्पादन का प्रचार करते समय प्रत्यक्ष या परोक्ष रूप से अपने प्रतिस्पर्द्धी उत्पादन के प्रति उपेक्षा या घृणा के भाव का प्रचार करनेवाली कॉपी को अच्छा नहीं माना जाता है। साथ ही यह भी ध्यान रखना चाहिए कि कॉपी द्वारा ग्राहकों को सीधे आदेश या निर्देश न देकर केवल सुझाव के रूप में ही अपने उत्पादन को अपनाने का आग्रह करना चाहिए।

(7) विज्ञापन कॉपी लेखन के गुण—'कॉपी' को विज्ञापन का 'text' कहते हैं, जो खूबसूरत शब्दों से सुसज्जित होती है तो 'विज्ञापन कॉपी लेखक' को अंग्रेजी में 'Savy marketer', 'literary master' और कभी-कभी 'Killer poet' भी कहा जाता है। विज्ञापन कापी लेखक 'शब्दों' से प्यार करता है। वह शब्दों का कौतुकी, मायावी, शोबदबाज और बाजीगर कहा जाता है,— "The person who shapes and sculpts the words in an advertisement is called copy-writer. Copy-writers love words and they search for the clever twist, the pun, the powerful descripition, the punch, the nuance for words that whip and batter, plead, sob, cajole and impress." बहरहाल, विज्ञापन कॉपी लेखक के कुछ प्रमुख गुणों को इस प्रकार देख सकते हैं,—

(1) सकारात्मक (Positive),

(2) कम्पनी का विस्तृत ज्ञान (Through knowledge of company),

(3) ईमानदार (Honest),

(4) नियम कानून का ज्ञान (Knowledge of Rule and Regulation),

(5) गोपनीय (Confidentiality),

(6) लेखक और बौद्धिक (Writer and Intellectual),

(7) व्यावसायिक (Professional),

(8) भाषाविद् (Language Expert) तथा

(9) मनोवैज्ञानिक (Psychologist)।[11]

उपरोक्त के अलावा, कुछ अन्य विशेषताएँ भी विज्ञापन कॉपी लेखक में होनी चाहिए, यथा—

(1) परिश्रमी (Hard Worker),

(2) सतर्कता (Alertness),

(3) कल्पना शक्ति (Imagination),

(4) प्रखर बुद्धि (Sharp Intellect),

(5) तीव्र स्मरण शक्ति (Sharp memory),

(6) आत्मविश्वास (Self confidence),

(7) परिपक्वता (Maturity),

(8) गतिशील विचार (Dynamic Ideas),

(9) सुदृढ़ चरित्र (Sound Character) तथा

(10) उत्पाद का पूर्ण ज्ञान (Complete Knowledge of the Product)।[12]

(8) प्रभावी-असरकारक विज्ञापन प्रति की विशेषताएँ एवं गुण—

(1) विज्ञापन प्रति सरल हो, समझ में आने वाली हो,

(2) आरम्भ से अन्त तक सेवा भावना की प्रमुखता से लैस हो,

(3) आशावादी दृष्टिकोण का अपनाया जाना,

(4) विज्ञापन प्रति तथ्यपूर्ण हो,

(5) विज्ञापन प्रति में केवल कल्पना का आधार नहीं होता,

(6) लक्ष्य और उद्‌देश्य स्पष्ट हो,

(7) विज्ञापन प्रति में अतिशयोक्ति न हो, तथ्य सही-सटीक, विश्वसनीय हों,

(8) विज्ञापन प्रति में प्रयुक्त मुहावरे छोटे, सरल और लोकप्रिय हों,

(9) भाषा, सरल, सार्थक और उपयोगी हो, कुल मिलाकर

(10) विज्ञापन प्रति की भाषा दोष से रहित हो, कठिन-क्लिष्ट शब्दों का उसमें परहेज हो।

(9) विज्ञापन कॉपी लेखन का उद्‌देश्य—कहते हैं, विज्ञापन कॉपी लेखक को कभी भी अपने उद्‌देश्य के साथ समझौता नहीं करना चाहिए। उसका मुख्य उद्‌देश्य उत्पाद को बेचना होता है। एक सफल विज्ञापन का उद्‌देश्य तब तक पूरा नहीं होता है, जब तक कि उत्पाद बिक न जाय। राष्ट्रीय विज्ञापन कॉपी का उद्‌देश्य ब्राण्ड नेम को आगे बढ़ाना होता है। इसमें ग्राहक को ब्राण्ड नेम द्वारा इतना प्रभावित कर दिया जाता है कि वह मात्र उसी ब्राण्ड का उत्पाद बाजार से खरीदता है। कॉपी लेखक के उद्‌देश्य को दो भागों में विभाजित किया जा सकता है—

(क) संस्थागत (Institutional)—इसमें किसी संस्था की छवि (Image) बनायी जाती है तथा उसे आगे तक बनाये रखा जाता है। इस प्रकार के विज्ञापन में परिणाम देर से प्राप्त होते हैं।

(ख) उत्पाद (Product)—इसमें उद्‌देश्य की तात्कालिक प्राप्ति होती है और उत्पाद को ज्यादा-से-ज्यादा बेचना ही इसका मकसद होता है।[13]

(10) विज्ञापन प्रतिलेखन में सावधानियाँ—विज्ञापन प्रतिलेखन में कॉपी लेखक कवि की तरह तमाम तरह की सावधानियाँ बरतता है। वह अपने द्वारा लिखी कॉपी को अनेक बार पुनरीक्षण कर दोषों से मुक्त करने का प्रयास करता है। वह प्रयास करता है कि उसका लेखन सरल और बोधगम्य हो। वह लिखते समय श्रोता और पाठक को बराबर अपने ध्यान में रखता है

—"Like poets, copy-writers spend hours, even days, crafting a paragraph. After many revisions others read the copy and critique. It then goes back to the writers, who continues to fine tune it. Copywriters have to have thick skins as there is always some-one else reading their work, critiquing it and making changes." बहरहाल, कुछ अन्य प्रमुख सावधानियों को इस प्रकार देखा जा सकता है—

(1) सामाजिक व्यवस्था पर पड़नेवाले प्रभाव का ध्यान रखें,

(2) भावनाओं तथा प्रवृत्तियों से सम्बन्धित विज्ञापन प्रति में अतिशयोक्ति तथा मिथ्या बातों से बचें,

(3) भावनाएँ जगानेवाले शब्दों में ध्यान रखें कि प्रत्यक्ष या अप्रत्यक्ष रूप से उसका कोई प्रतिकूल प्रभाव न पड़े,

(4) ध्यानाकर्षण, स्मरण और विश्वसनीयता आदि तत्त्वों का समावेश करते समय सामाजिक पर्यावरण और मौसम की अनुकूलता का भी ध्यान रखा जाय,

(5) भाषा, सरल, सुरुचिपूर्ण, संक्षिप्त तथा तथ्यात्मक हो। वह उत्तेजना या अविश्वसनीयता उत्पन्न करनेवाली न हो तथा

(6) अतिशयोक्ति से बचना चाहिए। गर्व की भावना हो, किन्तु अतिशयोक्ति न हो।[14]

(11) विज्ञापन कॉपी के प्रमुख अंग—विज्ञापन निर्माण के प्रमुख छह अंग माने जाते हैं—,(1) चित्र, (2) रंग, (3) शीर्षक, (4) विषय वस्तु (5) व्यवसाय नाम, छाप या चिह्न और (6) नारा (स्लोगन)। इन्हें हम संक्षेप में इस प्रकार देख सकते हैं,—

(1) चित्र—मीडिया से सम्बन्धित कई महत्त्वपूर्ण पुस्तक लिखनेवाले प्रकाण्ड पण्डित डॉ. अर्जुन तिवारी ने विज्ञापन निर्माण में चित्र के असन्दिग्ध महत्त्व पर प्रकाश डालते लिखा है, कि[15] विज्ञापन संस्थान जब किसी विज्ञापन निर्माण की योजना तैयार करता है तो सबसे पहले वह उपभोक्ता या जन समाज का ध्यान आकर्षित करने, उनमें रुचि उत्पन्न करने तथा उनकी स्मृति प्रभावित करने के लिए वह विज्ञापन में चित्र को स्थान देता है। एक ओर यह चित्र—विज्ञापित वस्तु या उत्पाद के यथार्थ रूप तथा उपयोगिता को रेखांकित करते हैं तो दूसरी ओर यह विज्ञापन के सुन्दर और आकर्षक ढंग से प्रस्तुतीकरण में सहायक होता है। विज्ञापन निर्माण में चित्र का उपयोग एवं महत्त्व तीन प्रकार से निर्धारित किया जा सकता है,—

(अ) यथार्थपूर्ण चित्र,

(आ) यथार्थपूर्ण किन्तु, असंगत स्थिति तथा

(इ) सौन्दर्यवर्द्धक स्थिति।

विज्ञापन संस्थान **यथार्थपूर्ण स्थिति** के चित्र का प्रयोग ऐसे विज्ञापन निर्माण के लिए करता है, जिसमें मशीनों यन्त्रों, मकानों, कार्यालयों आदि के उपकरणों का सन्देश दिया जाता है या प्रचार किया जाता है। इस प्रकार के चित्रों के प्रयोग से विज्ञापक के उत्पाद का यथार्थरूप उपभोक्ता या जनसामान्य के सामने आता है और वह उससे परिचित होता है। **यथार्थपूर्ण किन्तु असंगत स्थिति** विज्ञापन के निर्माण में विज्ञापन संस्थान ऐसे चित्रों का निर्माण करता है, जिनका उत्पादित वस्तु से कोई सम्बन्ध नहीं होता है किन्तु उसका प्रयोग उत्पाद के प्रति आकर्षण उत्पन्न करने के लिए किया जाता है। ऐसे विज्ञापनों में प्रायः विज्ञापन संस्थान किसी यन्त्र या मशीन या टाइपराइटर के मॉडल के साथ सुप्रसिद्ध अभिनेत्री का चित्र प्रेषित करता है। इस प्रकार के चित्र का सम्बन्ध उत्पाद से नहीं होता है, किन्तु उपभोक्ता का ध्यान आकर्षित करने तथा उनमें उत्पाद के प्रति रुचि

उत्पन्न करने के लिए किया जाता है। इसी तरह **सौन्दर्यवर्द्धक स्थिति** विज्ञापन निर्माण के लिए विज्ञापन संस्थान चित्र का प्रयोग या उपयोग केवल उत्पाद के प्रति गहरे आकर्षक तथा रुचि उत्पन्न करने के लिए करता है। ऐसे उत्पादों में आभूषण, मूल्यवान् वस्त्रों, सौन्दर्य प्रसाधनों तथा स्त्रियों के प्रयोग में आनेवाली विविध उपभोक्ता वस्तुओं के लिए ऐसे चित्रों का उपयोग किया जाता है। इससे विज्ञापन में सार्थकता और संगति आ जाती है और उपभोक्ता में उत्पाद के प्रति गहरी विश्वसनीयता उत्पन्न करता है।

(2) रंग—विज्ञापनों में चित्रों के लिए रंगों का अपना अलग और विशिष्ट महत्त्व होता है। वस्तुतः रंग ही चित्रों की जान होते हैं तभी कोई चित्र विज्ञापन का प्राण बनता है। व्यक्ति मन को पहले ये रंग ही प्रभावित करते हैं। विज्ञापनों में रंगों का प्रयोग, उनका चुनाव जटिल होता है। चूँकि रंगीन चित्र सभी पसन्द करते हैं, अतः प्रिण्ट माध्यमों के साथ-साथ विद्युतीय माध्यमों तक सर्वत्र रंगीन विज्ञापन ही सम्प्रति दिये जा रहे हैं। रंगीन चित्र उपभोक्ता मन की प्रथम पसन्द होते हैं। ये वस्तु या उत्पाद की महत्ता को सिद्ध करते हैं। रंग व्यक्ति को मनोहारी मनोरम लगते हैं। ये उसके भीतर सुखद भाव और पुलक स्पर्श पैदा करते हैं। सन्तुलित रंगों से चित्रित चित्र उपभोक्ता मन पर जादू का-सा असर पैदा करते हैं। विज्ञापन संस्थान जब भी किसी उत्पाद के लिए विज्ञापन तैयार करता है, तब चित्रों के रंग भरते समय उसे लिंग, भेद, अवस्था भेद और ऋतुओं का भी ध्यान रखना होता है, कि कौन-सा रंग किस ऋतु में उपभोक्ताओं पर अपेक्षित असर डाल सकता है।

(3) शीर्षक—मुख्य शीर्षक मुद्रित विज्ञापन का बहुत महत्त्वपूर्ण शाब्दिक तत्त्व है। यह विज्ञापन का मुख्य सन्देश व प्रमुख वाक्य होता है जो उपभोक्ता को सबसे प्रभावित एवं आकर्षित करता है। औसतन एक बार बॉडी कॉपी पढ़नेवाले 83.3% लोग मुख्य शीर्षक को पाँच बार पढ़ते हैं, इसलिए एक मुख्य शीर्षक में मुख्य बिन्दुओं की लाभों के रूप में अभिव्यक्ति होनी चाहिए। मुख्य शीर्षक के कारण उपभोक्ता पूर्ण विज्ञापन सन्देश पढ़ने के लिए प्रेरित होता है, क्योंकि यह विज्ञापन में विश्वास दिखलाने या लाभ का मुख्य कथन होता है। फोर्ब्स और एडवरटाइजिंग एज पत्रिकाओं के अनुसार विश्व के तीन सबसे लोकप्रिय मुख्य शीर्षक निम्न हैं,—

(1) **BMW** के कैम्पेन में प्रयुक्त **'The Ultimate Driving Machine',**

(2) **Nike** के लिए प्रयुक्त **'Just doit'** और

(3) **डेविड ओगिल्वी** द्वारा अमेरिकन एक्सप्रेस ट्रेवलर चैक्स के लिए सृजित वाक्यांश **'Dont leave home without it'**. बहरहाल, सन्देश, विज्ञापन, लक्ष्य और विज्ञापन योजना के आधार पर मुख्य शीर्षक विभिन्न प्रकार के हो सकते हैं—

(1) घोषणात्मक मुख्य शीर्षक (Declarative Headline),

(2) लाभ का मुख्य शीर्षक (Benefit Headline),

(3) समाचार मुख्य शीर्षक ((News Headline),

(4) जिज्ञासात्मक मुख्य शीर्षक (Curiosity Headline),

(5) प्रश्नात्मक मुख्य शीर्षक (Interrogative Headline),

(6) चयनात्मक मुख्य शीर्षक (Selective Headline),

(7) नियन्त्रक मुख्य शीर्षक (Commanding Headline) तथा

(8) भावात्मक मुख्य शीर्षक (Emotional Headline, etc.)[16]

(4) विषय वस्तु—विज्ञापन के लिए जितना महत्त्व शीर्षक का होता है, सम्भवतः उससे कम महत्त्व विषय-वस्तु का नहीं होता। विज्ञापन की विषय-वस्तु का लक्ष्य ग्राहकों या उपभोक्ताओं को उत्पादित वस्तु की सूचना देना तथा उन्हें उक्त उत्पाद की खरीद के लिए प्रेरित करना होता है। विषय-वस्तु की संक्षिप्तता, सत्यता, रोचकता, विश्वसनीयता और क्रय-प्रेरक शक्ति से सम्पन्न होना विज्ञापन को सफल बनाता है। रोचक एवं संक्षिप्त विषयवस्तु उपभोक्ता को अपनी ओर बहुत जल्दी ही आकर्षित करती है। विषय-वस्तु में काले व्यक्ति को अमुक क्रीम के प्रयोग से एक सप्ताह में अंग्रेज की तरह गोरा-कैरा करने की झूठी अतिशयोक्ति न हो अन्यथा विज्ञापन की विषय-वस्तु शंका के दायरे में आ जायेगी।

(5) व्यवसाय नाम—किसी भी अनामधारी उत्पादित वस्तु का बाजार में प्रवेश और पहचान संकट का कारण बन सकता है। जिस प्रकार बिना प्रचार के कोई वस्तु बाजार में बिकने में मशक्कत करती है, ठीस उसी तरह से बिना नाम, छाप, चिह्न, प्रतीक, मोनोग्राम या ब्राण्ड का कोई व्यवसाय ज्यादा दिन टिक नहीं सकता। दरअसल, व्यवसाय नाम ही एक व्यवसाय का दूसरे व्यवसाय से फर्क-फॉक करता है। यही दूसरे व्यवसाय से अलग पहचान और प्रतिष्ठा दिलाता है। इसी से व्यवसाय स्थापित होता है तथा प्रसिद्धि के शिखर पर पहुँचता है। 'टाटा', 'ब्रुकबांड'', डालडा', 'स्वदेशी', 'गोदरेज' आदि स्थापित नाम हो गये हैं, जो उक्त कारोबार या व्यवसाय में गहरा विश्वास पैदा करते हैं।

(6) नारा (स्लोगन)—"A distinctive catch-phrase that serves as a motto for a compaign, brand or company. It is used accross variety of marketing communication messages and over an extended period of time" बताते हैं, किसी भी विज्ञापन में प्रयुक्त नारा वस्तु या उत्पाद की गुणवत्ता का प्रतीक माना जाता है। यह उस व्यवसाय नाम के अच्छे बुरे होने की सूचना देता है। अतः ऐसी स्थिति में नारे का प्रयोग विज्ञापनों में बेहद सन्तुलित रूप में होना चाहिए। मीडिया विशेषज्ञों ने नारे को **(क) सामान्य श्रेणी** और **(ख) विशिष्ट श्रेणी**—इन दो भागों में विभक्त किया है। सामान्य श्रेणी का नारा सामान्य वस्तु या उत्पाद के लिए प्रयुक्त किया जाता है। ठीक इसके विपरीत विशिष्ट श्रेणी के नारे का प्रयोग विशिष्ट या महत्त्वपूर्ण उत्पाद के विज्ञापन में किया जाता है। इस तरह के नारे में उलझनपूर्ण शब्दावली और अबूझ पहेलियों का प्रयोग नहीं होना चाहिए, बल्कि आसानी से समझ और याद करनेवाली शब्दावली का प्रयोग होना चाहिए, जो उत्पाद के सर्वथा उपयुक्त हो, यथा—[17]

(1) ठण्डा मतलब कोका कोला, (2) लिवान सिल्की पोषण,

(3) ए कम्पलीट मैन (रैमण्ड), (4) टेक्नोलॉजी दैट वर्क फार लाइफ (सैमसंग),

(5) अटली बटली डिलिशियस (अमूल), (6) हक से माँगो (प्रिय गोल्ड),

(7) द आर्ट ऑफ मैकिंग आइसक्रीम (वाल्स), (8) मैजिक हो तो मुमकिन है,

(9) यह अन्दर की बात है (लक्स अंडरवियर), (10) निरमा ब्यूटी क्रीम,

(11) मजबूत दाँत स्वस्थ मसूड़े नेचुरली (कॉलगेट), (12) ऑपोडेक्स दे आराम,

(13) आजादी का नया अहसास (एल.एम.एल. फ्रीडम), (14) चेहरे पर लिखे नयी तस्वीर (फेयर एण्ड लवली)

(12) विज्ञापन कॉपी के बाह्य अंग—विज्ञापन कॉपी के निर्माण में निम्नलिखित अंगों का भी बहुत महत्त्व होता है, जिसका ख्याल बराबर रखना होता है,—

(1) स्थिति (Position),

(2) आकार (Size),

(3) समय (Time) तथा

(4) पुनरावृत्ति (Frequency) या बारंबारता।

(1) स्थिति—विज्ञापन-निर्माण में 'स्थिति' और 'स्थान' विशेष का ध्यान रखा जाता है। प्रिण्ट मीडिया में किस पृष्ठ पर विज्ञापन दिया जाय, विद्युतीय माध्यमों में विज्ञापनों के प्रसारण का क्रम क्या हो, जिससे अधिक-से-अधिक उपभोक्ताओं का ध्यान वह विज्ञापन अपनी ओर खींच सके इसकी सजगता बेहद जरूरी होती है। प्रिण्ट माध्यमों, यथा-पत्र-पत्रिकाओं में प्रथम पृष्ठ, द्वितीय पृष्ठ और तृतीय पृष्ठ अर्थात् हर पृष्ठ की अपनी-अपनी विज्ञापन दरें तय होती हैं। बताते हैं, समाचार-पत्रों में विज्ञापन स्थिति के लिए पैनल विज्ञापन के रूप में समाचार-पत्र की नाम पट्टिका के दाएँ-बाएँ उपयुक्त स्थल है। इसके अतिरिक्त चौथाई पृष्ठ का चार कालमी या तीन कालमी विज्ञापन प्रथम पृष्ठ के नीचे कोने पर अधिक मूल्य देकर, क्रय किया जाता है। इसके पश्चात् विज्ञापन की दृष्टि से अन्तिम पृष्ठ (आठवाँ, दसवाँ या बारहवाँ तथा सोलहवाँ पृष्ठ) प्रभावशाली एवं उपयुक्त होता है और इसके लिए भी विज्ञापक को अधिक मूल्य देय होता है। विज्ञापन के लिए सामान्य से कुछ अधिक महत्त्व तीसरे, पाँचवे, सातवें या ग्यारहवें, पन्द्रहवें पृष्ठ का होता है। किसी पत्रिका में प्रथम पाँच पृष्ठों का विज्ञापन स्थान पत्रिका के शेष आन्तरिक पृष्ठों की अपेक्षा पचास, अस्सी प्रतिशत उत्तम होता है और इस स्थान के क्रय के लिए अन्य सामान्य पृष्ठों से अधिक की राशि व्यय करनी होती है। ऐसे पृष्ठों के लिए वार्षिक विज्ञापन के अनुबन्ध कुछ रियायती दरों पर किये जाते हैं।[18]

(2) आकार—पृष्ठों के चयन के बाद विज्ञापनों की ओर लोगों को आकर्षित करने के लिए अगली समस्या आती है—विज्ञापनों के आकार की। साफ शब्दों में यह कि विज्ञापन किस आकार छोटे, बड़े, मझोले में छापा जाय कि वह उपभोक्ताओं का ध्यान अपनी ओर सहजता से खींच सके। सभी जानते हैं, बड़े आकार में सजा-धजा विज्ञापन उपभोक्ताओं का ध्यान अपनी ओर बहुत शीघ्र खींचता है। इस आकार में उत्पादित वस्तु के बारे में अधिक-से-अधिक सन्देश और सूचना दी जा सकती है, किन्तु यहाँ यह भी ध्यान रखना पड़ता है कि बड़े आकार के नाम पर विज्ञापन कक्षा का 'ब्लैक बोर्ड' न बन जाय।

(3) समय—विज्ञापनों के लिए 'समय' और 'काल-विशेष' अर्थात् वर्ष, माह और सप्ताह का अपना महत्त्व होता है। स्पष्टतः यह कि विज्ञापन निर्माता के सामने 'समय' के चुनाव का संकट होता है कि वह अपने विज्ञापन को कब प्रस्तुत करे कि वह अधिक-से-अधिक उपभोक्ताओं का ध्यान अपनी ओर खींच सके। उदाहरण के लिए कुछ विज्ञापन महिलाओं का ध्यान आकर्षित करने के लिए प्रिण्ट माध्यमों में प्रातःकाल प्रकाशित कराये जाते हैं, जब कि पुरुषों का ध्यान आकर्षित करने के लिए सायंकाल को। ठीक इसी तरह विद्युतीय माध्यमों में जब सायंकाल धारावाहिकों की शुरुआत होती है तो महिलाओं का ध्यान खींचने के लिए विज्ञापन झोंक दिये जाते हैं।

(4) पुनरावृत्ति—विज्ञापन विदों का विचार है कि विशिष्ट कौशल से निर्मित कोई भी विज्ञापन प्रभूत और असरकारक ढंग से दर्शकों/पाठकों के ऊपर अपेक्षित असर नहीं पैदा कर सकता जब तक कि उसकी कई बार पुनरावृत्ति न हो। साफ शब्दों में, यह कि कोई भी विज्ञापन एक ही बार में उपभोक्ताओं का ध्यान अपनी ओर नहीं खींच सकता। यह मनोवैज्ञानिक सच है, अतः यहाँ विज्ञापन की बारम्बाता या पुनरावृत्ति अर्थात् विज्ञापनों का बार-बार दिखाया जाना

आवश्यक हो जाता है। यह पुनरावृत्ति विज्ञापन के प्रति उपभोक्ताओं के मन में धारणा को पुष्ट और ताजा करती है।

(13) विभिन्न माध्यमों के लिए विज्ञापन लेखन और सृजन

(क) विद्युतीय माध्यमों के लिए विज्ञापन-लेखन—प्रत्येक जनमाध्यम की अपनी कुछ विशिष्टताएँ होती हैं, अपनी सीमितताएँ भी होती हैं। हर जन माध्यम का अलग चरित्र तथा प्रभाव होता है। मुद्रित माध्यम स्थायी तथा पढ़े-लिखे लोगों के लिए होते हैं। टी.वी. घर में देखा जानेवाला सबसे लोकप्रिय जनमाध्यम होता है जो गतिशील चित्र तथा ध्वनि का अद्‌भुत रंग-भरा चमत्कार है। सिनेमा गतिशील चित्रण, रंग तथा ध्वनि का प्रभावशाली माध्यम है, जिसमें भव्यता और विशालता, महत्त्वपूर्ण होती है। मुद्रित माध्यमों के विज्ञापनों में शब्द, चित्र तथा रंगों का संयोजन महत्त्वपूर्ण होता है। टी.वी. विज्ञापनों में सन्देश, मॉडल, संगीत तथा गति का सामंजस्य होना चाहिए। रेडियो विज्ञापन ध्वनि, लयबद्धता तथा स्पष्टता को ध्यान में रखकर तैयार करना चाहिए। पोस्टरों में आकार, दृश्यता तथा कम-से-कम शब्दों का प्रयोग आवश्यक होता है। इण्टरनेट विज्ञापनों में आमन्त्रण, एम.एम.एस. विज्ञापनों में भाषा, होर्डिंग विज्ञापनों में आकार महत्त्वपूर्ण होता है।[19]

(1) रेडियो हेतु विज्ञापन लेखन-सृजन—रेडियो को 'ट्रान्जिटरी माध्यम' कहते हैं। रेडियो विज्ञापन ध्वनि प्रधान होते हैं। संचारी भाव या पानी के बुलबुले की तरह इस माध्यम पर विज्ञापित किये जानेवाले विज्ञापनों का अस्तित्व क्षणभंगुर होता है। इसके विज्ञापनों में खूबसूरत लय, आवाज की खनक-ठनक, विज्ञापनों के उच्चारण की विशिष्ट शैली और अन्दाज, जादू की तरह असरकारक संगीत, श्रोताओं/उपभोक्ताओं को अपनी ओर आकर्षित कर सकती है। चूँकि, रेडियो विज्ञापन की उम्र महज 10-12 से लेकर 28-30 सेकण्ड तक की होती है, अतः इस तरह के विज्ञापन-लेखन में बहुत सावधानी बरतनी होती है, "Ads that are broadcast on either radio or television are usually 15, 30 or 60 seconds in length, although 10 and 15 second spots may be used for brand reminders or station identification. The short length means the commercials must be simple enough for consumers to grasp. Because radio is transitory medium, the ability of the listener to remember facts (such as the name of the advertiser, addresses and phone numbers) is difficult. That is why copywriters repeat the key points of brand name and identification information, such as a phone number or Web address. Radio copywriters imagine they are writing a musical play that will be performed before an audience whose eyes are closed."[20]

सच तो यह है, रेडियो विज्ञापन लेखन बहुत जटिल होता है, अतः यहाँ ढेरों सावधानियाँ सजगताएँ बरतने की जरूरत होती है। रेडियो विज्ञापन लेखक को चाहिए कि वह उत्पाद का प्रचार अति संक्षिप्त शब्दों में लिखे, बल्कि सूत्रात्मक शैली में यदि सम्भव हो तो उपयुक्त माना जायेगा। श्रोता उस विज्ञापन को आसानी से समझ सके, क्योंकि रेडियो केवल श्रव्य माध्यम है। अतः विज्ञापन इतनी बुलन्द आवाज, स्पष्ट भाषा तथा साफ उच्चारण में होना चाहिए कि पढ़े-अनपढ़े सभी श्रोता उसे बोधगम्य कर सकें। प्रचारक ने क्या कहा, अँटकल-अनुमान के लिए श्रोताओं को अवसर नहीं देना चाहिए।

(2) दूरदर्शन हेतु विज्ञापन लेखन-सृजन—रेडियो के सापेक्ष चूँकि दूरदर्शन श्रव्य-दृश्य माध्यम है, अतः इस माध्यम पर प्रसारित विज्ञापन उपभोक्ताओं पर अपना गहरा असर डालते

हैं। सच कहा जाय तो विज्ञापनों की सार्थकता दूरदर्शन तथा अन्य निजी क्षेत्र के चैनल्स ने ही सिद्ध किया है। सुन्दर लय, मोहक आवाज, साथ-साथ चलते चित्रों ने इस माध्यम पर विज्ञापनों को प्रतिष्ठित किया है। प्रिण्ट माध्यमों की तुलना में दूरदर्शन विज्ञापन लेखन चुनौतीपूर्ण काम है। यहाँ विज्ञापन लेखक को शब्दों और भाषा से बार-बार खेलना और वर्जिश करना पड़ता है। विज्ञापन की कथा,—दूरदर्शन विज्ञापन-लेखक को चाहिए कि अति विश्वसनीय और अति संक्षिप्त रखे। उसकी सफलता तभी मानी जायेगी, जब वह 'effect of action' तथा 'motion to attract.' से पूर्ण हो, "Television copywriters understand that it is the moving image, the action that makes television so much more engaging than print. The challenge for the writer is to fuse the images with words to present not only a creative concept, but also a story, as the frontline commercial do so well. One of the strength of television, then, is its ability to reinforce verbal messages with visuals or reinforce visuals verbal messages... The perfect combination of sight and sound can be an extremely potent selling tool."[21]

यहाँ शब्दों को चित्र आकार देते हैं। ब्राण्ड का नारा (Slogan) स्पष्ट होना चाहिए। विज्ञापन की भाषा जिन्दा-जीवन्त और सजीव होनी चाहिए, जिससे विज्ञापन में की गयी 'अपील' का असर उपभोक्ताओं पर स्पष्ट रूप से पड़े। दरअसल, दूरदर्शन विज्ञापन लेखन में इतनी काबिलियत होनी चाहिए कि वह हमारी भावनाओं (emotions) का स्पर्श कर सके और वस्तु या उत्पाद के प्रति मन में ललक-लालच पैदा कर सके। विज्ञापन कथा के साथ यदि मँजी-मँजाई तकनीक का प्रयोग हो तो इससे जन्मा विज्ञापन मोहक और आकर्षक होगा। अतः दूरदर्शन विज्ञापन लेखक को कुछ बुनियादी जानकारी रखनी चाहिए, क्योंकि रेडियो और दूरदर्शन विज्ञापन-लेखन में अन्तर होता है। कॉपी-लेखक को उपभोक्ताओं के मनोविज्ञान की पुष्ट समझ होनी चाहिए।

(ख) प्रिण्ट माध्यमों के लिए विज्ञापन लेखन–

(3) समाचार-पत्रों हेतु विज्ञापन लेखन—पत्रिकाओं और होर्डिंग की तुलना में यद्यपि समाचार-पत्रों का जीवन अल्पावधि का होता है, फिर भी अखबारी विज्ञापनों का अपना गहरा और विशिष्ट प्रभाव पाठकों/उपभोक्ताओं पर पड़ता है, सम्भवतः यही कारण है कि अखबार का पहला पृष्ठ अब विज्ञापन खा जा रहे हैं। वस्तुतः कलात्मकता से भरभूर विज्ञापन साक्षर-निरक्षर-सभी का ध्यान अपनी ओर खींचते हैं। इधर, चूँकि विज्ञापन भी समाचार-पत्रों की जरूरत होते हैं, सो समाचार-पत्र-प्रबन्धन भी इन्हें अपने यहाँ उचित उपयुक्त और सम्मानजनक स्थान देने में कोताही नहीं बरतते। विद्युतीय माध्यमों की तुलना में प्रिण्ट माध्यमों को स्थायी महत्त्व का माना जाता है, अतः उत्पादों का पूरा विवरण मय खूबसूरत चित्र के साथ यहाँ दिया जा सकता है, "Newspaper advertising is one of the few types of advertising that is not considered intrusive because people consult the paper as much to see what is on sale or to find out what is happenig in City Hall. For this reason, the copy in newspaper advertisements does not have to work as hard as other kinds of advertising to catch the attention of its audience...As the result most newspaper advertising copy is straight forward and informative. The writing is brief, usually just identifying the merchandise and giving critical information about style, size and prices."[22] कुल मिलाकर अखबारी विज्ञापन नपी-तुली शब्दावली में सामान्यजन की समझ में आने वाला होना चाहिए, इसका खयाल विज्ञापन लेखक को हमेशा रखना चाहिए।

(4) पत्रिकाओं हेतु विज्ञापन लेखन—अखबारों की तुलना में पत्रिकाओं की उम्र ज्यादा होती है। अगली बात यह कि जहाँ ढेर सारे अखबार सीमित दायरे में पहुँच रखते हैं, वहीं पत्रिकाओं का विस्तार क्षेत्र बहुत ज्यादा, कभी-कभी आखिल देशीय भी होती है। अतः इस माध्यम पर दिया गया विज्ञापन सन्देश काफी टिकाऊ और असरकारक होता है। एक बात और। अखबारों की तुलना में पत्रिकाओं के पन्ने काफी सुघर, चिकने और उत्तम कोटि के होते हैं। अतः पत्रिका विज्ञापन लेखक थोड़ा ध्यान देकर रंग और तूलिका से चित्रों-अक्षरों को सजा-सवाँर कर पत्रिकाओं में प्रस्तुत करें तो वह काफी सूचनाप्रद हो सकता है, "Magzines offer better quality ad production, which is important for brand image and high fashion advertising. On the other hand, consumers may clip and file advertising that ties in with the magazines special interest as reference information. Copywriters also take care to craft clever phrasing for the headlins and the body copy, which, as in the Nike women's campaign, may read more like poetry".[23]

(5) पोस्टर और होर्डिंग हेतु विज्ञापन लेखन—चौराहे, सिनेमा हॉल, बस स्टैण्ड, रेलवे स्टेशन आदि पर जनता का हुजूम होता है। ऐसे स्थानों में, जहाँ आसानी से दृष्टि जाती हो, ऐसी जगहों पर बड़े-बड़े साइनबोर्ड लगाकर निर्माता अपने उत्पाद का विज्ञापन करते हैं। इनका अधिकतम आकार 10'×20' होता है। होर्डिंग्स के लिए नगर पालिका से अनुमति लेनी पड़ती है। इसे लगाने में कुछ सावधानियाँ बरतनी पड़ती हैं।[24] इसे आकर्षक लगने के लिए होर्डिंग विज्ञापन लेखक को थोड़ा ध्यान देने की जरूरत होती है। इस क्रम में विज्ञापन लेखक को चाहिए कि पोस्टर पर लिखे अक्षर अपेक्षाकृत बड़े आकार के हों, क्योंकि उन्हें दूर से पढ़ना होता है। पोस्टर सामान्य कद-काठी का होना चाहिए। फिर हम जानते हैं, विज्ञापन संस्थान में अथवा स्वैच्छिक रूप से काम करनेवाले ऐसे व्यक्ति को कॉपी लेखक या मुद्रण लिपि-कर्त्ता बनाया जाता है, जो अपनी वाचिक योग्यता तथा शब्द कोशीय ज्ञान के आधार पर विज्ञापन के लिए सटीक नारे का निर्माण करता है। सचित्र विज्ञापन में नारे के निमित्त उसे शब्द-चित्रण का आश्रय लेना पड़ता है, अतः ऐसा दक्ष और प्रवीण व्यक्ति पोस्टर और होर्डिंग विज्ञापन को चाहे तो सुन्दर सलीके से सजा सकता है, "Posters and outdoor boards are primarily visuals, although the words generally try to catch Consumer's attention and look in an idea, registering a message. An effective is built around a creative concept that marries the words with the visual".[25]

भाग-दो

विज्ञापन ले-आउट (Lay-Out) या संयोजन-सजावट

(1) ले-आउट : अर्थ-आशय—विज्ञापन ले-आउट से मतलब है—विज्ञापन का रूप विन्यास, विज्ञापन की सजावट। वस्तुतः ले-आउट विज्ञापन की एक मुकम्मल व्यवस्था है। विज्ञापन-सम्बन्धी तत्त्वों को उचित-उपयुक्त जगह 'सेट' करना ही 'ले-आउट' कहा जाता है,— "A lay-out is a plan that imposes order and at the same time creates an arrangement that is aesthetically pleasing." स्पष्टतः यह कि ले-आउट एक योजना है, एक चित्र है, नक्शा है, आकृति और शक्ल है, तस्वीर है, उभरा हुआ चिह्न है, साँचा और मानचित्र है, जो पहले दिग्दर्शित किये गये स्वरूपों से अधिक स्पष्ट, अधिक पूर्ण और अधिक सुसंस्कृत होता है। दरअसल, समाचार-पत्र-पत्रिकाओं में जो आकर्षक, सजावटी (Display) विज्ञापन देखने को मिलते

हैं, वे कलाकारों और कॉपी लेखकों के मिले-जुले प्रयासों के परिणाम होते हैं। कोई भी विज्ञापन अपने अन्तिम रूप तक पहुँचने से पहले कई स्थितियों से गुजरता है। किसी विज्ञापन का ले-आउट तैयार करने से पहले दिग्दर्शन (Visualisation) की प्रक्रिया सम्पन्न की जाती है। इस प्रक्रिया के दौरान यह विचार किया जाता है कि विज्ञापन कैसा होना चाहिए? उसमें वस्तु को दर्शाया जाना है या व्यक्ति/व्यक्तियों को? विज्ञापन में रंगीन चित्र होना चाहिए या हाथ से बनी कला डिजाइन? ट्रेडमार्क, ब्राण्ड नाम या 'लोगो' को कहाँ स्थित किया जाना चाहिए? विज्ञापन में कॉपी का स्थान कहाँ होगा, विज्ञापन में सफेद जगह कितनी छोड़ी जायेगी और विज्ञापन का आकार क्या होगा—ऐसे तमाम प्रश्नों से जूझना होता है—दिग्दर्शक को। इन प्रश्नों के जो उत्तर उसके मन-मस्तिष्क में आते हैं—वह उन्हें पेन्सिल से कागज पर उतार लेता है। यही भावी विज्ञापन का पहला और प्रारम्भिक स्वरूप होता है, जिसे आधार मानकर ले-आउट बनाने की अगली कार्यवाही संम्पन्न की जाती हैं।[26]

इस तरह विज्ञापन का वह रूप ले-आउट कहलाता है, जिसे कॉपी राइटर के नारे, वस्तु (Text) के साथ फोटोग्राफ या रेखाचित्र के साथ आनुपातिक ढंग और आकर्षक रूप में प्रासंगिकता का ज्ञापन करता है और विज्ञापन कथा का एक भाग दिखाता है तथा दूसरे के लिए बयान देता है तथा उत्पाद की विक्रय-वृद्धि योजना में सक्रिय रहता है। इसमें हेड लाइन, सब हेड वस्तु, विज्ञापक का नाम, व्यावसायिक प्रतीक चिह्न, छाया चित्र या रेखाचित्र आदि सभी कुछ निहित रहता है।[27] सच तो यह है कि ले-आउट विज्ञापन में उपयोग में आनेवाली एक शब्दावली है अर्थात् विज्ञापन के विभिन्न तथ्यों, यथार्थ चित्र, मुद्रित सामग्री, सफेद जगह की एक व्यवस्था जो मिलजुलकर विज्ञापन को एक स्वरूप प्रदान करे। इस तरह ले-आउट एक ऐसी स्थिति है, जो बिक्री के सन्देश को एक प्रभावशाली आकार देती है। ले-आउट, विज्ञापन के अलावा कला की अन्य विधाओं में अथवा समाचार-पत्र की सज्जा के लिए भी उपयोग में आने वाला शब्द है, परन्तु इसका सबसे सटीक उपयोग विज्ञापन में ही होता है। एक ले-आउट वस्तुशिल्प के द्वारा मकान के नक्शे की तरह होता है, जिसमें सभी तथ्यों में किन्ही सिद्धान्त के तहत स्थान प्रदान किया जाता है। इसमें एक केन्द्रीय विचार होता है और एक स्पष्ट उद्देश्य।[28]

(2) ले-आउट संयोजन के कुछ प्रमुख कला तत्त्व—विज्ञापन ले-आउट को मनोहारी मनोरम तथा कलात्मक-आकर्षक बनाने के लिए जिन कुछ प्रमुख कला तत्त्वों को वरीयता दी जाती है, उनमें अधोलिखित प्रमुख हैं—

(1) मुख्य शीर्षक या शीर्ष पंक्ति (Head-line),
(2) उपशीर्षक या उपशीर्ष पंक्ति (Sub-Headline),
(3) कॉपी (Text),
(4) मुख्य सन्दर्भ चित्र (Main Illustration),
(5) सहायक सन्दर्भ चित्र (Subsidiary Illustration),
(6) लिखित सामग्री (Body Text),
(7) चित्र शीर्षक (Picture Captions),
(8) व्यापारिक चिह्न (Trade Mark),
(9) नारा (Slogan),
(10) हस्ताक्षर (Logo type of Signature)
(11) रिक्त स्थान या सफेद जगह (White Space).
(12) सीमा रेखाएँ (Border Line)।

ले-आउट में प्रभविष्णुता पैदा करने के लिए उक्त सभी तत्त्वों का उचित और उपयुक्त प्रयोग करना आवश्यक होता है, तभी ये चिन्ताकर्षक और पाठकों को अपनी ओर आकर्षित कर सकते हैं। खैर, इनमें से कुछ महत्त्वपूर्ण कला तत्त्वों को हम इस प्रकार देख सकते हैं,—

(1) मुख्य शीर्षक या शीर्ष पंक्ति—शीर्षक का विज्ञापन के लिए लिखी जानेवाली कॉपी में सर्वाधिक महत्त्व है, क्योंकि शीर्षक पाठक को सबसे पहले विज्ञापन की ओर आकर्षित करता है। शीर्षक अच्छा हो तो पाठक विज्ञापन पूरा पढ़ने को मजबूर हो जाता है। आमतौर पर लोग सारा विज्ञापन पढ़ने की बजाय शीर्षक पढ़कर इस बात का फैसला कर लेते हैं कि विज्ञापन उनके मतलब का है या नहीं। शोध द्वारा यह सिद्ध हो चुका है कि 50 से 60 प्रतिशत लोग विज्ञापन का केवल शीर्षक ही पढ़ते हैं, इसलिए यदि शीर्षक में ही उपभोक्ता को उत्पादन खरीदने का कारण नहीं दिया जायेगा तो सरल गणित के अनुसार आर्य का 80 प्रतिशत पैसा खर्च होगा। शीर्षक के बिना विज्ञापन बिना चेहरे के व्यक्ति के समान है, जिसकी कोई न तो अलग पहचान है और न ही अपना अलग व्यक्तित्व।[29]

वस्तुतः मुख्य शीर्षक विभिन्न माध्यमों, खासकर प्रिण्ट के लिए मुख्य तत्त्व होता है। विज्ञापन का यही सन्देश वाहक भी कहा जा सकता है। उपभोक्ताओं की पहली नजर मुख्य शीर्षक पर ही जाती है, —The headline is a key element in print advertising. It conveys the main message so that people get the point of the ad. It's important for another reason. The headline works with visual to get attention and communicate the creative concept. कुल मिलाकर It's usually identified by larger type or a prominent position and its purpose is to catch attention. अतः ऐसी स्थिति में विज्ञापन का शीर्षक संक्षिप्त और छोटा होना चाहिए, भ्रमित करनेवाला न हो, मोटे अक्षरों से टंकित-मुद्रित हो। शीर्षक के साथ चित्र हो तो और अच्छा है—इन सभी बातों का ध्यान रखना चाहिए।

(2) उप शीर्षक—यह माना जाता है कि विज्ञापन में उपशीर्षक, शीर्षक के सहयोगी तथा शीर्षक के विचार को विस्तार देनेवाले होते हैं। इसका टाइप फेस, मुख्य शीर्षक की तरह बोल्ड न होकर थोड़ा छोटा होता है। यह मुख्य शीर्षक तथा बॉडी कॉपी के मध्य पुल का काम करता है।[30] वस्तुतः उपशीर्षक का इस्तेमाल उसी प्रकार होना चाहिए, जैसे सड़कों पर दिशा दिलानेवाले चिह्नों का होता है। उपशीर्षक द्वारा आप पाठक की उँगली पकड़कर उसे शीर्षक से कॉपी की ओर बढ़ाते हैं। उपशीर्षक विज्ञापन में साफ-साफ नजर आने चाहिए और इनमें शीर्षक पढ़ने के बाद पाठक के मन में उठनेवाले प्रश्नों के उत्तर शामिल होने चाहिए, जैसे अगर शीर्षक में समस्या है तो उपशीर्षक होना चाहिए 'समस्या का हल'[31] —"Used in longer copy blocks, subheads begin a new section of the copy. They are usually bold type or larger than the body copy. Their purpose is to make the logic clear to the reader. They are useful for people who scan copy and they help them get a sense of what the copy says."

(3) बॉडी कॉपी—बॉडी कॉपी को विज्ञापन का 'टेक्स्ट' (text) कहते हैं। इसे अपेक्षया छोटे अक्षरों में टंकित किया जाता है। बॉडी कॉपी का मुख्य उद्‌देश्य उत्पाद के विक्रय के बारे में बताना होता है। इसके अलावा इसका एक और महत्त्वपूर्ण उद्‌देश्य होता है—उपभोक्ता का ध्यान विज्ञापित वस्तु की ओर खींचना। यह विज्ञापित वस्तु का प्रचारक और सन्देशवाहक होता है, "The text of the ad. It,s usually smaller-sized type and written in paragraphs or multiple lines. Its purpose is to explain the idea or selling point. The body copy is the text of the ad and its primary role is to maintain the interest of the reader. It develops the sales message, states the argument, summarises the proof and provides explanation. It is the persuasive heart of the message." कुल मिलाकर यह कि बॉडी कॉपी, कॉपी राइटर द्वारा तैयार किया गया ऐसा सृजन है, जो हेडलाइन और सब हेड लाइन द्वारा अपने पाठकों को उत्पाद की ओर आकर्षित करता है तथा उत्पाद के विषय में हर तर्क सुनने के लिए पूरा विज्ञापन पढ़ता है। बॉडी कॉपी में कम-से-कम शब्दों के प्रयोग से 'गागर' में 'सागर' भरा जाता है तथा वे सारे तर्क प्रस्तुत किये जाते हैं, जिससे उपभोक्ता को उत्पाद के क्रय के निर्णय की ओर ले जाते हैं।[32]

(4) मुख्य सन्दर्भ चित्र—व्यावसायिक विज्ञापनों के आकर्षण के लिए चित्र एक अनिवार्य तत्त्व है। साथ ही सेवा, सूचना, शिक्षा, ग्रामीण, स्वास्थ्य तथा सरकारी आदि विज्ञापनों के प्रभाव के लिए भी उसका सचित्र होना लाभकारी है। चित्र लोगों के मन में विज्ञापन सन्देश को स्मृति लोप नहीं होने देता। विज्ञापन की प्राचीन कालीन शैली चित्रात्मकता है। चित्र के प्रयोग से विज्ञापन की बहुत सारी कमियाँ उजागर नहीं हो पातीं। आज संचार के इस युग में समस्त दृश्यगत माध्यमों में बिना चित्रों के विज्ञापन की कल्पना ही नहीं की जा सकती। चित्रों की अपनी एक सुदृढ़ भाषा होती है। आज कम्प्यूटर और ग्राफिक डिजाइन के कारण चित्र-निर्माण में विविध प्रकार के प्रयोगों द्वारा विज्ञापन को अत्यधिक आधुनिक रूप में प्रस्तुत किया जाने लगा है। चित्र विज्ञापनों के सम्पूर्ण कथ्य को सरलता के साथ वर्णित करते हैं। विज्ञापनों में उत्पाद, वस्तु, मॉडल, कम्पनी आदि के चित्रों द्वारा ग्राहकों के विश्वास को जीता जाता है। चित्रों में प्रामाणिकता का बोध होता है। सौन्दर्य साबुन 'लक्स' के विज्ञापन में जब फिल्मी अभिनेत्रियाँ—करीना कपूर, ऐश्वर्याराय, हेमामालिनी, श्री देवी कहती हैं कि, ''मेरी खूबसूरती का राज लक्स और क्या'' तो यह कथन विश्वसनीयता में वृद्धि कर उत्पाद को महिलाओं में और अधिक लोकप्रिय करता है।[33]

(5) व्यापारिक चिह्न—हर व्यापारिक प्रतिष्ठान के अपने-अपने 'ट्रेडमार्क' होते हैं। 'ट्रेडमार्क' का व्यावसायिक भाषा में अर्थ होता है—लक्षण, चिह्न, प्रतीक, शब्द या ब्राण्ड। ट्रेडमार्क से ही किसी फर्म की दूसरे फर्म से अलग पहचान बनती है और वह प्रतिष्ठान या उद्योग संस्थान उसी नाम से जाना जाता है। इससे उपभोक्ताओं को भी बाजार में सामान खरीदने में सुविधा होती है। व्यापारिक चिह्नों को अंग्रेजी में 'Logo' (लोगो) नाम से अभिहित किया जाता है। हिन्दी में 'Logo / gram' को शब्द चिह्न कहते हैं। 'मोनोग्राम' (Monogram) भी इसी से मिलता-जुलता शब्द है, जिसे हिन्दी में 'गुम्फाक्षर' कहते हैं। प्रत्येक कम्पनी और प्रतिष्ठान अपने अलग-अलग 'लोगो' और 'ब्राण्ड' से पहचानी जाती है। टाटा, बजाज, रिलायन्स, अमूल, सहारा, हिण्डालको, हिन्दुस्तान पेट्रोलियम तथा गोदरेज आदि के अपने-अपने रजिस्टर्ड 'ट्रेडमार्क' हैं। अतः ऐसी स्थिति में प्रत्येक कम्पनी और प्रतिष्ठान को चाहिए कि वह अपना-अपना स्वतन्त्र ट्रेडमार्क रखें, एक ही व्यापारिक चिह्न से उपभोक्ता भ्रमित हो सकता है, साथ ही प्रतिष्ठान की प्रतिष्ठा पर भी आँच आ सकती है।

(6) सफेद स्थान या रिक्त स्थान—"Areas of the layout that are not covered by art or type are called **White space** or **negative space.** White space can be design element in itself-either to frame an element or to separate elemets that don't belong together". विज्ञापन-विशेषज्ञ विज्ञापनों के निर्माण व प्रस्तुति में 'सफेद स्थान' की गुंजाइश हमेशा बनाये रखते हैं। सफेद स्थान से ले-आउट की अन्य सामग्री को यथोचित उभार मिलता है। हॉलाकि इसका भी पूरा मूल्य भुगतान होता है। कभी-कभी कुछ कम्पनियाँ समाचार-पत्रों का पूरा पृष्ठ क्रय कर केवल मध्य में अति संक्षिप्त विज्ञापन सन्देश देकर समस्त स्थान रिक्त रखती हैं। इसमें पाठक

के मन में हैरानी का भाव उत्पन्न होता है और विज्ञापन-सन्देश के प्रति बराबर आकर्षित होते हैं। कुशल रचनाकार विज्ञापन में कभी भी ठूँस-ठूँसकर सामग्री भरने में विश्वास नहीं करते। ले-आउट में 'सफेद स्थान' द्वारा हमेशा 'रिलीफ' तत्त्व पर ध्यान देने से विज्ञापन अपने उद्देश्य में सफल होते हैं।[34]

(7) सीमा रेखाएँ—'बॉर्डर' का आशय हिन्दी में 'परकोटा' या 'चहारदीवारी' होता है। जिस प्रकार कोई मकान बिना चहारदीवारी के नंगा और असुरक्षित लगता है, ठीक उसी प्रकार बिना 'बार्डर' के विज्ञापन भी श्रीहीन लगता है। वस्तुतः खूबसूरत बार्डर से विज्ञापनों में ताजगी और सौन्दर्य भर जाता है। विज्ञापन के प्रति उपभोक्ता के मन में आकर्षण और खिंचाव पैदा होता है। यह बार्डर ही विज्ञापन की ताकत और प्राण होता है। बॉर्डर से विज्ञापनों में चार चाँद लगता है, उसकी कांति और मनोहरता में श्री वृद्धि होती है। आजकल नयी तकनीक से विज्ञापनों में खूबसूरत बॉर्डर बनाये जा रहे हैं। यहाँ यह ध्यान रखना चाहिए कि उत्पाद की विषय वस्तु के अनुसार ही बार्डर होने चाहिए। वे अतिरंजित और भदेसपन लिये न हों।

(3) ले-आउट की प्रक्रिया, ले-आउट निर्माण के विभिन्न चरण या योजना–

(क) भूमिका—ले-आउट कोई भी हो, उसके लिए योजना की आवश्यकता होती है। यदि आप कोई इमारत बनाना चाहते हैं तो आपको उसका खाका खींचना पड़ता है। यही बात ग्राफिक्स डिजाइन पर भी लागू होती है। इमारत की तरह ग्राफिक्स डिजाइन भी एक रचना है। ग्राफिक्स डिजाइन तैयार करने के लिए योजना की आवश्यकता होती है। ग्राफिक्स डिजाइन की योजना को ही **ले-आउट** कहते हैं। ग्राफिक्स डिजाइन तैयार करने के लिए ले-आउट पर कई लोग काम करते हैं। विज्ञापन तैयार करने के लिए तथा दृश्य उपलब्ध कराने के लिए फोटोग्राफर या चित्रकार की आवश्यकता होती है। विज्ञापन कॉपी और शीर्षक के लिए टाइप सेटिंग बनाने के वास्ते कम्पोजिटर की और सभी तत्त्वों को पेस्ट करने के लिए एक फिनिशिंग आर्टिस्ट की आवश्यकता होती है तथा विज्ञापन को छापने के लिए मुद्रक की आवश्यकता होती है। ले-आउट तैयार करने के लिए कल्पना और कौशल दोनों ही जरूरी हैं।

(ख) विज्ञापन ले-आउट, प्रेस-ले-आउट, पृष्ठ ले-आउट, फिनिश ले-आउट, डमी, मेकअप या माडल तथा स्टोरीबोर्ड—आवश्यक संचार माध्यम में ले-आउट के लिए भिन्न-भिन्न तकनीकी शब्दों का प्रयोग किया जाता है। यदि योजना विज्ञापन की है तो इसे **विज्ञापन ले-आउट** कहते हैं। यदि यह समाचार-पत्र के लिए है तो इसे **प्रेस-ले-आउट** कहते हैं। किसी पत्रिका के पृष्ठों की योजना को **पृष्ठ-ले-आउट** कहते हैं और सभी पृष्ठों की सम्पूर्ण संकल्पना को **डमी** कहा जाता है। वस्तुतः डमी किसी मुद्रित उत्पादन के **फिनिश ले-आउट** का आभास देती है। किसी समाचार-पत्र के पृष्ठ से सभी तत्त्वों को क्रम से रखने की प्रक्रिया को **मेकअप** अथवा **मॉडल** कहा जाता है। ले-आउट केवल मुद्रित डिजाइन के लिए नहीं होता। जहाँ कहीं विचारों के प्रस्तुतीकरण की बात आती है या दृश्यों की हू-ब-हू नकल की जानी होती है,—जैसा कि फिल्म और टेलीविजन में होता है—वहाँ दृश्यात्मक प्रस्तुतीकरण के लिए ले-आउट की आवश्यकता होती है। इसे ही **स्टोरी बोर्ड** कहा जाता है। स्टोरी बोर्ड एक-दूसरे के साथ सम्बन्धित चित्रों की शृंखला होती है, जिसे वास्तविक फिल्म में **एक्शन** का रूप दिया जाता है।[35]

बहरहाल, विचार के प्रस्फुटन से लेकर अन्तिम डिजाइन तक ले-आउट को कई चरणों से गुजरना पड़ता है, जिसे इस प्रकार देखा जा सकता है,।

(ग) ले-आउट के विभिन्न चरण—

(1) पहला-चरण-थम्बनेल स्केच (Thumbnails) **ले-आउट** —"The stages in the normal development of a print ad may vary from agency to agency or from client to client. This ad went through thumbnail sketches, which are quick, miniature preliminary sketches". आशय यह कि ले-आउट के पहले चरण को थम्बनेल स्केच कहते हैं। इसे कहीं-कहीं 'मिनियेचर स्केच' भी कहते हैं। यहाँ अपने विचार को छोटे-छोटे रेखाचित्रों के माध्यम से कागज पर टाँकते रहते हैं, इस स्केच को हम इस प्रकार भी परिभाषित कर सकते हैं, विजुअलाइजर, किसी विज्ञापन की कॉपी मिलने पर विज्ञापन के विविध तत्त्वों को कहाँ, कितना और कैसे स्थान देना है, का निर्णय करके, जो विज्ञापन के वास्तविक आकार से काफी छोटे चित्र तीन-चार की संख्या में तैयार करता है—उन्हें 'थम्बनेल स्केच' कहा जाता है। इनमें से किसी एक का चयन कर वास्तविक आकार का 'ले-आउट' तैयार किया जाता है।[36]

थम्बनेल स्केच के अनेक लाभ हैं। इसे बहुत क्षिप्रता से तैयार कर समय की बचत की जा सकती है। लागत मूल्य भी अन्य की अपेक्षा बहुत कम आता है। एक छोटे पृष्ठ पर आधा दर्जन ले-आउट तैयार हो सकते हैं। इसे तैयार करने में बहुत दक्षता और कुशलता की जरूरत नहीं होती, बल्कि कोई भी विचारशील-तर्कशील व्यक्ति इसे तैयार कर सकता है। भारत में ऐसे अनेक कवि-विद्वान् सृजनकर्मी हुए हैं, जो कुशल चित्रकार भी थे। हाँ, इस पहले चरण के ले-आउट में अनुपात का ध्यान अवश्य रखा जाता है।

(2) दूसरा चरण–रफ ले-आउट (Rough Lay-out) **या कच्चा खाका**—ले-आउट के दूसरे चरण को रफ-ले-आउट कहते हैं। इस रफ ले-आउट में फिनिश के भिन्न-भिन्न स्तर होते हैं। यह ले-आउट नितान्त रफ ले-आउट हो सकता है और पूर्ण फिनिश भी हो सकता है। जहाँ थम्बनेल स्केच रेखाचित्र तैयार करनेवाले के लिए ही होता है, वहाँ रफ ले-आउट ग्राहक को अथवा संस्थान के वरिष्ठ अधिकारियों को दिखाने के लिए होता है, जो दृश्य के रूप में प्रस्तावित विचार का मूल्यांकन करते हैं और उस पर विचार-विमर्श करते हैं। रफ ले-आउट में फिनिश का स्तर ग्राहक की माँग डिजाइनर के पास उपलब्ध समय और सूचना की उपलब्धता और विचार को दृश्य रूप देने के लिए डिजाइनर के कौशल पर निर्भर करता है। रफ ले-आउट मोटे तौर पर दो प्रकार के होते हैं—**वर्किंग रफ** तथा **फिनिश रफ**। वर्किंगरफ तुरन्त गाइड का काम करता है, किन्तु ग्राहक के लिए फिनिश रफ अत्यन्त महत्त्वपूर्ण होता है। महत्त्वपूर्ण इसलिए कि वह डिजाइनर को पारिश्रमिक देता है। रफ ले-आउट केवल ग्राहक के अनुमोदन के लिए नहीं होता, बल्कि वह अन्य सभी सहयोगियों के लिए मार्ग दर्शक भी होता है। जो मैकेनिकल अथवा पुनर्निर्माण के लिए आर्टवर्क तैयार करते हैं। रफ ले-आउट मुद्रक के लिए अनुदेश का काम भी करता है।[37]

(3) तीसरा चरण-बोधगम्य ले-आउट—विज्ञापनदाता द्वारा कई रफ ले-आउट में किसी एक पर सहमति देने के बाद विशद सर्वांग ले-आउट के निर्माण का कार्य आरम्भ होता है। इसी ले-आउट को चयनित माध्यमों में छपाई के लिए अन्तिम रूप से भेजा जाता है। निर्धारित सभी तत्त्व-फोटो, रेखांकन, शीर्षक, सन्देश, रंगों आदि के उपयोग द्वारा, तैयार ले-आउट, एक मोटे कार्ड पर चस्पा कर पारदर्शी कागज के आवरण से ढँका जाता है। परिष्कृत व निर्णित विज्ञापन ले-आउट यही होता है। इस परिष्कृत ले-आउट में फोटो डिजाइन, लोगो का ब्रोमाइड प्रयोग किया जाता है। विज्ञापनदाता छपने से पूर्व डिजाइन को वास्तविक रूप में देखना चाहता है। उसकी सन्तुष्टि के बाद इसकी कई प्रतियाँ तैयार कर प्रकाशित करवाया जाता है।[38]

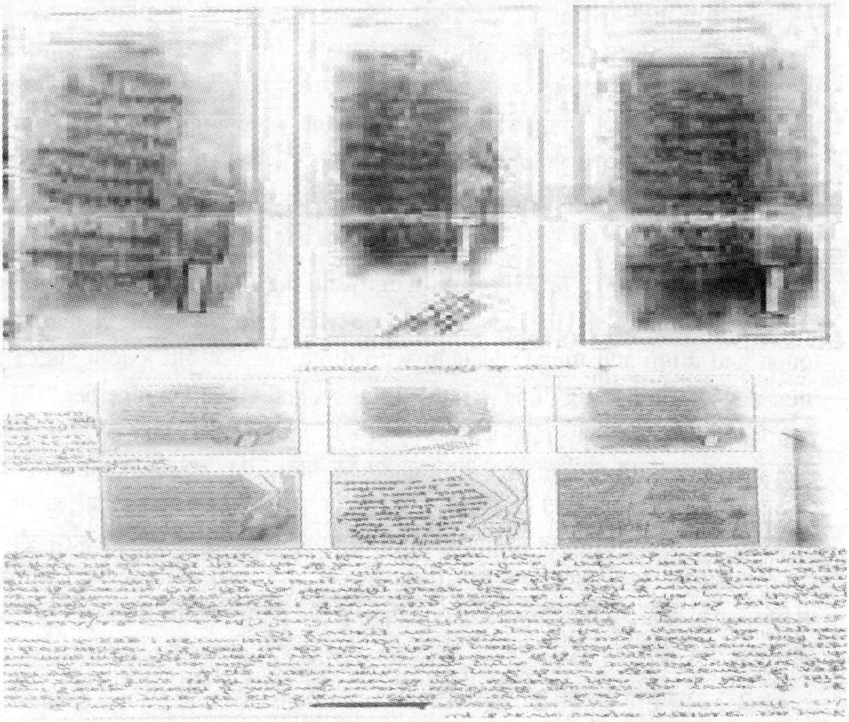

(4) चौथा चरण—वृहत् या विस्तृत (Comprehensive) **ले-आउट**—जब रफ ले-आउट को सँवारा जाता है, तब उसे बृहत् ले-आउट कहते हैं। ले-आउट का यह चरण मैकेनिकल अथवा आर्टवर्क से मिलता-जुलता है। यह सभी दृष्टि से सम्पूर्ण होता है और बिलकुल वैसा ही लगता है, जैसा कि वह छपाई के बाद लगेगा। वृहत् ले-आउट बहुत ध्यान से तैयार किया जाना चाहिए। इस ले-आउट के लिए चित्र किसी प्रशिक्षित चित्रकार द्वारा कराया जाना चाहिए। यदि चित्र का आकार ले-आउट के अनुपात के अनुरूप न हो तो अपेक्षित आकार का ब्रोमाइड प्रिण्ट लिया जाना चाहिए। वृहत् ले-आउट के लिए चित्र कई प्रकार के खींचे और रखे जा सकते हैं। अन्तिम रूप से चुने गये चित्र का फिनिश रूप ही ले-आउट पर चिपकाया जाना चाहिए। वृहत् ले-आउट कम्प्यूटर की सहायता से भी तैयार किया जा सकता है।[39]

(5) पाचवाँ चरण–मैकेनिकल (यान्त्रिक)/ आर्टवर्क (Mechanical/Art-work)—ले-आउट का पाँचवाँ और अन्तिम चरण प्रिण्टर के लिए मैकेनिकल तैयार करना होता है, जिसे प्रायः आर्टवर्क कहा जाता है। मुद्रक प्रिण्ट बनाने के लिए कैमरा रेडीकॉपी तैयार की जाती है। ले-आउट के इस चरण का कार्य प्रशिक्षित आर्टिस्ट के द्वारा ही किया जा सकता है, जिसे मुद्रण और उसकी सीमाओं की पूरी-पूरी जानकारी हो। आर्टवर्क के अच्छे परिणाम प्राप्त करने के लिए मुद्रक के साथ निकट का सम्बन्ध होना चाहिए। मुद्रक और सम्पादकीय अधिकारियों को परस्पर अपनी आवश्यकताओं और सीमाओं से अवगत कराते रहना चाहिए। कभी-कभी आर्ट वर्क में थोड़ा-सा संशोधन कर देने से मुद्रण प्रक्रिया बहुत सहज हो जाती है और इसमें समय और धन-दोनों की काफी बचत हो जाती है।[40]

(6) ले-आउट के सिद्धान्त—ले-आउट के अपने कुछ सिद्धान्त होते हैं, जिनका अनुपालन बेहद आवश्यक होता है। यदि इनका ध्यान नहीं दिया गया तो 'ले-आउट' कमजोर होगा ही, वह दर्शकों के ऊपर भी अपेक्षित और विश्वसनीय असर नहीं छोड़ पाएगा। अतः सुन्दर और मन-मस्तिष्क पर अमिट छाप छोड़ने के लिए इनका उचित प्रयोग बहुत जरूरी होता है। बहरहाल, ले-आउट के कुछ प्रमुख सिद्धान्त इस प्रकार हैं, यथा (1) एकता (Unity), (2) अनुपात (Proportion), (3) विरोध या विरोधाभास (Contrast) (4) गति (Movement) (5) सन्तुलन (Balance) तथा (6) काम्प्रिहेन्सिव (Comprehensive) सिद्धान्त। इन्हें हम संक्षेप में इस प्रकार देख सकते हैं—

(1) एकता का सिद्धान्त—"With unity, all the elements in an ad fuse into one coherent image and the pieces become a whole; Neighbouring elements that touch and align add unity and help with direction. An old axiom states the importance of grouping things : "keep things together that go together." वस्तुतः ले-आउट में जो ग्राफिक तत्त्व इस्तेमाल किये जाते हैं, उनमें आपस में सामंजस्य होना चाहिए। ये सभी तत्त्व इस तरह संगठित किये जाने चाहिए कि पाठक का ध्यान विचलित न हो। यदि ले-आउट में किसी एक तत्त्व को भारी और गैर अनुपातिक स्थान दिया जाना हो तो यह आवश्यक है कि उसे इस तरह से दर्शाया जाय जो पाठक का ध्यान आकर्षित करने की पूरी क्षमता रखता हो। ले-आउट किसी सूरत में कमजोर या अपूर्ण नहीं लगना चाहिए। सामंजस्य के लिए खाली जगह का इस्तेमाल किया जा सकता है। बॉर्डरों के माध्यम से एकता को हासिल किया जा सकता है।[41]

(2) अनुपात का सिद्धान्त—"Equal proportions of elements in a print ad are visually uninteresting because they are monotonous. Two visuals of the same size fight with an another for attention and neither provides a point of visual dominance. Copy and art should be proportionately different." यह सिद्धान्त मार्गदर्शन देता है। तत्त्वों की महत्ता के अनुसार उनके आकारों का अनुपात निश्चित किया जाता है। इसका सम्बन्ध ले-आउट के समस्त तत्त्वों के बीच के अन्तराल द्वारा सौन्दर्य की सृष्टि करने से भी होता है। सहयोग और वैपरीत्य पर आधारित अनुपात को श्रेष्ठ समझा जाता है। इस विभाजन द्वारा प्राप्त तत्त्वों के आकारों में अन्तर होने पर परस्पर सम्बन्धित होते हैं। आकृतियों की भिन्नता समरसता को दूर करती है और ले-आउट को रुचिकर बनाती है। इसी कारण इसे 'सम्बद्धता का नियम' (Law of Relationship) कहते हैं।[42]

(3) विरोध या विरोधाभास का सिद्धान्त—"Contrast makes one element stand out from another and indicate importance. Contrast is created by size (Larger versus Smaller) and tone (light versus dark)." विज्ञापन में किसी खास तत्त्व को ज्यादा महत्त्व देने के लिए इस सिद्धान्त का प्रयोग किया जाता है, ताकि वह तत्त्व उपभोक्ता (पढ़नेवाले) का ध्यान अपनी तरफ आकर्षित कर सके तथा अपना सन्देश प्रभावी तरीके से पहुँचा सके। इसके लिए डिजाइनर उस तत्त्व को अलग दिशा, आकार तथा रंग में बनाता है, जैसे—हलके रंगों के विपरीत गहरे रंगों का प्रयोग, आड़ी लाइनों के ऊपर खड़ी लाइन का प्रयोग तथा एक श्याम-श्वेत डिजाइन में एक तत्त्व को किसी भी रंग में बनाने से उस तत्त्व का महत्त्व बढ़ेगा और उसका प्रभाव, एक विशेष तत्त्व के रूप में अलग ही दिखायी देगा। वह तत्त्व अपना सन्देश प्रभावी ढंग से कहेगा जो, एक अच्छे डिजाइन के लिए आवश्यक होता है।[43]

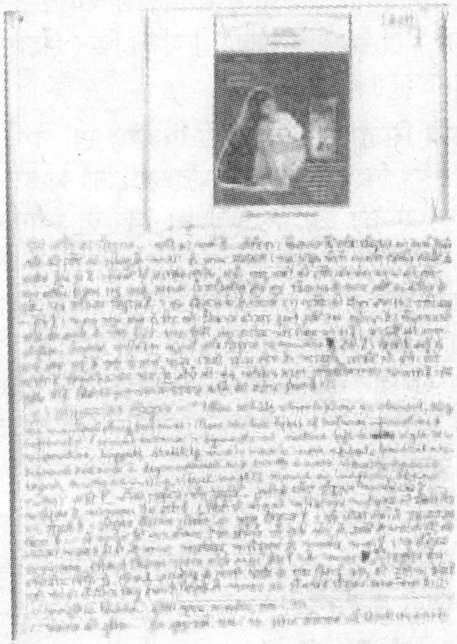

(4) गति का सिद्धान्त—गति का अर्थ है—जीवन्तता। विज्ञापन में गति सिद्धान्त का अर्थ देखनेवाले की दृष्टि का समग्र ले-आउट के साथ तादात्म्य। यह प्रयुक्त फोटो अथवा निर्मित चित्रों के सजीव होने से है। चित्रों में प्रदर्शित व्यक्ति, स्त्री, पशु-पक्षी की दृष्टि की ओर पाठक की दृष्टि आकर्षित हो तथा वह इनके माध्यम से गतिशील होते हुए विज्ञापन के अन्य तत्त्वों पर केन्द्रित हो सके, यह गति का सिद्धान्त है। इस सिद्धान्त के दो नियम (1) दृष्टि की दिशा तथा (2) दृष्टि कम होते हैं। ध्यान एक तत्त्व से तीर के निशान की तरह दूसरे तत्त्वों तक पहुँचता है। विज्ञापन की गति को बनाने के लिए चित्र-कथा शैली का उपयोग भी किया जाता है। मॉडलों की भाव-भंगिमा, पोशाक, शारीरिक मुद्राएँ गति सिद्धान्त पर आधारित होती हैं। हिन्दी में बायें से दायें तथा उर्दू में दायें से बायें पढ़ना किसी खास प्रयोग के अन्तर्गत् वाक्यों को छोटे-छोटे अंशों में विभाजित कर ऊपर से नीचे की ओर अंकित करना गतिशीलता का उदाहरण है। इन सबके पीछे विज्ञापन द्वारा प्रभाव उत्पन्न करने का ध्येय होता है।[44]

(5) सन्तुलन का सिद्धान्त—"When artists were to place an element, they are manipulating balance. There are two type of balances formal and informal. Formal balance is symmetrical, centered left to right. It is conservative, suggests stability and is used in more upscale product ads. Informal balance is asymmetrical and creates a more visually dynamic layout, counter balancing visual weighs around an imaginary optical center." कहते हैं, जीवन, समाज और प्रकृति-सभी के लिए सन्तुलन आवश्यक है। असन्तुलन से अव्यवस्था पैदा होती है। किसी भी चीज की अतिशयता असन्तुलन की स्थिति पैदा कर सकती है। सन्तुलन विज्ञापन निर्माण का प्रमुख सिद्धान्त है। इसे नीता वर्मा ने इस तरह स्पष्ट किया है—"ले-आउट में ऊर्ध्वाकार रेखा खींचने पर दोनों ओर के तत्त्वों के भार व दूरी की व्यवस्था असमान हो तो ले-आउट असम्मित असन्तुलन के अन्तर्गत आता है। यह सन्तुलन सृजनात्मक, रुचिकर व जिज्ञासा उत्पन्न करनेवाला होता है।

ले-आउट का चाक्षुषीय केन्द्र गणितीय विधि से निकाले गये केन्द्र के ऊपरी हिस्से के एक तिहाई ऊपर की दूरी पर होता है। यही उसका सन्दर्भित बिन्दु होता है, जिससे ले-आउट का सम्भावित सन्तुलन माना जाता है।[45]

(6) कम्प्रेहेन्सिव सिद्धान्त—जब सभी विशेषज्ञ रफ ले से सन्तुष्ट हो जाते हैं, तब अगला चरण आता है। यह विज्ञापन का पूर्ण प्रतिरूप होता है। इसे मोटे कागज पर बनाया जाता है। निर्दिष्ट समस्त सामग्री इस पर होती है। चित्र के स्थान पर फोटोग्राफ या हैण्ड इलेस्ट्रेशन, लिखित सामग्री (हैड लाइन, सब हैड लाइन, स्लोगन, बॉडी कॉपी) निश्चित नाप में हाथ से लिखकर या टाइप सेटिंग प्रूफ लेकर चिपकाया जाता है। मुद्रित लोगो टाइप को निश्चित स्थान पर लगाया जाता है। ले-आउट तैयार होने पर इससे ट्रेसिंग पेपर चिपका दिया जाता है। इस पर मुद्रण कारखाने में सम्बन्धित व्यक्तियों के लिए पेन्सिल से आवश्यक निर्देश भी लिखे जाते हैं, यह महँगे बनते हैं। सम्पूर्ण सहमति के बाद यह ले-आउट छपने के लिए कैमरे के सामने चला जाता है।[46]

(5) ले-आउट के कार्य—(1) विज्ञापन डिजाइन के लिए कॉपी लेखक, कला निर्देशक, दिग्दर्शक, फोटोग्राफर तथा अन्य कलाकार अपनी योग्यताओं को ले-आउट में प्रदर्शित कर विशेष अंजाम दे सकते हैं।

(2) ले-आउट इन्ग्रेवर्स की यान्त्रिक आवश्यकताओं, टाइपोग्राफर तथा अन्यों के लिए ब्लू प्रिण्ट (Blue Print) का कार्य करता है।

(3) ले-आउट द्वारा विज्ञापनदाता को डिजाइन के लिए अनुमानितराशि की जानकारी मिलती है।

(4) एक उद्देश्य को संचारित करने के लिए विज्ञापन में कौन-कौन से तत्त्व सम्मिलित होंगे, यह ले-आउट बनाते समय ही तय होता है।

(5) छपने के बाद विज्ञापन कैसा दिखेगा, विज्ञापनदाता ले-आउट देखकर जान सकता है।

(6) उद्देश्य की पूर्ति हेतु तत्त्वों की प्रधानता ले-आउट बनाते समय ही तय होती है।[47]

(6) ले-आउट की उपयोगिता और लाभ—विज्ञापन ले-आउट तैयार करना कई अर्थों में उपयोगी होता है। विज्ञापन-एजेन्सी ग्राहकों को ले-आउट दिखाकर डिजाइन सम्बन्धी जवाबदेही से मुक्त हो जाती है। ग्राहक, एजेन्सी पर किसी तरह का दोषारोपण नहीं कर सकता। इनके साथ ही कार्य के प्रति सन्तोष व सन्तुष्टि का भाव भी बना रहता है। समाचार-पत्रों को विज्ञापन ब्रोमाइड के कारण आकार-प्रकार, स्वरूप, डिजाइन सामग्री आदि के सम्बन्ध में किसी प्रकार के अतिरिक्त कार्य से बचत तथा मुद्रण में सुविधा होती है। उत्कृष्ट तथा प्रभावी ले-आउट पाठकों के हृदय को प्रत्यक्ष रूप से आन्दोलित करते हैं। प्रथम दृष्टि में ही ये पाठकों को उत्पाद के प्रति लुभाने में सफल हो जाते हैं। कुछ विज्ञापन तो अपनी विशिष्टताओं के कारण बार-बार देखे व पढ़े जाते हैं तथा पाठकों को दीर्घ समय तक विस्मृत नहीं होने देते। इसके लिए ले-आउट का सन्तुलित, तार्किक व सुन्दर होना आवश्यक होता है। निष्कर्ष रूप से कहना होगा कि ले-आउट की गुणवत्ता से पाठकों के मन में विज्ञापनदाता की प्रतिष्ठा व विश्वास में वृद्धि होती है।[48]

(7) अच्छे ले-आउट की विशेषताएँ या गुण—कहते हैं, प्रभावी ले-आउट वे हैं, जिनमें निमन्त्रण निहित होता है। ले-आउट मनोहारी होना चाहिए। ले-आउट में सभी तत्त्वों को इस प्रकार रखा जाना चाहिए कि उन्हें देखकर पाठक का मन ललचाये। यदि विज्ञापन में चित्र शामिल किया जाता है तो वह इतना सजीव और सशक्त होना चाहिए कि उसे दर्शक देखता ही रहे। शीर्ष पंक्ति बड़ी और बोल्ड होनी चाहिए। ले-आउट ऐसा होना चाहिए, जो एक ही झलक में सूचना सन्देश पाठक के दिल में उतार दे।

ले-आउट के सभी तत्त्वों में आपस में सामंजस्य होना चाहिए। समूचा ले-आउट व्यवस्थित और तर्कसंगत होना चाहिए। ले-आउट के तत्त्वों में किसी भी किस्म की विकृति और लापरवाही उसे अनाकर्षक बना देगी। अच्छे और प्रभावी ले-आउट वे होते है, जिनमें सादगी हो, जो आसानी से समझ में आ जायँ एवं जिनमें कलातत्त्वों की अनावश्यक भीड़-भाड़ न हो। अच्छे ले-आउट वे हैं, जो पाठकों का अधिक-से-अधिक ध्यान अपनी ओर खींचें और जो ग्राहकों के दिल-दिमाग में विज्ञापनकर्त्ता की प्रतिष्ठा और विश्वास जमाने में सहायक हों।[49]

(8) विज्ञापन में ले-आउट और विन्यास के लिए कुछ जरूरी बातें या अनिवार्यताएँ–

(1) सुन्दर व स्पष्ट लेखन,

(2) अच्छी डिजाइनिंग,

(3) बेहतर चित्रांकन,

(4) स्थान या समय के लिए माध्यम से सम्पर्क करना। मशीनी जरूरतों के अनुरूप सन्देश को ढालना और प्रकाशन या प्रसारण के लिए निर्देशों सहित प्रेषण करना,

(5) विज्ञापन के प्रकाशन या प्रसारण के बाद उनकी प्रस्तुति आदि का आकलन और पुष्टि करना,

(6) अंकेक्षण, बिल बनाना और सेवा, स्थान, तैयारियों आदि के लिए भुगतान करना,

(7) विज्ञापनकर्त्ता और माध्यम के साथ समन्वय, बिक्री कार्य में समन्वय ताकि विज्ञापनकर्त्ता विश्वस्त हो सके कि विज्ञापन का अपेक्षित प्रभाव पड़ा है।[50]

इन्ही बातों को डॉ. कृष्ण कुमार मालवीय इस प्रकार व्याख्यायित करते हैं,[51]

(1) ध्यानाकर्षण—ले-आउट अपनी सम्पूर्ण संरचना में पत्र-पत्रिकाओं में मुद्रित अन्य विज्ञापनों की तुलना में अधिक ध्यान आकर्षित करनेवाला होना चाहिए,

(2) सौन्दर्यात्मक—ले-आउट सौन्दर्य-बोध जगाये, नेत्रों को केन्द्रित करे, देखने पर बारम्बार मोहित करे। जिस उत्पाद की प्रशंसा हो रही है, वह आकर्षित करे। विज्ञापन के अन्य तत्त्व सौन्दर्य में सहायक बनें, ले—आउट ऐसा निर्मित हो,

(3) यथार्थ-बोध—विज्ञापन ले-आउट सही सूचना सम्प्रेषित करनेवाला हो। ग़लत, झूठ, तथ्यहीन, सन्देश, फौरी तौर पर विज्ञापनदाता को लाभ पहुँचा सकते हैं, परन्तु एक बार भेद खुलने पर हमेशा-हमेशा के लिए ग्राहक विमुख हो जाते हैं।

(4) तर्कसंगत—विज्ञापन ले-आउट का आलेख कथ्य तर्क संगत होना चाहिए न कि अतिशयोक्तिपूर्ण। उत्पाद के बारे में बढ़-चढ़ कर दावे करना उचित नहीं होता, तार्किक तथ्यों को स्पष्ट करने के बाद पाठकों के विवेक व सोच को प्रभावित करता ले-आउट सफल होता है।

(5) समेकित-संयोजित—विज्ञापन ले-आउट टुकड़ों में विभाजित न हो, बल्कि उसके द्वारा एकरूपता का सृजन हो। विज्ञापन का समेकित संयोजित स्वरूप ही पाठकों पर प्रभाव डालता है।

भाग-तीन

विज्ञापन डिजाइन (Design अभिकल्पना) तथा साज-सज्जा

'क'

विज्ञापन डिजाइन

(1) डिजाइन का अर्थ-आशय—अंग्रेजी शब्द 'Design' के लिए हिन्दी में अभिकल्प, अभिकल्पन, अभिकल्पना, परिकल्पना, परिरूप, योजना तथा कहीं-कहीं खाका (Sketch), रूपरेखा, तथा ढाँचा आदि शब्दों का इस्तेमाल किया जाता है। डिजाइन, विज्ञापन को एक नया मुहावरा और बिम्ब देती है। पेचीदा और जटिल विज्ञापनों को सहज, बोधगम्य, ललित और मनोज्ञ बनाती है। वह उसे चक्षु-दृश्य प्रिय बना एक ठोस जमीन सौंपती है। इतना ही नहीं, वह विज्ञापन को उद्धत, अभद्र होने से तो बचाती ही है, उसे सुष्ठु और चारु-अनाविल भी बनाती है। सादा, सख्त और खुरदुरे विज्ञापनों को आत्मीय व्यक्तित्व की जीवन्त, जिन्दादिल छवि और शबीह देती है। कुल मिलाकर डिजाइनों की एक रंगभाषा होती है, जो किसी भी विज्ञापन को पूर्णता तो देती ही है, भीतर की उजाड़-उदास और भट्टी सी तपिश भरी हलचलों को भी खामोश करती है।

इस तरह डिजाइन एक भाषा है। कलाकार और डिज़ाइनर अपने विचारों और कृतियों का सृजन करने के लिए इस भाषा का प्रयोग करते हैं। अनुपात, सन्तुलन, लय, वैषम्य, साम्य और समरसता इस भाषा की शब्दावली हैं। किसी दृश्यात्मक कृति का सृजन हम किसी व्यवस्था के अनुसार करते हैं। यह व्यवस्था मूलतः भावात्मक होती है। याद रखिये, आँखों की भाषा भाव प्रवण होती है।[52] एक अन्य विज्ञापनविद का विचार है कि डिजाइन एक मानवीय गतिविधि है, जिसमें किसी विशेष उद्देश्य के लिए डिजाइन में प्रयुक्त होनेवाले तत्त्वों को निश्चित स्थान में सौन्दर्यात्मक रूप से संयोजित व प्रदर्शित किया जाता है। ग्राफिक डिजाइन किसी योजना के तहत की गयी संरचना है, जिसमें कुछ सिद्धान्तों के अनुसार डिजाइन के तत्त्वों को एक निश्चित स्थान (Space) में व्यवस्थित रूप से प्रदर्शित किया जाता है। एक सरल अर्थ में डिजाइन किसी भी दृश्य सम्प्रेषण की एक भाषा है, जिसकी कोई भी आकृति हो सकती है, जो व्यक्त ('Speak) होनी चाहिए। यदि सम्प्रेषण एक अभिव्यक्ति है तो डिजाइन मात्र एक भाषा है। यह स्पष्ट है कि डिजाइन विज्ञापन का एक अंगभूत हिस्सा है।[53]

(2) डिजाइन के भेद या मुख्य प्रकार–

डिजाइनिंग दो प्रकार की होती है—

(क) स्टिल चित्र,

(ख) रेखांकन या तूलिका चित्र।

स्टिल चित्रों के लिए मॉडलिंग का सहारा लिया जाता है। सम्बन्धित मॉडल की उत्तमोत्तम प्रस्तुति डिजाइन की पहली शर्त होती है। इसके विपरीत रेखांकन एक कलात्मक कार्य है। स्टिल चित्र अपेक्षाकृत महँगें होते हैं। इसके लिए उच्चकोटि का कागज और मुद्रण होना चाहिए। रेखांकन की पद्धति अपेक्षाकृत ज्यादा लचीली होती है। इन चित्रों का मूल विज्ञापन से सम्बन्धित होना आवश्यक होता है।[54] कुल मिलाकर डिजाइनिंग विज्ञापन को प्रत्येक दृष्टि से परिपूर्ण करती है। स्टिल फोटोग्राफ तथा रेखांकन चित्र, विज्ञापन का रंग-संयोजन, बॉर्डर तथा दृश्यावली डिजाइनिंग द्वारा ही पूर्ण होते हैं। स्टिल फोटोग्राफ का चयन विज्ञापन की प्रकृति के अनुरूप होना चाहिए। रंग का संयोजन भी रंगों के प्रभाव को ध्यान में रखकर किया जाना चाहिए। विज्ञापन का सन्देश,

पृष्ठभूमि, उत्पाद का नाम तथा चित्र, उत्पादक का नाम तथा प्रतीक चिह्न अलग-अलग उभारा जाना चाहिए। उत्पाद, उत्पादक का नाम तथा प्रतीक चिह्न यथासम्भव उसीं रंग में दिया जाना चाहिए, जिसमें वास्तव में होते हैं।[55]

(3) पाण्डुलिपि लेखक एवं डिजाइनकार ('Designer) : अपने-अपने सन्दर्भों में दोनों महत्त्वपूर्ण—डिजाइनकार को हिन्दी में अभिकल्पक और रूपांकक कहा जाता हैं। कहीं-कहीं इन्हें 'कला निदेशक' ('Art director) भी कहा जाता है। वस्तुतः किसी भी मुद्रित सन्देश का उद्देश्य उसके अर्थ को एक व्यक्ति से दूसरे व्यक्ति तक पहुँचाना होता है। सन्देश का अर्थ अंशतः उसके पाठ में और अंशतः उसके प्रस्तुतीकरण में निहित होता है। सन्देश का पाठ तैयार करने का काम पाण्डुलिपि लेखक का होता है। सन्देश का प्रस्तुतीकरण ग्राफिक्स डिजाइनर तैयार करता है। सभी सृजनात्मक कलाओं की भाँति ग्राफिक्स कला के भी कुछ बुनियादी सिद्धान्त होते हैं। कुछ लचीले होते हैं। पाण्डुलिपि लेखक और डिजाइनर दोनों रचनाकार होते हैं। पाण्डुलिपि लेखक के पास शब्द हैं तो ग्राफिक्स डिजाइनर के पास भी बिन्दु, रेखा, आकृति और रंगाभास के रूप में अपनी शब्दावली होती है।[56]

विज्ञापन-निर्माण में कला-निदेशक की बहुत महत्त्वपूर्ण भूमिका होती है। चाहे प्रिण्ट माध्यम का विज्ञापन हो या विद्युतीय माध्यम का—कला निदेशक विज्ञापन को नया 'लुक' और 'आयाम' देता है। अभिकल्पक या डिजाइनर अपने द्वारा रचित विज्ञापनों को गुण-सम्पृक्त बना, उपभोक्ता के मन में मनोवैज्ञानिक प्रभाव पैदा करता है—" The person most responsible for creating visual impact is the art director. The art director is in-charge of the visual look of the message in both print and T.V. and how it communicates mood, product qualities, and psychological appeals. Specifically, art directors make decisions about whether to use art or photography in print or film or animation in television-and what type of artistic style to use. They are highly trained in graphic design, including art, photograply, typography, the use of color and computer design software. Newspaper and web advertising visuals are often clip art, images from collections of copyright-free art that anyone can use who buys the clip-art service... During the brainstorming process, both copy writers, and art directors are engaged in visualization which means they are imagining what the finished ad might look like.[57]

कुल मिलाकर विज्ञापन सृजन के मूल तत्त्वों के उपयोग के साथ विज्ञापन के आधारभूत स्वरूप के निर्माण में कला निदेशक, कॉपी लेखक एवं दिग्दर्शन की समवेत भूमिका का मूल्यांकन होता है। कला निदेशक, कॉपी लेखक, शब्द चयनकर्त्ता तथा दिग्दर्शक इनकी अभिकल्पनाओं व रचनाओं को, रेखाओं और रंगों की सौन्दर्यात्मक भाषा के माध्यम से सजीव अभिव्यक्ति देता है। विज्ञापन निर्माण के पूर्व कला निदेशक व कॉपी लेखक विज्ञापन प्रारूप पर रचनात्मक सोच का आदान-प्रदान कर दिग्दर्शक को अवगत कराते हैं। दिग्दर्शक कागज पर मूर्त रूप देता है, जिसे विज्ञापन की भाषा में 'ले-आउट' कहते हैं। विज्ञापन एजेन्सी इन तीनों की कल्पना, बौद्धिक और कला प्रतिभा की ऊर्जा का सम्पूर्ण उपयोग करती है।[58]

(4) विज्ञापनों में डिजाइनों का महत्त्व—वर्तमान युग में सचित्र विज्ञापन करना बहुत आवश्यक हो गया है। चित्र देखकर चूँकि विज्ञापन के कथ्य का अनुमान हो जाता है, इसलिए विज्ञापन और चित्र परस्पर पूरक हैं। डिजाइन द्वारा विज्ञापन सुदर्शन हो जाता है। नाटकीयता के

कारण वह ज्यादा प्रभावशाली हो जाता है। इन चित्रों द्वारा विज्ञापित वस्तु की प्रयोग विधि भी समझायी जाती है। कभी-कभी ये चित्र इतने कलात्मक बना दिये जाते हैं, 'विशेषरूप से कैलेण्डरों के, जिन्हें हम अपने कमरों में टाँगने के लिए विवश हो जाते हैं। इसका एक उत्पादन विशेष हजारों, लाखों, ग्राहकों की आँखों के सामने वर्ष-भर के लिए अपनी स्थायी जगह बना लेता है। विज्ञापन में चित्र का आकार कैसा हो? इनकी संख्या कितनी हो? यह सब विक्रयवस्तु कम्पनी की नीति और चित्रकार की कल्पना के आधार पर निश्चित होता है। यहाँ विभिन्न आयु वर्गों के ग्राहकों की मनः स्थिति को ध्यान में रखना जरूरी होता है।[59]

मीडिया-मर्मज्ञ डॉ. अर्जुन तिवारी[60] का कहना है कि सन्देश, पंचलाइन, पृष्ठभूमि तथा डिजाइन की मदद से विज्ञापन को पूर्णता मिलती है। जिस तरह कैमरे की फ्लैश लाइट चमकते ही सबका ध्यान फोटोग्राफी की ओर चला जाता है, उसी तरह यदि सन्देश या पंचलाइन भी उपभोक्ता का ध्यान अपनी ओर खींचने में कामयाब रहती है, तो विज्ञापन सफल माना जाता है। पंचलाइन सूचनात्मक, प्रशंसात्मक, चेतावनीमूलक, चुटीली व गुदगुदी पैदा करनेवाली, सौन्दर्यबोधक, आमन्त्रण, प्रेरणा, स्मरण कराती हो सकती है। पंचलाइन या सन्देश की रचना में संक्षिप्तता सरलता तथा लोक प्रिय शब्दावली का प्रयोग करना चाहिए। पृष्ठभूमि का भी विज्ञापन को प्रभावशाली बनाने में महत्त्वपूर्ण योगदान होता है। पृष्ठभूमि से विज्ञापित उत्पाद के व्यवहार से उत्पन्न प्रभाव का संकेत मिलता है तथा उत्पाद के आकर्षण का पता चलता है। पृष्ठभूमि विज्ञापन को सुन्दर तथा मनोरम बनाती है।

(5) विज्ञापन डिजाइन के सिद्धान्त—पत्रकारिता एवं विज्ञापन में डिजाइन के महत्त्व को नकारा नहीं जा सकता है। हममें से अधिकांश किसी डिजाइन के दृश्यगत गुणों की ओर ध्यान नहीं देते और केवल उसे एक प्रतिरूप मान लेते हैं। हम डिजाइन से मिलनेवाली सूचना से अनभिज्ञ हैं। पर इसके पीछे एक सुविचारित योजना होती है। यह एक व्यवस्था है, तत्त्वों का क्रम है, जो किसी सिद्धान्त पर आधारित होता है। इसे हम डिजाइन सिद्धान्त कहते हैं। अतः सूचना के आदान-प्रदान के लिए ही नहीं, बल्कि उच्च स्तर पर डिजाइन की विवेचना करने और आलोचना करने के लिए भी सिद्धान्त को समझना जरूरी होता है।[61] विज्ञापन से सम्बन्धित अंग्रेजी की एक सुप्रसिद्ध पुस्तक में डिजाइन के आठ सिद्धान्तों का इस प्रकार उल्लेख किया गया है[62]—

(1) Direction. Usually, designers create a visual path for the eye as it scans the elements. In Western countries most readers scan from top to bottom and from left to right. Most layouts work with these natural eye movements, although a layout can manipulale directional cues to cause the eye to follow an unexpected path.

(2) Dominance. Normally, the dominant element, which is point of emphasis or a focal point, is a visual, but it can be a headline if the type is big and bold enough to domiante other elements. By definition there can be only one dominant element, one focal point; everything else must be subordinate, Dominant elements, such as the picture of the car are larger, more colorful, bolder, or positioned in a more prominent spot, such as at the top of the page.

(3) Unity. With unity, all the elements in an ad pose into one coherent image and the pieces become a whole, Neighboring elements that touch and align add unity and help with direction. An old axiom states the importance of grouping things. "Keep things together that go together".

(4) White Space : Areas of the layout that aren't covered by art or type are called white space or negative space. White space can be a design element in itself—either to frame an element or to separate element that don' t belong together.

(5) Contrast : Contrast makes one element stand out from another and indicates importance. Contrast is created by size (larger versus smaller) and tone (light versus dark)

(6) Balance : When artists decide where to place an element. Formal balance is symmetrical, centered left to right. It is conservative, suggests stability, and is used in more upscale product ads. Informal balance is asymmetrical and creates a more visually dynamic layout, counterbalancing visual weights around an imaginary optical center. The Handgun Control ad is an example of informal balance.

(7) Proportion : Equal proportions of elements in a print ad are visually uninteresting because they are monotonous. Two visuals of the same size fight with one another for attention and neither provides a point of visual dominance.

(8) Simplify : Simplify Simplify. This is truism but most art directors realise that less is more. Generally the more elements that are crowded into a layout the more the impact fragmented. The fewer the elements the stranger the impact.

(6) विज्ञापनों की डिजाइन तैयार करने में डिजाइन के तत्त्वों की भूमिका– किसी भी डिजाइन को सुघड़-सुन्दर, व्यापक, गतिशील, सार्थक और रचनात्मक बनाने में कुछ तत्त्व सहायक होते हैं। इन तत्त्वों के सहयोग से डिजाइनकार अपने मूल प्रयोजन में सफल होता है। डिजाइन के तत्त्वों में सन्देश, बिन्दु, हाशिये, रेखा, आकृति-रंगाभास अथवा टोन, अनुपात, सन्तुलन लय, समरसता, वैषम्य तथा समरूपता आदि प्रमुख हैं। इन्हें हम अति संक्षेप में इस प्रकार देख सकते हैं।

सन्देश, डिजाइन के प्रमुख तत्त्वों में से एक माना जा सकता है। डिजाइनर, विज्ञापन में निहित सन्देश और उसके पाठ को उपभोक्ताओं के सम्मुख रखने का प्रयास करता है। उसके इस कार्य में अनुपात, लय, सन्तुलन और समरूपता आदि तत्त्व सहायक होते हैं। डिजाइन के तत्त्वों में **बिन्दु** एक महत्त्वपूर्ण पड़ाव है। हमें यहाँ यह ध्यान रखना चाहिए कि डिजाइन के बिन्दु और ज्यामिति के बिन्दु में कुछ फर्क-फॉक होता है। वस्तुतः डिजाइन का बिन्दु दृश्य अदृश्य दोनों हो सकता है, पर इसे अनुभव अवश्य किया जा सकता है। इसी तरह **हाशिये** को भी हम डिजाइन का एक महत्त्वपूर्ण तत्त्व मान सकते हैं। वस्तुतः डिजाइन के सभी हाशिये बराबर नहीं होते, बल्कि निचला हाशिया बड़ा होता है। यह तीन अन्य सफेद हाशियों से फोटोग्राफी फ्रेम करने के कारण बड़ा होता है। दिशाओं की सूचक **रेखाएँ** डिजाइन के कुछ प्रमुख तत्त्वों में से होती हैं। तत्त्वों के किनारे को हम रेखा कहते हैं। ये किसी बिन्दु का विस्तार मानी जाती हैं। यहाँ ये अपने दोनों रूपों—काल्पनिक एवं वास्तविक-में विराजमान हो सकती हैं। वास्तविक रेखाएँ ही संरचनात्मक रेखाएँ मानी जा सकती हैं। यही स्पष्ट रूप से गोचर भी होती है। सवाल है, काल्पनिक रेखाएँ क्या होती हैं? उत्तर है—जब दो या दो से अधिक तत्त्व किसी क्रम में उपस्थित होते हैं, तो हम इन्हें काल्पनिक रेखाएँ कह सकते हैं। रेखाएँ सीधी टूटी-फूटी, पतली, मोटी या टेढ़ी एक समान कई आकृतियों में हो सकती हैं। सीधी रेखाएँ दिशा की सूचक होती हैं। टूटी रेखाएँ धीमी गति को दर्शाती हैं। उखड़ी रेखाएँ

आकस्मिकता की सूचक होती हैं। आड़ी रेखाएँ आँख को बायीं से दायीं ओर ले जाती हैं, जब कि सीधी रेखाएँ ऊपर से नीचे की ओर ले जाती हैं। टेढ़ी रेखाएँ बेल का आभास देती हैं, बहते पानी को रेखांकित करती हैं, पौधे को जमीन से बढ़ता हुआ दिखाती हैं। रिक्त स्थान को रेखा परस्पर विरोधी दो भागों में बाँटती हैं। मूड बनाने के लिए अथवा व्यक्तित्व की अभिव्यक्ति के लिए रेखाओं का सशक्त प्रयोग किया जाता है, क्योंकि रेखाएँ वस्तुओं और चित्रों का सारांश होती हैं। इससे मूड तथा व्यक्तित्व का निर्माण होता है।[63]

आकृति प्राय; रेखाओं से घिरी होती है। वर्ग, वृत्त, भुजा—अपने इन तीन रूपों में ये आकृति कई अन्य आकृतियों को सृजित कर सकती है। प्रत्येक आकृति का कुछ भार होता है, जिसे हम किसी उपकरण से तौल नहीं सकते हैं। यह प्रकाशित भार होता है, जिसका हम अनुभव ही कर सकते हैं। बड़ी गहरी, गाढ़े रंगोंवाली और खुरदुरे किनारोंवाली आकृतियों का भार छोटी, हलके रंगोंवाली और समान किनारों वाली आकृतियों से अधिक होता है। वृत्त को देखते ही हमारे मन में शान्ति और सुरक्षा का भाव पैदा होता है। वृत्त ब्रह्माण्ड से भी आगे ले जाता है। दृश्य जगत में वृत्त अस्तित्व का पर्याय है। वर्ग की सारी भुजाएँ बराबर होती हैं, क्योंकि इसकी आकृति स्थायी होती है। वर्ग और वृत्त की तुलना में त्रिभुज सुरक्षा और उत्तेजना का प्रतीक है। त्रिभुज तीर के समान है, जिसमें रुद्र की झलक मिलती है। यह बिजली और तूफान का परिचायक है। त्रिभुज उर्वरता और स्वास्थ्यवर्द्धकता का भी प्रतीक है। तन्त्र कला में इन आकृतियों का अलग-अलग अर्थों में व्यापक प्रयोग किया जाता है।[64] इन आकृतियों में से कुछ से हमें महज सूचनाएँ प्राप्त होती हैं तो कुछ में केवल सजावट।

रंगाभास को हम **टोन** भी कह सकते हैं। रंगाभास को हम आँख से अनुभव कर सकते हैं। रंगाभास में डिजाइन में कलात्मकता की अनुभूति होती है। इनकी अपनी विशिष्ट छटा होती है। अब आती है—बारी **अनुपात** की। बताते हैं, डिजाइन के तत्त्व बड़े सूक्ष्म होते हैं, उसी तरह जैसे प्रकृति के। प्रकृति में भी दो वस्तुएँ समान रूप, गुण, धर्म, आकृति-आकार या अनुपात में नहीं होतीं। पेड़, पहाड़, नदियाँ सभी की आकृति-आकार अलग होते हैं। बहरहाल, डिजाइन के तत्त्वों को आकृति में एक क्रम से रखा जाता है। डिजाइन के तत्त्वों में सन्तुलन का अपना खासा महत्त्व होता है, क्योंकि जो महत्त्व विज्ञान में गुरुत्वाकर्षण का है, वही महत्त्व डिजाइन में सन्तुलन का है। डिजाइन में सन्तुलन बायीं ओर से दायीं ओर रखा जाता है। नीचे-ऊपर नहीं। यहाँ सन्तुलन के दो प्रकार होते हैं—औपचारिक या संगत तथा अनौपचारिक या असंगत। औपचारिक सन्तुलन में जहाँ सभी तत्त्व परस्पर सम्बन्धों के आधार पर रखे जाते हैं, वहीं अनौपचारिक सन्तुलन में सभी तत्त्वों को एक-दूसरे के सम्पर्क में रखा जाता है। **लय** शब्द प्राय; संगीत में आता है। संगीत में जब ताल अथवा शब्दों की पुनरावृत्ति होती है, तब हम कहते हैं कि संगीत लयमय है। हमारा जीवन भी लय में चलता है। हम सोते हैं, खाते हैं, वस्त्र पहनते हैं आदि। प्रकृति में भी अपनी लय है। ऋतुएँ आती हैं, चली जाती हैं, फूल खिलते हैं, फसलें पकती हैं, नदियाँ बहती हैं, लहरें समुद्र तट को छूती हैं। लय का मूल तत्त्व पुनरावृत्ति है। डिजाइन में भी लय का निर्माण समान रेखाओं, आकृतियों और रंगों की नियमित पुनरावृत्ति के द्वारा किया जाता है। समाचार-पत्र का पृष्ठ ग्राफिक्स डिजाइन में लय का सुन्दर उदाहरण है। वस्तुतः लय से जड़ता टूटती है। इसी तरह डिजाइन के तत्त्वों में **समरसता** का होना आवश्यक होता है। विरोधी प्रकृति के तत्त्वों से पाठक असमंजस में पड़ता है। तत्त्वों की एकसमान प्रकृति या समान संरचना को हम **समरस** कह सकते हैं। बताते हैं **समरसता** से डिजाइन में एकरसता भी पैदा होती है। एक ही समान छपाई ऊब और थकान पैदा कर सकती

है, अतः विज्ञापनों के शीर्षक, उनकी डिजाइन अलग-अलग शीर्षक में होना आवश्यक होता है। इसी तरह **समरूपता** भी डिजाइन का महत्त्वपूर्ण तत्त्व होता है। वस्तुतः किसी डिजाइन के अलग-अलग तत्त्व एक-दूसरे से और समग्र डिजाइन से इस प्रकार जुड़े होने चाहिए कि मानो वे एक-दूसरे को थामे हुए हैं। जब हम कोई ढीला-ढाला मुद्रित संचार देखते हैं, तो हमारी आँखें किसी एक केन्द्र बिन्दु पर नहीं टिकतीं और हम इधर-उधर देखते रह जाते हैं। डिजाइन का निर्माण इस प्रकार किया जाना चाहिए कि उसके तत्त्व एक-दूसरे के साथ समरस हों तथा हम उस डिजाइन को पहली नजर में एकीकृत कृति के रूप में जान लें।

(7) डिजाइन सृजन में ध्यान देने योग्य कुछ महत्त्वपूर्ण बातें—

(1) डिजाइन निर्माण के समय प्रिंट या विद्युतीय माध्यमों के विज्ञापनों के लिए चित्रों का चयन बहुत सजगता से करनी चाहिए क्योंकि विज्ञापन में विज्ञापित उत्पाद का भविष्य इन चित्रों पर ही निर्भर होता है। अतः ऐसी स्थिति में चित्रों को खूबसूरत लिबास देने के लिए उनमें यथास्थान रंग, रूप, आकार को उनके निश्चित अनुपात में स्थान देना चाहिए।

(2) कहते हैं, 'Pictures tell stories faster than words" अतः चित्र यदि बहुत सादे हैं तो भी वे अपनी बात पाठकों/दर्शकों से विधिवत् कह लेंगे। वैसे ग्राफिक्स संचार में अति सूक्ष्म डिजाइनों और आलंकारिता का अपना महत्त्व है, फिर भी अलंकाररहित सादे विचार भी अपनी अभिव्यक्ति अंकन में सफल सिद्ध होते हैं।

(3) चित्रों के माध्यम से बारास्ता विज्ञापन, जो सन्देश देना है, उसे क्रमबद्ध ढंग से पुख्ता तर्क के साथ प्रस्तुत करना चाहिए। इससे डिजाइन में सम्प्रेषणीयता और प्रेषणीयता की ताकत बढ़ती है।

(4) कुशल और डिजाइन कला में दक्ष-मर्मज्ञ डिजाइनर शब्द और वक्त के बीच की सन्तुलित दूरी का ठोस निर्णय लेकर चित्र को आकर्षक बनाता है। बॉर्डर कैसा हो? मुद्रण टाइपोग्राफी और रंग कैसा हो? चित्र भ्रमोत्पादक न हो। डिजाइनों में अपेक्षित रिक्तस्थान कितना हो? इन सभी का ध्यान रखना होता है।

(5) प्रयास यह होना चाहिए कि विज्ञापन की डिजाइन प्रथम दृष्टि में सुन्दर और ललित तो हो ही, वह पाठकों/दर्शकों का ध्यान अपने अन्य सहायक तत्त्वों की ओर भी खींचे, तभी डिजाइन की सार्थकता सिद्ध होती है।

(6) डिजाइन में गतिशीलता, सजीवता और जीवन्तता लाने के लिए डिजाइन के कुछ महत्त्वपूर्ण तत्त्वों को आयताकार तथा कुछ को अन्य आकृतियाँ देनी चाहिए।

(7) डिजाइन में जिज्ञासा, कौतूहल और सवाल करने की क्षमता हो। यदि डिजाइन में मुख्य तत्त्व नदारद हैं तो जाहिर है, तत्त्वों का क्रम, कहीं-न-कहीं बेतरतीब रहा है। अतः इसका ध्यान देना चाहिए तथा—

(8) विज्ञापन की डिजाइन ऐसी हो, जो उपभोक्ताओं की सुप्त चेतना और चेतना को जगाये। उसे समझने में जद्दोजहद न करनी पड़े। सन्देश और सरोकार की अभिव्यक्ति कलात्मक ढंग से हो। भावों को बहुत गूढ़ और मकड़जाल में उलझा हुआ नहीं होना चाहिए। तभी डिजाइन की पठनीयता और प्रभाव तो बना ही रहेगा, उसके पुनर्पाठ के लिए भी मन लालायित रहेगा।

'ख'
साज-सज्जा

(1) विज्ञापनों में साजसज्जा का महत्त्व—बहुत जतन और साधना के पश्चात निर्मित विज्ञापनों के आइने में कोई उत्पाद उपभोक्ताओं को अपनी शक्ल दिखाता है। सेलिब्रिटी माध्यम बनते हैं। वही विज्ञापन सम्प्रति मीडिया का शृंगार और जीने का स्रोत बन चुका है। जैसे कबीर की 'अकेली अलबेली नार झमाझम पानी भरे बिम्ब, में दीप्त होती है, ठीक उसी तरह कोई भी कला लालित्य सुख पाकर सुखद-सुघर लगती है। विज्ञापनों में भले ही कोई गम्भीर बात बतायी जा रही हो, यदि उसमें साज-सज्जा नहीं है, तो वह उपभोक्ताओं का ध्यान आकर्षित करने या उपभोक्ताओं पर अपेक्षित असर डालने में सक्षम-समर्थ नहीं होता। उपभोक्ता, निपट सपाट-निचाट विज्ञापन से, सन्तृप्त नहीं होता, बल्कि विज्ञापन ही अपने प्रभाव में बिखर जाता है। साफ शब्दों में, आज के बाजार में विज्ञापनों को सर्वव्यापी होने के लिए उनका साजो-शृंगार आवश्यक होता है। उचित-उपयुक्त साज-सज्जा सम्पृक्त विज्ञापन उपभोक्ता के दिलो-दिमाग और चेतना को प्रभावित करता है। सच तो यह है कि साज-सज्जा से ही विज्ञापनों में मँजाव आता है।

विज्ञापन का विन्यास या साज-सज्जा अथवा डिजाइन तैयार करने की प्रक्रिया को प्रारम्भ करनेवाला 'विजुअलाइजर' कहा जाता है। उसकी यह प्रक्रिया अन्ततः ले-आउट का रूप ले लेती है। 'विजुअलाइजर' को इस सन्दर्भ में सबसे पहले विज्ञापन में प्रयोग किये जा सकनेवाले तत्त्वों को तथा उसके साथ फोटो या रेखाचित्र का निर्णय, टाइप सेटिंग आदि के साथ किस अंग को कितना स्थान देना है, यह तय करना होता है तथा उसके निश्चय पर अलग-अलग क्रम में इन तत्त्वों को रखकर छोटे-छोटे बनाना होता है। वस्तुतः विज्ञापन में कला सज्जा का महत्त्वपूर्ण स्थान है। अतः विज्ञापन को आकर्षक और प्रभावी बनाने के लिए उसका कला पक्ष सँवारा जाना चाहिए। इसका आलेख तैयार करने में चार बातों पर ध्यान देना आवश्यक है। विज्ञापन का शीर्षक, विज्ञापन का उपशीर्षक, विज्ञापन का विस्तार-वर्णन तथा विज्ञापन का उपसंहार। विज्ञापन का शीर्षक ऐसा होना चाहिए जो उपभोक्ता का ध्यान खींचे, क्योंकि विज्ञापन की तीन-चौथाई सफलता सामग्री को उचित शीर्षक देने में ही मिल जाती है। अतः शीर्षक चयन करते समय ध्यान रखा जाय कि विज्ञापन की समग्र विषयवस्तु या मूल कथा (Body Text) की व्यंजना अगर शीर्षक में नहीं है तो विज्ञापन का वस्तु संकेत इस प्रकार का हो कि दर्शक, पाठक, ग्राहक या उपभोक्ता की दृष्टि आकृष्ट करके उसमें वस्तु के प्रति आकांक्षा उत्पन्न कर सके। **यथा**

"सवारी हो तो एटलस, जो करे हवा से बातें।"[65]

इधर, इसी बात को काशी पत्रकारिता पीठ के निदेशक और चर्चित मीडिया विद् डॉ. अर्जुन तिवारी कहते हैं कि विज्ञापन में 'सज्जा' का बहुत महत्त्व होता है, क्योंकि आकर्षण के लिए 'सज्जा' अनिवार्य होती है। विज्ञापन किस माध्यम से प्रसारित किया जाता है, इस पर उसकी सज्जा का स्वरूप-निर्धारण होता है। रेडियो के लिए दिये जानेवाले विज्ञापन के लिए जहाँ केवल आलेख काफी होता है, वहीं टी.वी. के लिए संवाद व छाया चित्र आदि की आवश्यकता होती है। सामान्य समाचार-पत्रों के लिए दिये जानेवाले विज्ञापनों के लिए जहाँ आलेख एवं ब्लॉक से काम चल जाता है, वहीं ऑफसेट पर छपनेवाले समाचार-पत्रों के लिए आर्टवर्क एवं आलेख दोनों आवश्यक होते हैं। नियोसाइन्स के लिए सेट एवं साथ-साथ विद्युत

उपकरणों एवं अन्य सामग्री की आवश्यकता होती है। होर्डिंग्स के लिए लोहे की बड़ी चद्दरों पर विभिन्न रंगों के चित्र तो बनाने होते ही हैं, इसके अलावा उन्हें सड़कों पर खड़े करने के लिए एंगिल्स आयरन अथवा लकड़ी के फ्रेम बनवाने होते हैं।[66] डॉ. तिवारी की बात की पुष्टि करते हुए एक अन्य चर्चित पत्रकार डॉ. रामचन्द्र तिवारी का कहना है कि विज्ञापन की थीम और सामग्री के बाद महत्त्व की वस्तु है, उसकी साज-सज्जा। सज्जा अधिकांशतः इस बात पर निर्भर करती है कि विज्ञापन किस माध्यम से प्रसारित किया जाता है, जिसमें स्थान या समय या रंगों की सीमा हो सकती है। समाचार-पत्र, पत्रिकाओं का कागज और उसकी छपाई के अनुसार भी सज्जा निर्धारित करनी होती है। सामान्यतः समाचार-पत्रों के लिए लाइन-डिजाइन अधिक उपयोगी रहती है। अब समाचार-पत्रों में कुछ पृष्ठ रंगीन भी रहते हैं, इसलिए रंगीन विज्ञापन अब तैयार हो रहे हैं। सज्जा में आर्टवर्क तथा छायाचित्रों या दोनों का प्रयोग हो सकता है। वांछित प्रकार के छायाचित्र आसानी से सुलभ नहीं होते, इसलिए अधिकांशतः आर्टवर्क पर जोर दिया जाता है। अब कम्प्यूटर कम्पोजिंग के कारण विज्ञापनों में रंगीन चित्रों का प्रयोग बढ़ रहा है। छायाचित्रों के प्रयोग से एक तो चित्रित व्यक्ति या सीन की वास्तविकता प्रमाणित होती है, दूसरे उसमें कोई बारीक बात छूटती नहीं। कम्प्यूटर अब विज्ञापनों के लिए कैसा भी डिजाइन बनाकर दे सकता है।[67]

(2) विज्ञापनों में साज-सज्जा के लिए अपेक्षित सावधानियाँ–

(1) विज्ञापन का प्रारूप तैयार करते समय यह जानना आवश्यक है कि जिस वस्तु का विज्ञापन दिया जा रहा है, वह क्या और कैसा है? उसके उपयोग क्या हैं? या कर सकते हैं? इसके अतिरिक्त यह भी देखा जाना चाहिए कि वह वर्ग किस क्षेत्र तक सीमित है? अथवा क्या वह देश-भर में फैला हुआ है? आवश्यकतानुसार विज्ञापन सामग्री ब्लॉक, स्लाइड, लघु फिल्म, फोल्डर पुस्तिका, होर्डिंग आदि के रूप में तैयार की जाती है। विज्ञापन की नीति निर्धारण के अनुसार डिजाइन बनाते, सामग्री लिखने, सज्जा करने पर विज्ञापन की तैयारी की जाती है।[68]

(2) विज्ञापन किये जानेवाले अमूर्त विचार को मूर्त रूप सृजनात्मक कल्पना से ही दिया जा सकता है। कभी-कभी यह कल्पना करनेवाला व्यक्ति कोई और होता है और कभी-सज्जाकार रूपाकार ही यह कार्य कर दिखाता है। सज्जाकार का काम विज्ञापन के विभिन्न अंगों को मिलाकर एक ऐसी दृश्य-योजना प्रस्तुत करना होता है, जिसमें दृश्य-प्रचार के मूल तत्त्व तथा सृजनात्मक डिजाइन के मनोवैज्ञानिक सिद्धान्तों का अनुसरण किया गया हो। यह सज्जा ऐसी हो, जिसमें विज्ञापन का सन्देश सर्वाधिक प्रभाव के साथ पाठक या दर्शक तक पहुँच सके। वह डिजाइन ऐसी भी होनी चाहिए कि उसमें परिवर्तन, संशोधन या परिवर्द्धन सुगमता से किया जा सके।[69]

(3) सज्जाकार को विज्ञापन की नाटकीयता भी देखनी होती है, जिसे ले-आउट की शैली, भी कहा जाता है। सज्जा में लाइन, टोन, रंगों के प्रयोग के साथ टाइपों के आकार प्रकार आदि के हिसाब से ऐसी डिजाइन तैयार करनी चाहिए, जिससे गरिमा, शक्ति, वायु, ऊर्जा, हास्य आदि सभी तत्त्व झलकते हों। डिजाइन से पूर्व साइज, कागज, कला, फोटोग्राफी, ब्लॉक निर्माण, टाइपों की सुलभता आदि सभी बातें भी ध्यान में रखनी चाहिए। डिजाइन से पहले यह बात अवश्य ध्यान में रखी जानी चाहिए कि उसका उपयोग कौन-से माध्यम में किया जानेवाला है।[70]

(4) अन्त में यह कि विज्ञापन सामग्री का मुद्रण करवाते समय टाइपों के आकार-प्रकार, कंपोजिंग की व्यवस्था, प्रूफ संशोधन, टोन एवं स्क्रीन विषयक ज्ञान, उचित कागज का चुनाव छपायी की प्रक्रिया, अन्य साधनों का अच्छा ज्ञान होना चाहिए और वांछित प्रभाव छोड़ने के लिए इनका समुचित चुनाव करना चाहिए।[71]

भाग-चार

विज्ञापन में अपील (Appeals)

(1) अपील का अर्थ-आशय—'अपील' के लिए कुछ लोग 'थीम' शब्द का प्रयोग करते हैं तो कुछ लोग 'विशिष्ट विक्रय प्रस्ताव' (Unique Selling Proposition)। कहीं-कहीं इसके लिए हिन्दी में 'आग्रह' शब्द का भी इस्तेमाल मिलता है। फादर कामिल बुल्के के शब्द कोश में इस शब्द के कई हिन्दी अर्थ दिये गये हैं, यथा—'पुनरावेदन', 'अनुरोध करना', 'निवेदन करना', 'आग्रह करना', 'पुनर्वाद' तथा 'अभ्यर्थना' आदि। बहरहाल अपील सम्बन्धी आशयों को कुछ इस प्रकार देखा जा सकता है—

(1) **डॉ. कृष्ण कुमार मालवीय**[72] का विचार है कि कॉपी के सन्देश अथवा कथ्य में उद्‌देश्य को लक्ष्य कर जो व्यावसायिक विचार व्यक्त किया जाता है, उसे 'अपील' अथवा 'थीम' कहते हैं। इसमें यह अनिवार्य रूप से बताया जाता है कि मेरा उत्पाद या माल औरों की अपेक्षा अच्छा, सस्ता, गुणवत्ता में श्रेष्ठ तथा टिकाऊ है अर्थात् "जो बात मुझमें है, किसी और में नहीं।"

(2) **डॉ. विजय कुलश्रेष्ठ** और **प्रतुल अथइया**[73] के अनुसार—"विज्ञापन एक ऐसी अभ्यर्थना अथवा अपील है जो किसी वस्तु के क्रय हेतु अथवा किसी सेवा विशेष हेतु अथवा जनसाधारण में विश्वसनीयता प्राप्त करने के लिए वस्तु के गुणों, उपयोगों, प्रकार्यों तथा लाभों का प्रचार करने हेतु अथवा अभिसूचित करने हेतु समूल्य की जाती है।"

(3) **डॉ. कुमुद शर्मा**[74] का कहना है कि, "कॉपी अपील से तात्पर्य सन्देश रचना में निहित अभ्यर्थना से है। हालाँकि प्रत्येक विज्ञापन ही अपने आप में अपील होता है।"

(4) **डॉ. सुशील त्रिवेदी** तथा **शशिकान्त शुक्ल**[75] का विचार है कि, "किसी व्यक्ति के अंदर एक इच्छा होती है। उसे विज्ञापन और बढ़ाता है। विज्ञापन के द्वारा यह अपील की जाती है कि इसमें खरीद की प्रेरणा का इस्तेमाल किया गया है।"

(5) **नरेन्द्र सिंह यादव**[76] का मानना है कि, "विज्ञापन आग्रह (अपील) द्वारा उपभोक्ता से सम्बन्ध बनाने की कोशिश की जाती है। यह विज्ञापन का कार्य है कि वह अपना प्रभाव दिखाये और उपभोक्ता को यह कहे कि यही वह उत्पाद है, जो उसकी आवश्यकताओं के अनुकूल है और उसकी इच्छाओं को पूरा करता है।"

(2) अपील के गुण–

(1) वस्तु के लाभ को गिनाकर इच्छा और आकांक्षा को जगाये रखता है, जैसे—वैसलीन का विज्ञापन।

(2) अपनी आवश्यकताओं के प्रति लोगों में जागरूकता लाना, जैसे कुकर का विज्ञापन।

(3) इसके बाद अपील एक छुपे रूप में तनावग्रस्त रहती है, जिससे उस पर बराबर दबाव पड़ता है। इसके बाद इसका लक्ष्य स्पष्ट हो जाता है।

(4) अपील विज्ञापन में छुपा हुआ एक मूल तत्त्व है, जिसे लोग स्वीकार करते हैं और चीजें खरीदते हैं। विज्ञापन में अपील उपभोक्ता में तनाव बनाये रखती है, जिससे उपभोक्ता उस वस्तु को पाना चाहता है।

(5) उपभोक्ता के ऊपर सांस्कृतिक प्रभाव बना रहता है।

(6) 'फैमिली' शब्द का उपयोग अपील में होता है, इसलिए अधिकतर दृश्यात्मक विज्ञापन में पूरे परिवार को दिखाया जाता है। इस तरह इसको अपील का आधार बनाकर वस्तु को बेचा जाता है।

(7) अपील में विज्ञापनदाता यह ध्यान रखता है कि वस्तु के लिए उपभोक्ता की जो सोच है, वह उसे इस तरह से प्रकट करता है कि उपभोक्ता को लगता है कि वह चीज वास्तव में उसके लिए ही है। अतः अपील को माध्यम से विज्ञापनदाता और उपभोक्ता में एक समझौता हो जाता है।[77]

(3) अपील के प्रकार–डॉ. कुमुद शर्मा[78] अपील के अधोलिखित प्रकार माना है, यथा—

(1) उपयोगिता अपील, (2) सुरक्षात्मक अपील,

(3) बचत और लाभ की अपील, (4) भौतिक सुख-सुविधा सम्बन्धी अपील,

(5), स्वास्थ्य अपील, (6) भय और असुरक्षा की अपील,

(7) मातृत्व या वात्सल्य अपील, (8) सौन्दर्य अपील,

(9) तुलनात्मक अपील (10) मौजमस्ती की अपील तथा

(11) गौरव अपील।

एक अन्य विदुषी डॉ. प्रीता व्यास[79] का कहना है कि विज्ञापन की सफलता विज्ञापन की 'अपील' पर निर्भर करती है। यह अपील कई तरह की होती है—

(1) उत्पादन पर आधारित—वस्तुगत अपील कहलाती है।

(2) संस्था/संस्थान पर आधारित—संस्थागत अपील कहलाती है।

(3) ब्राण्ड विशेष पर आधारित—चुनी हुई अपील कहलाती है।

(4) कारणों पर आधारित—विवेकशील अपील कहलाती है।

(5) भावनाओं पर आधारित—भावनात्मक अपील कहलाती है।

यह प्रथम, मध्यम व अन्य पुरुष के रूप में प्रस्तुत की जा सकती है।

लेकिन, इधर अमेरिका के विलियम एम. वैलबेचर की पुस्तक 'एडवरटाइजिंग' में विज्ञापन की कॉपी अपील को तीन श्रेणियों में विभक्त किया गया है—

(1) विज्ञापनदाता के उत्पाद/सेवा से सम्बन्धित अपील–

(1) उत्पाद/सेवा की विशेषता और गुणों को व्यक्त करना।

(2) उत्पाद/सेवा के प्रतिस्पर्द्धात्मक लोगों को विशेष रूप में बताना।

(3) उत्पाद/सेवा के मूल्यों पर आधारित अपील।

(4) उत्पाद/सेवा की जनप्रियता का वर्णन करना।

(5) उत्पाद/सेवा के बारे में नयी सूचनाएँ तथा जानकारी देना।

(6) उत्पाद/सेवा के सपूर्ण सम्वर्द्धन हेतु की जानेवाली अपील।

(2) विज्ञापनदाता द्वारा उपभोक्ताओं हेतु अपील–

(1) उपभोक्ता सेवाओं को रेखांकित करती अपील।

(2) आर्थिक लाभ तथा बचत की जानकारी देती अपील।

(3) उपभोक्ताओं के सामाजिक स्तर में वृद्धि व व्यक्तिगत उत्थान से परिचित करानेवाली अपील।

(4) चेतावनी अथवा भय अपील।

(3) अन्य अपील–

(1) सभ्य-सुसंस्कृत एवं अच्छे सामाजिक नागरिक बनाने से जुड़ी अपील,

(2) विनियोजकों को सम्बोधित अपील

(3) प्रशंसा अपील

(4) पारिवारिक प्रेम अनुभूतिवाली अपील,

(5) मौजमस्ती, खान-पान व विलासिता से जुड़ी अपील

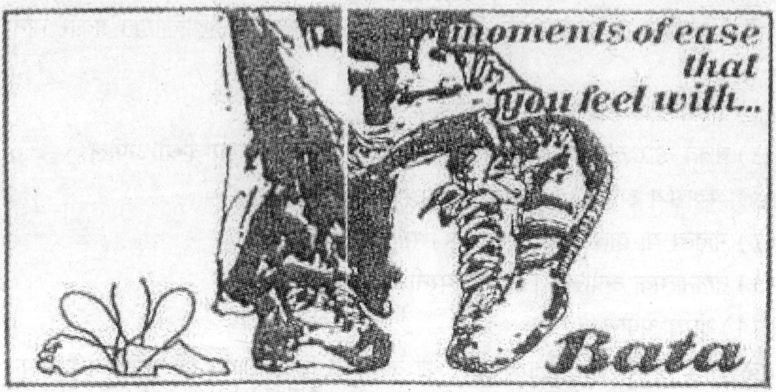

विज्ञापन में अपील का अपना महत्त्व होता है।

(6) सुरक्षा सम्बन्धी अपील,

(7) बचत अपील

(8) ऋण-सम्बन्धी अपील

(9) स्वास्थ्य सम्बन्धी अपील

(10) मातृत्व अपील

(11) सौन्दर्य अपील

(12) गर्व-अपील

(13) भौतिक सुख सम्बन्धी अपील

(14) भावनात्मक अपील तथा

(15) तार्किक अपील।[80]

(4) अपील का महत्त्व–विज्ञापन का उद्देश्य किसी भी प्रकार की वस्तु एवं वैचारिक सामग्री का प्रचार करना तथा उसे अधिकाधिक लोगों के मन में प्रतिष्ठित करना होता है। पाठक अथवा दर्शक विज्ञापन को देखता है अथवा पढ़ता है और उसमें जो कुछ उसे मिलता है, उसे हृदयंगम करता है। स्पष्ट है कि यदि विज्ञापन की भाषा अथवा उसकी चित्रशैली प्रभावशाली होगी तो पाठक को वह आकर्षित करेगी और उसके मन में बैठ जायेगी और उसमें यदि किसी प्रकार की विशेषता न हुई तो दर्शक अथवा पाठक उसकी उपेक्षा कर देगा। इस प्रकार उपभोक्ता, पाठक अथवा दर्शक के मन पर विज्ञापन का प्रभाव डालनेवाली जो अन्तर्निहित शक्ति है, वही विज्ञापन की अपील है। कभी-कभी बड़े-बड़े विज्ञापनों में, चाहे वे अखबार के पृष्ठों में हों अथवा सड़कों पर लगे हुए होर्डिंग्स में, सारा स्थान खाली पड़ा रहता है, केवल कुछ वाक्य कोने में लिखे रहते

हैं, पर वही इस ढंग से प्रस्तुत किये गये होते हैं कि पाठक की नजर बरबस उस ओर जाती है। यही विज्ञापन में निहित अपील का महत्त्व होता है।[81]

सन्दर्भ

1. Advertising : Principles And Practice-Wells, Moriarty, Burnett. P. 385
2. उ.प्र. राजर्षि टण्डन पुस्तिका—सं. डॉ. अर्जुन तिवारी, पृ.56
3. पत्रकारिता : परिचय और विश्लेषण—डॉ. प्रीता व्यास, पृ.253
4. विज्ञापन : सिद्धान्त और प्रयोग—डॉ. विजय कुलश्रेष्ठ, पृ.77
5. आधुनिक विज्ञापनः कला एवं व्यवहार—डॉ. अर्जुन तिवारी, पृ. 132
6. Advertising Management—Mahendra Mohan, Page-104
7. आधुनिक विज्ञापन—कृष्ण कुमार मालवीय, पृ.92
8. जनसम्पर्क एवं विज्ञापन—सं. संजीव भानावत में डॉ. सुषमा चौहान का लेख, पृ.128
9. आधुनिक विज्ञापन : कला एवं व्यवहार—डॉ. अर्जुन तिवारी, पृ.133
10. आधुनिक विभापन : कला एवं व्यवहार—डॉ. अर्जुन तिवारी, पृ.133
11. आधुनिक विज्ञापन—कृष्ण कुमार मालवीय, पृ.99
12. जनसम्पर्क एवं विज्ञापन—डॉ. संजीव भानावत, पृ.128
13. जनसम्पर्क एवं विज्ञापन—डॉ. संजीव भानावत, पृ. 132
14. पत्रकारिता : परिचय और विश्लेषण—डॉ. प्रीता व्यास, पृ.154
15. उ.प्र. राजर्षि टण्डन पत्रिका—सम्पादक, डॉ. अर्जुन तिवारी, पृ.57
16. विज्ञापन : तकनीक एवं सिद्धान्त—नरेन्द्र सिंह यादव, पृ.188
17. जनसम्पर्क और विज्ञापन सं. डॉ. संजीव भानावत, पृ.135-136
18. उ.प्र. राजर्षि टण्डन पत्रिका—सं. डॉ. अर्जुन तिवारी, पृ.56
19. आधुनिक विज्ञापन : कला एवं व्यवहार—डॉ. अर्जुन तिवारी पृ.143
20. Advertising : Principles and Practice-Welles, Moriarty, Burnett, P. 370
21. Advertisiong : Principles and Practic-Wells, Moriarty, Burnett, P. 365
22. Advertising : Principles and Practice-Wells, Moriarty, Burnett, P. 359
23. Advertising : Principles and Practice Wells, Moriarty, Burnett. P.360
24. पत्रकारिता : परिचय और विश्लेषण डॉ. प्रीता व्यास, पृ.258
25. Advertising : Principles and Practice-Wells, Moriarty, Burnett, P. 365
26. विज्ञापन—अशोक महाजन, पृष्ठ-177
27. लोक सम्पर्क—डॉ. राजेन्द्र, पृ.240
28. जनसम्पर्क : सिद्धान्त और व्यवहार—डॉ. सुशील त्रिवेदी तथा डॉ. शशिकान्त शुक्ल, पृ.84
29. जनसम्पर्क : सिद्धान्त और व्यवहार—डॉ. सुशील त्रिवेदी, शशिकान्त शुक्ल, पृ.88
30. आधुनिक विज्ञापन कृष्ण कुमार मालवीय, पृ.96
31. लोक सम्पर्क—डॉ. राजेन्द्र, पृ.241
32. लोक सम्पर्क—डॉ. राजेन्द्र, पृ.241
33. आधुनिक विज्ञापन कृष्ण कुमार मालवीय, पृ.108
34. आधुनिक विज्ञापन कृष्ण कुमार मालवीय, पृ. 109

35. संचार माध्यम में नरेन्द्र नाथ सरकार का लेख 'डिजाइन और ले-आउट', 'पृ.36 जनवरी-मार्च 2002, दिल्ली।
36. लोक सम्पर्क—डॉ. राजेन्द्र, पृष्ठ—240
37. संचार माध्यम पृ.37, जनवरी-मार्च 2002, दिल्ली
38. आधुनिक विज्ञापन-डॉ. कृष्ण कुमार मालवीय, पृ.97
39. संचार माध्यम पृ.37, सन् 2002 ई.
40. संचार माध्यम पृ.37, सन् 2002 ई.
41. विज्ञापन—अशोक महाजन, पृ. 176
42. जनसम्पर्क एवं विज्ञापन—सं. डॉ. संजीव भानावत, पृ.117
43. विज्ञापन : तकनीक एवं सिद्धान्त—नरेन्द्र, सिंह यादव, पृ.177
44. आधुनिक विज्ञापन—कृष्ण कुमार मालवीय, पृ.94
45. विज्ञापन की दुनिया—डॉ. कुमुद शर्मा, पृ. 76, प्रतिभा प्रतिष्ठान, नयी दिल्ली सन् 2010 ई.
46. जनसम्पर्क एवं विज्ञापन—सं. डॉ. संजीव भानावत, पृ.111
47. जनसम्पर्क एवं विज्ञापन—सं. डॉ. संजीव भानावत, पृ.110
48. आधुनिक विज्ञापन—कृष्ण कुमार मालवीय, पृ.98
49. विज्ञापन—अशोक महाजन, पृष्ठ-174
50. पत्रकारिता : परिचय और विश्लेषण—डॉ. प्रीता व्यास, पृ. 247
51. आधुनिक विज्ञापन—डॉ. कृष्ण कुमार मालवीय, पृ.97
52. संचार माध्यम, पृष्ठ-34, जनवरी-मार्च सन् 2002 ई.
53. विज्ञापन : तकनीक एवं सिद्धान्त—नरेन्द्र सिंह यादव, पृष्ठ-169
54. राजर्षि टण्डन मुक्त विश्वविद्यालय की पत्रिका—सं. डॉ. अर्जुन तिवारी, पृष्ठ-55
55. आधुनिक विज्ञापन : कला एवं व्यवहार—डॉ. अर्जुन तिवारी, पृष्ठ-141
56. संचार माध्यम, पृष्ठ-32, जनवरी-मार्च सन् 2002 ई. दिल्ली
57. Advertising : Principles and Practice-Wells, Moriarty Burnett, P.387
58. आधुनिक विज्ञापन—डॉ. कृष्ण कुमार मालवीय, पृष्ठ-93
59. राजर्षि टण्डन मुक्त विश्वविद्यालय की पत्रिका—सं. डॉ. अर्जुन तिवारी पृष्ठ-55
60. आधुनिक विज्ञान : कला एवं व्यवहार—डॉ. अर्जुन तिवारी पृष्ठ-141
61. संचार माध्यम—पृष्ठ-32, सन् 2002 ई.
62. Advertising : Principles and Practice—Wells, Moriarity Burnett, P.395-396
63. संचार माध्यम—पृष्ठ-33, जनवरी-मार्च 2002 ई.
64. संचार माध्यम—पृष्ठ-34, जनवरी-मार्च 2002 ई.
65. संचार माध्यम—पृ. 23, अक्टूबर-दिसम्बर—1998, दिल्ली।
66. आधुनिक विज्ञापन : कला एवं व्यवहार—डॉ. अर्जुन तिवारी, पृ. 141
67. विज्ञापन : व्यवसाय एवं कला—डॉ. रामचन्द्र तिवारी, पृ. 50
68. संचार माध्यम—पृष्ठ-23, अक्टूबर-दिसम्बर—1998 दिल्ली
69. विज्ञापन : व्यवसाय एवं कला—डॉ. रामचन्द्र तिवारी, पृ. 51
70. आधुनिक विज्ञापन : कला एवं व्यवहार—डॉ. अर्जुन तिवारी, पृ. 141-142

71. विज्ञापन : व्यवसाय एवं कला—डॉ. रामचन्द्र तिवारी, पृ. 52
72. आधुनिक विज्ञापन—डॉ. कृष्ण कुमार मालवीय, पृष्ठ-104
73. विज्ञापन माध्यम और प्रचार—डॉ विजय कुलश्रेष्ठ/प्रतुल अथइया, पृष्ठ-108
74. विज्ञापन की दुनिया—डॉ. कुमुद शर्मा, पृष्ठ-81
75. जनसम्पर्क : सिद्धान्त और व्यवहार—डॉ. सुशील त्रिवेदी तथा शशिकान्त शुक्ल, पृष्ठ-84
76. विज्ञापन : तकनीक एवं सिद्धान्त—नरेन्द्र सिंह यादव, पृष्ठ-185
77. जनसम्पर्क : सिद्धान्त और व्यवहार—डॉ. सुशील त्रिवेदी तथा शशि कान्त शुक्ल, पृष्ठ-84
78. विज्ञापन की दुनिया—डॉ. कुमुद शर्मा, पृष्ठ-89
79. पत्रकारिता : परिचय और विश्लेषण—डॉ. प्रीता व्यास, पृष्ठ-249
80. Advertising—Williaum M. Wel Bechor, P. 76
81. राजर्षि टण्डन मुक्त विश्वविद्यालय की पत्रिका—सं. डॉ. अर्जुन तिवारी, पृष्ठ-36

अध्याय-6

विज्ञापन लोक : कुछ आवश्यक शर्तें, कानून, विज्ञापन नीति, अधिनियम तथा विज्ञापन की सामाजिक, राजनीतिक आचार-संहिता

भाग-एक

(1) विज्ञापन में नैतिकता को खामोश करात : 'फरेब' एवं 'छल-कपट'–

विज्ञापन, मीडिया और बाजार के उत्सव होते हैं। ये इनकी ऊष्मा-ऊर्जा, खुराक और ईंधन होते हैं। आवारा पूँजी की जमीन पर खड़े ये विज्ञापन समय और सम्पन्नता के छल की नयी फिलॉसफी रचते हैं। छन्द, लय, सोच, मुहावरा, बिम्ब, रूपक, तेवर और शिल्प में कते-बुने खुशपोशाक और चारुवेषधारी ये विज्ञापन उपभोक्ता का पुरमजाक करते ठगी एवं छल-फरेब के मोहक संसार में उसे विचरण कराते हैं। इस तरह ये रीतिकाल के सुप्रसिद्ध कवि घनानन्द और उनकी प्रेमिका सुजान के बीच पलने-पुसनेवाले प्रेम 'पुटपाकफल' लगते हैं। पुटपाकफल दूर से देखने में बेहद आकर्षक और ललचानेवाला लगता है लेकिन बताते हैं, उसका फल चखने में जहर और माहुर होता है। वही स्थिति आज के इन विज्ञापनों की है। इनके यहाँ भरोसे और विश्वसनीयता का गहरा संकट होता है। तन्त्र-मन्त्र के बाबाओं से सम्बन्धित उक्त-उदाहरणों से बात साफ हो गयी होगी कि व्यक्ति की समस्याओं का समाधान क्या ये विज्ञापनबाज पलक झपकते कर देते होंगे? तराशे गये शब्दों से बने सरगम की तरह आभास देनेवाले ये—विज्ञापन महज 'माल-कल्चर' की निर्मिति कर रहे हैं। इनके निर्माताओं को सम्भवतः अनुशासन और कायदे-कानून की कोई फिक्र नहीं। अतः ऐसी स्थिति में इन्हें हम ठग और उपभोक्ता को झाँसा देकर 'गाँठ काटने वाला जेबकतरा' करार दे सकते हैं।

सच तो यह है कि वर्तमान समय के विज्ञापन परिदृश्य इस तथ्य को स्पष्ट करते हैं कि आज के विज्ञापनदाता और विज्ञापन एजेन्सियाँ किसी आचार-संहिता, अधिनियम, सामाजिक मूल्य अथवा सिद्धान्तों से निर्देशित नहीं हैं। इनका एकमात्र नजरिया है कि विज्ञापन में स्त्री या पुरुषों के कामुक निवेदन उपभोक्ताओं की भीड़ आसानी से जुटा सकते हैं। स्त्री व पुरुष देह का बाजारीकरण कर विज्ञापन एजेन्सियाँ अपनी और अपने ग्राहकों की हित साधक बनी हुई हैं। उनके द्वारा बनाया गया विज्ञापन मनुष्य की उच्चस्तरीय क्षमताओं को कुण्ठित करके उसे चकाचौध में डालने की साजिश रच रहे हैं। बाजारवादी लहर में विज्ञापन निर्माताओं के सेक्सवादी रुझान पर लगाम कसना बेहद कठिन हो गया है। कुल मिलाकर भूमण्डलीकरण विज्ञापन जगत का यह उपभोक्तावादी सांस्कृतिक दृष्टि से गम्भीर संकट पैदा कर रहा है। विज्ञापनों में नैतिकता को परे खिसका-सरकाकर झूठ, कपट, मिथ्या, धोखा, कामुकता, कुत्सित चित्रों के निषेध की जगह अश्लीलता आदि विकृतियों का गुणगान हो रहा है।

आज की उन्नत प्रौद्योगिकी और तकनीक ने हमारे सामने विज्ञापनों की एक 'इन्द्रजालिक दुनिया' खड़ी कर दी है, जिसके परिणामस्वरूप आकर्षक, लुभावने और दिलकश लगनेवाले ये विज्ञापन अपनी फन्तासी, व्यामोह (Fascination) और अनुरक्ति अनुराग-आसंग में उपभोक्ता को फाँसकर उसके साथ छल, कपट, पाखण्ड और फरेब (Deception तथा Treachery) करते रचते हैं। श्री राजीव रंजन प्रसाद कहते हैं कि, जनमाध्यमों के नानाविध रूपों में फैलाव, जिसे आजकल तकनीकी भाषा में अभिसरण (Convergence) कहा जा रहा है, की वजह से आमजन के मानस पर विज्ञापन का गहरा प्रभाव पड़ा है। औद्योगिक उत्पादों को बाजार-रणनीति के बल पर आक्रामक विज्ञापनों के माध्यमों से विकासशील देशों में पाटा जा रहा है। इस तरह से विश्व सांस्कृतिक विविधता नष्ट हो रही है। उनकी सृजनशीलता का ह्रास हो रहा है और पश्चिमोन्मुख बहुराष्ट्रीय संस्कृति अपना आधिपत्य कायम कर रही है। इस निरन्तर और तेज परिवर्तन से बहुराष्ट्रीय सत्तातन्त्र का विश्व के सांस्कृतिक बाजार पर नियन्त्रण की प्रक्रिया भी उतनी ही तेज होती जा रही है।

तेजी से पाला बदलते नैतिक मूल्यों के बीच कुछ विज्ञापनकर्त्ता यद्यपि अपने उत्पाद की साख बचाए; रखने के लिए नैतिकता और मर्यादा का ध्यान रखते हैं। कुछ विज्ञापन महिलाओं के माध्यम

से संचय, बचत और निवेश का सन्देश समाज में देते हैं, सामाजिक भूमिकाओं और सांस्कृतिक मूल्यों की रक्षा की प्रेरणा देते हैं। ये विज्ञापन औरत को घर के भीतर की तमाम जिम्मेदारी उठाने के साथ-साथ, घर के बाहर के भी तमाम कामों को सम्पादित करनेवाली 'मल्टी टास्किंग' (Multi Tasking) महिला सिद्ध करते हैं तथा नयी किस्म की आधुनिक स्त्री को बेहद चातुर्य के साथ घर के भीतर सामानों को सहेजने-सवाँरनेवाली 'सुपर मॉम भी' सिद्ध करते हैं, वहीं कुछ विज्ञापन अपने उत्पाद को बेचने के लिए इन्ही महिलाओं और बच्चों का बेशर्मी भरा इस्तेमाल करते हैं। इनके माध्यम से वे समाज में एक 'मॉडल' और 'आदर्श उपभोक्ता' का स्वरूप पेश करते हैं। चूँकि पूँजीवादी अर्थ व्यवस्था में विज्ञापनों की बहुत महत्त्वपूर्ण भूमिका होती है, अतः ये विज्ञापनबाज, पूँजीवादी संस्कृति और मूल्य-मान्यताओं का प्रचार-प्रसार बच्चों और महिलाओं के जरिये बेधड़क करते हैं। ये विज्ञापन सर्जक उपभोक्ता को मोहक 'इस्कैप रूट' (escape-root) पर ले जाकर उसे वास्तविकता से दूर रख 'पलायनवादी' (escapist) बना देते हैं। वह भोगवादी हो जाता है। उसके सामने एक ऐसा मायावी, खुशनुमा जहान और आलम खड़ा कर देते हैं, जहाँ उसे लगता है कि वह उपभोग की हर खुशी पा गया है। वह सपने बुनने शुरू कर देता है, बाद में यही सपने उसकी 'चाहत' बन जाते हैं। वह अब हर वस्तु को वर्चस्वकारी तरीके से देखने का अभ्यस्त बन जाता है। इसे ही वह अपने खुशहाल जीवन का मूल रस और मन्त्र समझ लेता है। यहीं पर विज्ञापन उपभोक्ता को 'पूँजीवादी उपभोक्ता संस्कृति' का आदी बनाता है और चुपचाप अपने पूँजीवाद का नितांत खतरनाक, सूक्ष्म और निपुण विचारधारात्मक हथियार उपभोक्ता के साथ सौंप जाता है। इस प्रकार नैतिकता और छल-फरेब के बीच कशमकश और जद्दोजहद में 'नैतिकता' अन्ततः अपनी हार मान खामोश हो जाती है।

(2) विज्ञापन का नीतिशास्त्र—'नी + क्तिन्' अर्थात् विज्ञापन के नीतिशास्त्र से आशय है, विज्ञापन की शालीनता, चाल-चलन, नीति कौशल, नीतिज्ञता, बुद्धिमत्ता, आचार शास्त्र या व्यवहार कुशलता—"आर्जवं हि कुटिलेषु न नीतिः"। इसे हम विज्ञापन का 'आचार-दर्शन' भी कह सकते हैं। मीडिया-मीमांसकों का विचार है कि विज्ञापन अपनी प्रकृति, चरित्र और स्वाभाविता में 'larger than life' होता है। सम्प्रति इसके महत्त्व को इतने से ही जाना जा सकता है कि यह भारत के साथ-साथ सम्पूर्ण वैश्विक-समाज की दिशा-दशा तय कर रहा है। आज यह सांस्कृतिक समरूपीकरण में अहम भूमिका में जी रहा है। समाज की प्राथमिकताओं और रुचियों को तोड़ने-मरोड़ने में अकूत क्षमता से यह फिलवक्त लैस है। मीडिया तन्त्र की अगली साँस इसकी कृपा पर ही निर्भर हो गयी है। बाजार में अवतरित हुए उत्पाद-पाहुन या अतिथि का परिचय प्रथमतः यह विज्ञापन ही कराता है। साफ शब्दों में, यह नये-नये जन्मे उत्पाद के लिए बाजार तैयार करता है।

अतः समाज के व्यापक तबकों को विभिन्न तरह से प्रभावित करनेवाले विज्ञापनों के लिए यह बेहद आवश्यक है कि वह वास्तविकता की कसौटी पर खरा उतरे। विज्ञापनदाताओं को उक्त महत्त्वपूर्ण तथ्य की अनदेखी अब नहीं करनी चाहिए। उन्हें चाहिए कि विज्ञापन निर्माण की पुरानी भेंड़चाल (वैण्डवेगन इफेक्ट) और झाँसापट्टी (falsity) तथा चालबाजी-धोखेबाजी (Wangler) से बचते हुए विज्ञापन की एक ऐसी नीति-निर्मित करें, जो सर्व स्तुत्य और श्लाघनीय-प्रशंसनीय हो। विज्ञापन को महज मुनाफे का जरिया और माध्यम न बनायें। उन्हें चाहिए कि विज्ञापन-सम्बन्धी ऐसी नीति तैयार करें, जो वैश्वीकरण की मौजूदा प्रक्रिया से पनपी नयी व्यापारिक संस्कृति के अनुकूल हो,—जिसमें उपभोक्ता हित सर्वोच्च हो, जिसमें 'सिविल सोसाइटी' और 'गुड गवर्नेंस' की भावना हो, जिसमें पारदर्शिता और जवाबदेही हो। स्पष्टतः यह कि ये विज्ञापन महज उत्पादक-

उत्पाद हित का ही ढोल पीटनेवाले न हों। ये पूँजीवाद को ढोनेवाली निखालिस शिविका और पालकी ही न बनें। इनके सन्देश उपयोगी और प्रासंगिक होने चाहिए। उपभोक्ता इन विज्ञापनों के फ़कत सामाजिक-सांस्कृतिक शरणार्थी ही न बन जायँ। हिंसा, चीख, रौद्र एवं वीभत्स रूप, अट्टहास, आपराधिक अनुशंसाओंवाले विज्ञापन मीडिया द्वारा न तो प्रस्तुत हों, न ही स्वीकृत किये जायँ। ब्रिटिश विज्ञापनकर्त्ताओं की आचार-संहिता के अनुसार भी नीतिशास्त्र के रूप में यह माना गया है कि विज्ञापनकर्त्ता ऐसा कुछ नहीं लिखेगा या दिखायेगा, जिससे भ्रमपूर्ण स्थिति बनती हो। वस्तु के विषय में अतिशयोक्तिपूर्ण दावे नहीं किये जायेंगे, प्रतियोगी पक्ष की अवमानना नहीं की जायेगी। वस्तु की गारण्टी की घोषणा भी पूरी तरह सोच-समझकर की जायेगी। बच्चों के भोलेपन को प्रभावित करती, अश्लील, हिंसक, आपराधिक पक्ष को बढ़ावा देनेवाली, सामाजिक अशान्ति फैलानेवाली, मान-हानि व धार्मिक विश्वासों को ठेस पहुँचानेवाली विज्ञापन स्थितियों व दावों से बचा जाय।[1]

सम्भवतः इसीलिए डॉ. राजीव रंजन प्रसाद कहते हैं कि पूँजीवाद की मार से आज बच्चे भी नहीं बच पाये हैं। विज्ञापनों में महिलाओं के बाद सर्वाधिक प्रयोग बच्चों का ही हो रहा है। इन्हें जान-बूझकर लक्ष्य बनाया जा रहा है। इसके पीछे की वजहें साफ हैं। पहला तो यह कि इससे बाल मस्तिष्क पर आसानी से प्रभाव छोड़ना सम्भव हो पाता है। दूसरी वजह यह है कि अगर बच्चे किसी खास ब्राण्ड के उत्पाद के उपभोक्ता बन जायँ तो वे उस ब्राण्ड के साथ लम्बे समय तक जुड़े रह सकते हैं। कुछ विज्ञापन तो बच्चों के अंदर हीन भावना भी पैदा कर रहे हैं। बच्चों के मन में यह बात बैठायी जा रही है कि विज्ञापित वस्तु का प्रयोग करना ही आधुनिकता है। अगर वे उसका प्रयोग नहीं करेंगे तो पिछड़े समझे जाएँगे। कुछ विज्ञापनों के जरिये बच्चों की मानसिकता को भी बड़ों के समान बनाने की कुचेष्टा की जा रही है। जान-बूझकर बच्चों से जुड़े विज्ञापनों में सेक्सुअल पुट डाला जा रहा है। ठीक इसी तरह युवा पत्रकार हिमांश शेखर भी तल्ख लहजे में कहते हैं कि आज विज्ञापनों की चकाचौंध द्वारा बचपन को छीन लेने की पूरी तैयारी हो चुकी है, ऐसा लगता है। आज हालत यह है कि बच्चे किसी उत्पाद के लिए नहीं, बल्कि खास ब्राण्ड के उत्पाद के लिए अपने अभिभावकों से जिद्द कर रहे हैं। इस वजह से अभिभावकों को परेशानी उठानी पड़ रही है। यह विज्ञापनों का बढ़ता प्रभाव ही है कि बच्चों में विज्ञापनों में काम करने की ललक भी बढ़ती जा रही है। इसका नकारात्मक प्रभाव उनकी पढ़ाई-लिखाई पर पड़ता है। आज स्थिति यहाँ तक पहुँच गयी है कि अभिभावक भी अपने बच्चे को विज्ञापन फिल्मों में देखना चाह रहे हैं। इसके लिए बाकायदा वे अपने बच्चों को अभिनय का प्रशिक्षण भी दिलवा रहे हैं। इस बुरे चलन से कम उम्र में ही बच्चों के मन में पैसे के प्रति तीव्र आकर्षण पैदा हो रहा है। यह विज्ञापन का एक बड़ा दुष्परिणाम है।

सच तो यह है कि नीति के अनुसार विज्ञापनों में कामोत्तेजक और फूहड़ चित्रों का प्रदर्शन नहीं होना चाहिए। इससे नैतिकता का उल्लंघन होता है। सामाजिक मर्यादा भंग होती है। विज्ञापनों में सिद्धान्त हीनता या अनैतिकता, उसकी भाषा में कपट, मिथ्यावर्णन आदि नैतिकता की मुँह बिरानेवाले कारक होते हैं। खासकर, देह प्रदर्शन तो सीधे-सीधे विज्ञापनीय नीतिशास्त्र का खुल्लमखुल्ला उल्लंघन है। यह अश्लीलता को आमन्त्रित करता है। डॉ. श्रीमती मधु भट्ट ने लगभग तीन दशक पहले इस सम्बन्ध में एक शोध किया था। उनके उस शोध के अनुसार, विज्ञापन में अनैतिकता से शारीरिक, मानसिक और आर्थिक हानि क्रमशः 15.3, 25.3 और 53.3 प्रतिशत होती है। इस तरह के विज्ञापनों में सुधार लाने एवं ऐसे विज्ञापनदाताओं को दण्डित करने का काम आजकल Advertisement Standards Council of India कर रही है। मधु-भट्ट

ने अपने शोध पत्र में नारी-चित्रण पर भी प्रश्न उठाये थे और अपने स्तर पर यह निष्कर्ष निकालने की कोशिश की, कि इससे हमारे सामाजिक मानकों में परिवर्तन आता है। उनके आँकड़े कहते हैं कि 43% लोगों का मत है कि इससे किशोरों पर गलत असर पड़ता है, 30.7% प्रतिशत लोग कहते हैं कि इससे नारी की गरिमामयी प्रतिभा का अन्त होता है और 16.1% लोगों का मानना है कि इससे अश्लीलता का प्रसार होता है।

बक़ौल डॉ. राजीव रंजन प्रसाद हमें यह नहीं भूलना चाहिए कि गलाकाट प्रतिस्पर्द्धा के इस दौर में हर औद्योगिक घराना अपने उत्पाद की **'इन्स्टैट पब्लिसिटी'** चाह रहा है। इस प्रक्रिया में विज्ञापन उपयुक्त जरिया है, जो हजारों-लाखों उपभोक्ताओं के सामने एक साथ किसी वस्तु या उत्पाद की गुणवत्ता, उसके इस्तेमाल के फायदे तथा बाजार में उपलब्धता सम्बन्धी तमाम ब्यौरे प्रस्तुत कर देता है। बहरहाल, सभी जानते हैं, संचार माध्यम समाज की मानसिकता को गहराई से प्रभावित करते हैं। विज्ञापन भी अपनी उसी भूमिका में जीता है। संचार शास्त्री गेर्बनर स्पष्ट संकेत करते हैं कि विज्ञापन के माध्यम से दिखाये जा रहे अनजाने प्रतीक, छवियाँ और सन्देश जनमानस में निरन्तर पैठते जाते हैं। शानदार इमारतें, बहुमूल्य पोशाकें, कीमती खिलौने, चॉकलेट और महँगे विद्युत उपकरणों की इच्छा जगाकर टेलीविजन निर्धन लोगों की मानसिकता से खिलवाड़ करता है। वास्तव में ये प्रस्तुत अयथार्थ दर्शकों/श्रोताओं/पाठकों के मन में चकाचौंध भरे भड़कीले स्वप्नलोक की सृष्टि करता है, जो वास्तविक जगत से परे है।

खुलासा यह कि आजकल विज्ञापन जगत् में विज्ञापन सम्बन्धी सभी मानदण्ड, आदर्श, सीमाएँ टूट रही हैं। डॉ. प्रसाद की बात पुनः स्वीकार करें तो कह सकते हैं कि एक सफल विज्ञापन इन्सान की स्वाभाविक अन्तः वृत्ति यानी उसकी अंदरूनी इच्छा को जगाने का काम करता है। खरीददार या उपभोक्ता को अमुक वस्तु या चीज को लेने के लिए राजी करता है। आजकल उत्पाद को अधिक-से-अधिक आकर्षक और बिकाऊ बनाने के लिए तमाम तरह के उपक्रम रचे जा रहे हैं। विज्ञापन में उत्तेजक देह भाषा और कम नपे पारदर्शी पोशाक के साथ युवतियों को खुद उत्पाद बनाकर बेचना बाजारू चलन का अभिन्न हिस्सा बन चुका है। इस बारे में डॉ. रामशरण जोशी की टिप्पणी गौर तलब है,—"भड़काऊ शारीरिक मुद्राओं के प्रसारण द्वारा ग्राहकों को लुभाने का अर्थ है—विज्ञापित वस्तुओं को बेचना। पूँजीवाद के लिए प्रत्येक चीज 'कमोडिटी' होती है, चाहे वह जैव हो या अजैव, विचार रहे या विज्ञापन। भूमण्डलीकरण के कारण मीडिया में यह प्रवृत्ति अराजक स्थिति तक पहुँचती जा रही है। पूँजीवाद का काम एक यह भी होता है कि पुराने मिथों को तोड़ना और नये मिथों को गढ़ना, इसलिए विज्ञापन माध्यम मोहक जीवन शैलियों का मिथ ऐसे लोगों को परोसता है, जो संक्रमण काल के दौर में हैं, अतीत से मुक्त होकर आधुनिकता में लिप्त होने के लिए छटपटा रहे है। यह अकारण नहीं है कि विज्ञापन सम्बन्धों के रूप एवं स्तर का निर्धारण कर रहे हैं, माता-पिता व संतान और प्रेमी और प्रेमिका के बीच सम्बन्धों का आधार विज्ञापित वस्तुएँ बन रही हैं।

बहरहाल, शोध सर्वे तथा विश्लेषण से ज्ञात सच्चाई से अवगत होने के बावजूद-विज्ञापनों में हिंसा और कामुकतावाले दृश्यों को धड़ल्ले से दिखाया जा रहा है। इस सन्दर्भ में प्रख्यात अमेरिकी अर्थशास्त्री एडवर्ड चैम्बरलिन ने 1933 में ही बाजार के सच को उजागर करती हुई महत्त्वपूर्ण व्याख्या प्रस्तुत की थी। उन्होंने अपनी पुस्तक 'ए थियरी ऑफ मोनोपोलिस्टिक कंपटीशन' में लिखा था,—"वह युग खत्म हो गया, जब हर उत्पाद के ढेरों निर्माता होते थे और उनके बीच घोर प्रतिद्वन्द्विता होती थी। इसकी वजह से प्रत्येक उत्पाद अपनी गुणवत्ता को सुधारने के लिए सक्रिय होता था, ताकि वह ज्यादा-से-ज्यादा ग्राहकों को अपनी ओर आकर्षित कर सके।"

(3) विज्ञापन लोक : अधिनियम तथा आचार संहिताएँ

(क) विज्ञापन के लिए अधिनियम तथा आचार संहिताओं की जरूरत ही क्यों?

जिस प्रकार निजी जीवन से लेकर सार्वजनिक जीवन के लिए कुछ नैतिक मूल्य और मानदण्ड तथा आनुशासनिक शर्तें तय की गयी हैं, ठीक उसी प्रकार प्रिण्ट और इलेक्ट्रॉनिक मीडिया अर्थात् पत्र-पत्रिकाओं तथा रेडियो, फिल्म और दूरदर्शन के विज्ञापनों के लिए भी आचार-संहिताएँ निश्चित की गयी हैं। यदि इन संहिताओं का पालन मुकम्मल रूप में नहीं किया गया तो समाज में अराजकता, उद्दण्डता, अपराध और बिखराव तो पैदा होगा ही, सामाजिक ढाँचा भी हिलस जायेगा। उदाहरण के लिए समाचार-पत्रों, दूरदर्शन, फिल्मों आदि में नारी देह और रक्षित अंग-प्रत्यंग का खुला प्रदर्शन, अश्लीलता, भोग-पिपासा, कामुकता को उभारनेवाली प्रवृत्तियों से चित्र, बलात्कार, छुआछूत, यौनाचार, सामाजिक और नैतिक परम्पराओं को ध्वस्त करनेवाले चित्र, झूठे दावेवाले विज्ञापन, साम्प्रदायिक और जातिगत वैमनस्य पैदा करनेवाले चित्र, किसी पर कीचड़ उछालनेवाली बातें, चरित्रहनन, राष्ट्रीय ध्वज, भारतीय संविधान, राष्ट्रगान और राष्ट्रीय चिह्नों के अपमान से सम्बन्धित विज्ञापन, गाँजा, तम्बाकू, चरस, शराब जैसे नशीले पदार्थों का विज्ञापन दिखाना निषिद्ध है। इन माध्यमों पर वही विज्ञापन दिखाये जा सकते हैं, जिनसे सार्वजनिक जीवन में शुचिता बनी रहे, धार्मिक मान्यताओं को आघात न लगे, जो उपभोक्ता-हितों का सम्पोषक हो, जो दर्शकों और श्रोताओं को अनभल न लगे। सर्वविदित है कि विज्ञापनों की वर्तमान स्थिति इतनी दयनीय हो गयी है कि अब चर्चा विज्ञापनों की नैतिकता की नहीं, बल्कि विज्ञापनों की अश्लीलता की हो रही है। वर्तमान दसक के विज्ञापनों में भारी परिवर्तन हुआ है। इस परिवर्तन से यही आहट मिल रही है कि अब इन विज्ञापनों में कुछ भी अभद्र-अश्लील और बेजां दृश्य दिखाया जा सकता है। विज्ञापनों में स्त्री-छवि और उसकी देह को जिस तरह 'कामुक अपील' बनाकर प्रस्तुत किया जा रहा है, वहाँ विज्ञापन की भारतीय आचार-संहिता उसे टुकुर-टुकुर खामोश हो, चुपचाप, निरुपाय-विवश हो देखने को बाध्य है।

(ख) विज्ञापन सम्बन्धी कुछ महत्त्वपूर्ण अधिनियम—बहरहाल, यदि कोई विज्ञापनकर्त्ता इन शर्तों का उल्लंघन करता है, संहिताओं के अनुपालन में शिथिलता या कोताही बरतता है, तो उसके लिए कुछ कानून, नियम अधिनियम बनाये गये हैं, जिनका प्रयोग उसके विरुद्ध किया जा सकता है। उनमें से कुछ प्रमुख को हम इस प्रकार देख सकते हैं—

(1) कॉपी राइट अधिनियम—1957,

(2) आबकारी अधिनियम—1962,

(3) भारत सुरक्षा अधिनियम—1971,

(4) आवश्यक वस्तु अधिनियम—1955,

(5) भारतीय ठेका अधिनियम—1972,

(6) भारतीय गोपनीयता अधिनियम—1963,

(7) भारतीय दण्ड संहिता—1868,

(8) भारतीय डाकघर अधिनियम—1998,

(9) भारतीय (Telegraph) तार अधिनियम—1885

(10) पेटेण्ट अधिनियम—1970

(11) प्रेस एवं पुस्तक पंजीकरण अधिनियम—1885

(12) प्रेस परिषद् अधिनियम—1978

(13) युवा व्यक्ति (हानिप्रद प्रकाशन) अधिनियम—1956

(14) पुरस्कार प्रतिस्पर्द्धा अधिनियम—1955

(15) पैकेट बन्द वस्तुओं से सम्बन्धित अधिनियम—1976

(16) बाट तथा माप मानक (संशोधन), अधिनियम—1986

(17) बम्बई लॉटरीज अधिनियम—1958

इन सभी के अलावा विदेशी विनिमय रेगुलेशन अधिनियम-विदेशी ब्राण्ड नामों के अनाधिकृत प्रयोग के बारे में है। इसी तरह इण्डियन न्यूज पेपर सोसाइटी (Indian News Paper Society), एडवरटाइजिंग स्टैण्ड्र्डस काउन्सिल ऑफ इण्डिया (Advertising Standards Council of India), डी.ए.वी.पी. तथा एडवरटाइजिंग एजेन्सीज एसोसिएशन (Advertising Agencies Association) आदि ने समाचार-पत्रों, दूरदर्शन तथा आकाशवाणी आदि से सम्बन्धित विज्ञापनों के लिए कुछ अन्य आचार संहिताएँ, यथा-लॉ आफ टार्ट्स, ट्रेडमार्क्स, कॉपीराइट, संविदा कानून, खाद्य तथा पेय सम्बन्धी कानून, मानहानि, किराया, ट्रेड नेम्स, खरीद कानून, डिजाइन कानून बनाये हैं।

(ग) कुछ प्रमुख अधिनियमों को इस प्रकार देखा जा सकता है—

(1) उपभोक्ता संरक्षण अधिनियम 1987—यह अधिनियम उपभोक्ता के हितों को संरक्षित करता है। इसके द्वारा उपभोक्ता की शिकायतों एवं विवादों के निपटारे के लिए उपभोक्ता परिषदों एवं अन्य प्राधिकरणों की स्थापना का प्रावधान किया गया है। इस अधिनियम द्वारा उपभोक्ता के हितों का संरक्षण तो होता ही है साथ ही उसके अधिकारों का सम्वर्द्धन भी होता है जैसे :—

(क) ऐसे उत्पाद के विपणन के विरुद्ध संरक्षित किये जाने का अधिकार जो उपभोक्ता की जिन्दगी और सम्पत्ति के लिए हानिकर है।

(ख) उत्पाद (माल) की गुणवत्ता, मात्रा, क्षमता, शुद्धता और मूल्य आदि के सम्बन्ध में सूचित किये जाने का अधिकार।

(ग) जहाँ सम्भव हो वहाँ प्रतिस्पर्द्धात्मक मूल्यों पर उत्पाद (माल) तक पहुँच का आश्वासन दिये जाने का अधिकार।

(घ) उपभोक्ता की आवाज सुने जाने और उसे आश्वस्त किये जाने का अधिकार कि उसके हितों पर सम्बन्धित मंच पर पूर्णतया विचार किया जायेगा।

(ङ) उपभोक्ता के अनुचित शोषण के विरुद्ध मुआवजा पाने का अधिकार।

(च) उपभोक्ता शिक्षा का अधिकार

उपभोक्ता के इन हितों की सुरक्षा केन्द्र तथा राज्यों में स्थापित 'उपभोक्ता हित सम्वर्द्धन और संरक्षण परिषदों' द्वारा की जायेगी। उपभोक्ता की शिकायतों एवं विवादों के शीघ्र और सरल निपटारे के लिए एक अर्द्धन्यायिक मशीनरी, जिला, राज्य और केन्द्र स्तर पर गठित होगी। ये संस्थाएँ प्राकृतिक-न्याय के सिद्धान्त का पालन करेंगी और निर्दिष्ट प्रकृति का अनुदेश देने के लिए जहाँ तक सम्भव और उचित हो वहाँ उपभोक्ता को मुआवजा दिलवायेंगी। इसके लिए उनको अत्यन्त सशक्त बनाया गया है। ये अर्द्धन्यायिक निकाय जो आदेश जारी करेंगे, उनका पालन न होने की स्थिति में इनको दण्ड देने के अधिकार से सम्पन्न किया गया है।

2. औषधि एवं प्रसाधन सामग्री अधिनियम, 1940—इस अधिनियम का सम्बन्ध औषधि एवं प्रसाधन सामग्री से है। औषधियाँ जो देश में बनती हैं उनकी मानकता, शुद्धता, विक्रय, वितरण एवं नियन्त्रण का कार्य इसमें रखा गया है। ऐसी कोई औषधि या प्रसाधन सामग्री जो उत्तम स्तर की नहीं है, सरकार उसके आयात, उत्पादन एवं वितरण पर रोक लगा सकती है। इस अधिनियम में यह भी प्रावधान किया गया है कि विज्ञापन में सरकारी विश्लेषक की रिपोर्ट का इस्तेमाल नहीं किया जा सकता। ऐसा करने पर दण्ड का प्रावधान इस अधिनियम में किया गया है।

(3) औषधि एवं जादुई इलाज (आपत्तिजनक विज्ञापन अधिनियम) 1954—

इस अधिनियम द्वारा यह व्यवस्था की गयी है कि ऐसे आपत्तिजनक विज्ञापन जिसमें किसी बीमारी के जादुई इलाज का दावा किया गया है, का इस्तेमाल नहीं हो सकता। उस पर पूर्णतया रोक है। यह अधिनियम नीम-हकीमों की ठगी को रोकता है जो भोले-भोले लोगों को हानिप्रद दवाएँ देकर उनके जीवन से खिलवाड़ करते हैं।

4. अश्लीलता चित्रण प्रतिषेध अधिनियम, 1986 या स्त्री अशिष्ट रूपण प्रतिषेध–

(क) यह अधिनियम अशिष्टता एवं अश्लीलता का प्रतिषेध करता है। स्त्री-शरीर-प्रदर्शन के सन्दर्भ में यह अधिनियम विशेष रूप से बनाया गया है। किसी स्त्री की ऐसी आकृति, उसका रूप, शरीर या उसके किसी अंग को इस तरह दिखाना जिससे प्रतिकूल प्रभाव पड़ता हो, स्त्री के लिए असम्मानजनक एवं अपमानकारी हो अथवा उससे व्यक्ति समाज में दुराचार और अनैतिकता फैलने का खतरा हो, प्रतिषेध होगा।

(ख) इस अधिनियम में ऐसे सभी विज्ञापनों-प्रकाशनों पर प्रतिषेध है जिनमें किसी भी रूप में स्त्री-अशिष्ट-चित्र प्रस्तुत किये गये हों।

(ग) यह अधिनियम ऐसी सभी पुस्तकों का प्रतिषेध करेगा जिसमें किसी भी रूप में स्त्री का अशिष्ट चित्रण/प्रस्तुतीकरण हो।

(घ) इस अधिनियम में दण्ड के सम्बन्ध में कहा गया है कि पहली बार दोष सिद्ध हो जाने पर किसी भी तरह का कारावास, जिसकी अवधि दो साल तक हो सकती है और जुर्माना, जो दो हजार तक हो सकेगा, दण्ड दिया जा सकता है। दूसरी बार और उसके बाद दोष सिद्ध होने पर भारी दण्ड का प्रावधान किया गया है।

(5) बाट और माप मानक अधिनियम, 1976—इस अधिनियम द्वारा मानक बाट एवं माप का प्रावधान किया गया है ताकि उपभोक्ता को उसके पैसे की समुचित वस्तु प्राप्त हो सके। अमानक व अशुद्ध बाट व माप प्रणाली का प्रयोग करने पर इस अधिनियम में दण्ड का प्रावधान रखा गया है।

(6) खाद्य अपमिश्रण निवारण (संशोधित) अधिनियम, 1986—खाद्य वस्तुओं में अपमिश्रण की समस्या को देखते हुए यह अधिनियम 1954 में लाया गया। इस अधिनियम में मान्यता प्राप्त उपभोक्ता संगठनों को वस्तु का नमूना लेने और जहाँ अनिवार्य हो वहाँ अभियोजन करने का अधिकार प्रदान नहीं करता लेकिन 1986 के संशोधित अधिनियम में उपभोक्ता भी विहित फीस प्रदान कर लोक विश्लेषक द्वारा विश्लेषण के लिए नमूने ले सकता है। विश्लेषक की रिपोर्ट में यदि किसी प्रकार का अपमिश्रण पाया जाता है तो उपभोक्ता को न्यायालय में कानूनी कार्रवाई करने का अधिकार है। उपभोक्ता संगठन भी खाद्य पदार्थों के नमूने धारा 12 के अधीन ले सकते हैं और यदि ये संगठन खाद्य पदार्थ में किसी प्रकार का अपमिश्रण पाते हैं तो अधिनियम

की धारा 20 के अन्तर्गत विधिक कार्रवाई करने के लिए उनको समर्थ बनाया गया है। इस अधिनियम में मान्यता प्राप्त उपभोक्ता संगठन के पद को स्पष्ट करने की भी व्यवस्था की गयी है ताकि उसे कम्पनी अधिनियम, 1956 या उस समय प्रवृत्त किसी विधि के अधीन पंजीकृत स्वैच्छिक उपभोक्ता संगठन बनाया जा सके।

(7) चिह्न एवं नाम अधिनियम, 1950—इस अधिनियम द्वारा यह प्रावधान किया गया है कि निजी विज्ञापनों में संयुक्त राष्ट्र, संघ, विश्व स्वास्थ्य संगठन, यूनेस्को आदि ऐसे अन्तरराष्ट्रीय संगठनों के नाम एवं चिह्नों का प्रयोग नहीं किया जा सकता। देश में केन्द्रीय सरकार, राज्य सरकार, न्यायालय, राष्ट्रपति, राज्यपाल आदि के नाम व मुहर तथा राष्ट्रीय ध्वज का प्रयोग भी किसी कम्पनी के निजी विज्ञापनों में नहीं किया जा सकता। इस अधिनियम में राष्ट्रीय सम्मान एवं गरिमा के संरक्षण की भी व्यवस्था की गयी है। देश के राष्ट्रीय ध्वज, राष्ट्रगान, राष्ट्रीय चिह्नों तथा संविधान का अपमान करने पर दण्ड की व्यवस्था भी इस अधिनियम में की गयी है।

इस अधिनियम द्वारा आपत्तिजनक और किसी की मानहानिवाला विज्ञापन प्रसारति-प्रकाशित नहीं किया जा सकता। किसी की बदनामी करना, अश्लील पिक्चरों और चरित्र-हनन आदि को भी प्रतिबन्धित किया गया है। इस ऐक्ट में निम्नलिखित प्रकार की औषधियों के विज्ञापन व प्रचार पर प्रतिबन्ध है—

(क) महिलाओं के गर्भपात तथा गर्भधारण का आश्वासन देनेवाली औषधियाँ।

(ख) पुरुषों में 'यौन-शक्ति' की वृद्धि का आश्वासन देनेवाली औषधियाँ।

(ग) महिलाओं में मासिक धर्म से सम्बन्धित रोगों के निदान की औषधियाँ।

(घ) पागलपन, कोढ़, नपुंसकता, मिर्गी सहित 54 रोगों के उपचार की घोषणा करनेवाली औषधियाँ।

(ङ) तन्त्र-मन्त्र, गण्डा, जादुई व अन्य चमत्कारिक तरीकों से विभिन्न प्रकार की बीमारियों की जाँच, निदान, आराम या रोकथाम का आश्वासन।

ऐसे विज्ञापन, जो प्रत्यक्ष रूप से भ्रमित या गुमराह करें तथा औषधि के स्वरूप को गलत परिप्रेक्ष्य में प्रस्तुत करें, इस नियम के अन्तर्गत दण्डनीय हैं। ऐसे भ्रामक व आपत्तिजनक विज्ञापनों के प्रकाशन या प्रसारण में, विज्ञापक के साथ-साथ, प्रकाशक व मुद्रक को भी उत्तरदायी माना जाता है!

उल्लेखनीय है कि उपरोक्त बीमारियों के सन्दर्भ में यदि वैज्ञानिक या सामाजिक दृष्टिकोण से कोई पुस्तक आदि लिखी गयी है तो वह इस कानून की परिधि में नहीं आयेगी। सरकार की पूर्वानुमति पर यदि ऐसा कोई विज्ञापन प्रकाशित होता है तो भी यह कानून प्रभावी नहीं होगा।

8. मानहानि कानून—भारतीय दण्ड संहिता (1860) की धारा 499 के अनुसार, राष्ट्र के प्रत्येक व्यक्ति को अपनी ईमानदारी, यश, प्रतिष्ठा, प्रसिद्धि, मान-सम्मान आदि को सुरक्षित रखने का पूर्ण अधिकार दिया गया है। इस कानून के अनुसार, मानहानि का तात्पर्य यह है, "जब कोई या तो बोले गये या पढ़े जाने योग्य शब्दों द्वारा या संकेतों द्वारा या दृश्य निरूपणों द्वारा किसी व्यक्ति के बारे में कोई लांछन इस आशय से लगता या प्रकाशित करता है कि ऐसे लांछन से व्यक्ति की ख्याति की अपहानि होगी, तो इसे मानहानि करना कहा जाता है।" मानहानि के मामले में, प्रतिवादी (अभियुक्त) पर दीवानी और फौजदारी, दोनों प्रकार के मामले चलाए जा सकते हैं

तथा दो वर्ष की साधारण कैद या जुर्माना अथवा दोनों सजाएँ एक साथ दी जा सकती हैं। इस कानून के अनुसार—

1. किसी मृत व्यक्ति पर कोई आरोप लगाना, मानहानि की श्रेणी में आ सकेगा, यदि वह आरोप उस व्यक्ति के जीवित होने पर उसकी ख्याति में अपहानि करता।

2. यदि मृत व्यक्ति पर लगाये गये आरोपों से उसके निकट सम्बन्धियों की भावनाएँ आहत होती हों तो यह मानहानि होगी।

3. किसी कम्पनी या व्यक्ति समूह के सम्बन्ध में ऐसा आरोप लगाना, जो उनका अपयश करता हो, मानहानि की कोटि में आयेगा।

4. व्यंग्योक्ति के रूप में आरोप लगाना भी मानहानि की कोटि में आ सकेगा।

5. कोई आरोप किसी व्यक्ति की ख्याति की मानहानि करनेवाला नहीं कहा जा सकता जब तक की वह आरोप, दूसरों की दृष्टि में उस व्यक्ति के सदाचार या बौद्धिक स्वरूप को नष्ट न करे या उस व्यक्ति की साख को न गिराये।

6. किसी व्यक्ति पर ऐसा आरोप लगाना जो सत्य हो, उसकी मानहानि नहीं है। विशेष रूप में तब जबकि आरोप का लगाना या प्रकाशित करना, लोकहित में हो।

7. किसी लोकसेवक द्वारा सार्वजनिक कार्य करने के दौरान उसके आचरण या शील के सम्बन्ध में कोई मत प्रकट करना, मानहानि नहीं है लेकिन यह अभिव्यक्ति सद्भावपूर्ण होनी चाहिए।

8. व्यक्ति के नाम का गलत प्रकाशन मानहानि है।

9. व्यक्ति विशेष के चित्र, अनुपयुक्त स्थान पर प्रकाशित करना मानहानि है।

10. किसी जाति विशेष, वर्ग या धर्म पर निन्दाजनक टिप्पणी, मानहानि हो सकती है।

11. किसी की बीमारी, विकृति या दोषों की अनाधिकृत चर्चा मानहानि की कोटि में आ सकती है।

9. कॉपीराइट ऐक्ट, 1957—सन् 1957 में बनाये गये, भारतीय कॉपीराइट कानून में, 1984 में दो महत्त्वपूर्ण संशोधन किये गये। प्रथम संशोधन, इस ऐक्ट में नयी धारा, 19 ए जोड़कर किया गया। इस संशोधित धारा के अनुसार "कोई विवाद यदि हस्तान्तरण प्रलेख या कॉपीराइट के हस्तान्तरण की किसी शर्त के सम्बन्ध में उत्पन्न हो तो कॉपीराइट बोर्ड, विवाद के सम्बन्ध में, किसी भी पक्ष द्वारा शिकायत प्राप्त होने पर और आवश्यक होने पर, जाँच-पड़ताल करने के बाद यदि वह उचित समझे तो ऐसा आदेश दे सकता है जिसमें कॉपीराइट के स्वत्वाधिकारी को हस्तान्तरण प्रलेख को भंग करने की अनुमति का आदेश भी शामिल है। यदि हस्तान्तरण प्रलेख की शर्तें, उसके लिए कड़ी हैं या प्रकाशक ने उसकी पुस्तक के प्रकाशन में अनावश्यक देरी कर दी है तो वह स्वत्वाधिकार के बकाये की रॉयल्टी के प्रमाणपत्र जारी कर सकता है।"

एक अन्य संशोधन के अनुसार निगम संकायों के स्वत्वाधिकारीवाली पुस्तकों के लिए भी, कॉपीराइट की अवधि निर्धारित कर दी गयी है। इसके अनुसार, "ऐसी किसी पुस्तक के विषय में प्रथम प्रकाशन, राजकीय अथवा किसी सम्वैधानिक सार्वजनिक निकाय के द्वारा हो, सरकार अथवा वह सार्वजनिक निकाय, इस कॉपीराइट का स्वत्वाधिकारी माना जायेगा। स्वत्वाधिकार की अवधि, इस अधिनियम के तहत पचास वर्ष की थी, किन्तु 1991 के एक संशोधन आदेश द्वारा इस अवधि को बढ़ाकर साठ वर्ष कर दिया गया है।"

नये संशोधन प्रावधानों के अनुसार, जो वक्ता किसी विषय पर भाषण करता है, वह वक्ता ही उस भाषण के कॉपीराइट का पहला स्वत्वाधिकारी होगा, चाहे उसका भाषण किसी भी संस्था द्वारा आयोजित या प्रायोजित किया गया हो। कॉपीराइट के धारक, वक्ता की आज्ञा या अनुमति के बिना व्याख्यानों या भाषणों के संकलन प्रकाशित करना, कॉपीराइट कानून का उल्लंघन माना जायेगा।

कॉपीराइट कानून का एक अन्य प्रमुख संशोधन, पुस्तकों की चोरी, तस्करी और जालसाजी को रोकने से सम्बन्धित है। इस प्रवृत्ति की रोकथाम के लिए विशेष सजा का प्रावधान किया गया है। इस अपराध के लिये अब 6 माह से 3 साल तक की सजा तथा 50 हजार रुपये से लेकर 2 लाख रुपये तक के जुर्माने की व्यवस्था की गयी है। जालसाजी को अब, हस्तक्षेप योग्य तथा गैर-जमानती अपराध घोषित कर दिया गया है। इसके अतिरिक्त, कॉपीराइट हनन् को अब आर्थिक अपराध भी घोषित कर दिया गया है।

10. किश्त खरीददारी अधिनियम, 1972—अधिनियम के अन्तर्गत् किश्तों में माल की खरीददारी के बारे में कानून व नियम बनाये गये। अतः यदि उत्पादक अपने विज्ञापन में उत्पाद को किश्तों पर बेचने का प्रचार करता है तो इस अधिनियम के अन्तर्गत् वह दण्ड का भागी होगा।

11. उपभोक्ता बन्द वस्तु अधिनियम, 1975—इस अधिनियम के अन्तर्गत् पैक डिब्बों के ऊपर, यह उल्लेखित किया जाता है कि पैक (बन्द) डिब्बों में क्या सामग्री है। इसकी सही व पूर्ण जानकारी देना आवश्यक होता है। लेबल पर उत्पादक का नाम, पता, उत्पादन की तारीख, वजन, कीमत आदि जरूरी है। यदि किसी विज्ञापन के जरिये पैक बन्द वस्तु का विज्ञापन दिया गया है तो विज्ञापन के द्वारा उसके बारे में पूरी जानकारी देनी चाहिए।

12. भारतीय मानक संस्थान अधिनियम, 1952—इस अधिनियम द्वारा उपभोक्ता को घटिया किस्म के उत्पादों से बचाने का प्रयास किया गया है। यदि कोई उपभोक्ता आई.एस.आई. चिह्नित उत्पाद को घटिया किस्म का पाता है तो उसे वापस मुफ्त बदले जाने की व्यवस्था है। घरेलू विद्युत उपकरण (किस्म नियन्त्रण) आदेश 12 नवम्बर, 1981 के अनुसार 40 उपकरण ऐसे निर्धारित किये गये जिनको आई.एस..आई. मार्क विज्ञापित करके बेचता है और उसमें वांछित उपयोगिता प्राप्त न हो अर्थात् वह घटिया किस्म का हो तो इस अधिनियम के अन्तर्गत् कार्यवाही की जा सकती है।

13. आवश्यक उपभोक्ता वस्तु अधिनियम, 1955—इस अधिनियम द्वारा केन्द्र सरकार को अधिकार प्राप्त है कि वह आवश्यक वस्तुओं के उत्पादन पर नियन्त्रण, उचित दर पर सामान वितरण एवं उपलब्धता तथा जमाखोरी पर नियन्त्रण कर सकती है। केन्द्र सरकार खाद्यानों के बढ़ते मूल्य पर नियन्त्रण हेतु आदेश दे सकती है। आदेश के उल्लंघन पर 5 साल के कारावास तथा जुर्माने की व्यवस्था है। 1987 के संशोधन के अनुसार उपभोक्ताओं तथा पंजीकृत एवं ऐच्छिक उपभोक्ता संगठनों को काफी अधिकार दिये गये हैं।

14. सर्वाधिक सुरक्षित अधिनियम, 1958—यह सुरक्षित अधिकार है। इसके अन्तर्गत् किसी व्यक्ति का किसी भी प्रकार का नुकसान होने पर फौजदारी मुकदमा दायर किया जा सकता है एवं हर्जाना वसूल किया जा सकता है।

अतः इसमें किसी भी व्यक्ति या उत्पाद के बारे में गलत प्रचार करने पर उस पर फौजदारी मुकदमा दायर किया जा सकता है।

15. एकाधिकार एवं प्रतिबन्धात्मक व्यापार व्यवहार कानून, 1969—इसमें धारा (क) में अनुचित व्यापार व्यवहार के नाम से उल्लिखित हैं—

एकाधिकार एवं प्रतिबन्धात्मक व्यापार आयोग ने अनुचित व्यापार व्यवहार के सम्बन्ध में उच्च स्तर पर एक "सच्चर समिति" गठित की जिसने अगस्त 1978 में अपनी रिपोर्ट में अनुचित व्यापार व्यवहार के सम्बन्ध में एक विस्तृत सूची की सिफारिश की जिससे कि उपभोक्ता एवं जनता को उत्पाद के बारे में जानकारी प्राप्त हो सके।

सच्चर समिति द्वारा दिये गये सभी सुझाव एकाधिकार एवं प्रतिबन्धात्मक व्यापार आयोग द्वारा स्वीकार किये गये तथा उन्हीं के अनुरूप धारा (क) का निर्माण किया गया जो निम्न प्रकार है—

(स) जहाँ तक सम्भव हो वहाँ प्रतिस्पर्धी मूल्यों पर माल की विभिन्न किस्मों को सुलभ कराये जाने का अधिकार।

(द) अनुचित व्यापारिक व्यवहार या उपभोक्ताओं के अनुचित शोषण के विरुद्ध क्षति-पूर्ति का अधिकार।

(य) सुनवायी तथा आश्वासन का अधिकार कि उपभोक्ताओं के हितों पर समुचित मंचों पर सम्यक् रूप से विचार किया जायेगा।

(र) उपभोक्ता शिक्षा का अधिकार।

इस अधिनियम में केन्द्रीय तथा राज्य स्तरों पर उपभोक्ता संरक्षण परिषदों के गठन की व्यवस्था की गयी है जिनका मुख्य उद्देश्य उपभोक्ता के अधिकारों को बढ़ावा देना तथा उनकी रक्षा करना होगा।

(16) मिथ्यावर्णन विज्ञापन एवं झूठा प्रस्तुतीकरण 36 (क-1)—माल और सेवाओं की पूर्ति के सम्बन्ध में, माल और सेवाओं के उपयोग के सम्बन्ध में झूठा प्रस्तुतीकरण निम्न कहलायेगा—

(क) कि माल विशेष स्तर का, विशेष किस्म का, विशेष श्रेणी का, विशेष वर्ग का, विशेष बनावट का या विशेष नमूने का है के सम्बन्ध में झूठा प्रस्तुतीकरण (1)

(ख) सेवा के सम्बन्ध में कि सेवा का एक विशेष स्तर, विशेष गुण या विशेष वर्ग प्रदान किये जाने के सम्बन्ध में झूठा प्रस्तुतीकरण (1) (2)

(ग) छूट, उपयोग किये हुए माल, पुनः निर्मित माल या पुराने माल को नया बतलाना आदि के सम्बन्ध में झूठा प्रस्तुतीकरण (1) (3)

(घ) माल या सेवा के सम्बन्ध में यह प्रदर्शित करना कि वे प्रायोजित, समर्पित, विशेष कार्य कुशलता लिये या विशेषता लिये हुए हैं जिनके सम्बन्ध में उनके द्वारा कोई अतिरिक्त लाभ नहीं लिया जा रहा है कि सम्बन्ध में झूठा प्रस्तुतीकरण (1) (4)

(य) विक्रेता या पूर्तिकर्त्ता द्वारा माल को प्रयोजित, समर्पित बतलाना, जो कि वास्तव में नहीं हैं (1) (5)

(र) किसी भी माल की आवश्यकता और उसके महत्त्वपूर्ण उपयोगी होने के सम्बन्ध में झूठा एवं मिथ्यावर्णन करना (1) (6)

(ल) उत्पाद या माल के सम्बन्ध में उसके जीवनकाल, कार्य कुशलता के सम्बन्ध में गारण्टी और वारण्टी के सम्बन्ध में झूठा वर्णन करना (1) (7)

(व) जनता के समक्ष इस रूप में प्रस्तुत करना जिसका अर्थ हो—

किसी उत्पाद या माल की गारण्टी या वारण्टी अथवा किसी उत्पाद या उसके भाग को बनाये रखना या मरम्मत करना या बदलने का वचन अथवा किसी सेवा को दुबारा प्रदान करना या जारी रखना जब तक कि वांछित लक्ष्य प्राप्त न हो जाय। इस तरह की कथित गारण्टी या वारण्टी या वचन भौतिक रूप से मिथ्यावर्णित है, अथवा इस बात की कोई सम्भावना नहीं है कि उसको पूरा किया जा सके। (1) (8)

(स) किसी भी उत्पाद के बारे में जनता के समक्ष भौतिक रूप से मिथ्यावर्णन विचार प्रस्तुत करना जैसे किसी उत्पाद की कीमत के बारे में जिस पर उन्हें बेचा जायेगा, के बारे में ऐसा प्रस्तुतीकरण जिसमें यह दर्शाया गया हो कि उक्त उत्पाद इस कीमत पर विक्रेताओं द्वारा निश्चित बाजार में बेचा जा रहा है। ऐसे प्रस्तुतीकरण में यह निश्चित रूप से न बताया जाय कि वह उत्पाद उक्त कीमत पर किस व्यक्ति द्वारा बेचा जा रहा है। (1) (9)

(श) किसी दूसरे व्यक्ति की वस्तु और सेवाओं के बारे में झूठी एवं मिथ्यावर्णित प्रस्तुतीकरण, जिसके द्वारा उस वस्तु या सेवा को क्षति पहुँचे। (1) (10)

17. ललचाना या सौदेबाजी द्वारा विक्रय धारा 36 (क-2)—सट्टा मूल्य पर माल और सेवा की पूर्ति के सम्बन्ध में विज्ञापन देना जोकि वास्तव में विज्ञापन मूल्य पर प्रदान नहीं की जाती है एवं उसका सामान्य बाजार में भी उसी मूल्य पर उपलब्ध होना कठिन है। सट्टा मूल्य वह है—

(अ) एक कीमत जो कि विज्ञापन में किसी सामान्य कीमत का सन्दर्भ लेकर प्रस्तुत की गयी हो।

(ब) एक कीमत जो कि विज्ञापन द्वारा एक व्यक्ति पढ़ता है, सुनता है, देखता है या समझता है, वह सौदेबाजी मूल्य हैं जो कि सामान्यतः बाजार में उस माल के सम्बन्ध में उपलब्ध नहीं हैं।

18. उपभोक्ता संगठनों द्वारा स्वनियमन—बढ़ते हुए उपभोक्तावाद तथा शिक्षा के प्रचार प्रसार तथा कई स्वयं सेवी संस्थाओं एवं सरकार के प्रयासों से आज उपभोक्ताओं में जागरूकता उत्पन्न हुई है। आज प्रत्येक उपभोक्ता उसके द्वारा खरीदे जानेवाले उत्पाद या सेवा की उपयोगिता एवं किस्म तथा साथ ही चुकाये जानेवाले मूल्य आदि के बारे में तुलना एवं मनन करता है।

देश के प्रत्येक प्रान्त में स्थापित उपभोक्ता को खरीदे जानेवाले उत्पाद तथा सेवा से मिलनेवाली उपयोगिता, किस्म, गुण, बनावट के बारे में किसी भी प्रकार का विवाद होने पर उसे हल करने हेतु प्रयास करती है। उपभोक्ता संगठनों के कारण उपभोक्ता अपने अधिकारों को प्राप्त करने के लिए अधिक सक्षम हो गया है।

इसके अतिरिक्त कुछ अन्य संगठन भी उपभोक्ताओं के हितों एवं शिक्षा में कार्यरत हैं। इनमें से कुछ प्रमुख ये हैं—

1. द काउन्सिल ऑफ फेयर बिजनेस प्रैक्टिस
2. कन्ज्यूमर बिजनिस फोरम
3. उपभोक्ता शिक्षा एवं अनुसन्धान केन्द्र, अहमदाबाद

ये संस्थाएँ उपभोक्ताओं को सूचना एवं शिक्षा प्रदान करने में महत्त्वपूर्ण कार्य कर रही हैं। ये संस्थाएँ प्रदर्शनियाँ, सेमिनार, वर्कशॉप आदि आयोजित कर उपभोक्ता को जागरूक एवं शिक्षित कर रही हैं।

विज्ञापन सम्बन्धी आचार-संहिताएँ

(4) आचार-संहिता का अर्थ-आशय—'आ + चर् + घञ्' के मेल से बने 'आचार' शब्द का अर्थ होता है—आचरण, व्यवहार, रीति-रिवाज, प्रचलन, आचरण सम्बन्धी नियमों का अनुपालन—"यस्मिन्देशे य आचारः पारम्पर्यक्रमागतः" तथा 'संहित + टाप्' से निर्मित 'संहिता' का अर्थ होता है—विधि या कानूनों का संग्रह या संकलन। इस तरह से 'आचार संहिता' का अर्थ हुआ—कानूनों का अनुपालन। 'संहिता' को अंग्रेजी में 'Rules' कहते हैं। बहरहाल, परिवर्तन की निर्मम लपेट में धरती की हरवस्तु अपना चेहरा और चरित्र बदलती है, तो विज्ञापन उससे अपने को अछूता कैसे रख सकता है? विज्ञापन का मिशन भाव, सेवा भाव, निर्व्याज हितकारी भाव सब-कुछ काल के चाक पर आते ही बदलकर व्यवसाय भाव के लोभ-लाभ की आँच में पिघलकर 'पैसा कमाऊँ' भाव में बदल गया। विज्ञापन की व्यावसायिक प्रतिस्पर्द्धा और होड़ के इस दौर में उनकी राजस्व नीति बदली है। अब ये शुद्ध रूप से पेशेवरों के हवाले हो गये हैं। सामान्य पाठक की 'इमेज' और 'अवधारणा' इनके प्रति बदली है। कुल मिलाकर सम्प्रति ये कमाऊपन की गिरफ्त में बुरी तरह से जकड़ गये हैं। इनके प्रति विश्वसनीयता का संकट पैदा हुआ है। विज्ञापनों का स्वस्थ रूप विकृत हुआ है। अतः इन्ही सब दुर्गुणों की खरोचों को दूर करने के लिए समय-समय पर विज्ञापनों के लिए आचार-संहिताओं का निर्माण हुआ। जरूरत और गरज के अनुसार समय-समय पर उनमें संशोधन-सुधार भी हुए। उनमें से कुछ को इस प्रकार देखा जा सकता है—

(5) कुछ प्रमुख माध्यमों के लिए आचार-संहिताएँ—

(क) दूरदर्शन हेतु आचार-संहिता (Code of Conduct for Doordarshan)

कल्पना, रंगों, संगीत, दृश्यों आदि का मिला-जुला रूप जब दूरदर्शन के विज्ञापन के रूप में आँखों के सामने आता है तो दर्शक उसके सम्मोहन में कहाँ उतर जाता है, कुछ पता नहीं चलता। आधुनिक समाज में हुए भौतिक विकास व औद्योगिक क्रान्ति ने उत्पादन तन्त्र में व्यापक परिवर्तन ला दिया है। निरन्तर बढ़ती नयी-नयी वस्तुएँ व उत्पाद, इनके पक्षों को नवीनता के साथ प्रस्तुत करते विज्ञापन ऐसे मायाजाल का निर्माण करते हैं कि दर्शक उसमें उलझता ही जाता है, आज आलम यह है कि इच्छाएँ, आवश्यकताओं एवं अनिवार्य जरूरतों में बदल रही हैं। भले ही आवश्यकता हो या नहीं किन्तु दूरदर्शन के रंगीन मायाजाल का आकर्षण विज्ञापन में प्रचारित उत्पाद को दर्शक के मन-मस्तिष्क में प्रविष्ट करा ही देता है। ऐसे में प्रश्न यह उठता है कि क्या अन्धानुकरण की यह प्रवृत्ति उचित है? क्या यह परम्परा हमें स्वस्थ दृष्टिकोण दे रही है? क्या ये पहलू हमें सही रास्ता दिखा रहे हैं? इन प्रश्नों के उत्तर खोजने में हमें आधार रूप में यह भी देखना होगा कि दूरदर्शन का जुड़ाव समाज के वृहत वर्ग से होता है। इसके प्रभाव व्यापक एवं दूरगामी होते हैं। अगर इस माध्यम का प्रयोग सही रूप में नहीं किया गया तो यह माध्यम दृश्य मौखिक व मानसिक प्रदूषण तो उत्पन्न करेगा ही साथ ही एक कभी खत्म न होनेवाले अन्धियारे की ओर भी हमें प्रवृत्त करेगा। इस दृष्टिकोण से दूरदर्शन हेतु आचार-संहिता के विषय में देखें तो हमें निम्नलिखित बिन्दुओं पर ध्यान देना होगा।

1. विज्ञापनों की दृश्यात्मक प्रस्तुति ऐसी हो जिससे सामाजिक सम्प्रभुता को गति मिले।
2. प्रस्तुति में ऐसे तत्त्व हों जिनसे जाति, धर्म, वर्ग के आधार पर वैमनस्य उत्पन्न न हो।
3. ऐसी प्रस्तुतियों से बचा जाय, जिससे भ्रामक एवं अनर्गल प्रचार होता हो। साथ ही यह भी ध्यान रखा जाए कि सामाजिक मर्यादाओं के विपरीत प्रस्तुति न हो।

4. विज्ञापनों में संस्कृति व परम्पराओं के पालन को उचित स्थान मिले।

5. अश्लीलता व उसके पहलुओं पर प्रतिबन्ध हो।

6. प्रस्तुतियों में मूल मानवीय व सामाजिक अधिकारों के प्रति प्रतिबद्धता हो।

7. लोकहित में संस्था व दूरदर्शन को अपने दायित्व वहन हेतु तैयार रहना होगा।

8. दूरदर्शन में निष्पक्षता के साथ सामाजिक चिन्तन एवं प्रखरता को मुखरित किया जाना चाहिए।

9. मिथ्या, दिखावे वाली, अतथ्यात्मक व अपरिष्कृत प्रस्तुतियों से बचना चाहिए।

10. दूरदर्शन विज्ञापन में व्यावसायिक आचरण को व्यक्तिगत स्वार्थ से प्रेरित न होने दे।

11. कानूनी रीति-नीति, संविधान व नीति निर्देशक तत्त्वों का पालना हो।

12. नैतिक मूल्य, राष्ट्रीय चरित्र, लोकहित की गरिमा का निर्वहन हो।

13. आमजन के विचारों व जीवन-मूल्यों को दिशा मिले।

14. राष्ट्रीय चेतना, संस्कृति, साम्प्रदायिक सद्भाव का संवाहक दूरदर्शन बने।

15. मानवीय व सामाजिक प्रतिबद्धताओं का पालन किया जाए।

(ख) रेडियो के निमित्त आचार-संहिता (Code of Conduct for Radio)

गाँव की चौपाल से लेकर शहर के ड्राइंग-रूम तक इसका व्यापक विस्तार है। स्थितियों और उनसे जुड़े व्यापक सन्दर्भों के लिए रेडियो एक वृहद रूप से उपयोगी पक्ष है। रेडियो अपने चमत्कारी स्वरूप व प्रस्तुति के चलते जहाँ न्यूनतम कीमत में अधिकतम तक पहुँचने की क्षमता रखता है वहीं यह एक वृहद वर्ग को अपनी पहुँच से प्रभावित भी करता है। सूचना, सम्पर्क, व्यापकता की त्रिवेणी इस माध्यम से मिलती है। रेडियो जैसे माध्यमों का प्रयोग यदि स्वस्थ स्वरूप में नहीं किया जाए तो यह माध्यम दृश्य, मौखिक व मानसिक प्रदूषण के कई पहलू समाज में उपस्थित कर सकता है। इसी प्रयोजन के चलते इस माध्यम हेतु कई संहिताएँ हैं। कुछ प्रमुख प्रकारों को इस रूप में इंगित किया जा सकता है:—

1. इसके माध्यम से देश व समाज की महत्ता बढ़े।

2. विभिन्न वर्गों, दायरों आदि में आपसी भाईचारा व परस्पर प्रेम की अभिवृद्धि हो।

3. उन प्रस्तुतियों एवं कार्यक्रमों से बचा जाए, जिनके चलते लोकहित की अवहेलना होती है।

4. भारत एक मर्यादा सम्पन्न व संस्कृति समृद्ध देश है। आकाशवाणी के माध्यम से इस क्रम में सकारात्मक पक्षों को बढ़ावा मिलना चाहिए।

5. मानसिक प्रदूषण व अश्लीलता के पक्षों को त्यागना चाहिए।

6. मानवीय अधिकारों एवं न्याय का पालन सुनिश्चित हो।

7. चूँकि यह माध्यम एक साथ एक बहुत बड़े वर्ग की सोच पर प्रभाव डालता है अतः आकाशवाणी को अपने सकारात्मक पक्षों में अभिवृद्धि करनी चाहिए।

8. देश की समृद्ध परम्पराओं, साहित्य, महापुरुषों की गाथाओं आदि का व्यापक प्रचार-प्रसार मिले।

9. व्यावसायिक स्वरूप प्राप्ति के क्रम में आचरण पक्ष का हनन न होने दें।

10. कानूनी रीति-नीति, संविधान व नीति-निर्देश के तत्त्वों के समुचित पालन पर बल दिया जाए।

11. मानवीय व सामाजिक सरोकारों के मुद्दों जैसे पर्यावरण, शिक्षा, चेतना आदि के पहलुओं को विभिन्न कार्यक्रमों में बढ़ावा मिलना चाहिए।

(ग) फिल्म एवं मुद्रित माध्यमों हेतु आचार-संहिता

(Code of Conduct for Fimls & Print Media)

भारतीय समाज में फिल्मों की पहुँच लगभग देश के प्रत्येक तबके में है। ये माध्यम इतने प्रभावी हैं कि इनके माध्यम से प्रस्तुति का व्यापक असर चारों ओर देखने को मिलता है। आज स्वतन्त्रता व उत्तरदायित्व के परिप्रेक्ष्यों को लेकर देखें तो इनके अर्थ बहुत संवेदी एवं महत्त्वपूर्ण हो गये हैं। पूर्व के परिप्रेक्ष्यों को देखें तो हमें ज्ञात होगा कि इन माध्यमों ने सामाजिक, धार्मिक रूढ़ियों, आडम्बरों के खिलाफ निरन्तर संघर्ष किया। लोकहित व लोक-कल्याण को प्राथमिकता दी। इन माध्यमों से भी न केवल जनता शिक्षित हुई बल्कि लोक-जागरण व सच-झूठ की वास्तविकताओं को भी इनके द्वारा सामने लाया गया। राष्ट्रीयता की ओजस्विता सामाजिक सुधार, धार्मिक आडम्बरों के विरुद्ध लोक जागरण के हथियार भी ये माध्यम बने।

ये आज ज्यादा प्रभावी हो गये हैं। आज स्थितियों व समाज में यह बदलाव आया है कि बड़ी-बड़ी हस्तियों, राजनेताओं, प्रसिद्ध व्यक्तियों आदि की निजी जिन्दगी, चटपटी खबरें तथा प्रदर्शन का ये अन्यान्य बनीं। जातिगत व वर्गीय परिप्रेक्ष्य में लेखन व चित्रण से उन विचारधाराओं में बढ़ोतरी हो रही है जिससे वर्ग वैमनस्य को बढ़ावा मिलता है।

उपर्युक्त परिप्रेक्ष्यों को देखते हुए आचार-संहिता के कुछ पहलू निम्नलिखित आकार ले सकते हैं:

1. प्रेस जनमत निर्धारण का प्रमुख साधन है। अतः लोकहित में उसे संस्थान के दायित्व को निभाने के लिए तत्पर रहना चाहिए।

2. इन माध्यमों को अपनी मूल प्रतिबद्धता मानवीय तथा सामाजिक अधिकारों के प्रति रखनी चाहिए। साथ ही व्यवसायगत पवित्रता को भी बनाये रखना चाहिए।

3. जातीय, धार्मिक तथा आर्थिक भेदों से उत्पन्न हुए तनावों का विश्लेषण करते समय निष्पक्षता, सामाजिक चिन्तन तथा भाषा की भद्रता के पालन को सुनिश्चित किया जाना चाहिए।

4. मिथ्या और भड़काऊ तथा अश्लील तथ्यों की प्रस्तुति एवं चित्रण, वास्तविकता को तोड़ना-मरोड़ना, तथ्यों को छिपाने आदि से तात्कालिक लाभ भले ही हो पर इसके दूरगामी परिणाम उपयुक्त नहीं होते हैं।

5. व्यवसायगत गोपनीयता का पालन किया जाना चाहिए।

6. पत्रकारिता व उससे जुड़े परिप्रेक्ष्य स्वार्थों से जुड़े न हों।

7. व्यक्तिगत दबावों व विवादों को इनमें स्थान न मिले।

8. सामग्री प्रस्तुतीकरण में ऐसी विधि को अपनाया जाये, जिसके चलते समाज में नकारात्मक तत्त्वों को बढ़ावा न मिले।

9. सत्य को प्रस्तुत करना व चित्र रूप में उसकी प्रस्तुति जागरण का एक पहलू है, पर अपने निहित उद्देश्यों की पूर्ति के लिए उन्हें सनसनीखेज बना देना अनावश्यक एवं अनुचित है।

10. स्वार्थपूर्ति हेतु किसी को डराने, धमकाने, दबाने के लिए पत्रकारिता को प्रयुक्त किया जाता है तो यह पीत-पत्रकारिता की संज्ञा ले लेता है।

11. इन माध्यमों हेतु प्रस्तुति व चित्रण केवल एक 'पेशा' भर नहीं है। बल्कि एक 'मिशन' है, जो सामाजिक लाभ, मानवता, समरसता, स्वतन्त्रता व सत्य के लिए कटिबद्ध प्रयास है। यही कारण है कि इनकी रक्षा किसी भी कीमत पर की जानी चाहिए।

(घ) एडवरटाइजिंग स्टैण्डर्ड्स काउन्सिल ऑफ इण्डिया व इसकी आचार-संहिता

(ASC & Its Code of Conduct)

एडवरटाइजिंग स्टैण्ड्डर्स काउन्सिल ऑफ इण्डिया विज्ञापनकर्त्ताओं, विज्ञापन एजेन्सियों, समाचार-पत्रों, पत्रिकाओं आदि द्वारा स्थापित की गयी एक संस्था है और इसने जो संहिता बनायी है उसके अनुसार समस्त विज्ञापनकर्त्ताओं से यह अपेक्षा की गयी है कि सभी विज्ञापन गतिविधियाँ एवं उनसे जुड़े पहलुओं में सटीकता, सच्चाई, साफ-सुथरापन और उपभोक्ता हितों के प्रति स्वस्थ दृष्टिकोण हो। अगर ऐसा किसी कारणवश नहीं होता है तो उसके लिए कुछ विशेष मार्गदर्शक बिन्दु तय किये गये हैं, जो इस प्रकार हैं :

1. यह सुनिश्चित किया गया है कि उपभोक्ता को भ्रामक विज्ञापनों के विरुद्ध सुरक्षा मिले। साथ ही उनमें सच्चाई व ईमानदारी के परिप्रेक्ष्य हों।

2. यह स्थापित करने का प्रयास किया गया है कि विज्ञापनों में सेक्स का भोंडा प्रदर्शन नहीं किया गया है और सार्वजनिक शिष्टता के मान्य पहलुओं को अपनाया जा रहा है। साथ ही सामाजिक संस्कृति व मर्यादा की गरिमा का हनन नहीं किया गया है।

3. ऐसी वस्तुओं को, जिनका प्रयोग समाज व व्यक्ति के लिए हानिप्रद है, के लिए विज्ञापनों को प्रतिबन्धित करने का प्रयास हो।

4. यह सुनिश्चित करने का प्रयास किया जाना चाहिए कि विज्ञापन प्रतिस्पर्द्धा में ईमानदारी बरतें, ताकि आम जन सोच-विचार करके अपनी पसन्द व उससे सम्बन्धित उत्पादों का चयन कर सकें।

5. व्यापार हेतु प्रतिस्पर्द्धात्मक वातावरण बनाने का प्रयास करें।

यदि किसी विज्ञापन के विरुद्ध शिकायत है तो वे काउन्सिल को भेजी जा सकती है। प्राप्त शिकायतों के निस्तारण हेतु, काउन्सिल सम्बन्धित विज्ञापनकर्त्ता के विरुद्ध आवश्यक अनुशासनात्मक कार्यवाही करती है। इस प्रयोजन हेतु इसके सदस्यों की समिति अपनी बैठकें आयोजित करती हैं। किसी निष्कर्ष पर पहुँचने हेतु कम-से-कम पाँच सदस्यों की उपस्थिति आवश्यक होती है। प्राप्त शिकायत से सम्बन्धित विज्ञापन व विज्ञापन एजेन्सी को काउन्सिल की ओर से अपना पक्ष प्रस्तुत करने हेतु बुलवाया जाता है। यदि आपत्तियाँ सही पाई जाती हैं तो विज्ञापन वापस लेने से लेकर आगामी समय में प्रसारण हेतु रोक तक के परामर्श दिये जाते हैं। यदि विज्ञापनकर्त्ता ऐसा नहीं करता है तो सम्बन्धित प्रसारण माध्यम से अपील कर विज्ञापन के प्रसारण पर रोक लगवायी जाती है। झूठ, भ्रम, धोखे के पक्षों से सम्बन्धित शिकायतें स्थानीय ग्राहक परिषद् से भी की जा सकती है।

एडवरटाइजिंग काउन्सिल ऑफ इण्डिया का मुख्यालय मुम्बई में है। अपने प्रचार अभियानों में इस संस्थान ने अपने विषय व प्रस्तावों को इंगित करते हुए जो जानकारी प्रस्तुत की है वह इस प्रकार है :

क्या आपको लगता है कि कुछ विज्ञापन आपको धोखा देते प्रतीत हो रहे हैं?

यदि ऐसा है तो आप 'एडवरटाइजिंग स्टैण्डर्ड काउन्सिल ऑफ इण्डिया' से सम्पर्क करें।

अपने विषय में विवरण देने हेतु संस्था का विज्ञापन सन्देश इस प्रकार हैं :

1. यह एक इकाई है, जो विज्ञापनकर्त्ताओं, विज्ञापन एजेसियों, समाचार-पत्रों, पत्रिकाओं व विज्ञापन से जुड़े अन्य व्यक्तियों व संस्थाओं द्वारा निर्मित है।

2. काउन्सिल ने एक विधान निर्मित किया है जो विज्ञापनकर्त्ताओं द्वारा पालन किया जाता है। काउन्सिल यह मानती है कि सभी विज्ञापनदाताओं को उत्तरदायी होना चाहिए, सभी सम्बन्धित पार्टियों हेतु एवं मुख्यतः उपभोक्ता के प्रति।

विधान बनाया गया है कि विज्ञापन में सत्यता, ईमानदारी, उत्तरदायित्व और सटीक दावे हों।

उपरोक्त कोड, अखबार, पत्रिकाओं, दूरदर्शन, आकाशवाणी, सिनेमा, होर्डिंग, पोस्टर आदि में (जहाँ कहीं भी विज्ञापन आता है) प्रभावी होते हैं।

काउन्सिल में विज्ञापन शुचिता को बनाये रखने के लिए दर्शकों, श्रोताओं, उपभोक्ताओं से कुछ अपेक्षाएँ की हैं, वे इस प्रकार हैं :—

1. यदि कोई विज्ञापन गलत दृष्टिकोण प्रस्तुत कर रहा है, बेईमान है और अरुचिप्रद है तो हमें उस बारे में लिखें।

2. आपकी शिकायत एक स्वतन्त्र कन्ज्यूमर कम्प्लेण्ट प्रकोष्ठ को भेजी जायेगी जिसके 14 सदस्यों वाले दल का गठन इस प्रकार होगा :

3. सदस्य, विज्ञापन जगत् के वरिष्ठ कार्यकर्त्ता।

4. यदि शिकायत सही है तो उसे सम्बन्धित विज्ञापनकर्त्ता के पास भेजकर संशोधन या विज्ञापन प्रस्तुति पुनः लेने हेतु निर्दिष्ट किया जायेगा।

उपरोक्त प्रयोजन हेतु ऐसे विज्ञापन की प्रति, फोटो या विस्तृत विवरण सहित शिकायत प्रस्तुत करते हुए संस्था (ए.सी.सी.) को भेजें।

उपरोक्त संस्था के ध्यान में यदि कोई विज्ञापन सम्बन्धी मसला लाया जाता है जिसमें प्रस्तुति, दावे, शब्दावली, परिप्रेक्ष्य या अन्यार्थ रूप में उपभोक्ता-भावना सम्बन्धित शिकायत पर अपनी समिति के माध्यम से विचार-विमर्श करती है।

इस प्रयोजन हेतु सम्बन्धित विज्ञापन के पहलुओं की जाँच की जाती है। दावों को जाँचा-परखा जाता है। प्रस्तुति को देखा जाता है और सम्बन्धित पहलुओं की पड़ताल की जाती है। नकारात्मक या गलत पाए जाने पर संस्था विज्ञानकर्त्ता से उसे प्रस्तुत एवं प्रसारित न करने हेतु परामर्श देती है। सम्बन्धित मीडिया एवं एजेन्सी को आपत्तिजनक तथ्यों से अवगत करवा कर तदनुसार कार्यवाही की जाती है।

भारतीय संविधान में कई विज्ञापनों पर रोक लगायी गयी है। जैसे संक्रामक रोगों, जादुई चमत्कारों और नकली औषधियों का विज्ञापन वर्जित है। वस्तु की प्रमाणिकता के लिए आई.एस.आई. मार्क का विधान किया गया है। यदि कोई कम्पनी विधान इसके नाम से नकली सामान बेचती है तो वह दण्डनीय अपराध है। मिथ्या वर्णन भी वर्जित है। सट्टे द्वारा, उपहारों, पुरस्कारों द्वारा, अश्लील चित्रण द्वारा जो विज्ञापन किये जाते हैं वे विभिन्न धाराओं द्वारा प्रतिबन्धित किये गये हैं। दूरदर्शन, रेडियो तथा भारतीय विज्ञापन प्रमाण अभिकरण ने भी ऐसे कानून बनाये हैं। इस समय देश में अनेक उपभोक्ता फोरम हैं। उन्हें भी दण्डित करने का अधिकार दिया गया है।

इस नीति को अभी और सख्त बनाने की आवश्यकता है। विज्ञापनों द्वारा नारी शक्ति का अपमान हो रहा है। भारतीय समाज में पाश्चात्य प्रभाव बढ़ता जा रहा है। उपभोक्ता के अपने निर्णय में हस्तक्षेप, किया जा रहा है। एक सर्वेक्षण में पाया गया है कि प्रकाशित विज्ञापनों में 93 प्रतिशत झूठ से, 89 प्रतिशत अश्लील थे, अर्थात् किसी-न-किसी रूप में वे शत-प्रतिशत अनैतिक

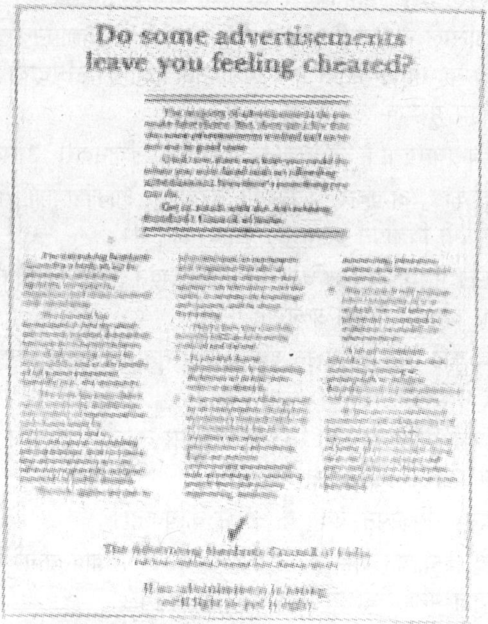

विज्ञापन थे। इसके लिए जहाँ ग्राहकों की आवश्यकता है, वहीं संस्कारी नियमन की भी। प्रथम आवश्यकता यह है कि जारी होने के पहले हर विज्ञापन का सेंसर किया जाय और विज्ञापनदाताओं तथा उत्पादकों को मानवीय, नैतिक मूल्यों का सबक सिखाया जाय।[2]

(ङ) वर्गीज कमेटी (1978) की विज्ञापन सम्बन्धी आचार-संहिता

वर्गीकृत कमेटी की सन् 1978 में प्रस्तुत रिपोर्ट के आधार पर विज्ञापन एजेन्सियों अथवा इससे जुड़े लोगों के लिए कुछ सामान्य नियम और आचार निर्दिष्ट किये गये। दूरदर्शन और आकाशवाणी के व्यावसायिक प्रसारणों और प्रदर्शन पर भी यह नियमावली लागू होती है—

1. विज्ञापन निर्माण में देश के विधि या कानून के दायरे का उल्लंघन नहीं किया जाना चाहिए। विज्ञापन अमर्यादित तथा अशिष्ट नहीं होने चाहिए। धार्मिक उन्माद या प्रभाव को पैदा करनेवाले विज्ञापनों का निर्माण नहीं किया जाना चाहिए।

2. किसी जाति, प्रजाति, व्यक्ति, समुदाय, लिंग, धर्म, मत, पन्थ तथा राष्ट्रीयता का संकेत देने अथवा निन्दा करनेवाले विज्ञापन प्रकाशित अथवा प्रसारित नहीं किये जाने चाहिए। सांप्रदायिक भेदभाव और वैमनस्य को दर्शानेवाले विज्ञापनों की अनुमति नहीं है।

3. जनता में कानूनों के उल्लंघन, अवमानना, हिंसा, अव्यवस्था, अपराध की प्रवृत्ति को उकसानेवाले विज्ञापन नहीं दिये जाने चाहिए।

4. दूसरे राष्ट्रों या राज्यों के साथ मैत्रीपूर्ण सम्बन्धों पर विपरीत प्रभाव डालनेवाले विज्ञापनों का प्रसारण या प्रकाशन नहीं किया जाना चाहिए।

5. राष्ट्रीय चिह्न, प्रतीक, किसी राष्ट्रीय नेता के व्यक्तित्व, राष्ट्रीय या राज्य स्तर की प्रमुख हस्तियों, संविधान के किसी भाग का अपमान या दुरुपयोग करनेवाले विज्ञापन नहीं दिये जाने चाहिए।

6. अपराध को प्रस्तुत करने या उसकी वांछनीयता रखनेवाले अथवा अपराध को स्थापित करनेवाले या अपराध के अनुसरण के लिए जनता को प्रेरित करनेवाले विज्ञापन नहीं दिये जाने चाहिए।

7. अंशतः या पूर्णतः विशिष्ट राजनीतिक अथवा धार्मिक स्वरूप को प्रस्तुत करनेवाले विज्ञापन का प्रकाशन अथवा प्रसारण नहीं होना चाहिए।

8. किसी औद्योगिक विवाद से सम्बन्धित विज्ञापन पर प्रतिबन्ध होना चाहिए।

9. इस नियमावली में कई प्रकार की सेवाओं से सम्बन्धित विज्ञापन स्वीकार्य नहीं किये जाने की बात की गयी है। ये सेवाएँ हैं—

वैवाहिक एजेन्सियों के विज्ञापन।

पैसा उधार देने के विज्ञापन।

चिट-फण्ड या बचत योजना के विज्ञापन (राष्ट्रीयकृत अथवा मान्यता प्राप्त बैंकों द्वारा मान्य बचत योजनाओं को छोड़कर।

गैर-लाइसेन्स प्राप्त रोजगार सेवाओं के विज्ञापन।

मन्त्र, वशीकरण, भविष्यवाणी और सम्मोहन विद्या से जुड़े विज्ञापन।

हिंसा, अपराध और चीखोंवाले विज्ञापन।

चमत्कारी इलाज का दावा करनेवाले विज्ञापन।

किसी फॉर्मूले, नुस्खे और गाइड बुक आदि से सम्बन्धित विज्ञापन।

घुड़सवारी अथवा किस्मत के खेल से सम्बन्धित विज्ञापन।

10 हानिकारक उत्पाद—सिगरेट एवं तम्बाकू—के विज्ञापन प्रकाशित या प्रसारित नहीं किये जाने चाहिए।

11. विज्ञापन की प्रतियोगिता में ईमानदारीपूर्वक बरताव को प्रोत्साहित करने के लिए आचार-संहिता में कहा गया है कि विज्ञापन में किसी अन्य उत्पाद या पैसा के सन्दर्भ में आपत्तिजनक या विरोधपूर्ण बात नहीं कही जानी चाहिए।

12. जो विज्ञापन विज्ञापित उत्पाद की विशिष्टता या योग्यता को स्थापित करने में अक्षम हों उसे प्रकाशित या प्रमाणित नहीं किया जाना चाहिए।

13. विज्ञापन के अन्तर्गत वैज्ञानिक अथवा सांख्यिकी उदाहरण का समावेश इस रूप में होना चाहिए जो आम आदमी की समझ में आ जाए और जो दायित्वबोध की भावना को जगाये। किसी उत्पाद के दावे के लिए अप्रासंगिक आँकड़ों तथा आधुनिक वैज्ञानिक शब्दावली का उपयोग भी विज्ञापन में नहीं किया जाना चाहिए।

14. विज्ञापन में प्रस्तुत प्रमाण-पत्र बिलकुल उचित और सही होना चाहिए, न कि उपभोक्ताओं में दिग्भ्रमित करने वाला विज्ञापन। एजेन्सी द्वारा अपने विज्ञापन में साक्ष्य या उत्पाद को प्रमाण-पत्र के साथ प्रस्तुत किया जाना चाहिए।

15. स्त्री-पुरुष का भेद प्रदर्शित करनेवाले तथा नारी की प्रतिष्ठा को धक्का पहुँचानेवाले विज्ञापन प्रकाशित नहीं किये जाने चाहिए।

16. विज्ञापन द्वारा दर्शकों अथवा श्रोताओं को गुमराह नहीं किया जाना चाहिए। विज्ञापन को किसी 'कॉपी राइट' की संविदा को तोड़ने या नियम भंग करने से बचना चाहिए।

17. विज्ञापन में वस्तु का वास्तविक एवं तुलनात्मक मूल्य दृश्य तथा मौखिक, दोनों रूप में सही होना चाहिए। इसे अनावश्यक रूप से उभारकर या तोड़-मरोड़कर उपभोक्ताओं को गुमराह करने की कोशिश नहीं की जानी चाहिए।

'संचार माध्यम' शीर्षक से प्रकाशित अपने एक लेख में भावना राजेश्वरी ने भारत की 'एडवरटाइजिंग स्टैण्डर्ड अथॉरिटी' का जिक्र किया है, जिसने विज्ञापन प्रणाली के आत्मनियमन की एक पूरी संहिता ही बना रखी है, जिसके अनुसार 'विज्ञापन' करना विक्रेता का एक कानूनी अधिकार है, जिसके माध्यम से वह उपभोक्ता के मन में अपने उत्पादनों के प्रति रुचि और उत्सुकता जगाता है। विज्ञापन की सफलता जनता के विश्वास पर निर्भर होती है, इसलिए ऐसे किसी प्रचार को सहन नहीं किया जा सकता, जिससे विश्वास खण्डित होता है। इस संहिता में इस तरह का उल्लेख भी किया गया है कि विज्ञापित वस्तुओं की बाबत किसी ऐसे ठोस दावे को रखा जा सकता है जिसमें उपभोक्ता गुमराह हो जाए। इसके अलावा संहिता में विज्ञापन के अन्तर्गत् अश्लीलता, भोंड़ेपन और अरुचिकर तथा अमर्यादित चित्रों तथा दृश्यों के प्रयोग को गलत बताया है।[3]

(च) डॉ. अशोक महाजन द्वारा निर्दिष्ट विज्ञापन सम्बन्धी कुछ प्रमुख शर्तें तथा आचार संहिताएँ—(1) विज्ञापनों की संरचना इस प्रकार की जायेगी कि वह देश के कानूनों के अनुसार और जनता की धार्मिक मान्यताओं, विशेषताओं और नैतिकता को आघात न पहुँचाती हो, (2) कोई ऐसा विज्ञापन प्रसारित/टेलीकास्ट नहीं किया जायेगा जो किसी जाति, व्यक्ति, रंग और राष्ट्रीयता की निन्दा करता हो, जो भारत के संविधान में दी गयी किसी व्यवस्था के प्रतिकूल हो, जो लोगों को अपराध, हिंसा या दंगों के लिए उकसानेवाला हो, जो दूसरे देशों से मैत्री सम्बन्धों को प्रभावित करता हो, जो राष्ट्रीय चिह्न या राष्ट्रीय प्रतीक या राष्ट्रीय नेता के व्यक्तित्व का दुरुपयोग करता हो, जिसका सम्बन्ध सिगरेट, तम्बाकू, मदिरा और दूसरी नशीली वस्तुओं के सेवन से हो। ऐसे विज्ञापनों की अनुमति नहीं दी जायेगी, जो नारी प्रतिष्ठा को आघात पहुँचाए, ऐसे विज्ञापन, जिसमें नारी और पुरुष के बीच भेदभाव को उपचार किया गया हो, स्वीकार नहीं किया जाता। विज्ञापनों में नारी के रूप को शिष्ट, सभ्य और मर्यादित ढंग से प्रदर्शित किया जाना चाहिए, (3) धर्म या राजनीति से सम्बन्धित विज्ञापन स्वीकार नहीं किये जायेंगे, (4) कोई विज्ञापन सन्देश समाचार के रूप में प्रस्तुत नहीं किया जायेगा। इसके अलावा निम्न विषयों और सेवाओं से सम्बन्धित विज्ञापन स्वीकार नहीं किये जायेंगे, यथा—(1) चिट/फण्ड कर्जदाताओं के विज्ञापन, (2) राज्य और केन्द्रीय सरकार की संस्थाएँ, राष्ट्रीयकृत बैंकों और सार्वजनिक क्षेत्रों के संस्थानों की बचत और लॉटरी योजनाओं को छोड़कर अन्य सभी बचत एवं लाटरी योजनाएँ, (3) शादी-ब्याह करानेवाली एजेन्सियों के विज्ञापन, (4) गैर लाइसेंस प्राप्त रोजगार सेवाओं के विज्ञापन, (5) भविष्यवाणियों और सम्मोहन का दावा आदि करनेवाले विज्ञापन, (6) विदेशी बैंकों और विदेशी वस्तुओं के विज्ञापन, (7) घुड़-दौड़, किस्मत के खेल आदि जैसे विज्ञापन, (8) किसी बुराई या कमी से ग्रसित विज्ञापन, (9) जादुई इलाज का दावा करनेवाले विज्ञापन, (10) ऐसे विज्ञापन, जो दोहरा मतलब निकालते हों, जो गुमराह करते हों, जिनमें बे-बुनियाद दावे किये जाते हों, (11) विज्ञापन में दूसरे निर्माता के उत्पादकों या सेवाओं के बारे में कुछ भी अपमानजनक नहीं कहा जायेगा। विज्ञापन में सदाचार और प्रामाणिकता आवश्यक है। जहाँ मूल्य-तुलनाएँ की जानी हैं,

वे सम्बन्धित कानून के अनुसार होनी चाहिए, (12) हिंसा, चीखों, रौद्र, अट्ठहास, अपराध आदिवाले विज्ञापनों को स्वीकार नहीं किया जायेगा, (13) ऐसे विज्ञापन, जो बच्चों पर बुरा असर डालते हों, या या बच्चों में हीनता पैदा करते हों, या बच्चों को समाज-विरोधी या खराब आदतों के लिए उकसाते हों और जिनसे बच्चों की सुरक्षा को खतरा पैदा होता है, स्वीकार्य नहीं होंगे, (14) ऐसे विज्ञापन, जिनमें दूसरे विज्ञापन की नकल आती है या जिनमें तथ्यों को तोड़-मरोड़कर पेश किया जाता है, प्रकाशन के लिए स्वीकार नहीं किये जाते हैं।

(छ) डॉ. विजय कुलश्रेष्ठ के अनुसार—भारतीय विज्ञापनों के लिए आचार-संहिता–

उक्त आचार संहिताओं के समानान्तर भारत में स्थित 'एडवरटाइजिंग काउन्सिल ऑफ इण्डिया' ने विज्ञापनों के लिये निम्नलिखित आदर्श बिन्दु निर्धारित किये हैं—

(1) विज्ञापनों का डिजाइन इस प्रकार तैयार किया जाये कि देश के कानूनों के लिए अनुकूल तो हो ही, साथ ही नैतिक, सौन्दर्यपरक तथा धार्मिक संवेदनाओं के भी अनुरूप हो।

(2) ऐसे विज्ञापनों को जिससे मानहानि या असम्मान की भावना के प्रदर्शित होने की सम्भावना हो, अनुमति नहीं देनी चाहिए।

(3) आम जनता के अंधविश्वासों का लाभ लेकर निजी स्वार्थपूर्ति के लिए विज्ञापनों का प्रकाशन नहीं किया जाना चाहिए।

(4) विज्ञापन में सतही एवं सत्य को तोड़-मरोड़कर तथा गुमराह करनेवाले तथ्यों पर प्रतिबन्ध लगाना चाहिए। झूठे वक्तव्यों द्वारा उपभोक्ताओं को गुमराह नहीं किया जाए।

(5) विज्ञापनों में ऐसे अतिरिक्त दावे नहीं हों, जिनसे जनता के मध्य निश्चित रूप से निराशा पनपे।

(6) विज्ञापन इस प्रकार नहीं किये गये हों जिनसे उपभोक्ताओं के मन में एक ही वस्तु जो दो अलग-अलग निर्माताओं ने निर्मित की है के सथ किसी प्रकार का संशय पैदा हो।

(7) विज्ञापनों में वस्तुओं की योग्यता के आधार पर जनता का सद्भाव अथवा विश्वास उत्पन्न करने का प्रयत्न हो। अन्य प्रतिस्पर्द्धावाली वस्तुओं अथवा कम्पनियों से प्रत्यक्ष तुलना की अनुमति किसी परिस्थिति में भी न दी जाये।

(8) अश्लील, भद्दी, उत्तेजक, घृणास्पद तथा आक्रामक विषयवस्तु से विज्ञापनों को दूर रखना उचित है।

(9) दी गयी राशि के पुनः भुगतान का आश्वासन विज्ञापन में नहीं देना चाहिए।

(10) विज्ञापनों अथवा ट्रेड मार्क्स में (सरकारी संस्थाओं के अतिरिक्त) राष्ट्रीय चिह्नों का प्रयोग कानूनी वर्जित है।

(11) बिना अनुमति के महात्मा गाँधी, भारत के राष्ट्रपति, उपराष्ट्रपति व प्रधानमन्त्री के चित्रों का प्रयोग वर्जित है। यह नियम उन पुस्तकों, फिल्मों या अन्य चीजों पर लागू नहीं होता जिनमें इनका व्यक्तित्व मुख्य विषय होता है।

निष्कर्ष रूप में यह कहा जा सकता है कि विज्ञापक और विज्ञापन संस्थानों को निश्चित ही आचार- संहिता का पालन इस प्रकार से करना आवश्यक है जिससे 'लोकहित' सुरक्षित रहे और प्रचलित समस्त कानूनों और सामाजिक नियमों का पालन भी हो सके तथा इस प्रकार के विज्ञापन पत्र-पत्रिकाओं में प्रकाशित न किये जायें जिनसे अनावश्यक रूप से युवा पीढ़ी में विकृतियों की वृद्धि की सम्भावना हो या उनके मानस पर बुरा प्रभाव पड़ता हो। विज्ञापन व्यवसाय के विस्तार

एवं विकास के लिए आचार- संहिता की परिपालना ही सर्वाधिक व्यावहारिक पक्ष है तथा इसमें किसी भी प्रकार की शिथिलता नहीं होनी चाहिए। जहाँ तक नारी अंगों के प्रदर्शन का प्रश्न है, वहाँ भी पत्र-पत्रिकाओं को यह आचार- संहिता पालन करना अनिवार्य है कि भले ही व्यक्तिगत स्वतन्त्रता के अधिकार पर कोई नारी या मॉडल अपने अर्धनग्न या नग्न चित्र तैयार कराने के लिये तत्पर हो, परन्तु लोकहितार्थ ऐसे चित्रों का प्रकाशन सामाजिक स्वास्थ्य की दृष्टि से उपयुक्त नहीं है।

(6) आचार संहिताओं के तोड़ने पर शिकायत के लिए विज्ञापन-काउन्सिल (विज्ञापन-परिषद्) का गठन—विज्ञापन, व्यवसाय के रूप में प्रतिष्ठित व्यवसाय है और उसका आधार उत्पाद या विज्ञापक और उपभोक्ता होते हैं। यदि उपभोक्ता न हो तो विज्ञापन की कल्पना तक नहीं की जा सकती। विविध कानूनों में यह बात निर्दिष्ट की गयी है कि किन-किन क्षेत्रों में अतिशयता वर्जित है। यह सही भी है कि उत्पादक या विज्ञापक को अनुशासित करने के लिए सरकारी कानून आदि हैं, लेकिन कानून की अनुपालना न करके अपने लाभ के अवसर जुटाये जाने में उत्पादक अग्रसर रहते हैं। ऐसी स्थिति में सत्ता या सरकार का नियन्त्रण अधूरा ही रह जाता है। अतः एक अराजकीय अथवा अशासकीय नियन्त्रक संस्था की आवश्यकता अनुभव की गयी जिसका गठन 'द एडवरटाइजिंग स्टैण्डर्ड्स काउन्सिल ऑफ इण्डिया' (अस्कॉई) नाम से किया गया है।

इस संस्था का उद्देश्य उपभोक्ता को झूठे, भ्रामक और अरुचिकर विज्ञापनों से बचाना है। इस काउन्सिल के माध्यम से उपभोक्ता को अपना अधिकार पाने के लिए इतना करना है कि कोई भी झूठा, भ्रामक या अरुचिकर विज्ञापन देखकर चुप न बैठें बल्कि काउन्सिल को तुरन्त लिखें। ऐसे विज्ञापन कहीं भी दृष्टिगत हो सकते हैं। ऐसे विज्ञापनों की 'कटिंग' या 'फोटो' सम्पूर्ण विवरण आदि सहित काउन्सिल को भेजना अनिवार्य है। यही नहीं, यदि किसी विज्ञापन से उपभोक्ता या दर्शक या पाठक की भावनाओं को ठेस पहुँचती है तो उसे तुरन्त ही काउन्सिल के मुम्बई कार्यालय में लिखित शिकायत करनी उचित है। इसमें शक नहीं कि सरकार की ओर से भी उपभोक्ता संरक्षण समितियों की स्थापना की गयी है, जिनका प्रमुख न्यायाधीश होता है और उसके सहयोगियों में वकील, पत्रकार, उपभोक्ता, जागृति समिति के सदस्य तथा समाजसेवी व्यक्ति होते हैं। इस प्रकार की समिति में अधिक मूल्य लेने, बिल न देने तथा कम तौल आदि विषयक शिकायतें सुनी जाती हैं। इसके साथ मिलावट और समयावधि बीत जाने पर बेची गयी खाद्य-सामग्री, दवाओं आदि की शिकायतें भी की जाती हैं। ऐसी स्थिति में उपभोक्ता को भी विज्ञापित दावों के प्रति सचेत रहकर उसके निम्न स्तर की वस्तु विक्रय की जाने की शिकायत तुरन्त अपनी निकटतम उपभोक्ता संरक्षण समिति को कर देनी चाहिए।[4]

कुल मिलाकर, अगर कोई विज्ञापनकर्त्ता आचार-संहिता का उल्लंघन करता है या विज्ञापन आचार-संहिता के अनुकूल नहीं है, तो उसकी शिकायत उक्त संस्था में की जा सकती है। दोषी पाए जाने पर काउन्सिल विज्ञापनकर्त्ता के विरुद्ध कार्यवाही करती है, जिससे उपभोक्ता के अधिकारों को संरक्षण प्राप्त होता है। इस काउन्सिल को की गयी शिकायत की जाँच उपभोक्ता शिकायत समिति करती है, जिसमें 12 सदस्य होते हैं। इसमें विज्ञापन व्यवसाय से सम्बन्धित 4 सदस्य तथा 8 सदस्य अन्य व्यवसायों जैसे—पत्रकारिता, चिकित्सा, शिक्षा, इन्जीनियरिंग आदि से सम्बन्धित होते हैं। इस समिति की बैठक में 5 सदस्यों का उपस्थित होना अनिवार्य होता है। शिकायत प्राप्त होने पर समिति, सम्बन्धित विज्ञापनकर्त्ता या विज्ञापन एजेन्सी, जिसके विरुद्ध शिकायत की गयी है—को बुलाकर जाँच पड़ताल करती है तथा शिकायत को उचित पाए जाने

पर सम्बन्धित विज्ञापनकर्त्ता को विज्ञापन का प्रसारण नहीं करने को कहा जाता है। अगर विज्ञापनकर्त्ता परिषद् के निर्देश को नहीं मानता है तो यह परिषद् सभी एजेन्सियों, समाचार-पत्रों, पत्र-पत्रिकाओं एवं अन्य विज्ञापन माध्यमों को ऐसे विज्ञापनों को प्रसारित करने के लिए नहीं कहती है और विज्ञापन के प्रसारण को बन्द किया जाता है। इस संस्था का मुख्यालय मुम्बई, महाराष्ट्र में है, जिसकी वेबसाइट W.W.W.ascion line. org है।[5]

(7) कुछ पाश्चात्य राष्ट्रों में विज्ञापन सम्बन्धी आचार-संहिताओं का अनुदर्शन—

विज्ञापनों का आरम्भ पाश्चात्य जगत् से माना जाता है। सबसे पहले यूनान में इसके सूत्र मिलते हैं तथा विज्ञापन का लिखित प्रमाण ब्रिटिश संग्रहालय में रखा गया मिश्र का विज्ञापन है। भारत वर्ष में आधुनिक विज्ञापन का आरम्भ प्रेस या मुद्रण कला के विकास से होता है, वैसे लोक-परम्पराओं में उसके अनूठे प्रयोग मिल जाते हैं। पाश्चात्य जगत में विज्ञापन सम्बन्धी आचार-संहिता का उल्लेख ब्रिटिश विज्ञापनकर्त्ताओं से मिलता है, क्योंकि उनके अनुसार विज्ञापनकर्त्ता ऐसा कुछ नहीं लिखेगा या दिखायेगा जिससे भ्रमपूर्ण स्थिति बने। ब्रिटिश विज्ञापनकर्त्ता यह भी स्वीकार कर चुके थे कि विज्ञापित वस्तु के विषय में अतिशयोक्तिपूर्ण दावे नहीं किये जायेंगे और न विज्ञापन में कुछ ऐसा होना चाहिए जो प्रतियोगी संस्था की तथा किसी अन्य की अवमानना करता हो।

विभिन्न पाश्चात्य राष्ट्रों में विज्ञापन सम्बन्धी आचार-संहिताओं का प्रचलन रहा है।

(1) ब्रिटिश विज्ञापन संस्थान की आचार-संहिता—ब्रिटिश विज्ञापन संस्थाओं की आचार-संहिता के प्रमुख बिन्दु निम्नलिखित हैं—

(1) विज्ञापक या संस्थान ऐसा कुछ नहीं लिखेगा व दिखायेगा जिससे स्थिति भ्रमपूर्ण बनती हो।

(2) वस्तु या उत्पाद के विषय में अतिशयोक्ति पूर्ण दावे नहीं किये जायेंगे।

(3) विज्ञापन में ऐसा कुछ भी नहीं होगा जो प्रतियोगी संस्थाओं की अवमानना करता हो।

(4) किसी वस्तु की गारण्टी की घोषणा पूरी गम्भीरता से सोच-समझकर की जाये।

(5) विज्ञापन में किसी प्रकार की अश्लीलता नहीं होनी चाहिए।

(6) विज्ञापन ऐसा न हो जो बच्चों के भोलेपन को भ्रमित करे।

(7) विज्ञापन में हत्या, आतंक तथा हिंसा के दृश्य न दिखाये जायें।

(8) विज्ञापन में ऐसा कुछ भी नहीं होना चाहिए जो अपराध बढ़ाने में सहायक हों।

(9) विज्ञापन में विदेशी लोगों की अवमानना नहीं होनी चाहिए और वे ऐसे भी न हों कि उनसे सामाजिक अशान्ति को बढ़ावा मिले।

(10) विज्ञापन किसी की व्यक्तिगत मानहानि करनेवाला या धार्मिक विश्वासों को ठेस पहुँचाने वाला नहीं होना चाहिए।

(11) विज्ञापन में किसी गम्भीर बीमारी के इलाज की गारण्टी भी नहीं होनी चाहिए।

(12) महिलाओं के उपयोग की चीजों, शक्ति के ह्रास, गंजेपन के इलाज आदि का गारण्टी के साथ दावा विज्ञापन में नहीं किया जाना चाहिए।

(2) अमेरिकन विज्ञापन एजेन्सी संघ की आचार संहिता

विज्ञापन के लिए यह आवश्यक है कि जनता को वस्तुओं या सेवाओं के विषय में जानकारी दे और विश्वासयुक्त हो। संघ के अनुसार अग्रलिखित आचार-संहिता का पालन निम्न प्रकार किया जाना चाहिए—

(1) किसी भी माध्यम से किये गये विज्ञापन पर यह दायित्व आता है कि वह जनता की रुचियों तथा उनके हितों का खयाल रखे।

(2) विज्ञापनकर्त्ताओं का यह दायित्व है कि वे बहुमत के परम्परागत हितों की अनदेखी न करें और अल्पसंख्यकों के हितों का भी सम्मान करें।

(3) विज्ञापन में झूठे या भ्रामक दावे न किये जायँ।

(4) मूल्य सम्बन्धी ऐसे दावे न किये जाएं जो भ्रमपूर्ण हों।

(5) विज्ञापन में सार्वजनिक शालीनता को भंग करनेवाली बातों या व्यंजनाओं का प्रयोग न किया जाए।

(6) घटिया रुचिवाले विज्ञापन प्रसारित न किये जाएं।

(7) द्विअर्थी (श्लेष) भाषा का प्रयोग भी नहीं होना चाहिए जिसका व्यंजित अर्थ वर्जित कार्यों के क्षेत्र में आता है।

(8) होर्डिंग लगाते समय पार्क, ऐतिहासिक स्मारक या प्राकृतिक सौन्दर्य को अवरुद्ध नहीं किया जाना चाहिए। शहरों में अनुमति प्राप्त स्थानों पर ही और ग्रामीण क्षेत्रों में सड़क के किनारे भी स्वीकृत और पट्टा लिये गये क्षेत्र में ही होर्डिंग लगाये जायँ।

(9) होर्डिंग सुरुचि की अवमानना नहीं करते हों।

(10) विज्ञापन पूरी तरह सच्चाई और उच्च नैतिक मानदण्डों के अनुसार हों।

उपर्युक्त दोनों आचार संहिताएँ कुछ बिन्दुओं पर समानता रखती हैं।

सन्दर्भ

1. राजर्षि टण्डन मुक्त विश्वविद्यालय की पत्रिका—सं. डॉ. अर्जुन तिवारी, पृ.60
2. साभार, राजर्षि टण्डन मुक्त विश्वविद्यालय की पत्रिका—सं.डॉ. अर्जुन तिवारी, पृ.71-71
3. विज्ञापन की दुनिया—डॉ. कुमुद शर्मा, पृ. 144 से साभार।
4. विज्ञापन : सिद्धान्त और प्रयोग—डॉ. विजय, कुलश्रेष्ठ, पृष्ठ.90
5. विज्ञापन : तकनीक एवं सिद्धान्त नरेन्द्र सिंह यादव, पृष्ठ.288

अध्याय-7

विज्ञापन के अन्तर्सम्बन्ध तथा परस्पर अन्तर

(1) विज्ञापन (Advertisement) तथा प्रचार (Propaganda)–

विज्ञापन और बाजार एक-दूसरे से अनुस्यूत होते हैं। दोनों में अन्योन्याश्रित सम्बन्ध होता है। बाजार में उत्पादित अथवा निर्मित वस्तु की माँग में वृद्धि विज्ञापन द्वारा ही गति पकड़ती है। साफ शब्दों में बाजार के लिए विज्ञापन बेहद सक्रिय और रचनात्मक भूमिका में जीता है। यह खोजी पत्रकार की तरह अनथक श्रम और चेष्टा कर अपनी खुपिया आँख और जागरूक दृष्टि से सोते उपभोक्ताओं को जगाकर उन्हें बाजार जाने के लिए प्रेरित करता है। शिथिल, सुस्त, ढील, उदासीन और मन्द बाजार को सक्रिय करता है।

इधर प्रचार (Propaganda) भी बाजार के लिए विज्ञापन की ही भूमिका में जीता है। प्रचार का लक्ष्य भी वस्तु का विज्ञापन ही है। यह भी बाजार की गति को सक्रिय करता है। बाजार में आमद नयी वस्तु की जानकारी उपभोक्ताओं को देता है, वस्तु-वितरण में क्षिप्रता लाता है, बाजार की श्रेष्ठ वस्तु की खरीद के लिए उपभोक्ताओं को प्रोत्साहित करता है। यह भी किसी उत्पाद के विषय में फैली भ्रान्ति, भय, ग़लतफहमी को दूर कर ग्राहक को उचित, प्रामाणिक तथा ठोस जानकारी देता है। विक्रय की बाधाओं को दूर करने में मदद करता है।

किन्तु लक्ष्यों के एक होने के बावजूद दोनों में प्रक्रियागत बुनियादी अन्तर है। वस्तुतः प्रचार में वस्तु की जानकारी व्यक्तिगत स्तर पर दी जाती है। किसी वस्तु का प्रचार-प्रसार अधिकांशतः निजी स्तर पर पुरुषों द्वारा किया जाता है। साफ-शब्दों में, वस्तु का प्रचार-प्रसार कोई एक ईकाई ही करती है, जब कि विज्ञापन में ऐसा नहीं है। विज्ञापन के तमाम तामझाम हैं, अंग-प्रत्यंग, साधन-संसाधन हैं। अतः यह तय है कि विज्ञापन माध्यम में वस्तु का प्रचार-प्रसार जहाँ विस्तृत फलक और दायरे में होगा, वहीं प्रचार (Propaganda) के द्वारा सीमित-संकुचित सीमा में, जब कि दोनों का लक्ष्य विक्रय में वृद्धि करना ही होता है। अन्तर केवल सकल और समूह का है। प्रचार व्यक्ति प्रधान होता है, जब कि विज्ञापन के ढेरों माध्यम यथा—पत्र-पत्रिकाएँ, दूरदर्शन, रेडियो, फिल्म, वीडियो आदि होते हैं। कुल मिलाकर यह कि लक्ष्य एक होने के बावजूद दोनों की पद्धति, ढंग और ढब में फासला होता है। एक का दायरा अत्यन्त सीमित तो दूसरे का अति विस्तृत। कुल मिलाकर डॉ. मुकेश अग्रवाल[1]की बात मानें तो—

(1) विज्ञापन सदैव प्रायोजित होता है, जब कि प्रचार गैर-प्रायोजित,

(2) विज्ञापक विज्ञापन के लिए शुल्क का भुगतान करता है परन्तु प्रचार व्यक्ति अथवा किसी माध्यम द्वारा स्वेच्छया किया जाता है,

(3) विज्ञापन द्वारा विज्ञापक की पहचान की जा सकती है, प्रचार में यह सम्भव नहीं है,

(4) विज्ञापन प्रायः अनुकूल प्रभाव उत्पन्न करता है, परन्तु प्रचार प्रतिकूल प्रभाव भी उत्पन्न कर सकता है,

(5) विज्ञापन में विज्ञापक वस्तु के गुणों का बढ़ा-चढ़ाकर वर्णन करता है। इधर, प्रचार प्रायः सत्य एवं तथ्यों पर आधारित होता है,

(6) विज्ञापन सदैव अव्यक्तिगत होता है, प्रचार व्यक्तिगत भी हो सकता है।

(2) प्रकाशन (Publicity) तथा प्रचार (Propaganda)—उत्पादों के प्रचार-प्रसार के लिए विज्ञापन की तरह प्रकाशन तथा प्रचार विधि का भी प्रयोग किया जाता है। कुछ लोग प्रकाशन तथा प्रचार—इन दोनों को एक ही समझ लेते हैं, जब कि इन दोनों में कई स्तरों पर सूक्ष्म और बारीक अन्तर है। वस्तुतः इन दोनों की विधि, कार्य-प्रणाली और स्वभाव में काफी अन्तर होता है। उत्पाद के प्रचार-प्रसार के एक ही उद्देश्य और लक्ष्य को लेकर जीनेवाले इन दोनों की पृष्ठभूमि लगभग समानधर्मा होते हुए भी इन दोनों में कुछ बुनियादी अन्तर होता है। प्रचार में गल्प-गप्पबाजी को जहाँ महत्त्व दिया जाता है, वहीं इसकी तुलना में प्रकाशन फरेब बयानबाजी और अतिशयोक्तिपूर्ण तथ्यों से प्रायः दूर रहता है। तथ्यों की सच्चाई की अनदेखी कर यहाँ किसी वस्तु या उत्पाद को बढ़ा-चढ़ाकर प्रस्तुत नहीं किया जाता।

प्रकाशन का क्षेत्र प्रचार की तुलना में सीमित-संकुचित होता है। साफ शब्दों में, प्रचार का दायरा बहुत व्यापक होता है। अगली महत्त्वपूर्ण बात यह कि प्रचार के विभिन्न रूपों-प्रकारों को प्रकाशन के भीतर सन्निहित तो किया जा सकता है, पर सभी प्रकाशनों को प्रचार नहीं माना जाता। प्रचार की तुलना में प्रकाशन के प्रति जनसामान्य की धारणा जहाँ संयमित-सुन्दर होती है, वहीं प्रचार बहुत बड़े यश को प्राप्त नहीं कर पाता, क्योंकि किसी वस्तु या उत्पाद के विरुद्ध गन्दी मुहिम, शिकायत या बदनाम करने का माध्यम यह 'प्रचार' ही होता है, जब कि इसके सापेक्ष प्रकाशन का मूल लक्ष्य शुद्ध, सात्त्विक और जनकल्याणकारी होता है।

(3) विज्ञापन (Advertisement) तथा प्रकाशन (Publicity)—विज्ञापन तथा विक्रय में निकटतम सम्बन्ध होता है। अमूमन मीडिया में विज्ञापित वस्तु को देखकर ही उपभोक्ता उसकी खरीद के लिए उचित स्थान पर जाता है। विज्ञापन की यही लीला है। वह ग्राहकों के मन में वस्तु के प्रति ध्यानाकर्षित (Attraction Attention) करता है, रुचि जाग्रत (Awakening Interest) करता है, इच्छा उत्पन्न (Creating Desire) करता है तथा अन्त में अपने उद्देश्य को प्राप्त (Getting Action) करता है। कुल मिलाकर ग्राहकों की इच्छाओं तथा प्रवृत्तियों को अपनी ओर आकर्षित करना ही विज्ञापन का मूल लक्ष्य होता है।

इधर, प्रकाशन का लक्ष्य भी वस्तु की अधिक-से-अधिक खरीददारी करवाना होता है। उद्देश्य के स्तर पर तो विज्ञापन और प्रकाशन दोनों एक हैं। अतः इसलिए कुछ लोग स्थूल रूप से दोनों को एक-दूसरे का पर्याय मान लेते हैं। पर, वास्तविकता यह है कि इनमें कुछ सूक्ष्म अन्तर होता है। यह अन्तर प्रक्रियागत होता है। दरअसल, विज्ञापन की तुलना में प्रकाशन विधि, से किसी वस्तु को पाठकों के समक्ष बेहद वैज्ञानिक और शिष्ट-संयत ढंग से परोसा जाता है। सूचनाएँ मनोवैज्ञानिक असर पैदा करनेवाली होती हैं। यहाँ कोई तड़क-भड़क और दन्द-फन्द नहीं। प्रकाशन विधि में वस्तुएँ बेहद खामोशी से प्रचारित की जाती हैं। यहाँ उत्पादों का प्रचार बेहद विश्वसनीय रूप में क्रेता के समक्ष पहुँचता है। यह अलग तथ्य, है कि क्रेता उससे कितना प्रभावित होता है। बहरहाल, विज्ञापन और प्रकाशन के बीच के अन्तर को और अधिक स्पष्ट तथा सम्यक् समझ के लिए वाणिज्य-विषय के मूर्द्धन्य विद्वान् डॉ. आर. सी. अग्रवाल[2] के निम्न कथन को इस प्रकार देखा जा सकता है,—

विज्ञापन तथा प्रकाशन में अन्तर

क्रम संख्या	अन्तर का आधार	विज्ञापन	प्रकाशन
1	नाम	विज्ञापन में विज्ञापन देनेवाले का नाम स्पष्ट रूप में दिया गया होता है।	प्रकाशन में प्रकाशन करनेवाले का नाम नहीं होता।
2	उद्देश्य	विज्ञापन का उद्देश्य लोगों में वस्तु खरीदने के लिए, इच्छा जाग्रत करना तथा विक्रय में वृद्धि करना होता है।	प्रकाशन का उद्देश्य जन साधारण तक अपने विचारों को पहुँचाना होता है, चाहे वे उससे सहमत हों या नहीं।
3	स्थान	विज्ञापन स्पष्ट रूप से अखबारों, पत्रिकाओं व विज्ञापन के अन्य माध्यमों में दिया रहता है।	प्रकाशन समाचार-पत्रों के खानों, सम्पादकीयों व मनोरंजन के खानों में दिया रहता है।
4	सच्चाई	विज्ञापन में प्रायः प्रकाशन की तुलना में कम सच्चाई पायी जाती है।	प्रकाशन में विज्ञापन की तुलना में अधिक सच्चाई होती है।
5	व्यय	विज्ञापन का व्यय विज्ञापक को सहना पड़ता है।	प्रकाशन का व्यय प्रकाशक को सहना नहीं पड़ता। यह निःशुल्क होता है।
6	पाठकगण	विज्ञापन को कम मात्रा में लोग पढ़ते हैं।	प्रकाशन को लोग सामान्य रूप से पढ़ते हैं।
7	व्यक्तिगत अथवा अव्यक्तिगत	विज्ञापन सदैव अव्यक्तिगत होता है	प्रकाशन अव्यक्तिगत तथा व्यक्तिगत दोनों प्रकार का हो सकता है

(4) विज्ञापन (Advertisement) तथा विक्रय कला (Salemanship)—विक्रय भी बाजार की एक महत्त्वपूर्ण ताकत है। इसका भी एक छोर बाजार को स्पर्शकर उसे गति देता है। विज्ञापन वस्तु के प्रति जहाँ आकर्षण पैदा करता है, विक्रय कला के जरिये उस वस्तु का समाधान-निदान प्रस्तुत किया जाता है। सवाल है, आखिर विक्रय कला का अर्थ क्या होता है? दरअसल, विक्रय कला 'विक्रय' तथा 'कला'—इन दो शब्दों के मेल-संयोग से बना है, जहाँ विक्रय का अर्थ होता है—जब विक्रेता किसी प्रतिफल (consideration) के बदले अपनी सेवा या वस्तु का हस्तान्तरण उस मूल्यदाता अर्थात् क्रेता को करता है, तो वह विक्रय कहलाता है और 'कला' का अर्थ होता है—किसी निश्चित युक्ति द्वारा किसी निश्चित उद्देश्य को प्राप्त करना।

वस्तुतः विक्रय कला भी विज्ञापन की तरह वाणिज्य का आधार है, बाजार की शक्ति है। विद्वानों ने सम्मानपूर्वक इसके साथ 'कला' (Art) और 'विज्ञान' (Science) शब्दों का

इस्तेमाल किया है। इसका भी लक्ष्य क्रेता तथा विक्रेता दोनों के पारस्परिक लाभ व स्थायी सन्तोष के लिए वस्तुओं व सेवाओं का विक्रय करना है। यह कला ग्राहक और विक्रेता के बीच परस्पर सम्बन्धों को जोड़ती है। विज्ञापन बाजार की वस्तुओं के महज प्रचार-प्रसार में जहाँ सहायक होता है, विक्रय कला वहीं ग्राहकों की समस्याओं का निवारण भी करती है। ग्राहक समस्याओं, शंकाओं के निदान के बाद बाजार की ओर चलता है, परिणाम होता है—वस्तु की माँग बढ़ती है, बिक्री में इजाफा होता है।

कुल मिलाकर विज्ञापन और विक्रय कला—इन दोनों में निकटता होते हुए भी कुछ-न-कुछ दूरी होती है। विज्ञापन वस्तु के प्रति ग्राहकों में आकर्षण पैदा कर उन्हें बाजार ले जाता है, दुकान तक पहुँचाता है। पर, यहाँ यह सवाल पैदा होता है कि क्या ग्राहक के दुकान पर आने से ही व्यापारी के लक्ष्यों की पूर्ति हो गयी? जब तक माल की बिक्री नहीं हुई, क्या विज्ञापन का लक्ष्य पूरा हो गया? दरअसल, कहते हैं कि जहाँ विज्ञापन की भूमिका समाप्त होती है, विक्रय कला की भूमिका वहीं शुरू होती है। विज्ञापन, जहाँ किसी क्रेता की जिज्ञासा को शांत करने में अक्षम-असमर्थ होता है, विक्रय-कला में समस्त जिज्ञासाओं के उपशमन की क्षमता होती है। विज्ञापन में किसी ग्राहक से निजी स्तर पर सम्बन्ध-स्थापन जरूरी होता है। बहरहाल, दोनों में प्रक्रियागत अन्तर भले ही हो, लेकिन लक्ष्य एक ही होता है।

(5) विज्ञापन (Advertisement) और उत्पाद (Product)—साधारण रूप में साकार व स्पर्शनीय वस्तुएँ जो तैयार की जाती हैं उत्पाद कहलाते हैं। वृहद् रूप में स्पर्शनीय व अस्पर्शनीय भौतिक वस्तुएँ एवं सेवाएँ जो इच्छाओं और आवश्यकताओं को पूरा करने के लिए बाजार में प्रस्तुत की जाती हैं, उत्पाद कहलाती हैं। विपणन मिश्रण में उत्पाद सबसे महत्त्वपूर्ण तत्त्व होता है। उत्पाद केवल आकृतियों का संकलन न होकर उपयोगिताओं का गट्ठर (Bundle of Value) होता है जो उपभोक्ता की अपेक्षाओं और आवश्यकताओं को पूरा करता है इसलिए किसी भी विज्ञापन योजना में उत्पाद को प्राथमिकता दी जाती है। व्यापार में सफलता का मार्ग केवल अच्छा उत्पाद ही है। किसी भी उत्पाद के विक्रय की सफलता सिर्फ विज्ञापन द्वारा ही नहीं मिलती बल्कि इसमें उत्पाद (वस्तु) का अच्छा होना भी आवश्यक है। यदि निर्माता का उत्पाद आकर्षक एवं अच्छी गुणवत्ता वाला है तो उसे विज्ञापन पर कम खर्च करने पर भी सफलता मिल सकती है और अगर यह अच्छी गुणवत्तावाला नहीं है तो निर्माता विज्ञापन पर अधिक खर्च करके भी व्यापार में सफलता प्राप्त नहीं कर सकता है। कम गुणवत्तावाले उत्पाद पर अधिक खर्च करने पर उसकी प्रारम्भिक बिक्री तो हो सकती है लेकिन सफलता उपभोक्ता की सन्तुष्टि पर ही निर्भर करती है। अच्छी वस्तु की माँग हमेशा बाजार में बनी रहती है जिसे विज्ञापन द्वारा और बढ़ाया जा सकता है, जो व्यवसाय के लिए आवश्यक है। व्यापार में सफलता के लिए विज्ञापन के साथ-साथ उत्पाद में गुणवत्ता का होना नितान्त आवश्यक है। आकर्षक और अच्छी गुणवत्तावाला उत्पाद ही उपभोक्ता के दिमाग में ब्राण्ड छवि बनाता है। यदि उपभोक्ता ब्राण्ड नाम और उत्पाद के उपयोग से होनेवाले लाभ के बारे में जानता है तो उस उत्पाद को बेचना आसान होता है। एक अच्छी प्रभावशाली विज्ञापन योजना में पैकेजिंग, ट्रेडमार्क एवं उत्पाद की भौतिक व आत्मिक विशेषताएँ, जैसे—उसका स्वाद,

रंग, भार, स्टाइल, डिजाइन एवं सुगन्ध आदि भी महत्त्वपूर्ण तत्त्व होते हैं। उत्पाद का पैकेज, ब्राण्ड नाम, (व्यापारिक चिह्न) व्यापार की विशेषताएँ और पैकेज के लेबल आदि भी उत्पाद के स्थायित्व को प्रभावित करते हैं।[3]

(6) विज्ञापन एवं जनसम्पर्क—जनसम्पर्क उपकरण के रूप में विज्ञापन का अपना विशेष महत्त्व है। विज्ञापन वाणिज्यिक एवं व्यावसायिक क्षेत्र का ऐसा अंग है जो प्रतिष्ठान के प्रति जनमत निर्माण करने में अहम् भूमिका निभाते हैं। बाजार में किसी भी विज्ञापन का प्रयोग विचारों को बेचने, उत्पादों तथा प्रायोजकों की पहचान के लिए किया जाता है। इसके द्वारा उत्पादों की आकृति, मूल्य, ग्राहकों को उस उत्पाद से लाभ आदि की जानकारी दी जाती है। वर्तमान समय में औद्योगीकरण के विकास के साथ-साथ विज्ञापन की उपयोगिता बढ़ी है। यह प्रचार माध्यम का ही सशक्त रूप है जो व्यावसायिक एवं औद्योगिक क्षेत्रों में उसकी निरन्तरता, उत्पादन की जानकारी देने, माँग बढ़ाने, नवीन उत्पादों को उपभोक्ताओं तक ले जाने, बिक्री बढ़ाने एवं प्रतिष्ठान के प्रति ग्राहकों/उपभोक्ताओं की रुचि एवं विश्वास पैदा करने में सहायक सिद्ध होता है। विज्ञापन निम्न माध्यमों द्वारा प्रकाशित एवं प्रसारित किये जाते हैं—

(7) विज्ञापन, मुद्रित माध्यम एवं जनसम्पर्क–जनसम्पर्क के लिए विज्ञापन एक महत्त्वपूर्ण उद्देश्यों में से है। जनसम्पर्क विज्ञापन को किसी उत्पाद के विज्ञापन में प्रयोग किया जाता है। कभी-कभी इसका उद्देश्य कम्पनी के उत्पादों की बिक्री या उत्पादों के रेंज की बिक्री करवाना होता है। विज्ञापन के लिए मुद्रित माध्यम महत्त्वपूर्ण भूमिका अदा करता है। समाचार-पत्र, पत्रिकाओं द्वारा प्रकाशित किसी भी विज्ञापन से उसकी स्पष्टता झलकती है। समाचार-पत्र प्राचीन माध्यम होने के साथ-साथ एक विश्वसनीय माध्यम है। इनमें विज्ञापनों को प्रकाशित करना अन्य माध्यमों की अपेक्षा कम खर्चीला होता है।

(8) विज्ञापन, टेलीविजन एवं जनसम्पर्क–दूरदर्शन तथा केबल नेटवर्कों के विभिन्न कार्यक्रम एवं धारावाहिक, जनसम्पर्क विज्ञापन की ही उपलब्धि है। यह एक प्रभावशाली माध्यम है। देश में इसका विस्तार व विकास अन्य माध्यमों की अपेक्षा सर्वाधिक तीव्र गति से हो रहा है। टेलीविजन के माध्यम से प्रसारित विज्ञापनों के द्वारा जनता का परिवर्तित व्यवहार स्पष्ट-रूप से देखने को मिल रहा है। इस परिवर्तित व्यवहार से नये विचारों की उत्पत्ति स्पष्ट परिलक्षित हो रही है। यह काफी तेज गति से ब्राण्ड की स्थिति और उत्पाद की बिक्री में परिवर्तन लाता है। यह दर्शकों पर अधिक प्रभावशाली असर छोड़ता है। दर्शकों द्वारा किसी भी उत्पाद की रुचि-अरुचि का पता इससे अत्यंत आसान हो गया है।

(9) विज्ञापन, रेडियो एवं जनसम्पर्क–रेडियो भी सन्देश प्रसारण का परोक्ष माध्यम है। किसी भी उत्पाद की पहचान कराने का यह एक अच्छा माध्यम है। रेडियो के लिए विज्ञापन बनाते समय बोले गये शब्दों एवं वाक्यों पर विशेष ध्यान देना होता है। रेडियो का मुख्य लक्ष्य जानकारी, शिक्षा एवं मनोरंजन, जनसम्पर्क की विविध कार्यप्रणालियों से सम्बन्धित है। भारत जैसे विकासशील राष्ट्र जहाँ अधिकांश जनता गाँवों में रहती है, रेडियो एक ऐसा माध्यम है जिसका प्रचार-प्रसार गाँवों तक है। इसके माध्यम से विज्ञापन को आसानी से जनता तक पहुँचाया जा सकता है। इसमें भाषा स्पष्ट व आसान होना आवश्यक है ताकि यह अपनी प्रभावोत्पादकता कायम रख सके।[4]

(10) विज्ञापन (Advertisemet) तथा विक्रय-संवर्द्धन (Sales Promotion)—

क्रम संख्या	अन्तर का आधार	विज्ञापन	विक्रय-सम्बर्द्धन
1.	उद्देश्य	विज्ञापन का उद्देश्य जन-समूह को सामूहिक रूप से वस्तु के प्रति आकर्षित करके व्यक्तिगत विक्रय को सफल बनाना है।	विक्रय सम्वर्द्धन का उद्देश्य विज्ञापन एवं व्यक्तिगत विक्रय के बीच की खाईं को पाटना है और उन्हें अधिक प्रभावशाली बनाना है।
2.	नियन्त्रण	केवल प्रत्यक्ष डाक द्वारा विज्ञापन को छोड़कर विज्ञापनों के अन्य सभी माध्यमों का नियन्त्रण अन्य संस्थाओं के हाथों में रहता है।	विक्रय सम्वर्द्धन का नियन्त्रण स्वयं व्यवसायी के हाथों में होता है।
3.	दैनिक गतिविधि आवश्यकता	विज्ञापन को व्यवसाय की दैनिक गतिविधियों में सम्मिलित किया जाता है।	विक्रय-सम्वर्द्धन को व्यवसाय की दैनिक गतिविधियों में सम्मिलित नहीं किया जाता, यह विशिष्ट अथवा अनियमित गतिविधि है।
4.	भौगोलिक क्षेत्र	आधुनिक युग में विज्ञापन प्रत्येक संस्था के लिए परम आवश्यक है।	किसी संस्था के लिए विक्रय-सम्वर्द्धन का प्रयोग करना आधुनिक युग में इतना आवश्यक नहीं है।
5.	ग्राहकों से सम्बन्ध	भौगोलिक क्षेत्र की दृष्टि से विज्ञापन का क्षेत्र अधिक विस्तृत होता है।	भौगोलिक क्षेत्र की दृष्टि से विक्रय-संबर्द्धन का क्षेत्र विज्ञापन की तुलना में कम विस्तृत होता है।
6.	शिक्षा प्रद सहायता	विज्ञापन के माध्यम से ग्राहकों से प्रत्यक्ष सम्बन्ध स्थापित नहीं हो पाता।	विक्रय-सम्वर्द्धन के माध्यम से ग्राहकों के साथ प्रत्यक्ष सम्बन्ध स्थापित हो जाता है।
7.	विक्रय कार्य	विज्ञापन शिक्षाप्रद है। यह हजारों उपभोक्ताओं को एक साथ शिक्षा प्रदान करता है।	विक्रय-सम्वर्द्धन अ अपने ही व्यक्तियों को शिक्षित करके एवं अपनी ही विक्रय शक्ति को प्रोत्साहित करने का कार्य करता है
8.	भूमिका	विज्ञापन वैयक्तिक विक्रय में सहायता करता है।	विक्रय-सम्बर्द्धन विज्ञापन तथा वैयक्तिक विक्रय दोनों में सहायता करता है।
9.		विज्ञापन वस्तुओं की ओर ग्राहकों को आकर्षित करता अथवा खींचता है।	विक्रय-संवर्द्धन ग्राहकों की ओर वस्तुओं को धकेलता है।
10.		विज्ञापन विक्रय के क्षेत्र में महत्त्वपूर्ण भूमिका निभाता है।	यह सहायक भूमिका निभाता है।[5]

(11) विज्ञापन (Advertisement) और पत्रकारिता (Jonrnalism)—समाचार-पत्रों में विज्ञापन अन्य साधनों की तुलना में सबसे ज्यादा महत्त्वपूर्ण स्थान रखता है। विज्ञापन का आधे से ज्यादा भाग इसी माध्यम पर खर्च होता है। यद्यपि विज्ञापन के अन्य साधनों जैसे—बाह्य प्रचार, फिल्म, प्रत्यक्ष डाक तथा पैम्फलेट, पोस्टर तथा खिड़कियों पर प्रदर्शन, मुफ्त में वस्तुएँ बाँटकर विज्ञापन, विज्ञापन विभाग आदि द्वारा भी वस्तुओं एवं सेवाओं के विक्रय की कोशिश की जाती है, किन्तु समाचार-पत्रों में विज्ञापन को सबसे ज्यादा प्रभावशाली समझा जाता है। समाचार-पत्र की कोई भी प्रति उठाकर देखें, उसमें न जाने कितने प्रकार के विज्ञापन नजर आयेंगे। उपभोक्ता को सम्बोधित, किये जानेवाले विज्ञापन या तो उत्पादक के द्वारा दिये जाते हैं या फुटकर विक्रेता के द्वारा या दोनों के द्वारा। उत्पादनों के विज्ञापनों में खाद्य-पदार्थों, पेय-पदार्थों, तम्बाकू से सम्बन्धित वस्तुएँ, ईंधन एवं प्रकाश, घरेलू उपयोग की सामग्री, कपड़े, साबुन, दवाइयों, वाहनों तथा अन्य विविध प्रकार की वस्तुओं आदि का प्रचार किया जाता है। फुटकर फर्नीचर विक्रेता, दर्जी, दवा-विक्रेता, सुनार, चश्मा बनाने वाले, विभागीय भण्डार, डॉक द्वारा बिक्री करनेवाले, होटल तथा रेस्टोरेन्ट तथा अन्य फुटकर-विक्रेता होते हैं। समाचार-पत्रों में विज्ञापन की विविधता देखने के लिए किसी भी बड़े दैनिक का कोई भी एक अंक पर्याप्त होगा। यदि विविधता में और भी विविधता देखनी हो तो विभिन्न प्रकार के विज्ञापनों को देखना होगा। विज्ञापित खाद्य एवं पेय पदार्थों में क्रीम, चटनियाँ, बिस्कुट से लेकर, कोकाकोला, गोल्ड स्पॉट, सोस्पों तक होते हैं। सौन्दर्य प्रसाधनों में तथा रोजमर्रा की विभिन्न वस्तुओं—साबुन, ब्लेड, टूथपेस्ट, टूथ पाउडर, बालों, जूतों और कपड़ों के लिए ब्रश, बालों का तेल, क्रीम और शैम्पू, कारों, बसों, ट्रकों, साइकिल, टायर, फाउन्टपेन, कैमरा, फिल्म, टार्च आदि के विज्ञापन समाचार-पत्रों में नजर आयेंगे। स्पष्टतः यह कि समाचार-पत्रों में इतनी अधिक वस्तुओं और सेवाओं के विज्ञापन छपते हैं कि उनकी एक पूर्ण सूची बना पाना असम्भव है।[6]

(12) समाचार-पत्र विज्ञापन (Newspaper Ad.) तथा पत्रिका विज्ञापन (Magazine Advertising)—

क्र.सं.	अन्तर का आधार	समाचार-पत्र द्वारा विज्ञापन	पत्रिका द्वारा विज्ञापन
1.	क्षेत्र	समाचार-पत्रों का क्षेत्र अत्यन्त विस्तृत होता है।	पत्रिकाओं का क्षेत्र अपेक्षाकृत कम होता है।
2.	प्रकाशन	समाचार-पत्रों में सन्देश का शीघ्र प्रकाशन सम्भव होता है।	पत्रिकाओं में सन्देश का प्रकाशन एक निश्चित समय के पश्चात् ही सम्भव है।
3.	पहुँच	समाचार-पत्रों की पहुँच समाज के सभी वर्गों तक होती है।	पत्रिकाओं की पहुँच एक विशिष्ट वर्ग के व्यक्तियों तक ही होती है।
4.	प्रकाशन स्तर	समाचार-पत्रों का स्तर अपेक्षाकृत निम्न कोटि का होता है।	पत्रिकाओं का प्रकाशन स्तर बहुत अच्छा एवं आकर्षक होता है।
5.	जीवन	समाचार-पत्रों का जीवन अत्यन्त अल्प होता है।	पत्रिकाओं का जीवन अपेक्षाकृत लम्बा होता है।
6.	उपयुक्तता	समाचार-पत्र सभी प्रकार के सन्देशों के लिए उपयुक्त होते हैं।	पत्रिकाएँ विशेष प्रकार के सन्देशों के लिए अधिक उपयुक्त होती हैं।

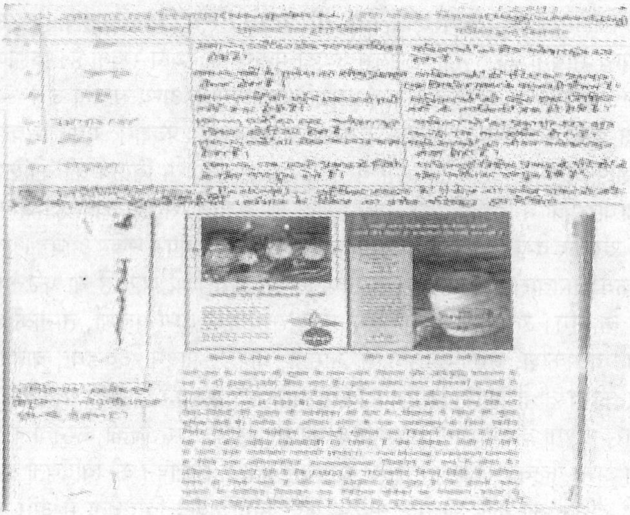

(13) विज्ञापन (Advertisment) एवं पैकेज (Package)—प्रारम्भिक स्वरूप में पैकेज का प्रयोग उत्पाद को लाने-ले जाने और भण्डारण में सुरक्षा के लिए किया जाता है। वर्तमान में पैकेज का प्रयोग परिष्कृत रूप में किया जाने लगा है। उत्पाद की सुरक्षा के साथ-साथ विपणन और अभिवृद्धि उपकरण के रूप में भी इसका प्रयोग किया जाता है। इसका उद्देश्य अन्य प्रतिस्पर्द्धी उत्पादों से उत्पाद की अलग पहचान कराना है तथा यह निर्माता के नाम और व्यापारिक चिह्न को भी उपभोक्ता तक ले जाता है। यह उत्पाद के अवयवों एवं प्रयोग के लिए दिये गये दिशा-निर्देशों की सूचना भी उपभोक्ता को देता है। विज्ञापन में पैकेज की मुख्य भूमिका होती है। खरीद के अन्तिम क्षणों में एक उपभोक्ता के लिये खरीद निर्णय निर्माण में पैकेजिंग महत्त्वपूर्ण भूमिका का निर्वहन करता है। प्रायः यह तब और अधिक प्रभावशाली हो सकता है जब विशेषतः तेजी से लाने ले जानेवाले उपभोक्ता उत्पादों (FMCG = Fast Moving Consumer Goods) के लिये एक अभिसामयिक (Conventional) विज्ञापन के रूप में होता है। सर्वेक्षण जानकारी देते हैं कि FMCG के 73% खरीद निर्णय बिक्री के अन्तिम समय ही लिये जाते हैं और यह प्रमाणित हो चुका है कि इसके 70% मामलों में पैकेजिंग डिजाइन एक नीतिगत भूमिका का निर्वहन करता है। अर्थात् एक खूबसूरत पैकेज विज्ञापन में बिक्री का सूत्र (Point of Sale) होता है।[7]

सन्दर्भ

1. भाषा, साहित्य और संस्कृति—डॉ. मुकेश अग्रवाल, पृ.473, के.एल. पचौरी प्रकाशन, इन्द्रापुरी, लोनी, गाजियाबाद, मूल्य—200 रुपये, षष्ठम संस्करण सन् 2009
2. विक्रय कला, विज्ञापन एवं विपणन—डॉ. आर.सी. अग्रवाल, पृ.13
3. विज्ञापन : तकनीक एवं सिद्धान्त-नरेन्द्र सिंह यादव, पृ.94
4. राजर्षि टण्डन मुक्त विश्वविद्यालय की पाठ्य सामग्री पृ.26, सं. डॉ. अर्जुन तिवारी से साभार
5. विपणन के सिद्धान्त—डॉ. आर.सी. अग्रवाल एवं डॉ. एन.एस. कोठारी, पृ.371, एसबीडीपी पब्लिशिंग हाउस-आगरा, मूल्य-230 रुपये।
6. पत्रकारिता के सिद्धान्त—डॉ. रमेश चन्द्र त्रिपाठी, पृ.312, अशोक, प्रकाशन, नयी सड़क, दिल्ली, मूल्य-80 रुपये, सन् 2010 ई.
7. विज्ञापन : तकनीक एवं सिद्धान्त—नरेन्द्र सिंह यादव पृ.96 से साभार।

अध्याय-8

विज्ञापन : उत्पाद, उत्पादक और उपभोक्ता हित संरक्षण : कठिन समस्या

(1) उपभोक्ता संरक्षण कानून की आवश्यकता ही क्यों पड़ी?–उपभोक्ता के भीतर 'Flow of attention (मनोयोग) तथा 'Flow of emotionality (भाव प्रवणता और रागात्मकता) पैदा करनेवाले, विभिन्न तरह के संकेतों-सन्देशों को समाज में प्रसारित करते, अनेक छवियों, शब्दों, चित्रों, रंगों, बिम्बों, ग्राफ्स या लेखा-चित्रों के माध्यम से खूबसूरत 'विजुअल' (Visual (दृष्टि, दर्शन) 'सम्पृक्त' और स्निग्ध भाषा में लिपटे विज्ञापन अपने हाथ की सफाई से हमारे मन में उत्पाद के प्रति इन्द्रजाल (Magic) और तिलिस्म (Sorcery) पैदा करते हैं। ये तिलिस्माती विज्ञापन तमाम तरह के टोना-टोटका से उपभोक्ता के मन में सम्मोहन और वशीकरण पैदाकर सुषुप्त और दबी-हुई इच्छाओं को उभारते हैं। इस तरह ये इन्द्र जालिक विज्ञापन, "छोड़ दे, जो कुछ बचे हैं तीर, वह भी छोड़ दे, टूट जाए जो तिलिस्मे-जीस्त आबोगिल में हैं" अपने मोहक अन्दाज से अपने मायाजाल में फाँसकर उपभोक्ता को दृष्टिबन्ध-नजरबन्द कर लेते हैं। कहते हैं, विज्ञापन उपभोक्ता के सिर पर चोट नहीं करता, बल्कि उसकी पीठ में कोहनी मारता है। उपभोक्ता, जब वस्तुएँ खरीदता है, तब वह सिर्फ पैकिंग में लिपटामाल ही नहीं खरीदता है, अपितु अपनी प्रसुप्त इच्छाओं की पूर्ति भी करता है।

खुलासा यह कि इन फरेबी और छली विज्ञापनों से छलित उपभोक्ता बुद्धिभ्रम और दृष्टिभ्रम का शिकार भी हो जाता है। वह मन को छलने और धोखा देनेवाले 'दिल-फरेबी' विज्ञापनों के झाँसे में आकार, 'फरेबे नजर' हो अपनी गाँठ लुटा देता है। दरअसल, विज्ञापनों ने उपभोक्ता संस्कृति को बढ़ावा दिया है। विज्ञापनकर्त्ता 'अदृश्य हमलावर' है। अपने विज्ञापनों के माध्यम से वे सम्भावित उपभोक्ता को इस प्रकार भ्रमित करते हैं कि वह अनावश्यक वस्तु को खरीदने के लिए भी उत्साहित हो जाता है। इस प्रकार ये उपभोक्ता के स्वास्थ्य, आर्थिक स्थिति और संयम के साथ खिलवाड़ करते हैं। कुछ विद्वानों का मानना है कि विज्ञापन कभी भी छिपकर काम नहीं करते और यह आरोप लगाना कि विज्ञापन लोगों को ऐसी चीजों के लिए उकसाते हैं, जिन्हें वे प्राप्त नहीं कर सकते, उपयुक्त नहीं है। यदि जेब खाली हो, तो विज्ञापन क्या करेगा? इस सन्दर्भ में कुछ बातें समझनी आवश्यक हैं। विज्ञापन छिपकर भी काम करते हैं। अनेक विज्ञापनों में छिपी हुई कीमत (Hidden cost) का संकेत नहीं होता और होता भी है तो इस प्रकार कि व्यक्ति उसे समझ नहीं सकता। कहीं 50% + 20% लिखकर 70% छूट का भ्रम उत्पन्न किया जाता है तो कहीं 'हैण्डलिंग चार्जेज' इतने छोटे टाइप में होते हैं कि उन्हें पढ़ना कठिन होता है। विज्ञापन, उपभोक्ता को ऐसी वस्तुओं को खरीदने के लिए प्रेरित करते हैं, जो उनके लिए अनावश्यक हैं तथा उनके स्वास्थ्य और जेब

पर भारी पड़ती है।[1] इस तरह उपभोक्ता यहाँ अपने को संशय-संकट के दोराहे पर खड़ा पाता है। एक तो वह छलिया विज्ञापनों का निर्मम शिकार होता है, वहीं वह दूसरी ओर जमाखोरी, कालाबाजारी, मिलावट खोरी, बिना मानक की वस्तुओं की बिक्री, अधिक दाम, गारण्टी के बाद 'सर्विस' नहीं देना, हर जगह ठगी, कम नाप तौल आदि उपभोक्ता सम्बन्धी दुश्वारियों का ग्रास और कौर बनता है। इतना ही नहीं, परिणाम में होनेवाले उत्पादन और विक्रय में अन्तर्निहित लाभ की लालसा अनेक निर्माताओं, उत्पादकों और व्यवसायिकों को उपभोक्ताओं का सन्दोहन करने का अवसर प्रदान करती है। कम तौल और गुणवत्ता नियन्त्रण एजेन्सियों द्वारा निर्धारित मानकों, कम स्तर (घटिया) की वस्तुओं के विक्रय की समस्या के कारण उपभोक्ताओं को उनके पैसे का उचित मूल्य नहीं मिलता है और साथ ही, हानि तथा असुविधाओं का सामना भी करना पड़ता है। दिन-ब-दिन उपभोक्ता के घरों में सिद्धान्तहीन और बेईमानीभरी बाजार पद्धतियाँ अपनी पैठ जमाती जा रही हैं, जो उपभोक्ताओं के अधिकारों के हनन के साथ-साथ उनकी सुरक्षा के लिए भी खतरा बनती जा रही हैं। प्रौद्योगिकी का विकास, बाजार में परिष्कृत और जटिल उपस्करों के उद्भव तथा वैश्वीकरण के इस युग में आक्रामक विक्रय नीति ने न केवल उपभोक्ताओं के समक्ष अनेक विकल्प के द्वार खोल दिये हैं, बल्कि इससे उनको ढेरों समस्याओं का शिकार भी बना दिया है, परन्तु यह देखा गया है कि प्रायः लोकप्रिय और बड़े नामों वाले ब्राण्ड भी गुणवत्ता नियन्त्रण के मामले में चूककर जाते हैं।

अतः कहा जा सकता है कि उपभोक्ता हित पोषण के लिए ही विज्ञापन सम्बन्धी तमाम संहिताएँ और यह कानून बना। वस्तुतः ग्राहक संरक्षण के लिए विभिन्न कानून बने हैं, इसके फलस्वरूप ग्राहक आज सरकार पर निर्भर हो गया है। जो लोग गैर कानूनी काम करते हैं, जैसे जमाखोरी, कालाबाजारी करनेवाले, मिलावट खोर इत्यादि को राजनैतिक संरक्षण प्राप्त होता है। ग्राहक चूँकि संगठित नहीं है, इसलिए हर जगह ठगा जाता है। ग्राहक आन्दोलन की शुरुआत यहीं से होती है। ग्राहक को जागना होगा और दूसरे ग्राहकों को 'जागो ग्राहक जागो' कहते जगाना होगा तथा स्वयं और पूरे समाज का संरक्षण करना होगा। उपभोक्ता संरक्षण कानून सामाजिक, आर्थिक विधान के इतिहास में एक विशेष उपलब्धि है। यह उपभोक्ता को बाजार के अर्थतन्त्र में सीधा हिस्सा लेकर समाज कल्याण को प्रोत्साहित करता है। इस कानून का मूल मकसद सार्वजनिक लाभ की प्राप्ति है। स्पष्टतः यह कि उपभोक्ता संरक्षण अधिनियम एक विशेष कानून है। अतः इस पर वाद मूल्यांकन अधिनियम 1887 तथा न्यायालय फीस अधिनियम 1870 लागू नहीं होते। इस कानून के अन्तर्गत कोई भी पीड़ित-व्यथित उपभोक्ता अधिनियम के अधीन सांविधिक प्रतितोष मंच के समक्ष उपशम प्राप्त करने से वंचित नहीं होगा।

(2) उपभोक्ता सरक्षण आन्दोलन का इतिहास–

(क) उपभोक्ता संरक्षण आन्दोलन का संक्षिप्त वैश्विक इतिहास—विश्व उपभोक्ता अधिकार दिवस प्रतिवर्ष अन्तरराष्ट्रीय उपभोक्ता आन्दोलन के परस्पर सम्बन्धों को मनाने और एकता प्रदर्शित करने का तयशुदा दिन है। उपभोक्ता आन्दोलन का प्रारम्भ विश्व-फलक पर बताते हैं, प्रथमतः अमेरिका में रल्प नाडेर द्वारा किया गया। नाडेर के आन्दोलन के फलस्वरूप 15 मार्च, 1962 ई. को संयुक्त राज्य अमेरिका के पूर्व राष्ट्रपति जान. एफ. कैनेडी द्वारा उपभोक्ता संरक्षण पर प्रस्तुत विधेयक को अमेरिकी कांग्रेस में अनुमोदित किया गया। इसी कारण 15 मार्च 'अन्तरराष्ट्रीय उपभोक्ता दिवस' के रूप में मनाया जाता है। यह दिन चार मूलभूत उपभोक्ता अधिकारों के बारे में की गयी ऐतिहासिक घोषणा की याद में मनाया जाता है। उस घोषणा के फलस्वरूप सरकारों और संयुक्त राष्ट्र संघ द्वारा अन्ततः इस बात पर बल दिया गया कि सभी

नागरिकों के उनकी आय या सामाजिक स्थिति पर विचार किये बिना उपभोक्ता के रूप में कुछ मूलभूत अधिकार हैं। बहरहाल, अमेरिकी कांग्रेस में पारित विधेयक में चार विशेष प्रावधान थे—

(1) उपभोक्ता सुरक्षा के अधिकार,

(2) उपभोक्ता को सूचना प्राप्ति का अधिकार,

(3) उपभोक्ता को चुनाव करने का अधिकार तथा

(4) उपभोक्ता को सुनवायी का अधिकार।

अमेरिकी कांग्रेस ने इन अधिकारों को व्यापकता प्रदान करने के लिए चार और अधिकार बाद में जोड़ दिये—

(1) उपभोक्ता शिक्षा का अधिकार,

(2) क्षति प्राप्त करने का अधिकार,

(3) स्वच्छ वातावरण का अधिकार तथा

(4) मूलभूत आवश्यकताएँ जैसे—भोजन, वस्त्र और आवास प्राप्त करने का अधिकार।

आज उपभोक्ता आन्दोलन विश्व के अधिकांश देशों में फैल चुका है। जागरूक और चैतन्य जनता में उपभोक्ता संरक्षण पर बहस हो रही है। उपभोक्ताओं को उनके अधिकारों के बारे में चेताया और सजग किया जा रहा है। जिन भ्रामक विज्ञापनों को लेकर आज भारत में तुमुलनाद और जोर-शोर से बहस हो रही है, विश्व के कई देश इससे पहले से ही सजग-सतर्क हैं। उदाहरण के लिए **अमेरिका** का फेडरल ट्रेड कमीशन किसी भी उत्पाद के विज्ञापन को लेकर बहुत सख्त है। वहाँ सामान्य नियम है कि विज्ञापनों में विज्ञापनकर्त्ता की ईमानदार राय, तथ्य, नतीजे, भरोसे और मान्यताओं की झलक होनी चाहिए। कई मामलों में यहाँ विज्ञापन करने से पहले सेलिब्रिटी द्वारा उत्पाद के इस्तेमाल किये जाने का भी नियम है। वास्तविकता से परे के दावे करनेवाले विज्ञापनों के मामले में अगर जाँच में झूठ पाया जाता है तो विज्ञापन करनेवाला जिम्मेदार होता है। भारत में सेलिब्रिटी द्वारा विज्ञापन से पहले उत्पादों के खुद इस्तेमाल का कोई प्रावधान नहीं है। वे उसकी उस वैज्ञानिक जाँच को भी देखने की जहमत नहीं उठाते, जिसके आधार पर बड़े-बड़े दावे किये जाते हैं। समझौता पत्र इस तरह से तैयार किया जाता है, जिससे उन्हें कोई दिक्कत नहीं। **चीन** में भी उपभोक्ता हितों पर विशेष ध्यान बहुत पहले से ही दिया जा रहा है। कई नियम बने हैं, जिनमें कुछ तो बेहद कड़े हैं। साफ शब्दों में चीनी सरकार उपभोक्ता-हित-चिन्तक हैं। यहाँ पर भी नये उपभोक्ता संरक्षण कानून में भ्रामक विज्ञापनों पर सेलिब्रिटी पर नकेल कसने की व्यवस्था है। हाल ही में पूर्व एनवीए स्टार द्वारा फिश आयल कैप्सूल के लाभ को बढ़ा-चढ़ाकर किये गये विज्ञापन पर एक व्यक्ति ने मुकदमा कर दिया। चीन के फूड सेफ्टी लॉ में गुमराह करनेवाले विज्ञापनों और सिफारिशों के लिए निर्माता, विज्ञापनदाता और विज्ञापनकर्त्ता को जिम्मेदार ठहराये जाने की व्यवस्था हुई है। अब चीन खाद्य उत्पादों के अलावा अन्य उत्पादों के भ्रामक विज्ञापनों पर सेलिब्रिटी को जिम्मेदार ठहराये जाने की ओर कदम बढ़ा रहा है। ठीक इसी तरह **दक्षिण-कोरिया** में भी स्व नियमन संस्थाएँ भारत की ए.एस.सी.आई. से ज्यादा सख्त हैं। काफी सारे अधिकार यहाँ उपभोक्ताओं को दिये गये हैं। इन संस्थाओं के पास यह तय करने की ताकत है कि निर्माताओं द्वारा किस उत्पाद का विज्ञापन किया जा सकता है और किसका नहीं। यहाँ पर मेडिकल दवाओं का कोई सेलिब्रिटी विज्ञापन नहीं कर सकता है। कानून के किसी भी उल्लंघन की सूरत में निर्माता और विज्ञापन करनेवालों को दण्डित करने के कड़े नियम बनाये गये हैं।[2]

(ख) उपभोक्ता आन्दोलन का भारतीय इतिहास—कहते हैं, महात्मा गाँधी ने कभी उपभोक्ता को **'बाजार का राजा'** कहा था। बेशक ग्राहक राजा है। बाजार में उसकी असीम शक्तियाँ हैं। वस्तुओं के चुनाव के बारे में उसका निर्णय, चाहे वह गलत हो या सही; तर्क पर आधारित हो या मात्र सनक पर निर्माताओं एवं विक्रेताओं के लिए जीवन-मरण का आधार है। यदि अधिकांश ग्राहक ब्राण्ड 'क' को खरीदना बन्द कर देते हैं तो उसके निर्माता को बाजार से विदा लेनी पड़ेगी। ऐसी स्थिति से बचने के लिए और बाजार में संभावी ग्राहकों तक पहुँचने के लिए जो कुशल निर्माता हैं, वे संभावी उपभोक्ताओं के बारे में विस्तृत जानकारी इकट्ठा करते हैं, उनके दृष्टिकोण का, उनकी आवश्यकताओं, इच्छाओं, आदतों आदि का अध्ययन करते हैं। बिना सोचे-समझे, बाजार और उपभोक्ता का अध्ययन किये बिना उत्पादन प्रारम्भ करना निश्चय ही आत्मघातक है। दरअसल, सारी विपणन व्यवस्था का आधार ग्राहक या उपभोक्ता ही है और इसलिए उत्पादन से लेकर बिक्री तक की हर अवस्था में उसकी पसन्द और नापसन्द का निर्माताओं/विक्रेताओं को खयाल रखना पड़ता है।''[3]

बहरहाल, गाँधी जी के उपभोक्ता सम्बन्धी उक्त कथन से प्रेरित होकर स्व. जे. आर. डी. टाटा तथा स्व. जमना लाल बजाज सहित अनेक व्यापारियों और उद्योगपतियों ने उपभोक्ताओं और व्यापार जगत के बीच पुल बनाने के लिए 'व्यापार की एक आचार संहिता' का निर्माण किया। आप लोगों ने उपभोक्ता के जीवन में बाजार की उपस्थिति के प्रभाव को महसूस किया। परिणामतः उपभोक्ता आन्दोलन को दिशा देने के लिए सन् 1966 ई. में स्व. जे. आर. डी. टाटा के नेतृत्व में कुछ उद्योगपतियों द्वारा उपभोक्ता संरक्षण के तहत 'फेयर प्रैक्टिस एसोसिएशन' की स्थापना मुम्बई में की गयी और इसकी कुछ शाखाएँ कुछ प्रमुख शहरों में स्थापित की गईं। स्वयं सेवी संगठन के रूप में 'ग्राहक पंचायत' की स्थापना बी. एम. जोशी द्वारा सन् 1974 में पूना में की गयी। अनेक राज्यों में उपभोक्ता कल्याण हेतु संस्थाओं का गठन हुआ। इस प्रकार उपभोक्ता आन्दोलन आगे बढ़ता रहा। इतना ही नहीं, 9 दिसम्बर 1986 को तत्कालीन प्रधानमन्त्री स्व. श्री राजीव गाँधी की पहल पर 'उपभोक्ता संरक्षण विधेयक' संसद में पारित किया गया और राष्ट्रपति द्वारा हस्ताक्षरित होने के बाद देश-भर में उपभोक्ता संरक्षण अधिनियम लागू हुआ। इस अधिनियम में बाद में 1993 व 2002 में महत्त्वपूर्ण संशोधन किये गये। इन व्यापक संशोधनों के बाद यह एक सरल व सुगम अधिनियम हो गया है। इस अधिनियम के अधीन पारित आदेशों का पालन न किये जाने पर धारा 27 के अधीन कारावास व दण्ड तथा धारा 25 के अधीन कुर्की का प्रावधान किया गया है।

अतः आज हम कह सकते हैं कि उक्ता आन्दोलन का ही यह परिणाम रहा है कि भारत को अब सभी प्रकार के व्यापारों और उपभोक्ताओं के प्रमुख केन्द्र के रूप में सम्पूर्ण विश्व में स्वीकारा जाने लगा। है। बाजार में उपभोक्ताओं का महत्त्व बढ़ा है। उपभोक्ताओं में भी अपने अधिकारों के प्रति जागरूकता-सचेष्टता पनपी है। इसके बाद तो उपभोक्ताओं के भले के लिए, उनके हक-हुकूक की रक्षा के लिए केन्द्र, प्रादेशिक सरकारें तथा अनेक स्वैच्छिक उपभोक्ता संगठनों ने समय-समय पर पहल की, यद्यपि इस दिशा में कुछ प्रयास देश के स्वतन्त्र होने से बहुत पहले से ही शुरू हो गये थे। बहरहाल, कुल मिलाकर यह कि ये पहल ही कालान्तर में उपभोक्ता संरक्षण का इतिहास बन गयीं, जिन्हें हम संक्षेप में इस प्रकार देख सकते हैं,—

अ– राष्ट्रीय स्तर पर बनाये गये कुछ प्रमुख अधिनियम

- भारतीय टेलीग्राफ अधिनियम 1885,
- पोस्ट आफिस अधिनियम 1898,

- उपभोक्ता/सिविल न्यायालय से सम्बन्धित भारतीय वस्तु विक्रय अधिनियम 1930,
- कृषि एवं विपणन निदेशालय भारत सरकार से सम्बन्धित कृषि उत्पाद
- ड्रग्स नियन्त्रण प्रशासन एमआरटीपी आयोग-उपभोक्ता सिविल कोर्ट से सम्बन्धित ड्रग एण्ड कास्मोटिक अधिनियम 1940,
- मोनापालीज एण्ड रेस्ट्रेक्टिव ट्रेड प्रेक्टिसेज अधिनियम 1969,
- प्राइज चिट एण्ड मनी सर्कुलेशन स्कीम्स (बैनिंग) अधिनियम 1970
- उपभोक्ता/सिविल न्यायालय से सम्बन्धित भारतीय मानक संस्थान (प्रमाण-पत्र) अधिनियम 1952,
- खाद्य पदार्थ मिलावट रोधी अधिनियम 1954,
- जीवन बीमा अधिनियम 1956,
- ट्रेड एण्ड मर्केण्डाइज माक्रस अधिनियम-1958,
- हायर परचेज अधिनियम 1972,
- चिट-फण्ड अधिनियम 1982,
- उपभोक्ता संरक्षण अधिनियम,
- रेलवे अधिनियम 1982
- इन्फार्मेसन ऐण्ड टेक्नोलॉजी अधिनियम 2000,
- विद्युत तार केबल्स-उपकरण एवं एसेसरीज (गुणवत्ता नियन्त्रण) अधिनियम 1993,
- भारतीय विद्युत अधिनियम 2003,
- ड्रग निरीक्षक-उपभोक्ता-सिविल अदालत से सम्बन्धित द ड्रग ऐण्ड मैजिक रेमिडीज अधिनियम 1954,
- खाद्य एवं आपूर्ति से सम्बन्धित आवश्यक वस्तु अधिनियम 1955,
- द स्टैण्डर्ड्स आफ वेट एण्ड मेजर्स (पैकेज्ड) कमोडिटी रूल्स) 1977,
- द स्टैण्डर्ड आफ वेट एण्ड मेजर्स (इन्फोर्समेण्ट अधिनियम) 1985,
- द प्रिवेन्शन ऑफ ब्लैक मार्केटिंग एण्ड मेण्टीनेंस ऑफ सप्लाइज इसेन्शियल कमोडिटीज ऐक्ट-1980,
- राज्य प्रदूषण नियन्त्रण बोर्ड/केन्द्र सरकार से सम्बन्धित जल (संरक्षण तथा प्रदूषण नियन्त्रण) अधिनियम 1976,
- वायु (संरक्षण तथा प्रदूषण नियन्त्रण) अधिनियम 1981,
- भारतीय मानक ब्यूरो-सिविल उपभोक्ता न्यायालय से सम्बन्धित घरेलू विद्युत उपकरण (गुणवत्ता नियन्त्रण) आदेश 1981,
- भारतीय मानक ब्यूरो से सम्बन्धित भारतीय मानक ब्यूरो अधिनियम 1986,
- उपभोक्ता न्यायालय से सम्बन्धित उपभोक्ता संरक्षण अधिनियम,
- पर्यावरण मन्त्रालय-राज्य व केन्द्रीय प्रदूषण बोर्ड से सम्बन्धित पर्यावरण संरक्षण अधिनियम 1986
- भारतीय मानक ब्यूरो-सिविल-उपभोक्ता न्यायालय से सम्बन्धित विद्युत उपकरण (गुणवत्ता नियन्त्रण) आदेश

उपरोक्त के बाद भी उपभोक्ताओं के भले के लिए केन्द्र तथा प्रादेशिक सरकारों ने अनेक नियम बनाये हैं, जिनमें से कुछ प्रमुख को इस प्रकार देखा जा सकता है—

(1) उपभोक्ता संरक्षण अधिनियम 1986

(2) एकाधिकार तथा अवरोधक व्यापारिक व्यवहार अधिनियम 1969,

(3) उपभोक्ता (केन्द्रीय) संरक्षण परिषद्,

(4) राज्य उपभोक्ता संरक्षण परिषद्,

(5) उपभोक्ता-विवाद प्रतितोष अभिकरण (जिला फोरम का गठन),

(6) उपभोक्ता-विवाद निपटारा फोरम एवं कमीशन,

(7) फोरम, राज्य आयोग, राष्ट्रीय आयोग,

(8) उपभोक्ता संरक्षण नियम1987–उपरोक्त संरक्षण अधिनियम 1986 की धारा 30 की उपधारा (1) द्वारा प्रदत्त शक्तियों का प्रयोग करते हुए केन्द्रीय सरकार द्वारा उपभोक्ता संरक्षण अधिनियम-1987 बनाये गये हैं। इन नियमों से सम्बन्धित अधिसूचना संख्या जी.एस.आर. 398 (ई) दिनांक 15 अप्रैल, 1987 के राजपत्र में प्रकाशित की गयी।

(9) केन्द्रीय उपभोक्ता संरक्षण परिषद्,

(10) राज्य संघ राज्य क्षेत्र उपभोक्ता संरक्षण नियम

जी.एस.आर. उपभोक्ता संरक्षण अधिनियम, 1986 (1986 का 68) की धारा उपधारा (2) द्वारा प्रदत्त शक्ति के प्रयोग में राज्य सरकार नियम बनायेंगी। ये नियम राज्य संघ, राज्य क्षेत्र उपभोक्ता संरक्षण नियम कहे जायेंगे।

(11) पुनः जी.एस.आर. 533 (ई) उपभोक्ता संरक्षण अधिनियम 1986 (1986 का 68) की धारा 30 द्वारा प्रदत्त शक्ति के प्रयोग में केन्द्रीय सरकार एतदद्वारा उपभोक्ता संरक्षण नियमों, 1987 से संशोधन द्वारा नियम बनाये गये, जिसे उपभोक्ता संरक्षण (संशोधन) नियम 1991 के नाम से जाना जाता है।

(12) उत्तर प्रदेश उपभोक्ता संरक्षण अधिनियम-1987—इसकी अधिसूचना सं.सी.पी. 72/29-10, सी.पी. (8) 87, दिनांक 31.8.87 द्वारा उत्तर प्रदेश सरकारी असाधारण गजट, विधायी परिशिष्ट दिनांक 31.8.87 में प्रकाशित हुई। इसमें नयी धारा 2-क और 2-ख अधि सूचना संख्या सी.पी. 1005/29.8.98, सी. पी. 41/90 दिनांक 2 नवम्बर, 1998 को जोड़ी गयी।

(13) आवश्यक वस्तु अधिनियम-1955 (Essential Commodities Act-1955) 1955 का अधिनियम संख्यांक (10)

इस अधिनियम का विस्तार परिष्कारों सहित 1962 के रेग्यूलेशन सं. 12 की धारा-3 और अनुसूची द्वारा गोवा, दमन और दीव पर 1963 के रेग्युलेशन सं. 6 की धारा 2 और अनुसूची द्वारा दादरा और नगर हवेली पर तथा 1965 के रेग्युलेशन 8 की धारा-3 और अनुसूची द्वारा लक्षदीप मिनी कोय और अमीनदीवी द्वीप समूह पर किया गया है। 1968 के अधिनियम सं. 25 की धारा-2 और अनुसूची द्वारा 15.8.1968 से ''जम्मू कश्मीर राज्य के सिवाय'' शब्दों का लोप किया गया है। इसके अलावा इसका विस्तार सम्पूर्ण भारत पर है। यह अधिनियम वस्तुओं के उत्पाद, प्रदाय और वितरण तथा उनमें व्यापार और वाणिज्य के नियन्त्रण के लिए जनसाधारण के हित में उपलब्ध करने के लिए बनाया गया है।

(14) इसके बाद आवश्यक वस्तु (विशेष उपबन्ध) अधिनियम, 1981 बना (Essential Commodities-Special Provisions Act, 1981)—1981 का अधिनियम-संख्यांक-18—

आवश्यक वस्तु अधिनियम-1955 को अस्थायी कालावधि के लिए संशोधन करके आवश्यक वस्तुओं की जमाखोरी, कालाबाजारी और मुनाफाखोरी में लगे हुए व्यक्तियों से तथा मूल्य स्फीति की बुराई से और प्रभावशाली ढंग से निपटने तथा उससे सम्बन्धित और उसके अनुषांगिक विषयों के लिए कतिपय विशेष उपबन्ध करने के लिए अधिनियम बनाया गया।

राष्ट्रपति की अनुमति 2 सितम्बर, 1981 को प्राप्त और भारत के राजपत्र, असाधारण, भाग-2, खण्ड-1, दिनांक 2 सितम्बर, 1981, पृ. 193-198 में प्रकाशित। अण्डमान और निकोबार दीप समूह, अरुणाचल प्रदेश, दादरा और नागर हवेली, लक्ष्यदीप और मिजोरम संघ राज्य को छोड़कर सभी राज्यों और संघ राज्य क्षेत्रों में 01-09-1982 को प्रवृत्त। अधिसूचना संख्या 533 (ई.) दिनांक 31.8.82 भारत का राजपत्र, असाधारण-भाग-2, खण्ड-3 (1) दिनांक 31.8.1982।

(ब) अब कुछ प्रदेशों में उपभोक्ता संरक्षण अधिनियम–

(15) दिल्ली उपभोक्ता संरक्षण नियम1987

उपभोक्ता संरक्षण अधिनियम, 1986 की धारा 30 की उपधारा (2) सपठित खाद्य एवं नागरिक आपूर्ति मन्त्रालय, भारत सरकार, नयी दिल्ली की अधिसूचना, एस. ओ. संख्या 479 (ई) दिनांक 15 मई, 1987 द्वारा प्रदत्त शक्तियों का प्रयोग करते हुए दिल्ली संघ के क्षेत्र के प्रशासक निम्नलिखित नियम बनाये हैं।

(16) बिहार उपभोक्ता संरक्षण नियम, 1987

अधिसूचना संख्या एफ-50 (131) 86 एफ ऐण्ड एस. सी. ए. दिनांक 29 सितम्बर, 1971 ई. उपभोक्ता संरक्षण अधिनियम, 1986 (1986 का केन्द्रीय अधिनियम 68) की धारा 30 की उपधारा (2) द्वारा प्रदत्त शक्तियों का प्रयोग करते हुए बिहार के राज्यपाल इसके द्वारा निम्नलिखित नियम बनाते हैं,—जी. एस. आर. संख्या 32/1, दिनांक 28.9.1987, एस. ओ. संख्या 1040 दिनांक 18.11.1987 द्वारा दिनांक 2.11.87 से प्रभावशील।

(17) मध्य प्रदेश उपभोक्ता संरक्षण नियम, 1987

उपभोक्ता संरक्षण अधिनियम 1986 (1986 का केन्द्रीय अधिनियम 68) की धारा 30 की उपधारा (2) द्वारा प्रदत्त शक्तियों का प्रयोग करते हुए राज्य सरकार एतद्द्वारा निम्नलिखित नियम बनाती है—मध्य प्रदेश राजपत्र (असाधारण) दिनांक 29.9.87, पृ.1846-50 पर प्रकाशित। अधिसूचना संख्या एफ 4-2-1987××× 2 दिनांक-1987./ दिनांक 2.10.1987, मध्य प्रदेश राजपत्र (असाधारण) दिनांक 29.9.1987, पृ.1850 पर प्रकाशित।

(18) राजस्थान उपभोक्ता संरक्षण नियम, 1987

(अधिसूचना संख्या एफ 020 (4) एफ.एस./मीटिंग /87, दिनांक 21, जुलाई, 1987 द्वारा प्रकाशित)।

जी.एस.आर. 17, उपभोक्ता संरक्षण अधिनियम-1986 (1986 का केन्द्रीय अधिनियम 68) की धारा 30 की उपधारा (2) के अन्तर्गत प्रदत्त शक्तियों के प्रयोग में, राज्य सरकार एतद्द्वारा निम्नलिखित नियम बनाती है।

(19) बी. आई. एस. (उपभोक्ता संघ की मान्यता) नियम, 1991

(20) भारतीय मानक ब्यूरो, (उपभोक्ता संघ की मान्यता) नियम, 1991

जी. एस. आर. 619 ई. भारतीय मानक ब्यूरो, अधिनियम, 1986 (1986 का 68) की धारा 37 द्वारा प्रदत्त शक्ति के प्रयोग में भारत सरकार ने एतद्द्वारा नियम बनाये।

उपभोक्ता कल्याण निधि नियम- 1992

(जी. एस. आर. 295, (ई) दिनांक 25.11.1992) केन्द्रीय उत्पाद एवं साल्ट अधिनियम (1944 का 1) की धारा 12 D के साथ पठित धारा 37 की उपधारा 2 द्वारा प्रदत्त शक्ति के प्रयोग में केन्द्र सरकार ने एतद्द्वारा नियम बनाये Subs. by G.S.R.33 (E) dated 27th January, 1994, No. 3194, Central Excise (N.T.)।

(स) अब कुछ स्वैच्छिक उपभोक्ता संगठन

उत्तर प्रदेश

1. अध्यक्ष, दक्षिणाछै कन्ज्यूमर काउन्सिल, राबर्ट्सगंज, मिर्जापुर, 231216।
2. अध्यक्ष, अखिल भारतीय ग्राहक पंचायत, 87, बी/5, सर्वोदय नगर, इलाहाबाद।
3. अध्यक्ष, कन्ज्यूमर प्रोटेक्शन काउन्सिल, 8, शिवपुरी, रेलवे रोड, हापुड़।
4. अध्यक्ष, ऑल इण्डिया कन्ज्यूमर वेलफेयर सोसाइटी, सी-1491, राजाजीपुरम्, लखनऊ-17।
5. अध्यक्ष, उपभोक्ता परिषद्, ज्ञान लोक, हापुड़, जिला गाजियाबाद।
6. अध्यक्ष, कन्ज्यूमर फोरम, खुशालनगर, स्टेशन रोड, मुरादाबाद, 244001।
7. अध्यक्ष, महिला उपभोक्ता संगठन, सी 1613, तालकोटरा आवास विकास कालोनी, लखनऊ।
8. अध्यक्ष, इण्डियन नेशनल कन्ज्यूमर्स फेडरेशन, 124/644 ब्लॉक-बी, आशाराम मिश्रा भवन, कानपुर, 208 006।
9. अध्यक्ष, ऑल इण्डिया कन्ज्यूमर्स काउन्सिल, 75, राजपूत रोड, देहरादून, 248001
10. अध्यक्ष, महिला उपभोक्ता परिषद्, हिमद्वीप, राधापुरी, हापुड़ 245-101
11. अध्यक्ष, उपभोक्ता मंच, 136, जवाहरगंज, हापुड़, 245101।
12. अध्यक्ष, महिला कल्याणकारी समिति, 969, बाग जानकीदास, प्रेम पुरी रोड, मुजफ्फरनगर।

दिल्ली

1. अध्यक्ष, महिला दक्षता समिति, बी—168, ईस्ट ऑफ कैलाश, नयी दिल्ली—1100481
2. अध्यक्ष, इण्डियन फेडरेशन ऑफ कन्ज्यूमर आर्गेनाजेशन, 231, जौर बाग, नयी दिल्ली 3
3. अध्यक्ष, बार विण्डोज एसोसिएशन, मार्फत शहीद भवन, 18/1 जीतसिंह मार्ग, इन्स्टीट्यूशनल एरिया, नयी दिल्ली
4. अध्यक्ष, गील्ड ऑफ सर्विसेज, 166-ए, सैनिक फार्म, खानपुर, नयी दिल्ली
5. अध्यक्ष, कन्ज्यूमर सर्विस सोसाइटी, 148, जौर बाग, नयी दिल्ली 1100031
6. अध्यक्ष, कन्ज्यूमर फेडरेशन ऑफ इण्डिया, एक्स, जेड/के-17, न्यू महावीर नगर, नयी दिल्ली

7. अध्यक्ष, प्रगतिशील महिला समिति, रोड नं. 12, कोठी नं. 28, पंजाबी बाग (वेस्ट) रिंग रोड के पास, नयी दिल्ली

8. अध्यक्ष, वोइस, 108, गोल्फ लिंक, नयी दिल्ली 110003

9. अध्यक्ष, कोमन कॉज, सी.381, डिफेन्स कालोनी, नयी दिल्ली-110024

10. अध्यक्ष, कन्ज्यूमर फोरम, बी-24, महारानी बाग, नयी दिल्ली-110065

11. अध्यक्ष, सोसाइटी फॉर सिविल राइट्स जे-13, प्रसाद नगर, नयी दिल्ली-110005

12. अध्यक्ष, बिन्टी, बी-7/55, सेकण्ड फ्लोर, डी. डी. ए. फ्लेट्स, सफदरजंग एनक्लेव, नयी दिल्ली-29

13. अध्यक्ष, ऑल इण्डिया वूमेन कान्फ्रेन्स, 6, भगवान दास रोड, नयी दिल्ली-110001

14. अध्यक्ष, सिद्धार्थ लेडीज वेलफेयर एसोसिएशन, 135, सिद्धार्थ एनक्लेव, नयी दिल्ली

15. अध्यक्ष, उपभोक्ता सेवा समिति, ब्लॉक सी-2 ए, फ्लैट नं. 265-ए, जनकपुरी, नयी दिल्ली

बिहार

1. अध्यक्ष, कन्ज्यूमर गाइडेन्स सोसाइटी ऑफ जमशेदपुर, अवतार बिल्डिंग, बिस्तूपुर, जमशेदपुर-1

2. अध्यक्ष, अखिल भारतीय ग्राहक पंचायत, सिंहभूम जिला, रोड नं. 1, क्वाटर नं. एल-4/2, फार्म एरिया, कदमा जमशेदपुर-831005

3. अध्यक्ष, नेशनल कन्ज्यूमर्स यूनियन फॉर लीगल अस्सिटेन्स, लक्ष्मी मिशन, बिस्तूपुर, जमशेदपुर-5

4. अध्यक्ष, बिहार प्रदेश उपभोक्ता सेवा संघ, थ्रिलिंग त्रिशूल टेम्पल लेन, पूरेन्स बाजार, मुजफ्फरपुर 1

5. अध्यक्ष, महिला उपभोक्ता संघ, वाला गोपालदास संगत, प्रभात सिनेमा रोड, मुजफ्फरपुर

6. अध्यक्ष, बिहार स्टेट कन्ज्यूमर्स फेडरेशन, छत्तर भवन, साउथ माण्डिवि, पटना-800001

7. अध्यक्ष, बिहार राज्य उपभोक्ता संघ, 241-सी, कंकर बाग कालोनी, पटना-800020

8. अध्यक्ष, बिहार कन्ज्यूमर्स काउन्सिल, कांग्रेस मैदान, कदम कुआँ पटना-800003

9. अध्यक्ष, अखिल भारतीय ग्राहक पंचायत, 3-ए-716, बोकारो स्टील सिटी, धनबाद-827003

10. अध्यक्ष, नेशनल कन्ज्यूमर्स यूनियन फॉर लीगल अस्सिटेन्स, विमला भवन, वेस्ट लोहानीपुर, पटना-3

11. अध्यक्ष, अखिल भारतीय ग्राहक पंचायत, डि. सिंहभूम, एफ/10, टाया कालोनी, पो. गमहरिया, सिंहभूम

12. अध्यक्ष, अखिल भारतीय ग्राहक पंचायत, मौभन्दर, एन. एफ. 3/6 मौभन्दर, सिंहभूम-823303

13. अध्यक्ष, कटिहार जिला उपभोक्ता संग्राम संघ, मंगल बाजार, बड़ा चौक, कटिहार

14. अध्यक्ष, कोशी डिवीजन कन्ज्यूमर प्रोटेक्शन आर्गेनाइजेशन, नूतन प्रेस, कटिहार 845105

15. अध्यक्ष, ग्रामीण उपभोक्ता संगम, गाँव-पकरी इस्माइल, पो. लदोरा परी, मुजफ्फरपुर

मध्य प्रदेश

1. अध्यक्ष, मध्य प्रदेश कन्ज्यूमर्स काउन्सिल, 8, गोरकुण्ड, इन्दौर 452001

2. अध्यक्ष, उपभोक्ता हितचिन्तक समिति, 567/4, साई कुटी, सन्तोष कुटी कालोनी, महात्मा गाँधी मार्ग तूकीगंज, मेन रोड, उच्च न्यायालय के सामने, इन्दौर-452001

3. अध्यक्ष, कन्ज्यूमर प्रोटेक्शन संघ, रामकुञ्ज, कोठी रोड, उज्जैन-456010

राजस्थान

1. श्री नरेश चन्द्र गोयल, अध्यक्ष, राजस्थान उपभोक्ता संरक्षण समिति जयपुर, ए-9, हरिमार्ग, नेता जी सुभाष नगर, टोंक रोड, जयपुर।

2. अध्यक्ष, फेडरेशन ऑफ राजस्थान ट्रेड ऐण्ड इण्डस्ट्रीज. जयपुर, फेडरेशन भवन, जौहरी बाजार, जयपुर।

3. राजस्थान स्टेट कञ्ज्यूमर्स काउन्सिल, बृज निकेतन, सिविल लाइन्स, जयपुर।

4. एलिस गर्ग, अध्यक्षा बाल रश्मि सोसाइटी, ए-46, शान्ति पथ, तिलक मार्ग, जयपुर।

5. डॉ. एस. मल्होत्रा, अध्यक्ष, अखिल भारतीय नारी प्रगति मंच, पी-5, विश्वविद्यालय कैम्पस, जयपुर।

6. आशा दीक्षित, अध्यक्ष महिला लोक जागृति समिति, 2/5, मालवीय नगर, जयपुर।

7. श्री के. एल. जैन, जनरल सेक्रेटरी, चैम्बर ऑफ कामर्स, चैम्बर भवन, एम. आई. रोड, जयपुर।

8. श्रीमती मुकुलिका सेन, अध्यक्षा महिला पुनर्वास समिति, 7-ट-12, जवाहर नगर, जयपुर।

9. अध्यक्ष, (श्रीमती गिन्नी श्रीवास्तव) "आस्था", 109 खरल कालोनी, ओल्ड फतेहपुरा, उदयपुर।

10. अजमेर जिला उपभोक्ता हितकारी समिति, आनन्दपुरा तोपदड़ा, अजमेर।

11. उपभोक्ता सेवा समिति, मणिद्वीप बहीर रोड, टोंक।

12. उपभोक्ता संरक्षण समिति, शान्तिकुमार व्यास, अध्यक्ष रस्ताणी, व्यासों का चौक, बीकानेर।

13. उपभोक्ता शिक्षा एवं शोध परिषद् बी.-1, देवनगर, टोंक रोड, जयपुर।

14. संगठन मन्त्री, अखिल भारतीय ग्राहक पंचायत, 2533 जयलाल मुन्शी का रास्ता, जयपुर।

15. वरिष्ठ नागरिक परिषद्, लुहाड़िया भवन, अशोक मार्ग, जयपुर।

16. सचिव, उपभोक्ता एकता एवं विश्वास समिति, 8, महावीर मार्ग, जयपुर।

17. राजस्थान सोसाइटी फार कञ्ज्यूमर्स एजूकेशन एण्ड रिसर्च, डी-63, आदर्श राज कालोनी, सी-स्कीम, जयपुर।

18. उपभोक्ता समस्या निवारण समिति, व्यास पार्क, फुल्ला रोड, जोधपुर।

19. कोटा कञ्ज्यूमर्स एजूकेशन एण्ड रिसर्च सोसाइटी, 16-वी, सिविल लाइन्स, कोटा।

20. जिला उपभोक्ता परिषद, राजकमल बिल्डिग, बापू बाजार, उदयपुर।

21. उपभोक्ता संरक्षण समिति, ऋषभ प्रिण्टर्स, भोपालगंज, भीलवाड़ा।

22. सचिव, आदिवासी विकास एवं सेवा समिति, गरणवास पं. स. झाडोल, उदयपुर।

23. सचिव, भीलवाड़ा जिला प्रौढ़ शिक्षा संघ, 8/199 सिन्ध नगर, भीलवाड़ा।

24. समन्वयक, प्रयोजन उपभोक्ता संरक्षण समिति, 10 स्टेशन रोड, सुभाष चौराहा, पाली।

25. अध्यक्ष, उपभोक्ता संरक्षण समिति, 52 बड़ा बाजार, उदयपुर।

26. अध्यक्ष, भीलवाड़ा ग्रामीण उपभोक्ता समिति, गुलाबपुरा, भीलवाड़ा।

27. अध्यक्ष, जिला ग्रामीण उपभोक्ता मंच, गुढाचन्द जी, सवाईमाधोपुर।

28. ग्रामीण उपभोक्ता सलाहकार समिति, उन्दायल, चित्तौड़गढ़।

29. अनूप ग्राहक सुरक्षा समिति, हिण्डौन।

30. राशमी तह. उपभोक्ता सेवा समिति, मु. पो. जाडाना, चित्तौड़गढ़।

31. जगदीश सिंह राठौर अध्यक्ष, उपभोक्ता जागरण समिति, शिमला, जिला चूरू।

32. श्री जसवन्तसिंह रावत, सचिव, अजमेर, जिला ग्रामीण उपभोक्ता समिति, मसूदा।

33. श्री रमेश बोहरा, अध्यक्ष, उ. एकता संरक्षण भवन, सवाईमाधोपुर।

34. सचिव, भरतपुर जिला उपभोक्ता सेवा समिति, रूदावल, भरतपुर।

35. सचिव, राजस्थान उपभोक्ता संरक्षण एवं शिक्षण शोध परिषद् सदर, बाजार, माउण्ट आबू, सिरोही।

36. डॉ. अम्बेडकर सेवा समिति, शाखा आबू पर्वत, सिरोही।

37. कोटा जिला ग्रामीण उपभोक्ता समिति, ग्राम देवरी जोधा, छीपा बड़ोद, कोटा।

38. उपभोक्ता सेवा समिति, अर्जुनसर, जिला बीकानेर।

39. कञ्ज्यूमर्स रिलीफ सोसाइटी, बजाज नगर, अलवर।

40. श्री मदन लाल कोचर, अध्यक्ष, महावीर इण्टरनेशनल, श्री गंगानगर।

41. श्री निर्मल जैन, अध्यक्ष, उपभोक्ता संरक्षण समिति, गंगानगर।

42. श्री पृथ्वीराज चौधरी, अध्यक्ष, जनकल्याण समिति, गंगानगर।

43. उपभोक्ता संरक्षण समिति, पदमपुर, श्री नंगानगर।

44. श्री प्रभुशरण तिवारी, अध्यक्ष झुन्झनूँ जिला उपभोक्ता परिषद्, गणेश जी के मन्दिर के पास चिड़ावा, झुन्झनूँ।

45. श्री अमृत नाहटा, अध्यक्ष, उपभोक्ता संरक्षण समिति, ए-322, शास्त्री नगर, जोधपुर।

46. कार्यकारी अधिकारी, राष्ट्रीय सेवा योजना, फतेहपुर शेखावटी, सीकर।

47. श्री सूर्यप्रकाश जैन, जिला उपभोक्ता परिषद्, उदयपुर शाखा, नाथ द्वारा, उदयपुर।

48. श्री सुरेन्द्र कुमार जोशी, अध्यक्ष, उपभोक्ता संरक्षण समिति, शाहपुरा मोहल्ला, व्यावर, अजमेर।

49. अध्यक्ष, उपभोक्ता एसोसिएशन, कमलेश विला, स्टेशन डाकघर, फालना-306116।

50. अध्यक्ष, उपभोक्ता संरक्षण एवं शोध परिषद्, ज्वाला प्रिमिसेसे, तिवारी बिल्डिंग, एम. आई. रोड, जयपुर।

51. श्री पी. के. झँवर, अध्यक्ष, उपभोक्ता मंच, 57, लोहा बाजार, उदयपुर।

52. सचिव, सजग उपभोक्ता शक्ति संगठन, 7 झ. 5, जवाहर नगर, जयपुर।

53. अध्यक्ष, उपभोक्ता संरक्षण परिषद्, के. एम. मार्केट, व्यापार (अजमेर)।

54. अध्यक्ष, उपभोक्ता संरक्षण समिति, सातल खेड़ी, ग्राम पंचायत मीणाखेड़ी, जिला कोटा।

55. अध्यक्ष, कञ्ज्यूमर वेलफेयर सोसाइटी, चमन चौराहा, शाहपुरा मोहल्ला, ब्यावर (अजमेर)।

56. अध्यक्ष, उपभोक्ता संरक्षण समिति, 29 बाल मन्दिर कालोनी, सवाईमाधोपुर।

57. भारतीय उपभोक्ता शिक्षा एवं अनुसन्धान संस्थान, जोधपुर।

(3) उपभोक्ता किसे कहा जायेगा?—उपभोक्ता संरक्षण अधिनियम 1986, व्यापार और उद्योग के शोषण से उन लोगों के अधिकारों एवं हितों को बचाने के लिए बनाया गया था, जो किसी-न-किसी प्रकार से उपभोक्ता हैं। अब यहाँ सवाल है कि आखिर किसे उपभोक्ता माना जाय? और किसे नहीं माना जाय? पहले कौन व्यक्ति उपभोक्ता नहीं है, यहाँ यह देख लिया जाय। उपभोक्ता संरक्षण कानून के अनुसार, "कोई भी व्यक्ति, जो व्यावसायिक प्रयोजन के लिए माल क्रय करता है, उपभोक्ता संरक्षण अधिनियम की धारा 2 (1) (घ) में पारिभाषित उपभोक्ता नहीं हैं।[4] अब आगे देखिये, कौन व्यक्ति 'उपभोक्ता' कहा जायेगा—"उपभोक्ता संरक्षण अधिनियम 1986 के अनुसार कोई व्यक्ति, जो अपने उपयोग के लिए सामान वस्तुएँ अथवा सेवाएँ खरीदता है, वह 'उपभोक्ता' है। क्रेता की अनुमति से ऐसे सामान। सेवाओं का प्रयोग करनेवाला व्यक्ति भी उपभोक्ता है। अतः हममें से प्रत्येक व्यक्ति किसी-न-किसी रूप में उपभोक्ता ही है। इसी तरह 'उपभोक्ता' को परिभाषित करते हुए कानून की एक पोथी में कहा गया है कि—"जब कोई व्यक्ति सामानों को खरीदता है और उनका उपयोग स्वयं रोजगार द्वारा अपनी जीविका चलाने के लिए करता है, तो वह भी 'उपभोक्ता' माना जाता है।[5]

ऐसा व्यक्ति भी उपभोक्ता हो सकता है—

"The expression 'Consumer' is defined in S.2 (1) (d) of the Act. The primary purpose of the definition is to restrict the availability of consumer remedies to Consumers only. The method adopted is to confine the act to non-business buyers from business sellers. The difinition, is as follows—

(2) (1) (d) "Consumer" means any person who,

(i) buys any goods for a consideration which has been paid or promised or partly paid and partly promised, or under any system of deffered payment and includes any use of such goods other than the per son who buys such goods for consideration paid or promised or partly—paid or partly promised, or under any system of deffered payment, when such use is made with the approval of such person, but does not-include a person who obtains such goods for resale or for any commercial purpose, or

(ii) hires or avails of any services for a consideration which has been paid or promised or partly paid and partly promised, or under any system of differed payment and includes any benefi ciary of such services other than the person who hires or avails of the services for consideration paid or promised or partly paid or partly promised or under any system of differed payment, when such services are available of with the approval of the first mentioned person but does not include a person who avails of such services for any commercial purpose."

उत्तर प्रदेश शासन ने 'उत्तर प्रदेश उपभोक्ता संरक्षण, नियमावली, 1987' बनायी है। उक्त नियमावली उत्तर प्रदेश शासन के असाधारण गजट दिनांक 31 अगस्त, 1987 के विधायी परिशिष्ट में प्रकाशित हुई है। अतः उक्त नियमावली के नियम 1 (2) के अनुसार यह नियमावली 31 अगस्त, 1987 से प्रवृत्त हुई।

उपभोक्ता संरक्षण अधिनियम में **उपभोक्ता** शब्द की वस्तुओं और सेवाओं के प्रयोजन के लिए अलग से परिभाषा दी गयी है—

वस्तुओं के मामले में, उपभोक्ता से अभिप्राय उस व्यक्ति से है, जो नीचे दिये वर्गों में आता है—

(i) वह व्यक्ति जो प्रतिफल का भुगतान करके या उसके भुगतान का वचन देकर या उसका आंशिक भुगतान करके और आंशिक भुगतान का वचन देकर या किसी अस्थगित भुगतान की पद्धति के अधीन कोई माल क्रय करता है।

(ii) इसमें माल के वास्तविक क्रेता से भिन्न ऐसा व्यक्ति भी शामिल है, जो क्रेता के अनुमोदन से ऐसे माल का प्रयोग करता है।

सेवाओं के मामले में उपभोक्ता से अभिप्राय ऐसे व्यक्ति से है, जो नीचे दिये वर्गों में आता है—

(i) वह व्यक्ति जो प्रतिफल का भुगतान करके या उसके भुगतान का वचन देकर या उसका आंशिक भुगतान करके और आंशिक भुगतान का वचन देकर या किसी अस्थगित भुगतान की पद्धति के अधीन किसी सेवा या किन्ही सेवाओं को भाड़े पर लेता है,

(ii) इसमें प्रतिफल का भुगतान करके सेवाओं को वास्तव में भाड़े पर लेनेवाले व्यक्ति से भिन्न ऐसा लाभ भोगी भी शामिल हैं, जो वास्तव में भाड़े पर लेनेवाले व्यक्ति के अनुमोदन से ऐसी सेवाओं का उपयोग करता है।

(4) उपभोक्ता संरक्षण अधिनियम 1986 की संक्षिप्त रूप रेखा–

1. संक्षिप्त नाम, विस्तार, प्रारम्भ और लागू होना[6]—(1) इस अधिनियम का संक्षिप्त नाम उपभोक्ता संरक्षण अधिनियम, 1986 है।[7]

(2) इसका विस्तार जम्मू-कश्मीर राज्य के सिवाय सम्पूर्ण भारत में होगा।

(3) यह उस तारीख को प्रवृत्त होगा, जो केन्द्रीय सरकार अधिसूचना द्वारा नियत करे और विभिन्न राज्यों और अधिनियम के विभिन्न उपबन्धों के लिए विभिन्न तारीखें नियत की जा सकेंगी।[8]

(4) केन्द्रीय सरकार द्वारा अधिनियम द्वारा अभिव्यक्त रूप से अन्यथा उपबन्धित के सिवाय, यह अधिनियम सभी माल और सेवाओं को लागू होगा।

1. अधिनियम का प्रारम्भ—इस अधिनियम के प्रथम, द्वितीय और चतुर्थ अध्याय 15 अप्रैल, 1987 से प्रारम्भ किये गये हैं और अधिनियम का तृतीय अध्याय 1 जुलाई, 1987 से लागू किया गया है।

2. अधिनियम की प्रवृत्ति—केन्द्रीय सरकार द्वारा अधिसूचना के माध्यम से विशिष्ट रूप से अन्यथा उपबन्धित के सिवाय यह अधिनियम सभी माल और सेवाओं पर लागू होगा।

3. अधिनियम का प्रभावी होना—उपभोक्ता संरक्षण अधिनियम, 1986 दिनांक 24 दिसम्बर, 1986 से विभिन्न सामाजिक संघर्ष समुदायों की दीर्घकालीन लड़ाई के बाद 24 दिसम्बर, 1986 को अधिनियमित किया गया, किन्तु यह 15 अप्रैल, 1987 से प्रभावी हुआ तथा विभिन्न राज्यों व जिलों में उपचार अभिकर्त्ताओं की स्थापना पर्याप्त विलम्ब के बाद की गयी है।

4. अधिनियम में प्रयुक्त शब्दों के अर्थ एवं व्याख्या—केन्द्रीय सरकार ने उपभोक्ता संरक्षण नियम, 1987 अधिसूचित किये हैं, जो 15 अप्रैल, 1987 से लागू हो गये हैं। इन नियमों में राष्ट्रीय आयोग में शिकायतें दर्ज कराने के लिए कोई फीस नहीं रखी गयी है।

(5) उपभोक्ता संरक्षण अधिनियम 1986 के उद्‌देश्य—इस अधिनियम के उद्‌देश्य निम्न हैं—

उपभोक्ता संरक्षण अधिनियम, 1986 (1986 का 68) देश के सामाजार्थिक कानूनों के इतिहास में एक महत्त्वपूर्ण कदम है। उपभोक्ताओं के लिये संरक्षण के लिये बनाये गये कानूनों में से यह सर्वाधिक प्रगतिशील और व्यापक कानून है। यह नया कानून इंग्लैण्ड, अमेरिका, आस्ट्रेलिया और न्यूजीलैण्ड में लागू उपभोक्ता संरक्षण कानूनों तथा व्यवस्थाओं का गहराई से अध्ययन करने के बाद बनाया गया है। इसे तैयार करने से पूर्व उपभोक्ताओं, व्यापार तथा उद्योग के प्रतिनिधियों से विचार-विमर्श किया गया था। सरकारी स्तर पर भी सम्बन्धित मन्त्रालयों से विचार-परामर्श किया गया।

नये कानून का मुख्य उद्‌देश्य उपभोक्ताओं को बेहतर संरक्षण प्रदान करना है। यह कानून वर्तमान कानूनों की तरह दण्डात्मक तथा निरोधक नहीं है। इसके उपबन्धों में क्षतिपूर्ति की व्यवस्था है। इस अधिनियम में उपभोक्ताओं की शिकायतों को शीघ्र, सरल तरीकों से तथा कम खर्चे में दूर करने की व्यवस्था है। इस प्रयोजन के लिए इस अधिनियम में राष्ट्रीय, राज्य तथा जिला स्तरों पर एक तीन स्तरीय अर्द्ध-न्यायिक तन्त्र की स्थापना करने की व्यवस्था है। इस अधिनियम में उपभोक्ताओं के अधिकारों का उल्लेख किया गया है। इसमें केन्द्र तथा राज्यों में उपभोक्ता संरक्षण परिषद् स्थापित करने का भी प्रावधान है। इन उपभोक्ता संरक्षण परिषदों का उद्‌देश्य उपभोक्ताओं के अधिकारों को बढ़ावा देना तथा उनकी रक्षा करना होगा।

(6) अधिनियम की प्रमुख बातें—

इस अधिनियम की मुख्य-मुख्य बातें संक्षेप में इस प्रकार हैं—

(क) यह अधिनियम सभी वस्तुओं तथा सेवाओं पर लागू होता है। केवल वही वस्तुएँ तथा सेवाएँ इसके अन्तर्गत नहीं आयेंगी, जिन्हें केन्द्रीय सरकार ने विशिष्ट रूप से छूट दी हो;

(ख) यह निजी, सार्वजनिक या सहकारी सभी क्षेत्रों पर लागू होता है;

(ग) इस अधिनियम के उपबन्धों में क्षतिपूर्ति की व्यवस्था है;

(घ) इसमें उपभोक्ताओं के निम्नलिखित अधिकारों का वर्णन है—

(1) ऐसे माल के विपणन के विरुद्ध संरक्षण पाने का अधिकार जो जीवन और सम्पत्ति के लिये खतरनाक हो;

(2) अनुचित व्यापार व्यवहारों से उपभोक्ताओं को संरक्षण प्रदान करने के लिए माल की गुणवत्ता मात्रा, क्षमता, शुद्धता, मानक और मूल्य के बारे में सूचित किये जाने का अधिकार;

(3) जहाँ भी सम्भव हो वहाँ प्रतिस्पर्धी मूल्यों पर माल की विभिन्न किस्मों को सुलभ कराये जाने का अधिकार;

(4) सुनवायी तथा इस आश्वासन का अधिकार कि उपभोक्ता के हितों पर समुचित मन्चों पर सम्यक् रूप से विचार किया जायेगा;

(5) अनुचित व्यापारिक व्यवहार या उपभोक्ताओं के अनुचित शोषण के विरुद्ध क्षतिपूर्ति का अधिकार; और

(6) उपभोक्ता शिक्षा का अधिकार।

(ङ) इस अधिनियम में केन्द्रीय तथा राज्य स्तरों पर उपभोक्ता संरक्षण परिषदों की स्थापना करने की व्यवस्था की गयी है, जिनका मुख्य उद्देश्य उपभोक्ताओं के अधिकारों को बढ़ावा देना तथा उनकी रक्षा करना होगा;

(च) उपभोक्ताओं की शिकायतों को शीघ्र, सरल तरीके से तथा कम खर्च में दूर करने के लिये इस अधिनियम में राष्ट्रीय, राज्य तथा जिला स्तरों पर एक तीन स्तरीय अर्द्ध-न्यायिक तन्त्र की स्थापना करने की व्यवस्था है। राष्ट्रीय स्तर पर एक राष्ट्रीय उपभोक्ता विवाद प्रतितोष आयेगा (जो "राष्ट्रीय आयोग" नाम से जाना जायेगा) होगा। राज्य स्तर पर उपभोक्ता विवाद प्रतितोष आयोग (जो "राज्य आयोग" से जाना जायेगा) होंगे और जिला स्तर पर उपभोक्ता विवाद प्रतितोष फोरम (जिन्हें "जिला फोरम" के नाम से जाना जायेगा) होंगे। जिन मामलों में व्यापारी अथवा विनिर्माता जिला मंच, राज्य आयोगों तथा राष्ट्रीय आयोग के आदेशों का पालन नहीं करेंगे, उनके लिए अधिनियम में आवश्यक दण्डात्मक उपबंधों की व्यवस्था की गयी है;

(छ) इस अधिनियम के उपबंध, इस समय लागू किसी अन्य कानूनों के उपबंधों के अतिरिक्त होंगे, न कि उसके अल्पीकरण में।

(7) उपभोक्ता संरक्षण अधिनियम की विभिन्न धाराओं में प्रमुख प्रावधान—

उपभोक्ताओं के उपर्युक्त अधिकारों के सम्वर्द्धन एवं संरक्षण के उद्देश्यों की पूर्ति के निमित्त उक्त अधिनियम की विभिन्न धाराओं में जो प्रावधान किये गये हैं, उनका विवरण निम्नवत् हैं—

धारा 4 से 8 तक राष्ट्रीय तथा प्रादेशिक स्तर पर उपभोक्ता संरक्षण परिषदों के गठित करने का प्रावधान है, जिनका उद्देश्य उपर्युक्त (क) से (च) में वर्णित उपभोक्ता के अधिकारों के संरक्षण तथा सम्वर्द्धन के निमित्त राष्ट्रीय एवं प्रादेशिक स्तर पर यथोचित कार्य करने का है। चूँकि परिषदों को कोई विधिक अधिकार नहीं दिये गये हैं अतः यह राष्ट्रीय व प्रादेशिक स्तर पर शासन को उक्त अधिनियम के प्रभावी क्रियान्वयन के सम्बन्ध में मात्र सुझाव देने तक ही सीमित रहेंगी।

धारा 9 में उपभोक्ताओं के कष्टों के निवारण के लिए विधिक अधिकारों से युक्त "जिला फोरम" राज्य आयोगों तथा राष्ट्रीय आयोग की स्थापना का प्रावधान है।

धारा 10 में जिला फोरम की स्थापना की प्रक्रिया बतायी गयी है। इसके अध्यक्ष पद के लिये जिला जज के पद की योग्यता का अधिकारी नियुक्त होगा। एक सदस्य शिक्षा या व्यापार के क्षेत्र का सुविख्यात व्यक्ति तथा एक सदस्य महिला सामाजिक कार्यकर्त्ता होगां

धारा 15 में जिला फोरम के निर्णय से असन्तुष्ट व्यक्ति द्वारा आयोग के समक्ष 30 दिन के अन्दर अपील दायर करने का प्रावधान है।

धारा 16 में राज्य आयोग के गठन की प्रक्रिया बतायी गयी है। उच्च न्यायालय के न्यायाधीश होने की योग्यता वाला अधिकारी इस आयोग का अध्यक्ष होगा। दो अन्य सदस्य (जिनमें से एक महिला सदस्य का होना अनिवार्य है) अर्थशास्त्र, वाणिज्य, विधि, उद्योग तथा प्रशासन आदि क्षेत्रों में सम्बन्धित ख्याति के लोगों से नामनिर्दिष्ट होंगे।

धारा 17 में राज्य आयोग के अधिकार क्षेत्र का वर्णन है जो पाँच लाख से बीस लाख की कीमत के विवादों का निस्तारण तथा जिला फोरम के निर्णय के विरुद्ध दायर अपीलों का निस्तारण करेंगे।

धारा 18 व 19 में राज्य परिषदों की कार्यवाही की प्रक्रिया तथा उनके निर्णय के विरुद्ध राष्ट्रीय आयोग में अपील किये जाने का उपबन्ध है।

धारा 20 में राष्ट्रीय आयोग की नियुक्ति के नियम दिये गये हैं। इसके अध्यक्ष उच्चतम न्यायालय के न्यायाधीश के पद की योग्यता के अधिकारी होंगे तथा अन्य चार सदस्य ऐसे गणमान्य एवं योग्य व्यक्ति उनमें से एक महिला सदस्य का होना अनिवार्य है) होंगे, जो विधि, वाणिज्य एवं जन-प्रशासन आदि क्षेत्रों से सम्बद्ध हों।

धारा 21 में राष्ट्रीय आयोग के अधिकार क्षेत्र का वर्णन है जो बीस लाख से अधिक मूल्य के विवादों का निपटारा करेगा तथा राज्य आयोगों के निर्णयों के विरुद्ध अपीलों की सुनवायी करेगा।

धारा 22 व 23 के अनुसार राष्ट्रीय आयोग द्वारा केन्द्र सरकार द्वारा निर्धारित प्रक्रिया अपनायी जायेगी तथा राष्ट्रीय आयोग के निर्णय के विरुद्ध अपील उच्चतम न्यायालय में की जायेगी।

धारा 24 तथा 26 में यह उपबन्ध है कि यदि सदस्य के अन्दर अपील नहीं की गयी तो जिला फोरम तथा राज्य एवं राष्ट्रीय आयोग के आदेश अन्तिम होंगे तथा इनके द्वारा तथ्यहीन एवं द्वेषपूर्ण प्रतिवादों को निरस्त भी किया जा सकता है।

(8) शिकायत कौन दर्ज-दायर करा सकता है?–

स्वयं उपभोक्ता या कोई स्वैच्छिक उपभोक्ता संगठन, जो सीमित पंजीकरण अधिनियम, 1860 अथवा कम्पनी अधिनियम 1951 अथवा फिलहाल लागू किसी अन्य विधि के अधीन पंजीकृत है, शिकायत दर्ज करा सकता है। इसके अलावा केन्द्र सरकार या राज्य सरकार अथवा संघ क्षेत्र में निवास करनेवाला उपभोक्ता भी शिकायत दर्ज करा सकता है। साफ शब्दों में—

इस अधिनियम के अन्तर्गत नीचे दिये गये वर्गों में आनेवाले व्यक्ति शिकायत दायर कर सकते हैं—

(एक) उपभोक्ता

(दो) कोई भी स्वैच्छक उपभोक्ता संगठन।

(तीन) ऐसे संगठन, सोसाइटी पंजीकरण अधिनियम, 1860 अथवा कम्पनी अधिनियम, 1956 या उस समय लागू किसी अन्य कानून के तहत पंजीकृत होने चाहिए।

(चार) केन्द्रीय सरकार।

(पाँच) राज्य सरकारें अथवा संघ राज्य क्षेत्र प्रशासन।

यदि माल अथवा सेवाओं का मूल्य तथा क्षतिपूर्ति के लिए माँगी गयी रकम पाँच लाख रुपये से कम है तो शिकायत उस जिला फोरम के पास दायर की जा सकती है, जिसे राज्य सरकार ने उस जिले के लिए अधिसूचित किया है जहाँ कि शिकायत का कारण पैदा होता है या जहाँ विरोधी पक्षकार निवास करता है।

यदि माल अथवा सेवाओं का मूल्य तथा क्षतिपूर्ति के लिए माँगी गयी राशि पाँच लाख रुपये से अधिक है, किन्तु बीस लाख रुपये से अधिक नहीं है, तो शिकायत सम्बन्धित राज्य सरकार अथवा संघ राज्य क्षेत्र द्वारा अधिसूचित राज्य आयोग के समक्ष दायर की जा सकती है।

यदि माल अथवा सेवाओं का मूल्य तथा क्षतिपूर्ति की माँगी गयी राशि बीस लाख रुपये से अधिक है तो शिकायत नयी दिल्ली स्थिति राष्ट्रीय आयोग के समक्ष दायर की जा सकती है।

(9) शिकायतों का स्वरूप—किसी व्यापारी द्वारा अनुचित/प्रबन्धात्मक पद्धति के प्रयोग करने से यदि उपभोक्ता को हानि/क्षति हुई है अथवा खरीदे गये सामान में यदि कोई खराबी है या फिर किराये पर ली गयी। उपयोग की गयी सेवाओं में कमी पायी गयी है या फिर विक्रेता ने उप भोक्ता से प्रदर्शित मूल्य अथवा लागू कानून द्वारा अथवा इसके मूल्य से अधिक मूल्य लिया गया है। इसके अलावा यदि किसी कानून का उल्लंघन करते हुए जीवन तथा सुरक्षा के लिए जोखिम पैदा करनेवाला सामान जनता को बेचा जा रहा है, तो उपभोक्ता शिकायत दर्ज करवा सकते हैं।

(10) शिकायत कहाँ की जाय?–शिकायत कहाँ की जाय, यह बात सामान सेवाओं की लागत अथवा माँगी गयी क्षतिपूर्ति पर निर्भर करती है। अगर यह राशि 20 लाख रुपये से कम है तो जिला फोरम में शिकायत करनी चाहिए, किन्तु यह राशि यदि 20 लाख रुपये से अधिक लेकिन एक करोड़ रुपये से कम है तो राज्य आयोग के समक्ष और यदि एक करोड़ रुपये से अधिक है, तो राष्ट्रीय आयोग के समक्ष शिकायत दर्ज कराई जा सकती है। सुविधा के लिए वेबसाइट www.Fcamin. nic.in पर सभी पते उपलब्ध हैं, या फिर तत्सम्बन्धी वकील से भी राय ली जा सकती है।

(11) शिकायत करने का तरीका—उपभोक्ता द्वारा अथवा शिकायतकर्त्ता द्वारा शिकायत सादे कागज पर की जा सकती है। शिकायत में शिकायत कर्त्ताओं तथा विपरीत पार्टी के नाम का विवरण तथा पता, शिकायत से सम्बन्धित तथ्य एवं यह सब कब और कहाँ हुआ—आदि का विवरण, शिकायत में उल्लिखित आरोपों के समर्थन में दस्तावेज साथ ही प्राधिकृत एजेण्ट के हस्ताक्षर होने चाहिए। इस प्रकार की शिकायत दर्ज कराने के लिए किसी वकील की आवश्यकता नहीं होती, साथ ही इस कार्य पर नाममात्र न्यायालय शुल्क लिया जाता है।

(12) क्षतिपूर्ति—उपभोक्ताओं को प्रदाय सामान से खराबियाँ हटाना, सामान को बदलना, चुकाये गये मूल्य को वापस देने के अलावा हानि तथा चोट के लिए क्षतिपूर्ति की व्यवस्था इस कानून में है। सेवाओं में त्रुटियाँ अथवा कमियाँ हटाने के साथ-साथ पार्टियों को पर्याप्त न्यायालय वाद-व्यय प्रदान कर राहत दी जाती है।

(13) उपभोक्ता के अधिकार—उपभोक्ता के रूप में हमें कुछ अधिकार प्राप्त हैं, यथा—सुरक्षा का अधिकार, जानकारी होने का अधिकार, चुनने का अधिकार, सुनवायी का अधिकार, शिकायत निवारण का अधिकार तथा उपभोक्ता शिक्षा का अधिकार। इसे थोड़ा फैलाकर इस प्रकार देखा जा सकता है—

(क) सुरक्षा का अधिकार—उपभोक्ता का प्रथम अधिकार सुरक्षा का अधिकार है। उसे ऐसी वस्तुओं और सेवाओं से सुरक्षा प्राप्त करने का अधिकार है, जिनसे उसके शरीर को हानि उत्पन्न हो सकती है। उसे किसी भी वस्तु या सेवा से चोट लगने या बीमार होने या क्षति होने या किसी भी व्यक्ति के अविवेकपूर्ण आचरण से क्षति होने के विरुद्ध सुरक्षा प्राप्त करने का अधिकार है। उपभोक्ता इस अधिकार के द्वारा खराब एवं दुष्प्रभावी खाद्य-वस्तुओं, नकली दवाओं, घटिया यन्त्रों एवं उपकरणों तथा बाजार में उपलब्ध घटिया, नकली, जाली-सभी वस्तुओं में होनेवाले धन, स्वास्थ्य एवं शरीर की हॉनि से सुरक्षा प्राप्त कर सकता है।

(ख) चुनाव एवं पसन्द का अधिकार—उपभोक्ता अपने इस अधिकार के अन्तर्गत विभिन्न निर्माताओं द्वारा निर्मित विभिन्न ब्राण्ड, किस्म, गुण, रूप, रंग आकार तथा मूल्य—वस्तुओं में से किसी भी वस्तु का चुनाव करने के लिए स्वतन्त्र होगा।

(ग) सूचना पाने का अधिकार—उपभोक्ता को वे सभी आवश्यक सूचनाएँ प्राप्त करने का अधिकार होता है, जिनके आधार पर वह वस्तु या सेवा खरीदने का निर्णय कर सके। यह सूचनाएँ वस्तु की किस्म, मात्रा, शुद्धता, प्रमाण, मूल्य आदि के सम्बन्ध में हो सकती हैं। इन सूचनाओं को प्राप्त कर कोई भी उपभोक्ता व्यवसायी के अनुचित व्यापारिक व्यवहारों से भी सुरक्षा प्राप्त कर सकता है।

(घ) सुनवायी या कहने का अधिकार—उपभोक्ता को अपने हितों को प्रभावित करनेवाली सभी बातों को उपयुक्त मंचों के समक्ष प्रस्तुत करने का अधिकार है। वे अपने इस अधिकार का उपयोग कर व्यवसायी और सरकार को अपने हितों के अनुरूप निर्णय लेने तथा नीतियाँ बनाने के लिए बाध्य कर सकते हैं। सुनवायी का अधिकार ही वह अधिकार है, जिसके द्वारा वह अपनी शिकायत को व्यक्त कर सकता है तथा अपने अन्य अधिकारों की रक्षा कर सकता है।

(ङ) उपचार का अधिकार—यह अधिकार उपभोक्ता को यह आश्वासन प्रदान करता है कि क्रय की गयी वस्तु या सेवा उचित एवं सन्तोषजनक ढंग से उपभोग में नहीं लाई जा सकेगी तो उसे उसकी उचित क्षतिपूर्ति प्राप्त करने का अधिकार होगा। उपभोक्ता के उस अधिकार की रक्षा के लिए सरकार कानूनी व्यवस्था करती है। भारत के उपभोक्ता संरक्षण अधिनियम के अन्तर्गत् इस प्रकार की व्यवस्था की गयी है।

(च) उपभोक्ता शिक्षा का अधिकार—इस अधिकार के अन्तर्गत उपभोक्ता को उन सब बातों की शिक्षा या जानकारी प्राप्त करने का अधिकार होता है, जो एक उपभोक्ता के लिए आवश्यक होती है। शिक्षा, उपभोक्ता की जागरूकता की आधारभूत आवश्यकता है, जब कि सूचना, किसी क्रय की जानेवाली वस्तु या सेवा के सम्बन्ध में जानकारी है।

(छ) मूल्य या प्रतिफल का अधिकार—उपभोक्ता यह अपेक्षा करने का अधिकार भी रखता है कि उसे उसके द्वारा चुकाये गये धन का पूरा मूल्य मिल सकेगा। उसे व्यवसायी द्वारा विक्रय के दौरान या विज्ञापन में किये गये वायदों तथा जगायी गयी आशाओं को पूरा करवाने का अधिकार होता है। संसद द्वारा पारित इस अधिनियम पर राष्ट्रपति ने दिनांक 24 दिसम्बर, 1996 में हस्ताक्षर किये और यह कानून उसी दिन से पूरे भारत में लागू माना गया। इसी परिप्रेक्ष्य में 24 दिसम्बर को "राष्ट्रीय उपभोक्ता दिवस" मनाने का निर्णय भारत सरकार द्वारा लिया गया, जिसमें यह दर्शाया जाता है कि उपभोक्ता द्वारा अधिकारों को मान्यता प्रदान करना और उनकी रक्षा करना सामाजिक और आर्थिक प्रगति का महत्त्वपूर्ण और गरिमामय परिचायक है। उपभोक्ताओं को शोषण से बचाने के लिए एवं उन्हें अधिकतम सन्तुष्टि प्रदान करने के लिए उपभोक्ता अधिकारों का अधिकाधिक प्रचार-प्रसार करना और उपभोक्ताओं को जागरूक करना आवश्यक है।

(14) उपभोक्ता अधिकारों की हालत दयनीय—समानान्तर उपभोक्ता न्याय प्रणाली प्रदान करनेवाला यह कानून दुनिया का एक बेहतर कानून है। भारतीय उपभोक्ता आन्दोलन के इतिहास में इस कानून का बनना एक कीर्तिमान् है। इस कानून से देश के उपभोक्ताओं के अधिकारों में महत्त्वपूर्ण योगदान हुआ। इस कानून के बनने के समय 21 नवम्बर, 2008 तक राष्ट्रीय, राज्य एवं जिला स्तर की उपभोक्ता अदालतों में 31 लाख से ज्यादा शिकायतें दर्ज करायी गयीं, जिनमें से करीब 3,56,219 अभी भी लम्बित हैं।

महालेखा नियंत्रक एवं परीक्षक की ओर से कराये गये एक ताजा सर्वेक्षण की रपट बताती है कि भारत में उपभोक्ता अधिकारों की हालत बहुत दयनीय है। रपट में न सिर्फ स्वयं सेवी संगठनों की कोशिशों को नाकाफी बताया गया है, बल्कि सर्वेक्षण के नतीजे सरकार को भी कठघरे

में खड़ा करते हैं। इसके मुताबिक करीब 18% उपभोक्ता मानते हैं कि सरकार उनके हितों की रक्षा के लिए कुछ नहीं कर रही है और उन्हें मुनाफाखोर ताकतों के भरोसे छोड़ दिया गया है। एक तरफ घरेलू उपयोग की चीजों की कीमतों में बराबर बढ़ोतरी हो रही है और दूसरी ओर मनमाने दाम वसूलने की शिकायतों की अनदेखी का सिलसिला बदस्तूर जारी है। उपभोक्ताओं के हितों का संरक्षण अभी तक पर्याप्त महत्त्व नहीं पा सका है। इस संबबन्ध में कानून लागू होने के करीब तीस साल बाद भी तीन चौथाई से ज्यादा ग्राहक पूरी तरह बाजार के रहमोकरम पर निर्भर हैं। सम्बन्धित कानून के अमल में जहाँ सरकार या प्रशासन की लापरवाही दिखायी देती है, वहीं ज्यादातर उपभोक्ता भी अपने अधिकारों के प्रति उदासीन हैं। जागरूकता का आलम यह है कि करीब 82% लोग इस कानून और अपने हक के बारे में कुछ नहीं जानते हैं। ज्यादातर लोगों को इस बात की जानकारी नहीं है कि उपभोक्ता अदालतों में अपने अधिकारों की लड़ाई के लिए किसी वकील की जरूरत नहीं है और इसके लिए सिर्फ शिकायत पत्र काफी है।

सरकारी स्तर पर हालत यह है कि इस मामले पर निगरानी के लिए बनाये गये विभाग के पास अभी तक कोई ऐसी खास योजना नहीं है, जिससे ग्राहकों की जागरूकता और सशक्तिकरण आदि के लिए मुहैया कराए गये कल्याण-कोश का ठीक से इस्तेमाल हो सके। सम्बन्धित मन्त्रालय भी कोई ऐसा तन्त्र विकसित नहीं कर सका है, जिससे समुचित तरीके से लोगों तक इसका लाभ पहुँचे। इस बात से इन्कार नहीं किया जा सकता कि उपभोक्ता अधिकारों के मामले में पिछले कुछ सालों में सक्रियता बढ़ी है, किन्तु यह अब भी बहुत कम है। ताजा सर्वेक्षण के मुताबिक 18% से भी कम लोग धोखाधड़ी के खिलाफ आवाज उठाते या उपभोक्ता अदालतों में शिकायत कर पाते हैं। इस हालत में सुधार के लिए न तो केन्द्र के पास कोई सुचिन्तित नीति है और न ही उपभोक्ता संरक्षण परिषदें कायदे से अपनी जिम्मेदारी निभा रही हैं। लोगों में जागरूकता के अभाव और सरकारी तन्त्र की निष्क्रियता के कारण उपभोक्ता आन्दोलन काफी कमजोर हालत में है। इस स्थिति को बदलना जरूरी है, ताकि बाजार और खरीददार के बीच एक ईमानदार और पारदर्शी रिश्ता बन सके।

(15) उपभोक्ता कानून को प्रभावशाली बनाने के लिए कुछ सुझाव—इस कानून को प्रभावकारी बनाने तथा अपने मकसद को पूरा करने के लिए यह-जरूरी है कि उपभोक्ता अदालतों को सरल, कम खर्चीला तथा तीव्र न्याय देनेवाला बनाया जाय, अन्यथा उपभोक्ताओं का विश्वास इस प्रणाली से उठ जायेगा। उदाहरण के लिए राज्य सरकारों को चाहिए कि इन अदालतों के क्रियाकलापों पर पूरी निगरानी रखें, ताकि यह सुनिश्चित हो सके कि इन अदालतों के अध्यक्षों और सदस्यों की नियुक्ति सहित सभी लम्बित मुकदमों की सुनवायी पूरी तरह खत्म हो जाय। अगस्त 2007 की स्थिति यह थी कि कुल 42 जिला उपभोक्ता फोरम (कुल 608 ऐसे उपभोक्ता फोरम हैं) से होनेवाली विलम्ब नियुक्तियों के कारण सक्रिय नहीं थे। यह कहने की जरूरत नहीं कि ऐसे स्थितियों से विवादों के तीव्र प्रचार प्रभावित होते हैं। यदि उन सेवाओं में अपीलों को प्रतिबन्धित करनेवाला कानून बने, जिसके मूल्य एक लाख रुपये तक हैं, तो शीघ्र विवाद निपटारे में मदद मिलेगी।

इन अदालतों में न्याय देने के लिए तैनात व्यक्तियों को देश के उपभोक्ताओं की दशा के प्रति संवेदनशील बनाने की जरूरत है। साथ ही मुआवजे की राशि को अधिक उचित एवं उदार ढंग से आकलन करने की जरूरत है, जो उपभोक्ता संरक्षण कानून की भावना के अनुरूप है। चूँकि सुनवायी के स्थगन तथा अति तकनीकी प्रक्रियाओं के कारण भी मामलों के निबटारे में देर होती है, इसलिए उपभोक्ता अदालतों के फैसलों की पूरी छानबीन की जरूरत है, ताकि उपभोक्ता

संरक्षण कानून के प्रावधानों के उल्लंघनवाली उपभोक्ता न्याय प्रणाली से छुटकारा मिल सके। ऐसी छानबीन से सन्दिग्ध चरित्रवाली अदालतों के अध्यक्षों एवं सदस्यों की पहचान करने में मदद मिलेगी। इस बात को दूसरे ढंग से कहें तो एक नियमित, स्वतन्त्र ऑडिट अंकेक्षण-व्यवस्था की जरूरत है ताकि सदस्यों एवं अध्यक्षों को हटाया जा सके, जो उपभोक्ता संरक्षण कानून पर अक्षरशः तथा उसकी भावना के अनुरूप अमल नहीं करते।

(16) विज्ञापनों की सन्दिग्धता, सेलिब्रिटी और उपभोक्ता समाज—अंग्रेजी 'Celebrity' (सेलिब्रिटी) का हिन्दी अर्थ होता है—यशस्वी, प्रसिद्ध, ख्याति प्राप्त, विख्यात, प्रख्यात, मशहूर या शुहरतयाफ्ता व्यक्ति reputed, famous, renowned या Celebrated, विज्ञापनों में उत्पाद के प्रचार के सन्दर्भ में यह मान लिया गया है कि यदि सत्ता, शोहरत, पैसा और लोकप्रियता से लबरेज कोई व्यक्ति, किसी 'प्रोडक्ट' का प्रचार कर रहा है तो वह वस्तु वास्तव में विश्वसनीय, असरकारक और शीघ्रता से आँख मूँदकर खरीदने लायक होगी, जब कि ऐसा होता नहीं है। खेल, सिनेमा आदि क्षेत्रों के लोकप्रिय व्यक्तियों को विज्ञापन में उत्पाद के प्रचार के लिए इस्तेमाल कर यह सिद्ध करने का प्रयास किया जाता है कि उनका ब्राण्ड बाजार में सर्वाधिक लोकप्रिय और बिकाऊ है। वे नम्बर एक ब्राण्ड लेकर उपभोक्ताओं के सामने आये हैं। इसके लिए वे प्रथमतः पाठकों/दर्शकों के अवचेतन मन पर मनोवैज्ञानिक ढंग से 'सेलिब्रिटी' के माध्यम से प्रहार करवाते हैं। सेलिब्रिटी के माध्यम से अनेक भ्रामक और खोखले दावे प्रस्तुत करते हैं, कभी गोरेपन को सुन्दरता का प्रतीक मान सेलिब्रिटी के द्वारा काले लोगों के लिए खूबसूरत फेयरनेस क्रीम परोस नस्लीय गुलामी और रंगभेद पैदा करते हैं, कभी काली-साँवली चमड़ी को अंग्रेजी की तरह नौकरी के लिए अयोग्य घोषित करते हैं, कभी कोल्ड ड्रिण्क के प्रचार में चमत्कारिक और जानगवाँ देनेवाला 'स्टण्ट' प्रस्तुत करते हैं तो कभी अन्तः वस्त्रों के नाम पर फूहड़ता और मर्दानापन बेचते हैं। कुल मिलाकर यह कि इन अप्रमाणिक और उपभोक्ताओं को रोज ठगनेवाले विज्ञापनों को लेकर दोषी किसे माना जाय—विज्ञापनबाजों को, सेलिब्रिटी (ब्राण्ड एम्बेसडर) को, माध्यमों को, उपभोक्ताओं को या सरकार को? आज इस सवाल पर भारतवर्ष में तुमुलनाद और घमासान रार मचा हुआ है।

अपने-अपने बचाव में इन सभी के अपने-अपने तर्क हैं। विज्ञापन निर्माता कम्पनियों का तर्क है कि उन्हें अपने ग्राहकों की रुचि और पसन्द का ध्यान होता है, अतः हमें उनकी पसन्द का विज्ञापन तैयार करना होता है। उपभोक्ता जैसा चाहता है, हम वैसा विज्ञापन तैयारकर उनकी कसौटी पर खरा उतरने का प्रयास करते हैं, किन्तु सच कुछ अलग ही है। दरअसल, आज टेलीविजन चैनलों, समाचार-पत्रों, आनलाइन साइटों, रेडियो, होर्डिंग्स, बैनर और पैम्फलेट आदि के जरिये किये जा रहे विज्ञापनों की एक भेड़चाल मची है और अधिकतर विज्ञापनों के दावों की विश्वसनीयता सन्दिग्ध है। इसका कारण है, बाजार में ब्राण्डों के बीच जारी गलाकाट प्रतिस्पर्द्धा, जिसे आनलाइन मार्केट ईंधन उपलब्ध करा रहा है। हर कम्पनी चाहती है कि वह हर उत्पाद के क्षेत्र में अपनी बाजार हिस्सेदारी बना ले। इसके लिए वह दूसरी कम्पनियों के उत्पादों को कमतर बताते हुए अपने उत्पाद को बेहतर बनाने की अन्धी दौड़ कब खोखले दावों में तब्दील होने लगती है, पता ही नहीं चलता।[9] इधर, सरकार के भी उपभोक्ताओं के प्रति उत्तर-दायित्व की एक लक्ष्मण रेखा है। सरकार भरसक प्रयास करती है कि उपभोक्ताओं का किसी भी तरह से अनभल न हो, अतः विज्ञापन और उपभोक्ता सम्बन्धी तमाम नियम-कानून बनाये गये हैं, किन्तु प्रश्न है कि क्या उपभोक्ताओं के अपने ही हित के लिए कुछ उत्तरदायित्व नहीं है? सामान्य/उत्पाद की जाँच, परख क्या उसे नहीं करनी चाहिए। इधर, विज्ञापनों में काम करनेवाले अभिनेता, अभिनेत्री, क्रिकेटर आदि

यह कहकर पल्ला झाड़ लेते हैं कि उनका काम केवल अभिनय करना है, उत्पाद की गुणवत्ता जाँचना नहीं। टेलीविजन चैनल, अखबार और अन्यमीडिया भी उत्पादों की विश्वसनीयता सत्यापित करना अपना काम नहीं मानते, क्योंकि विज्ञापन उनके माध्यम के लिए ईंधन की तरह है। ऐसे में यह जिम्मेदारी भी सरकार के जिम्मे आती है कि वह भ्रामक या गलत दावे करनेवाले विज्ञापनों के खिलाफ कार्रवाई करे।[10] सेलिब्रिटी/स्टार का तर्क होता है कि किसी ब्राण्ड के विज्ञापन के लिए स्टार महज शो-पीस की तरह इस्तेमाल किये जाते हैं। विडम्बना यह है कि इससे ब्राण्ड या उत्पाद की वैल्यू तो बढ़ती है, लेकिन सम्बन्धित उत्पाद की गुणवत्ता को लेकर यदि कोई सवाल खड़ा होता है तो स्टार की विश्वसनीयता सवालों के घेरे में आ जाती है। वस्तुतः ऐसा होना नहीं चाहिए। इसमें विज्ञापन करनेवाले स्टार या ब्राण्ड ऐम्बैसेडर की कोई जवाबदेही कैसे हो सकती है? किसी उत्पाद की खराब गुणवत्ता के लिए ब्राण्ड ऐम्बैसेडर को कैसे कसूरवार ठहराया जा सकता है? उसे कैसे पता चलेगा कि उस उत्पाद की गुणवत्ता से समझौता किया गया है? दोषी तो वे लोग हैं, जो उत्पाद को बना रहे हैं। पूछताछ उनसे की जानी चाहिए, जो जाँच करके यह तय करते हैं कि इस उत्पाद को बाजार में उपयोग के लिए उतारा जा सकता है या लोग, इसका इस्तेमाल बेहिचक कर सकते हैं। एक सेलिब्रिटी का भी लगभग यही कहना है कि उत्पाद निर्माण से लेकर उसे बाजार में उतारने की जिम्मेदारी कम्पनी की होती है। प्रोडक्ट की जाँच सरकारी एजेन्सियों के जिम्मे होती है, लिहाजा सरकार को उत्पाद की जाँच प्रक्रिया को सख्त बनाने की जरूरत है। उत्पाद की क्वालिटी की जाँच का सम्बन्ध ब्राण्ड ऐम्बैसेडर से नहीं होता। हम सिर्फ उत्पाद का चेहरा होते हैं। प्रोडक्ट की क्वालिटी उसके निर्माता और सरकारी नुमाइन्दों के बीच का मसला है। ब्राण्ड ऐम्बैसेडर की उसमें कोई भागीदारी नहीं होती। हम ब्राण्ड से जुड़ते हैं तो यकीनन उसकी गुणवत्ता पर यकीन करते हैं। फैक्टरी के भीतर की गतिविधियों से हमारा वास्ता नहीं होता। अगर उत्पाद में कोई कमी है, तो हमें कैसे पता चलेगा? खामियों को लेकर ब्राण्ड ऐम्बैसेडर को जिम्मेदार ठहराने की बजाय सरकार का जोर गुणवत्ता सुधार पर होना चाहिए।[11]

इधर, सेलिब्रिटी की उक्त बातों के पक्ष में एड गुरु प्रह्लाद कक्कड़ का कहना है कि किसी भी सेलिब्रिटी को उत्पाद की खराब गुणवत्ता के लिए जिम्मेदार नहीं ठहराया जा सकता है। सरकारी विभाग इण्डस्ट्री को प्रोडक्ट बनाने का लाइसेंस देता है। उन उत्पादों की सुनिश्चित जाँच प्रक्रिया है। उसमें देखा जाता है कि वे उत्पाद लोगों के लिए उपयोगी होंगे या नहीं। सर्टिफिकेशन के बाद उत्पाद बाजार में आता है। पूरी प्रक्रिया में अहम् भूमिका सरकार के नुमाइन्दों की होती है। ब्राण्ड ऐम्बैसेडर का उससे कोई लेना-देना नहीं होता है। वह सिर्फ उत्पाद का प्रचार करता है। वह कम्पनी के नाम और कार्य के आधार को देखते हुए उसका ब्राण्ड ऐम्बैसेडर बनता है। उत्पादों की क्वालिटी की जाँच उसका कार्यक्षेत्र नहीं है। उसके लिए उन्हें कैसे जिम्मेदार ठहराया जा सकता है? कार्रवाई मैन्युफैक्चरिंग करनेवालों के खिलाफ होनी चाहिए। उनके खिलाफ सख्त नियम बनने चाहिए। जब तक यह नहीं होगा, उत्पाद की गुणवत्ता नहीं सुधरेगी।

(17) कुछ सेलिब्रिटी अपना सामाजिक दायित्व जानते हैं—सेलिब्रिटी भी समाज में रहते हैं। जाहिर है, उनके भी अपने कुछ सामाजिक दायित्व और सरोकार होते हैं। बहरहाल, इन्हीं के बीच कुछ ऐसे सेलिब्रिटी हैं, जो यह मानते हैं कि अगर मैं कोई सामान लेकर ग्राहक के समक्ष जा रहा हूँ तो उसकी गुणवत्ता की जवाबदेही मेरी होती है। प्रचार करने से पूर्व सामान में शामिल चीजों से लेकर उसके फायदे के बारे में हमें जानकारी रखनी चाहिए। ब्राण्ड का चेहरा होने का मापदण्ड विश्वास पर आश्रित होता है। किसी भी प्रोडक्ट का चेहरा बनकर हम लोगों के पास जाते हैं। लोगों का हम पर जो विश्वास है, उसे हम प्रोडक्ट से जोड़ने की कवायद करते हैं। किसी

भी उत्पाद का हानिकारक होना, अडिग विश्वास का खण्डन करना है। लोगों का हम पर विश्वास ही हमारी कमायी है। अतः हर सेलिब्रिटी को जाँच-परखकर विज्ञापन को प्रमोट करना चाहिए।

इसी बीच कुछ सेलिब्रिटी यथा—अमिताभ बच्चन, सचिन तेंदुलकर, पुलेला गोपीचन्द तथा अभिनेत्री कंगना रनोट ने अपना आदर्श उपस्थित किया है। सदी के फिल्मी महानायक श्री अमिताभ बच्चन ने एक कोल्ड ड्रिंक प्रोडक्ट की खामियाँ जानने के बाद उसका विज्ञापन प्रस्ताव अस्वीकार कर दिया था। महान क्रिकेटर श्री सचिन तेंदुलकर ने शराब का विज्ञापन करने से मना कर दिया था क्योंकि यह उत्पाद स्वास्थ्य के लिए हानिकारक होता है। इसी तरह बैडमिण्टन खिलाड़ी पुलेला गोपीचन्द ने सेहत के लिए नुकसानदेह सिगरेट का विज्ञापन करने से मना कर दिया था तथा सुश्री कंगना रनोट ने एक फेयरनेस क्रीम के विज्ञापन को मना किया। उनका मानना था कि साँवला होना कोई शर्मिन्दगी की बात नहीं।

(18) भ्रामक विज्ञापनों की पहचान और सेलिब्रिटी की परिभाषा कैसे तय हो? भ्रामक विज्ञापन यानी ग्राहकों को गुमराह करने का हथकण्डा। एफ.एस.एस.ए.आई. (भारतीय खाद्य एवं मानक प्राधिकरण) के मुताबिक किसी उत्पाद को तब भ्रामक माना जाता है, जब उसे गलत तथ्यों, भ्रामक विज्ञापनों के सहारे प्रदर्शित या बेचा जाय। विज्ञापन में कही गयी बातें उत्पाद लेबल पर दी गयी जानकारी से मेल न खाती हों। लेबल पर खाद्य पदार्थ के विषय में जानकारी न उपलब्ध हो। इस श्रेणी में आनेवाले सभी उत्पादों को भ्रामक माना जाता है। बीते दिनों मैगी नूडल्स में मोनोसोडियम ग्लूकामेट (एम.एस.जी.) नामक तत्त्व की मात्रा सामान्य से कई गुना अधिक पायी गयी, जो इसे हानि कारक बनाती थी, जब कि इसकी सही मात्रा का जिक्र लेबल पर नहीं था। और-तो-और विज्ञापन में इसे स्वास्थ्य के लिए अच्छा बताया जा रहा था। बस यहीं से नियम उल्लंघन का सारा किस्सा शुरू हुआ। इसके चलते नूडल्स का विज्ञापन करनेवाली अभिनेत्री माधुरी दीक्षित और अमिताभ बच्चन भी विवादों में आ गये। एक महत्त्वपूर्ण बात यहाँ और। वह यह कि भ्रामक विज्ञापनों के लिए हस्तियों को जिम्मेदार मानने में कई दिक्कते हैं। मसलन कोई माधुरी दीक्षित या अभिताम बच्चन से कैसे आशा कर सकता है कि वे लैब में जाकर उत्पाद की गुणवत्ता की जाँच करेंगे। निश्चित रूप से गुणवत्ता के सम्बन्ध में कोई विशेषज्ञ ही बता सकता है, लिहाजा उत्पाद की गुणवत्ता भले ही कैसी भी हो, पर हस्तियों को वही मानना पड़ेगा, जो लैब की रिपोर्ट कह रही है।[12] बहरहाल, हाल ही में भारतीय विज्ञापन मानक परिषद् ने अनेक नामी कम्पनियों के विज्ञापनों में किये जा रहे दावों की पुष्टि की है। विज्ञापन मानक परिषद् को मई में ऐसी एक सौ पचपन शिकायतें मिलीं, जिनमें से एक सौ नौ को उसने सही बताया है। पहले भी ऐसी शिकायतें की जाती रही हैं। इन शिकायतों का आना ही प्राथमिक रूप से यह सवाल खड़ा करता है कि क्या कम्पनियाँ अपने उपभोक्ताओं के प्रति पेशेवर नजरिये से ईमानदार हैं? क्या कम्पनियों की कोई नैतिक जिम्मेदारी नहीं है?[13]

इधर, उपभोक्ता अदालत की पूर्व सदस्य (जज) डॉ. प्रेमलता का कहना है कि उपभोक्ता संरक्षण कानून में भ्रामक विज्ञापन के लिए सेलिब्रिटी के लिए सजा का प्रावधान किया जा रहा है। यह तब तक इतना आसान नहीं होगा, जब तक कि सेलिब्रिटी को परिभाषित न किया जाय। उनका कहना है कि 'सेलिब्रिटी' शब्द ही भ्रामक होता जा रहा है। सुन्दर स्थिति तो यह होती कि सेलिब्रिटी विज्ञापन की दुनियाँ से दूर ही रहें। स्वेच्छा से विज्ञापन करने से मना कर दें क्योंकि अब जब प्रश्न उठने लगे हैं तो स्थितियाँ सुखद नहीं रहने वाली हैं। अब उत्पाद की पैरवी करनेवाले सेलिब्रिटी या ब्राण्ड ऐम्बैसेडर की भी विज्ञापन में दी गयी सूचना के मिथ्या पाए जाने पर जवाबदेही तय होगी।

(19) भ्रामक प्रचार में सेलिब्रिटी को अब सजा के प्रावधान पर विचार—उपभोक्ता संरक्षण कानून में संसद की स्थायी समिति की सिफारिशों को शामिल कर लिया गया तो उत्पादों का प्रचार करनेवाले ब्राण्ड ऐम्बैसेडर उत्पाद में गड़बड़ी पाये जाने पर जिम्मेदार होंगे। संसद के शीतकालीन (2016) सत्र में 30 साल पुराने इस कानून में संशोधन को पारित कराने की तैयारी है। कानून के दायरे को जहाँ व्यापक बनाया जायेगा, वहीं प्रावधानों को सख्त भी किया जायेगा। हालाँकि मन्त्रियों के समूह ने नये मसौदा कानून पर विस्तृत चर्चा करने के बाद यह फैसला किया है कि उत्पादों का भ्रामक प्रचार करनेवाले ब्राण्ड ऐम्बैसेडर को जेल की सजा के प्रावधान पर अन्तिम निर्णय करने से पहले दूसरे देशों के कानूनों का अध्ययन किया जायेगा। हो सकता है, इसमें सेलिब्रिटी को जेल जाने से छूट मिल जाए, लेकिन उन्हें भारी जुर्माना (सम्भवतः 50 लाख तक) भरना पड़ सकता है। संशोधित विधेयक पिछले साल लोकसभा में पेश किया गया था, जिसे स्थायी समिति को सौंप दिया गया। अगर सब-कुछ सही रहा तो यह कानून बनने से ग्राहकों को कोई गुमराह नहीं कर सकेगा। इस कानून के सख्त प्रावधानों से लोगों को गुणवत्तापरक सेवाएँ और उत्पाद मुहैया कराना सुनिश्चित होगा। उपभोक्ता मन्त्रालय अभी से सेलिब्रिटी को सजा मामले में कुछ समय लेना चाहता है और पुनः विचार करना चाहता है। वस्तुतः सेलिब्रिटी शब्द पर ही पुनः विचार की आवश्यकता है।

इधर विश्व के सर्वाधिक प्रसार संख्यावाले समाचार-पत्रों में से एक सुप्रसिद्ध दैनिक समाचार-पत्र 'दैनिक जागरण' ने इस सम्बन्ध में एक 'जनमत' करवाया था कि क्या भ्रामक विज्ञापन सम्बन्धी प्रस्तावित कानून ब्राण्ड ऐम्बैसेडर के प्रति अधिक कठोर है—उत्तर में 65% लोगों ने 'हाँ' कहा और 35% लोगों ने 'नहीं' कहा।[14]

(20) सख्ती को लेकर अब भारी असमंजस में ब्राण्ड ऐम्बैसेडर—किसी उत्पाद या सेवा के खराब पाए जाने पर उसका विज्ञापन करनेवाले ब्राण्ड एंबेडसर को जिम्मेदार मानकर उसे पाँच साल तक की जेल भेजने के प्रावधान को लेकर खिलाड़ियों, कलाकारों और उद्योग जगत में भारी असमंजस है। नये नियमों के प्रभावी हो जाने पर सीधी गाज खिलाड़ियों या कलाकारों पर गिर सकती है, जिनका काम सिर्फ विज्ञापन तक सीमित है। जब कि किसी उत्पाद या सेवा में ब्राण्ड ऐम्बैसेडर, शामिल ही तब होता है, जब कम्पनी को सभी कानूनी मंजूरियाँ मिल चुकी होती हैं। खास बात यह है कि इस कदम के बावजूद ये सेलिब्रिटी शराब और गुटखा के छद्म विज्ञापन या कोल्ड ड्रिंक, चिप्स जैसे स्वास्थ्य के लिए नुकसानदेह उत्पादों के विज्ञापन उसी तरह कर सकेंगे।

कई ब्राण्ड विशेषज्ञ कहते हैं कि उत्पाद के भ्रामक होने पर उसकी जवाबदेही ब्राण्ड ऐम्बैसेडर पर होनी चाहिए, किन्तु साथ में वे यह भी कहते हैं कि इसकी 99 फीसदी जवाबदेही उसे बनाने और बेचनेवाली कम्पनी की है। इसी तरह ये विशेषज्ञ किसी खिलाड़ी या कलाकार को विज्ञापन के लिए जेल भेजने के नियम को हास्यास्पद बताते हैं। दरअसल, इस नियम के बाद भी किसी भी ब्राण्ड ऐम्बैसेडर को समस्या तब खड़ी होगी, जब उससे जुड़ा उत्पाद विवाद में होगा। हाल में ही में घटे नूडल्स विवाद में देखें तो उसका विज्ञापन करनेवाले किसी कलाकार के पास यह सुनिश्चित करने का कोई तरीका नहीं होता कि कम्पनी बताये मुताबिक ही उत्पाद बना रही है या फिर उसमें किसी खास रसायन की मात्रा तय सीमा से ज्यादा है।

ऐसी कम्पनियाँ उसी ब्राण्ड के नाम से दूसरे उत्पादों का विज्ञापन इनसे करवा रही हैं। इनको रोकने के लिए इन नियमों में कोई तरीका नहीं होगा। इसी तरह कोल्ड ड्रिंक्स, चिप्स आदि सेहत के लिए नुकसानदेह उत्पादों को बढ़ावा नहीं देने की माँग सेलिब्रिटी से होती रही है। नये नियमों

के बावजूद यह उनकी अपनी नैतिकता पर होगा कि वे इसका विज्ञापन करते हैं या नहीं। विज्ञापन विशेषज्ञों का इस सन्दर्भ में कहना है कि, ''एक सेलिब्रिटी यह तो देख सकता है कि उस उत्पाद को सभी तरह की कानूनी मजूरी मिली है या नहीं,'' किन्तु उसकी गुणवत्ता की जाँच का क्या तरीका हो सकता है? वस्तुतः उन उत्पादों को मंजूरी देनेवाली एजेन्सियों के पास इतना बड़ा ढाँचा होता है, आला अधिकारी होते हैं, लैब होती है, तकनीकी विशेषज्ञता होती है, इसके बावजूद यदि वे गलती कर सकते हैं तो फिर एक खिलाड़ी या कलाकार क्यों नहीं? बहरहाल, सेलिब्रिटी के पक्ष में यहाँ कुछ सवाल खड़े होते हैं कि—

(1) आधुनिकतम लैब, तकनीकी विशेषज्ञता और आला अधिकारियों वाली एजेन्सी यदि धोखा खा सकती है, तो एक खिलाड़ी या कलाकार क्यों नहीं?

(2) जब उत्पाद को बेचना और विज्ञापन करना कानूनी है तो उसके विज्ञापन में अभिनय करना कैसे गैर कानूनी है।

(3) कोई सेलिब्रिटी उत्पाद की गुणवत्ता की जाँच कैसे करे? तथा

(4) यह नियम विज्ञापन में आनेवाले सामान्य पेशेवर मॉडलों पर भी लागू होगा या सिर्फ नामी शख्सियतों पर?[15]

21. उपभोक्ता हितों को सुरक्षित करने के लिए उपभोक्ता संरक्षण बिल 2015 में पुराने कानून सेसख्त प्रावधान है–

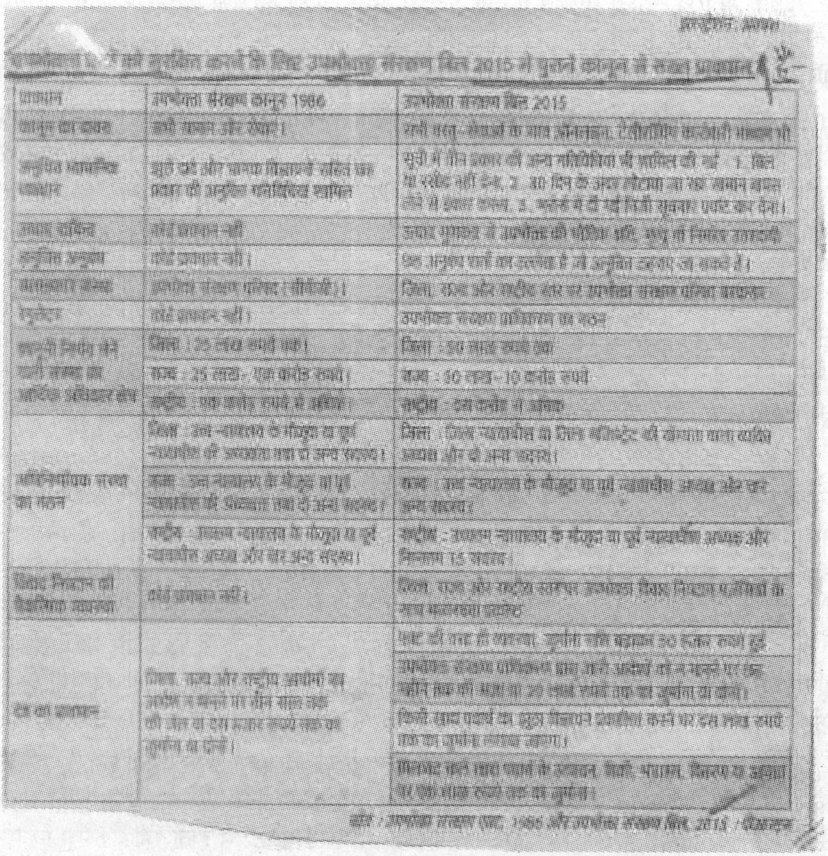

सन्दर्भ

1. भाषा, साहित्य और संस्कृति—डॉ. मुकेश अग्रवाल, पृ.478, पचौरी प्रकाशन, गाजियाबाद, 2009 ई.
2. दैनिक जागरण, 4 सितम्बर, 2016 वाराणसी संस्करण
3. विज्ञापन—डॉ. अशोक महाजन, पृ. 280
4. मेसर्स मोनार्क फोटो कम्पनी बनाम मेसर्स सुपर इन्जीनियरिंग कारपोरेशन—1993, कञ्ज्यूमर कम्पोनियन-216 (रा.अ.)
5. लक्ष्मी इन्जीनियरिंग वर्क्स बनाम पी.एस.जी. इन्ड्रस्टियल इन्स्टीट्यूट, ए. आई. आर- 1995, सु. को.1428
6. इस अधिनियम के अध्याय I, II तथा IV के प्रावधान केवल जम्मू एवं कश्मीर राज्य को छोड़कर सम्पूर्ण भारत में दिनांक 15-4-1987 से (अधिसूचना संख्या एस. ओ. 390 (ई) दिनांक 15-4-1987 भारत के असाधारण गजट भाग II धारा 3 (II) प्रभावी हुए।
7. राष्ट्रपति की अनुमति 24-12-86 को प्राप्त हुई और यह भारत के राजपत्र असाधरण, भाग II, अनुभाग 1 दिनांक 26-12-86 में प्रकाशित हुआ।
8. अध्याय I, II एवं IV दिनांक 15-4-87 से प्रवृत्त हुए, देखें अधिसूचना सं. एस.ओ. 390 (ई) दिनांक 15-4-87, भारत के राजपत्र असाधारण सं. 182, भाग II, अनुभाग 3 (ii) दिनांक 15-4-1970 में प्रकाशित। अध्याय III 1-7-87 से लागू किया गया है।
9. जनसत्ता, 6. अगस्त, 2016, लखनऊ संस्करण।
10. जनसत्ता, 6 अगस्त, 2016, लखनऊ संस्करण।
11. दैनिक जागरण, 4 सितम्बर, 2016, वाराणसी संस्करण।
12. दैनिक जागरण, 4 सितम्बर, 2016, वाराणसी संस्करण
13. जनसत्ता, 6 अगस्त, 2016, लखनऊ संस्करण।
14. दैनिक जागरण, 4 सितम्बर, 2016, वाराणसी संस्करण।
15. दैनिक जागरण, 4 सितम्बर, 2016, वाराणसी संस्करण।

अध्याय-9

विज्ञापन बाजार का वर्तमान वैश्विक तथा भारतीय परिदृश्य

(1) संक्षिप्त अनुदर्शन (recapitulation)—विज्ञापन की प्रकृति सूचनाधर्मी होती है। वह उत्पाद की आकृति, आकार, मूल्य, निर्माण और उससे होनेवाले प्रभाव की सूचना देता है। धान की खील सरीखी खिलखिलाहट लिए, अनेक विशिष्ट रंगतों से समृद्ध, उपभोक्ताओं की सपनीली आँखों में सपनों और इच्छाओं को जगाते आज विज्ञापनों की दुनिया बेहद बड़ी हो गयी है। सपनों की स्वप्नधर्मिता को तराशते विज्ञापनों ने अकुण्ठमन से संकोच मुक्त शब्दों के झरने की तरह फूटते, धरती के उन कोने अँतरों में अपने पाँव रख लिये हैं, जहाँ कभी इनकी पहुँच और आहट नहीं थी। इन्होंने दुनिया के तकरीबन हर समाज को एक नयी दिशा और जीने का एक नया मुहावरा दिया है। कुछ विज्ञापन तो ऐसे भी होते हैं, जो जीवन की टूटन, घुटन, निराशा, उदासी और मौन के बीच मानवता की पैरवी करते हैं। भारतीय समाज और बाजार में आज इन विज्ञापनों का काफी दखल और कब्जा हो चुका है। परिणामतः यह युग मार्केटिंग और विज्ञापन का हो गया है। बाजार पर पकड़ के लिए सम्प्रति ये पुख्ता माध्यम-साधन बन गये हैं। इन्हीं के माध्यम से आज बाजार मौके को बेच रहा है। बाजार में उतरे नये उत्पाद को उपभोक्ताओं के बीच यही परिचय कराते हैं। इस तरह यह बाजार में उत्पाद के 'Introit' अथवा प्रवेश-स्रोत हैं।

कुछ लोग इन्हें आज के अर्थ-केन्द्रित बाजारवादी उपभोक्तावादी दौर में नव-उदारवादी व्यवस्था की ताकत बताते हैं। जो भी हो, किन्तु इतना तो तय है कि ये बाजार का आईना होते हैं, जिसमें सम्पूर्ण बाजार प्रतिबिम्बित होता है। इन्होंने सम्पूर्ण भारतीय बाजार को अपने मोहित, आभासी या प्रतीयमान (Virtual) दुनिया की इच्छाओं के मायाजाल के वृत्त में कैद कर रखा है। इन विज्ञापनों से ही आज अर्थ केन्द्रित बाजार को पुख्ता शिनाख्त और पहचान मिली है। बाजार में पूँजी के यही मुख्य स्रोत हैं। भारत में बाजार की यही अधुनातम-अन्ततम (uptodate) शक्ति हैं। बाजार की सम्भावनाओं के अनेक छोर विज्ञापनों ने ही खोला है। लोग इन्हें पूँजीवादी विकृतियों की उपज भले ही कहें, किन्तु इन्होंने भारतीय जीवन-मूल्यों की परिभाषा बदलदी है। 'विजन' (Vision—दृष्टि, नजर-निगाह) को शब्दबद्ध करते हुए ये विज्ञापन वर्तमान को प्रभावित तो कर ही रहे हैं, भविष्य के भी चिराग़ बन गये हैं। कुल मिलाकर इन्होंने बाजार का विस्तार किया है, नये मुहावरे गढ़े हैं, कुण्ठा की जगह उत्कण्ठा पैदा कर सुप्त चेतना और नयी जिज्ञासाओं को जगाया है।

(2) विज्ञापन बाजार का वर्तमान वैश्विक परिदृश्य—

विज्ञापन का स्वरूप फिलवक्त 'Domestic' से 'global' और 'international' से 'multination' हुआ है। साफ शब्दों में, इसका फलक और वितान बढ़ा है। विज्ञापनों की

सर्वव्याप्ति के सच को अब नकारा नहीं जा सकता। अपने अद्वितीय दीपक सदृश आलोक से यह सम्पूर्ण विश्व में प्रकाशित हो रहे हैं। बाजारीकरण की प्रकृति ने इसकी आवश्यकता अखिल विश्व में बढ़ा दी है। उपभोक्ता और भावी उपभोक्ता दोनों को आज यह बाजार में अवतरित या निकट भविष्य में आनेवाले उत्पाद का शुभ-संकेतक बन चुका है। भारत ही नहीं, बल्कि वैश्विक स्तर पर व्यापार की सफलता के लिए अब इसकी जरूरत को नजरन्दाज नहीं किया जा सकता। बिक्री प्रोत्साहन और उसकी अभिवृद्धि में यह पुख्ता-पाएदार और टिकाऊ माध्यम बन गया है। वस्तुतः विज्ञापन उद्योग वैश्विक स्तर पर इस समय पूँजीवादी अर्थव्यवस्था का महत्त्वपूर्ण कतरा है। आज के पूँजीवादी अर्थतन्त्र में इसकी महत्त्वपूर्ण भूमिका हो गयी है। आज का विज्ञापनी-कारोबार पूँजीवाद का मजबूत विचारधारात्मक सांस्कृतिक औजार और उपकरण तो है ही, यह एक वर्चस्वकारी सांस्कृतिक उत्पाद भी सिद्ध हुआ है।

आज पूरी दुनिया में विज्ञापन उपभोक्ताओं की अभिरुचियों-इच्छाओं को गढ़ने में संलग्न और तल्लीन है। सांस्कृतिक उत्पाद के तौर पर विश्व के अधिकांश उपभोक्ताओं के मन-प्रदेश पर इसका असर गहरे तक हुआ है। 19वीं शताब्दी में औद्योगिक पूँजीवाद के अस्तित्व में आने के साथ ही विज्ञापन उद्योग का जन्म हुआ जिसका उद्देश्य न केवल मालों और उत्पादों की बिक्री सुनिश्चित करना था, बल्कि उससे भी ज्यादा मालों और उत्पादों के लिए उपभोक्ताओं में चाहत या इच्छा (desire) या एक आभासी जरूरत को पैदा करना था। यही कारण है कि 20वीं शताब्दी के शुरू होते-होते विज्ञापन एक सम्पूर्ण उद्योग के रूप में अस्तित्त्व में आया और इसकी सबसे ऊर्वर जमीन **अमेरिका** बना। विज्ञापन एजेन्सियाँ अस्तित्व में आयीं, विज्ञापनों को किस तरह से प्रभावशाली बनाया जाय, इसके गुर पाठ्यक्रमों में सिखाये जाने लगे, बड़े-बड़े कॉरपोरेट घरानों ने अपनी पूँजी का एक अच्छा-खासा हिस्सा इन प्रचार कार्रवाईयों पर लगाया। आज के दौर में न तो सिर्फ विज्ञापनों पर लगनेवाली पूँजी बल्कि उनको बनाने में लगनेवाला शोधात्मक, रचनात्मक प्रयास भी अप्रत्याशित है। सन् 1929 में अमेरिकी पूँजीवाद की एक प्रवर्तक क्रिस्टीन फ्रेडरिक ने उपभोक्तावाद को अमेरिका द्वारा दुनिया को निर्यात किया गया महानतम विचार बताया, जिसके तहत मेहनतकश जनता को महज मजदूरों और उत्पादकों के तौर पर नहीं, बल्कि उपभोक्ताओं के रूप में देखा जाने लगा। एक ओर पूँजीवाद जहाँ मनुष्य को उपभोक्ता में तब्दील कर देता है, वहीं विज्ञापन उद्योग उस उपभोक्ता को बताता है कि कैसे अधिक-से-अधिक सामानों के उपभोग द्वारा वह एक अच्छा, स्मार्ट और आधुनिक उपभोक्ता बन सकता है। बहरहाल अमेरिका में सन् 2010 में विज्ञापनों पर होनेवाला खर्च 143 खरब डालर था और पूरे विश्व में यह आँकड़ा 467 खरब डालर था। 'ऑगिलवाई ऐण्ड मैथर', 'जे. वाल्टर थॉमसन', 'मैकनेन इरिक्सन' जैसे कई राष्ट्रपारीय एजेन्सियाँ आज विज्ञापन उद्योग में लगी हुई हैं।[1]

प्रसिद्ध संचारशास्त्री रेमण्ड विलियम्स कहते हैं कि 'आज विज्ञापनदाता सीधे बिम्बों और सपनों का सहारा ले रहा है। इस तरह के विज्ञापनों के जरिये एक पूरी जीवन शैली रची जाती है, जो मुख्यतः एक मायालोक के इर्द-गिर्द विचरण करती है। किसी एक उत्पाद की अनुशंसा करने की बजाये इस तरह के मायालोक का सृजन करना सभी विज्ञापनदाताओं के हित में है। सच तो यह है कि अब विज्ञापन कल्पना और सृजन की प्रस्तुति भर नहीं रह गया है, अपितु ब्राण्ड और ग्लैमरस की दुधिया रोशनी से सनी इसकी एक ऐसी छवि बनने लगी है, जिसमें वास्तविकता गुम होकर रह गयी है। अब लोग उत्पाद और उत्पादक से ज्यादा इस बात से प्रभावित होने लगे हैं कि इसे बेच कौन रहा है अर्थात् इसका ब्राण्ड ऐम्बैसेडर कौन है? एक मीडिया विद् का कहना है कि कागज पर छपे विज्ञापन भले मूक हों, पर प्रभाव में मारक तीर का काम करते हैं। न चाहते हुए भी पाठक

विज्ञापन के चित्र, रंग-संयोजन, भाषिक कलात्मकता या 'ब्राण्ड नेम' के प्रति खिंचा चला आता है। उसकी आँखें यकायक ठहर जाती हैं। वस्तुतः **'ब्राण्ड'** केवल नाम नहीं है। दरअसल, एक 'ब्राण्ड' विशिष्ट उत्पाद की पहचान एवं उसका प्रतिनिधित्व करता है। ब्राण्ड, उपभोक्ताओं के दिमाग में उत्पाद की छवि है कि वे उत्पाद के बारे में क्या सोचते हैं या महसूस करते हैं? आज प्रसिद्ध ब्राण्ड/ कम्पनियों में, कोका कोला', 'डिज्नी', 'आई.बी.एम.', 'इण्टेल इनसाइड', 'जी. ई.', 'मेकडोनाल्ड', 'मर्क', 'माइक्रोसाफ्ट', 'नोकिया', 'टोयटा', 'मोजरवियर', 'टाटा', 'अमूल', 'रेमण्ड', 'एल.जी. तथा 'सैमसंग' प्रमुख हैं। इनके अलावा विश्व के कुछ प्रमुख ब्राण्ड इस प्रकार हैं—

Top 25 Corporate Brands

Corp Brand	Corp Brand Value ($ billion)	Sales ($ billion)
1. Procter & Gamble	107.4	47.0
2. Microsoft	103.1	34.3
3. Merck	91.3	22.5
4. Intel	80.2	30.1
5. Eli Lilly	76.4	12.6
6. IBM	71.0	89.1
.7. Cisco Systems	69.6	19.8
8. Medtronic	61.4	8.6
9. UPS	58.2	33.5
10. Pepsi Co	56.1	27.0
11. General Electric	54.2	132.9
12. Goldman Sachs	46.6	23.6
13. Coca-Cola	45.6	21.0
14. Anheuser-Busch	43.0	14.1
15. Pfizer	41.8	45.2
16. Johnson & Johnson	37.9	41.9
17. Viacom	37.0	26.6
18. Citigroup	35.5	94.7
19. Kimberly-Clark	31.3	14.3
20. Colgate-Palmolive	29.4	9.9
21. Aflac	20.3	11.4
22. Nike	19.7	11.2
23. General Mills	17.5	10.8
24. Kellogg	16.2	8.8
25. Harley-Davidson	15.7	4.6

वस्तुत: "Branding is particularly useful to consumers buying clothing and fashion items, such as Polo (Ralph Lauren), Rolex, Gucci, Diesel, Oakley and Doc Martens, where self identity may also be linked to the brands we buy and wear These brands are fairly complex psychological messages. Whose meanings are built up over time throaugh advertising. The basic-principles of branding evolved intially through the marketing innovation of Procter and Gamble. When a brand name or brand mask is legally protected through registration with the Patent and Trademark office of the Department of Commerce, it becomes a trademark. Brand equity is the reputation, meaning and value that the brand name or symbolhas acquired overtime."

Top 10 Global Marketers by Media Spending

Rank Spending 2002	2001	Advertiser	Headquarters	Total Ad (in millions)
1	1	Procter & Gamble Co.	Cincinnati	$4,479
2	3	Unilever	London/Rotterdam	3,315
3	2	General Motors Corp.	Detroit	3,218
4	6	Toyota	Toyota City, Japan	2,405
5	5	Ford Motor Co.	Dearborn, Mich.	2,387
6	4	Time Warner	New York	2,349
7	7	DaimlerChrysler	Auburn Hills, Mich./ Stuttgart, Germany	1,800
8	10	L'Oréal	Paris	1,683
9	9	Nestlé	Vevey, Switzerland	1,547
10	16	Sony	Tokyo	1,513

Source: "Top 100 Global Marketers," Advertising Age (November 10, 2003): 28.

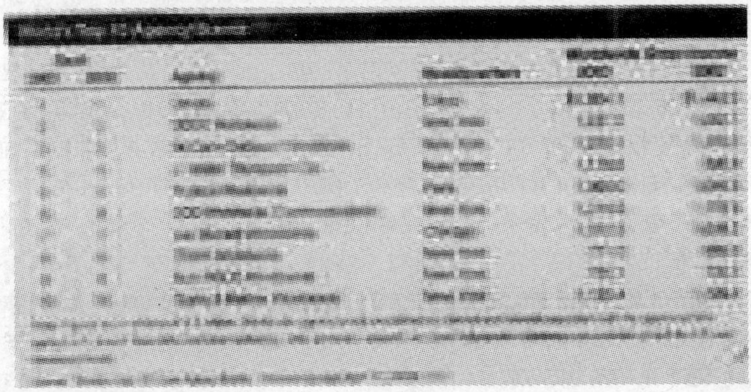

एक सर्वेक्षण में अनुमान लगाया गया है। कि विश्व में विज्ञापनों पर होनेवाला खर्च बढ़ेगा। वहीं पर आगे कहा गया है कि विश्व में विज्ञापनों की स्थिति अगले तीन सालों में मजबूत होती जायेगी। दुनिया के स्तर पर विज्ञापन खर्च 2013 में 3.9 प्रतिशत बढ़ा था और अनुमान है कि 2014 में यह 5.5 प्रतिशत बढ़ा। यह वृद्धि दर बढ़कर 2015 में 5.8 प्रतिशत और 2016 में 6.1 प्रतिशत हो जानी चाहिए। यह वृद्धि वैश्विक अर्थव्यवस्था में सुधार, प्रोग्रामेटिक खरीद और मोबाइल विज्ञापन में तेज बढ़त के दम पर हासिल की जायेगी। विज्ञापन खर्च पर ज़ेनिथ ऑप्टिमीडिया के नये पूर्वानुमान के मुताबिक, इस साल वैश्विक विज्ञापन खर्च तीन खास इवेण्ट्स के चलते बढ़ेगा। ये हैं शीतकालीन ओलम्पिक, फुटबॉल विश्व कप और अमेरिका के मध्यावधि चुनाव। इनका विशेष फायदा टेलीविजन माध्यम को मिलेगा। विज्ञापनदाताओं का भरोसा इसलिए भी लौट रहा है क्योंकि यूरोज़ोन फिर से बढ़त की राह पर है। यूरोज़ोन अब ज्यादा स्थिर दिख रहा है और लगता नहीं कि वो विश्व अर्थव्यवस्था पर कोई नकारात्मक प्रभाव डाल सकता है। आमतौर पर विज्ञापनदाता विस्तार पर निवेश करने की मजबूत स्थिति में हैं। उनके पास कैश का बड़ा भण्डार है और उनकी लाभप्रदता भी ज्यादा है। इन बातों के मद्देनज़र ज़ेनिथ ऑप्टिमीडिया को उम्मीद है कि उसके पूर्वानुमान में शामिल अगले तीनों साल विज्ञापन खर्च में बढ़ोतरी होगी। यूरोज़ोन विकास की राह पर है। यूरोज़ोन पिछले साल मन्दी से बाहर निकल आया और इसके सुधरने की गति अब तेज होती दिख रही है। इसने विज्ञापनदाताओं को इस इलाके के लिए ज्यादा बजट रखने को प्रोत्साहित किया है। बता दें कि इस इलाके का विज्ञापन खर्च 2007 में वित्तीय संकट की शुरुआत के बाद से 15 प्रतिशत घट चुका है। यूरोज़ोन का विज्ञापन खर्च 2013 में भी 3 प्रतिशत घटा। लेकिन ऐसा साल की शुरुआत में ही ज्यादा हुआ था। साल का अन्त आते-आते तमाम प्रमुख मीडिया मालिकों ने अपनी विज्ञापन आय बढ़ने की बात स्वीकारी है। ताजा रिपोर्ट का आकलन है कि यूरोज़ोन का विज्ञापन खर्च इस साल 0.7 प्रतिशत बढ़ेगा। यह 2010 के बाद बढ़त का पहला साल होगा। फिनलैण्ड, इटली और ग्रीस की अर्थव्यवस्था अब भी सिकुड़ रही है लेकिन यह अगले साल तक स्थिर हो सकती है। इससे यूरोज़ोन में विज्ञापन खर्च के बढ़ने की दर 2015 में 1.6 प्रतिशत और 2016 में 1.7 प्रतिशत हो जाने का अनुमान है। बरकरार है टेलीविजन का दबदबा। टेलीविजन अब भी विज्ञापन खर्च को खींचने में अन्य माध्यमों से काफी आगे है। 2013 में कुल विज्ञापन खर्च का 40 प्रतिशत हिस्सा इसे मिला है। यह इण्टरनेट द्वारा हासिल 21 प्रतिशत विज्ञापन से लगभग दोगुना है। टी.वी. पहुँच बनाने, ब्राण्ड जागरूकता लाने और उपभोक्ता से जुड़ने के मामले में अद्वितीय क्षमता उपलब्ध कराता है। ज़ेनिथ ऑप्टिमीडिया का अनुमान है कि टी. वी. पर विज्ञापन खर्च 2014 में 5.2 प्रतिशत बढ़ा, जबकि 2013 में यह 4.4 प्रतिशत बढ़ा था। इसमें सबसे बड़ा योगदान शीतकालीन ओलम्पिक, फुटबॉल विश्व कप और अमेरिका के मध्यावधि चुनावों का होगा। प्रोग्रामेटिक खरीद से इण्टरनेट डिस्प्ले बढ़ा इण्टरनेट अब भी सबसे तेजी से बढ़ता माध्यम है। यह 2013 में 16.2 प्रतिशत बढ़ा था और अनुमान है कि 2014 से 2016 के दौरान 16 प्रतिशत की सालाना चक्रवृद्धि दर से बढ़ेगा। इसमें सबसे तेजी से बढ़ती उप-श्रेणी है डिस्प्ले, जिसके 2016 तक 21 प्रतिशत सालाना की दर से बढ़ने का अनुमान है। पारंपरिक डिस्प्ले (बैनर और अन्य मानक फॉर्मैट) 16 प्रतिशत सालाना की दर से बढ़ रहे हैं। इनमें प्रोग्रामेटिक खरीद से तेजी आयी है जो एजेन्सियों व विज्ञापनदाताओं को अपने व्यापार से ज्यादा नियन्त्रण व मूल्य हासिल करने में मदद करता है। सोशल मीडिया (29 प्रतिशत सालाना की बढ़त) और ऑनलाइन वीडियो (23 प्रतिशत सालाना की बढ़त) को भी प्रोग्रामेटिक खरीद का लाभ मिलने लगा है। इससे उन्हें अपनी तेज़ बढ़त को टिकाए रखने में मदद मिल रही है। रिपोर्ट का आकलन है कि इण्टरनेट डिस्प्ले 2015 में पेड

सर्च (सालाना वृद्धि दर 13 प्रतिशत) को पहली बार ओवरटेक कर गया। 2016 में इण्टरनेट डिस्प्ले पर विज्ञापन खर्च का अनुमान 74.4 अरब डॉलर का था, जबकि पेड सर्च पर विज्ञापन खर्च का अनुमान 71.1 अरब डॉलर का रहा है। मोबाइल पर विज्ञापन का बढ़ना जारी है। मोबाइल विज्ञापन अब सही मायने में गति पकड़ चुका है और डेस्कटॉप इण्टरनेट से छह गुना तेजी से बढ़ रहा है। पूर्वानुमान रिपोर्ट के अनुसार, स्मार्टफोन और टैबलेट का चलन तेज़ी से बढ़ने के कारण मोबाइल विज्ञापन 2013 से 2016 के बीच 50 प्रतिशत की सालाना औसत दर से बढ़ा। इसके विपरीत रिपोर्ट का अनुमान है कि डेस्कटॉप इण्टरनेट पर विज्ञापन के बढ़ने की औसत दर 8 प्रतिशत सालाना रह सकती है। ज़ेनिथ ऑप्टिमीडिया का अनुमान है कि 2013 में मोबाइल विज्ञापन पर वैश्विक खर्च 13.4 अरब डॉलर रहा है जो इण्टरनेट पर खर्च विज्ञापन का 12.9 प्रतिशत और समूचे मीडिया पर किये गये विज्ञापन खर्च का 2.7 प्रतिशत ठहरता है। उनका पूर्वानुमान है कि 2016-17 तक यह 45 अरब डॉलर तक पहुँच जायेगा जो इण्टरनेट के विज्ञापन खर्च का 28 प्रतिशत और कुल विज्ञापन खर्च का 7.6 प्रतिशत होगा। इसका मतलब यह हुआ कि मोबाइल माध्यम रेडियो, पत्रिकाओं और आउटडोर विज्ञापनों को बहुत पीछे छोड़ता हुआ एजेन्सी की पूर्वानुमान अवधि के अन्त तक दुनिया का चौथा सबसे बड़ा माध्यम बन जायेगा। ज़ेनिथ ऑप्टिमीडिया में दुनिया भर के सी.ई.ओ. स्टीव किंग ने कहा, "विश्व अर्थव्यवस्था स्थायी विकास की तरफ लौट रही है तो विज्ञापनदाताओं का भरोसा बढ़ रहा है। उन्हें तेजी से बढ़ते डिजिटल मीडिया में अपने विज्ञापन निवेश पर मजबूत रिटर्न पाने के बहुत सारे अवसर मिल जायँगे, लेकिन उन्हें याद रखना चाहिए कि टेलीविजन ने दर्शकों के बड़े हिस्से तक पहुँच और उन्हें जोड़े रखने के मामले में अपनी ताकत अभी तक खोई नहीं है।[2]

(3) विज्ञापन बाजार का वर्तमान भारतीय परिदृश्य—अर्थ केन्द्रित बाजारवादी और उपभोक्तावादी दौर में विज्ञापन बाजार का 'आउटलेट' हो चुका है। आज जीवन के हर क्षेत्र में बढ़ती इसकी भूमिका और प्रभाव की अनदेखी नहीं की जा सकती। यहाँ एक प्रश्न बनता है कि अगर इन विज्ञापनों का प्रयोग 'उत्पाद' प्रचार के लिए बेजां ढंग से हो रहा है, तो आखिर इन विज्ञापनों का क्या दोष? बहरहाल, बताते हैं—"The Indian advertising industry has evolved, from being a small-scaled business to a fullfledged industry. The advertising industry is projected to be the second Fastest growing advertising market in Asia after China. The indian govenment has given tremendons support to the advertising and marketing industry. Advertising expendituse is likely to increase in the financial sector, driven by Reserve Bank of India (R.B.I.) policies which could result in a more favourable business environment. Also proposed licences for new banks and better market sentiments render the adverising and marketing industry in India a fertile space." अर्थात् भारतीय विज्ञापन-उद्योग अब लघु व्यवसाय से पूर्ण उद्योग के रूप में विकसित हो चुका है। यह एशिया में चीन के बाद दूसरा सर्वाधिक गति से विकसित होनेवाला विज्ञापन बाजार बनने की ओर अग्रसर है। भारत सरकार ने विज्ञापन-उद्योग और विपणन-उद्योग को अहम समर्थन दिया है। वित्तीय क्षेत्र में भविष्य में विज्ञापन का खर्च बढ़ने की सम्भावना है। भारतीय रिजर्व बैंक की नीतियों के अनुकूलतर व्यावसायिक वातावरण के कारण भारत में विज्ञापन बाजार के खूब फलने-फूलने की सम्भावना है। इन सभी के अलावा नये बैंकों के लिए प्रस्तावित लाइसेन्स और बेहतर बाजार-भाव-मनोदशा ने भारत में विज्ञापन और विपणन व्यवसाय को ऊर्वरा शक्ति दी है।

(क) विज्ञापन बाजार का आकार—भारत का विज्ञापन बाजार 16.8% प्रतिवर्ष की दर से बढ़ कर 2016 ई. में 51,365 करोड़ रुपये हो गया था, परिणामतः विज्ञापन उद्योग में एक सकारात्मक भाव का संचार हुआ और एक मजबूत जीडीपी वृद्धि 7.1% बल्कि कुछ उससे अधिक हुई। मुद्रित सामग्री पूरे विज्ञापन आमदनी में महत्त्वपूर्ण हिस्सा रखती है। लेखा से लगभग 41.2% जब कि टी.वी. का अंशदान 38.2% और आंगुलिक (digital) का अंशदान पूरी आमदनी का 11% बाहरी, रेडियो और सिनेमा मिलाकर 10% पर सन्तुलित करते हैं। थोड़ा पीछे चलें तो पायेंगे कि सन् 2011 में वैश्विक स्तर पर कुल विज्ञापन खर्च लगभग 5000 करोड़ डालर का खर्च विभिन्न माध्यमानुसार निम्न रहा है—दूरदर्शन, 41.3%, समाचार-पत्र-20%, पत्रिकाएँ 9.2%, रेडियो 7% बाह्य विज्ञापन 6.7%, सिनेमा 0.5%, इण्टरनेट-15.2%। अनुमान था कि वैश्विक स्तर पर 2010 से 2014 के मध्य इण्टरनेट में 15.9% की वृद्धि होगी, जो उस समय के किसी भी माध्यम से अधिक है। इसमें Paid Search का सबसे बडा हिस्सा है। उस समय वैश्विक स्तर पर मुद्रण माध्यमों की आय में गिरावट आयी थी, किन्तु भारत में इसमें वृद्धि दर्ज की गयी थी। भारत में वर्ष 2007 से 2012 ई. तक विभिन्न माध्यमों—टी.वी. मुद्रण, रेडियो, बाह्य एवं डिजिटल को विज्ञापन से जो आय हुई, वह इस प्रकार थी। भारत में वर्ष 2011 में विभिन्न माध्यमों को विज्ञापन से लगभग 3000 करोड़ रुपये प्राप्त हुए, जिनमें 46% मुद्रण माध्यमों, 39% टी.वी., 6.2% बाह्य (OOH), 5% डिजिटल विज्ञापन तथा 3.83% रेडियो को प्राप्त हुआ था। वर्ष 2012 ई. में विभिन्न माध्यमों को विज्ञापन से 32740 करोड़ रुपये प्राप्त हुए।[3]

आनलाइन विज्ञापन बाजार–2014 ई. के 2750 करोड़ से बढ़कर 2015 ई. में 3,575 करोड़ छू गया। वर्तमान में 2750 करोड़ आंगुलिक (digital) विज्ञापन बाजार, खोज और सजावट का योगदान, इसमें भी सर्वाधिक खोज विज्ञापन—कुल विज्ञापन बाजार का 38% निहित है, एक अध्ययन के अनुसार सजावट विज्ञापन 29% में फैला हुआ है। आनलाइन विज्ञापन कारोबार, जिसका 2013 में 2900 करोड़ का आकलन था, 28% के यौगिक बढ़त प्रतिवर्ष से पाँच वर्षों में तिगुना उछल कर 10 हजार करोड़ हो जाने की उम्मीद थी। इसी तरह आनलाइन वीडियो सामग्री की खपत 49 से पिछले वर्ष की तुलना में 66% हो गयी। यह बाजार अनुसन्धान और ऑडिट फर्म के.पी.एम.जी. और लॉबी समूह फिक्की (वाणिज्य एवं उद्योग ऑफ इण्डियन चैम्बर्स ऑफ फेडरेशन) द्वारा मीडिया और मनोरंजन (एम ऐण्ड ई) उद्योग पर हाल ही में जारी वार्षिक रिपोर्ट का एक हिस्सा है। इस समय आनलाइन

Mobile advertisement spends (INR billion)

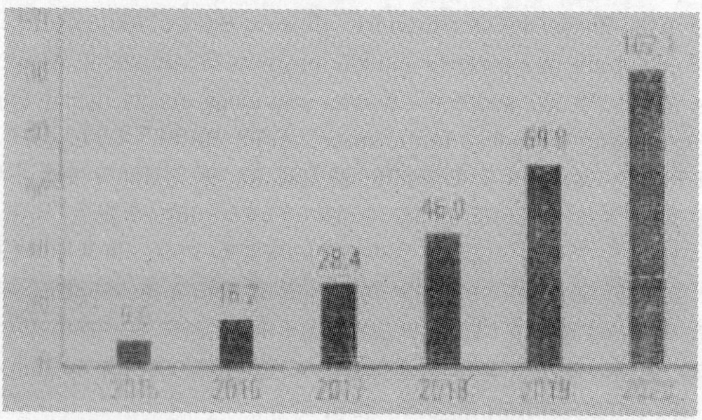

Source : KPMG India Analysis

विज्ञापन का राजस्व 81.1 अरब है, जिसके 2020 तक 255 अरब होने की सम्भावना है। इसी तरह फिक्की-के.पी.एम.जी. की रिपोर्ट 2016 के अनुसार **मोबाइल** और **वीडियो विज्ञापन** में भी बढ़ोतरी हुई है। मोबाइल विज्ञापन INR-9 अरब में अब 62.5% की सी.ए.जी.आर. से बढ़ते हुए 2020 तक 102.1 अरब रुपये तक पहुँचने की उम्मीद है। वस्तुतः मोबाइल 1998 ई. में जन समूह का माध्यम बना, जब फिनलैण्ड में पहला 'दत्त' (paid) डाउनलोड का अंश मोबाइल फोन में प्रकट हुआ। मोबाइल विज्ञापन भी पहली बार सन् 2002 में प्रारम्भ हुआ। सन् 2007 तक मोबाइल विज्ञापन 2 करोड़ डालर तक पहुँच गया था। **ई-मेल विज्ञापन** एक अन्य तात्कालिक घटना है। अयाचित ई-मेल का अम्बार विज्ञापन 'ई-मेल स्पाम' के नाम से जाना जाता है। **इण्टरनेट** भी विज्ञापन का नया और शुभ का माध्यम सिद्ध हुआ है। यह भारत में काफी लोकप्रिय माध्यम बन गया है। हाल के वर्षों में इण्टरनेट विज्ञापन ने काफी छलांग लगाया है, "...Internet to widely distribute their ads to anyone willing to see or hear them. In the last three quarters of 2009 mobile and internet advertising grew by 18% and 9% respectively. Older media advertising sow declines 10.% (TV), 11.7% (radio), 14.8% (magazines) and 18-7% (newspapers)"

इधर, हाल के दिनों में वैश्विक मन्दी के चलते पूरे विश्व में प्रिण्ट और विद्युतीय माध्यमों के विज्ञापनों पर भी मन्दी का असर होने की सम्भावना व्यक्त की गयी थी। यद्यपि मन्दी का असर विश्व के अन्य मुल्कों के विज्ञापन बाजार पर पड़ा भी, किन्तु सौभाग्य से भारतीय विज्ञापन बाजार पर मन्दी की रत्ती भर भी आँच नहीं आई। भारत में आर्थिक मन्दी के दौर में न्यूज प्रिण्ट की बढ़ती कीमतों और सिकड़ते विज्ञापन बाजार का तर्क दिया जा रहा था, किन्तु ऐसा हुआ नहीं। 'कान्फेडरेशन ऑफ इण्डियन इण्डस्ट्री' और 'प्राइसवाटर हाउस कूपर्स' द्वारा सर्वे के आधार पर तैयार की गयी रिपोर्ट, इण्डिया इण्टरटेनमेण्ट ऐण्ड मीडिया आउट लुक—2013' में दिये गये तथ्यों पर गौर करें तो 18% चक्रवृद्धि वार्षिक वृद्धि दर (सी.ए.जी.आर.) के हिसाब से भारतीय मीडिया उद्योग तरक्की करनेवाला है। सन् 2017 तक इस दर से भारतीय मीडिया उद्योग का राजस्व 2,24,500 करोड़ रुपये तक पहुँच जायेगा। सन् 2011 में यह आँकड़ा 80500 करोड़ रुपये का था, जो 20% वृद्धि दर की रफ्तार से 2012 में 96500 करोड़ तक पहुँच गया। मीडिया उद्योग में प्रिण्ट और टेलीविजन का वर्चस्व बना हुआ है—40% और 22% की हिस्सेदारी के साथ। यह स्थिति आगे भी बनी रहेगी। इण्टरनेट और डिजिटल क्रान्ति का प्रभाव यद्यपि दिख रहा है, किन्तु भारतीय माहौल में इण्टरनेट डिजिटल माध्यम की निर्भरता अखबारी उद्योग और टेलीविजन उद्योग पर बनी रहेगी। सी.ए.जी.आर. के हिसाब से अगले पाँच साल में इण्टरनेट एक्सेस (29.8%) और **इण्टरनेट पर विज्ञापन राजस्व** (29.4%) में तेजी से बढ़ोतरी होगी किन्तु यह बढ़ोतरी टेलीविजन और प्रिण्ट के सहयोग के साथ ही हो सकेगी। विज्ञापन के बाजार में प्रिण्ट और टेलीविजन का वर्चस्व कायम रहेगा। विज्ञापन से राजस्व आय में वृद्धि दर 14% रहेगी। ऑडिट ब्यूरो ऑफ सर्कुलेशन के आँकड़े के अनुसार 2006 में अखबारों की प्रसार संख्या तीन करोड़ 80 लाख थी, जो अब 15 करोड़ की सीमा पार कर रही है—26% विकास दर के साथ। पाठकों की संख्या 29 करोड़ 60 लाख 2006 में थी, जो सन् 2012 में 34 करोड़ आँकी गयी। हिन्दी पाठकों का बाजार तेजी से बढ़ रहा है। विज्ञापनों का राजस्व भी इसी अन्दाज में बढ़ने की उम्मीद लगायी जा रही है। अंग्रेजी से विज्ञापनों की धारा हिन्दी समेत विभिन्न भारतीय भाषाओं की

ओर मुड़ सकती है।[4] सम्प्रति इण्टरनेट का हिस्सा विज्ञापन आमदनी में 2013 के 8% से बढ़कर 16% के आसपास पहुँच गया। यह एक रोचक तथ्य है कि भारतीय इण्टरनेट चलाने में 2013 में 25200 करोड़ रुपये चुकता किये, जो कि प्रिण्ट माध्यम के अंशदान और विज्ञापन के पैदा करने के 22,300 करोड़ से अधिक है।

Rise in new media

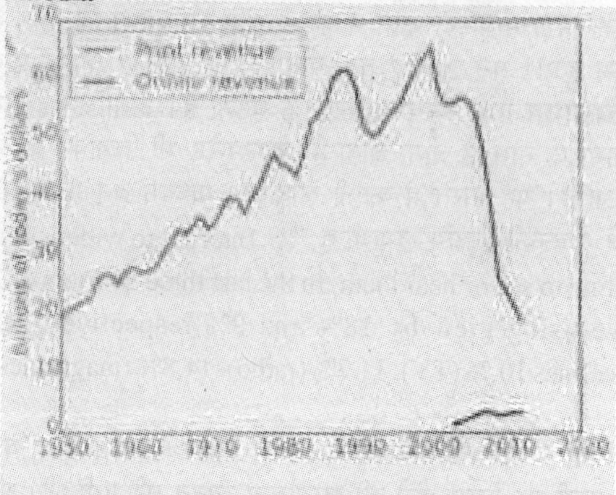

US Newspaper Advertising Revenue

Newspaper Association of America published data

दूरदर्शन पर व्यावसायिक विज्ञापनों की शुरुआत जनवरी 1976 में हुई और तब से लेकर आज तक वर्ष-दर-वर्ष विज्ञापनकर्त्ताओं की संख्या में बढ़ोतरी होती रही है एवं इसकी आय में निरन्तर वृद्धि हो रही है। आज राष्ट्रीय स्तर पर कोई भी निर्माता विक्रेता दूरदर्शन के बिना बाजार तक पहुँचने का जोखिम नहीं उठा सकता। भारत में विज्ञापनों पर होनेवाले कुल व्यय का लगभग 20% दूरदर्शन विज्ञापनों पर होता है। सन् 1981 में दूरदर्शन विज्ञापनों पर जहाँ मात्र 12 करोड़ रुपये का व्यय हुआ था, वहाँ सन् 1988 में यह व्यय बढ़कर 175 करोड़ रुपये हो गया। सन् 1991 में यह व्यय 300 करोड़ रुपये से ऊपर था। दूरदर्शन पर प्रसारित होनेवाले विज्ञापनों से हुई राजस्वसम्बन्धी आय के कुछ आँकड़े इस प्रकार हैं—[5]

1982-83—15.89 करोड़ रुपये
1983-84—19.79 करोड़ रुपये
1984-85—31.43 करोड़ रुपये
1985-86—50.00 करोड़ रुपये
1990-91—253.85 करोड़ रुपये
1991-92— 300.61 करोड़ रुपये
1992-93— 360.23 करोड़ रुपये
1993-94—380.00 करोड़ रुपये
1994-95—400.00 करोड़ रुपये
1998-99—419.99 करोड़ रुपये
1999-2000—496.23 करोड़ रुपये
2000-2001—508.74 करोड़ रुपये

टी.वी. ने 2006 में 1000 करोड़ रुपये से अधिक की कमायी की थी। वस्तुतः दूरदर्शन विज्ञापन का सबसे प्रभावी माध्यम है। दूरदर्शन द्वारा ही जन-साधारण को विज्ञापन की जानकारी हुई। यह एक उत्तेजक और बहुसंवेदी माध्यम है, जो विज्ञापन द्वारा विज्ञापनकर्त्ता को, जो कुछ वह कहना चाहता है, वह कहने का अवसर प्रदान करता है। वर्ष 2011 में टी.वी. को विज्ञापन में लगभग 11,500 करोड़ रुपये की आय हुई थी। वर्ष 2015 तक यह आय 16% वृद्धि दर से लगभग 21,400 करोड़ रुपये होने की सम्भावना व्यक्त की गयी थी। वर्ष 2011 में टी.वी. पर दस क्षेत्रों के खाते से समग्र विज्ञापन की 60% हिस्साराशि खर्च की गयी थी। जो इस प्रकार है,—खाद्यपेय-14%, व्यक्तिगत देखभाल/व्यक्तिगत स्वास्थ्यकर उत्पाद 13% सेवाएँ 6% बालों की देखभालवाले उत्पाद 5%, व्यक्तिगत सहायक उत्पाद-5%, टेलीकॉम 4%, परिवहन 4%, बैंकिंग, वित्तीय/बचत 3%, व्यक्तिगत स्वास्थ्य देखभाल उत्पाद 3% तथा घरेलू उत्पाद 3%। वर्ष 2011 में टी.वी. पर हिन्दुस्तान यूनिलिवर द्वारा 2,598 करोड़ रुपये, कोलगेट पामोलिव 410 करोड़ रुपये, भारतीय एयरटेल 3,277 करोड़ रुपये और आइडिया सेलुलर द्वारा 2,351 करोड़ रुपये विज्ञापन के लिए खर्च किये गये। सन् 2016 में 14.2% की वृद्धि 17% से कम विज्ञापन में मजबूत वृद्धि दर्ज की गयी।

रेडियो का विज्ञापन बाजार भी भारत में काफी समृद्ध है। रेडियो की शुरुआत भारत में तो सन् 1927 में हुई थी, किन्तु इस पर विज्ञापनों का शुभारम्भ। नवम्बर, 1967 से शुरू हुआ, वह भी विविध भारती कार्यक्रम के माध्यम से। रेडियो पर दो किस्म के विज्ञापन प्रसारित होते हैं—स्पाट विज्ञापन और दूसरे प्रायोजित कार्यक्रम। स्पाट विज्ञापन छोटी अवधि के होते हैं—7,10,15,20,30 सेकण्ड के। विविध भारती के जो केन्द्र विज्ञापन प्रसारित करते हैं, उन्हें चार ग्रुपों में बाँटा गया है। रेडियो के उस व्यावसायिक प्रसारण के मध्य विज्ञापनों के लिए निर्धारित समयावधि किराये पर उसी तरह से लिया जाता है, जिस प्रकार पत्र-पत्रिकाओं में स्थान किराये पर लिया जाता है।[6] वर्ष 1994-95 में आकाशवाणी को विविध भारती और प्राइमरी चैनल पर प्रसारित विज्ञापनों से 65 करोड़ रुपये की आमदनी हुई थी। इस समय रेडियो के एफ. एम. गोल्ड चैनल से भी विज्ञापन प्रसारित हो रहे हैं।

सच तो यह है कि देश की आबादी का लगभग 90% क्षेत्रफल और 98% जनसंख्या तक रेडियो की पहुँच है। सन् 1990 के दशक के अन्तिम वर्ष में भारत में रेडियो उद्योग का निजीकरण किया गया। भारत में वर्तमान में 36 ऑपरेटर, 245 निजी रेडियो स्टेशन, 277 AIR रेडियो स्टेशन और 108 सामुदायिक रेडियो स्टेशन हैं। वर्ष 2011 में मीडिया एवं मनोरंजन इण्डस्ट्री को विज्ञापन से प्राप्त होनेवाली कुल आय का लगभग 3.83% रेडियो के खाते में आया। यह वर्ष 2008 में प्राप्त आय से 0.5% तथा वर्ष 2004 में प्राप्त आय से 1.8% अधिक है तथा वर्ष 2015 तक इसमें लगभग 5% वृद्धि की सम्भावना व्यक्त की गयी थी। वर्ष 2007 में रेडियो को विज्ञापन से 700 करोड़ रुपये, वर्ष 2010 में 1000 करोड़ रुपये तथा वर्ष 2011 में 1200 करोड़ रुपये प्राप्त हुए। यहाँ उम्मीद की गयी थी कि 2012 में लगभग 1500 करोड़ रुपये तथा वर्ष 2015 में 20% वृद्धि दर से 2500 करोड़ रुपये तक यह राशि पहुँच सकती है। वर्ष 2011 की एक सर्वेक्षण रिपोर्ट के अनुसार दिल्ली और मुम्बई रेडियो के सबसे बड़े बाजार हैं। दिल्ली में 18.52 मिलियन लोगों में से 88% लोग रेडियो सुनते हैं तथा मुम्बई में 16.67 मिलियन लोगों में से 70% लोग रेडियो सुनते हैं।[7] बहरहाल 2015 में 15.3% वृद्धि के साथ रेडियो ने अपनी मजबूती जारी रखी।

भारत में **बाह्य विज्ञापन उद्योग** वर्ष 2007 में 1400 करोड़ रुपये था, जो वर्ष 2010 में 1700 करोड़ रुपये, वर्ष 2011 में 1900 करोड़ रुपये तथा वर्ष 2012 में 2200 करोड़

रुपये के लगभग रहा है। आगे 2015 में उम्मीद की गयी थी कि 12% वृद्धिदर से लगभग 2960 करोड़ रुपये तक यह पहुँच सकता है। वर्ष 2011 में खर्च किये गये, 1900 करोड़ रुपये का लगभग 50% बिल बोर्ड पर, 30% हवाई अड्डों एवं अन्य परिवहन माध्यमों—रेल, ट्रक बस आदि पर, 17% स्ट्रीट फर्नीचर पर तथा 3% अन्य वाहनों पर खर्च किया गया। भौगोलिक क्षेत्र के अनुसार देखें तो मुख्यतः छह मेट्रोशहरों, OOH का 60% विज्ञापन खर्च होता है, जिसमें सबसे अधिक कुल राशि का लगभग 32% मुम्बई, 12% दिल्ली, 6% कोलकाता, 4% बेंगलुरू, 4% हैदराबाद, 4% अहमदाबाद, 2% चेन्नई एवं 2% पुणे तथा 34% अन्य स्थानों पर खर्च होता है।[8]

भारत में **डिजिटल माध्यम** की पहुँच बहुत कम खर्च में बड़े दर्शक समूह तक हो गयी है। डिजिटल माध्यम ने विज्ञापनों का एक सुपर बाजार तैयार कर लिया है। जिस प्रकार **वर्ल्ड वाइड वेब** पर विज्ञापन एक तात्कालिक घटना माना जाता है, ठीक उसी तरह डिजिटल माध्यम भी यान्त्रिक विकास का श्रेष्ठ उदाहरण है। 2014 में डिजिटल मीडिया में विज्ञापन खर्च लगभग 38.2% बढ़ा और अगले साल 2015 में भी उम्मीद से यह बहुत अच्छा रहा। उम्मीद थी कि 2016 में यह 60 अरब तक पहुँच जायेगा और अगली उम्मीद यह भी की गयी कि 2020 में 255 अरब रुपये को यह पार कर जायेगा

भारत में डिजिटल विज्ञापन खर्च—

5.0.77 bn तथा 30%

भारत में खोज पर डिजिटल विज्ञापन खर्च—

8.5bn

(ख) विज्ञापन बाजार का नूतन विकास—भारत में विज्ञापन बाजार को पुष्ट और समृद्ध, भरा-पुरा बनाने के लिए नये-नये प्रयोग और प्रयास सरकारी और गैर-सैरकारी स्तर पर किये जा रहे हैं। भारतीय रेल मन्त्रालय, भारत का जमींदार महकमा है। इस मन्त्रालय ने एरनेस्ट (Ernest) और यंग (Young—Ey) को अपने यहाँ विज्ञापन क्षमता की खोज के लिए सलाहकार के रूप में नियुक्त किया है। इस समझौते में रेल बजट मसौदे में बिना किराया बढ़ाए विज्ञापन से पाँच साल में 5,000 करोड़ लाने का लक्ष्य है। इसी तरह छोटे और मझले व्यापार के लिए मोमार्क सेवा प्रदाता (Momark Servi ces) मोबाइल सम्बन्धित ग्राहक विनियोजन मंच है। इसने उत्पाद चढ़ाव और योग्यता अधिग्रहण को बढ़ावा देने के लिए योरनेस्ट एंजेल फण्ड (Your Nest Angel fund) और एल. एन. बी. ग्रुप (L.N.B. Group) से 6 लाख अमेरिका डालर पर समझौता किया है। इधर, टाटामोटर्स (Tata Motors) ने नौजवान बाजार को पकड़ने के लिए तथा टाटा मोटर्स के नये बाजार में प्रत्यक्षता और उपस्थिति को बढ़ाने के लिए मशहूर खिलाड़ी लियोनियल मैसी (Lionel Messi) को टाटाकार और वैश्विक उपयोगी वाहन के विज्ञापन के माध्यम से प्रचार के लिए 'वैश्विक उत्पाद राजदूत' (Brand Ambassador) चुना है। विज्ञापन एजेन्सी जे. वाल्टर थाम्पसन (J.Water Thompson) ने मिरम (Mirum) नाम की भारत में वैश्विक डिजिटल अभिकरण (Global Digital Agency) का प्रवर्त्तन किया है, जो कौशल और परामर्श सेवा, अभिमान और सहमति, अनुभव और मंच, विश्लेषण और आविष्कार और उत्पाद विकास का सेवा प्रदान करेगा, जिसका लक्ष्य है कि वह अपारम्परिक मीडिया आमदनी को विज्ञापनों के माध्यम से इस समय के 35% से बढ़ाकर 40 से 45% तक ले जाये।

डी.डी.बी. मुद्रा ग्रुप ने एक ऐसा ब्राण्ड तैयार करने की योजना बनाई है, जो बाजार संचार के आँकड़ायुक्त दुनिया को सम्बोधित करेगा साथ ही सेवा भी प्रदान करेगा, जैसे—भारत में सृजन, आँकड़ा और डिजिटल विश्लेषक, आँकड़ा युक्त विपणन, सी.आर.एम. और मोबाइल विपणन

आदि। इसी तरह आल इण्डिया रेडियो ने 'रिलीज एम.वाई.एड. (Release My Ad) को वास्तविक अभिकरण के रूप में नियुक्त किया है, जो सभी आनलाइन एयर स्टेशन को विज्ञापित किताब मुहैया कराएगा। इधर, गूगल प्रधानमन्त्री श्री नरेन्द्र मोदी के 'डिजिटल इण्डिया' (Digital India) के पहल को लागू करने के लिए पूरी तरह से तैयार है और सरकार के पास भी इस योजना को प्रकाशित-प्रचारित करने की रेखित योजना है। गूगल के मुख्य इण्टरनेट 'चीफ' मि. विंटन जी. सेर्फ (Mr Vinton G. Cerf) का कहना है कि खरबों रुपये की सरकारी पहल पर देश को समृद्ध अर्थव्यवस्था में बदलना है। टेलकाम मेजर एक्सिटा (Major Axita), जो एक्सिटा डिजिटल एडवरटाइजिंग (Axita Digital Advertising—ADA) की सहयोगी है, ने अमेरिका स्थित विज्ञापन तकनीकी कम्पनी के साथ 47 करोड़ अमेरिकी डालर को स्वीकार करने के लिए संयुक्त दाँव लगाया है और यह भी कहा है कि भारत एक महत्त्वपूर्ण तथा सशक्त और प्रचुर सम्भावनाओं से लैस बाजार बनकर उभरा है, जो पूरे विश्व के लिए एक शुभ संकेत है। कुल मिलाकर भारत में विज्ञापनों का एक नया सशक्त बाजार बन रहा है, जो मुझे उम्मीद है कि यदि इसी तरह निर्बाध आगे बढ़ता रहा तो आनेवाले दिनों में चीन को भी पीछे ढकेलेगा।

(ग) विज्ञापन बाजार को सशक्त-सुदृढ़ बनाने की सरकारी पहल—भारत और कनाडा की सरकारों ने श्रव्य और दृश्य समझौते पर हस्ताक्षर किये हैं, जो दोनों देशों के सामूहिक कलात्मक, तकनीकी, वित्तीय, बाजार सम्पत्ति, सृजन, कला, दान, परिकल्पना और उत्पादन को बढ़ाने में मदद करेंगे और दोनों देशों के बीच संस्कृति को बढ़ावा देंगे। यह समझौता फिल्मों के दृश्यांकन में भी मदद करेगा। समझौते के अनुसार यह प्रस्ताव कनाडा के बाजार में भारतीय फिल्म के निर्माण और निर्यात को बढ़ावा देने के लिए हुआ है। इसी तरह भारत और पोलैण्ड फिल्म के आंगुलिक और पुनः स्थापन को बढ़ावा देने में मदद करेंगे। यह बातें पोलैण्ड के शिष्टमण्डल का प्रतिनिधित्व करनेवाले राज्य सचिव मारगोर जाता (Margorzata) तथा भारत के तत्कालीन संचार और सूचना सचिव श्री बिमल जुल्फा के बीच एक बैठक में तय हुईं। दोनों देश एक संयुक्त कार्यकारी समूह का गठन करेंगे, जो दोनों देशों को विभिन्न क्षेत्रों में सहयोग बढ़ाने में मदद करेगा। इसी समय भारत के तत्कालीन सूचना और संचार राज्यमन्त्री भी राज्यवर्द्धन सिंह राठौर ने घोषित किया कि भारत सरकार ने डिजिटल मंच पर 'विज्ञापन-बढ़ोतरी' की योजना बनायी है।

(घ) भारत में विज्ञापन बाजार का सुखद भविष्य—भारत में विज्ञापन बाजार का भविष्य सुखद है। ई-कॉमर्स कम्पनियाँ, 2015 से बाजार प्रशिक्षण को प्रमुखता दे रही हैं। रिटेल विज्ञापन में वृद्धि अनुमानित है। ई-कॉमर्स ने देश में काफी लोकप्रियता हासिल की है। इधर, घरेलू कम्पनियाँ भी विज्ञापन बाजार को समृद्ध कर रही हैं। लोडस्टार मीडिया के आँकड़े बताते हैं कि 1991 में मीडिया में विज्ञापनों पर 2000 करोड़ रुपये खर्च होते थे। यह 2002 में बढ़कर 10,000 करोड़ रुपये हो गये। इसी तरह 1992 में टी.वी., प्रेस, रेडियो, सिनेमा और अन्य माध्यमों में विज्ञापन खर्च क्रमशः 23, 63, 4, 0, 10. प्रतिशत था जो सन् 2002 में बदलकर 48, 43, 2, 1 और 6 प्रतिशत हो गया। ये आँकड़े मीडिया पर विज्ञापन के खर्च तथा महत्त्व के साथ-साथ यह भी संकेत कर रहे हैं कि विज्ञापन का बाजार दिन-दूना और रात चौगुना बढ़ रहा है। विज्ञापन बाजार को समृद्ध करने का श्रेय जहाँ परम्परागत संचार माध्यमों को है, वहीं नये जन्मे संचार-सूचना संवाहक माध्यमों—वेब, इण्टरनेट, मोबाइल एप्स, एण्ड्रायड, आई.ओ.एस. आदि को भी है। अभी ताजा-टटका रिपोर्ट आयी है कि 2013 और 2018 के बीच भारत एशिया में दूसरा सबसे तेजी से बढ़ने वाला बाजार होगा। ले-देकर चीन को थोड़ा-सा आगे रहने की बात हो रही है। दरअसल, भारतीय बाजार में विज्ञापन खर्च 10.7% प्रतिवर्ष बढ़ने की उम्मीद है।

हालाँकि, पी.डब्ल्यू.सी. का अनुमान है कि 2018 में विज्ञापन खर्च के रूप में यह अन्य एशियाई देशों में सर्वश्रेष्ठ होगा, जो भारतीय अर्थव्यवस्था में महत्त्वपूर्ण भूमिका अदा करेगा। पूर्वानुमान के अनुसार 2018 में भारतीय सकल घरेलू उत्पाद में विज्ञापन खर्च की हिस्सेदारी 0.45% की राशि होगी।

(ङ) भारतीय बाजार का अवलोकन आँकड़ामान—

(1) भारत में विज्ञापन खर्च की चक्रवृद्धि वार्षिक वृद्धि दर = 10.7%

(2) भारत में अनुमानित विज्ञापन राजस्व = 474 bn

(3) भारत में प्रिण्ट विज्ञापन राजस्व = 162.6 bn

(4) भारत में प्रतिव्यक्ति विज्ञापन खर्च = 55.1

(5) भारत में अनुमानित टी.वी. विज्ञापन खर्च = 52.37 bn

(6) भारत में अनुमानित रेडियो विज्ञापन राजस्व =16.6 bn

(7) भारत में अनुमानित अखबार विज्ञापन खर्च = 52.93 bn

(8) भारत में डिजिटल विज्ञापन खर्च =50.77 bn

(9) भारत में खोज पर डिजिटल विज्ञापन खर्च =8.5 bn

(10) इस तरह कुल मिलाकर भारतीय मीडिया और मनोरंजन उद्योग सन् 2020 तक एक अनुमान के अनुसार इस प्रकार होगा =2,260 अरब रुपये।

सन्दर्भ

1. http : // webkhabar, com/ news. php? cat=9
2. http : ///webkhabar, com/news. php? cat=9 से साभार
3. विज्ञापन : तकनीक एवं सिद्धान्त—नरेन्द्र सिंह यादव, पृ.208
4. गवर्नेस नाउ, 1-15 अक्टूबर, पृ. 55 सन् 2013, नोएडा, उ.प्र.
5. विज्ञापन—डॉ. अशोक महाजन, पृ.128
6. विज्ञापन : सिद्धान्त और प्रयोग—डॉ. विजय कुलश्रेष्ठ, पृ.149
7. विज्ञापन : तकनीक एवं सिद्धान्त नरेन्द्र सिंह यादव, पृ.230
8. विज्ञापन : तकनीक एवं सिद्धान्त—नरेन्द्र सिंह यादव, पृ.231

अध्याय-10

विज्ञापन : विविध सन्दर्भों में

(1) विज्ञापन भाषा की विशिष्टताएँ–

(क) विज्ञापन भाषा का वैशिष्ट्य–मुद्रित माध्यमों में प्रकाशित विज्ञापन हों या विद्युतीय माध्यमों में उछल-कूद करते विज्ञापन हों,—उन्हें पढ़ते और देखते ही उनके साथ मानसिक जुड़ाव हो जाता है। वे देखने में इतने चित्ताकर्षक, रोमांचक, आभामय और उत्तेजना प्रदान करनेवाले होते हैं कि निरन्तरता में हम उनके साथ मुँह बाए बँधे रहते हैं। इनका प्रभाव हमारे ऊपर भले ही लम्बे समय तक नहीं बना रह पाता, किन्तु तत्काल तो वे हमें अपनी गिरफ्त और आगोश में ले ही लेते हैं। वे हमारी इन्द्रियों को स्पन्दित करते हैं, आँखों में विस्मय भर कर रोमांच, थ्रिल और पुलक पैदा करते हैं, नैतिक मान मूल्यों से परे वे हमें एक ग्लैमर, भरी दुनिया में ले जाते हैं। सच तो यह है कि लकदक और मनोहारी दिखने वाले विज्ञापनों ने हमसे हमारा एकान्त छीन लिया है, हमारी रचनात्मकता छीन इन्होंने हमें अपना गुलाम, पराधीन और महकूम बना लिया है। इतना ही नहीं, इन्होंने सांस्कृतिक प्रतिमानों में भी उलट-पुलट किया है।

प्रश्न बनता है, विज्ञापनों में आखिरश उक्त चमत्कार और विलक्षणता पैदा करने की क्षमता कैसे पैदा होती है। मैं समझता हूँ, इसके पीछे अपने देश में विकसित और आयातित तकनीक तथा भाषा का करिश्माई चरित्र और उसका खूबतरीन-खुशनुमा प्रयोग मुख्य कारण होते हैं। ये विज्ञापन भले ही हमारा बुद्धि विलास और समय की बर्बादी करते हों, लेकिन इनमें प्रयुक्त भाषा ने हमारे मनोजगत में हलचल तो पैदा कर ही दिया है। भाषा के चामत्कारिक प्रयोग से लैस इन विज्ञापनों ने हमारे सामने मायावी यथार्थ और छायाभास (Phantom) खड़ाकर हमें वास्तविकता की जगह 'भ्रमों', 'छलनाओं' में कपटी इच्छाओं के साथ जीने के लिए बाध्य कर दिया है। यह भाषा की ही विशेषता है कि हम विज्ञापन के झाँसे या यों कहें कि दबाव में आकर अपना व्यवहार तक बदल देते हैं। सच तो यह है कि भाषा किसी भी समाज की संस्कृति की धरोहर होती है। भाषा, विशिष्ट मुहावरों में ढलकर जन-जीवन का प्रतिबिम्ब बन जाती है। इन प्रतिबिम्बों का उपयोग जब प्रचार कार्य के लिए किया जाता है,—सब-कुछ भीतर से सहज स्वाभाविक रूप से प्रस्फुटित होता है। विज्ञापन को सफलता दिलाने का काम भाषा करती है। भाषा ही वह माध्यम है, जो विज्ञापन के सम्पूर्ण उद्देश्यों को सही अंजाम देती है। भाषा, विज्ञापन की आत्मा होती है। इसकी भाषा अत्यन्त सधी हुई होती है। कम-से-कम समय में अधिक-से-अधिक सन्देशों को वहन करती है। पैने शब्द, तेज-तर्रार वाक्य और सीधे बयान आकर्षण का केन्द्र होते हैं। कहा जाता है कि कोई भी विज्ञापन पहले पाँच सेकण्ड में यदि दर्शक, श्रोता या वाचक को अपने पक्ष में कर ले, तभी वह सार्थक है, इसलिए इसमें उलझनपूर्ण, लम्बे वाक्यों की बजाय सीधी-सपाट, बोलचाल की भाषा का उपयोग लाभप्रद माना जाता है। शब्द बड़े महत्त्वपूर्ण होते हैं। शब्द-संयोजन,

सृजनात्मकता की माँग करता है। शब्दों में, समाज की आस्थाएँ, श्रद्धा, विश्वास, मनोवृत्ति, आचार-व्यवहार आदि समाहित होते हैं, इसलिए, शब्दों को अर्थों के लिए, हीरों की तरह तराश कर विज्ञापन की भाषा बनायी जाती है।[1]

युवा मीडिया लेखक डॉ. सुमित मोहन भाषा की दृष्टि से विज्ञापनों को दो भागों में बाँटते हैं, (1) औपचारिक विज्ञापन तथा (2) अनौपचारिक विज्ञापन। इन दोनों की भाषा के विषय में वे लिखते हैं,[2] औपचारिक विज्ञापनों की भाषा व्यावसायिक या अनौपचारिक प्रकार के विज्ञापनों की भाषा से भिन्न होती है। इस तरह के विज्ञापनों का उद्‌देश्य किसी तरह का माल बेचना नहीं होता, बल्कि विचारों और सेवाओं की सूचना समाज के तरह-तरह के वर्गों तक पहुँचाना होता है। इन विज्ञापनों का मुख्य उद्‌देश्य होता है,—अधिक-से-अधिक लोगों तक सही और प्रामाणिक सूचनाएँ पहुँचाना, उनमें जागरूकता पैदा करना, विश्वसनीयता पैदा करना, उनके हितों की ओर ध्यान आकर्षित करना।

उदाहरण —

पूरब से सूर्य उगा, फैला उजियारा।
जागी हर दिशा-दिशा, जागा जग सारा।
चलो पढ़ाएँ। कुछ कर दिखायें।।

इसी तरह अनौपचारिक विज्ञापनों की भाषा के विषय में वे लिखते हैं—औपचारिक विज्ञापनों से अलग अनौपचारिक विज्ञापन हैं। इनमें मुख्य लक्ष्य प्रायः उपभोक्ताओं को अपना माल बेचना होता है। उन्हें आकर्षित और प्रेरित करना होता है कि वे अमुक ब्राण्ड के माल को ही खरीदें। ऐसे विज्ञापन तर्क देते हैं, भावनाओं को उभारते हैं, ग्लैमर पैदा करते हैं। तद्नुसार, उनकी भाषा भी रोचक, आकर्षक, नाटकीय, दृश्य और भावों के अनुसार कोमल, कठोर, कामुक या हर्ष-विषाद-करुणा या हास्यपूर्ण शब्दावली से युक्त कुछ भी हो सकती है। व्यंग्य-विनोदपूर्ण शब्दावली का प्रयोग तथा रोचक संवाद ऐसे विज्ञापनों की आत्मा होते हैं। इनका दृश्यों और संगीत के साथ सामंजस्य बिठाया जाता है। ऐसे विज्ञापनों में संस्कृतनिष्ठ शब्दावली के साथ-साथ अन्य भाषाओं के शब्दों का समावेश भी रहता है, विशेष रूप से अंग्रेजी की आम बोलचाल की शब्दावली का धड़ल्ले से प्रयोग किया जाता है। ऐसे प्रयोग सजीवता लाते हैं, नाटकीयता और रोचकता की भी सृष्टि करते हैं।

उदाहरण—

खुशियों का आफर,...दिल से...सारे के सारे **प्रोडक्ट्स** पर, **वारण्टी** पर **पारण्टी** है, रेफ्रिजरेटर और टेलीविजन पर, बढ़िया-से-बढ़िया **एक्सचेंज ऑफर, जीरो परसेंट फाइनेन्स स्कीम** है, आखिरी दिन है, साथ में **सूटकेस** और **ट्राली फ्री** है...जल्दी-से-जल्दी...के दिल से।

इन उदाहरणों में भाषा का प्रयोग ध्यान देने योग्य है। अंग्रेजी के बहुत-से शब्दों का सहज रूप में प्रयोग किया गया है, जिन्हें **मोटे अक्षरों** में दिखाया गया है। साथ ही उर्दू के ऐसे शब्दों का भी प्रयोग किया गया है, जो आम प्रचलन में हैं। इन्हें **इटैलिक** अक्षरों में दिखाया गया है। बहरहाल, विज्ञापनों की भाषा पर विचार करते हुए आदरणीय डॉ. हरिमोहन ने लिखा है कि[3] "ऐसा अनिवार्य नहीं है कि बिना अंग्रेजी या उर्दू के शब्दों के हम शुद्ध हिन्दी में अच्छे विज्ञापन नहीं लिख सकते। अवश्य लिख सकते हैं। इनका प्रभाव भी अच्छा पड़ता है, किन्तु तर्क दिया जाता है कि व्यापक जनसमुदाय, विशेष रूप से अंग्रेजी भाषी लोग या हिन्दीतर भाषा-भाषी लोग उन्हें समझने में कठिनाई अनुभव कर सकते हैं। हमारे विचार से इस तर्क में इतना बल नहीं है। जब अंग्रेजी

न जानने वाला व्यक्ति अंग्रेजी शब्दावली की बहुलता वाले विज्ञापनों को समझ सकता है, तब शुद्ध हिन्दी के सरल शब्दों वाले विज्ञापनों को हिन्दीतर भाषा-भाषी या अंग्रेजी भाषा-भाषी व्यक्ति क्यों नहीं समझ सकता? हमें लगता है कि बात यहाँ समझने-समझाने की कम है, अंग्रेजी से प्रभावित मध्यवर्ग को 'खिचड़ी भाषा' में अपने उत्पादन लोकप्रिय करने के लिए हल्केपन, रोचकता और नाटकीयता को अपनाने की बात अधिक है। इस 'खिचड़ी भाषा' का नाम 'हिंग्लिश' है।"

(ख) विज्ञापनों में भाषा का दुष्प्रयोग–

(1) "प्रीति का डिम्पल/चेहरे पर पिम्पल,
सलमान के डोले/मच्छर के छोले,
अब लाइफ स्टाइल का फोन। लेट इट रिंगटोन,
यानि जब स्टाइल का हो प्रेशर,
तो सुनो सिर्फ टशन, टशन बोले तो टशन।"

(2) "रणवीर चाहे जितना गिर जाय,
उसके बाल नहीं गिरेंगे,
क्योंकि,—
लगाता है, क्लिनिक ऑल क्लेयर।"

बाजार द्वारा बड़ी पूँजी के बल पर निर्मित ग्लैमर, चमत्कार और मनोरंजन से भरपूर विज्ञापनों की भाषा सम्प्रति जड़ता और बासीपन का विकृत शिकार हो गयी है। आज विज्ञापनों में भाषा औद्योगिक माल की तरह प्रयुक्त हो रही है—मसालेदार, चटकदार, चमत्कारिक और उन्माद पैदा करनेवाली। चाहे विज्ञापनों की हिन्दी हो, फिलर्स की हिन्दी हो, उद्घोषक/कार्यक्रम प्रस्तोता, रेडियो जाकी, सिटी या एफ.एम. चैनलों के विविध कार्यक्रमों के विज्ञापनों की हिन्दी हो—उनकी भिन्नता और संकर प्रयोग मन को खिन्न कर देते हैं, बल्कि यह कह सकते हैं कि कई स्तरों पर भाषा की यह भिन्नता एक नयी 'मीडिया संस्कृति' को जन्म दे रही है। चाहे घिसे-पिटे वॉशिंग पाउडर निरमा का विज्ञापन हो, फैशन के फण्डे हों, ऋचा के साथ मसाला मिक्स हो—इनकी भाषा बाजारू शब्दों के प्रयोग से दबी-हाँफती गतिज हो गयी है। यहाँ ठहराव और टिकाऊपन गायब है। एक ओर आज के विज्ञापनों की भाषा का समीकरण और सन्तुलन भदेस तथा ठेठ देसज शब्दों के प्रयोग से गड़बड़ा रहा है, तो दूसरी ओर इसमें रंग-विरंगी, कूदती-फुदकती हिन्दी का प्रयोग दर्शकों को मुँह चिढ़ा रहा है। कहीं इसमें सेलिब्रिटिज की हिन्दी इस्तेमाल हो रही है, तो कहीं पंजाबी और हरियाणवी अन्दाज की 'ध्वन्यात्मक शब्दों से पटी' हिन्दी चल रही है, जिसका कोई व्याकरणिक अर्थ नहीं है—

"ओ, मैं क्या सुनरिया हूँ सोडियो,
बढ़ा लो गड्डी,
जे बात
अरे चली रे चल्ली
अरे दिल्ली रे दिल्ली-दिल्ली
चुनक चक धूम।"

कहीं विज्ञापनों की भाषा अंग्रेजी शब्दों के प्रयोग से 'हिंग्लिश' बन जाती है,—

"जब रिश्ते बन जाएँ, वहम का सफर,
तो हाजिर है, लव गुरु (Love Guru)।

तो कहीं अध्यात्म और दर्शन की भाषा में भी अंग्रेजी शब्दों की छौंक लग जाती है,—

"मैं हूँ देव और वेलकम (Welcome) है, आपका, यहाँ एण्ट्री है फॉर एवरी बॉडी (for every body)"

तथा—

"गुड मार्निंग सारे लड़कों को, सभी मर्दों को, सभी आदमियों को और सभी-भाइयों को राखी की लख-लख बधाईयाँ, अपनी बहनों को अपनी तरफ से विशकर दीजियेगा, दिल तो करता है कि आज नो एण्ट्री फॉर वीमेन कर दूँ, पर नहीं यार ये तो नहीं हो पाएगा।" इसी तरह कहीं विलाप की भाषा बन बदहवाश भग रही है, तो कहीं-कहीं अतिरंजना से मजाक भी कर रही है और कहीं-कहीं उबाऊपन से बचने के चक्कर में भाषाई नग्नता भी पैदा हुई है,—

"बदमाश!
टीना रोज नींबू पानी के साथ तुझे लेती थी,
फिट होने के लिए
मुझे पता था, लड़की फिट तो लड़के लट्टू,
और घर में टेन्शन ही टेन्शन
तुझे मैं अन्दर कर दूँगा।"

कुल मिलाकर, विज्ञापनों की भाषा में शब्दों का कोई अपना अर्थ या चरित्र नहीं रह गया है। विज्ञापनों में प्रयुक्त भाषा के द्वन्द्वात्मक प्रयोग ने उसकी रवानगी खतम कर दी है। भाषा का चरित्र और उसकी प्रकृति क्षरित हुई है। सच तो यह है कि व्यावसायिक विज्ञापनों में 'वस्तु' और 'उत्पाद' को स्थापित करने के चक्कर में शब्दों के निश्चित अर्थ का अनुशासन टूटा है। कहीं-कहीं शब्द-प्रयोग और वाक्य-विन्यास में दक्षिण भारतीय पुट भी झाँक जाता है। अतः विज्ञापनों में भाषा का प्रामाणिक तथा मानक रूप टूटा-हिलसा है। 'जकड़ की पकड़' के चक्कर में भाषा में मसखरापन, हँसी-ठट्ठा और विदूषकता का जन्म हुआ है। भाषा अटपटी और अव्यवस्थित हुई है। इस तरह हम कह सकते हैं कि प्रायः विज्ञापन में जिस भाषा का प्रयोग किया जाता है, उसमें अर्थों का या तो अतिक्रमण करके नये अर्थ को स्थापित करने की कोशिश की जाती है या फिर किसी शब्द के अर्थ को किसी खास उत्पाद के लिए सीमित कर दिया जाता है। यह एक बड़ा भाषाई खेल है। एक सवाल किया जाय कि ठण्डा का मतलब क्या? आम तौर पर जवाब होगा—बर्फ, पानी, जोश नहीं, मर जाना आदि, लेकिन एक कम्पनी ने निश्चित कर दिया है कि ठण्डा का मतलब कोका कोला। अब यहाँ वास्तविक अर्थ का अतिक्रमण कर नये अर्थ का स्थापन भी है और एक शब्द को किसी उत्पाद का नाम स्वाभाविक रूप से याद हो जाए। ऐसा होने से साहित्य एवं अन्य रचनात्मक विधाओं में जहाँ शब्द की अनेकार्थता बनी रहती है, विज्ञापन में आते ही इन शब्दों का एक निश्चित अर्थ हो जाता है। हम यों कह लें कि यहाँ शब्द भी ब्राण्ड मार्का की तरह काम करने लग जाते हैं और आज यह उत्पादन या कम्पनी के पंचलाइन के रूप में प्रचलित है।[4]

विज्ञापनों में व्याकरणिक अशुद्धियाँ और विचलन आम बात है। कोई भी माध्यम इससे अछूता नहीं है। भाषा के बेमेल और असंगत प्रयोगों से पटे विज्ञापन, भाषा-प्रेमियों को मुँह बिरा रहे हैं। इधर, श्री विवेकानन्द उपाध्याय भी कहते हैं कि[5] विज्ञापन और फिल्मों में भाषा का एक बिलकुल

ही नया रूप हमारे सामने आ रहा है। उसमें अक्सर द्विअर्थी संवाद और नारे होते हैं। कुछ तो काफी अश्लील भी होते हैं, जब कि उन्हें बनाने वालों का तर्क होता है कि अश्लीलता की जड़ लोगों के मन में होती है, जैसे अमूल माचो अण्डरवियर, का विज्ञापन, जिसमें अण्डरवियर धोती हुई स्त्री का संवाद फूहड़ है। सहज ही समझा जा सकता है कि यह विज्ञापन लोगों की यौन-लोलुपता को सम्बोधित है। जाहिर है,—इसका लक्ष्य अपना उत्पाद बेचना है। इसी तरह की भाषा आजकल फिल्मों में भी इस्तेमाल की जा रही है। 'डेल्ही बेली', 'डर्टी पिक्चर' और 'नो वन किल्ड जेसिका' के कई संवाद अश्लील कहे जा सकते हैं।

फिल्में और विज्ञापन कोई निजी उत्पाद नहीं होते। ये सार्वजनिक दस्तावेज की हैसियत रखते हैं। उपभोक्तावादी संस्कृति की जान विज्ञापन में होती है और विज्ञापन सिर्फ जरूरतों को ही पूरा नहीं करते, जरूरतें पैदा भी करते हैं। विज्ञापन का दिलचस्प होना उसकी लोकप्रियता के लिए जरूरी होता है। कई बार विज्ञापन लोकप्रिय बनने की बजाय अजीब लगने की हद तक चले जाते हैं। एक कपड़ा धोने वाले पाउडर के विज्ञापन का नारा है कि दाग़ अच्छे हैं। अपने पाउडर की शक्ति का विज्ञापन करने की सनक में यह विज्ञापन हमारे सार्वजनिक जीवन की हकीकत का विज्ञापन-सा बन गया है, जहाँ कपड़े से लेकर दामन और जीवन तक के दाग हमें अच्छे लगने लगे हैं और हमें उन दागों से अब उतना परहेज नहीं रह गया है, जितना पहले कभी हुआ करता था। विज्ञापन भाषा का प्रयोग एक अहम मुद्दा है, क्योंकि भाषा बहते हुए जल की तरह सामाजिक सम्पत्ति होती है। जिस तरह सब पानी, पानी ही होता है, लेकिन प्रयोग के लिहाज से पीने, नहाने और कपड़े धोने के लिए हम एक ही पानी इस्तेमाल नहीं करते, उसी तरह भाषा के भी अलग-अलग रूप भाषा में उठी हुई लहरों के मानिन्द होते हैं, जिनके हर रूप का इस्तेमाल हर जगह नहीं हो सकता। फिल्मों और साहित्य में गालियों का इस्तेमाल देखा गया है। लेकिन, क्या कोई विज्ञापन कला या साहित्य रूप होने का दावा कर सकता है? बेशक नहीं, क्योंकि कला या साहित्य का मकसद लोगों के सौन्दर्यबोध को सन्तुष्ट करने के साथ उसे परिष्कृत करना भी होता है। क्या विज्ञापन का कोई मकसद होता है? वस्तुतः विज्ञापन का मकसद अपना उत्पाद बेचना है, लेकिन साहित्य बाजार में बिकने के लिए खड़ी कोई वस्तु नहीं है। विज्ञापन उपभोक्ताओं के बीच अपने उत्पाद की बेहयाई की हद तक पक्ष लेता है और कई बार उन्हें भ्रमित भी करता है। विज्ञापन से यह अपराध रूप, अन्तर्वस्तु और भाषा—तीनों ही स्तरों पर होता है। विज्ञापनों में द्विअर्थी गीतों और संवादों की दुनिया का दायरा लगातार बड़ा होता जा रहा है। विज्ञापन का विवादों से चोली-दामन का साथ रहा है। सन् 1995 में मधु सप्रे और मिलिन्द सोमण एक अजगर लपेटे एक विज्ञापन में दिखायी दिये थे। पूजा बेदी कामसूत्र कन्या बनकर छा गयी थीं। वर्जिन मोबाइल ने 2010 में जो विज्ञापन बनाया, उसमें गालियों की भरमार थी, लेकिन गालियों को बीप कर दिया गया था। इसी तरह, हाल की कुछ फिल्मों में अपशब्दों का खुलकर अनावश्यक इस्तेमाल हुआ है।

इसी तरह, भाषा-दुष्प्रयोग का एक अन्य नमूना लीजिये। एक कम्पनी है, जो अपने टी.वी. विज्ञापन में 'मजबूर' को 'मजबुर' लिखने के लिए 'मजबूर' है। देह खुजलाता बन्दर और नीचे कैप्शन 'यह तो मजबुर है'। अब आप समझ के झरोखे में बैठकर जरा सोचिये कि जो लोग लाखों-लाख विज्ञापन पर खर्च कर रहे हैं, वे अपने उत्पाद से कितना मुनाफा कमाते होंगे। क्या इनमें एक भी ऐसा आदमी नहीं होगा जो 'मजबुर' लिखने की इनकी मजबूरी दूर करे? अवश्य होगा, लेकिन अपने उच्च नैतिक आग्रहों के प्रति समर्पित कम्पनी के प्रबन्धकों ने जान-बूझकर इसे नहीं सुधारा होगा। इस भूल से वे दर्शकों को एक सच्चा सन्देश देने की कोशिश कर रहे हैं कि जो

कम्पनी एक शब्द सही नहीं लिख सकती, वह खुजली दूर करने का सही मरहम क्या खाक बनायेगी? अब यह तो दर्शकों पर है कि वे इस सन्देश को कितनी जल्दी समझ पाते हैं और न मरहम खरीदने में पैसा बरबाद करते हैं न लगाने में समय। विज्ञापनों में गलत भाषा या शब्दों के प्रयोग पर हँसने की बजाय समझने की कोशिश करें कि कम्पनी आपको इशारों में बता रही है कि जो संस्थान सही लिख-बोल नहीं सकता, वह भला सही उत्पाद क्या बनायेगा?[6] स्पष्टतः यह कि विज्ञापनों में प्रयुक्त भाषा का यह स्वरूप न तो कामकाजी भाषा का बन पाया है और न तो प्रयोजन मूलक ही। सच तो यह है कि हम विज्ञापनों में प्रयुक्त भाषा की दृष्टि से शिथिल समय में हैं। विज्ञापनों में प्रयुक्त भाषा का नवाचार स्वतः भाषा के सामने संकट की तरह खड़ा हो गया है।

(2) विज्ञापनों की हिन्दी–

(हिन्दी विज्ञापनों की भाषा का संरचनात्मक एवं शैली-वैज्ञानिक अध्ययन)– डुग्गी-मुनादी मीडिया का सर्वाधिक पुरातन रूप है तो इण्टरनेट, ई-मेल, ह्वाट्स अप, ट्विटर, यू-ट्यूब, फेसबुक तथा विकीपीडिया आदि अत्याधुनिक। शुद्ध मुनाफे के सिद्धान्त पर जन्मे, खूबसूरत भाषायी कथरी, लिबास और पैरहन तथा मोहक मनोरम चित्रों से लकदक, चीखते, ऊधम मचाते विज्ञापन उक्त नये-पुराने माध्यमों की जरूरत बन गये हैं। विज्ञापनों ने आज जिन साधनों-उपकरणों के बल पर पूरे समाज को अपना 'गुरु' और मर्जी का 'गोविन्द' बना लिया है—'भाषा' उनमें एक है। शब्दों और चित्रों के पार्श्व में धीमी, पर आकर्षक धुन-गीत ''सारे जहाँ से अच्छा, हिन्दुस्ताँ हमारा'', बुलन्द भारत की बुलन्द तस्वीर''—सुन किसे रोमांच और पुलक नहीं होता? मैंने कहीं पढ़ा है कि भारतीय दूरदर्शन पर शुरुआती दौर में दिये गये विशिष्ट अंग्रेजी विज्ञापनों के कोई ठोस और सार्थक परिणाम नहीं आ रहे थे, सो देशी-विदेशी व्यापार करनेवाली कम्पनियों ने भारतीय समाज की नस और मिजाज-मानसिकता को भाँप, बाजार को साधने और अपने उत्पाद के प्रचार-प्रसार के लिए विज्ञापनों को हिन्दी भाषा में ढालना शुरू किया। परिणाम हुआ, जहाँ सरकारी कामों में प्रयुक्त हिन्दी एक प्रकार की थी, पत्रकारिता में प्रयुक्त हिन्दी दूसरे प्रकार की थी, साहित्य में प्रयुक्त हिन्दी अलग प्रकार की थी, बोलचाल में प्रयुक्त हिन्दी अलहदा स्वरूप की थी, वाणिज्य-व्यापार में प्रयुक्त हिन्दी भिन्न रूप, गन्ध, रस की थी—वहीं इन सबसे अलग हटकर 'विज्ञापनों में प्रयुक्त होनेवाली हिन्दी' भिन्न किसिम की हो गयी।

बहरहाल, आज हिन्दी भाषा का बिम्बों के साथ खूबसूरत, टटका, चमकीला और देर तक अंकित रहनेवाला प्रयोग विज्ञापनों में हो रहा है। इससे विज्ञापनों में सम्प्रेषणीयता बढ़ी है। वस्तुतः हिन्दी की अपनी शक्तिा अगाध है। सभी क्षेत्रों के अतिरिक्त जब विज्ञान के क्षेत्र में हिन्दी के प्रयोग को बढ़ावा मिला तो पूर्व प्रयुक्त शब्दों में नया अर्थ भरते हुए हिन्दी ने अपने को आधुनिक बनाया। इलेक्ट्रीसिटी, आकाशवाणी, दूरदर्शन, दूरबीन, दूरभाषा, दूर-मुद्रण आदि शब्द ऐसे ही हैं। अगर एक ओर आधुनिक युग की एक प्रमुख प्रवृत्ति विज्ञान और वैज्ञानिकता की है तो दूसरी तरफ उसकी एक प्रकृति विज्ञापन और विज्ञापनिकता की भी है। निश्चय ही विज्ञापन के क्षेत्र में प्रयुक्त होनेवाली हिन्दी भाषा-विज्ञान की अपनी भीतरी और बाहरी आवश्यकताओं के अनुसार एक नया रूप ग्रहण कर रही है।[7]

दरअसल, विज्ञापनकर्त्ता जब भी अपने व्यवसाय विषयक अनुबन्ध करता है तो उसे अपने पाठक, दर्शक अथवा श्रोता की आयु, लिंग, शिक्षा, समाज, क्षेत्र, आर्थिक स्तर आदि पर ध्यान केन्द्रित करना होता है, ताकि वह विज्ञापन तैयार करते समय अपने विज्ञापक के उत्पाद का प्रचार करने के लिए एक ऐसी अनुकूल भाषा का प्रयोग कर सके, जो सभी वर्गों के पाठक, दर्शक या श्रोता के लिए उपयुक्त हो तथा प्रभावोत्पादक हो। विज्ञापन की भाषा सामान्य भाषा न होकर विशिष्ट भाषा होती है तथा उसकी यह विशिष्टता उसके व्याकरण नियमों की निर्बाधता में होती है। अपने कथ्य, विचार या भाव को प्रभावोत्पादक सिद्ध करने के लिए वह अभिधात्मक रूप ग्रहण करने की अपेक्षा व्यंजनात्मक होती है। वस्तुतः विज्ञापन की भाषा के विविध रूप हैं। विज्ञापन अपने इन्हीं विशिष्टताओं से उपभोक्ता वर्ग को प्रभावित करता है। जनसंचार की भाषा साहित्य की भाषा न होकर व्यवहार की भाषा होती है। संचार माध्यमों में से विज्ञापन माध्यम जब से व्यावसायिक रूप में स्वीकार किया गया है, उसकी अपनी विशिष्ट भाषा है जो अपने लक्ष्य और उद्देश्य की पूर्ति के लिए रूप परिवर्तन करने में पीछे नहीं रहती। विज्ञापनकर्त्ता का मूल उद्देश्य और लक्ष्य विज्ञापित उत्पाद के लिए अपील करना होता है तो ऐसी स्थिति में उस अपील की भाषा सार्वजनीन होनी चाहिए। विज्ञापन में विज्ञापक और क्रेता (खरीददार) के मध्य सन्देश का सम्प्रेषण सीधे न होकर विज्ञापन संस्थान के माध्यम से विश्वसनीयता के आधार पर होता है, जिसमें विज्ञापक के उत्पाद के विषय में विज्ञापनकर्त्ता सम्बोधक रूप में एक ऐसा सन्देश सम्प्रेषित करता है, जो सम्बोधित उपभोक्ता तक लिखित, चित्रित या वाचक के रूप में पहुँचता है। विज्ञापन के उद्देश्य की पूर्ति के स्तर पर यह स्पष्ट ही है कि सम्प्रेषण प्रक्रिया के आधार पर अपने उत्पाद, विषय-वस्तु या विचार को उपभोक्ता या जनसमुदाय तक पहुँचकर उससे परिचित कराना, उसके प्रतिजनरुचि या अभिरुचि जागृति करना तथा उसके प्रति इच्छा सृजन कराना, माँग वृद्धि करना और क्रय शक्ति क्षमता की वृद्धि कर क्रय करने के लिए तत्पर बनाना है। ऐसी स्थिति में विज्ञापनकर्त्ता या संस्थान को एक ऐसी भाषा का व्यवहार करना अनिवार्य होता है, जो जीवन्त हो, सुझावपूर्ण हो तथा उपभोक्ता की मानसिकता के अनुकूल हो तथा उसे प्रभावित कर सके। अतः विज्ञापन की भाषा साहित्य, भाषण, संवाद, नाटक आदि की भाषा से भिन्न होती है, परन्तु वह समय, सन्दर्भ तथा उपभोक्ता की मानसिकता के अनुरूप अपनी जीवन्तता ग्रहण करने के लिए बाध्य होती है। इसमें कोई सन्देह नहीं कि विज्ञापन की भाषा उत्पाद, विषय, वस्तु या विचार के प्रचार-प्रसार के लिए सामान्य से विशिष्ट भाषा का ही रूप ग्रहण करती है तथा अपने अपरम्परागत भाषा-प्रयोग के कारण ही उपभोक्ता या जनसमुदाय के ध्यानाकर्षण का केन्द्र होती है।[8]

लिखित भाषा, वाचिक भाषा तथा लिखित—मौखिक भाषा ये विज्ञापन सम्बन्धी सम्प्रेषण-व्यापार के तीन रूप होते हैं। लिखित भाषा विज्ञापन की प्रमुख भाषा होती है, जिसका मूल मकसद विज्ञापन को ध्यानाकर्षक, ललित, जीवन्त, कौतूहलपूर्ण अनुरंजक बनाना होता है। वाचिक भाषा को हम 'भाषा का श्रव्य रूप' कह सकते हैं। इस तरह की भाषा बहुधा रेडियो पर प्रसारित की जाती है। यह विज्ञापन की भाषा का दूसरा रूप होती है। इसका भी उद्देश्य भाषिक रम्यता पैदा कर विज्ञापन को सम्यक् रसास्वादन से पूर्ण बनाना होता है। इसी तरह लिखित-मौखिक भाषा, विज्ञापन की भाषा का तीसरा रूप होती है। आकाशवाणी पर जहाँ भाषा का 'श्रव्य रूप' ही सुनायी पड़ता है, वहीं दूरदर्शन पर भाषा के श्रव्य रूप के साथ दृश्य रूप भी साथ-साथ चलता रहता है। चल चित्रों में इसी प्रकार मिश्रित भाषा का प्रयोग विज्ञापनों के लिए किया जाता है जो बड़े पर्दे के विज्ञापनों की भाषा कही जा सकती है। सरकार की अनुमति लेकर विज्ञापन की निश्चित लम्बाई और सीमित समय की रील बड़े पर्दे पर प्रस्तुत की जाती है। ऐसे दृश्यांकित इलेक्ट्रॉनिक माध्यम में शब्दोच्चारण के साथ ही शब्दों की छोटी-बड़ी, आड़ी-तिरछी, गोल या लम्बी आकृतियाँ चित्र के साथ प्रेषित की जाती हैं। यह कहा जा सकता है कि विज्ञापन की भाषा सामान्यतः काव्य भाषा की कोटि में रखी जा सकती है, क्योंकि वह विशिष्ट भाव और विचार की संवाहिका के रूप में ही प्रयोग की जाती है। विज्ञापन की भाषा की संरचना का आधार भी काव्य भाषा के प्रयोग की तुलना में कहीं अधिक स्वच्छन्दवृत्ति प्रधान होता है, क्योंकि उस भाषा का रूप व्याकरण सम्मत न होकर व्यावहारिक स्तर पर आकर्षक और कर्णप्रिय गुणों के आधार पर शब्दावली चयन से सम्पन्न रहता है। विज्ञापनकर्त्ता समान स्थितियों में भी समरूप भाषा का प्रयोग नहीं करता है, बल्कि सारे व्याकरण नियमों से मुक्त एवं काव्य-गुण दोषों से सम्पन्न विशिष्ट भाषा रूप का प्रयोग करता है।[९]

विज्ञापनों की संरचना में हिन्दी का सम्प्रति विशिष्ट योगदान है। शैली-सौन्दर्य के निमित्त मुहावरे, लोकोक्तियाँ, अलंकारों, व्यंग्य-वक्रोक्तियाँ, मिथकों, उलटवासियों की भाषिक-भाज से निर्मित विज्ञापनों का प्रवाह सुन्दर लय को प्राप्त हो चुका है। कुछ विज्ञापनों में हिन्दी के पुराने शब्द-प्रयोग और मुहावरों पर नया पानी चढ़ा है तो कुछ विज्ञापनों में सरपट दौड़ती भाषा के लटके-झटके से दर्शक और पाठक भौंचक हो जाते हैं। कुछ विज्ञापनों में हिन्दी भाषा की बहुत गझिन बुनावट दिखायी पड़ती है, जिसकी वजह से वे पहेली जैसे लगते हैं तो कुछ विज्ञापनों में हिन्दी भाषा के कोमल, संस्पर्श से ललित शिल्प तो पैदा ही हुआ है, उनका कलागत बन्ध भी सदा-सहज-जीवन्त बन गया है। जहाँ तक विज्ञापन-भाषा की संरचना का सवाल है, विज्ञापन का क्षेत्र, विज्ञापन के प्रकार, विज्ञापन की शैली-उसके विविध आयाम होते हैं। विज्ञापन की विषय-वस्तु क्षेत्र के अनुसार भाषा का चयन-चुनाव होता है। यदि विज्ञापन का क्षेत्र वाणिज्य का है तो उसकी भाषा अलग होगी और यदि विज्ञान का है तो उसकी भाषा भिन्न प्रकार की होगी। उदाहरण के लिए, व्यावसायिक विज्ञापन के लिए जो भाषा व्यवहृत होगी, उसकी शब्दावली इस प्रकार की हो सकती है, यथा—शेयरों में सुधार, चने में उछाल, चीनी में तेजड़ियों की पकड़ ढीली, गेहूँ चढ़ा, चीनी कड़वी, चाँदी चमकी, चाँदी लुढ़की या चाँदी ठहरी, सोना उछला या सोना स्थिर, चावल में तेजी या चावल में सुधार, गेहूँ टूटा, राजमा में उछाल, अरहर कमजोर, स्टैण्डर्ड सोना खामोशी के साथ 250 पर खुला आदि।

ठीक इसी तरह विज्ञापनकर्त्ता अपने विज्ञापन की विषयवस्तु के निर्धारण के साथ ही विज्ञापन के विविध प्रकारों का प्रयोग विज्ञापक या उत्पादक की स्वीकृति के साथ करता है तो भाषा-विषयक तीन विविध आयामों में से किसी भी आयाम को ग्रहण करता है—

(1) समाचार-पत्र या पत्रिका की भाषा (लिखित)

(2) आकाशवाणी की भाषा (वाचिक)

(3) दूरदर्शन या चलचित्र की भाषा (मिश्रित)

उक्त भाषा-आयाम विज्ञापन के प्रकार पर आधारित हैं। यदि विज्ञापन समाचार-पत्र या पत्रिका के लिए तैयार है तो उसकी भाषा का लिखित रूप अपनी विशेषता लिए रहेगा। यदि आकाशवाणी पर विज्ञापन जायेगा तो शब्द और भाषा का आयाम संक्षिप्त और अतिवाचक आयाम ग्रहण करेगा। यदि विज्ञापन चलचित्र (छोटे पर्दे) के लिए तैयार किया गया है, तो उसकी भाषा का आयाम मिश्रित श्रेणी का वाचिक तथा लिखित के साथ-साथ दृश्यात्मक हो जायेगा। इन दोनों ही रूपों में विज्ञापन की भाषा का आयाम साम्वादिक, अभिनेय और भावोद्घाटक होगा। विज्ञापनकर्त्ता अपने विज्ञापन के विषय-वस्तु के अनुरूप ही उसके भाषिक आयाम का चयन 'शैली' के आधार पर ग्रहण करता है, क्योंकि विज्ञापनकर्त्ता का यह ध्यान रखना अनिवार्य और अपरिहार्य हो जाता है कि उसे भाषा की शैली के उस आयाम का चयन करना होता है जो पाठक, श्रोता और दर्शक के वर्ग, शिक्षा तथा क्षेत्र से सम्बन्धित रहता है, जिसमें प्रायः निम्नांकित शैलियों का प्रयोग करने में विज्ञापनकर्त्ता सक्रिय रहता है,—

(1) अभिधार्थक,

(2) लक्षणार्थक तथा

(3) व्यंजनार्थक।

अभिधार्थक शैली का चयन करते समय विज्ञापनकर्त्ता सीधी, सपाट और वस्तुगत शैली का प्रयोग करता है,—

उदाहरण—

अब आयेगा असली मजा
नया
तुलसी मिक्स
जर्दायुक्त पान मसाला।

लक्षणात्मक भाषा-प्रयोग का चयन विज्ञापनकर्त्ता विज्ञापन वस्तु के अनुरूप करता है,—

उदाहरण—

बिजली बचत का अर्थ है बिजली का उत्पाद।

लेकिन विज्ञापन की भाषा चयन का तीसरा आयाम व्यंजनार्थक होता है,—

उदाहरण—

बेटी के हाथ पीले कर दिये...
लेकिन फूल जैसी बच्ची मुरझा गयी

याद रखिये—

बच्ची के बच्चा होना उसके साथ घोर अन्याय है।

लिखित भाषा में भाषा शब्द की अर्थवत्ता को महत्त्व अधिक देती है, जब कि वाचिक आयाम पर भाषा के उतार-चढ़ाव और स्वर गति से अर्थ-व्याप्ति होती है। एक ओर लक्षणार्थक आयाम वह ग्रहण करती है और लक्षण के आधार पर विषय-वस्तु के गुणों या विशेषताओं का परिचय

देती है। व्यंजनार्थक आयाम में भाषा का प्रयोग दृश्य-श्रव्य माध्यमों या विज्ञापनों में विषयवस्तु के अभिधार्थक और लक्षणार्थक प्रयोग से हटकर उसके व्यंजनार्थक रूप में निहित रहता है। यह ध्यान रखने योग्य है कि विज्ञापन की भाषा कभी भी औपचारिक शैली में नहीं प्रयोग की जाती है। विज्ञापन की अनौपचारिक शैली पाठक, दर्शक और श्रोता तथा उपभोक्ता समाज को आकर्षित करती है क्योंकि उस विज्ञापन में प्रयुक्त भाषा का व्यावहारिक, वैयक्तिक एवं सरल पक्ष विज्ञापन की शैली आयाम का परिपूरक होता है।[10]

अब कुछ विभिन्न तरह के हिन्दी-विज्ञापनों के उदाहरण लीजिये—

(अब)

"नये टिन में नया मजा,
पान पराग का पराग जर्दा"
पराग जर्दा कोठारी उत्पादन

(8.5.1988, नयी दुनिया)

इस विज्ञापन में अंग्रेजी 'टिन' शब्द का प्रयोग किया गया है। उर्दू शब्द—मज़ा, जर्दा आदि का प्रयोग भी हुआ है।

काव्यात्मक भाषा, संक्षिप्त शब्दावली में अगला उदाहरण देखिये,—

एच.एम.टी. घड़ियाँ—
"देखने में नहीं जवाब
काम में कहाँ नवाब
एच.एम.टी.हर तरह लाजवाब।
असली मर्दाना घड़ियाँ एच.एम.टी. की
मजबूत और मनमोहक-सालोसाल चलनेवाली
अपनी पसन्द की चुन लीजिये, हालाँकि चुनना मुश्किल है।
वक्त बतायेगा की अपनी पसन्द निस्संदेह बेमिसाल है।"

(नव भारत टाइम्स 21.3.1988)

कियो कार्पिन तेल का विज्ञापन देखिये—

"आपके कियोकार्पिन बालों के इस,
स्टाइल को देखकर सभी मुग्ध हो जाएँगे,
शीशी के नीचे, कियो कार्पिन,
भीनी-भीनी सुगन्ध चिपचिपाहट रहित
केश तेल नीचे,
स्वस्थ केश, सुन्दर केश कियोकार्पिन केश।"

(दैनिक जागरण 8.3.1988)

मच्छर भगाने वाला विज्ञापन देखिये—

"कछुआ मेरा नाम
मच्छर भगाना मेरा काम
हिन्दू, मुस्लिम, सिक्ख, ईसाई,

सब को यह पैग़ाम।

मिलकर कछुआ जलाइये

दुश्मनों को भगाइये

कछुआ छाप अगरबत्ती।''

मुहावरे द्वारा भाषा के प्रयोग ने तो विज्ञापन को और अधिक ऊँचाई प्रदान की है,—कुछ विशिष्ट प्रयोग देखें—

(1) क्या आप चाहते हैं कि सफलता आपके कदम चूँमे।

(2) पहली ही नजर में आप इसे अपना दिल दे बैंठेंगे।

(3) सुहाने प्रिण्ट आपके सौन्दर्य में चार-चाँद लगा देंगे।

(4) पड़ोस वाले प्रशंसा के पुल बाँधते नहीं थकेंगे।

(5) उत्पादन दिन दूना रात चौगुना बढ़ता जा रहा है।।

(6) एक सफेद सत्य।

(7) नकल हमेशा होती है, मगर बराबरी कभी नहीं।

अप्रस्तुत विधान जो रचनात्मक है, कहीं-कहीं श्लिष्ट शब्दों के बल पर अधिक आकर्षण उत्पन्न करता है, जैसे—'आइये, संसार के साथ-साथ विकास करें' तथा 'नील जगत में अद्भुत नाम जाम-ज्योति' ऐसे वाक्यों में 'संसार' एवं 'नील' शब्द व्यापकता का द्योतक है। इसी तरह 'जरा दम लेना हो तो चार मीनार की बात ही कुछ और है', 'स्वस्थ दाँत और मसूढ़े, साँसों में ताजगी, यही तो प्रामिज है'—जैसे वाक्यों में दम का अर्थ कश एवं आराम है तो प्रोमिज का अर्थ 'टूथपेस्ट' तथा 'प्रतिज्ञा'। इसी तरह विशेषण के रूप में अप्रस्तुत विधान—

''अब लीजिये मखमली दाढ़ी बनानेवाला ब्लेड,

जो चिकनी दाढ़ी बनाये, ज्यादा चले,

लांसर मखमली चिकनी दाढ़ी बनाये।''

''स्वर्ण अवसर बेलटेक टी.वी.

अपने बच्चे के सुनहरे भविष्य के लिए बाल-उपहार योजना अपनाइ।''

''रसिया रंगों की बहार।''

आलंकारिक स्रोतों द्वारा तैयार विज्ञापन—

''क्रीम सी कोमल, माँ की ममता भरे स्पर्श।''

हिन्दी के कुछ प्रश्न वाचक शब्दों, वाक्यों का विज्ञापन देखें—

(1) मनोरमा आज हर महिला को क्यों पसन्द है?

(2) यह कमनीय कोमल रूप कौन रच गया?

(3) सरदर्द से परेशान?

(4) आप अपने परिवार को कैसे स्वस्थ एवं प्रसन्न रख सकते हैं?

(5) आपका टूथपेस्ट दाँतों की सड़न का मुकाबला कर रहा है?

(6) कौन-सी साइकिल में गाढ़े पसीने की कमायी का पैसा लगाना ठीक रहेगा? मिस्र भाषा के प्रयोग से निर्मित विज्ञापन देखिये—

(1) नया रहा प्रॉमिज

(2) एक मात्र टूथपेस्ट, आजमाया हुआ लौंग का तेल

(3) चित्र इतना जानदार

(4) लीजिये प्रेसीडेण्ट नीटिंग वुल

(5) जो श्रिंक नहीं होती,

(6) सर्वोत्तम फ्रिज खरीदिये

(7) डिश एण्टिना लीजिये

(8) आँखें बंद कर टाइमस्टार चुनिये

(9) गोल्ड का जवाब कहाँ?

(10) एटलस साइकिल चलनें में हल्की एवं भरोसेमन्द

(11) आज ही अपनी पसन्द से ऊनी ब्लाउज खरीदिये

(12) डोरा अन्दर से आत्मविश्वास पैदा करता है।[11]

हिन्दी-विज्ञापनों में प्रभविष्णुता पैदा करने के लिए कई जगह लोकोक्तियों और वाग्धारा का भी प्रयोग होता है। इस सम्बन्ध में डॉ. जगदीश प्रसाद कौशिक का विचार है कि, 'लोकोक्ति एवं वाग्धाराएँ भाषा को पुष्ट करने का एक महत्त्वपूर्ण साधन होती हैं। इनके प्रयोग से भाषा चुस्त एवं सजीव हो जाती है। हिन्दी के लेखक इनके प्रयोगों के प्रति उदासीन नहीं रहते हैं फिर भी जहाँ कहीं स्वतः इनका प्रयोग हो जाता है तो वहाँ विचार या भाव प्रभावी हो जाता है।''[12] इधर, युवा विद्वान् लेखक डॉ. चन्द्र कुमार का कहना है कि, [13]हिन्दी में विज्ञापन विभिन्न वाक्य संगठनों से किया जाता है। सरल वाक्य, मिश्र वाक्य, संयुक्त वाक्यों का हिन्दी विज्ञापन प्रभावकारी होता है। साधारण या सरल वाक्य में एक उद्देश्य एवं एक विधेय रहता है। इसका प्रयोग विज्ञापन के कलेवर को पुष्ट करता है, जैसे—'आँखें बन्दकर टाइम स्टार चुनिये।' मिश्र वाक्य में मुख्य उद्देश्य एवं विधेय के अतिरिक्त एक या अधिक समापिका क्रियाएँ रहती हैं, जैसे—'किफायत में किफायत यह है कि हाँकिन्स दाम में कम और असर में बढ़कर है।' संयुक्त वाक्य में—जिस वाक्य में साधारण अथवा मिश्र वाक्यों का मेल रहता है, जैसे—'सनसिल्क का प्रयोग कीजिये और बालों की शान बढ़ाइये'। मिश्र वाक्य में कई उपवाक्य होते हैं। वस्तु के गुण, उपयोगिता का प्रयोग आदि को व्याख्यायित करने के लिए कारण बताया जाता है। विभिन्न उद्देश्यों की पूर्ति के लिए विज्ञापनकर्त्ता मिश्र वाक्यों का प्रयोग अधिक करता है।

सच तो यह है कि विज्ञापन में जितना महत्त्व विज्ञापन सामग्री का होता है, उतना ही महत्त्व भाषा का भी होता है। वस्तुतः विज्ञापन की भाषा चौंकाने वाली होती है। बिक्री बढ़ाने की धुन में इसकी भाषा प्रायः अतिरंजनापूर्ण हो जाती है। उदाहरण के लिए किन्ही पाचक गोलियों के विज्ञापन में इस बात पर जोर दिया जाता है कि ''बगैर स्वास्थ्य का ध्यान दिये ठूँस कर खाइये, चिन्ता की कोई बात नहीं, फलाँ पाचक गोलियाँ हैं न!'' विज्ञापनों में भी नये-नये शब्दों का चयन हुआ है, जैसे—गले में 'खिचखिच', सफेदी की 'चमकार' फिर भी यह नहीं कहा जा सकता है कि सभी विज्ञापनों की भाषा बेतुकी और भौंड़ी होती है। कुछ विज्ञापनों की भाषा और प्रस्तुतीकरण आकर्षक और स्तरीय होने के साथ-साथ दर्शकों को उनकी मूल सांस्कृतिक परम्परा और मानसिकता से जोड़ते हैं। समाज में बेटियों की परवरिश, शिक्षा एवं उन्हें स्वावलम्बी बनाने की दिशा में कुछ बेहद मर्मस्पर्शी—विज्ञापन देखने में आये हैं, जब एक नन्हीं बच्ची भोली आवाज में माँ के हाथों में पकड़ी पुस्तक के लिए कहती हैं, 'अरी अम्माँ! ये तो उलटी किताब हैं। विज्ञापनों में प्रयुक्त की जानेवाली भाषा का यह एक उत्कृष्ट उदाहरण है।[14]

(3) विज्ञापन भाषा-प्रयुक्ति या विज्ञापनों में शब्दों की भूमिका–

शब्द जिन्हें मैं बर्फ की सिल्लियों पर भी,
अकेली चींटी-सा चला ले जाना था,
अब अंगारों से धधक रहे हैं,
उनसे मैं खेल नहीं सकता
वे युद्धभूमि में बदल गये हैं।

स्व. सर्वेश्वर दयाल सक्सेना की उक्त पंक्तियाँ शब्दों के महत्त्व पर प्रकाश डालती हैं। विज्ञापन-निर्माता विज्ञापन-निर्माण में इन्हीं शब्दों से खेलता है। वह अपनी रमणीय कल्पना के बल पर जीवन्त शब्दों को आधार बनाकर पाठक और दर्शक को अपनी ओर लुभानेवाले विज्ञापनों का सृजन करता है। ज्ञान, संवेदना और मर्म के मेल-संयोग से बने विज्ञापन सजीव-सटीक, चुभनेवाले तो होते ही हैं, सार्थक, मारक तथा प्रभावी भी होते हैं। वस्तुतः शब्द हमारे लिए उतना ही जरूरी होते हैं, जितना रोटी का निवाला और जीवित रहने के लिए ऑक्सीजन का कतरा। बिना शब्द के तो स्मृति निहत्थी रह जायेगी और आकांक्षा अर्थहीन। जब न शब्द होगा, न स्मृति, न आकांक्षा और न ही संवेदना तो मनुष्यों का एक बड़ा संसार अपने होने को क्या कहकर सिद्ध करेगा? कुल मिलाकर यह कि छपा हुआ रचनात्मक शब्द ही आज जीवन में सक्रिय है और निष्ठावान **'सकृतकृत प्रशायो जनः'** की तरह आज के सर्वग्राही शोर में खामोश हो अपनी भूमिका में जी रहा है। विज्ञापन-सर्जक अपनी बुद्धि के चमत्कार से, सूक्ष्म और कोमल संवेदना का आश्रय लेते हुए शब्द प्रतीक और बिम्ब की जमीन पर छायावादी कवियों की तरह कौतुकपूर्ण विज्ञापनों को जन्मता है।

कुछ राष्ट्रीय जन-जागरणों-उद्‌बोधनों तथा सामाजिक सन्देशों को प्रसारित करनेवाले विज्ञापनों को छोड़ दें तो अधिकांश विज्ञापनों का रिश्ता वाणिज्य-व्यापार से ही होता है। ढोल, मजीरा, झाल, करताल, शंख और नगाड़ा पीटते ये विज्ञापन बाजार में पहुँच चुके या पहुँचनेवाली वस्तु, उत्पाद या सामान का ढिंढोरा पीटते गाल बजाते हैं। वस्तु का बखान करते उनका गुन गाते हैं। अतः ऐसी स्थिति में बाजार और व्यापार की प्रगति के लिए ये बेहद आवश्यक हो गये हैं। जाहिर है, अच्छी वस्तु के प्रचार के लिए सुन्दर लय और ध्वनि में गुँथी सुन्दर, ठनकदार और आकर्षक भाषा भी होनी चाहिए। इसे हम **'विज्ञापनी भाषा'** कह सकते हैं। मन को छूने और गुदगुदानेवाली भाषा ग्राहकों उपभोक्ताओं को अपनी ओर बहुत जल्दी आकर्षक करती है। भरसक, लोकजीवन से जुड़ी और सम्पृक्त भाषा, जिसमें सपाटपन न हो, जिसमें क्षेत्रीयता और स्थानीयता का रंग हो, बुद्धिवादी भाषा की जगह, जिसमें देसी सहजता हो, ज्यादा असरकारक होती है। कुल मिलाकर वस्तु की उपयोगिता-गुणवत्ता की प्रशंसा करनेवाले शब्द और चित्र ही विज्ञापनी भाषा के हाथ-पैर होते हैं।

अतः ऐसी स्थिति में यह आवश्यक है कि विज्ञापन बनाने वालों को भाषा की बुनियादी समझ हो। विज्ञापन बनाते समय विज्ञापन निर्माता के पास यदि भाषा, समाज, पाठक/दर्शक आदि की सम्यक् समझ न होगी तो उसका विज्ञापन तर्कों और बहसों में जूझता रह जायेगा। स्पष्टतः यह कि उसके पास भाषा की पैनी दृष्टि और दर्शन की पुख्ता जानकारी होनी चाहिए अन्यथा उसका विज्ञापन पानी में लाठी मारने से कुछ ज्यादा सिद्ध नहीं होगा। अतः ऐसी स्थिति में विज्ञापनी भाषा के प्रति सजगता-सचेष्टता बहुत आवश्यक होती है। सच तो यह है कि विज्ञापन की भाषा एक विशिष्ट प्रयोजन की भाषा होती है। इसकी अपनी शब्दावली और वाक्य-संरचना होती है, जैसे— दैनिक समाचार-पत्रों में "बिकाऊ है", "आवश्यकता है", "अपार भीड़ आकर्षित कर रहा है",

''भव्य समारोह'' आदि वाक्य विज्ञापनी हिन्दी में प्रयुक्त हो रहे हैं। पत्र-पत्रिकाओं के अतिरिक्त आकाशवाणी, दूरदर्शन पर भी इस हिन्दी का प्रयोग हो रहा है। हिन्दी विज्ञापन में आकर्षण उत्पन्न करने के लिए अनेक प्रकार की वाक्य-संरचनाओं का प्रयोग करते हैं। इनके लिए विज्ञापनों में प्रायः 'और', 'क्योंकि', 'सिर्फ' 'जरा सा', 'अब आप समझें', 'आजमाइये' जैसे शब्दों का और 'न ध्यान दें' जैसे वाक्यों का प्रयोग किया जाता है। इस प्रकार की विज्ञापनी शब्दावली का प्रयोग करने से उत्पाद वस्तु की विशेषता को व्यक्त किया जाता है, जैसे—

(क) क्योंकि अनन्त अनुराग ही जीवन है—ग्रावियन सूटिंग्स

(ख) अब आप समझे, मैंने यह टिकिया क्यों ली?—रिन साबुन

(ग) सिर्फ सर्फ—सर्फ पाउडर

विज्ञापन की भाषिक संरचना के अन्तर्गत् ध्वनियों और वर्तनी का विवरण आकर्षक ढंग से होता है, जैसे—शर्ट्स-ट्राउजर्स (ब्ल्यू चिप) के विज्ञापन लेखन में अक्षरों को अलग-अलग दे चमत्कार उत्पन्न किया जाता है। इसके साथ ही विज्ञापन के विविध विषयों की आवश्यकतानुसार तत्सम, देशज, विदेशी शब्दावाली का प्रयोग होता है। कहीं-कहीं मिश्रित शब्दावली भी पाई जाती है। उदाहरण के लिए निम्न लिखित विज्ञापन द्रष्टव्य हैं,—वस्तु, उत्पाद या सम्मान के गुणों को उभारते हैं।

चित्र, शब्द (ध्वनि) दृश्य-श्रव्य विज्ञापन के प्राण माने जाते हैं। अतएव विज्ञापन में शब्दों और चित्रों का भरपूर इस्तेमाल होना चाहिए। पत्र-पत्रिकाओं में विज्ञापित कुछ विज्ञापनों के अन्य उदाहरण इस प्रकार हैं,—

(1) एक साइकिल खरीदो लखपति बनो ('एवन' साइकिल का विज्ञापन), हिन्दुस्तान दैनिक, नयी दिल्ली, 2 अगस्त, सन् 2000 ई.

(2) पैसा चाहिए तो हमारे पास आइये (सिटी फाइनैन्शियल का विज्ञापन) दैनिक जागरण, 18 जुलाई, 2004 ई.

(3) आउट लुक साप्ताहिक पढ़ें और जीतें इनाम हर सप्ताह—मालामाल ऑफर (मारुति आल्टो स्पिन का विज्ञापन) आज, 16 जून, 2003 ई.

(4) एक बाम तीन काम (झण्डु बाम का विज्ञापन) इण्डिया टुडे, 2 अगस्त, 2004 ई.

अन्त में कुल मिलाकर यह कि मौखिक तथा लिखित विज्ञापनों में सहज और जनसंवेद्य हिन्दी शब्दों का प्रयोग करना चाहिए। लिखित विज्ञापन तैयार करते वक्त मानक लिपि-चिह्नों का ही प्रयोग करना चाहिए। वाणिज्य-व्यापार के क्षेत्र की 'विज्ञापनी भाषा' में आकर्षकता, विक्रेयता, प्रभावात्मकता तथ संक्षिप्तता का होना अपरिहार्य है। दूरदर्शन में आजकल प्रसारित कुछ विज्ञापन इस प्रकार हैं[15]—

(1) मधु द्राक्षा व अधिक केसर में समृद्ध—च्यवनशक्ति

(2) जांबाज कामयाब मर्दों के लिए—पामोलिव शेव और ब्रश

(3) लिव लाइफ किंग साइज—फोर स्क्वायर

हिन्दी विज्ञापन को आकर्षक और रोचक बनाने के लिए निश्चयात्मक, निषेधात्मक, आदेशात्मक और विवेचनात्मक वाक्य दिये जाते हैं, जो अर्थ-बोध और सम्प्रेषण करने में पूर्णतया सहायक होते हैं, जैसे—

(1) मैंगो फ्रूटी, फ्रेश ऐन जूसी—फ्रूटी

(2) इस आग बुझाने के यन्त्र की बनावट में बस एक बात का ध्यान रखा गया—आग का (यूरोलेटर)

(3) अब लीजिये शक्तिशाली टर्बो आवाज—वीडियोकान

(4) कहा बहुत-कुछ जा सकता है, बिना एक ही शब्द कहे—कियोकार्पिन

उपर्युक्त विभिन्न उदाहरणों से स्पष्ट है कि विज्ञापन में जितना महत्त्व विज्ञापन सामग्री का होता है, उतना ही महत्त्व भाषा का भी।[16]

विज्ञापन की भाषा में काव्य भाषा का प्रयोग उसमें चार चाँद लगाता है। तुकबन्दी और काव्य भाषा का सुन्दर समंजन विज्ञापन में देखिये—

(1) ओके साबुन से नहाये।
कमल-सा खिल जाए।।

(2) रंगों का संसार।
खुशियों की बहार।।

संयुक्त वाक्य से बना विज्ञापन वस्तु की ओर हमारा ध्यान सहजता से खींचता है,—

प्राकृतिक कोमलता से गोरा बनाये
...ऐसा कि सभी को नजर आये
...फेयर ऐन्ड लवली
...गोरेपन की क्रीम।

कहीं संवादपरक भाषा और प्रश्नात्मक भाषा—

(1) यही समय है, पीजिये।

(2) ओह, सरदर्द? सर्दी-जुकाम।

तो कहीं विशिष्ट भाषा में विज्ञापित विज्ञापन सुन्दर और मनोहारी लगते हैं,—

(1) पूर्ण नारीत्व का खास अहसास।

(2) कामयाबी आपके कदम चूमेगी।

(3) ज्यादा रोशनी दे, ज्यादा दिन चले।

कहीं पुनरुक्ति से सने विज्ञापन—

(1) फैशन का एक नया नाम, नया अहसास, नये फैशन का नया विलास।

(2) डिजाइन ज्यादा, रंग ज्यादा, ढंग ज्यादा, शानदार ज्यादा।

(3) सुपर लहर, लहर-दर-लहर, आप के कपड़ों को साफ, स्वच्छ और उज्ज्वल करता है।

(4) कुदरती चमक, कुदरती दमक, कुदरती ताजगी।

(5) सौन्दर्य शृंगार। सौन्दर्य साबुन लक्स है।

तो कहीं, 'आज्ञार्थक' वृत्ति के प्रचुर प्रयोग से बने विज्ञापन—

(1) जल्दी कीजिये, सर्वोत्तम फ्रीज खरीदिये, अपनी शान बढ़ाइये।

(2) सपने अपनाइए, पैसे बचाइये।

विज्ञापन	**विज्ञापित वस्तु**
बजाज फैन्स सबसे तेज	'बजाज फैन'
क्या आपके बालों में है आँवला का दम	'डाबर आँवला'
पेट की परेशानी का अन्त तुरन्त	'पुदीन हरा'
शिफ बनाये कोमल, रखे सुरक्षित	'शिफ साबुन'
दाग़! धब्बे घटाये 93%	'गर्नियर क्रीम'
टेस्ट भी हेल्थ भी	'मैगी नूडल्स'
खोल दे! फ्राण्टम पीजिये बोस। मीठी है बोस, मस्ती का चटाका	'फ्राण्टम ड्रिंक्स'

निष्कर्षतः यह कि विज्ञापन की भाषा को सजीव और जीवन्त होना चाहिए, क्योंकि विज्ञापन का एक लक्ष्य उत्पाद, नीति, विचार को जनता के बीच अधिक-से-अधिक पहुँचाना और प्रतिष्ठित करना होता है। अतः यदि विज्ञापन की भाषा और चित्र शैली प्रभावशाली, आकर्षक और विश्वसनीय बन सकेगी तो वह जनता और उपभोक्ता को अधिक आकर्षित करेगी और विश्वास उत्पन्न करेगी। विज्ञापन की शैली औपचारिक, सामान्य और अनौपचारिक होती है, लेकिन इलेक्ट्रॉनिक माध्यम (आकाशवाणी और दूरदर्शन) पर प्रसारित विज्ञापनों की भाषा प्रायः औपचारिक और अनौपचारिक शैलियों में ही प्रयुक्त होती है। विज्ञापन की भाषा का महत्त्व कई रूपों में है। हिन्दी में विज्ञापन की भाषा जनसंचार की उदारता की पहचान के रूप में स्वीकार की जा सकती है। विविध भाषा प्रयोगों के समानान्तर विज्ञापन की भाषा का स्वरूप और क्षेत्र अत्यन्त व्यापक होता गया है, क्योंकि अब विज्ञापन की भाषा में एक निजी शब्दावली और निजी वाक्य-संरचना विकसित हो चुकी है, उसका अपना एक विशिष्ट मुहावरा भी विकसित हो चुका है।

विज्ञापन की भाषा के—

(क) आकर्षक तत्त्व युक्त भाषा (Attention Value),

(ख) श्रव्य तथा सुपाठ्य भाषा (Listen and Readable) तथा

(ग) स्मरणीय भाषा (Memorial)

ये प्रमुख गुण होते हैं। इसी तरह विज्ञापन की सम्प्रेषण की भाषा तीन रूपों—

(i) लिखित भाषा,

(ii) वाचिक भाषा तथा

(iii) मौखिक-लिखित भाषा

में प्रयुक्त होती है। इस तरह कुलमिलाकर विज्ञापन भाषा की निम्न कुछ और विशेषताएँ होती हैं,—

(1) आकर्षण क्षमता,

(2) स्मरणीयता,

(3) पठनीयता,

(4) प्रभावोत्पादकता,

(5) विक्रयशीलता,

(6) विश्वसनीयता,

(7) स्वच्छन्दता,

(8) नियम निर्बंधता,

(9) परम्परा मुक्ति,

(10) अति प्रयोजनपरकता तथा

(11) जीवन्तता।[17]

(4) विज्ञापन और प्रयोजनमूलक हिन्दी : समस्याएँ तथा समाधान—

अब आप अगला समाचार सुनेंगे—इस 'ब्रेक' या 'अन्तराल' के बाद। इसके पश्चात् शुरू हो जायेगा—विज्ञापनों का धूम धड़ाका या अगला गीत सुनने से पहले सुनिये 'छोटा-सा सन्देश।' फिर लग जायेगा—मिली-जुली भाषाओं में विज्ञापित होनेवाले विज्ञापनों का जमघट। यहीं पर विज्ञापनों की भाषा को लेकर विज्ञापनविदों में कई तरह के बहस-मुबाहसे शुरू हो जाते हैं, यथा—विज्ञापन की भाषा कैसी हो? क्या संकर, खिचड़ी या मिली-जुली भाषा में विज्ञापित विज्ञापनों से हिन्दी का चेहरा सभग्न नहीं हो रहा है? साफ शब्दों में, विज्ञापन की भाषा में आँचलिक शब्द या अंग्रेजी के शब्द प्रयुक्त होने से हिन्दी का स्वरूप विकृत नहीं हो रहा है? कुछ लोग कहते हैं कि केवल समाचारों के प्रसारण में ही संचार माध्यमों खासकर—दूरदर्शन पर मानक हिन्दी का दर्शन किया जा सकता है, तो क्या शेष समय के कार्यक्रमों की रंग-बिरंगी हिन्दी भविष्य के लिए अशुभ सूचना दे रही है? कुछ लोग कहते हैं कि विज्ञापनों में हिन्दी का स्वस्थ और शुद्ध रूप ही व्यवहृत होना चाहिए तो कुछ लोगों का तर्क है कि वर्तमान भूमण्डलीकरण के दौर में विभिन्न विदेशी कम्पनियों को अपने उत्पाद या माल को भारतीय बाजार में सफलतापूर्वक बेचने के लिए हिन्दी भाषा के उस रूप की जरूरत है, जिसमें विज्ञापित माल ग्राहकों को अधिकाधिक आकर्षित कर सके। इस प्रकार की विज्ञापनी हिन्दी में न व्याकरण सम्मत निबद्धता या अनुशासन की जरूरत होती है और न संस्कृतनिष्ठ शुद्ध हिन्दी की, बल्कि हिन्दी को अपने परम्परागत स्वरूप से हटकर वर्तमान विश्व-बाजार की चुनौतियों को स्वीकार करने के लिए प्रयोजनमूलक भाषा बनना पड़ेगा।

दरअसल, विज्ञापन को सफलता दिलाने का काम भाषा करती है। भाषा ही वह माध्यम है, जो विज्ञापन के सम्पूर्ण उद्देश्यों को सही अंजाम देती है। भाषा विज्ञापन की आत्मा होती है। इसकी भाषा अत्यन्त सधी हुई होती है। कम-से-कम समय में अधिक-से-अधिक सन्देशों को वह वहन करती है। पैने शब्द, तेज-तर्रार वाक्य और सीधे बयान आकर्षण का केन्द्र होते हैं। कहा जाता है कि कोई भी विज्ञापन पहले पाँच सेकेण्ड में यदि दर्शक, श्रोता या वाचक को अपने पक्ष में कर ले तभी वह सार्थक है। इसलिए इसमें उलझनपूर्ण, लम्बे वाक्यों की बजाय सीधी-सपाट, बोलचाल की भाषा का उपयोग लाभप्रद माना जाता है। शब्द बड़े महत्त्वपूर्ण होते हैं, इसलिए शब्दों को अर्थों के लिए हीरे की तरह तराश कर विज्ञापन की भाषा बनायी जाती है। सभी जानते हैं, हिन्दी इस देश के बहुमत-बहुलांश की भाषा है। धर्म, क्षेत्र, राजनीति और उत्तर-दक्षिण के नाम पर इसका भले ही विरोध हो रहा हो, पर इसे अधिकांश लोग बोलते और समझते हैं। अब यह सूर, तुलसी और कबीर की महज साहित्यिक अभिव्यक्ति की ही भाषा नहीं रह गयी है, बल्कि यह कामकाजी और प्रयोजनमूलक स्वरूप धारण कर चुकी है। इसमें विज्ञापन की चित्रमयता और आकर्षक प्रस्तुति की शक्ति और क्षमता अकूत रूप में भरी हुई है। विज्ञापन को उपभोक्ता या ग्राहक तक पहुँचाने के लिए विज्ञापनी भाषा के जो अनिवार्य तत्त्व हो सकते हैं—वे सभी इसमें एक साथ मौजूद हैं। सुन्दर वाक्य-संरचना, विशिष्ट शब्दावली, गेयता, संगीतात्मकता, काव्यमयता-गीतात्मकता, भाव-विचार की सुन्दर संवाहिका, कर्णप्रियता, आवश्यकता पड़ने पर सूत्रात्मकता, तुकात्मकता—कुल मिलाकर पाठक, दर्शक या श्रोता को विज्ञापन के प्रति रुझान पैदा करने के सभी तत्त्व या गुण इसमें विद्यमान हैं।

कुछ लागों का आरोप है कि हिन्दी को विज्ञापन की भाषा बनाने के नाम पर इसे बाजारू बना दिया गया है। अंग्रेजी शब्दों के प्रयोग इसे सुसंस्कृत बने रहने देने में संकट पैदा कर रहे हैं। सच तो यह है कि आज के प्रतिस्पर्द्धी बाजार में समय की चुनौतियों को इसे स्वीकार करना पड़ेगा। फिर इधर, वॉलीवुड की ओर झाँकिये तो आप पायेंगे कि यहाँ भी फिल्मों के नामकरण के लिए मारामारी हो रही है। बाजार के बढ़ते प्रभाव और विज्ञापनों में अंग्रेजी शब्दों के इस्तेमाल से हिन्दी फिल्मों के अंग्रेजी नाम का चलन बढ़ता जा रहा है। इसका एक कारण यह भी हो सकता है कि इसी तरह कुछ नया करके निर्माता ज्यादा-से-ज्यादा दर्शक बटोरना चाहते हैं। फिल्म निर्माता इस बात की पुष्टि भी करते हैं। उनकी मान्यता है कि अंग्रेजी शीर्षक होने की वजह से युवादर्शक सिनेमा घर की ओर खिंचे चले आते हैं। हिन्दी के साथ अंग्रेजी नाम रखने का चलन, वस्तुतः बहुत पुराना है, क्योंकि मूक फिल्मों के दौर में अधिकांश फिल्मों के नाम अंग्रेजी में ही रखे जाते थे, ताकि ऐंग्लो इण्डियन और अंग्रेजों को समझ में आ जाय। 1940 और 1970 के बीच बनीं—मि. एण्ड मिसेस-55, मि. एक्स इन बाम्बे, हाउस नं. 44, लव इन शिमला, लव इन टोकियो, जौहर महमूद इन गोवा, लाइट आफ एशिया, नाइट इन लन्दन, ऐन इवनिंग इन पेरिस—आदि फिल्में इसकी साक्ष्य हैं। ठीक इसी तरह आज की इंग्लिश फिल्में—दि रेस अगेनस्ट टाइम, दि टारगेट, मुम्बई एक्सप्रेस, टाइम पास, टेंगो चाजर्ली, पेजथ्री, रेन कोट, क्लासिक डान्स आफ लव तथा (2006 ई. में) महिमा चौधरी तथा नायक प्रियांशु को लेकर बन रही फिल्म 'स्टार' इसके उदाहरण हैं।

यद्यपि हिन्दी में विज्ञापन-लेखन की अपनी कुछ समस्याएँ हैं, किन्तु ये समस्याएँ अंगद के पाँव की तरह बहुत वजनी नहीं हैं। इनका समाधान बहुत सरल है। हम जानते हैं हिन्दी के पास विज्ञापन लेखन की लम्बी परम्परा नहीं है, इसलिए उसके पास तैयार शब्दावली का भण्डार नहीं है। ज्ञान-विज्ञान की जो पारिभाषिक शब्दावली उसके पास है, वह मात्र पारिभाषिक कोषों में बन्द

है। उसका व्यवहार उस मात्रा में नहीं होता कि जनमानस में उसका प्रचलन हो, इसलिए उसकी शुरुआत हो रही है। इस दिशा में अब कार्य हो रहा है।[18] उस प्रयास और कार्य का ही परिणाम है कि विज्ञापन के क्षेत्र में प्रयुक्त होनेवाली हिन्दी भाषा विज्ञापन की अपनी भीतरी और बाहरी आवश्यकताओं के अनुसार एक नया रूप ग्रहण कर रही है। प्रयोग के इस क्षेत्र में वह अपने रूप संचारण के साथ उभरी है। अपनी भाषिक संरचना और सामाजिक प्रयोजनों के सन्दर्भ में हिन्दी ने इस नये प्रयुक्ति क्षेत्र में वैविध्य ग्रहण किया है। आज हिन्दी के विज्ञापन की दिशाएँ विराट् सम्भावनाओं से भरी हुई हैं। सबसे बड़ी बात यह है कि वह आदमी की समस्याओं से सीधे जुड़ गयी है। आज कि हिन्दी में आदमी के अणु युग के चक्र में पिसते जन सामान्य का सब-कुछ चित्रित हो रहा है। आज के हिन्दी विज्ञापनों में केवल परिस्थितियों का नग्न चित्र नहीं, इनसे उबरने की व्याकुलता भी है। शब्द सम्पदा की दृष्टि से हिन्दी विज्ञापन की भाषा सम्पन्न है।[19]

बस, थोड़ी-सी सजगता की जरूरत है। हिन्दी के विज्ञापनी भाषा बनने में जो थोड़ी-सी तथाकथित कमी है, वह शीघ्र ही दूर हो जायेगी। हमें यह ध्यान रखना होगा कि हिन्दी विज्ञापन के वाक्य छोटे हों, सरल हों, पढ़े-अनपढ़े सब बिना परेशानी आसानी से समझ जायँ, भाषा का सौन्दर्य बनाये रखने के लिए शब्दों का साभिप्राय प्रयोग हो, विज्ञापन और तकनीक तथा जनसमुदाय, जन स्वास्थ्य से सम्बन्धित या वाणिज्य से सम्बन्धित विज्ञापन की भाषा का आयाम भिन्न होना चाहिए, पदबन्ध, वाक्यांश सटीक हों, भरसक शब्दों की पुनरावृत्ति न हो, कभी-कभी लोकोक्ति, मुहावरे और सूक्त कथन का भी प्रयोग होना चाहिए, वाक्य में जीवन्तता और विश्वसनीयता आद्यन्त बनी रहे; कुल मिलाकर विज्ञापन में लालित्य पैदा करने के लिए आमजन की हिन्दी भाषा का इस्तेमाल हो। भाषा की पाकीजगी की जिद्द विज्ञापन के लिए बहुत शुभ नहीं मानी जायेगी, फिर, विशुद्धतावादी पण्डित कितना ही हाथ-पैर मारें, इस भाषा के प्रचार-प्रसार को रोक नहीं पायेंगे। विज्ञापनों की हिन्दी यही जनभाषा हिन्दी है। विज्ञापन की हिन्दी व्यावहारिक हिन्दी है। आकाशवाणी तथा दूरदर्शन के विज्ञापनों में उच्चरित भाषा के रूप में हिन्दी का 'भाषा-मिश्रण' वाला रूप काफी मात्रा में प्रचलित है। बहुप्रचलित शब्दों का प्रयोग विज्ञापनों में अनिवार्य हो जाता है। तरह-तरह के सौन्दर्य प्रसाधन तथा दैनिक व्यवहार की कई वस्तुओं के नाम तथा उसके प्रयोग विधि के लिए अंग्रेजी शब्दों का ज्यादा प्रचलन मौखिक भाषा में पाया जाता है, उसे छोड़कर विज्ञापनों में उसके हिन्दी पर्यायों का प्रयोग व्यवहार्य नहीं होगा। विशुद्धतावादी दृष्टिकोण से हर शब्द के हिन्दी पर्याय प्रयुक्त करने का प्रयास विज्ञापन के उद्देश्य में बाधक होगा।[20] दरअसल, भाषा की अतिशुद्धता और विशिष्ट रूप का आग्रह-दुराग्रह रखने वाले भी इस बात को मानेंगे कि व्याकरण, भाषा का अनुगामी होता है, इसलिए जिस रूप में भाषा अभी विकसित हो रही है, वह जनभाषा के रूप में है। लिखित रूप में आते-आते अपना परिष्कार करती हुई निखरती रहेगी। रेडियो, टी.वी. फिल्मों में प्रादेशिक उच्चारणों, लहजों और शैलियों में ढली हिन्दी एक दिन अपने अपेक्षित रूप को प्राप्त कर लेगी। आखिर अंग्रेजी को भी इन सारे संकटों से गुजरना पड़ा था।[21]

(5) विज्ञापन में अनुवाद का संकट—

लैटिन शब्द 'एडवरटायर' (Advertiar) मूल से बने अंग्रेजी के 'एडवरटाइजिंग' (Advertising—) शब्द का हिन्दी अनुवाद है—'विज्ञापन'। **डॉ. अशोक महाजन** का विचार है कि विज्ञापन शब्द उच्चरित होते ही मानस पटल पर ऐसे सन्देशों की छवियाँ अंकित हो जाती हैं, जिनमें से अधिकांश का उद्देश्य किसी वस्तु, सेवा या विचार को बढ़ावा देना होता है। आज सर्वत्र विज्ञापनों का साम्राज्य है। इनकी व्यापकता और सार्वभौमता देखते हुए आज के युग को वैज्ञानिक युग की संज्ञा दी जा सकती है, जिधर देखिये, उधर विज्ञापन-ही-विज्ञापन नजर आते हैं। घर में विज्ञापन, सड़क

पर विज्ञापन, समाचार-पत्र, पत्रिकाओं, रेडियो और टेलीविजन पर विज्ञापन, सिनेमा के पर्दे पर विज्ञापन, बस के बाहर और बस के भीतर विज्ञापन, पोस्टकार्डों, लिफ़ाफों, माचिस की डिब्बियों पर विज्ञापन। दरअसल, विज्ञापन हमारे सामाजिक, आर्थिक एवं व्यक्तिगत जीवन से इतनी घनिष्ठता से जुड़ गये हैं कि उनके बिना रहना अधूरा-सा लगने लगा है। विज्ञापन अब न केवल सूचना एवं संचार का एक सशक्त माध्यम बनकर सामने आया है। आज की आर्थिक प्रक्रिया में विज्ञापन एक शक्तिशाली औजार बनकर सामने आया है।

लेकिन आज के एक ध्रुवीय होते विश्व में जहाँ बाजार का दबदबा हमारे जीवन में सीधा हस्तक्षेप करने लगा है, विज्ञापन का महत्त्व विपणन के सन्दर्भ में—पहले की तुलना में और अधिक बढ़ गया है। बहुराष्ट्रीय विदेशी कम्पनियों ने इस देश के आर्थिक क्षेत्रों को अपने घेरे में ले लिया है। उनके उत्पाद और माल को हम लपककर खरीद रहे हैं। इन कम्पनियों ने अपने माल का विज्ञापन हमारे देश की 'प्रिण्ट' और 'इलेक्ट्रॉनिक' मीडिया से खूब कराया है। माल उनका अर्थात् विदेशी, लेकिन विज्ञापन हमारी देशी भाषाओं में—अब यहीं पर शुरू हो जाती है—अनुवाद की भूमिका। दूरदर्शन के 'मेट्रो चैनल' या 'डिश एन्टिना' पर उतरनेवाले विभिन्न चैनलों पर आज विदेशी वस्तुओं के प्रचार-प्रसार के लिए किये जानेवाले विज्ञापनों के सैन-संकेत फूहड़ तो हैं ही उनकी भाषा भी नग्न और मृत है। वस्तुतः बाजारीकृत व्यवस्था की यह फूहड़ प्रस्तुति है। सच कहें तो व्यापारिक साम्राज्यवाद को विनम्रता के साथ खड़ा करने का यह घटिया और बेजां तरीका है। अंग्रेजी से अनूदित इन विज्ञापनों की भाषा न हिन्दी होती है और न अंग्रेजी, बल्कि 'हिन्दीश' होती है अतः यहाँ भाषिक असन्तुलन पैदा होने का खतरा होता है।

समाधान—एतदर्थ हमें यह नहीं भूलना चाहिए कि विज्ञापन का मूल उद्देश्य भाषा के द्वारा दूसरों का ध्यान अपनी ओर आकर्षित करना है इसलिए हमें विज्ञापनों की भाषा पर विशेष ध्यान देना चाहिए। विज्ञापनों की भाषा शिष्ट, संयत, साहित्यिक और मोहक होनी चाहिए। सच तो यह है कि शिष्ट और परिमार्जित भाषा से कमजोर विज्ञापन भी ताकत प्राप्त करता है। श्रेष्ठ भाषा विज्ञापित वस्तु को अच्छा बाजार दे सकती है, वस्तु के प्रति रुचि और आस्वाद पैदा कर सकती है। भाषिक शिल्प का सुन्दर ठाठ वस्तु को महत्त्वपूर्ण बना सकता है। अतः ऐसी स्थिति में हमें चाहिए कि अनुवाद करते समय हम भाषा के चरित्र का ध्यान रखें। सच तो यह है कि विज्ञापन के कैनवास पर सुन्दर शब्दों का कोलाज और बिम्ब वस्तु के प्रति लोगों को दावे के साथ आमन्त्रित कर सकता है।

(6) विज्ञापनों में स्त्री-देह–

"आखिर क्या हो तुम?
आंगन की तुलसी
फुदकती-चहकती गौरैया
पिंजरे में फड़फड़ाती परकटी मैना
अथवा किसी बहेलिये के जाल में फंसी
बेबस कबूतरी?
तुम्हारे माथे पर दहकता हुआ सिन्दूर है
भट्ठे की ईंट है
टोकरियों का बोझ है
या काला कलूटा पहाड़?

पहाड़
जिसे ढोती हो अपने माथे पर
अनवरत/जीवनपर्यन्त!
पहाड़ सरीखी तुम्हारी जिन्दगी में
उग आये हैं अनगिनत फौलादी हाथ
चूड़ियाँ खनखनाते हाथ
झाड़ू-बुहारु करते हाथ
चाय बागान से पत्तियाँ चुनते हाथ
स्वेटर बुनते हाथ
किचेन में जूझते हाथ
टाइपराइटर-कम्प्यूटर पर मशीनी अक्षर उगलते हाथ
कलम की जादूगरी दिखाते हाथ
हाथ, जो होम करते जल उठते हैं!
सिरजती हो तुम्हीं
छातियों से अमृतस्रोत
मगर भरता है तुम्हारा पेट
बची-खुची जूठन से
उस खाद्य से
जिसकी निर्मात्री खुद तुम्हीं हो
ढोता है तुम्हारा पेट
बीज को वृक्ष में तब्दील होने तक
मनुजता का भार
उस कुटिल मनुजता का भार
जिसे बखूबी आता है लात मारना
तुम्हारे ही पेट पर
तुम्हारे केले के थम्ब सरीखे पांव
खड़े हैं तुम्हारी सगी पृथ्वी के वक्षस्थल पर
पर कराया जाता है तुम्हें अहसास
कि तुम्हारे पाँव अड़े हैं किसी की बैसाखी पर
दादी! नानी! माँ! दीदी!
पत्नी! बेटी! पोती!
जरा-झटककर तो देखो
अपने-अपने पाँवों को
कहीं ये सचमुच

किसी की बैसाखी पर तो नहीं खड़े?
क्या तुम हो
सिर्फ सिर-हाथ-पाँव वाली
मशीनी रोबोट?
नहीं-नहीं!
किसी के इशारे पर कदमताल करती
कतई नहीं हो तुम आदेशपाल रोबोट
लहराता है तुममें भावनाओं का समुन्दर
उठते हैं इन्द्रधनुषी सपनों के ज्वार
जिन्हें कर दिया है तब्दील
आँसुओं के भाटे में
सिकुड़ जाता है तुम्हारा अस्तित्व
मुनाफे और घाटे में
तुम्हें पहचानना होगा
पंक में धँसे रक्त-कमल से अपने आपको
अपनी अस्मिता को
उबारना होगा स्वयं को कीचड़ की सड़ायँध से
कराना होगा तुम्हें
अपने होने का अहसास
ताकि महमहा उठे तुम्हारे पहाड़—से जीवन में
भावना, फूल और खुशबुओं का
सपनीला उजास।[22]

"पिता रक्षति कौमार्ये, भर्त्ता रक्षति यौवने।
रक्षति स्थवरे पुत्र, न स्त्री स्वातन्त्र्यमर्हति।।"

अर्थात् विवाह होने से पहले स्त्री की रक्षा उसका पिता करता है, विवाह के बाद पति और बुढ़ापे में पुत्र। इससे यह ध्वनित होता है कि हिन्दू धर्म शास्त्रों ने शुरू से ही स्त्री को पराधीन और विवश बनाकर रखा है। यद्यपि कुछ लोग मेरी उक्त बात से असहमत हो सकते हैं, अतः उनसे पूछा जा सकता है कि धर्मशास्त्रों में यदि स्त्री का पक्ष इतना सबल था तो वह बन्धनों में क्यों जकड़ती चली गयी? आज स्त्री मुक्ति का मुद्दा ही क्यों बार-बार उठाया जा रहा है? स्वर्णिम अतीत का वर्तमान स्वरूप इतना विकृत कैसे हो गया? अपने आत्म-विश्वास को चट्टानों की चादर से ढँक रोज तूफानों से लड़नेवाली स्त्री उम्र, रंग, भाषा, मजहब, ओहदे तथा तजुर्बे की जमीन एक होने के बावजूद पुरुष की हीन दृष्टि का शिकार क्यों है? आखिर मर्दवादी सम्बन्धों की पुरानी गिरफ्त से इन्हें बाहर होने में क्या इनकी यौनता की प्रमुखता बाधक नहीं है?

दरअसल, पुरुषों की सामंतवादी मानसिकता के सड़े-गले अवशेष-इस ग्लोबल समय में भी इनके ऊपर बार-बार 'अपसंस्कृति' का हमला करवा रहे हैं। फैसिस्टी मानसिकता का सेक्स-बुभुक्ष

लम्पट तबका सदियों से दीन-हीन घूँघट में बन्द और अवगुण्ठित स्त्री-देह को स्वायत्त और मुक्त नहीं होने देना चाहता। ग्लोबलाइजेशन की देन स्त्री की 'नयी देह भाषा' को ये लोग नये सांस्कृतिक 'मॉड' का प्रतीक मानते हैं। महिलाओं के प्रति इस तरह की हिक़ारत की भावना पश्चिम के कुछ प्रसिद्ध व्यक्तियों में भी रही है। खुद को अग्रगामिता का पुरोधा माननेवाले पश्चिम के तरक्की पसन्द देशों में पत्नी की ताड़ना के लगातार दोषी रहे टॉलस्टॉय, नारीवादियों को किन्नर बतानेवाले लेखक नॉर्मन मेलर से लेकर किंग्सले एमिस और पिकासो तक औरतों को रचनात्मकता का शिखर छूने योग्य नहीं मानते। जाने-माने ब्रिटिश कला समीक्षक रस्किन ने तो यहाँ तक कह डाला कि महिला द्वारा लिखने का प्रयास अपने आप में उतना ही दुर्लभ चमत्कार लगता है, जैसे किसी चौपाये पालतू कुत्ते का यकायक दो पैरों पर चलने लगना।[23] भारत में भी आखिर अजल से दौरे हाजिर तक पुरुष की मुख्य चिन्ता स्त्री पर काबिज होने की रही है। आज भी अनेक पुरुष सहकर्मी महिलाओं को 'शुगर कैण्डी' या 'हनी' कहकर बुलाते हैं। बेटी के रूप में जन्म लेकर बददुआयँ—झेलना, युवती होकर लम्पट पुरुषों की कुदृष्टि का शिकार बनना और जीवन को एक मनुष्य के रूप में अपने ढंग से जीने का अधिकार खो देना—इन्हें प्रिय लगता है। इधर, स्त्री भी बाजार में अपनी काया का मूल्य जानती है,—

> *"मैं स्त्री हूँ और जब मैं स्त्री हूँ,*
> *तो नहीं है अपनी देह भी मेरी,*
> *वह ढलेगी उनके साँचे में,*
> *पलेगी उनके नियमों से,*
> *जी जायेगी उनकी मर्जी से...।।"*[24]

वह जानती है कि, वह स्त्री है तो बदनाम तो उसे होना ही है। वे 'न्यूड' बनायें या 'नीली फिल्म' या 'यूज़ और थ्रो' का कल्चर अपनायें,—यह उनका दम्भ है, पौरुष है। बहरहाल, महिला का अबला स्वरूप इन्हें सुखकर लगता है, जब कि सच्चाई यह है कि महिला को अब हाशिया नहीं, पूरा पृष्ठ चाहिए, उतने ही पृष्ठ, जितने मर्दों को हासिल हैं। मगर, उसके हिस्से के पृष्ठों को तो धर्मग्रन्थ घेरकर बैठे हैं, उन पर पुरुषों की बनायी रचित परम्पराएँ काबिज-कब्जा हैं।

रही-सही कोर-कसर पूरी कर दी मीडिया और उसके भोपू विज्ञापनों ने। पूँजीवादी सरगनाओं द्वारा वित्त-पोषित-पालित मीडिया की एक आँख पुरुषवादी है तो दूसरी सामंती। मार्क्स का कहना है कि पूँजी का हमला शरीर ही नहीं, विचारों पर भी होता है। विज्ञापन के सन्दर्भ में भी यह सौ टंच सही है। सम्प्रति विज्ञापनों में स्त्री देह का इस्तेमाल कच्चे माल की तरह हो रहा है। इन विज्ञापनों की बुनावट में पुरुषवादी मस्तिष्क का शिकंजा काम करता है, जिसका परिणाम हुआ है सामन्ती युग में स्त्री पितृसत्तात्मक व्यवस्था की दासी थी तो उत्तरआधुनिक युग में बाजारवादी व्यवस्था की टहलुआ बन गयी, जहाँ स्त्री को मनोरंजन, मन-बहलाव और माल-मसाला की तरह प्रस्तुत किया जा रहा है। आज भारतीय समाज में इन्हीं लोलुपों के कारण फिल्मों तथा अन्य प्रमुख माध्यमों में स्त्री की हैसियत एक उपभोग की वस्तु तथा उत्पाद से अधिक की नहीं है। अभिव्यक्ति के ये तमाम माध्यम सम्प्रति **'मिस ब्यूटी'** और **'क्वीन-काण्टेस्ट'** से भरे पड़े हैं। ये लुभावने और मन-**रिझाऊ** दृश्य इन कामुकों की कुत्सित निगाहों की खुराक हैं। दर्द की सान पर तराशी हुई स्त्री का विद्रूप स्वरूप इनके मन को भाता है। ये जानते हैं कि ठगा जाना स्त्री की नियति है, सो आवारा पूँजी के बल पर इन्होंने स्त्री-विरोध की बुनियाद पर एक वीभत्स बाजार खड़ा कर लिया है, जहाँ स्त्री को यौन-प्रतीक बनाने का धतकरम करते रहते हैं।

अपसंस्कृति और बाजारवाद स्त्री को हिकारत भरी निगाह से देखते हैं, तभी तो बंद समाज में डर-डर कर रहनेवाली, समय-समय पर अपने दौर की मर्दानी बरतरी के खिलाफ आवाज़ उठानेवाली, समाजी उलटफेर से पूरी तरह बेखबर-अभिज्ञ, हजारहाँ घुटती-पिसती और भेड़ियों द्वारा मसलकर फेंक दी जाती, शालीन औरत के प्रति हमदर्दी और रोशनख्याली की जगह आज उनका पण्यीकरण किया जा रहा है। मुक्ति की बजाय उन्हें फिर से बाड़े में बन्द किया जा रहा है। प्राचीनकाल में वह पितृसत्तात्मक व्यवस्था की दास थी तो आज अराजक उपभोक्तावादी संस्कृति की। विज्ञापनों के माध्यम से आज स्त्री-देह का बाजारीकरण हो रहा है। विज्ञापन बाजों ने स्त्री-मुक्ति का अर्थ सिगरेट, शराब, जीन्स, टॉप, रात्रि-भ्रमण, डिस्को, होटल, पब, सुन्दर, सुडौल संगमरमरी या दुधिया रंग की अनावृत्त टाँगें, मिनी स्कर्ट, स्पगेट्टी स्ट्रैप, हेल्टर टॉप, बैकलेस ब्लाउज में पीठ, कन्धे और वक्ष को खुला-अधखुला मान लिया है,—

"रोज नजर आते होंगे स्त्रियों के अधनंगे वक्ष,
अधखुली जँघाएँ...
उदास पन्नों-सी खिन्न,
निष्प्राण लड़कियाँ,
महारानी, ये आपकी किस यात्रा के एलबम में नजर आयेंगी"?[25]

जरा-सी देर हो जाने पर जो स्त्री अपने पति-पुत्र की उदासमन से रास्ता निहारती है, इन्हें अपने आँचल में सहेजनेवाली उस स्त्री को इन विज्ञापनी बहेलियों ने लासा लगाकर बाजार और मंडी का माल बना दिया। भूमण्डलीय ग्राम के मेले में इन्होंने स्त्री-देह को अपने कुत्सित लक्ष्य की पूर्ति के लिए सबसे सहज सवारी मान लिया है। आज स्त्री की यह नितान्त नग्न, वीभत्स तस्वीर मेट्रो, बस, ट्रक, ट्राम, खम्भे दीवाल, कॉलेज, चट्टी-चौराहे, बुकलेट, फाइल, पत्र-पत्रिका, साबुन, शैम्पू, अन्य घरेलू उपयोगी सामान, सिलाई मशीन, पंखे, फ्रिज, फर्नीचर, दीवाल घड़ी, शीतल पेय, सौन्दर्य प्रसाधन, सिगरेट के डिब्बे, क्रीम, आफ्टर शेव का लोशन (जिससे उसका कोई मतलब नहीं), कार, शूट-शर्ट के कपड़े, हर बिल बोर्ड अर्थात् हर छोटी-बड़ी, पहुँच-अपहुँच स्थानों पर घूरती, मुस्कराती, मूक-मौन भाषा में सान-मटक्का कर, बहुत-कुछ कहती, हवा के झोंकों से दिन-भर में न जाने कितनी बार धक्का खाती टँगी-अँटकी है। स्त्री-देह को साबुन की झाग में अधिकाधिक लिपटा दिखाकर, सारी सामाजिक मर्यादाओं को ध्वंस करते विज्ञापन-निर्माता अधिक-से-अधिक धन बटोर रहे हैं। स्त्री की आजाद पहचान और उसके ख्वाब को रेजा-रेजा ध्वस्त करते आज के विज्ञापनों में उन्हें समझदार, मेहनतकश और पुख्ता समझ से कोसों दूर महज 'बहकावे में आने वाली', 'पुरुष को लुभाने-रिझाने वाली' तथा निखालिस उपभोग के पण्य पदार्थ के रूप में चित्रित किया जा रहा है। विज्ञापन के कौतुकी और मायावी ऐयारों ने स्त्री देह को हद दर्जे की 'सेक्सिस्ट' दिखाकर—यही इनकी 'लाइफ स्टाइल' और 'स्टैण्डर्ड ऑफ लीविंग' घोषित किया है।

स्त्री, आज माध्यमों की अनिवार्य विषय बन गयी है। मर्दवादी मीडिया ने उसकी छवि 'काम्यवस्तु' के रूप में प्रस्तुत की है, इस तरह वह सम्प्रति मीडिया के लिंगभेदवादी मीडिया नजरिये का शिकार हो गयी है। वह लाभ-हॉनि के बाजारू प्रश्नों से घिर गयी है। काम-कुण्ठित विज्ञापनबाजों ने उसकी छवि को छलनी किया है। वह दारुण दुर्गति का सामना कर रही है। स्त्री के पारम्परिक परिधानों को समय-समय पर श्रेष्ठ-अश्रेष्ठ बता उसे कभी 'सांस्कृतिक ग्लानि' तो कभी 'सांस्कृतिक ठेस' 'पहुँचा रहे हैं। आज की स्त्री क्या पहनेगी', शरीर का कौन-सा हिस्सा किस जगह से कितना खुला, कितना अधखुला और पूरा खुला रखना है—यह सब-कुछ बाजार

तय कर रहा है। इस तरह वह आज बाजार के हवाले हो गयी है। विज्ञापनों ने इसमें घी का काम किया है। उसे सम्प्रति 'सेक्सी', 'कामुक' और 'कामोत्तेजक' दिखाने-बताने की पूरी हिकमत हो रही है। उसकी देह विज्ञापनों में इस तरह से दिखायी जा रही है कि पुरुष में नया पुंसत्व आ जाय। विज्ञापनों में उसकी देह अतृप्त लालसाओं को जगा रही है। यह सब पुरुषवाद और बाजारवाद की मिली-जुली साजिश है। विज्ञापनों में पुरुषों को कपड़े से पूरी ढँकी देह दिखायी जा रही है तो इन्हें अर्द्धनग्न दिखाया जा रहा है। इनके माध्यम से ऐसी क्रीम और पाउडर का विज्ञापन हो रहा है कि भारत में अब कोई काला-कलूटा और श्यामवर्णी रह ही नहीं जायेगा। इन विज्ञापनों को देख दक्षिणी अफ्रीका के लोगों के मुँह में पानी आ सकता है। इस तरह तमाम तरह के भ्रामक, संशयग्रस्त और धोखे के विज्ञापन इनसे करवाये जा रहे हैं। खुद इन्ही की शरीर को सुडौल बनाने, बालों को काले नाग की तरह दिखने, ढीले-स्तनों को नया उभार देने, कम्पित नितम्ब को स्थिर रखने तथा बढ़ती उम्र के प्रभाव को रोकने के लिए तमाम तरह के अजीबोगरीब नुस्खे इन्हीं के माध्यम से फिलवक्त विज्ञापनों में परोसे जा रहे हैं। इतना ही नहीं, माँ के दूध, देशी घी तथा फलों को उपेक्षित बता इनकी जगह बोर्नविटा, काम्प्लॉन आदि पीने खाने के लिए ललकारा जा रहा है।

विज्ञापनों ने स्त्री की यौनिक निजता के गोपन को खोल उसे बाजार के खाते में डाल दिया है। स्त्री-मर्यादा और प्रतिष्ठा का सूचक अंग विज्ञापन की पूँजी और सरमाया बन गया। वह उपभोगवाद के 'सेक्स ऑब्जेक्ट' में बदल दी गयी। इतना ही नहीं, आज की 'डर्टी' मानसिकता से लबालब विज्ञापनों ने स्त्री-देह को कामुकता और उत्तेजना का प्रतीक बना 'पूज्या-परस्तीद' की जगह 'यौन सुख' देनेवाली, सनसनी, हलचल पैदा करनेवाली, स्पन्दन, कम्पन और सिहरन (Thrill) उत्पन्न करनेवाली रोम हर्षक वस्तु बना दिया। सच तो यह है कि आज घोर विद्रूपता तक नीचे उतर चुका मीडिया सेक्सजनित हिंसा का सबसे बड़ा कारण बन चुका है। अखबारों, पत्रिकाओं, टेलीविजन कार्यक्रम और विज्ञापनों, वीडियो, सिनेमा और इस माध्यम की नवीनतम कड़ी इण्टरनेट और यहाँ तक कि मोबाइल में भी औरत को भोग्या या 'सेक्स सिम्बल' के तौर पर पेश किया जा रहा है। यह विडम्बना ही है कि जिस अवधि में महिलाओं से सम्बन्धित अनेक उपेक्षित लेकिन गम्भीर और नाजुक मुद्दों-मसलन, घर के अन्दर और बाहर उनके प्रति हिंसा, यौन शोषण, शिक्षा, स्वास्थ्य, आर्थिक और राजनीतिक अधिकार आदि को मीडिया ने व्यापक चर्चा का विषय बनाया, उसी अवधि में महिलाओं के शरीर और सौन्दर्य को इसी मीडिया में कामवासना की पूर्ति, उपभोक्तावादी वस्तुओं का प्रचार-प्रसार करनेवाले विज्ञापनों और तथाकथित सौन्दर्य प्रतियोगिताओं और फैशन परेडों के लिए भी बड़े पैमाने पर इस्तेमाल किया गया।

दरअसल फिल्मों, विज्ञापनों, अखबारों और पत्रिकाओं में महिलाओं का अश्लील निरूपण आधी दुनिया के खिलाफ यौन अपराधों की प्रवृत्ति को बढ़ाने में काफी मददगार साबित हो रहा है। मीडिया का खुलापन जितना बढ़ता जा रहा है, नैतिकता-अनैतिकता के बीच की विभाजक रेखा मिटती जा रही है। राजधानी दिल्ली में एक घर में टेलीविजन पर अश्लील फिल्म देखने के बाद एक भाई-बहन के जन्मजात रिश्ते की पवित्रता एक पल में मिट गयी। पता चलने पर माँ ने रोकने की कोशिश की तो बेटे ने माँ को ही चाकू से गोदकर मार डाला। इसी तरह पिछले दिनों एक पोते ने अपनी दादी को ही हवस का शिकार बना डाला।

खासतौर पर विज्ञापन की मायावी दुनिया ने उपभोक्ता वस्तुओं के बाजार को चमकाने और फैलाने के मकसद से पुरुष वर्ग को आकर्षित करने के लिए महिलाओं के जिस्म या जिस्म के खास हिस्सों का खूब इस्तेमाल किया है। विज्ञापनों में पुरुषों के शेविंग ब्लेड, बनियान-जाँघिये, सिगरेट-शराब से लेकर कारों के टायर-ट्यूब और घर के रंग-रोगन जैसी चीजों के विज्ञापन के

लिए महिलाओं को मॉडल के रूप में पेश किया जाता है। इन विज्ञापनों में उनके शरीर के अधिक-से-अधिक अंगों को उभारने की कोशिश की गयी। कौन-सा कार्यक्रम या चैनल औरत को कितना वस्त्रहीन कर सकता है—इस बात की होड़-सी चल निकली।

अस्सी के दशक तक और कुछ हद तक नब्बे के दशक के शुरू में खासकर भारत में राष्ट्रीय स्तर के अंग्रेजी-हिन्दी के जिन बड़े अखबारों के रविवारीय परिशिष्टों के आवरण पर महिलाओं के मुद्दों सहित गम्भीर मसलों पर समाज, सत्ता-तन्त्र और व्यक्ति के मन-मस्तिष्क को झकझोर देनेवाले खोजपूर्ण लेख छपते थे, उन पर अर्द्धनग्न महिलाओं और मॉडलों की तस्वीरें छपने लगीं। व्यावसायिक विज्ञापनों ने इस प्रवृत्ति को उभारने में भरपूर योगदान दिया और इस तरह की तस्वीरों वाले परिशिष्ट अखबारों का हिस्सा बन गये। अस्सी के दशक में वीडियो की भरमार और नब्बे के दशक में सैटलाइट और केबल टी.वी. क्रान्ति ने विद्रूपता को जैसे नये आयाम दे दिये। चौबीसों घण्टे निपट नग्नता का प्रचार-प्रसार करनेवाले फैशन टी.वी. नाम के चैनल ने बुद्धू बक्से पर सारी सीमाएँ और वर्जनाएँ खत्म कर दी हैं। गाहे-बगाहे भारत के कतिपय फैशन डिजाइनरों के उत्पादों को फैशन शो और परेड में शामिल करके फैशन टी.वी. के भारतीयकरण की भी कोशिश की गयी है। अपने देश में भारतीय संस्कृति और सांस्कृतिक परिवेश के तर्क पर शुरू में इस चैनल का विरोध भी हुआ। खुद मीडिया में भी फैशन टी.वी. बनाम भारतीयता को लेकर बहसें हुईं। लेकिन तमाम विरोधों के बावजूद भारत में यह चैनल न केवल कायम है, बल्कि उपभोक्तावादी संस्कृति के पालक और यौन स्वच्छंदता के हिमायती वर्ग में लगातार स्वीकृति पा रहा है। आधी दुनिया से जुड़ी समस्याओं और मुद्दों पर आये दिन समाज और सरकार के खिलाफ लड़ने-अड़नेवाले महिला संगठन भी फैशन टी.वी. पर नारी-देह के भौंडे प्रदर्शन के मसले पर खामोश हैं।[26]

कुल मिलाकर यह कि विज्ञापनों ने विशिष्ट स्त्री-संवेदना, स्त्री-दृष्टि और स्त्री-चेतना को गहरे तक प्रदूषित किया है, स्त्रियों के बहिर्जगत् और अन्तर्जगत में दखल दिया है। इन विज्ञापनों के फलक पर आज स्त्री की जो नयी दुनियाँ बन रही है, वह उन्हें दोयम दर्जे की सिद्ध कर रही है। ये विज्ञापन इन्हें छलनामयी मृगमरीचिका बनाने पर तुले हुए हैं। आज सत्तातन्त्र, बाजार संस्कृति और उन्ही के द्वारा पोषित पुरुष स्वामित्व की धूर्त्त, प्रवंचक, धोखे बाज और ठग (beguile) मानसिकता और ओछे हथकण्डों ने स्त्री को खूब छला है। अब तक उपार्जित स्त्रियों की बौद्धिक-सांस्कृतिक सम्पदा को इन विज्ञापनों ने क्षरित-खण्डित किया है। पुरुष स्वामित्ववादी मूल्यों के विरुद्ध विद्रोह का स्वर बुलन्द करने और 'बोल्ड' अर्थात् निर्भीक, निडर अभिव्यक्ति की जगह इनकी छवि आज के विज्ञापनों में 'कामनाओं-वासनाओं की खुली स्वीकृति' वाली बनाई जा रही है। आज के विज्ञापन स्त्री को उपभोक्ता सांस्कृति के संजटिल मिथक-संसार में घेर रहे हैं, चारों ओर बुने हुए मर्देआदमी की जगह मर्दम आजारी-अत्याचारी, जुल्मी तिलिस्म के बाड़े में दोब कर इनकी छवि विखण्डित कर रहे हैं। स्त्रियों की छवि को ध्वस्त करने के लिए विज्ञापनों में रोज-रोज नये बिम्ब, रूपक, छवियाँ, मिथक और मुखौटे गढ़े जा रहे हैं। नयी उपभोक्ता संस्कृति और शिथिल समाज के पारम्परिक मूल्यों के पैरोकार मर्दवादी नजरिये ने विज्ञापनों में इनका पण्यकरण कर इन्हें अंगना, योषित, विलासिनी—**'पण्यस्त्रीषु विवेककल्पलतिकाशस्त्रीषु रज्येतकः'** बना दिया है। राष्ट्रीय आन्दोलन के दौर में हमारी अपनी जातीय अस्मिता की पहचान और जनवाद की माँग के साथ-साथ नारी मुक्ति चेतना निर्मित हुई थी। स्वतन्त्रता प्राप्ति के बाद की आधी सदी का कालखण्ड विश्व पूँजीवादी तन्त्र की चौहद्दी के भीतर रुग्ण, विकलांग, पूँजीवाद के मंथर विकास का यंत्रणादायी दौर रहा है, जिसने भारतीय स्त्री की परम्परागत सामन्ती गुलामी के ऊपर

मुद्रा संस्कृति के नये दोहरे दबाव लाय दिये हैं और पूँजीवादी 'एलियनेशन' की त्रासदी आरोपित कर दी है। पिछले डेड़ दशक के बाजारीकरण के दौर ने पूँजी की नग्न-निरंकुश सत्ता और बाजार संस्कृति के उन विकृत रूपों से भारतीय नारी को परिचित कराया है, जिनसे लातिन अमेरिका की स्त्रियाँ और उत्पीड़ित वर्ग पहले से ही परिचित थे।[27]

अतः ऐसी स्थिति में विज्ञापन निर्माताओं से मेरे कुछ नितान्त निजी आग्रह हैं कि विज्ञापनों में स्त्री की उग्र और रेडिकल छवि न प्रस्तुत की जाय। वस्तुतः Advertising Slandards Council of India ने इस बात पर बल दिया है कि विज्ञापन में महिलाओं का चित्रण ऐसा, हो, जो उनके आत्मसम्मान और गरिमा को बनाये रखे, परन्तु वस्तुस्थिति इसके उलट है। नारी का भोग्या के रूप में चित्रण विज्ञापन जगत का अघोषित नियम-सा बन गया है, तभी तो ट्रक से लेकर आदमी के जाँघिए, सिगरेट, शेविंग क्रीम, ब्लेड तथा फिटकरी के आधुनिक रिश्तेदार आफ्र शेव लोशन तक के विज्ञापनों में किसी कमनीय, रमणीय स्त्री को तीव्र लालसा अथवा चरमतृप्ति की अघाई मुद्रा में देखा जा सकता है। कोकाकोला के एक विज्ञापन में बिकनी पहने कुछ युवतियाँ कोक के कैन को गेंद की तरह उछालते और लपकते हुए उत्तेजक और ऊधमी मुद्रा में हैं। वी.आई.वी. फ्रेंची के विज्ञापन में एक छरहरी लड़की आमन्त्रण की मुद्रा में है एवं मात्र वी.आई.पी. चड्डी नामक गौरवशाली परिधान पहनकर खड़े एक नौजवान की बाहों में घिरी है। सच्चाई तो यह है कि इन विज्ञापनों में स्त्री को चारे की तरह इस्तेमाल किया जाता है। यह चित्रण अशालीन तो होता ही है, अश्लीलता की हद तक भी जा पहुँचता है। अभी टी.वी. पर दिखाये जा रहे एक विज्ञापन में दाढ़ी बनाने की प्रक्रिया को एक स्त्री के माध्यम से रति प्रसंग जैसा रंग देने का भोंडा प्रयास किया गया है। बाजार के चौतरफा हमले से स्त्री स्वयं एक 'उत्पाद' बन गयी है।[28] एतदर्थ आज महिला आयोग की माँग के अनुसार कानून में व्यापक संशोधन के अलावा यौन अपराध बनाम मीडिया पर खुली बहस की जरूरत है। पारदर्शिता के इस युग में मीडिया की पारदर्शिता की सीमा क्या हो, सेन्सर बोर्ड की सीमा कहाँ से शुरू हो, फिल्मों की तरह सीरियलों, विज्ञापनों और नारी देह का प्रदर्शन करनेवाले अन्य कार्यक्रमों के लिए सेंसर बोर्ड की भूमिका क्या हो—इन सवालों पर विचार करना वक्त का तकाजा है।[29]

(7) विज्ञापन तथा बाजार : आज नकद कल उधार

"पैसे नहीं हैं, जेब में झोला उदास है,
बाजार हर तरह का, मगर आसपास है।"

यही है, आज के बाजार का क्रूर, लम्पट, अमानवीय चेहरा और शक्ल-सबीह। जेब में पैसा नहीं खड़खड़ायेगा तो बाजार पैसे से विपन्न उपभोक्ता को अपने पास फटकने नहीं देगा। दरअसल, आज के बाजार ने व्यक्ति को एक-दूसरे से छिन्न-भिन्न कर दिया है, जिससे मानवीयता का संकट खड़ा हो गया है। ऊपर से अपने को सभ्य समाज के समूहों का चेहरा बताने वाले आज के बाजार ने सामाजिकता, सामूहिकता और संवेदना के स्तर पर व्यक्ति को भीतर-ही-भीतर तोड़ दिया है। कई तरह के असुरक्षा बोध के बीच आज के व्यक्ति के भीतर बेगानापन बढ़ा है। परिवार का दायरा, सिमट-सिकुड़ रहा है। तेज रफ्तार भीड़ के बीच व्यक्ति एकाकी बन अवसादग्रस्त हो गया है। कुल मिलाकर आज के बाजार ने व्यक्ति को उसके हाल पर छोड़ दिया है।

विज्ञापन, व्यक्ति को जीवन के चटक रंग तथा इन्द्रधनुषी आभा की तरह मोहक स्वप्न दिखाता है, बाजार की राह बताता है, वस्तु की खरीद के प्रति उत्कट इच्छा जगाता है। कुल मिलाकर विज्ञापन ही बाजार को पुख्ता और मुकम्मल आकार देता है। यही बाजार का 'फीलगुड' होता है, अपनी भाषा, रंग और छवि से व्यक्ति को बाजार की ओर लुभाता है। सच तो यह है कि ये विज्ञापन

राष्ट्रीय-अन्तरराष्ट्रीय कम्पनियों के लिए आग में घी का काम कर रहे हैं। इन विज्ञापनों ने देश में एक नयी उपभोक्ता संस्कृति को जन्मा है। ये हमें बता रहे हैं कि बाजार जाकर हमें अपने घर के बाहर और भीतर प्रयोग करने हेतु किन-किन कम्पनियों के उत्पाद और माल-कोलड्रिंक्स, झाड़ू, नमक, तकिया, बनियान, तेल, ब्लेड, आलू के चिप्स, पेस्ट, ब्रश और कपड़े आदि-खरीदने हैं। स्पष्टतः यह कि बाजार इन विज्ञापनों के माध्यम से अपना 'प्रोडेक्ट' (माल) तो हमें परोस ही रहा है, विचार भी जबर्दस्ती थोप रहा है। इस तरह से बाज़ार और विज्ञापन के बीच सोच-समझ की एक मजबूत गुपचुप जुंबिश है। यह विज्ञापन ही बाजार की सांस है, उसकी छवि को यही निखारता है— "Advertising is used as a part of marketing mix, basically it is a Communication process. It aims to influence the behaviour of our target audience. The message is put by the advertiser who is the source in to appropriate media. The target audience has to mderstand the message across in copy and visuals is encoding the process of interpretation is decoding. The custmers for whom the message is macnt are the receivers, Advertising makes the rceivers favourably inclined towards the product, it is called marketing commumication". पर, बेरहम बाजार बिना पूरा मूल्य चुकाये अपने उत्पाद को तंग हाथ व्यक्ति को छूने तक नहीं देता! वस्तुतः आज के इस उपभोक्तावादी-भौतिकतावादी समय में बाजार ने आर्थिक स्तर पर व्यक्ति को दो टुकड़ों—सम्पन्न तथा विपन्न में बाँट दिया है। सपन्नों के लिए वातानुकूलित दुकानें भव्य स्वागत के लिए खुली खड़ी हैं। इन दुकानों में बाहर जगह-जगह बाहरी शीशों पर 'स्टिकर' चस्पा रहते हैं, जिनमें यह इत्तिला दी गयी रहती है कि अमुक-अमुक बैंकों के 'क्रेडिट कार्ड' यहाँ स्वीकार किये जाते हैं। साफ शब्दों में, सम्पन्न लोग यहाँ मुक्त हाथ और निश्चिन्त मन से 'क्रेडिट कार्ड' के माध्यम से हर छोटी-बड़ी वस्तु, जो यहाँ उपलब्ध है—खरीद सकते हैं। उन्हें पैसे की चिन्ता नहीं करनी है। यदि उनकी जेब खाली-रीती है तो भी यहाँ उनका पुलक-भरा स्वागत है। उन्हें उधार देने, बकाया रखने में बाजार को गर्व है।

लेकिन विपन्न या आम आदमी के लिए वही बाजार असंवेदनशील रहता है। इसकी हृदयहीनता या बेरुखी से आम आदमी कष्टों के तलघर में जीता है। आम आदमी को बाजार का डरावना चेहरा निरन्तर सालता रहता है। बाजार इसके सपनों में सेन्ध लगाता है। बाजार ने आर्थिक तंगहाली में जूझ रहे व्यक्ति को एक निश्चित जद और बाड़े में जीने के लिए विवश कर दिया है। इतना ही नहीं, बाजार के साथ-साथ राष्ट्रीय कपंनियों, बैंकों ने भी सामान्य आदमी को अपने लेन-देन के दायरे से भरसक बाहर ही रखा है। विपन्न यहाँ भी बेहाल-फटेहाल हैं। खाली जेब के लिए बाजार की सम्भावनाएँ चूक गयी होती हैं। हिन्दी के तमाम मुहावरों-कहावतों से बाजार इनका व्यंग्य भरा स्वागत करता है, यथा—"आज नकद कल उधार", "उधार प्रेम की कैंची है", "उधार माँगकर शर्मिंदा और लज्जित न करे", "उधर के लिए कृपया अगली दुकान देखें" तथा "नकद बड़े शौक से, उधार अगले चौक से।"

"दुनिया रोज बनती है", मशहूर कवि आलोक धन्वा का कविता संग्रह है। इसे एक जुमले की तरह लें तो मीडिया के अंदर-बाहर की दुनिया रोज बदल रही है। ढाई दशक पहले मीडिया को प्रभावित करनेवाली दो तरह की घटनाएँ हुईं। सन् 1991 में उधर खाड़ी युद्ध चल रहा था। खाड़ी युद्ध के साथ भारत में सेटेलाइट टी.वी. का प्रवेश हुआ। युद्ध की तबाही को पहली बार हमारे मुल्क ने जगरमगर सौन्दर्य से लोगों को असंवेदनशील बनाने का दौर भी शुरू हो गया। सैटलाइट के प्रवेश के साथ खुले बाजार की आर्थिकनीतियाँ हमारा चलन बनीं। मीडिया कभी

बाजार से बाहर नहीं रहा। यह सही है कि बाजार को लोगों ने अपनी जरूरत के लिए सजाया था। बाजार को नियन्त्रित रखना समाज की जिम्मेदारी थी। हाट हफ्ते में सजते थे। बाजार, गाँव, शहर, नगर के कोने में बसाये गये थे। समाज का नियन्त्रण बाजार को लगाम नहीं लगा सका। दुनिया-भर में पूँजीवाद व साम्राज्यवाद की आँधी ने बाजार के बीच में समाज को खड़ा कर दिया। आज बाजार पसरता जा रहा है। बाजार देश के अन्तिम हिस्से तक अपना कब्जा चाहता है। बाजार आदमी को माल की तरह देखता है। बाजार अन्तिम छोर तक पहुँचने के लिए मीडिया को अपना माध्यम बनाना चाहता है। मीडियाकर्मी जन माध्यम होते थे। यह इतिहास की बात है। मीडिया बाजार माध्यम है, यह आज की बात है। खुले बाजार की उदारवादी आर्थिक नीति ने मीडिया के स्वामी, सेठ, साहूकारों को ज्यादा पागल बना दिया। इन्हें लगा, यह अवसर है और चूकेंगे तो छूटेंगे। एक होड़ चली, ज्यादा-से-ज्यादा पाठक और ज्यादा-से-ज्यादा विज्ञापन जुटाने की। पाठक ग्राहक होगा, ग्राहक विज्ञापन होगा, विज्ञापन मुनाफा होगा। मुनाफे के इस बाजार ने मीडिया को बड़ा उद्योग जरूर बना दिया, पर पैसे के खेल में विवेक पीछे छूट गया। मीडिया की भाषा बदल गयी। गाँव-गिराव, किसान-आदिवासी, गरीबी-जनान्दोलन ये सब विज्ञापन के स्रोत नहीं हैं। जो विज्ञापन नहीं दिला सकते, उनके लिए मीडिया कितनी जगह दे। मीडिया में होड़ लगी है, यह बताने की कि बाजार क्या चाहता है?[30]

बहरहाल, साधारण आय वर्ग के लिए बाजार ने अपने यहाँ से भगाने के लिए उक्त तमाम सूक्तियों का इन्तजाम कर लिया है। इनके लिए "उधार, प्रेम की कैंची की जगह" न जाने क़ब से 'तलवार' बना हुआ है। सीमित वित्त वाले लोगों के लिए "उधार वाला कल" कभी नहीं आता, जब कि सम्पन्नों के लिए बाजार ने वस्तु का तत्काल बिना मूल्य चुकाये, भुगतान के लिए 'काल सेण्टर' खोल रखे हैं। बाजार, उन्हें घर से बुलाकर उधार के साथ-साथ तमाम आकर्षक 'गिफ्ट', 'पैकेट' या 'उपहार' तो देता ही है, यह मुहावरा भी उलट देता है—

"आज नकद बड़े शौक से,
उधार अगले चौक से।"

(8) विज्ञापन तथा उपभोक्तावाद–'उपभोक्तावाद' वस्तुतः सांस्कृतिक शब्द है, जिसका स्थूल अर्थ होता है—वस्तु का खरीददार। बाजार, वस्तु, उपभोक्ता, मीडिया और उस पर प्रचारित होनेवाले विज्ञापन—इन सबका घनिष्ठ अन्तः सम्बन्ध है। यहाँ एक के बिना दूसरा अधूरा है। दरअसल, यह बाजार का समय है। आज पूरी धरती 'बाजार' और 'परिवार' के बीच बँटी हुई है। बाजार और परिवार में अन्तर यह है कि बाजार हमसे हमारी मूल गाँठ निर्ममता-क्रूरतापूर्वक छीन रहा है, तो वहीं परिवार की प्रकृति वस्तु के सहज और निश्चल रूप में परस्पर भाईचारे की भावना से मिल बैठकर उपभोग-उपयोग की है। भूमण्डलीकरण के अन्धड़ ने धरती पर एक बदशक्ल और खूनी पंजोंवाला बाजार खड़ा कर दिया है। इस बाजार के कारण एक नयी उपभोक्ता संस्कृति पनपी है।

उपभोक्तावाद के साथ 'संस्कृति' शब्द साटकर अंग्रेजी का एक मोहक और ललचानेवाला शब्द "Consumer" आये दिन प्रयुक्त हो रहा है, पर दुर्भाग्य से इस संस्कृति ने हमारी मानसिकता को अपने मकड़जाल में—बारास्ता विज्ञापन—विकृत और बेकार कर दिया है। हमारे समाज में सपनों का महकनेवाला बाजार खड़ा है। बाजार और सपने—दोनों एक हो गये हैं। प्रिण्ट और इलेक्ट्रॉनिक मीडिया में ताल ठोककर चुनौती देनेवाले विज्ञापन हमें बाजार की ओर बेतहाशा दौड़ा रहे हैं, उपभोक्तावादी संस्कृति की चपेट में आकर हम दौड़ भी रहे हैं, पर दुर्भाग्य से न हमें बाजार मिल पा रहा है और न सपने, क्योंकि—

"पैसे नहीं हैं, जेब में झोला उदास है,
बाजार हर तरह का, मगर आसपास है।"

यह उपभोक्तावाद विज्ञापन के माध्यम से शहरों के अलावा भारतीय गाँवों को भी लील रहा है, जिसका परिणाम हुआ है कि गाँव का बाजार आज शहरों से तीन गुना बड़ा हो गया है। अस्सी के दशक के बाद उपभोक्ता सामग्री की माँग गाँवों में बड़ी तेजी से बढ़ी है। National Council of Applied Economic Research ने अपने एक सर्वेक्षण में यह पाया कि पैक बन्द उपभोक्ता साज-सामान का ग्रामीण बाजार 1984 में 733 करोड़ रुपये था, जो 1989 तक बढ़कर 2083 करोड़ हो गया। पूरे भारतीय बाजार में गाँवों का योगदान इस अवधि में 28% से बढ़कर 37% हो गया। इस तरह हम देखते हैं कि उपभोक्तावादी बाजार का मायावी संसार पूरे समाज में पसर चुका है। मीडिया और विज्ञापन ने आज के शोषक बाजार को सामान और खरीददारों से पाट दिया है, जिसका परिणाम हुआ है—नवधनाढ्य संस्कृति की पैसा कमाऊ मनोवृत्ति के चलते मनुष्य में मनुष्यता की जगह अन्य अवांछित चीजें घुसती जा रही है।[31] **ज्ञानेन्द्रपति** ने अपनी एक कविता 'एक विज्ञापन पट' में 'कोकाकोला' जैसी बहुराष्ट्रीय कम्पनियों के फैलाव पर चिन्ता व्यक्त की है—**"एक खुली उफनती बोतल कोकाकोला की/उसकी दहकती शीतलता/प्यास मिटाने वाली नहीं, पियास से मरने वाली/झाग में नहायी, नहीं दिखती है उसकी कण्ठ नलिका/उस झाग में जिससे/चेतन से परे अचेतन की स्वप्न भूमि सिंचती है/और बदलता है धीरे-धीरे एक स्वप्न लोक।"**[32]

भारत में जिस स्त्री को "यत्र नार्यस्तु पूज्यते रमन्ते तत्र देवता" कहकर सम्मान दिया जाता था, उसे ही आज की मीडिया ने विज्ञापन के जरिये बाजार का 'माल' और उत्पाद बना दिया है—

"यह तो बाजार है, जिसे अपना विज्ञापन लिये
विश्व सुन्दरी की भी जरूरत है
वरना विश्व सुन्दरी की भी क्या जरूरत है।"[33]

तथा—

"कम्पनियों की कठपुतलियाँ विज्ञापन सुन्दरियाँ
एक अकर्मण्य-सा परिधान बेचती हैं,
एक अस्वीकार्य-सा स्वीकार्य करवाती हैं
कम लम्बाईवालों के बीच ज्यादा लम्बी बेजोड़ स्त्रियाँ।"[34]

दरअसल, यह विज्ञापन ही आज के बाजार की नियति तय करता है। यह एक ऐसा माध्यम है, जो वस्तु के प्रति ललक पैदा करता है, उपभोक्ता की क्रय शक्ति का विस्तार करता है, उपभोक्ता को शिक्षित करता है, विक्रेता की मदद करता है, उत्पाद और उपभोक्ता का परस्पर परिचय कराता है, यह बाजार में उपभोक्ता की तलाश करता है, वस्तुओं की छवि निर्माण करता है, विश्वास उत्पन्न करता है, कुल मिलाकर बाजार को बनाता है—"Advertising is used as a part of marketing mix, basically it is a communication process. It aims to influence the behaviour of our target audience. The message is put by the advertiser who is the source inot appropriate media. The target audience has to understand the message across in copy and visuals is encoding and t he process of interpretation is decoding. The customers for whom the message is meant are the receivers. An advertising makes the receivers favourably inclined towards the product, it is called marketing communication." विज्ञापन उपभोक्ता को वस्तुओं के विषय में सूचित करता है। यह उपभोक्ता में वस्तुओं के बारे में गवेषणा वृत्ति या पूछताछ के लिए जागरूक करता है। उपभोक्ता और उत्पाद के बीच स्वस्थ एंव लाभकारी सम्बन्ध स्थापित करता है।

उपभोक्ता चाहे—सरकारी कर्मचारी हो, अंशधारी (शेयर होल्डर्स) हों, अव्यवसायी हो, जनप्रतिनिधि हों, सीमित आर्य वर्ग के हों, मध्यमवर्गीय बौद्धिक हों, उच्च आर्य वर्ग के हों, मध्यम आर्य वर्ग के हों, उच्च मध्यम या निम्न मध्यमवर्ग के हों, उच्च निम्न आय वर्ग के हों, निम्न आय वर्ग के हों, सीमित आय वर्ग के हों, उच्चाधिकारी हों, उच्च बौद्धिक श्रेणी के हों, मध्यम श्रेणी के हों, सामान्य श्रेणी के हों, सामान्य शिक्षित धनी वर्ग के हों, सामान्य शिक्षित मध्यम वर्ग के हों, सामान्य शिक्षित निर्धन वर्ग के हों, कृषक हों, मजदूर हों, नगरीय संस्कृति के हों, कस्बाई संस्कृति के हों या मिश्रित संस्कृति के हों—विज्ञापन सबसे पहले इनका ध्यान (Attention) आकर्षित करते हैं, फिर उनकी रुचि (Interest) जगाते हैं, उसके बाद इच्छा (Desire) पैदा करते हैं, और फिर से उसे कार्य (Action) अर्थात् खरीद के लिए उकसाते हैं। इच्छाएँ, भावनाएँ, विचार प्रवृत्तियाँ, रुचियाँ, प्रेरणाएँ आदि शक्तियों के वशीभूत होकर उपभोक्ता बाजार से वस्तु की खरीद करता है। निश्चय ही हर खरीद के पीछे कोई-न-कोई प्रेरणा (Motive) होती है। इन क्रय-प्रेरणाओं (Buy Motives) को कई तरह से विभाजित किया जा सकता है, जैसे प्राथमिक एवं गौण (Primary and Secondary), भावनात्मक एवं तार्किक (Emotional and Rational), उत्पादक और संरक्षण (Product and Patronage), सकारात्मक और नकारात्मक (Positive and Negative) आदि। प्राथमिक क्रय प्रेरणाएँ वे हैं—जो मनुष्य की मूलभूत आवश्यकताओं से सम्बन्धित हैं, जैसे—रोटी, कपड़ा और मकान। गौण क्रियाएँ वे हैं, जिनका सम्बन्ध उन वस्तुओं से है, जो मनोवैज्ञानिक तुष्टि प्रदान करती हैं, जैसे आनन्द और ज्ञानार्जन के लिए रेडियो या टेलीविजन की खरीद या अच्छा दिखने के लिए नये डिजाइनवाले कपड़ों की खरीद।[35] कुल मिलाकर विज्ञापन उपभोक्ता और उत्पादक के बीच उत्पादक का हित-साधक अभिकर्त्ता (Agent) हैं, तो उपभोक्ता को उत्तम कोटि की वस्तुओं की सूचना देता है।

(9) कॉरपोरेट (सहकारी) नियन्त्रित समाचार-पत्रों और पत्रिकाओं की अर्थव्यवस्था में विज्ञापन की भूमिका—किसी देश में लोकतन्त्र की जड़ें कितनी गहरी हुई हैं और उसका चरित्र कितना बहुलतावादी है, इसका आकलन इस बात से भी किया जा सकता है कि वहाँ सूचना माध्यमों की आम जनता में किस हद तक पैठ हुई है और इन माध्यमों का चरित्र कितना विविधतापूर्ण और बहुलतावादी है। दरअसल, किसी जीवन्त लोकतन्त्र की अनिवार्य शर्तें—**"सौ फूलों को खिलने दो, सौ विचारों में होड़ होने दो"**—के सूत्र वाक्य को सम्भव बनाने में सूचना माध्यमों की भूमिका असन्दिग्ध रूप से साबित हो चुकी है, लेकिन इसके लिए जरूरी है कि सूचना माध्यमों पर किसी एक वर्ग या विचार या हित समूह का कब्जा न हो और न ही वह किसी एक खास वर्ग, क्षेत्र, भाषा और विचार तक सीमित हों। जाहिर है, किसी देश में सक्रिय जीवन्त बहुलतावादी, विविधतापूर्ण, स्वतन्त्र और व्यापक पहुँचवाले सूचना माध्यमों की उपस्थिति लोकतन्त्र की गहराई का परिचायक है।

अगर इस लिहाज से भारतीय लोकतन्त्र की गहराई मापने की कोशिश की जाये तो निश्चय ही सूचना माध्यमों में सबसे पुराने लेकिन अत्यधिक प्रतिष्ठित और प्रभावशाली प्रिण्ट मीडिया के मौजूदा परिदृश्य पर निगाह दौड़ानी होगी, क्योंकि इलेक्ट्रानिक मीडिया के दोनों प्रमुख माध्यम-

रेडियो और टी.वी. न सिर्फ प्रिण्ट की तुलना में नये हैं, बल्कि उनकी पहुँच भी कई लिहाज से सीमित ही कही जायेगी। रेडियो पूरी तरह से सरकार के नियन्त्रण में है, जब कि टेलीविजन चैनलों का स्वामित्व सरकार और कुछेक निजी हाथों में सिमटा हुआ है। इसके विपरीत प्रिण्ट मीडिया ऐतिहासिक रूप से सरकारी नियन्त्रण से काफी हद तक मुक्ता रहा है और तुलनात्मक रूप से उसमें स्वामित्व सोच, प्रसार और अन्तर्वस्तु के मामले में वैविध्य और बहुलता भी दिखायी देती है।[36]

बहरहाल, विज्ञापन आज लगभग सभी जनसंचार माध्यमों का एक आवश्यक अंग बन गया है। वैश्वीकरण के दौर में जहाँ एक ओर पूरा विश्व सिमटकर छोटा गाँव हो गया है, वहीं बाजारवाद के प्रभाव में हर बड़ा या छोटा व्यवसायी अपने उत्पाद को अधिक-से-अधिक बेच लेना चाहता है। देश के हर कोने में उसके उत्पाद के बारे में लोग जानें, इसके लिए वह जनसंचार माध्यमों के द्वारा विज्ञापन का सहारा लेता है। एक तरफ विज्ञापनों से जहाँ से सभी माध्यम लाभ कमाते हैं, वहीं दूसरी ओर उत्पाद बेचने वाला व्यवसायी भी इन विज्ञापनों के माध्यम से बहुसंख्य लोगों तक अपनी पहुँच बनाकर अर्थ लाभ करता है। यानी विज्ञापन से दोनों ही लाभान्वित होते हैं। आज विज्ञापन के व्यवसाय ने बहुत अधिक लोगों को रोजगार के अवसर भी उपलब्ध कराए हैं।[37]

ठीक इसी तरह समाचार-पत्रों-पत्रिकाओं में विज्ञापन व्यवस्था आधुनिक पत्रकारिता की रीढ़ मानी जाती है। विज्ञापन व्यवस्थापक ही इस विभाग का मुखिया होता है। सच तो यह है कि एक सफल समाचार-पत्र में बिक्री से प्राप्त आमदनी व विज्ञापन से प्राप्त आमदनी में 1:2 का अनुपात होता है। यानी ग्राहकों से यदि 5,000 रु. प्राप्त हुए तो विज्ञापनों से 10,000 रुपये प्राप्त होना चाहिए। आदर्श अखबार में 60% जगह समाचारों आदि से और 40% जगह विज्ञापनों से भरी होती है।[38] इधर, पत्रिकाएँ भी विज्ञापनों पर विशेष निर्भर होती हैं। सन् 80 के दशक में प्रसिद्ध पत्रिका 'मनोरमा' में 5% विज्ञापन बढ़े थे। इसमें इस वृद्धि से पहले 35.7% विज्ञापन थे। 'सरिता' में 38.7% विज्ञापन थे। इस अवधि में विज्ञापन 15% बढ़ गये थे। सरिता के 38.9% तथा मनोरमा के 37.7% विज्ञापनों में स्त्रियाँ थीं। मनोरमा के 5.8% और सरिता के 20.8% विज्ञापन स्त्री की अच्छी छवि प्रस्तुत करनेवाले नहीं थे। 'गृह शोभा' में इस दौर में 40 से 45% विज्ञापन थे, इसी से पत्र-पत्रिकाओं के लिए विज्ञापनों का महत्त्व समझा जा सकता है। इसमें 35% विज्ञापन स्त्री-प्रधान थे, 10% सुरुचिपूर्ण भी नहीं थे।

सच तो यह है कि समाचार-पत्रों के लिए विभिन्न विज्ञापन एजेन्सियों के अतिरिक्त प्रभाव तथा प्रत्यक्ष सम्पर्क से भी विज्ञापन संग्रह का कार्य किया जाता है। कुछ पत्रों के निजी विज्ञापन प्रतिनिधि भी होते हैं। विज्ञापन-विभाग के अन्तर्गत प्रायः विज्ञापन व्यवस्थापक, जनसम्पर्क अधिकारी, लेखाकार आदि कर्मचारी होते हैं। इनमें वर्गीकृत विज्ञापन, सञ्चित विज्ञापन, स्थान निर्दिष्ट सज्जित विज्ञापन, अवधि अनुबन्धित विज्ञापन आदि होते हैं।[39]

एक अन्य उदाहरण भी देख सकते है,—

दरअसल, विज्ञापन आज के युग में पत्रकारिता का अनिवार्य आदान है। जो पत्रिका हमें 10 या 15 रुपये में मिल जाती है, उसकी वास्तविक उत्पाद लागत कहीं अधिक होती है। पत्रिका में प्रकाशित होनेवाले विज्ञापनों से प्राप्त धन के कारण ही पत्रिका का मूल्य इतना कम रखा जाता है। विज्ञापन के बिना कोई भी पत्रिका व्यापारिक आधार पर नहीं चल सकती है। अतः विज्ञापन को अच्छा मानें या बुरा, इसका आश्रय लिए बिना किसी भी भाषा की पत्रिका चलाना असम्भव है। हाँ, मिशनरी भाव से या सरकारी अथवा किसी प्रतिष्ठान या धनी व्यक्ति के समर्थन से कोई पत्रिका अवश्य चलायी जा सकती है। धार्मिक, आध्यात्मिक या लघु साहित्यिक पत्रिकाएँ बिना

विज्ञापन के निकलती हैं। अनेक सरकारी पत्रिकाएँ भी बिना विज्ञापन के वर्षों से समाज सेवा कर रही हैं, किन्तु व्यापारिक आधार पर पत्रिका निकालने के लिए विज्ञापन की अनिवार्यता असन्दिग्ध है। विज्ञापनों का उपयोग दुधारी तलवार पर चलने के समान है। विज्ञापन से, क्योंकि राजस्व मिलता है, अतः उनका उपयोग पत्रिका के लिए अनिवार्य है, किन्तु अधिक विज्ञापनों से पत्रिका का विषय कमजोर पड़ जाता है, जिससे पाठक उस पत्रिका से नाता तोड़ने लगते हैं। अतः विज्ञापनों का अनुपात सीमित रखना चाहिए।

वस्तुतः कॉरपोरेट समाचार-पत्र समूहों की आय का प्रमुख स्रोत विज्ञापन हैं। इस सम्बन्ध में जानकारी देनेवाले कुल 47 बड़े और 104 मझोले दैनिकों में से लगभग आधे की आय का 25 से 49 प्रतिशत और बाकी आधे का 50 प्रतिशत से लेकर 75 प्रतिशत और उससे अधिक विज्ञापनों से आता है। ऐसे में स्वाभाविक है कि समाचार-पत्र समूहों में विज्ञापनों के लिए मारामारी लगतार बढ़ रही है। यही नहीं, 'प्राइसवार' के कारण विज्ञापनों से होनेवाली आय पर निर्भरता लगातार बढ़ती जा रही है। उधर, विज्ञापनदाताओं में जैसे—जैसे बड़ी देशी-विदेशी कॉरपोरेट कम्पनियों की संख्या बढ़ रही है, वैसे-वैसे कारपोरेट समाचार-पत्र समूहों में उन्हें अपनी ओर आकर्षित करने की होड़ भी बढ़ती जा रही है। इसके नतीजे में दैनिकों/पत्रिकाओं की अन्तर्वस्तु पर विज्ञापनदाताओं की स्पष्ट होती छाप और उसी अनुपात में विविधता और बहुलता के ह्रास को लक्षित किया जा सकता है। यह प्रिण्ट-मीडिया और लोकतन्त्र के लिए कोई शुभ संकेत नहीं है। इससे न सिर्फ प्रिण्ट मीडिया में इकहरापन बढ़ेगा, बल्कि कुछ समाचार-पत्र समूहों के हाथ में अत्यधिक ताकत आ जायेगी। प्रिण्ट मीडिया में सकेन्द्रण की बढ़ती प्रवृत्ति इस लोकतांत्रिक मंच और बाजार को बड़ी पूँजी की गुलाम बना देगी।[40]

इन सबके बावजूद, जो भी हो, भारत में समाचार-पत्रों की आय पूरी तरह से विज्ञापनों पर निर्भर है। समाचार-पत्र/पत्रिकाओं की कीमत तो उनके प्रकाशन के लिए भी अपर्याप्त है। एक स्रोत के अनुसार संचार माध्यमों की कुल आय में विज्ञापनों से होनेवाली आय निरन्तर बढ़ रही है। यह आय कुछ दशकों पूर्व 25 से 30 प्रतिशत 'पूरक आय' हुआ करती थी। आज यह 45-55% से भी ऊपर है तथा सहारा देनेवाली मुख्य आय है। इधर, एक सूचना के अनुसार अंग्रेजी दैनिकों में विज्ञापन आय का संकेद्रण कम हुआ है, जिसका परिणाम हुआ है, भाषाई दैनिकों की विज्ञापन आय बढ़ी है तथा कुल राजस्व में भी उनकी हिस्सेदारी बढ़ी है।

इन सबके बावजूद सम्प्रति समाचार-पत्रों और विज्ञापनों के बीच समय और सच के साथ अटूट अनन्यता है। शायद ही कोई अखबार हो, जो वित्तीय आग्रह और दबाव से मुक्त हो। उनकी संख्या होगी, तो विरल होगी। वस्तुतः विज्ञापन, अखबार का बाजारू आग्रह कहा जा सकता है, किन्तु देखा जाय तो पत्रकारिता के जन्म से ही अखबारों के सामने वित्तीय संकट बिना हल किये सवाल की तरह खड़ा है। समय-समय पर ढेरों समाचार-पत्र-समूह अखबार के क्षरण-छिजाव और उनके अस्तित्व को लेकर वित्तीय संकट से जूझते रहे हैं। ढेरों नामजद समाचार-पत्र और पत्रिकाएँ अर्थाभाव के कारण समय-समय पर दम तोड़ दिये। बिना विज्ञापन के महज समाचारों, खबरों और विचारों के छपने से कोई अखबार जिन्दा नहीं रह सकता। अखबार के अक्षत् स्वरूप को सुरक्षित रखने और उन्हें अबाध गति से सतत् प्रकाशित होते रहने के लिए विज्ञापन का वित्तीय रसायन और लेप बहुत जरूरी होता है। अखबारी दुनिया का यह सबसे बड़ा सच है। अखबारों में मुद्रित छपीं खबरें भले ही पाठकों को तमाम तरह की शान्ति देती हों, लेकिन अखबार का कार्यालय आर्थिक स्तर पर सन्तुष्ट नहीं हो पाता। इन्हें पैसा देनेवाले विज्ञापन की जड़ी-बूटी बहुत आवश्यक होती है।

चुने हुए वैरियबल्स का रैंक कोरीलेः

कोरीलेशन कोफीशियंट्स	समाचारपत्रों के संख्या	मंझोले समाचारपत्रों का प्रसार	संख्या	और प्र
औसत प्रसार के आधार पर श्रेणी	0.91	0.92	-0.21	
कुल प्रसार के आधार पर श्रेणी	0.19	0.38	-0.05	
समाचारपत्रों की कुल संख्या		-0.11	0.08	0.0[illegible]
1.00				

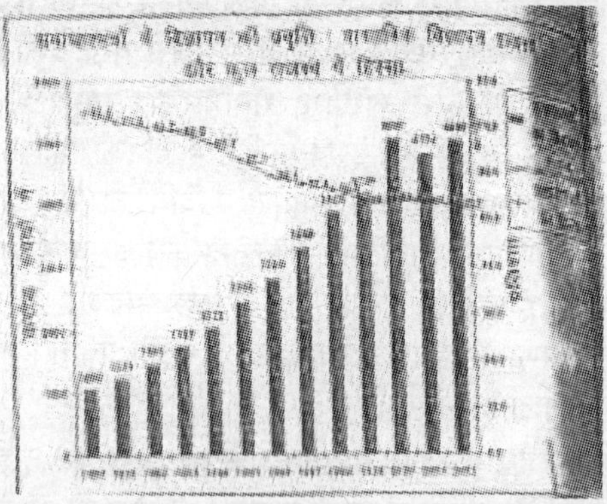

बिलाशक विज्ञापन, समाचार-पत्रों की आय का केन्द्रीय तत्त्व बन चुके हैं। दैनिक हिन्दुस्तान की तत्कालीन समाचार सम्पादित आदरास्पदा मृणाल पांडेय ने 'साप्ताहिक हिन्दुस्तान' जैसी पत्रिका के बन्द होने के कारणों में एक कारण विज्ञापन न मिलना बताया था। इस समय ऐसे पत्र-पत्रिकाओं की संख्या सैकड़ों में है, जो विज्ञापन न मिलने के कारण पत्रकारिता से संन्यास लेने की तैयारी में हैं और अनेक नामवर पत्र-पत्रिकाएँ पत्रकारिता को प्रणाम कर चुकी हैं। कुछ पत्र-पत्रिकाएँ जैसे-तैसे चल रहे हैं। आर्थिक दिवालियेपन का खामियाजा बेचारे पत्रकारों और नये लेखकों को भुगतना पड़ रहा है। आज का सम्पादक, पत्रकारों से विज्ञापन बटोरने की कला की अपेक्षा करने लगा है। अपने क्षेत्र में जाते समय पत्रकार के थैले में विज्ञापन की रसीद कॉपी रखना छोटे पत्रों के सम्पादकों ने अनिवार्य कर दिया है।

प्रेस रजिस्ट्रार की 1995 की रिपोर्ट के अनुसार 1994 में 254 दैनिकों द्वारा विज्ञापन से होनेवाली अपनी आय के आँकड़े भेजे जाने के बाद यह तथ्य उजागर हुआ था कि उनमें से 32 दैनिकों की कुल आय का 75% विज्ञापन ही थे। सरकारी विज्ञापनों से अर्जित आय के बारे में 263 दैनिकों से आँकड़े उपलब्ध हुए थे। इनमें 25 दैनिकों ने 75% या इससे अधिक आय सरकारी विज्ञापनों से प्राप्त की। इसके आलावा 51 दैनिकों ने 50% से 74% के बीच तक आय सरकारी विज्ञापनों से अर्जित की। समाचार-पत्रों में विज्ञापनों के स्थान के बारे में उस समय की उक्त रिपोर्ट में बताया गया था कि जिन 245 दैनिकों ने आँकड़े प्रस्तुत किये हैं, उनमें से सात दैनिकों ने 60% और इससे अधिक स्थान पर विज्ञापन प्रकाशित किये। इसी तरह 53 दैनिकों ने 40 से 59% हिस्से में विज्ञापन को प्रकाशित किया। बाकी के 185 दैनिकों ने कुल आकार

के 50% से कम हिस्से पर विज्ञापन प्रकाशित किये। वस्तुतः विज्ञापन, प्रसार आय तीनों एक दूसरे के पूरक बन चुके हैं। विज्ञापन बटोरने से पत्र की प्रसार संख्या बढ़ती है और प्रसार संख्या बढ़ने से पत्र की आय एवं आर्थिक स्थिति मजबूत होती है।[41]

सच तो यह है कि अखबारों के पास बेचने के लिए दो ही चीजें होती हैं, पहला है,—वह मुद्रित स्थान, जिसमें खबरें, विचार, समाचार आदि होते हैं। इन्हें पाठकों को बेचा जाता है किन्तु उसी अखबार में कुछ स्थान अमुद्रित, बिना छपे, श्वेत, खाली या रिक्त भी होता है, इसे ही विज्ञापनदाताओं को बेचा जाता है। विज्ञापन के लिए छोड़ी गयी यही जगह अखबार या पत्रिका की आमदनी होती है, साँस होती है, अस्मिता होती है। विज्ञापनों से प्राप्त उक्त आमदनी पूँजी से ही अखबार रेंगता, सरकता और चलता है। विज्ञापन के महत्त्व को देखते हुए ही अधिकतर पत्र-प्रबन्धन ने अपने यहाँ 'जनसम्पर्क अधिकारी' की नियुक्ति कर रखा है। यह अधिकारी विज्ञापन-समितियों के सम्पर्क में निरन्तर बना रहता है। समाचार-पत्र कार्यालयों में कला-निर्देशक भी होते हैं और इन्हीं के साथ विज्ञापन-लेखक भी बैठता है। यह विज्ञापन लेखक विज्ञापनदाताओं के विज्ञापनों के लिए आकर्षक शब्दावली में विज्ञापन तैयार करने में सहायता करता है, अन्तिम रूप देता है।

अन्त में बेबाक बात यह कि आज लगभग सभी समाचार-पत्र विज्ञापन की 'भिक्षावृत्ति' से ग्रस्त हैं। मालिक और प्रबन्धक लोग समाचार-पत्र के पहले अथवा दूसरे पृष्ठ पर विज्ञापन के रिआयती मूल्यों की अधिकाधिक पृष्ठों में सूचना देकर पाठकों को छल रहे हैं। कुछ पत्र तो एक-दो पृष्ठ स्वयं के विज्ञापन देने में ही रंग डालते हैं। कभी-कभार अखबार के पूरे पृष्ठ ही विज्ञापनों से भरे रहते हैं। प्रेस आयोग द्वारा सुझाया गया विज्ञापन व पाठ्य-सामग्री के बीच 40:60 का अनुपात अब समाचार-पत्रों को अव्यवहारिक लगता है। विज्ञापनों का यह पृष्ठ भराव मीडिया घरानों को तो मालामाल कर रहा है, जब कि पाठक इसका खामियाजा भुगत रहा है। यहाँ हिन्दी का पत्र पढ़ने वाले पाठक की स्थिति अंग्रेजी समाचार-पत्र के पाठक की तुलना में शोचनीय है। बारह पृष्ठों का यह पत्र जब सूचना से पूर्ण न होकर मात्र विज्ञापनों से भरा रहता है तो पाठक बेचारा खीझने लगता है। चूँकि वह अधिक ज्ञान और जानकारियाँ प्राप्त नहीं कर पाता है, अतः उसकी यह स्थिति 'सूचना गरीबी' में तब्दील होने लगती है। अंग्रेजी के पत्र विज्ञापन और समाचार सामग्री के सन्तुलन की दुविधा से मुक्त हैं। इसका कारण अंग्रेजी पत्रों के पृष्ठों की अधिक संख्या है। अंग्रेजी के पत्र खूब विज्ञापन देने के बावजूद समाचार सामग्री की उपेक्षा नहीं कर पाते हैं। इससे अंग्रेजी का पत्र पढ़नेवाला पाठक स्वाभाविक रूप से अधिक सूचना ज्ञान प्राप्त कर लेता है अर्थात् वह सूचना प्राप्ति की दृष्टि से गरीब नहीं होता है।

विज्ञापन पाने की होड़ से कुछ समाचार-पत्रों में मनमुटाव और द्वेष उत्पन्न होना नयी बात नहीं है। बहुराष्ट्रीय कम्पनियाँ विज्ञापन फीस देकर समाचार-पत्रों को कुछ हद तक ब्लैकमेल कर सकती हैं। यहाँ सरकारी विज्ञापन की बात करना उचित जान पड़ता है। सभी समाचार-पत्रों की यह नीति रही है कि वे केन्द्रीय एवं राज्य सरकारों से अधिक-से-अधिक विज्ञापन प्राप्त कर सकें। समकालीन पत्रकारिता विज्ञापन के बल पर पाठकों का उपभोक्ताकरण करने पर तुली हुई है। समाचार-पत्रों के माध्यम से आकर्षक विज्ञापन देकर पाठकों को बाजार की ओर धकेला जा रहा है। सामाजिक मूल्यों की प्रस्थापना की प्रतीक भारतीय पत्रकारिता आज विज्ञापनों के माध्यम से अपसंस्कृति को बढ़ावा दे रही है। इस बात को स्वीकारने में कोई आपत्ति नहीं है कि विज्ञापन समाचार-पत्रों के आर्थिक स्वास्थ्य के लिए आवश्यक है, परन्तु विज्ञापन प्रकाशित करने की जो नीति है, वह बदलनी होगी। इसके अतिरिक्त विज्ञापन को 'सत्य, शिव, सुन्दरम्' माननेवाली पूँजीवादी परम्परा को तोड़ना होगा। बड़े मीडिया घरानों ने विज्ञापन की जो नीति अपनाई है, उसका छोटे पत्रों पर

बुरा प्रभाव पड़ा है। विज्ञापन से होनेवाली कमायी के लोभ में लोग समाचार-पत्र प्रकाशन में तेजी से प्रवेश कर रहे हैं। इनके द्वारा प्रकाशित समाचार-पत्र अत्यन्त घटिया स्तर का तो होता ही है, वह सामाजिक सरोकार से भी दूर रहता है। अतः आज आवश्यकता इस बात की है कि पत्रकारिता में विज्ञापनों की अनावश्यक घुसपैठ को रोका जाय तथा विज्ञापन को समाचार-पत्र की सम्पूर्ण अर्थव्यवस्था का 'गुरुत्वाकर्षण तत्त्व' न बनने दिया जाय, इसलिए अतिरिक्त विज्ञापनों का प्रकाशन सामाजिक मर्यादा और सांस्कृतिक मूल्यों को ध्यान में रखते हुए किया जाना चाहिए।[42]

(10) भारत सरकार की विज्ञापन नीति तथा विज्ञापन और दृश्य प्रचार निदेशालय के पैनल में समाचर-पत्रों को शामिल करने सम्बन्धी दिशा-निर्देश

सूचना एवं प्रसारण मन्त्रालय द्वारा जारी

विज्ञापन और दृश्य प्रचार निदेशालय सरकारी क्षेत्र के प्रतिष्ठानों और स्वायत्त इकाइयों सहित भारत सरकार के विभिन्न मन्त्रालयों तथा संस्थाओं के विज्ञापनों के लिए भारत सरकार की प्रमुख एजेन्सी है। विज्ञापन देने में सरकार का मूल उद्देश्य यह है कि समसामयिक विषयों के साथ ही विज्ञापन, कला, साहित्य खेल, फिल्मों, सांस्कृतिक कार्यों आदि के बारे में समाचार-पत्रों और पत्रिकाओं के जरिये विज्ञापन द्वारा अभिप्रेत विषय सामग्री और सन्देश का यथासम्भव व्यापक रूप से कवरेज किया जाये। समाचार-पत्रों और पत्रिकाओं को विज्ञापन जारी करते समय विज्ञापन और दृश्य प्रचार निदेशालय उस समाचार-पत्र या पत्रिका की राजनीतिक सम्बद्धता अथवा सम्पादकीय नीतियों को नहीं देखता है। फिर भी विज्ञापन और दृश्य प्रचार निदेशालय उन समाचार-पत्रों, पत्रिकाआ को विज्ञापन जारी करने से बचेगा, जो साम्प्रदायिक भावनाएँ भड़काते है या भड़का सकते हैं, हिंसा की वकालत करते हैं, भारत की सम्प्रभुता एवं अखण्डता या जन-मर्यादा और आचरण के स्वीकृत सामाजिक मानदण्डों पर आघात करते हैं।

2. सकारी विज्ञापनों का उद्देश्य समाचार-पत्रों/पत्रिकाओं को आर्थिक सहायता देना नहीं है। विज्ञापन और दृश्य प्रचार निदेशालय समाचार-पत्रों/पत्रिकाओं का पैनल बना कर विज्ञापन जारी करने के लिए स्वीकृत समाचार-पत्रों-पत्रिकाओं की एक सूची रखता है। विज्ञापन और दृश्य प्रचार निदेशालय केवल उन्हीं समाचार-पत्रों/पत्रिकाओं को पैनल में रखेगा जिनकी भारत सरकार के विज्ञापनों को जारी करने के लिए आवश्यकता होगी। यह सावधानी रखी गयी है कि उन्हीं समाचार-पत्रों/पत्रिकाओं को पैनल में शामिल किया जाये जो देश के विभिन्न भागों में समाज के विभिन्न वर्गों द्वारा पढ़े जाते हों।

पैनल सलाहकार समिति

3. सरकारी विज्ञापन प्राप्त करने के लिए पैनल में शामिल होने हेतु समाचार-पत्रों/पत्रिकाओं के आवेदन पत्रों पर विचार करने के लिए एक पैनल सलाहकार समिति है। विज्ञापन और दृश्य प्रचार निदेशालय के महानिदेशक इसके अध्यक्ष हैं और इसमें पत्र सूचना कार्यालय के मुख्य सूचना अधिकारी, प्रेस पंजीयक, आर.एन.आई. तथा सूचना एवं प्रसारण मन्त्रालय में प्रिण्ट मीडिया का कार्य देख रहे संयुक्त/उप-सचिव शामिल है। इस समिति में बड़े, मध्यम तथा छोटे समाचार-पत्रों के संगठन का भी एक-एक प्रतिनिधि होगी। किसी समाचार-पत्र को पैनल में शामिल करने के विषय में पैनल सलाहकार समिति की सिफारिशें जो विज्ञापन और दृश्य प्रचार निदेशालय के महानिदेशक द्वारा भी मानी गयी हों, आमतौर पर अन्तिम होती हैं। पैनल सलाहकार समिति को यह भी अधिकार है कि यदि आवश्यक हो तो वह किसी समाचार-पत्र-पत्रिकाओं को पैनल से हटा भी सकती है। (विज्ञापन और दृश्य प्रचार निदेशालय के महानिदेशक को यह अधिकार होगा कि

यदि आवश्यक हो तो किसी समाचार-पत्र/पत्रिका को पैनल से निकाल दे और इस मामले को पैनल सलाहकार समिति की अगली बैठक में भेज दे।)

4. सरकार के व्यापक सामाजिक उद्देश्यों और समाचार-पत्रों/पत्रिकाओं की विविध श्रेणियों में निष्पक्षता सुनिश्चित करने के लिए पैनल सलाहकार समिति निम्न श्रेणियों से सम्बन्धित समाचार-पत्रों/पत्रिकाओं को प्राथमिकता के आधार पर पैनल में शामिल करने पर ध्यान देती है :

(क) छोटे और मध्यम समाचार-पत्र/पत्रिकाएँ

(ख) विशेषज्ञतावाली वैज्ञानिक तथा तकनीकी पत्रिकाएँ

(ग) विभिन्न भाषाओं के समाचार-पत्र

(घ) पिछड़े, सुदूरवर्ती और सीमावर्ती क्षेत्रों में प्रकाशित होनेवाले समाचार-पत्र/पत्रिकाएँ।

5. विज्ञापन जारी करने तथा विज्ञापनों की दरें निर्धारित करने के लिए समाचार-पत्रों/पत्रिकाओं को तीन श्रेणियों में वर्गीकृत किया गया है जो इस प्रकार हैं :

(i) छोटे समाचार-पत्र जिनकी प्रतिदिन 25,000 प्रकाशित प्रतियाँ वितरित होती हों,

(ii) मध्यम समाचार-पत्र जिनकी प्रतिदिन 25,001 से लेकर 75,000 प्रकाशित प्रतियाँ वितरित होती हों, और

(iii) बड़े समाचार-पत्र जिनकी प्रतिदिन 75,000 से अधिक प्रकाशित प्रतियाँ वितरित होती हो।

पैनल में शामिल करने के लिए मानदण्ड

6. सभी समाचार-पत्रों/पत्रिकाओं का बिना किसी व्यवधान के निरन्तर प्रकाशन और यह अवधि 12 महीनों से कम नहीं होनी चाहिए और प्रेस तथा पुस्तकों के पंजीकरण कानून 1867 के प्रावधानों का उन्हें पालन करना चाहिये। पैनल में नया शामिल होने के साथ ही पैनल की सदस्यता के नवीनीकरण के अनुरोधों और जो दर्जा बढ़ाकर वितरण के लिए अधिक ऊँचे स्लेब में शामिल होना चाहते हैं, ऐसे अनुरोधों के लिए आवेदनकर्त्ता समाचार-पत्र/पत्रिकाओं को यह प्रमाणित करना होगा कि यह एक समुचित स्तर पर प्रकाशित किया जा रहा है। समुचित स्तर का अभिप्राय यह है कि

(क) छपी हुई विषय सामग्री पढ़ने में आती हो, सुव्यवस्थित और दाग-धब्बों रहित हो तथा उसमें बार-बार काट कर उसके ऊपर न लिखा गया हो।

(ख) समाचार-पत्र/पत्रिका में समाचारों या लेखों का पुनर्प्रकाशन या दोहराव नहीं होना चाहिए।

(ग) इसके प्रथम पृष्ठ पर ऊपर की ओर उस समाचार-पत्र का नाम, स्थान, तारीख और प्रकाशन का दिन छपा होना चाहिए, इसके साथ ही उसमें आर.एन.आई. पंजीकरण क्रमांक, वॉल्यूम और अंक संख्या तथा समाचार-पत्र/पत्रिका की कीमत दी जानी चाहिए; और

(घ) समाचार-पत्र को पी.आर.बी. कानून के तहत आवश्यक इम्प्रिण्ट लाइन प्रकाशित करना आवश्यक है।

7. इस उद्देश्य से किसी समाचार-पत्र को पिछले चार महीनों के अंक प्रस्तुत करना और पत्रिकाओं को पिछले दो वर्षों के अपने अंक प्रस्तुत करना चाहिए।

8. आवेदनकर्ता समाचार-पत्र ने पिछले बारह महीनों के दौरान हर महीने कम-से-कम 25 दिन समाचार-पत्र प्रकाशित अवश्य किया हो। साप्ताहिक पत्रिकाओं ने पिछले वर्ष 46 अंक, मासिक पत्रिकाओं ने पिछले वर्ष 10 अंक तथा त्रैमासिक पत्रिकाओं ने पिछले दो वर्षों के दौरान 6 अंक प्रकाशित किये हों तो उन्हें नियमित रूप से प्रकाशित हुआ माना जायेगा। आवेदन कर्त्ता

समाचार-पत्र/पत्रिका को आर.एन.आई. द्वारा जारी किया गया पंजीकरण प्रमाणपत्र की एक प्रति भी प्रस्तुत करनी चाहिए। उचित जाँच-पड़ताल के बाद अगर किसी समाचार-पत्र/पत्रिका को एक बार आर.एन.आई. द्वारा अप्रमाणित घोषित कर दिया जाता है तो उसे इस विषय में आर.एन.आई. जिस तारीख को प्रमाण-पत्र जारी करेगा, उसी तारीख से प्रमाणित माना जायेगा न कि पूर्ववर्ती किसी साल या महीने से। लेकिन आर.एन.आई. द्वारा कोई समाचार-पत्र/पत्रिका देय न चुकाने अथवा इसी प्रकार के किसी तकनीकी कारण से अप्रमाणित घोषित किया गया हो तो आर.एन.आई. स्व-विवेक से उसे अप्रमाणित घोषित करने के तारीख से प्रमाणित घोषित कर सकता है।

9. जिन समाचार-पत्रों/पत्रिकाओं ने 75,000 से अधिक प्रतियाँ प्रति प्रकाशन दिवस का वितरण प्रमाणित कर दिया है, जैसा कि वितरण लेखा ब्यूरो द्वारा प्रमाणित हुआ हो, वे एक नयी जगह से अपने ताजा संस्करण को पैनल में शामिल करवा सकते हैं फिर चाहे पिछले 12 महीनों में उसका नियमित प्रकाशन न हुआ हो, किन्तु ऐसे मामलों में ताजा संस्करण को पैनल में वितरण के केवल सबसे नीचे वाले स्लैब में शामिल किया जायेगा। छोटे और मध्यम समाचार-पत्रों के ताजा संस्करणों को भी इसी प्रकार से पैनल में शामिल किया जायेगा।

10. किसी समाचार-पत्र/पत्रिका का 2000 प्रतियों से कम अल्पतम पेड वितरण होना चाहिए तभी उसे पैनल में शामिल करने पर विचार किया जायेगा। लेकिन विशेष वैज्ञानिक और तकनीकी पत्रिकाएँ, संस्कृत में प्रकाशित होनेवाले समाचार-पत्र/पत्रिकाएँ, पिछड़े, सीमावर्ती या सुदूरवर्ती क्षेत्र में या जनजातीय भाषाओं में प्रकाशित होनेवाले समाचार-पत्र/पत्रिकायें या जो जम्मू और कश्मीर में प्रकाशित होने हों उन्हें प्रति प्रकाशित करने के लिए केवल 500 प्रतियों का ही अल्पतम पेड वितरण प्रमाणित करना होगा।

11. एक समाचार-पत्र/पत्रिका में निम्न अल्पतम प्रिण्ट क्षेत्र होना चाहिए।

अवधि	से कम प्रिण्ट क्षेत्र नहीं
दैनिक	1520 स्टे. कॉ. से.मी.
साप्ताहिक, पाक्षिक	700 स्टे. कॉ. से.मी.
मासिक व अन्य पत्रिकायें	960 स्टे. कॉ. से.मी.

तथापि उपरिलिखित वैज्ञानिक और तकनीकी समाचार-पत्रों/पत्रिकाओं संस्कृत की समाचार-पत्रों/पत्रिकाओं की श्रेणी में आने को समाचार-पत्र/पत्रिकाओं के मामले में पैनल सलाहकार समिति द्वारा कुछ विशिष्टता रखी जा सकती है।

12. विज्ञापन और दृश्य प्रचार निदेशालय के महानिदेशक द्वारा पहले पैनल में शामिल कर लिया गया है तो जिस अवधि तक के लिए शामिल किया गया है उस अवधि तक वह मान्य रहेगा।

13. आवेदनकर्त्ता समाचार-पत्र/पत्रिका को ए.बी.सी., आर.एन.आई. या चार्ट एकाउण्टेण्ट के प्रमाणित वितरण के आंकड़े प्रस्तुत करने होंगे। लेकिन चार्टर्ड एकाउण्टेण्ट का प्रमाण-पत्र एक वर्ष तक केवल 20,000 प्रति, प्रति प्रकाशित दिवस तक ही स्वीकार्य होगा।

14. वे समाचार-पत्र/पत्रिकायें जो पूर्व में लगातार पैनल में रहे हैं और केवल उसका नवीनीकरण चाहते हैं उन्हें वितरण का ताजा प्रमाण प्रस्तुत करने की आवश्यकता नहीं है। यद्यपि, विज्ञापन और दृश्य प्रचार निदेशालय के महानिदेशक को यह अधिकार है कि वह यदि करना चाहे तो अपने प्रतिनिधि या आर.एन.आई. के जरिये वितरण के आँकड़ों की जाँच कर सकता है और इसके जाँच परिणाम को पैनल सलाहकार समिति अगली बैठक में उचित निर्णय के लिए भेज सकता है। पैनल में उच्च स्लैब में आने या नये पैनल में शामिल होने की इच्छा रखने के समाचार-

पत्रों/पत्रिकाओं के मामलों पर वर्ष में एक बार विचार किया जायेगा। वे समाचार-पत्र जो पैनल में पहली बार शामिल होना चाहता है या वितरण में 10 प्रतिशत से अधिक वृद्धि का दावा कर रहे हैं उसे पैनल में शामिल होने/दर के नवीनीकरण के आवेदन-पत्र के साथ निम्न दस्तावेज प्रस्तुत करने होंगे:

(i) पिछले 12 वर्षों में अखबारी कागज की खरीद के वाउचर की प्रतिलिपियाँ

(ii) पिछले 12 महीनों में समाचार-पत्र/पत्रिकाओं की बिक्री होनेवाली आय के बारे में चार्टर्ड एकाउण्टेंट का प्रमाणपत्र

(iii) आवेदनकर्त्ता द्वारा लगायी गयी प्रिंटिंग मशीन के उत्पादनकर्त्ता के द्वारा प्रकाशित तकनीकी साहित्य की प्रति जिसमें मशीन की प्रिंटिंग क्षमता उल्लिखित हो।

यद्यपि, उन समाचार-पत्रों के मामले में जो प्रति प्रकाशित दिवस में 2000 से 5000 के बीच पेड प्रतियाँ वितरण का दावा करते हैं, उनके लिए अखबार कागज की खरीद के वाउचर पेश करने की शर्त पर जोर नहीं दिया जायेगा बशर्ते अन्य दोनों शर्तें पूरी होनी हों। यदि वितरण के दावे का ए.बी.सी. प्रमाण समर्थन करता है तो उक्त दस्तावेजों को भी जमा करने की आवश्यकता होगी।

15. विज्ञापन और दृश्य प्रचार निदेशालय के महानिदेशक आर.एन.आई. की मदद से उक्त तथ्यों के आधार पर वितरण के दावे, जिम्मेदारी का मूल्यांकन करेंगे और इसके परिणामों को समाचार-पत्र/पत्रिका को पैनल में शामिल करने/दर्जा बढ़ाने के अनुरोध पर निर्णय लेने के लिए पैनल सलाहकार समिति के सामने रखा जायेगा। पैनल में शामिल होने को तीन साल तक वैध माना जायेगा।

16. कोई समाचार-पत्र आर.एन.आई. द्वारा अप्रमाणित घोषित किया जाता है या वह निर्धारित तिथि तक ए.बी.सी. प्रमाणपत्र जमा करने में असफल रहता है तो उसे विज्ञापन और दृश्य प्रचार निदेशालय के पैनल में से हटा दिया जायेगा तथा विज्ञापन बिलों का भुगतान की हुई देय रकम की वसूली उससे की जायेगी। आर.एन.आई./ए.बी.सी. प्रमाण-पत्र, जैसा मामला हो, देने पर ही फिर से पैनल में शामिल करने पर विचार किया जायेगा।

विज्ञापन दर

17. विज्ञापन और दृश्य प्रचार निदेशालय द्वारा जारी विज्ञापनों के लिए भुगतान हेतु दर ढाँचा निर्धारित नियमों के आधार पर किया जायेगा। विज्ञापन और दृश्य प्रचार निदेशालय दर ढाँचा समिति द्वारा बनाये भारत सरकार दर फार्मूला के अनुसार विज्ञापन दरें निर्धारित करेगा। किसी एक समाचार-पत्र के वितरण के आधार पर दरें निर्धारित की जायेंगी और सभी समाचार-पत्रों पर समान रूप से लागू होंगी। समाचार-पत्र विज्ञापन और दृश्य प्रचार निदेशालय द्वारा समय-समय पर निर्धारित दरें तथा अन्य शर्तें मानते हुए विज्ञापन और दृश्य प्रचार निदेशालय के साथ दर अनुबन्ध करेगा और समाचार-पत्र को विज्ञापन और दृश्य प्रचार निदेशालय जब भी विज्ञापन जारी करेगा, वह उनका प्रकाशन सुनिश्चित करेगा।

दर अनुबन्ध का नवीनीकरण

18. विज्ञापन और दृश्य प्रचार निदेशालय दर नवीनीकरण प्रोफार्मा को अपनी वेबसाइट (एचटीटीपीः/डब्ल्यूडब्ल्यूडब्ल्यू.एनआईसी.आईएन/डीएवीपी) पर जारी करेगा और सभी समाचार-पत्र इस प्रोफार्मा को इण्टरनेट से डाउनलोड करके अपने समाचार-पत्र के लिए दरों के नवीनीकरण का आवेदन कर सकते हैं। या फिर समय रहते वे देश के विज्ञापन और दृश्य प्रचार निदेशालय

या पत्र सूचना कार्यालयों से आवेदन प्रोफार्मा हासिल कर सकते हैं। भारतीय प्रेस परिषद् द्वारा मान्य बड़े, मध्यम और छोटे समाचार-पत्रों के संगठनों को विज्ञापन और दृश्य प्रचार निदेशालय दर नवीनीकरण/नये आवेदन पत्रों का प्रोफार्मा उपलब्ध करवा देगा। निर्धारित तिथि तक सभी प्रकार से पूर्ण आवेदन पत्र विज्ञापन और दृश्य प्रचार निदेशालय को भेज दिये जाने चाहिए, आवेदन की अन्तिम तिथि कैलेण्डर वर्ष के फरवरी महीने की अन्तिम तारीख होगी जब कि पैनल की सदस्यता समाप्त होती है, ऐसा न होने पर विज्ञापन और दृश्य प्रचार निदेशालय सम्बन्धित वर्ष के लिए समाचार-पत्र को दर के संशोधन के योग्य नहीं मानेगा। विज्ञापन और दृश्य प्रचार निदेशालय सम्बन्धित वर्ष की 30 जूल तक पैनल में शामिल करने सम्बन्धी अपना निर्णय बता देगा। दर संशोधन अनुबन्ध के लिए समाचार-पत्रों को दो श्रेणियों में बाँटा जायेगा यथा बड़े और मध्यम समाचार-पत्र तथा छोटे समाचार-पत्र। तीन वर्षों में एक बार समाचार-पत्रों की प्रत्येक श्रेणी को दर नवीनीकरण अनुबन्ध दिया जायेगा। तथापि, यदि कोई समाचार-पत्र दिशा-निर्देश के अनुच्छेद 13 में उल्लेखित सहायक दस्तावेजों सहित वितरण में वृद्धि का दावा करता है तो वार्षिक संशोधन के लिए अनुरोध किया जा सकता है और ऐसे मामलों में पैनल सलाहकार समिति उस पर विचार करेगी।

विज्ञापन बिलों का भुगतान

19. विज्ञापन और दृश्य प्रचार निदेशालय विज्ञापन बिलों का भुगतान आदाता के नाम पर दर नवीनीकरण के पैनल में शामिल होने के नये आवेदन पत्र में दिये पते पर, जैसा भी मामला हो, समाचार-पत्र के पते पर भेजेगा। पैनल में शामिल वर्ष के दौरान आदाता के नाम या पते में किसी प्रकार का कोई परिवर्तन नहीं किया जायेगा जब तक कि वह उचित न ठहरा दिया जाये और ऐसा करना अपरिहार्य लगे या बाध्यकार हो।

20 प्रत्येक समाचार-पत्र को अखबार की एक प्रति जिसमें विज्ञापन और दृश्य प्रचार निदेशालय का विज्ञापन ही अपने विज्ञापनदाता को रिलीज ऑर्डर में दिये पते पर भेजना आवश्यक है, ऐसा न करने पर विज्ञापन के लिए भुगतान करने पर विचार नहीं किया जायेगा।

21. प्रत्येक समाचार-पत्र को सभी तरह से पूर्ण और सम्बन्धित दस्तावेजों सहित विज्ञापन बिल, विज्ञापन के प्रकाशित होने के 30 दिनों के भीतर ही प्रस्तुत करने होंगे। विज्ञापन और दृश्य प्रचार निदेशालय हरसम्भव प्रयास करेगा कि बिल प्राप्त होने के 90 दिनों के अंदर ही भुगतान कर दे।

22. कोई भी समाचार-पत्र सम्बन्धित रिलीज ऑर्डर मिले बिना विज्ञापन और दृश्य प्रचार निदेशालय का विज्ञापन प्रकाशित नहीं करेगा। समाचार-पत्रों द्वारा प्रतिलिपि जारी करने सम्बन्धी किसी भी अनुरोध पर विज्ञापन और दृश्य प्रचार निदेशालय विचार नहीं करेगा।

23. समाचार-पत्र रिलीज आर्डर में विज्ञापन और दृश्य प्रचार निदेशालय द्वारा प्रकाशित करने की तारीख का कड़ाई से पालन करेंगे। रिलीज ऑर्डर में नियत तारीख से भिन्न तारीख को विज्ञापन प्रकाशित करने पर रिलीज ऑर्डर के अनुसमर्थन के साथ नियमित नहीं किया जायेगा और ऐसे मामलों में कोई भुगतान नहीं किया जायेगा।

विज्ञापन और दृश्य प्रचार निदेशालय के विज्ञापनों के लिए समाचार-पत्र का निलम्बन

24. यदि किसी समाचार-पत्र के आवेदनपत्र या दर नवीनीकरण प्रोफार्मा में गलत जानकारी देना पाया गया तो उसे तुरन्त निलम्बित कर दिया जायेगा;

या

यह पाया गया कि उसने प्रकाशन स्थगित कर दिया है; प्रकाशन की अवधि या शीर्षक में परिवर्तन किया है या अनियमित प्रकाशन हो रहा है या भारतीय प्रेस परिषद् द्वारा यह पाया गया कि वह अनैतिक व्यवहार अथवा देशद्रोही गतिविधियों में संलग्न है या ऐसी गतिविधियों के लिए उसे किसी न्यायालय द्वारा सजा दी गयी है।

25. भारतीय प्रेस परिषद् द्वारा निर्धारित अनैतिक व्यवहार, देशद्रोही गतिविधियों, सभ्यता के मानदण्डों का उल्लंघन जैसे मानदण्डों के आधार पर किसी समाचार-पत्र को विज्ञापन और दृश्य प्रचार निदेशालय के विज्ञापनों के लिए निलम्बन करने से पहले ऐसे समाचार-पत्रों का पक्ष भी विज्ञापन और दृश्य प्रचार निदेशालय सुनेगा और उसके बाद ही वह कोई निर्णय लेगा।

26. यदि कोई समाचार-पत्र मन्त्रालयों/भारत सरकार के विभागों, सार्वजनिक क्षेत्रों के प्रतिष्ठानों तथा स्वायत्तशासी इकाइयों की ओर से विज्ञापन और दृश्य प्रचार निदेशालय द्वारा जारी विज्ञापनों को लेने और प्रकाशित करने से लगातार मना करता है तो विज्ञापन और दृश्य प्रचार निदेशालय के महानिदेशक द्वारा उसे छह महीने तक की अवधि के लिए निलम्बित किया जा सकता है।

विज्ञापन जारी करना

27. विभिन्न मन्त्रालयों और विभागों तथा सार्वजनिक क्षेत्रों के प्रतिष्ठानों और स्वायत्त इकाइयों से जैसे ही विज्ञापनों को जारी करने की माँग आती है, विज्ञापन और दृश्य प्रचार निदेशालय ग्राहक के अनुमोदनों पर विचार करने के बाद विषय सामग्री, विज्ञापन के लक्ष्य पाठक और धन की उपलब्धता को ध्यान में रखते हुए एक उचित मीडिया सूची तैयार करेगा।

28. विज्ञापन जारी करने से पहले विज्ञापन और दृश्य प्रचार निर्देश की उपलब्धता सुनिश्चित करेगा, विशेषतः भुगतान करनेवाले के मामले में मन्त्रालय और विभाग, जिन्हें अपने विज्ञापनो को करने के लिए अग्रिम धनराशि जमा करना आवश्यक है, उन्हें किया जायेगा कि वे इस विषय में सरकार के वर्तमान आदेशों से आवश्यक धनराशि जमा कर दें।

अपवाद

29. उपरिलिखित प्रावधानों का कोई विरोध न करते हुए विज्ञापन दृश्य प्रचार निदेशालय के महानिदेशक को पैनल सलाहकार का अध्यक्ष होने के नाते यह अधिकार होगा कि वह किसी समाचार को अस्थायी रूप से छह महीने के लिए या पैनल सलाहाकार की अगली बैठक तक अस्थायी रूप से पैनल में शामिल करते हैं, बशर्ते कि पैनल सलाहकार समिति की इसमें स्वीकृति है समाचार-पत्र ने पैनल में शामिल होने सम्बन्धी सभी आवश्यक औपचारिकताएँ पूरी कर लीं हों या फिर उसे सरकारी विज्ञापन जारी करने के लिए उपयुक्त पाया गया है।

सन्दर्भ

1. भाषा (द्वैमासिक), विशेषांक में डॉ. दामोदर खड़से का लेख 'प्रचार माध्यम और हिन्दी, पृष्ठ. 119, 120, केन्द्रीय हिन्दी निदेशालय, दिल्ली, जुलाई, अगस्त सन् 2000 ई.
2. मीडिया लेखन—डॉ. सुमित मोहन, पृ.105, वाणी प्रकाशन, दिल्ली, मूल्य—200, सन् 2005 ई.
3. सम्पादन कला एवं प्रूफ पठन—डॉ. हरिमोहन, पृ.52
4. संचार माध्यम, (द्वैमासिक) में विनीत कुमार का लेख—'एफ.एम. चैनलों में हिन्दी का बदलता स्वरूप, पृष्ठ-45, जुलाई-दिसम्बर—2005, खण्ड-22, अंक 2, दिल्ली।

5. जनसत्ता में विवेकानंद उपाध्याय का लेख—'भाषा का दुष्प्रयोग', 15 अप्रैल-2012, लखनऊ
6. जनसत्ता, 29 अगस्त, सन् 2010 ई. लखनऊ संस्करण।
7. जनसंचार माध्यमों में हिन्दी—डॉ. चन्द्रकुमार, पृ.94, क्लासिकल पब्लिशिंग कम्पनी, करमपुरा, नयी दिल्ली, मूल्य-250 रुपये, प्रथम संस्करण—सन् 2000 ई.
8. राजर्षि टण्डन मुक्त विश्वविद्यालय की पाठ्य सामग्री, सं. डॉ. अर्जुन तिवारी, पृ.24
9. राजर्षि टण्डन मुक्ति विश्वविद्यालय की पाठ्य सामग्री, सं. डॉ. अर्जुन तिवारी, पृ.25
10. राजर्षि टण्डन की पाठ्य सामग्री-सं. डॉ. अर्जुन तिवारी से साभार, पृ.72
11. जनसंचार माध्यमों में हिन्दी—डॉ. चन्द्र कुमार, पृ.98 से साभार।
12. जनसंचार माध्यमों में हिन्दी—डॉ. चन्द्र कुमार, पृ.98
13. व्यावहारिक हिन्दी व्याकरण—डॉ. जगदीश प्रसाद कौशिक, पृ.79, साहित्यागार गली, धामाणी मार्केट, चौड़ा रास्ता, जयपुर, सन् 1985 ई.
14. भाषा का समाजशास्त्र—डॉ. राजेन्द्र प्रसाद सिंह, पृ. 88, राजकमल प्रकाशन, दिल्ली, मू.150 रु. सन् 2004
15. प्रयोजनमूलक हिन्दी—डॉ. पी. लता, पृ.138, लोकभारती प्रकाशन, पहली मंजिल, दरबारी बिल्डिंग, महात्मा गाँधी मार्ग, इलाहाबाद—211001, मूल्य-600 रुपये, सन् 2015 ई.
16. संचार माध्यम—पृ.42, अक्टूबर-दिसम्बर 1998, दिल्ली
17. विज्ञापन : सिद्धान्त और प्रयोग—डॉ. विजय कुलश्रेष्ठ, पृ.166
18. प्रयोजनमूलक हिन्दी—डॉ. माधव सोनटक्के, पृ. 175
19. प्रयोजनमूलक हिन्दी—सं. डॉ. बालेन्दु शेखर तिवारी, पृ. 189
20. प्रयोजनमूलक हिन्दी—डॉ.. माधव सोनटक्के, पृ. 174
21. भाषा, पृ. 122
22. वर्तमान सन्दर्भ में भगवती प्रसाद द्विवेदी की 'सपनीला उजास' शीर्षक कविता, पृ.58, जनवरी-मार्च, 2005 ई. बोरिंग कैनाल रोट—पटना, मूल्य-15 रुपये।
23. जनसत्ता में सुप्रसिद्ध पत्रकार मुहतरमा मृणाल पाण्डेय का लेख—'साहित्य, संगीत और स्त्री', 22 जून सन् 1914 ई. लखनऊ संस्करण।
24. जब मैं स्त्री हूँ—रंजना जायसवाल, पृ.60, नयी किताब, बी-3/44, सेक्टर-16, रोहिणी-दिल्ली, मूल्य—200 रुपये सन् 2010 ई.
25. जहाँ एक उजाले की रेखा खिंची है—नन्द चतुर्वेदी, पृ.52, बोधि प्रकाशन, सेक्टर-9, रोड नं. 11, करतारपुरा इण्डस्ट्रियल एरिया, बाईस गोदाम, जयपुर, मूल्य-100 रुपये, सन् 2011 ई.
26. जनसत्ता में 'स्त्री की छवि' लेख-जगजीत सिंह, 13 अगस्त सन् 2008 ई. लखनऊ संस्करण।
27. उत्तर प्रदेश (वार्षिकी) में कात्यायनी का लेख 'हमारे समय की विसंगतियों और दबावों के बीच स्त्रियों का जीवन स्त्रियों के लेखन में—पृ.28, वर्ष-26, 1997, सूचना एवं जनसम्पर्क विभाग-उत्तर प्रदेश।
28. आज का मीडिया में प्रियंकर पालीवाल का लेख 'मीडिया, बाजार और स्त्री', पृ.102, कोलकाता 2000 ई.
29. जनसत्ता, 13 अगस्त सन् 2008 ई. लखनऊ संस्करण।

30. संचार माध्यम—पृ.25, जुलाई-दिसम्बर, खण्ड-22, अंक-2, सन् 2005, दिल्ली।

31. हिन्दी अनुशीलन—त्रिभुवन शुक्ल, पृ.69, भारतीय हिन्दी परिषद, इलाहाबाद, मार्च 2004

32. संभवा—अप्रैल—99, पृ.49

33. जनसत्ता, 26-3-95, दिल्ली संस्करण

34. जनसत्ता, 26-3-95, दिल्ली संस्करण

35. संचार माध्यम—पृ.48, जुलाई-दिसम्बर 2003, जे.एन.यू. कैम्पस, दिल्ली।

36. संचार माध्यम—पृ. 48, जुलाई-दिसम्बर 2003, जे.एन.यू. कैम्पस, दिल्ली।

37. रेडियो का कलापक्ष—डॉ. नीरजा माधव, पृ. 54, विश्वविद्यालय प्रकाशन, वाराणसी, मूल्य 40 रुपये सन् 2006 ई.

38. पत्रकारिता : परिचय और विश्लेषण—डॉ. प्रीता व्यास, पृ.153

39. वृहत् हिन्दी पत्रकारिता कोश—सं. पुरुषोत्तम दास टण्डन, पृ. 685

40. संचार माध्यम, पृ.-51, जुलाई, दिसम्बर 2003 ई.

41. संचार माध्यम—पृ. 11, अक्टूबर-दिसम्बर, 1997 ई. दिल्ली।

42. संचार माध्यम में मनोज भल्ला का लेख 'समाचार पत्रों में विज्ञापन पाने की होड़ पृ.12, अक्टूबर-दिसम्बर-1997, दिल्ली।

द्वितीय पर्व

बाजार

द्वितीय पर्व

बाजार

अध्याय-11

समाचार की भाषा : तकनीकी

भाग-एक

(क) बाजार समाचार, बाजार समाचार की भाषा : तकनीकी शब्दावली की व्याख्या

(ख) व्यावसायिक लेन-देन के कुछ महत्त्वपूर्ण साधन, एवं

(ग) व्यावसायिक भाषा या वृत्तिभाषा और व्यावहारिक भाषा तथा वृत्तिपरक लेखन

(क) बाजार समाचार–फिलवक्त, सम्पूर्ण विश्व के साथ-साथ भारत का भी लगभग प्रत्येक शहर नयी 'कारपोरेट' संस्कृति का शिकार होता जा रहा है। जगह-जगह खुल रहे रेस्तराँ, फैसी मॉल, पब तथा शानदार 'स्पॉ' आदि ने भारतीय शहरातियों की जिन्दगी को सिरे से बदल दिया है। कुल मिलाकर अपने यहाँ 'पॉप-कल्चर' का नजारा और मंजर सर्वत्र आसानी से देखा जा सकता है। वस्तुतः इन सबके पीछे नव पूँजीवाद की जमीन पर खड़ा भारत में हालिया जन्मा 'बाजार' है। इस बाजार ने भारत के खासकर मध्यमवर्गीय समाज के मानसिक 'पैटर्न', उनके रहने के ढंग और ढब पर काफी असर पैदा किया है। भारत में आयी आवारा पूँजी की बाढ़ और ग्लोबलाइजेशन ने इस समाज को 'फ्यूडल' से 'मॉडर्न' और 'मॉडर्न' से 'पोस्ट मॉडर्न' बनाने में सक्रिय भूमिका अदा की है।

भारत में बन रहे इस नये बाजाराधारित समाज में व्यक्ति के सामने परस्पर पहचान का संकट खड़ा हो गया है। आज के बाजारवादी-तिजारती भारतीय समाज में नैतिकता, परम्परा तथा सांस्कृतिक विशिष्टता आदि के लिए अब कोई 'स्पेस' नहीं रह गया है। ज्ञान, उपासना-पद्धति, आस्था तथा 'स्किल' सब-कुछ आज बाजार के लिए 'कमोडिटी', पण्य-पदार्थ, 'मॉल' या 'निष्क्रिय जिन्स' हो गये हैं। बाजार ने व्यक्ति की लालसाएँ बढ़ा दी हैं। सुविधा एवं भोग का एक नया अन्तहीन सिलसिला शुरू हुआ है। सामाजिक-सांस्कृतिक सम्मान में बदलाव आया है। मुनाफे के तन्त्र में व्यक्ति की इच्छा 'बाजार का 'टारगेट' और लक्ष्य हो गयी है। बाजार ने एक 'नयी 'लुम्पेन कल्चर' पैदा की है, जिसकी गिरफ्त में खरामह-खरामह अधिकांश भारतीय समाज आ रहा है। 'पावर पॉलिटिक्स' एवं 'ईगो क्लैश' का एक नया दौर शुरू हुआ है, जिसका परिणाम हुआ है कि सम्बन्धों की गरिमा एवं पारिवारिकता चटक-दरक रही है। आज के बाजार ने व्यक्ति से उसके फुर्सती क्षणों को छीन लिया है। तथाकथित विकास-वृत्त के अन्दर आज का व्यक्ति भटक रहा है। चारों ओर जड़ता एवं छलावा का साम्राज्य पसर गया है। इस जड़ता और वर्जना के कारण भारतीय समाज सम्प्रति एक नयी 'आइरनी' में जी रहा है। स्पष्टतः यह कि भारतीय समाज के सामने बेमेल मिश्रण से उपजी विडम्बनात्मक स्थिति पैदा हो गयी है। अब यहाँ सवाल है, कि जिस बाजार ने भारतीय समाज में अपना इतना असर पैदा किया है, उसका अर्थ-आशय और स्वरूप आखिर क्या है? देखिये—

(1) बाजार का अर्थ, आशय और स्वरूप—जहाँ तक मेरी जानकारी है, 'बाजार' फारसी मूल का पुल्लिंग शब्द है। इसे अंग्रेजी में 'Market' कहते हैं। इस 'Market' शब्द का मूल उत्स लैटिन भाषा का 'Markatus' (मारकेटस) है। हिन्दी में 'बाजार' शब्द का सामान्य और प्रचलित या चालू अर्थ उस स्थान विशेष से लगाया जाता है, जहाँ वस्तुओं, रसद, पदार्थों आदि का क्रय-विक्रय, खरीद फरोख्त किया जाता है। इस स्थल विशेष को 'मण्डी' या 'हाट' भी कहते हैं। इसे सरल भाषा में 'व्यापारिक स्थल' के साथ-साथ 'पूँजी का गढ़' (Citadel of Capital) तथा 'मूल्यों का मन्दिर (Shrine of Values) भी कह सकते हैं।

'बाजार' एक बड़ा व्यापक अर्थ रखता है। अलग-अलग संदर्भों में इस शब्द के अनेक अर्थ होते हैं, यथा—**स्कन्ध दलाल** के लिए बाजार वह स्थान है, जहाँ स्कन्ध का व्यापार होता है, **उपज दलाल** के लिए बाजार शहर में वह स्थान है, जहाँ उपज प्राप्त की जाती है, छाँटी जाती और बेची जाती है। **विक्रय प्रबन्ध** के लिए एक भौगोलिक इकाई है, जैसे कि एक शहर या क्षेत्र, जहाँ वितरक, विज्ञापन प्रयास, विक्रयकर्त्ता और सम्भवतः मूल्यों के सम्बन्ध में निर्णय लिया जाता है। **अर्थशास्त्री** के लिए बाजार में सभी क्रेता एवं विक्रेता सम्मिलित किये जाते हैं, जो किसी उत्पाद समूह के प्रति रुचि रखते हैं या जिनमें सम्भावित रुचि है। अन्त में, **विपणनकर्त्ता** के लिए बाजार में वे सभी व्यक्ति या व्यावसायिक इकाईयाँ सम्मिलित की जाती हैं, जो किसी वस्तु या सेवा का क्रय करते हैं या जिन्हें क्रय करने के लिए प्रोत्साहित किया जाता है।[1]

(2) बाजार की परिभाषा—

वाणिज्य शास्त्रियों ने 'बाजार' को अपने-अपने ढंग से परिभाषित किया है। यदि इन परिभाषाओं पर ध्यान दिया जाय तो मुझे लगता है कि इन सभी में एक ही अर्थ, आशय और मन्शा ध्वनित होती है। यहाँ फर्क महज़ इन परिभाषाओं की अपनी-अपनी प्रस्तुति का है। बहरहाल, इन परिभाषाओं की भीड़ में कुछ प्रमुख को अधोलिखित रूप में इस प्रकार देखा जा सकता है—

(1) भारतीय अर्थशास्त्री जे. के. मेहता के अनुसार,— "The word market signifies a state in which a commodity has a demand at a place where it is offered for sale."[2] अर्थात् "बाजार एक ऐसी स्थिति की ओर इंगित करता है, जहाँ एक वस्तु की माँग एक ऐसे स्थान पर होती है, जहाँ उसे विक्रय हेतु प्रस्तुत किया जाता है।"

(2) पाश्चात्य विद्वान, क्लार्क व क्लार्क 'बाजार' के स्वरूप पर प्रकाश डालते लिखते हैं कि "Market therefore, may be defined as a centre about which or an are in which, the forces leading to exchanges of title to a particular product operate and towards which and from which the actual goods to travel".[3] अर्थात् "बाजार को एक ऐसे केन्द्र या क्षेत्र के रूप में परिभाषित किया जा सकता है, जिसमें एक विशिष्ट वस्तु के अधिकार बदलने के लिए शक्तियाँ कार्य करती हैं तथा जिसकी तरफ से और जहाँ से वास्तविक सामग्री यात्रा करती हैं।" कुल मिलाकर क्लार्क एवं क्लार्क ने बाजार को एक ऐसा केन्द्र या क्षेत्र माना है, जहाँ वस्तुओं के स्वामित्व हस्तान्तरण हेतु प्रयास होते हैं और जहाँ से वस्तुएँ उत्पादन स्थल से उपभोग स्थल की ओर यात्रा करती हैं।[4]

(3) स्टोनियर एवं हेग के विचार से—इनका विचार है कि बाजार एक संगठन है। यहाँ क्रेता और विक्रेता परस्पर व्यवहार के लिए इकट्ठा होते हैं, ..."by a market economist mean any organisation where by buyers and sellers of a good are kept in close touch with each other."[5] अर्थात् "बाजार का अर्थ एक ऐसे संगठन से है जहाँ किसी वस्तु के क्रेता एवं विक्रेता एक-दूसरे के निकट आते हैं।"

(4) एक अन्य पश्चिमी चिन्तक जेवन्स ने 'बाजार' को रुपायित करते लिखा है कि बाजार क्रेता एवं विक्रेता का समुदाय है। यहाँ वे वस्तुओं, उत्पादों का लेन-देन करते हैं, परस्पर घनिष्ठ सम्बन्ध स्थापित करते हैं, "So as to mean any body of persons who are in intimate business relation and carry on extensive transactions in any commodlity."[6] अर्थात् "इसका आशय व्यक्तियों के एक ऐसे समुदाय से है, जिनके बीच घनिष्ठ व्यावसायिक सम्बन्ध होता है तथा जो किसी वस्तु में विस्तृत व्यवसाय करते हैं।"

(3) बाजार की विशेषताएँ—बाजार सम्बन्धी उक्त परिभाषाओं के अध्ययन-मनन के बाद बाजार की विशेषताओं से सम्बन्धित कुछ विशेषताएँ छन-निथरकर इस प्रकार आती हैं, यथा—

(क) वस्तु—वस्तु, जिन्स या उत्पाद के बिना किसी बाजार की कल्पना असम्भव है। स्पष्टतः यह कि वस्तु की जमीन पर ही बाजार-भवन का निर्माण होता है। यदि वस्तु नहीं, तो बाजार कैसा और किसके लिए? वस्तु का ही तो बाजार में लेन-देन, वितरण या आदान-प्रदान होता है। अतः वस्तु, बाजार के लिए अनिवार्य तत्त्वों में से एक है।

(ख) प्रयास—वस्तु की तरह 'प्रयास' भी बाजार के लिए बेहद अनिवार्य होता है। बिना प्रयास के बाजार में वस्तु जड़, अर्थहीन या बेमतलब की हो जायेगी' यहाँ वस्तु के स्वामित्व हस्तांतरण के लिए प्रयास होता है। यह प्रयास ही दूसरे शब्दों में 'प्रतियोगिता' कहा जाता है।

(ग) क्रेता एवं विक्रेता—बाजार में वस्तु या उत्पाद खूब पटा है, पर यदि उसके लिए क्रेता-विक्रेता बाजार में उपलब्ध नहीं हैं, तो जाहिर है, बाजार का कोई अर्थ-स्वरूप नहीं रह जायेगा। क्रेता-विक्रेता ही बाजार की शक्ति हैं। ये ही बाजार को संचालित करते हैं। इनके अभाव में बाजार का कोई मुकम्मल चित्र नहीं उभरता।

(घ) केन्द्र, स्थान, संगठन या क्षेत्र—विद्वानों ने बाजार को 'केन्द्र', 'स्थान', 'संगठन' या 'क्षेत्र' माना है। किसी ने बाजार को ऐसा केन्द्र या क्षेत्र माना है, जहाँ वस्तुओं के मालिकाने हक के स्थानान्तरण हेतु निरन्तर प्रयास चलते रहते हैं, वहीं कुछ विद्वानों ने इसे 'संगठन' की संज्ञा से नवाजा है, जहाँ वस्तुओं की खरीद-फरोख्त के लिए क्रेता-विक्रेता इकट्ठा हो एक-दूसरे के निकट आते हैं।

इस प्रकार बाजार की विशेषताओं को रेखाकित करते हुए कहा जा सकता है कि बाजार एक स्थान, क्षेत्र, केन्द्र या संगठन है, जहाँ किसी वस्तु के स्वामित्व हस्तांतरण हेतु उपस्थित शक्तियाँ प्रयास करती है।[7]

(4) बाजार समाचार : उपयोगिता एवं महत्त्व—

बाजार समाचार में व्यापार की वर्तमान स्थिति, भविष्य में उसकी सम्भावनाएँ, बाजार में जोखिम, लाभ-हानि आदि की जानकारी दी जाती है। व्यापारी वर्ग के लिए बाजार समाचार बेहद महत्त्वपूर्ण होता है। वाणिज्य विद्वानों ने बाजार समाचार को केन्द्र मानकर बाजार को अधोलिखित तीन टुकड़ों में बाँटा है,—

(1) वस्तु बाजार (Commodity Market),

(2) स्कन्ध बाजार (Stock Market), तथा

(3) मुद्रा बाजार (Money Market)

बाजार समाचार में उक्त तीनों बाजारों से सम्बन्धित सूचनाएँ दी जाती हैं। दरअसल, बाजार समाचार का मुख्य लक्ष्य किसी व्यवसाय, उद्यम के भविष्य की तराश-तलाश है। किसी व्यवसाय का भविष्य क्या है,—कि भविष्यवाणी भी यह बाजार समाचार देता है। सच तो यह है कि किसी

श्रेष्ठ और व्यापार में महारत हासिल कर चुके व्यापारी-व्यवसायी के लिए बाजार-समाचार बूटी है, भविष्य में होनेवाले व्यवसाय का खाका और मानचित्र है। व्यवसाय से सम्बन्धित जो सूचनाएँ, आज तमाम व्यावसायिक चैनल्स-व्यापारियों को दे रहे हैं, वही प्रिण्ट मीडिया के रूप में बाजार समाचार देता है। वस्तु का उत्पादन, वितरण, खरीद-फरोख्त, उस पर लागत मूल्य, जोखिम, सम्भावना, विपणन-व्यापार आदि की पुख्ता और विश्वसनीय जानकारी यह बाजार समाचार ही देता है। किसी व्यवसाय की भविष्यगत नीतियाँ, समाधान, खतरे, भुगतान का भविष्य आदि की आहट इस बाजार समाचार में ही होती है। कुछ लोग इसके व्यापारिक महत्त्व को देखते हुए इसे व्यापार-व्यवसाय का 'दस्तावेज' भी कहते हैं।

बाजार समाचार की सूचनाएँ खासकर उन लोगों के लिए बहुत मुफीद और उपयोगी-लाभकर होती हैं, जो युवा और अनुभवहीन हैं। व्यापार में कच्चे और अपरिपक्व लोगों के लिए बाजार समाचार अँधेरे में जलती मशाल की तरह राह दिखाता है। **डॉ. दिलीप सिंह**[8] के अनुसार इन सबके लिए बाजार समाचार की **निम्नलिखित उपयोगिताएँ** हो सकती हैं:

(1) वस्तु के मूल्य तथा बाजार की स्थिति की सम्पूर्ण जानकारी प्राप्त होती है,

(2) पूँजी कहाँ से प्राप्त हो सकती है, इसकी सूचना मिलती है,

(3) वस्तु के विज्ञापन के लिए एक महत्त्वपूर्ण माध्यम प्राप्त होता है,

(4) मूल्यों में स्थिरता बनाये रखने में सहयोगी माध्यम है,

(5) व्यावसायिक नीति एवं योजना के क्रियान्वयन में महत्त्वपूर्ण है,

(6) देश-विदेश के विभिन्न व्यापारिक व्यवहारों की सूचना मिलती है।

आगे वे लिखते हैं—, "व्यवसाय के क्षेत्र में बाजार समाचार आज इतने लोकप्रिय हो चुके हैं कि इनका प्रकाशन विभिन्न पत्र-पत्रिकाएँ नियमित रूप से करती हैं। बाजार से सम्बन्धित सूचनाओं के लिए दैनिक, साप्ताहिक, पाक्षिक, मासिक, त्रैमासिक, अर्द्धवार्षिक, वार्षिक रूप से बाजार समाचार कई रूप से प्रकाशित होता है। दैनिक बाजार समाचार प्रतिदिन होनेवाली मूल्य-वृद्धि या मूल्य-ह्रास की सूचना तो देता ही है, साथ ही इसमें पूरे दिन में वस्तु की माँग (demand) और पूर्ति (Supply) की जानकारी भी दी जाती है।

कुल मिलाकर तमाम राष्ट्रीय एवं अन्तरराष्ट्रीय खबरिया चैनलों के आ जाने के बाद भी बाजार समाचार का मूल्य एवं महत्त्व कम नहीं हुआ है। बाजार समाचार छोटे-बड़े उद्यमियों को बाजार मूल्य की ताजा-टटकी जानकारी मुहैया कराता है। ये जानकारियाँ बहुत विश्वसनीय होती हैं। बाजार समाचार एक तरह बाजार की हलचल, उसकी गतिविधि का लेखा-जोखा और दस्तावेज होता है। पिछले हफ्ते किसी उत्पाद की मूल्य स्थिति क्या थी, वर्तमान में क्या है और आनेवाले भविष्य में क्या सम्भावनाएँ बन सकती हैं?—इन सबकी मुकम्मल जानकारी बाजार समाचार ही देता है। इस तरह से हिलोर-पछोर कर देखा जाय तो बाजार समाचारों से जो सूचनाएँ मिलती हैं, वे निम्नलिखित हैं—

(1) बाजार का स्थान या बाजार का नाम पता चलता है,

(2) बाजार का निश्चित तिथि में निश्चित विवरण प्राप्त होता है,

(3) वस्तु, उसका गुण तथा उसका बाजार मालूम होता है,

(4) माँग और पूर्ति सम्बन्धी स्थिति की जानकारी मिलती है,

(5) मूल्य वृद्धि तथा मूल्य ह्रास के कारणों का पता चलता है,

(6) बाजार की भविष्य में क्या स्थिति होगी—इसका अनुमान लगता है।[9]

इस तरह हम देखते हैं कि बाजार समाचार व्यापारिक गतिविधियों की धड़कन है। बाजार को समझने में यह बाजार समाचार बेहद सहायक होता है। बाजार समाचार बाजार की परिवर्तन कामी चेतना से लैस होता है। यह बाजार के सम्पूर्ण क्रिया-कलापों की बानगी पेश करता है और अपने इस सन्दर्भ में बाजार समाचार बाजार के नवतुरियों के लिए बेहद जरूरी होता है।

(5) स्कन्ध या अंश बाजार (Stock Market) **के तीन जानवर**—

स्कन्ध या अंश बाजार को अपनी विभिन्न प्रकार की गतिविधियों से प्रभावित करनेवाले प्रमुख रूप से तीन तत्त्व होते हैं। इन्हें वाणिज्य-विशेषज्ञों ने 'जानवर' की संज्ञा से नवाजा है। बाजार की उठापटक, मजबूती, वसूली और जोरदार आक्रामक लिवा ली-कुल मिलाकर बाजार का सकारात्मक-नकारात्मक प्रवाह आदि बहुत-कुछ इन्हीं पर निर्भर रहता है। व्यवसाय के जानकारों ने इन्हें अपनी भाषा में निम्न तीन नामों से अभिहित किया है,—

(1) तेजड़िया (Bull or Long),

(2) मन्दड़िया (Bear or Short), तथा

(3) चंचल परिकल्पक (Stag)।

अब इनके सम्बन्ध में संक्षेप में हम निम्नवत जान सकते हैं,—

(क) तेजड़िया (Bull or Long)—तेजड़िया को दूसरी भाषा में 'लम्बी उड़ान भरने वाला परिकल्पक' भी कहा जाता है। जाहिर है, उड़ान या ऊँचा स्वप्न बिना उम्मीद-आशा के नहीं बुना जाता, सो इन्हें व्यापार क्षेत्र का 'आशावादी' (optimistic), 'धैर्यवान' और 'साहसी' तत्त्व माना जाता है! इसे हम बाजार का सक्रिय-सप्राण और जोखिम लेनेवाला, तीक्ष्ण बुद्धि का चतुर-चालाक जुआरी (Gambuler) भी कह सकते हैं। और अधिक साफ कहें तो, कह सकते हैं कि मूल्यों में तेजी की आशा रखने वाला 'तेजड़िया' कहलाता है। वह भविष्य में मूल्यों की वृद्धि होने की स्थिति को भाँपकर सौदा करता है। 'नीचा खरीदो, ऊँचा बेचो' उसका नारा होता है। इसी तरह फसल आते ही अनाज को खरीद कर रखना और तेजी आने पर उनका विक्रय कर लाभांश लेना इसकी कार्य कुशलता है। सदैव लाभ कमानेवाला पक्का तेजड़िया तथा अनुमान ठीक न होने पर हानि और निराशा झेलने वाला निराश तेजड़िया कहलाता है।[10]

तेजड़िया की यह विशेषता होती है कि वह किसी प्रतिभूति को बहुत सोच-समझकर खरीदता है। प्रतिभूति को खरीदते समय वह उसके भूत, भविष्य और वर्तमान पर पैनी नजर रखता है और समय आने पर अर्थात् भुगतान तिथि पर उसे बढ़े मूल्य पर बेच देता है। अगली चालाकी वह यह करता है कि अपनी आर्थिक हैसियत से भी बढ़-चढ़कर वह प्रतिभूति खरीदने के लिए आवेदन-पत्र प्रेषित कर देता है। कभी-कभी वह अपनी प्रतिभूतियों को परिकल्पक (speculators) अंश वितरण होने से पहले ही बेच देता है। यह कार्य वह इसी उम्मीद में करता है कि उसके इस कार्य का पता जब कम्पनी (Company) प्रवर्तकों को चलेगा तो वे लोग पूर्व विक्रय से अपने अंशों (stock) का बाजार खराब होने के लिए बाजार की ओर न रुख कर स्वयं ही उन अंशों को खरीद लेंगे।

(ख) मन्दड़िया (Bear or Short)—मन्दड़िया परिकल्पक सदैव निराशावादी होता है। वह अंश स्कन्ध अन्य प्रतिभूतियों को आगामी प्रदाय के लिए बेचता है, जब कि वास्तव में प्रतिभूतियाँ इसके पास नहीं होती, परन्तु वह सदैव यही सोचा करता है कि प्रदाय की तिथि से पहले ही उनकी कीमतें कम हो जायेंगी तथा वह उन्हें कम मूल्य पर खरीद कर नियत तिथि को प्रदाय कर देगा। इस तरह प्रतिभूति के विक्रय एवं क्रय मूल्य में जो अन्तर होगा, वह उसका लाभ हो जायेगा। परन्तु यदि इसके अनुमान के विरुद्ध बाजार में प्रतिभूतियों का मूल्य कम होने के स्थान पर बढ़ जाता है और इसे प्रदाय तिथि पर प्रतिभूतियाँ देने के लिए बढ़े हुए मूल्य पर ही उन्हें खरीदने के लिए विवश किया जाता है, तो वह प्रतिभूतियाँ न खरीदकर उसके मूल्य बढ़ जाने के कारण जो अन्तर

हो जाता है, बस केवल उसी अन्तरवाली राशि का भुगतान अपने खरीददार को कर देता है, जिसमें कि इसे हानि उठानी पड़ती है। इसके साथ ही तेजड़िये की भाँति यह भी बदला शुल्क देकर अपने व्यवहार को कुछ अवधि के लिए स्थगित करा सकता है।[11]

(ग) चंचल परिकल्पक (Stage)—ऐसा परिकल्पक जो न किसी प्रतिभूति को खरीदता है और न बेचता है, बल्कि महज आवेदन पत्र ही समय के हिसाब से भेजा करता है, 'चंचल परिकल्पक' कहा जाता है। इस परिकल्पक द्वारा प्रतिभूति न खरीदकर केवल आवेदन-पत्र भेजने के पीछे एक मन्शा छुपी होती है। दरअसल, वह आवेदन-पत्र इस उद्देश्य से खरीदता है कि जनता में ज्यों ही किसी नवीन कम्पनी के अंशों की खरीद के लिए माँग उठेगी, वह उन अंशों को बेचकर लाभ कमा लेगा। यह परिकल्पक केवल आवेदन राशि (Application Money) के अतिरिक्त उन अंशों के लिए और धनराशि देना नहीं चाहता, क्योंकि इसका यह विचार रहता है कि अंशों का वितरण (Allotment) होने के पहले ही यह उन्हें किसी-न-किसी व्यक्ति को बढ़े हुए मूल्य पर बेच कर लाभ कमा लेगा। यह सदैव यही सोचता रहता है कि भुगतान दिवस तक इसकी क्रय की गयी सम्पति का मूल्य बढ़ जायेगा और भुगतान की तिथि से पूर्व बेचकर लाभ कमा लेगा।[12]

(6) बाजार समाचार की भाषा : तकनीकी शब्दावली की व्याख्या

(क) बाजार समाचार की भाषा—भूमण्डलीकरण-वैश्वीकरण के असर ने भारतीय जीवन के सभी क्षेत्रों यथा—राजनीति, साहित्य, संस्कृति तथा कला आदि को भरपूर प्रभावित किया है। देश में 1991 ई. में आर्थिक उदारीकरण की प्रक्रिया शुरू की गयी थी। तब यह सम्भावना व्यक्त की गयी थी कि, 'लाइसेन्स परमिट इन्स्पेक्टर राज' खत्म करने से देश की अर्थ-व्यवस्था में खुलापन आयेगा। एतदर्थ बाजार की नीतियाँ बदलीं। उसका परिणाम जो भी रहा हो, पर इतना तो अवश्य स्वीकार किया जायेगा कि बाजार समाचार की भाषा में बदलाव हुआ। स्पर्द्धी विश्व-बाजार से हिन्दी में सौग़ात के रूप में—ढेरों नये शब्द आये। 'इन्फार्मेशन', 'इलेक्ट्रॉनिकी' और 'कम्युनिकेशन' सम्बन्धी फैले संजाल ने हिन्दी को काफी नये शब्द दिये। फल यह हुआ कि रूप और संरचना के स्तर पर भाषा में काफी परिवर्तन हुआ और यह परिवर्तन सम्प्रति हो भी रहा है। इसी तरह मीडिया की भाषा बदली, विज्ञापन की भाषा बदली, खबरों की भाषा बदली, बाजारी-विनिमय की भाषा बदली। कुल मिलाकर बाजार समाचार की भाषा के रूप में हिन्दी में शब्द-सम्पदा की बड़ी विशाल पूँजी तैयार हुई। प्रिण्ट और इलेक्ट्रानिक—दोनों मीडिया इससे अछूते नहीं रहे।

अभी हालिया वैश्विक अर्थव्यवस्था में आये संकट ने वह सब-कुछ कर दिखाया जो अर्थशास्त्री और विशेषज्ञ वर्षों तक नहीं कर सके। इस नये संकट ने कई नये वित्तीय मुहावरे गढ़ दिये, जिनमें से कई मुहावरे आम बोल-चाल की भाषा में भी प्रचलित हो गये हैं। उस समय समस्याओं और इनके असर से हर कोई प्रभावित हुआ, चाहे वह नीति निर्माता हों, उद्योग जगत की हस्तियाँ हों या फिर आम-आदमी। यही वजह है कि सन् 2008 ई. में **'बेलआउट'** (राहत) और **'क्रेडिट क्रंच'** (कर्ज संकट) शब्द सभी के मन मस्तिष्क में समा गये। इसी तरह 'एम.टी.एम.' अर्थात् **'मार्क टु मार्केट'** कम्पनियों की बैलेन्स शीट से निकलकर अरबों निवेशकों की जुबां पर आ गया। भले ही निवेशक यह जानने में दिलचस्पी न लें कि उन्हें कितना नुकसान हुआ, लेकिन वे यह जरूर जानना चाहे होंगे कि उनके निवेश की नेशनल वैल्यू क्या थी? जो बाद में वास्तविक रूप ले सकती है।

आर्थिक संकट की खबरों से पटे आर्थिक अखबारों में **'टाक्सिक असेट'** जैसे शब्द अब पाठकों को ज्यादा परेशान नहीं करते और पाठक यह जानने लगे हैं कि टाक्सिक असेट ऐसी 'संकटग्रस्त सम्पत्ति' है, जिसमें फलाँ-फलाँ कम्पनियों ने निवेश कर रखा था। वास्तव में आर्थिक

संकट की खबरों को समाचार-पत्रों में प्राथमिकता से छापे जाने की वजह से ही सैकड़ों मुहावरे आम पाठक की बोलचाल की भाषा में अपनी जगह बना सके। **'सबप्राइम डेरिवेटिब्ज सीडीएस'** (केडिट डिफाल्ट स्वैप्स) फ्यूचर ऐण्ड आप्शन चैप्टर।। (दिवालियापन के लिए आवेदन करना। **'हेज फण्ड रेपो रिवर्स रेपो'** जैसे कई शब्दों को इतनी ज्यादा बार इस्तेमाल किया गया कि सभी को इनके बारे में जानने की दिलचस्पी बढ़ी। 'मेरियम वेबस्टर डिक्शनरी' ने **'बेल आउट'** को सन् 2008 का अव्वल शब्द चुना था, वहीं आक्सफोर्ड यूनिवर्सिटी प्रेस ने **'क्रेडिट क्रंच'** को 'वर्ड आफ दि ईयर' के खिताब से नवाजा था। 'डेट्स वर्ड्स आफ दि ईयर बुक' का प्रकाशन करनेवाली आक्सफोर्ड यूनिवर्सिटी ने कहा—'क्रेडिट क्रंच' एक ऐसा शब्द है, जो फिलहाल सभी की जुबां पर चढ़ गया है।[13]

बाजार समाचार की नयी बन रही भाषा के कुछ और नमूने इस प्रकार देखिये—आपूर्ति में तंगी, मुद्रास्फीतिक, विनिर्मित मुद्रास्फीति, वस्तुओं का भारांश, लिवाली, मुनाफा वसूली, बिकवाली, कारोबारी सत्र, अंक का टूटना, अंक का चढ़कर बन्द होना, बाजार की तेजी, बाजार की सुस्ती, बाजार की गिरावट, मुनाफी वसूली के लिए बिकवाली की आँधी का चलना, सूचकांक का औंधे मुँह गिरना, अंक का गोता लगाना, बाजार में बिकवाली के दबाव की तीव्रता, लिवाली का अवसर, बिकवाली का दौर, बाजार में कमजोरी का आना, नकारात्मक समाचारों के प्रति निवेशकों के रुख में बदलाव, सुस्त वैश्विक संकेत, लिवाली का चुकना, बाजार की धारणा को मजबूत करना, अंक पर खुलना, मजबूत रुख की खबर, तेजी में बल आना, उछाल आना, तेजी दर्ज करना, वायदा बाजार मे उछाल आना, समीक्षाधीन हफ्ता, ऊँचाई छूने के बाद टूटकर गिरना, माँग कमजोर पड़ना, तेजी थमना तथा सूचकांक का नीचे उतरना आदि।

(ख) कुछ तकनीकी शब्दावली की व्याख्या—बाजार समाचार में बाजार की गतिविधियों को व्यक्त करनेवाली तकनीकी शब्दावली प्रयुक्त होती है, जिसका व्यवहार प्रायः व्यावसायिक ही करते हैं। इनमें कुछ नये शब्द जुड़ते और कुछ मिटते रहते हैं। इसके बावजूद कुछ ऐसे अपरिवर्तनीय व्यावसायिक शब्द होते हैं, जिसमें अर्थ-परिवर्तन नहीं होता। इसमें उर्दू, हिन्दी और अंग्रेजी के शब्द भी सहज रूप से आयातित हैं।[14] इनमें से कुछ प्रमुख को इस प्रकार देखा जा सकता है—

Stock : **स्टॉक या स्कन्ध** : सभी प्रकार के अंश, ऋण-पत्र तथा बॉण्ड जिनपर समस्त अंकित मूल्य कम्पनी को प्राप्त हो जाता है तथा जिनका अंश बाजार में क्रय-विक्रय होता है, 'स्टॉक' कहलाते हैं।

Tip : **प्रवाद** : भविष्य में घटनेवाली एक ऐसी घटना की सूचना, जिसके कारण स्कन्ध-विपणि में प्रतिभूतियों के मूल्य पर अत्यधिक प्रभाव पड़ता है,—को 'प्रवाद' कहते हैं। प्रवाद फैलानेवाले व्यक्ति को 'प्रवादी' (Tipster) कहते हैं।

Yield :**प्राप्ति** : विनियोग की गयी पूँजी से जो प्रतिशत आय लाभांश अथवा ब्याज के रूप में होती है, उसे ही 'प्राप्ति' कहते हैं।

Allonge : **हुण्डी पत्र** : किसी हुण्डी के ऊपर का मुख्य भाग जब भर जाता है, तब हस्ताक्षरों के लिए एक पत्र अलग से उसमें चस्पा कर दिया जाता है, इसे ही 'हुण्डी पत्र' कहते हैं।

Stont : **यह दलाल** : स्कन्ध-विपणि के सदस्य व्यापारियों के लिए ग्राहक तैयार करनेवाले व्यक्ति को 'सहदलाल' कहते हैं।

Jobbers : **जॉबर** : इस शब्द का अधिकांश इस्तेमाल लन्दन शेयर बाजार में होता है। दरअसल महज अपने ही हित के लिए अंशों का क्रय-विक्रय करनेवाले सटोरिये को 'जॉबर' कहते हैं।

Credit Slip: **जमा पर्ची** : बैंकों में रुपया जमा करने के लिए दी जानेवाली पर्ची को 'जमा पर्ची' कहते हैं।

Trapped Bull : **फँसा हुआ तेजड़िया** : ऐसे तेजड़ियों को, जिन्हें मजबूर होकर माल को न्यूनतम मूल्य पर बेचना पड़े, 'फँसा हुआ तेजड़िया' कहते हैं।

Usance : **अवधि** : हुण्डी की राशि भरने के लिए दिये गये समय को वाणिज्य की भाषा में अवधि कहते हैं।

Bill of Sight : **दर्शन हुण्डी** : यह ऐसी हुण्डी होती है, जिसकी रकम स्वीकृति के साथ ही देनी पड़ती है।

Trustee Securities : **ट्रस्टी प्रतिभूतियाँ** : कानूनी या वैधानिक रूप से जिन प्रतिभूतियों में ट्रस्ट का रुपया लगाया जाता है, उनको 'ट्रस्टी प्रतिभूतियाँ' कहते हैं। सुरक्षा की दृष्टि से इन्हें श्रेष्ठ करार दिया जाता है।

Speculative Securities : **सट्टेवाली प्रतिभूतियाँ** : जिन प्रतिभूतियों के भावों में काफी घट-बढ़ होती है तथा जिनका अधिक-से-अधिक सट्टा होता है, उन्हें "सट्टेवाली प्रतिभूतियाँ" कहते हैं।

Back Wardation : **पृष्ठागमन** : जब कोई मन्दड़िया या विक्रेता तय समय पर शेयर बाजार में सुपुर्दगी देना नहीं चाहता या अपनी सुपुर्दगी को किसी अगली तिथि तक टालना चाहता है, तब उसे एक निश्चित दर से शुल्क देना पड़ता है, इस शुल्क को ही 'पृष्ठागमन' कहते हैं।

Ready or Short Business : **तैयारी या तत्काल व्यवहार** : जिस प्रक्रिया के तहत विक्रेता वस्तु या माल की सुपुर्दगी क्रेता को सौदा तय करने या चालू प्रथा के अनुसार एक या दो दिन में देता है, उसे ही 'तैयारी या तत्काल व्यवहार' कहते हैं। इसे ही 'हाजिर सौदा' भी कहा जाता है।

Soft Currency : **सुलभ मुद्रा** : जब विदेशी बैंकों में जिस देश की मुद्रा की माँग कम हो जाती है, तब उस देश की मुद्रा को 'सुलभ मुद्रा' कहा जाता है।

(ख) व्यावसायिक लेन-देन के कुछ अन्य महत्त्वपूर्ण साधन–

(क) डाक द्वारा व्यापार—व्यावसायिक लेन-देन या व्यापार के कुछ महत्त्वपूर्ण साधनों-माध्यमों यथा—बैंक, बीमा आदि की तरह भारतीय डाक भी धन स्थानान्तरण का सम्प्रति सबसे बड़ा नेटवर्क है। भारतीय डाक वस्तुतः बहुत बड़ा जनोपयोगी संगठन है। देश के स्वतन्त्र होने से पहले इसका आदर्श वाक्य था —"Service before Self." किन्तु बाद में अप्रैल 1959 ई. से इसका आदर्श वाक्य बना—"अहर्निश सेवामहे।" आज भी भारतीय डाक-विभाग अपने उसी आदर्श को जी रहा है। यहाँ ढेर सारी योजनाएँ हैं, व्यापार करने की सम्भावनाएँ हैं, जिनमें व्यक्ति पैसे का लेन-देन करके जीविकोपार्जन कर सकता है। यहाँ फिलवक्त, मीडिया पोस्ट से व्यवसाय-व्यापार बहुत आसान हो गया है। कोई भी भारतीय व्यक्ति डॉक-विभाग का 'एजेण्ट' बनकर किसी इच्छुक और समर्थ व्यक्ति का यहाँ पी.पी.एफ. (P.P.F.), M.I.S (Monthly Interest Scheme), या N.S.C. अथवा K.V.P. (किसान विकास पत्र) के माध्यम से पैसा जमाकर अपना व्यवसाय कमीशन से मिलने वाली राशि से कर सकता है। वरिष्ठ नागरिकों को यहाँ विशेष सुविधा उपलब्ध है।

जिन लोगों को बैंक सुविधा मयस्सर नहीं हो पाती, उनके लिए खासकर देहात के गरीब और आर्थिक रूप से कमजोर कुनबे के लिए भारतीय डाक किसी वरदान से कम नहीं है। भारतीय डाक बचत बैंक की तुलना बचत राशि के हिसाब से केवल रिजर्व बैंक आफ इण्डिया से की जा सकती है। सार्वजनिक क्षेत्र के सबसे बड़े बैंक भारतीय स्टेट बैंक से भी अधिक राशि का स्वामी डाकघर बचत बैंक है। डाकघर बैंक 1882 से ही अपनी साख और विश्वसनीयता को बरकरार रखे हुए हैं। डाकघर बचत बैंक न होते तो कई चिटफण्ट कम्पनियाँ भोले-भाले देहातियों को न जाने किस हाल में पहुँचा देतीं, जो महानगरों के शिक्षित नागरिकों को भी ठगने से बाज नहीं आयी। भारतीय डाक बचत बैंक की कई विशिष्टताएँ हैं। उदारीकरण के बाद देश में तमाम बैंक बहुत आकर्षक सेवाओं के साथ बाजार में उतरे हैं। पर आज भी डाकघर बचत बैंक भारत का सबसे पुराना, भरोसेमन्द और सबसे बड़ा बैंक बना हुआ है। इसकी जितनी शाखाएँ हैं, उतनी दुनिया के किसी अन्य बैंक की नहीं हैं। अगर जोड़ करें तो पता चलता है कि भारत में बैंकों की जितनी शाखाएँ हैं, उनकी भी दुगुनी शाखाएँ डाक बचत बैंक के पास हैं।[15]

समय के अनुसार डाकघर बचत बैंक के ग्राहकों की अपेक्षाएँ बढ़ी हैं। अतः भारतीय डाक ने भी, अपनी कार्य शैली में बहुत बदलाव किया है। भारतीय डाक भी आधुनिक वाणिज्यिक बैंकों से प्रतिस्पर्द्धा कर रहा है। यहाँ भी ए.टी.एम. और प्लास्टिक कार्ड के विकल्प सामने आ गये हैं। इस समय सन् 2011 ई. में डाक नेटवर्क के माध्यम से सालाना नौ करोड़ रुपये मनीआर्डर से भेजे जा रहे हैं। इतना ही नहीं, डाक विभाग ने हालिया देश-भर में मोबाइल फोन के जरिये डाकघरों से धन स्थानान्तरण सेवा शुरू की है। इससे उपभोक्ताओं को एक शहर से दूसरे शहर में जल्द पैसा भेजने की सुविधा होगी। यह सेवा उन लोगों को अधिक फायदेमन्द होगी, जिनको बैंकिंग सेवाओं का लाभ नहीं मिल पा रहा है। डाक विभाग इस सेवा का परिचालन कर रहा है और बी.एस.एन.एल. इसमें प्रौद्योगिकी सहयोग उपलब्ध करा रहा है। इस नयी व्यवस्था के तहत 50 हजार रुपये तक का स्थानान्तरण किया जा रहा है। इस सेवा का इस्तेमाल करनेवाला व्यक्ति डाकघर जाता है, जहाँ धन के स्थानान्तरण के बाद उसे एक विशिष्ट पिन कोड दिया जाता है। धन भेजनेवाला व्यक्ति प्राप्तकर्त्ता को एसएमएस के जरिये यह पिन भेजता है और धन पानेवाले व्यक्ति के मोबाइल पर पिन कोड की जाँच के बाद उसे पैसा दे दिया जाता है। धन प्राप्त करनेवाला व्यक्ति भी पैसा प्राप्त करने के लिए डाकघर जाता है।

कुल मिलाकर भारतीय डाकघर आज महज परम्परागत डाक सेवाएँ ही नहीं प्रदान करते, बल्कि वे बेहतरीन बैंक भी हैं एवं पासपोर्ट बनवाने से लेकर संघ लोक सेवा आयोग के आवेदनों की बिक्री यहाँ से हो रही है। डाकघर मतदान पहचान-पत्र बनवाने और मतदाता सूचियों के संशोधन में अहम भूमिका निभा रहे हैं। सभी डाकघर लेखन सामग्री तथा टिकट की बिक्री, रजिस्ट्री, बीमाकृत वस्तुओं, मनीऑर्डर, पोस्टल ऑर्डर, पार्सल बुकिंग, **बचत बैंक** तथा डाक जीवन बीमा का कारोबार तो करते ही हैं, वे ग्राहकों को रिटेल सुविधा भी प्रदान करते हैं। कई डाकघरों में स्पीड पोस्ट, ग्रीटिंग पोस्ट या रिटेल पोस्ट जैसी सुविधाएँ भी मिल रही हैं। इसी प्रकार टेलीफोन तथा बिजली या पानी के बिल, कर्मचारी चयन आयोग, विश्वविद्यालयों, बी. एड. पुलिस भर्ती के आवेदन पत्रों की बिक्री, म्युचुअल फंड और बांडों की बिक्री और इण्टरनेशनल मनी ट्रान्सफर (Inter National Moneyr Transfer) की सुविधा भी प्रदान की गयी है। डाकघर आज अपनी विविधतापूर्ण सेवाओं के द्वारा लोगों के और करीब पहुँचने की कोशिश कर रहे हैं और समय के साथ अपनी भूमिका भी बदल रहे हैं।[16]

(ख) धनादेश या मनीऑर्डर (Money Order)—सूचना प्रौद्योगिकी तथा नवीनतम तकनीक के नितांत आधुनिक दौर में सम्प्रति डिमाण्ड ड्राफ्ट तथा बैंकों के ए.टी.एम. रुपयों को भले ही पलक झपकते प्राप्तकर्त्ता तक पहुँचाने का कार्य कर रहे हों, पर भारतीय डाक-विभाग की लोकप्रिय ''मनी ऑर्डर'' सेवा आज भी भारतीय जनमानस में उतनी ही विश्वसनीय और कई सन्दर्भों में अहम बनी हुई है, जितनी अपने जनम के समय थी। भारत के दुर्गम इलाकों में यह सेवा अर्थव्यवस्था की रीढ़ बनी हुई है। अव्वल तो यह कि महँगाई के इस दौर में भी 'मनी ऑर्डर' से धन राशि का हस्तान्तरण करना आज भी सस्ता और सरल है। उदाहरण के लिए अगर भेजी जानेवाली राशि पाँच सौ रुपये से कम है तो मनी ऑर्डर से पैसे भेजने का कमीशन बैंकों के जरिये नकदी भेजने के कमीशन से कम है। पाँच सौ रुपये से अधिक राशि के लिए बैंकों के जरिये नकदी का हस्तान्तरण सस्ता पड़ता है। बैंकों से पैसे भेजने की तुलना में मनी ऑर्डर ग्रामीण, दूरस्थ, जनजातीय, पिछड़े और पहाड़ी इलाकों सहित देश में कहीं भी प्राप्तकर्त्ता के घर तक नकदी वितरण करने की सेवा है। डाक विभाग ने इस समय मनी ऑर्डर के इलेक्ट्रॉनिक पारेषण के लिए **तत्काल मनी ऑर्डर** और **इलेक्ट्रॉनिक मनी ऑर्डर** की व्यवस्था की है। इस व्यवस्था को हम बैंकों के ए.टी.एम. की काट कह सकते हैं। भारतीय डाक विभाग की एक नयी सूचना के अनुसार सरकार ने डाक विभाग की सूचना प्रौद्योगिकी का आधुनिकीकरण करने की परियोजना के लिए कुल 1877.72 करोड़ रुपये के परिव्यय को मंजूरी दी है। यह परियोजना सितंबर 2012 तक चरणबद्ध तरीके से कार्यान्वित की जायेगी।

'मनी ऑर्डर' को हिन्दी में 'धनादेश' कहते हैं। अपने देश में 'धनादेश' या मनी ऑर्डर की शुरुआत 1862 ई. में हुई। दरअसल, भारत में अमेरिका और ब्रिटेन से पहले ही डाक विभाग के माध्यम से पैसा भेजने की व्यवस्था हो चुकी थी। सर्वप्रथम यह व्यवस्था कोषागारों के माध्यम से होती थी। इसके माध्यम से प्रारम्भ में महज 150 रुपये ही मनी ऑर्डर के रूप में भेजे जा सकते थे। बताते हैं, 1878-79 में प्रत्येक महीने सम्पूर्ण देश में जिला कोषागारों से 7.4 लाख रुपये मूल्य के 20,605 मनी ऑर्डर हुआ करते थे। मनी ऑर्डर प्राप्त करनेवाला अपनी पहचान के लिए एक गवाह लेकर कोषागारों में जाया करता था, जिसमें कई तरह की परेशानियाँ होती थीं। सम्भवतः यही सब सोचकर तत्कालीन सरकार ने दिसम्बर, 1879 ई. में इस व्यवस्था को बन्द कर दिया और कोषागारों की जगह 1 जनवरी, 1880 ई. से डाकघरों के माध्यम से इस सेवा का प्रारम्भ किया। मनी ऑर्डर के माध्यम से रुपया बाँटने की व्यवस्था स्वतन्त्र रूप से प्रथम बार डाक-विभाग को मिली, परिणाम हुआ कि केवल मार्च, 1880 में ही 31 लाख रुपये मूल्य के 97,284 धनादेश हुए, जिसमें विभाग को बतौर कमीशन 36,238 रुपये मिले। इस समय केवल देश में 5,090 डाकघर थे और मनी ऑर्डर के रूप में सिर्फ 600 रुपये ही भेजने की सीमा थी। इस समय सिक्कों और नोटों का पैकेट बनाकर मनी ऑर्डर के रूप में नकदी का चलन शुरू हुआ। 1 अक्टूबर, 1884 से मनी ऑर्डर के लिए लिखा-पढ़ी शुरू हुई और इसी समय धन को प्राप्तकर्त्ता के घर तक भेजने की व्यवस्था की गयी। इसी समय यानी 1884 ई. में ही 'टेलीग्राम' (Telegram) से मनीऑर्डर (TMO) भेजने का शुभारम्भ हुआ। 1888 ई. में मनी ऑर्डर की तारीख में नयी, क्रान्ति आई। अब मनी ऑर्डर से 150 से 600 रुपये तक भेजने की व्यवस्था की गयी। शुरू में पाँच रुपये तक के मनी ऑर्डर पर एक आना कमीशन था, बाद में इसे सन् 1902 ई. में घटा दिया गया। इसी समय मनी ऑर्डर भेजने वालों को रसीद तथा पावती भी प्रमाण के रूप में मिलने लगी, जिससे लोगों का भरोसा इस व्यवस्था में काफी बढ़ा। सन् 1935 ई. से एयर मेल मनी ऑर्डर की शुरुआत हुई। सन् 1951 ई. में एयर मेल मनी ऑर्डरों से सरचॉर्ज हटा दिया गया। सन् 1946-47 में कुल 5.1 करोड़ मनी ऑर्डरों से 2.39 करोड़ रुपये का कमीशन प्राप्त

हुआ। स्व. लालबहादुर शास्त्री ने 1 अप्रैल, सन् 1958 से दिल्ली जी.पी.ओ. से चेक से पैसा निकालने की व्यवस्था का शुभारम्भ किया। सन् 1964 ई. में मनी ऑर्डर से 434 करोड़ रुपये तथा 1965 में 477 करोड़ रुपये की राशि मनी ऑर्डर से भेजी गयी। सन् 1968 में मनी ऑर्डर फॉर्म का मूल्य 3 पैसे से बढ़ाकर 5 पैसे कर दिया गया, इसके बावजूद 1969-70 में डाक विभाग को 9.4 करोड़ रुपये का कमीशन मिला। सन् 1975 ई. में देश में 10,37 करोड़ मनी ऑर्डर हुए। इससे 949 करोड़ रुपये की राशि भेजी गयी। सन् 1981-82 ई. में 12.51 करोड़ का मनी ऑर्डर हुआ। कमीशन के तौर पर डाक-विभाग को 30 करोड़ रुपये की आय हुई। सन् 1994-95 ई. में 10.19 करोड़ मनी ऑर्डर हुए।

कालान्तर में धनादेशों को यथाशीघ्र गन्तव्य तक पहुँचाने के लिए नये तरीके निकाले गये। डाक-विभाग ने 14 मई 1988 को 'स्पीड पोस्ट मनी ऑर्डर सेवा' की शुरुआत की। इसी तरह 14 मई, 1994 ई. को 'सैटलाइट मनी ऑर्डर' सेवा भी शुरू हुई। इसके अगले साल यानी 1 मई, 1995 ई. को एक करोड़ रुपये तक के 'कारपोरेट मनी ऑर्डर' सेवा शुरू की गयी। बाद में डाकघरों से 'मेघदूत साफ्टवेयर' के माध्यम से मनी ऑर्डर भेजने की शुरुआत हुई।

मनी ऑर्डर सेवा का एक संक्षिप्त लेखा-जोखा

वर्ष	कुल मनी ऑर्डर (लाख में)
1880-81	1.33
1881-82	1.79
1882-83	2.13
1884-85	2.79
2001-02	1122
2002-03	1050
2003-04	993
2004-05	1150

अन्त में कुल मिलाकर हम कह सकते हैं कि 'मनी ऑर्डर' एक तरह का धनादेश है। इसके 'फॉर्म' का मूल्य इस समय 50 पैसे है। इस समय इसके माध्यम से 5,000 रुपये तक कहीं भी भेजे जा सकते हैं।

(ग) भारतीय पोस्टल ऑर्डर (Indian Postal Order)—भारत में 'पोस्टल ऑर्डर' की शुरुआत 1 अप्रैल, 1935 से हुई। कम पूँजीवालों के लिए यह व्यवस्था बड़ी लाभकर सिद्ध हुई है। थोड़ी-थोड़ी मुद्रा भेजने के लिए यह माध्यम उपयुक्त माना जाता है। यद्यपि भारत में ब्रिटिश पोस्टल ऑर्डर की शुरुआत 1 अक्टूबर, 1884 ई. में ही हो गयी थी, पर उसे अपेक्षित सफलता नहीं प्राप्त हुई। यही स्थिति भारतीय डाक पार्सल की भी थी। भारतीय डाक पार्सल की शुरुआत 1854 ई. में हुई, प्रारम्भ में इसे भी बहुत लोकप्रियता नहीं मिली, किन्तु रेलों के विस्तार ने भारतीय डाक पार्सल को बहुत गति दी।

भारतीय पोस्टल ऑर्डर में यह व्यवस्था है कि रुपया भेजने वाला रुपया पानेवाले का नाम भर कर उस पोस्टल ऑर्डर को रजिस्ट्री (पंजीकृत डाक) द्वारा रुपया पानेवाले के पते पर भेजता है। तत्सम्बन्धी पोस्टमास्टर या पोस्टमैन रुपया पानेवाले को सूचित कर उसे रुपया दे देता है।

कुछ लोग कहते हैं कि दर असल, यह व्यवस्था शुरू में कई सन्दर्भों में मनी ऑर्डर के विकल्प के तलाश के रूप में शुरू की गयी थी। इस विकल्प में 1 जनवरी, 1983 से भारतीय पोस्टल नोट शुरू हुए। ये पोस्टल नोट अपने प्रारम्भिक दौर में आठ आना, एक रुपये से लेकर 10 रुपये तक के मूल्यवर्ग के थे, किन्तु डाक विभाग ने अब इसमें बदलाव करके पोस्टल ऑर्डर का मूल्य वर्ग 10 रुपये से 100 रुपये तक कर दिया है। अब लोग पोस्टल ऑर्डर को रजिस्ट्री डाक द्वारा उसका बीमा कराकर भेजते हैं, जिससे भेजी गयी मुद्रा सुरक्षित रहती है

(घ) मनी ऑर्डर और पोस्टल ऑर्डर में भेद–

मनी ऑर्डर	पोस्टल ऑर्डर
1. मनी ऑर्डर द्वारा 20 रुपया भेजने पर 1 रुपया कमीशन देना पड़ता है।	1. पोस्टल ऑर्डर द्वारा रुपया भेजने पर एक रु. कमीशन देना पड़ता है।
2. एक मनी ऑर्डर द्वारा इस समय अधिक-से-अधिक 5,000 रुपये भेजे जा सकते हैं।	2. एक पोस्टल ऑर्डर द्वारा अधिक-से-अधिक सम्प्रति 100 रु. भेजे जा सकते हैं।
3. मनीऑर्डर के लापता हो जाने पर इसका सम्पूर्ण उत्तरदायित्व डाकखाना का होता है।	3. लेकिन पोस्टल ऑर्डर में ऐसा नहीं है। डाकघर इसके लिए जिम्मेदार नहीं होता।
4. मनी ऑर्डर को किसी पंजीकृत डाक से नहीं भेजा जाता।	4. लेकिन पोस्टल ऑर्डर को बिना पंजीकृत किये नहीं भेजा जाता।
5. मनी ऑर्डर से भेजी गयी राशि पाने वाले को घर बै555 उसे मिल जाती है।	5. जब कि पोस्टल ऑर्डर से भेजी गयी राशि पाने के लिए प्राप्तकर्त्ता को डाकघर जाना पड़ता है।
6. मनी ऑर्डर द्वारा भेजी गयी रकम यथासम्भव सुरक्षित और शीघ्र मिलती है।	6. किन्तु पोस्टल ऑर्डर विधि से भेजी गयी राशि की सुरक्षा बहुत निश्चित नहीं होती।
7. मनी ऑर्डर को रेखांकित नहीं किया जाता	(7) जब कि पोस्टल ऑर्डर को रेखांकित किया जाता है।
8. मनी ऑर्डर विधि से मुद्रा भेजने में प्रेषक को प्राप्तकर्त्ता के हस्ताक्षरों की एक रसीद निःशुल्क दी जाती है।	8. इधर, पोस्टल ऑर्डर के माध्यम से पैसा भेजने में रसीद देने की कोई परम्परा डाकघर में नहीं है।

(ग) व्यावसायिक भाषा या वृत्तिभाषा और विशिष्ट भाषा तथा वृत्तिपरक लेखन–

(अ) व्यावसायिक भाषा, वृत्तिभाषा और विशिष्ट भाषा—समाज में वर्ग-विशेष द्वारा अपने व्यवसायों, कार्यों को सम्पादित करने में जिस भाषा-विशेष का प्रयोग किया जाता है, उसे यदि 'विशिष्ट भाषा', या 'व्यावसायिक भाषा' कहें तो उत्तम होगा। वर्ग-विशेष का मन्तव्य यहाँ व्यावसायिक दृष्टिकोण से व्यक्तियों का विभाजन है। प्रसिद्ध भाषाविद् **जे. वान्द्रियेज** ने विशिष्ट भाषा का स्वरूप स्थिर करते हुए कहा है कि, "विशिष्ट भाषा से तात्पर्य उस भाषा से है, जिसका प्रयोग विशिष्ट परिस्थितियों में कुछ लोगों का समुदाय ही करता है।"[17] व्यक्ति और समाज एक-दूसरे से अनुस्यूत हैं। व्यक्ति समाज में रह कर अपने जीविकोपार्जन हेतु नाना प्रकार के पेशे की शरण लेता है और उस पेशे के आधार पर ही उसे विभिन्न श्रेणियों में बाँट दिया जाता है, यथा—पण्डित, पुजारी, मौलवी, दर्जी, कुम्हार, मल्लाह, सोनार, बढ़ई, चर्मकार, दुकानदार, अध्यापक,

डॉक्टर, वकील आदि। प्रायः देखा जाता है कि हर व्यवसाय के लोग अपनी बोलचाल में अधिकांशतः अपने व्यवसाय से सम्बन्धित शब्दावली का ही प्रयोग करते हैं। इनकी भाषा सुनकर हम सहज अनुमान लगा लेते हैं कि अमुक व्यक्ति किस व्यवसाय का है। उदाहरण के लिए एक व्यवसाय-विशेष में प्रयुक्त होनेवाली शब्दावली की एक बानगी पेश की जा रही है, "पहले सूत को माड़ी में मड़ियाकर (पकाकर) उसे धूप में सुखा लेना चाहिए, फिर उसे नाली पर लपेट कर, साँचे पर चढ़ाने के बाद उसकी लम्बान तानने के लिए उसे उघारना चाहिए। उघारने के बाद उसकी लुण्डी बना लेनी चाहिए, फिर उसे बैह में रखकर एक-एक तार को खींचना चाहिए। सबसे अन्त में राच में डबल ताग खींचकर उसे कारखाने पर चढ़ा देना चाहिए।" जाहिर है, उक्त शब्दावली किसी और की नहीं, जुलाहे की ही है।

मेरे एक चिन्तक मित्र वृत्ति भाषा को संक्षेप में रूपायित करते कहते हैं कि व्यक्ति जिस पेशे से जुड़ा होता है, उस पेशे का सम्पूर्ण सचेतन प्रभाव उसके दिमाग पर पड़ता है और जब कभी वह अपनी बात को अभिव्यक्ति देता है तो कभी-कभी उस पेशे के बीच से ही अपनी बात की पुष्टि भी करता है, चाहे दृष्टांत के रूप में, उपमा के रूप में या अन्योक्ति आदि के रूप में। इस प्रकार किसी भी विषय को वह अपनी उस विशेष वृत्ति से जोड़कर स्पष्ट करना चाहता है। ऐसी भाषा को 'वृत्ति भाषा' कहते हैं, जैसे कबीर दार्शनिक ढंग से अपनी पेशेगत बात को इस प्रकार कहते हैं,—

"झीनी-झीनी बीनी चदरिया।

यही जीविका की भाषा होती है।

व्यावहारिक भाषा बोधगम्य होती है, लोक स्वीकृत होती है, प्रचलन और व्यवहार की प्रविधि होती है। इसमें व्याकरण की दृष्टि से अशुद्धियाँ सम्भव हैं। यह भाषा उपयोगिता अर्थात् अन्तर्प्रान्तीय सम्बन्धों के कारण व्यवसाय की भाषा बन सकी है। आज की वणिक सभ्यता में व्यवसाय सर्वोत्तम साधन है और इसका जितना विस्तार होगा, उतना ही यह सार्थक माना जायेगा। संस्कृति की उक्ति **वाणिज्ये वसते लक्ष्मी** उपर्युक्त तथ्य को ही प्रतिफलित करता है। यही कारण है कि ब्याज पर रुपये देनेवाले सेठ (श्रेष्ठि), साहूकार या महाजन जैसे सम्माननीय संबोधनों से जाने जाते हैं। मुगल काल से प्रचलित ब्याज की रसीद का एक नमूना द्रष्टव्य है—

रसीद—"मन के मैं सुन्दरलाल वल्द फत्तूलाल जाति ब्राह्मण मुकाम बैगाकापा, व्हाया करगीकल, तहसील, पो. जिला बिलासपुर का रहनेवाला हूँ हो कि गणेश प्रसाद वल्द शंकर प्रसाद जाति बनिया से 1000/ एक हजार रु.) नगद मकान बनाने वास्ते दस रुपया सैकड़ा महीने ब्याज पर लिया हूँ। एक साल में मैं ब्याज मूलधन उसे लौटा दूँगा। ऐसा नहीं करने पर मैं जमीन का कागज़ात गिरवी रखता हूँ। यह रसीद मैं होशोहवाश में लिख रहा हूँ कि सनद रहे और वक्त जरूरत पर काम आवे।"[18]

(ब) वृत्तिपरक लेखन—वृत्ति है—'पर' अर्थात् प्रधान लक्ष्य या प्रयोजन। ऐसा लेखन वृत्तिपरक लेखन कहा जायेगा। 'वर्त्तन' का अर्थ होता है—जीवन का निर्वाह करना। इसी को आजकल आजीविका कहते हैं। जीवन के निर्वाह के लिए, संसाधनों को जुटाने के लिए यदि लेखन हुआ है तो उसे वृत्तिपरक लेखन कहने में हमें संकोच नहीं करना चाहिए। आचार्य मम्मट ने अपने सुप्रसिद्ध ग्रन्थ काव्य प्रकाश में कहा भी है,—

"काव्ये यशसेऽर्थकृते व्यवहारविदे शिवेतरक्षतये।
सद्यः परनिर्वृत्तये कान्ता सम्मिततयोवदेशयुजे।।"

अर्थात् काव्य सर्जना से यश और लक्ष्मी दोनों की प्राप्ति होती है। दरअसल, लेखन तो आनन्दमूलक भी होता है और भरण-पोषण हेतु भी होता है। अतः ऐसी स्थिति में जो लेखन जीचन यापन का माध्यम बने, लेखन कार्य जिसकी आजीविका हो—इस तरह के लेखन को हम 'वृत्तिपरक लेखन' के दायरे में ले सकते हैं। कुल मिलाकर यह कि लेखन कार्य यदि जीविकोपार्जन का जरिया हो तो वह 'वृत्तिपरक लेखन' या 'जीवन निर्वाह के लिए किया गया लेखन' माना जायेगा। भौतिकवादी युग में जीवन के अन्य क्षेत्रों की तरह लेखन का क्षेत्र भी स्वतन्त्र रूप से जीविकोपार्जन का माध्यम बना। कुछ लोगों का विचार है कि वृत्तिपरक लेखन पहले नहीं होता था, इसकी कल्पना और इसका विकास बाद में हुआ। कालान्तर में विकसित अवस्था में जो लेखन स्वयं आजीविका या भरण-पोषण का माध्यम या जरिया बना, वही वृत्तिपरक लेखन' कहा जाने लगा। आज के बाजारवादी कठिन-क्लिष्ट समय में तो आजीविका हेतु यह पहले की तुलना में और भी मौजूँ बन गया।

सन्दर्भ

1. विपणन के मूल तत्त्व—डॉ. डी.पी. अग्रवाल, पृ.-1, चतुर्वेदी पब्लिकेशन्स, बक्शीपुर, गोरखपुर, मूल्य 24 रुपये, प्रथम संस्करण—1987
2. Advanced Economic Theory—Prof. J. K. Mehta, Page-97
3. Principles of Marketing-Clark & Clark, Page-10
4. विपणन के मूल तत्त्व—डॉ. डी.पी. अग्रवाल, पृ.-2
5. Marketing Resedrch- Stonier and Hange, Page-42
6. Theory of Political Economy- Jevons, Page-103
7. विपणन के मूल तत्त्व—डॉ. डी.पी. अग्रवाल, पृ.-3
8. व्यावसायिक हिन्दी—डॉ. दिलीप सिंह, पृ.-85 मूल्य -14 रुपये संजय बुक सेन्टर, गोलधर, वाराणसी सन् 1992
9. व्यावसायिक हिन्दी—डॉ. दिलीप सिंह, पृ.-86
10. प्रयोजन मूलक हिन्दी—सं. डॉ. बालेन्दु शेखर तिवारी (डॉ. विनय कुमार पाठक का लेख—'व्यावसायिक हिन्दी') पृ.118, मूल्य-70 रुपये, संजय बुक सेन्टर, गोलघर, वाराणसी, द्वितीय संस्करण -2003
11. विक्रय कला, विज्ञापन एवं विपणन—प्रो. आर.सी. अग्रवाल, पृ. 78, किताब घर, हाईकोर्ट रोड, ग्वालियर, मूल्य—18.75 रुपये, सन् 1980
12. विक्रय कला, विज्ञापन एवं विपणन—प्रो. आर.सी. अग्रवाल, पृ. 78
13. जनसत्ता, 8 दिसम्बर 2009, लखनऊ संस्करण
14. प्रयोजनमूलक हिन्दी—सं. बालेन्दु शेखर तिवारी, पृ.118
15. भारतीय डाक : सदियों का सफरनामा—श्री अरविन्द कुमार सिंह, पृ.253
16. भारतीय डाक सदियों का सफरनामा—श्री अरविन्द कुमार सिंह, पृ.34
17. भाषा इतिहास की भाषावैज्ञानिक भूमिका—जे. वान्द्रियेज, पृ. 295
18. प्रयोजनमूलक हिन्दी—सं. डॉ. बालेन्द्र शेखर तिवारी पृ. 216

अध्याय-12

बाजार, सांस्कृतिक संकट, उपभोक्तावाद, पत्रकारिता तथा बाजार की भाषा के रूप में हिन्दी

(1) बाजारवाद की चुनौतियाँ और आज का भारतीय समाज—

बाजार-एक छलावा

बाजार
आपकी खूबसूरती के लिए
बेचता है क्रीम
लेकिन बढ़ जाती है
बाजार की अपनी खूबसूरती!
धर्म तक बिक जाता है
अन्धी आस्था के नाम पर
बाजार के जादुई करतबों पर
मोहित हैं हम
संस्कृति भी एक मायने में
बिक रही है
और बौद्धिकता भी!

फैशन और अनुकरण की
अन्धी दौड़ ने
और भी प्रदान की प्रखरता
बाजार को
सच के लिबास से
झूठ का नंगापन अधिक भड़कीला
लगने लगा है
और सटीक भी।

कौतुकपूर्ण बन गया है खेल
बाजार का
और हम पगलाये
गोता खा रहे हैं
सम्मोहन की नदी में।

सामाजिक अनुशासन भी
भूल गया है
सभ्यता की परिभाषा,
शायद
मानवीय रिश्तों की शुचिता को
ग्रहण लग गया है अपसंस्कृति की छाया का!"

भूमण्डलीकरण के परिणाम स्वरूप हिन्दुस्तान में सम्प्रति सब-कुछ ब्राण्डधर्मी-सा हो गया है। बाजार का फैलता और गझिन होता हुआ 'ऑक्टोपसी' तन्त्र हमारी सांस्कृतिक परम्परा, अस्मिता, संवेदना और शिल्प को कृत्रिम बना उन्हें लील जाने को आतुर दिखायी दे रहा है। इसकी वजह से पूँजीवाद, धर्मान्धता, दोमुँहापन, व्यावसायिकता, उपभोक्तावादी मानसिकता आदि कुप्रवृत्तियाँ ताल ठोंक ललकार रही हैं। बाजारवाद की वजह से भारत में साझे का संसार खतम हो रहा है। उसकी जगह भारतीय समाज में नया अलगावबोध (Alienation) जन्मा है। सदियों का संयुक्त राग-अनुराग अब बाजारूपन में लभरा लिपटाकर 'विराग' में तब्दील हो रहा है। अवसाद की गहनता सर्वत्र पसरी दिखायी दे रही है। भीड़ में भी मनुष्य निपट अकेला हो गया है। संवेदनहीनता, संवादहीनता और एकरसता बढ़ी है। यह सभी कुछ भूमण्डलीकरण और बाजार-संस्कृति के सार्वभौमिक प्रभुत्व के बनिस्बत हो रहा है बाजार की शक्तियों ने आज कला, संस्कृति, परम्परा, तमद्दुन, रवायत और समस्त मानवीय मूल्यों को ध्वस्त कर उन्हें उपभोक्ता सामग्री में रूपान्तरित कर दिया है। परिणाम हुआ है—एक और परस्पर रिश्तों का नख्लिस्तान सूखा है, बदहवासी, अपसंस्कृति, भीतरघात, पॉलिमिक्स और गर्म तवे की तरह धर्म का इस्तेमाल बढ़ा है, वहीं दूसरी ओर कविता[2], संवेदना और साहित्य के सामने जिन्दा-जीवन्त बने रहने का संकट तो पैदा ही हुआ है, हमारे भीतर एक अन्तहीन संस्कृतिविहीन बीहड़ भी पैदा हो गया है। नाभिनालबद्ध देशी पूँजी और मुट्टीभर विशेषाधिकार प्राप्त नवधनाढ्यों और अभिजन उपभोक्ताओं का एक नया गिरोह और झुण्ड यहाँ अवतरित हुआ है, जो आमजन के श्रम से उपार्जित उसके हिस्से की रोटी हड़प रहा है।

सच तो यह है कि बाजारपरस्त शक्तियों ने कला, संस्कृति के साथ-साथ फिल्मों का भी चेहरा बदला और संगीत का मिजाज भी। एक दौर था, जब गजल सुनने के लिए लोगों में एक अजब तरह का जुनून छाया रहता था लेकिन आज गजल सुनने वाले तो कम हुए ही हैं, नये गायकों ने भी इसे कम तवज्जो दी है। बाजार धीरे-धीरे भारतीय समाज को मूस की तरह कुतर-कुतर कर बदलाव का कतरव्योंत कर रहा है। अधिकाधिक पैसा कमाने की होड़ और उपभोक्ता संस्कृति की मुक्त बाजार व्यवस्था ने हमारे शिक्षातन्त्र के मूल चरित्र को खत्म करके एक मूल्यहीन, भ्रष्ट पूँजी केन्द्रित, चरित्रहीन शिक्षा व्यवस्था विकसित कर ली

है। बाजार के प्रतिस्पर्द्धी दबाव में सब-कुछ 'शार्टकट' या बिना श्रम के बहुत जल्दी पा लेने की ललक के तहत यहाँ की बौद्धिक परिपक्वता, वैचारिक सूक्ष्मता, मौलिकता या रचनात्मकता पर आँच आयी है। यह उपभोक्तावादी समय है। भारतीय समाज फिलवक्त भूमण्डलीकृत हो रहा है। ऐसी विरोधाभासी स्थिति में वैश्वीकरण के प्रभाव में बाजार ने भारतीय मानस में अनियन्त्रित उपभोगवादी लालसाओं को पैदाकर मूल्यों के क्षरण से संक्रमण की स्थिति पैदा कर दी है। फल हुआ है—भारतीय समाज खल्वात हो रहा है। अन्य इलाकों की तरह बाजार ने सांस्कृतिक क्षेत्र में भी घुसपैठ की है, जिसकी वजह से समृद्ध विरासत क्षरित और खण्डित हुई है। शहरीकरण और यान्त्रिकता ने बच्चों की खेलने की जगहों को घेरकर अब पार्किंग स्पेस और मॉल खड़ाकर दिया है। इस तरह देश, संस्था, परिवार, नगर, समाज, प्रकृति-पर्यावरण-सभी कुछ बाजार की चपेट में आये हैं। आशय यह कि आज के भूमण्डलीय बाजार की सीमा में केवल आर्थिक पक्ष ही नहीं आ रहा है, बल्कि यह भाषा, साहित्य, कला, संस्कृति आदि को भी समेट रहा है। औपनिवेशिक काल के प्रत्यक्षराज की जगह अब पश्चिमी साम्राज्यवाद हमारी सोच को विकृत एवं अस्मिता को विखण्डित करके अपनी हुकूमत चलाने की कोशिश कर रहा है। भूमण्डली करण के नाम पर जिस विश्वग्राम की गुलाबी तस्वीर पेश की जा रही है वास्तव में वह पश्चिम की शर्तों पर शेष दुनिया के व्यक्तित्व हरण की साजिश है। एक व्यापक एवं सुचिन्तित रणनीति के तहत हमारी भाषा, साहित्य, कला एवं संस्कृति को पश्चिमी बाजार की जरूरत के अनुरूप ढालने का प्रयत्न किया जा रहा है ताकि उस आइने से वंचित होकर हम अपनी राष्ट्रीय पहचान भूल जायँ एवं पश्चिम के भौतिक, सांस्कृतिक बाजार से आ रहे कचरे को ही हम अपनी समृद्धि एवं विकास का प्रमाण मान लें। भूमण्डलीकरण के जरिये जारी इस प्रक्रिया से हम कई स्तरों पर रू-ब-रू हो सकते हैं।[3]

बाजार ने हमारी सुरुचि, संस्कृति-बोध और मूल्य बोध बदला है। हम क्या खायें-पायें, क्या पहनें, यह सब-कुछ बाजार तय कर रहा है। दरअसल, बाजार के रूप में पश्चिम की एक तीखी, भोगवादी, गलाकाट प्रतिस्पर्द्धा दबे पाँव हमारे यहाँ आ गयी है। इसकी वजह से अनैतिकता, असामाजिकता और अर्थ, आधारित छद्म जीवन शैली के प्रति मोह बढ़ा है। मूल्य दूषित हुए हैं तो चारित्रिक पतन भी मुर्गे की तरह बाँग दे रहा है। हम पतनोन्मुखी हो, मतलबी और आत्मकेन्द्रित भी हो गये हैं। बाजार ने आज रिश्तों-नातों के उस संसार को भी खतम कर दिया, जिसमें जरूरत भर धूप-छाया होती थी। बगलगीर अनजाने-बेगाने हो गये। दोस्ती, नातेदारी-आपसदारी सब-कुछ बाजार में गुम हो गये। बाजार ने इन्हें लील लिया। विश्वास और प्रेम के ताने-बाने के व्याकरण को बाजार ने तहस-नहस कर दिया। लोभ-लालच, लम्पटता, पैसे की आसुरी भूख, छल-छद्म-यही तो बाजार के यारबाश हैं। बाजार ने इन्हीं के बल पर जीवन जीने का नया मुहावरा गढ़ भारतीय समाज में भोगोन्मादी प्रवृत्ति फैला दी। हम भोगोन्मादी-लाभोन्मादी व्यवस्था के फकीर हो गये। भौतिक सामान और साधनों के साथ अनवरत् जीने के हम नशेड़ी हो गये। 'अवांछित संग्रह' बाजार का मूल रस है। असहिष्णुता, सघन स्वार्थ, हिंसा, असंवेदनशीलता और विकृत धारणाएँ, बाजार-कामनाएँ हैं। इसी तरह बाजार में भारतीय समाज में फरेब की एक बड़ी दुनिया रची है। क्या कस्बे, गँवई जीवन-सभी इसकी चपेट में हैं। दोनों जगहों पर पेंचदार जटिल, अन्धी आपराधिक दुनिया निर्मित हो गयी है। पसरते बाजार ने लालच की एक ऐसी सृष्टि निर्मित की है, जहाँ सामाजिक-राजनीतिक रुतबे के साथ-साथ अमीरी के घोड़े पर चढ़ने की सनक सवार हो गयी है। एक शब्द में सफलता के बाजार में मानवीय सम्बन्ध, भरोसा और प्रेम सब बेमानी हो गये हैं। छल और फरेब के जरिये धन उगाही करना बाजार का लक्ष्य है। दरअसल, बाजार का चरित्र बड़ा

अजीब होता है। यहाँ गलाकाट प्रतियोगिता होती है। जो जीतेगा, वही यहाँ सिकन्दर बन जीगयो। राजनीति की तरह यहाँ अपना सगा कोई नहीं होता। अपने हित के लिए दूसरे का अहित बाजार को बहुत प्रिय है। सम्पूर्ण व्यवस्था पर बाजारवाद हावी है, यहाँ आमजन उत्पाद बन गया है, जिसे मीडिया के माध्यम से बेचा जा रहा है।

खान-पान, रुचि, पैरहन पोशाक की तरह भारत में धर्म भी बाजार की भेंट चढ़ गया है। सामाजिकता के विचार से बाजार ने भारतीय जीवन पद्धति को बदला है। बाजार ने भारत को 'इण्डिया' की शक्ल दे दी है। आज भारत में पारंपरिक जीवन जीने की देसी पद्धति बाजार और विज्ञापन के हवाले हो गयी है। अभी हाल ही में जनसत्ता के पूर्व सम्पादक श्री ओमथानवी ने एक सवाल उठाया था कि, ''एक अचानक आयात हुए 'डे' यानी 'दिन' ने भारतवासियों के दिलों में देखिये कैसे आदर जगा दिया''। माता-पिता के प्रति सम्मान का संस्कार हमारे यहाँ एक दिन या समय विशेष में सिमटा नहीं होता। 'माता का दिन' या 'पिता का दिन' कोई एक दिन कैसे तय कर सकता है? दरअसल यह पूरा खेल बाजार का है, विज्ञापन संस्कृति का है, जो रोज नये-नये उत्पाद तैयार करता है और उसके उपभोग के लिए एक उपभोक्ता समाज। आज का हमारा समाज जिस सूचना संजाल में घिरा हुआ है, उसे दुनिया की हर अच्छी और बुरी खबर हर क्षण हासिल हो रही है, इन सूचनाओं को जब बाजार। विज्ञापन और कई बार मीडिया भी खेलने लगता है तो इसमें नाटक सामाजिक विस्तार का होता है, पर इस खेल में शुद्ध रूप से मुनाफे का संसार होता है। इसे बाजार अपने बधाई सन्देश/कार्ड/एसएमएस/ई-मेल आदि के द्वारा पेश करता है। टी.वी. धारावाहिकों के माध्यम से इसे लोकाचार का हिस्सा बनाया जाता है, जिसका प्रभाव देश के बहुत बड़े हिस्से पर होता है। आज हर घर में टी.वी. है और हर घर टी.वी. संस्कृति या धारावाहिक संस्कृति से घिरा है। ऐसे घिरे हुए समाज को बाजार रोज-रोज नये-नये लुभावने नारों से जीवन जीने और जीवन को खिलवाड़ बनाने का रास्ता दिखाता रहता है, हमारे यहाँ हर सम्बन्ध को निभाने की सतत प्रक्रिया है। उसे एक दिन में कैसे समेट दें? 'तुरन्ता संस्कृति' या फास्ट फूड कल्चर हमारा है ही नहीं कि आज माँ का सम्मान 'डे' के नाम पर कर दें और कल भूल जायँ। सारे रिश्ते हमारे यहाँ पर्व और एक अनुशासन के साथ बँधे हैं। पिछले कुछ सालों में देखा गया कि जब 'वेलेण्टाइन डे' का प्रसार भारतीय समाज में नहीं हो पा रहा था तो कई धारावाहिक यह कहने लगे कि पति का हाथ अपने हाथ में लेना ही वेलेण्टाइन डे है। पति के साथ बाजार जाना ही पत्नी के लिए वेलेण्टाइन है। इसी तरह 'फादर्स डे' और मदर्स डे' को चलाने की कोशिश हो रही है। वस्तुतः विभिन्न किस्म के नये-नये 'डे' हमारे पर्वों की उमंगों से दूर लगते हैं। वे निरे औपचारिक, वस्तु या सन्देश केन्द्रित हैं। उनका जन्म ही बाजार यानी पूँजीवादी सभ्यता (!) की देन है।[4] अतः ऐसी स्थिति में हमें बाजार के पश्चिमी प्रवाह और उन्माद से बचना होगा।

(2) बाजारवाद और सांस्कृतिक संकट—महात्मा गाँधी ने कभी एक संवाद में रवि ठाकुर से कहा था, ''मैं अपने घर की सभी खिड़कियाँ खुली रखना चाहता हूँ, बन्द नहीं, और चाहता हूँ कि संस्कृति की जितनी हवाएँ बाहर से आयें उनसे मैं समृद्ध हो जाऊँ, लेकिन मैं नहीं चाहता कि बाहर से आने वाली हवाएँ आँधी का रूप लेकर मेरे घर को ही अस्त-व्यस्त कर दें।'' बाजार ने फिलवक्त गाँधी जी की आशंका को इस देश में सच सिद्ध कर दिया है। बाजार ने अपनी देसी संस्कृति का बहुत तेजी से पश्चिमीकरण किया है। हमारी सांस्कृतिक अस्मिता तथा स्वायत्तता का हालिया बाजारीकरण हुआ है। हमारा समाज सांस्कृतिक मुख्य धारा से विच्छिन्न-विलग हुआ है। व्यावसायिक हितों के लिए बाजार ने जनरुचि को भ्रष्ट किया है।

सभी जानते हैं, संचार माध्यम बाजार के प्रमुख अंग होते हैं, सो इन्होंने भी बाजार के कहे के अनुसार समय-समय पर परम्परागत सांस्कृतिक मूल्यों को तहस-नहस करने में कोई कोताही नहीं की है। उदाहरण के लिए, सूचना के सुपर हाइवे टी.वी. ने जनमत के विपरीत न्यस्त स्वार्थों के चलते कुरुचि का पोषण कर दर्शकों को व्यर्थ के मुद्दों में उलझा दिया है। यह माध्यम भी सांस्कृतिक बहुलता को सांस्कृतिक एकरूपता द्वारा प्रतिस्थापित कर रहा है। पिछले लगभग साठ वर्षों में टी.वी. के बढ़ते संजाल ने अन्ततः बाजार की दूरी ही तय की है। केबल चैनलों के आगमन के बाद उनसे प्रतिस्पर्द्धा के नाम पर दूरदर्शन भी मनोरंजन के मानवीय तरीकों को छोड़कर नंगयी, नाच और फूहड़पन की लोकप्रिय संस्कृति ही ढो रहा है। इस संस्कृति की अपनी भाषा है, जिसमें देह के मुहावरे हैं, द्विअर्थी संवादों के भीड़-भदेस निहितार्थ हैं। आज फिल्मी गानों की पैरोडी, स्त्री देह की बेधड़क नुमाइश, फैशन के नाम पर नाभि, त्रिवली झलकाऊ परिधानों को 'वियार योर एटीट्यूड' कह कर मान्यता दी जा रही है। उपभोक्तावाद की यह नशाखोर प्रवृत्ति नित नये चैनल खुलवा रही है। उच्च मध्यवर्गीय घरों में एकाधिक टी.वी. सेट अलग-अलग रुचियों के लिए भिन्न-भिन्न कार्यक्रम परोस रहे हैं। टी.वी. की भूमिका में एक महत्त्वपूर्ण तत्त्व विज्ञापनों का क्रमशः विस्तार तथा कार्यक्रमों के लिए उन पर निर्भर होते जाना है। 15 सितंबर, 1959 को शुरू हुआ दूरदर्शन प्रारम्भ में सामाजिक विकास के उत्प्रेरक की अपनी पहचान पर कायम था। सन् 1982 में नयी दिल्ली में आयोजित एशियाई खेलों के बाद टी.वी. रंगीन होने के साथ-साथ विज्ञापन युक्त भी हो गया। बाजार का अंग बनकर, संस्कृति को उपभोक्ता वस्तु में बदलकर, उसका औद्योगिकीकरण कर डाला। इस औद्योगिकीकरण का एक निश्चित अर्थशास्त्र है। दर्शक को उपभोक्ता में बदलने की प्रक्रिया में टी.वी. आम, जीवित एवं ज्ञात दुनिया को पुनर्ज्ञात करता है। कार्यक्रमों में निहित तथा निर्देशित सन्देशों द्वारा वह एक सुलभ उपभोक्ता संस्कृति का पोषक होता है। इसमें उपभोग को एक महान घटना मानकर, अतीत के कष्ट-क्लेश का उन्मोचक बताया जाता है। यह एक ऐसे आनन्द युग की सृष्टि करता है, जिसमें मानव की सभी इच्छाएँ पूर्ण होती प्रतीत होती हैं।[5]

बाजार ने हमारे यहाँ एक अन्धी, पश्चिमी, अश्लील, रुग्ण, अराजक और हिंसक संस्कृति पैदा की है। परिणाम हुआ है—हमारी सांस्कृतिक विविधता खतरे में पड़ी है। बाजार का यह भीना-भीना, धीरे-धीरे रिसने बनबनाने वाला सांस्कृतिक हमला, कह सकते हैं, सैनिक या राजनैतिक हमले से कहीं ज्यादा विध्वंसक और खतरनाक है। हम सांस्कृतिक तब्लेजंग में बदल गये हैं। नैतिक मानमूल्यों से परे एक सत् ही, नेकनामीहीन और 'ग्लैमरस' मोहक दुनिया हमारे सामने खड़ी हो गयी है, जो आभास में दूर से 'ग्लेरिंग' लगती है, किन्तु पास जाने पर मृग-मरीचिका सिद्ध हो रही है। मीडिया पर महत्त्वपूर्ण पुस्तक लिखने वाले डॉ. पूरनचन्द्र जोशी बट्रेण्ड रसेल की इस उक्ति से सहमत हैं कि आधुनिक युग में "सृजनात्मकता को सबसे बड़ा खतरा यह है कि आज सृजनकर्त्ता के लिए कोई 'इथास ऑफ, सालिट्यूड' नहीं है, यानी उसके लिए एकान्त का अभाव है।" स्पष्टतः यह कि बाजार और उसके हमरंगियों ने हमसे हमारा एकान्त छीन लिया है। हमारी उच्च रचनात्मक प्रेरणाएँ भी ध्वस्त हो गयी हैं। सांस्कृतिक प्रतिमान उलट-पुलट गये हैं। सांस्कृतिक हलकों में सुन्न और सन्नाटा पसर गया है। हम सांस्कृतिक अनिश्चिय और दिशाहीनता के दो राहे पर खड़े हो गये हैं। हमने बाजार की सांस्कृतिक गुलामी स्वीकार कर ली है। एक ओर विचार के सिकुड़े दायरे में जहाँ हमारी रुचि पाबस्त हो गयी है, वहीं पठन-पाठन की संस्कृति भी विलुप्त होती जा रही है।

बाजारवाद ने सम्पूर्ण समाज में उपभोग की एक ऐसी संस्कृति पैदा किया है, जिसमें व्यक्ति केन्द्रीयता और स्वार्थपरकता बढ़ी है। हम बेजान और खेत के हरकत शून्य ढेले में तब्दील हो, उपभोक्ता संस्कृति की नुमाइश हो गये हैं। विचारहीन दौड़ और भागमभाग में हम उलझ गये हैं। अपनी देसी संस्कृति का एक मजबूत पक्ष ''परपीड़ा को महसूस कर उसमें शरीक होने की सुखधर्मिता'' हममें से गायब हो गयी है। विश्वपूँजीवाद, बाजारवाद और उपभोक्तावाद-मनुष्यता के श्रेष्ठतम मूल्यों का निषेध कर फ़कत पूँजीतन्त्र और व्यावसायिकता के हित की बात करते हैं। मूल्यों और समाज हित पोषक उत्तम विचारों को ये दुरदुराते हैं। बाजार ने हमें संस्कृति के विचलन और विभ्रम के बेशर्म समय में जीने के लिए बाध्य कर दिया है। हमारी जड़ें उकठ रही हैं। एक गैर जिम्मेदार और संस्कृतिविहीन भूमिका हमने ओढ़ ली है। अपसंस्कृति अलग ताल ठोंक रही है। कुबेर नाथ राय के अनुसार, आज पूँजी और राजनीति के स्थापित स्वार्थों द्वारा जनता को निर्जीव, नपुंसक, संवेदना और विचार में पराधीन और असमर्थ रखने के लिए दुतरफा आक्रमण देश की इच्छा शक्ति पर ही हो रहा है। आज का रुचिबोध एक मारक सेक्सुअल अपील का शिकार है। हिंसा के बहुमुखी चेहरों के द्वारा निरन्तर विकृत की जाती हुई इच्छा शक्ति आज एक चरम संकट से गुजर रही है।''

हमें आत्म-प्रचार या 'पब्लिसिटी' की भूख लग गयी है। यह भूख बाजारू कल्चर ने पैदा किया है, लेकिन ऐसी पब्लिसिटी हमेशा छद्म जीवन की पब्लिसिटी होती है। विज्ञापनों के चलते उपभोक्ता सामानों की बिक्री दिन-दूनी, रात-चौगुनी बढ़ती है। चाकलेट खानेवालों में छोटी उम्र के बच्चों से लेकर अधेड़ और अधिक उम्र के लोग शामिल हैं। चिकलेट और चिविंगम भी पॉपुलर फूड हो रहे हैं। इनके साथ-साथ कैण्डी, टाफी और मिण्टी के विज्ञापनों की भरमार है। लोग विज्ञापन देखकर दुकानों पर जाते हैं और इनके ब्राण्ड्स की माँग करते हैं। बिस्कुट कम्पनियाँ भी पीछे नहीं हैं। विज्ञापनों का अपना एक यथार्थवाद होता है, जो प्रायोजित यथार्थवाद है। औरतों का फैशन, उनके लिबासों का चुनाव अब टी.वी. के माध्यम से होता है। आये दिन फैशन परेड होती है। नये डिजाइन के परिधान मॉडलों के जरिये दिखाये जाते हैं। मॉडलिंग का बाजार चमक उठा है। सुन्दर और छरहरे बदन तथा तीखे नाक-नक्शवाली सुन्दर बालाएँ टी.वी. के विज्ञापनों में छायी हुई हैं। विज्ञापनों में सब-कुछ दिखता है! देखो, यह है—हमारी संस्कृति! फैशनपरस्त लड़कियाँ अब इन फैशन परेड़ों को देखकर ही अपने वस्त्रों का चुनाव करती हैं। एक अच्छी खासी रकम लड़कियाँ इन कपड़ों पर खर्च करती हुई गर्व का अनुभव करती हैं। स्त्री अपना सौन्दर्य प्रसाधन भी टी.वी. के विज्ञापनों में दिखायी गयी प्रसाधन सामग्री से चुनती है। शैंपू से लेकर नेल पालिश, लिपस्टिक और फेसक्रीम के कई ब्राण्ड होड़ में हैं। गाँव की औरतें भी इन विज्ञापनों को देखकर ये वस्तुएँ खरीदना चाहती हैं। गाँव की युवतियों की सौन्दर्य अभिरुचि भी अब एक नया मोड़ लेने लगी है। वे सौन्दर्य प्रसाधनों को ललचाई नजरों से देखती हैं और पैसे जुटाकर खरीदती हैं। बहु प्रचारित कम्पनियों के नाम का लेबल लगाकर, कुछ कम कीमत पर नकली सामानों का बाजार बढ़ता जा रहा है। इस तरह मीडिया का छद्म कई रूपों और स्तरों में फैल रहा है।[6] कुल मिलाकर यह कि भौंड़े और अपसंस्कृतिमूलक विज्ञापनों से अपनी संस्कृति तो नष्ट हो रही है, हम भविष्य की एक अश्लील, कामुक, पतित-स्खलित और बीमार दुनिया की रचना कर रहे हैं। एक बहुत बड़ा 'वेल्यूशिफ्ट' (मूल्य-सन्तरण) हमारे समाज में देखते-देखते घटित हो रहा है, जो सांस्कृतिक दरिद्रता, गैरबराबरी, जड़ता, हिंसा, क्रूरता को बढ़ावा दे रहा है।

सच तो यह है कि जिस उपभोक्तावादी संस्कृति का रूप आज हम देख रहे हैं, चरम सुखभोगवाद की जो ललक आज उदग्र बनकर दिखायी पड़ रही है, आदमी अतृप्ति के आवेग

में तृप्त होने के लिए अन्धा बनकर जिस प्रकार दौड़ लगा रहा है, इस सबकी परिणति क्या होगी, यह सोचकर मन दहशत से भर उठता है। देवजाति की अतिशय विलासप्रियता का दण्ड प्रकृति ने विनष्ट करके दिया। देवों की सभ्यता तथा संस्कृति का स्थान मनुष्य की सभ्यता और संस्कृति ने लिया। देवता अपने स्तर से गिरकर मनुष्य के स्तर पर आ गया। सवाल उठता है, मनुष्य का विलास और अतिशय भोगवाद, जो आज सतह पर बजबजा रहा है, उसे कहाँ ले जायेगा? डारविन ने पशु से मनुष्य के विकसित होने की बात कही है। मनुष्य गिरा, उसे प्रकृति का दण्ड मिला तो अपने विकसित स्तर से पुनः पशु रूप में वापस लौटने के अलावा कोई चारा नहीं। पहले पशु से मनुष्य, अन्ततः पुनः पशु। आज का यह अतिशय सुखभोगवाद विशुद्ध पशुवाद (animalism) के अलावा और है भी क्या? पशुओं की तरह आज मनुष्य भी अपनी आदिम प्रवृत्तियों से परिचालित हो रहा है। भूख, काम, क्रोध, भय, हिंसा, प्रतिहिंसा का जो परिदृश्य आज हम देख रहे हैं, पाशविकता के अलावा उसे क्या कहा जाय? फिल्मों में यह सब जिन्दगी के अक्स के रूप में ही तो आ रहा है। दया, माया, ममता, क्षमा, उदारता, करुणा जैसी वृत्तियाँ आज कहाँ हैं?[7]

कुल मिलाकर यह कि बाजारवाद ने भारत में 'पेलिकन कल्चर' (भ्रष्ट-संस्कृति) पैदा किया है। बाजारवाद की सुखभोगवादी संस्कृति के असर के कारण हमने अपने पुराने प्रतीकों-धर्म, संस्कृति, रीति-नीति, परम्परा, आचार-व्यवहार, आस्था—भरोसा, सभ्यता, विद्या आदि सभी को लगभग भुला दिया है। पश्चिमी संस्कृति के आक्रमण तथा उसके धुआँधार अन्धानुकरण से स्वदेश तथा स्वदेशी की भावनाएँ कमजोर हुई हैं। यही कारण है कि आज हमारी अस्मिता संकट में है। पश्चिमी प्रभाव से हमारे यहाँ 'एलियनेशन' और मूल्यहीनता बढ़ी है। आजाद भारत में विकास और आधुनिकता के नाम पर पश्चिमी सभ्यता और संस्कृति की जो हवाएँ शहरों के अलावा देहातों में पहुँची, उन्होंने हमारी पुरानी मूल्य-व्यवस्था को तहस-नहस करके उसकी जगह-भ्रष्ट और चतुर मूल्यों तथा व्यवहारों को जन्म दिया। इसने हमारी गँवाईं पहचान को मारा। पश्चिमी संस्कृति ने समृद्धि के नाम पर हमारी संवेदना को छूछा कर दिया। हमारा समाज अपनी मौलिक 'डेलीकेसी' तथा शाश्वत सांस्कृतिक परम्परा के ठोस और मूल्यवान तत्त्वों को छोड़ मन में एक टुच्चा अहंकार पाले, अपनी बौद्धिक दरिद्रता प्रदर्शित करते हुए पश्चिमी परिवेश और मूल्यों के पीछे तथाकथित आधुनिकता की आँधी में बह रहा है। नये आये बाजारवाद ने हमारे जीवन, प्रकृति, मिथ और मुहावरे में हस्तक्षेप किया। फल हुआ, न हमारा समाज, न हमारा 'एलीट' पश्चिमी हो सका और न अपनी देसी संस्कृति की जड़ें ही अपनी धरती में सुरक्षित हो पाईं। अतः स्पष्टतः यह कि यदि हमारा समाज बाजार जनित प्रवृत्तियों से न बचा तो हमारी बची-खुची संस्कृति, परम्पराओं की ऊर्जा संकटग्रस्त हो सकते हैं। सच तो यह है कि बाजारवादी संस्कृति के प्रति गुलाम रुझान के कारण एक ओर हमारे यहाँ 'यूटोपियावादी' खतरे बढ़े हैं। तो दूसरी ओर हमारी निष्ठा और प्रतिबद्धता भी दग़ीली हो रही है। हमें यह जानना होगा कि बाजारवादी संस्कृति जहाँ 'भोगदृष्टिवादी' है, वहीं भारतीय संस्कृति 'साधन दृष्टि' की पक्षधर है[8]। यदि इसे हम भूल गये तो पश्चिमी जर्मनी की एक प्रसिद्ध पत्रिका में भारत के विषय में पूछा गया यह सवाल अपना मुकम्मल उत्तर कभी नहीं पा सकता कि "**एसगिब्ट इण्डर, आबरकाइन इण्डिश**" अर्थात् भारत में भारतीय तो हैं, लेकिन कोई 'भारती' नहीं है।

(3) बाजार और पत्रकारिता– "हम क्या नहीं कर सकते हुजूर"। सेठ ने जोर देकर कहा। "हम काहे के लिए हैं? इस पूरे मामले का सम्बन्ध बाजार से है। तुम्हारा काम है—

सरकार देखना, हमारा काम है—बाजार देखना। हम अपना काम देखते हैं, आप अपना काम देखो। हम तो बाजार का एक ही मतलब जानते हैं, सरकार, बाजार वह नहीं है, जो सड़क पर है, दुकान में है, नुक्कड़ पर है, शोकेस में है। बाजार वह है, जो तुम्हारे दरवाजे पर है, पोर्टिको में है, ड्राइंगरूम है, बेड रूम है, आलमारी है, किचेन में है, टायलेट में है और यही क्यों तुम्हारे बदन पर है, सिर के बालों से लेकर पैरों के नाखून तक है। ऐसा कि जो तुम्हारे घर जाय या तुम्हें देखे, उसके लार टपकने लगे, उसकी नींद और उसका चैन छिन जाय, तड़प उठे कि यह चीज, जो तुम्हारे पास है, उसके पास सुबह नहीं तो शाम तक आ जाय और जब तक न आये तब तक न खाना अच्छा लगे, न पीना न जीना। तो यह बात है। जाओ, आप सरकार देखो और सुनो, पता करो कि चौबीस घण्टों के दिन और रात में वह कौन-सा समय है, जो तुम्हारे लिए सिरदर्द है?''

बाजार कोई नया परिदृश्य नहीं, नया है तो बाजार का नवीनतम रूप। वस्तुओं की प्राचीन विनिमय प्रणाली से लगाकर आज तक अपने विभिन्न रूपों में बाजार अस्तित्वमान रहा है। प्राचीन वस्तुओं के समतुल्य और फिर मुद्राओं के बदले में वस्तुओं और फिर इसके बाद तमाम मुद्रा प्रतीकों द्वारा वस्तुओं की खरीद फरोख्त में बाजार हमेशा रहा है। बाजार की आलोचना को हमेशा एकपक्षीय मान लिया जाता है अर्थात् पूर्णतः बाजार विरोधी। हमारे जीवन में बाजार बहुत अधिक है[9]

आज के युग को हम आधुनिक या कॉरपोरेट युग का दरजा तो दे सकते हैं, किन्तु लगे हाथ कई कारणों से इसे हम बाजारवाद का अंधा दौर भी मान सकते हैं। पिकासो ने कभी कहा था कि 'कला में हम कुछ खोजते नहीं, बल्कि पाते हैं", किन्तु आज हम कला, साहित्य, संगीत, संस्कृति, पत्रकारिता आदि में बाजारीकरण को ढूँढ़ते हैं। खासकर पत्र-प्रकाशन में पूँजी निवेश भारी मुनाफे का जरिया और सुरक्षित व्यापार समझा जाने लगा है। पत्रकारिता सम्प्रति बिकाऊ और बाजारू बनकर बाजार में ऊँचे दामों में बिक रही है। समझ में नहीं आ रहा है कि पत्रकारिता की प्रतिबद्धता बाजार, व्यवस्था और सत्ता से है या मनुष्य से? यह स्वयं अपना नियन्ता है या इसके नियन्ता दूसरे हैं? बाजार की चपेट में आकर पत्रकारिता का बहुआयामी और सहज चरित्र संकटग्रस्त हुआ है। उसका टटका, चमकीला और देर तक अंकित रहने वाला प्रभाव निष्प्रभ हुआ है। बाजार ने पत्रकारिता की परम्परागत, सतत् अविच्छिन्न धारा को मोड़ दिया है। आज की पत्रकारिता बाजारू एकरसता और जड़ता की शिकार हो गयी है। नित नयी व्यंजना के साथ उसमें बसनेवाली जीवन की सहज लय को बाजार ने सोख लिया है। एक शब्द में, आज की पत्रकारिता बाजार की बेशर्म चापलूस बनकर रह गयी है।

हिन्दी के सम्पादकाचार्य बाबू विष्णुराव पराड़कर ने करीब सात दशक पहले कहा था कि—''भविष्य के अखबारों की संख्या ज्यादा होगी, उनकी छपाई रंगीन होगी। उनमें सब-कुछ होगा, लेकिन प्राण नहीं होगा।'' पराड़कर जी को सम्भवतः बाजार की आहट लग गयी थी कि भविष्य के अखबार बाजार से नियन्त्रित होंगे। ये समाज के कम, बाजार के अधिक उत्तरदायी होंगे। बाजार, अखबारों के सामने संकट की तरह खड़ा होगा। प्रिण्ट और इलेक्ट्रॉनिक मीडिया—इन दोनों को बाजार खतरनाक रास्ते पर ले जाकर बेकाबू करेगा। खबर की आत्मा, उदारवाद और बाजारवाद की चपेट में आयेगी। भविष्य के अखबार बाजार के दबाव के तहत समाज को ईमानदार खबर नहीं देंगे। सभी जानते हैं, अखबार का काम फ़कत सूचना-सन्देश देना ही नहीं है, समाज को शिक्षित करना, सन्मार्ग पर चलने की प्रेरणा देना और उनका ललित ढंग से मनोरंजन करना भी है।

पर, दुर्भाग्य से समाज का स्पन्दन और आईना कहे जानेवाले अखबार अपनी उक्त भावनाओं को बाजार के दबाव में भूल गये। बाजारवाद की प्रवृत्ति व इसके खतरों की पदचाप बहुत पहले ही सुन पराड़कर जी ने अखबारों को आगाह किया था कि बाजार अखबार का प्राण निकाल लेगा। आधुनिकता का दूसरा रूप बाजारवाद एक अन्तरराष्ट्रीय परिघटना होगी और हुई भी। उनकी बात अक्षरशः साबित सिद्ध हुई है। अखबार में छपे हुए शब्दों के प्रति भरोसा विश्वास कम हुआ है। बाजार के दबाव में अखबार विज्ञापनों से छपर गये हैं। अब तो अधिकांश अखबारों के 'फ्रण्ट पेज' भी विज्ञापन खा जा रहे हैं। यह है—बाजारी भूख, पैसा कमाने की भूख। चकमक रंगीन पृष्ठों में दीन-दुखियों की पीड़ाएँ और कातर स्वर तथा उनकी खबरें लगातार कम होती गयी हैं। बाजार का दबाव ही है कि यतीमों-मजलूमों की खबरों की जगह अखबारों में लड़की-लड़के के बीच चल रहे, प्रेम-प्रसंग यौनाचार, बलात्कार और छिनरपन सम्बन्धी खबरों को अधिक-से-अधिक प्राथमिकता के साथ प्रकाशित किया जा रहा है, जिससे इन सतही, किन्तु चटपटी खबरों के कारण अखबार का सर्कुलेशन बढ़ेगा, सरकारी विज्ञापन अधिक-से-अधिक मिलेंगे और अखबारी आय ज्यादा होगी।

सम्प्रति बाजार ने पत्रकारिता का सन्तुलन बिगाड़ दिया है। बाजार ने पत्रकारिता के तेवर और ताप को मारा है। मुद्दे गायब हो रहे हैं। 'सोशलाइट' और नवधनाढ्यों-रसूखदारों ने अखबार के इंच-इंच, स्पेस और कॉलम को खरीद लिया है। 'पेज थ्री' पर इन्हीं का कब्जा-कायम है। असल पत्रकारिता कितनी बची रह गयी है, कहना संशयग्रस्त हो गया है। पैसे और बाजार के दबाव में अखबार प्रबन्धन पत्रकारों की बीट बदलने और ट्रान्सफर करने से नहीं चूकता-हिचकता। इस तरह कुल मिलाकर आज की पत्रकारिता ने बाजारी लटके-झटके अख्तियार कर लिया है। परिणामतः पत्रकारीय आदर्श गायब हो रहे हैं। आप जानते हैं, पचास के दशक के आसपास इतने न तो अखबार थे और न खबरिया चैनल्स, जितने आज हैं। उस समय की पत्रकारिता पर बाजार का दबाव बेहद कम था, क्योंकि लक्ष्य मुद्रा-दोहन नहीं था। अखबारों पर लोगों का भरोसा था, वे उन दिनों संकट के मित्र थे। अखबार निकालने का खर्च भी उतना नहीं था, जितना आज है। सरकारी विज्ञापनों से उन्हें काम भर आय हो जाती थी। सब-कुछ मस्ती और फ़कीराने अन्दाज में चलता था, किन्तु आज बाजार का ही असर है कि गली-गली में रिपोर्टर मौजूद हैं, हर इलाके के अपने अखबार हैं। विज्ञापन इन सभी के बीच बँट चुका है। रंगीन छपाई और साज सज्जा का खर्च अलग से सिर चढ़कर बोल रहा है। खबरों के चयन में स्थानीयता को महत्त्व दिया जा रहा है। साफ शब्दों में, अधिकांश अखबार जनपदीय हो गये हैं। पत्रकारिता भी स्थानीय हो गयी। इस तरह बाजार का भूत पत्रकारिता पर चढ़ गया है। पत्रकारिता और बाजार के रास्ते एक हो गये हैं।

साहित्यिक पत्रकारिता में बाजारवाद की शुरुआत हम धर्मयुग, सारिका से मान सकते हैं। आज यह अधिकांश अखबारों में पूर्ण कुसुमित महारोग का विकराल रूप ले चुका है। पत्रकारिता के गर्भ से निकली 'पेड न्यूज' की यह नाजायज और मरियल सन्तान इसी बाजारवाद की देन हैं वास्तव में यह पहली बार नहीं था, जब चुनाव के दौरान अखबारों ने पैसा लेकर खबर छापी हो। पहले यह पैसा पत्रकारों की जेब में जाता था। अखबारों के प्रबन्धन ने धीरे-धीरे इसे संस्थागत रूप देना शुरू किया। ज्ञात तथ्यों के अनुसार, छत्तीसगढ़ में वर्ष 1997 के विधानसभा चुनाव से इसकी शुरुआत हिन्दी के दो प्रमुख मीडिया समूहों ने की थी। उस चुनाव में पच्चीस हजार रुपये का पैकेज प्रत्याशी के लिए तय किया गया था, जिसमें एक सप्ताह की दौरा-रिपोर्टिंग, तीन अलग-अलग दिन विज्ञापन के साथ मतदानवाले दिन प्रत्याशी का इण्टरव्यू प्रकाशित करने का वादा शामिल था। उसके बाद के

सालों में हिमाचल प्रदेश, पंजाब, चण्डीगढ़, हरियाणा, राजस्थान आदि में चुनावों के दौरान यह संस्थागत भ्रष्टाचार पैर पसारता गया। उत्तर प्रदेश और बिहार जैसे राजनीतिक रूप से सचेत राज्यों में अखबारों को इस मामले में फूँक-फूँक कर कदम रखना पड़ा।

संस्थागत 'रूप में उत्तर प्रदेश में अखबारों ने पहली बार उगाही वर्ष 2007 के विधानसभा चुनाव में की। वैश्विक आर्थिक मन्दी के बीच वर्ष 2009 के लोकसभा चुनाव में उगाही की यह प्रणाली बिहार पहुँची। इस चुनाव में बिहार-झारखण्ड में हिन्दुस्तान ने 'बिकी हुई' खबरों के नीचे 'एच टी मीडिया इनिशिएटिव' लिखा तो प्रभात खबर ने 'पीके मीडिया इनिशिएटिव'। दैनिक जागरण ने बिकी हुई खबरों का फॉट कुछ बदल दिया। खबरों के लिए धन की इस संस्थागत उगाही पर विरोध बिहार से शुरू हुआ। हालाँकि इस पर संदेह के पर्याप्त कारण भी मौजूद थे। तथ्य यह था कि बिहार में अखबारों द्वारा चुनाव के दौरान स्थानीय स्तर पर वसूली के किस्से आम रहे हैं। झारखण्ड में तो अखबार चुनावों के दौरान अपना पुराना हिसाब भी चुकता करते रहे हैं।[10] दरअसल, बाजारवाद की देन 'पेडन्यूज' को लेकर पत्रकारिता के हलके में 'बहुत बड़ी हलचल' कोलाहल-कोहराम और शोरोगुल हुआ। लोकसभा और विधानसभाओं के चुनावों के समय यह तुमुलनाद और अधिक हौलनाक-खौफ़नाक़ हो गया कि चुनाव आयोग के निर्देश के बावजूद कुछ राजनीतिक दल और उनके प्रत्याशी जनमत को अपने पक्ष में प्रभावित करने के लिए अखबार प्रबन्धन को पैसा देकर, अपनी खबरें विज्ञापन की शक्ल में अखबारों में छपवा रहे हैं, इस तरह ये अखबार के 'कॉलम' और 'स्पेस' की खरीद-फ़रोख्त कर 'पेड न्यूज' को बढ़ावा दे रहे हैं।

परिणाम हुआ, इस दौर में पत्रकार और पत्रकारिता दोनों लांछित हुए। किसी ने पत्रकारों को 'न्यूज ट्रेडर' कहा तो किसी ने 'वेश्या', वहीं कुछ लोगों ने आज की पत्रकारिता को 'सेल्फी' कहा तो कुछ ने 'सुपारी' जैसे गन्दे शब्दों से इसे पैबस्त किया। पत्रकारिता पर आरोपों के गोले दगने शुरू हुए, तो रुकने का नाम नहीं ले रहे थे। आवाज उठी कि आज की पत्रकारिता **मीडिया आउटलेट** बनकर बाजारू हो गयी है, रुपया उगलनेवाली कलकतिहा **'टकसाल'** और **'मिण्ट-हाउस'** हो गयी है। यह 'खबरनवीस' कम, 'मत-प्रवक्ता' अधिक हो गयी है। सवालों के नये कल्ले पुनः फूटे कि अपने वर्तमान से पत्रकारिता का संवाद आखिर कैसा और कितना रह गया है? स्वतन्त्रता संग्राम के समय जो पत्रकारिता बुनियादी रूप से एक 'मिशन' थी, आज बुद्धिनिष्ठ सम्मानित 'व्यवसाय' के रूप में लगभग स्थापित हो चुकने के बाद भी उसमें पेशेवर या व्यावसायिक कौशल का निराशाजनक अभाव क्यों है? 'मिशनरी' मूल्यों से कटती-छीजती पूँजी और सरमाया का यारबाश बन महज, 'प्रोडक्ट' के रूप में तब्दील हो चुकी आज की पत्रकारिता का सामाजिक दायित्व पूँजी के चरित्र के आगे घुटने क्यों टेक चुका है? क्या आज का अखबार सिफ़त पूँजीवाद की औलाद है, जिसकी सारी रुग्णताएँ पत्रकारिता में खरामह-खरामह रिसती चली आयी हैं, जो पूँजीवादी समाज की हैं? अपने को अतीत की जुझारू विरासत का विकास बतानेवाली पत्रकारिता में अतीत की विरासत का आखिर विकृतीकरण क्यों हुआ है? इतना ही नहीं, आज अखबार पहले की तुलना में बहुत सज-धज कर छप रहे हैं, उनकी प्रसार संख्या काफी बढ़ी है, पत्रकारों के ठाट भी बढ़े हैं, लेकिन क्या आज किसी पत्रकार की तुलना श्री भारतेन्दु हरिश्चन्द्र, मदनमोहन मालवीय, विष्णुराव पराड़कर, गणेश शंकर विद्यार्थी, महावीर प्रसाद द्विवेदी, प्रेमचन्द, माधवराव सप्रे या माखनलाल चतुर्वेदी से की जा सकती है? आखिर, किसी जुझारू पत्रकारिता का 'मिशन', 'संकल्प', 'लक्ष्य और ध्येय' तथा 'तपिश एवं ताप 'साम्प्रतिक पत्रकारिता में कहाँ बिला गया?

पुनः टिप्पणियाँ शुरू हुईं कि, "समाचार-पत्रों को अपने नाम के अनुरूप समाज के 'सम' + समाचारों का दर्पण होना चाहिए था, लेकिन आज वह बाजारवादी जड़ता का शिकार हो, सामान्य आचरण का दस्तावेज न होकर 'विषम' + आचरण के असामान्य व्यवहार का अभिलेख हो गया है। यहाँ अब 'पेड न्यूज' के रूप में 'खबर' की जगह 'अ खबर' छप रही है। अतः किसी ने व्यंग्य और तंज में कहा कि कहीं इसीलिए इसे 'अखबार' तो नहीं कहा गया? मैंने कहीं पढ़ा है कि विश्वकवि रवीन्द्र नाथ टैगोर ने 'अखबार' को कभी 'अँधेरे का अग्निसेतु' कहा था तो निराला ने 'अँधेरे की रोशनी'। इसी तरह पत्रकारिता से जुड़े पश्चिम के मार्केस और अपने रघुवीर सहाय ने पत्रकारिता और रचनात्मक साहित्य में बहुत फर्क-फॉक नहीं माना था। हाँ, यदि फर्क माना था तो फ़क़त संवेदना का। इनका कहना था कि गहरी संवेदना पत्रकारिता को रचनात्मक साहित्य में बदल देती है। इधर, बोर्खेस ने अखबार को 'क्षणभंगुर छिटपुट का अजायबघर' कहा था। सारांश यह कि इस दौर में पत्रकारिता एक गम्भीर किस्म की बीमारी 'इन्फोटेनमेण्ट' का ग्रास बन धन्धेबाज हो गयी। उसकी निगाह महज मुनाफे और फदिये पर टिक गयी। वह क्षत-विक्षत होकर इकहरी, संकीर्ण और खण्डित हो गयी। समाज से उसका सीधा और सार्थक संवाद कट गया। युग के दर्द, संत्रास, विकलता और पीड़ा से विच्छिन्न वह समाज के संस्कार, संस्कृति और परम्परा से विलग होकर निष्पंद-निष्प्राण और उदासीन-अनुत्साहित हो तंगदिली एवं तंगनजरी में गिरफ्त हो गयी। सभी जानते हैं, पत्रकारिता सामयिक जगत की हलचल का केन्द्र होती है। पाठक उसका शाश्वत सत्य होता है। पाठक से उसका गहरा लश्तगा और सरोकार होता है। पाठक की चेतना का वह धरातल भी होती है, पर, दुर्भाग्य से वह इस दौर में कुछ लोगों की प्रशंसा-निन्दा के सरलीकरण का विकृत शिकार हो गयी। उसमें दोषों के अनगिनत सुराख और छेद हो गये। इधर, सत्ता से खबर लेनेवाले 'खबरची' भी अपने आप में सत्ता हो गये। यह सिलसिला यहीं नहीं रुका। बेखौफ-बेबाक, बेलौस अन्दाजे-बयाँ, साफगोई और किस्सागोई की कला से खबरें चटपटी-चटकदार बनने लगीं। रउवा सभी जानते हैं सूचना स्वतः में असीमित शक्ति-सम्पन्न होती है। सही-सटीक सूचनाओं के प्रसार 'से लोगों का सशक्तीकरण होता है। पर, दुर्भाग्य से सूचनाओं-खबरों के साथ अनावश्यक तसर्रुफ ने बुलन्द और खूबसूरत जिस्मवाली पत्रकारिता की रूह को नासाज बना दिया। विधायिका, कार्यपालिका और न्यायपालिका के साथ पत्रकारिता को भारतीय समाज में सादर 'संवादपालिका' कहा जाता है, किन्तु खबरों को व्यावसायिक उत्पाद (प्रोडक्ट) बना, उनकी खरीद-फरोख्त कर इस संवादपालिका को भी ध्वस्त करने की कोशिश की गयी।

आप जानते हैं, 'न्यूज' को पत्रकारिता की साँस कहा जाता है, अखबार-प्रबन्धन ने उसकी भी परिभाषा बदशक्ल और बदनुमा बना दी। **'एक्सक्ल्यूसिव'** बदलकर 'स्कूप' हो गया। पत्रकारिता की साख दाँव पर लग गयी। वह बाजार के फैशनेबुल होड़ का शिकार बन गयी, फल हुआ, बाजार की होड़ में बेजांन, नीरस, हास्यास्पद तथा अविश्वसनीयत खबरों से लैस पत्रों की धूम मच गयी। इस तरह सम्पूर्ण भारतीय, खासकर उत्तर भारतीय पत्रकारिता 'बिग पर्पज ऑफ पॉलिटिकल कॉमर्स' का जरखरीद लठैत हो गयी। इतना ही नहीं, इस दरमियान पत्रकारिता की भाषा से भी छेड़छाड़ की गयी, परिणामतः शब्दों का ताप और तेजमरा पतनोन्मुखी भाषिक प्रयोग से शब्द अर्थहीन हुए तो भाव लकवाग्रस्त और मरणासन्न, यथा—वेतनवृद्धि की घोषणा के बाद 'गुरु जी मालामाल' हो गये तो कार्रवाई की खबर से अफसर नप गये' (जैसे दर्जी की दुकान पर सिलने के लिए कोई ग्राहक़ कपड़ा नपवा रहा

हो) और विरोध प्रदर्शन को लेकर 'जनता ने जमकर बवाल काटा'। कुछ और तुकबन्दी वाले शीर्षक देखिये, 'राजा का बाजा बजा', 'मनमोहने में विफल मनमोहन', प्रणव मुखर्जी वित्तमन्त्री से 'दादा' और कभी रेलमन्त्री रहीं ममता बनर्जी 'दीदी' बन गईं।

सुना है, किसी भी लोकतान्त्रिक देश की पत्रकारिता साध्वी के ब्रह्मचर्य की तरह अक्षत् मानी जाती है। वह 'जनतन्त्र की गीता' का पहला अध्याय और किसी भी देश की संस्कृति का अक्षय कोष होती है। संवाद और सवाल जीवन्त पत्रकारिता की उपलब्धि के सूचकांक माने जाते हैं। इसकी विस्तृत और अपरिमित दुनिया सरोकारों से बनती है। फिर, भारतीय पत्रकारिता के विषय में क्या कहना और पूछना? इसने तो गुलामी के दरमियान अपनी जमीन से उखड़कर फलकजद हो भटक गये लोगों को अँधेरे में मशाल थमाया। व्यक्ति और समाज के बीच जीवित संवाद, विभिन्न तरह के विमर्श और समय की विशिष्ट दस्तक बनी। भारत की परम्परा, संस्कृति, विचार आदि की धरोहर को वहन कर इन सभी केा अपने भीतर अक्षुण्ण रख भारतीय सर्जनात्मकता का अमोघ संकल्प बनी। स्वतन्त्रता आन्दोलन के दौर में वह गुलामी और अन्धकार, हताशा और दुःख से लड़ने का औजार और उपकरण थी। दुनिया में किसी भी देश की पत्रकारिता ऐसी नहीं है, जिसने अपने देश की स्वतन्त्रता की लड़ाई में इतनी बड़ी भूमिका जीया हो। कुल मिलाकर यह कि भारतीय पत्रकारिता ने भारतीय धरती के रूप-रंग, गन्ध-रस—इन सबका समय-समय पर एहसास कराया। आजादी-आन्दोलन के वस्त में मुरझाए मनों को अपनी विशिष्ट ऊर्जा-जल से सींचकर हरा किया। विचारों के बंजरपन, द्वन्द्व और संशय में इसने जीवन संघर्ष के जीवट और सृजन की प्रेरणा दी। खुलासा यह कि, हर तरह की जड़ता के विरुद्ध भारतीय पत्रकारिता ने संस्कृति की गतिशीलता की लड़ाई लड़ी। इतना ही नहीं, इसने देश की उदारता, परिवेश, छवि और संवेदना इन सभी को विशिष्ट चिन्तन सरणि के लौह साँचे में ढालकर एकसार तथा भिन्नताहीन बनाया। आज भी इसके भीतर इस देश का सम्पूर्ण इतिहास फेटकर समाहित है।

पर, दुर्भाग्य से भारतीय स्वतन्त्रता संग्राम की अपराजेय और अप्रतिम योद्धा, सम्पूर्ण भाषायी पत्रकारिता सम्प्रति तमाम तरह के झोल और आरोपित जटिलता का संकट झेल रही है। कभी पूरे मुल्क की पुख्ता आवाज तथा धुर अतीत के पुनर्जागरणकालीन अनेक मनीषियों की स्वर्णलोक बनी भारतीय पत्रकारिता आज अपने ही देश में जैसे पनाहगुजीन बन खून और खाक में घिसट रही है। तथाकथित नीम-हकीम पत्रकारों तथा कुछ अखबार-प्रबन्धन ने इसे भारतीय रंगमंच की 'यवनिका' बना दिया। भारतीय पत्रकारिता के बेदाग फलक पर 'पेड न्यूज' का ऐबदार दाग़ और कलंकित धब्बा लगा। पर, इसमें दोष—पत्रकारिता का तो है नहीं, दोष तो इसे साधने और इससे लाभ लेनेवालों का है अतः ऐसी स्थिति में यह सवाल कर सकती है कि, ''नजर तो तेरी बुरी, बुर्क़ा मैं पहनूँ''?

एक शब्द में यह कि बाजार ने अखबारों का लक्ष्य समाज सेवा की जगह मुनाफा बना दिया। खबरें उत्पाद हो गयीं जिसे बेचने में इन्हें थोड़ा-सा भी संकोच नहीं रहा। इस तरह अखबार, बाजार और पूँजी—इन तीनों ने यारबाश-यारफरोश बन पाठक/उपभोक्ता को मुक्तहस्तसेलूटा, पाठक भकुवा बन ठगा रह गया।

(4) बाजार और उपभोक्ता संरक्षण कानून : संक्षिप्त विश्लेषण–

''बापू हमें धरती पाँवों से नहीं,
दिल से नापने की कला सिखा गये हैं,
आदमी की बिग-बॉस बनने की आदत कायम है,

बिग बॉस बनने के लिए सत्ता/संस्कृति पर कब्जा होना जरूरी है,
बाजार की चकाचौंध से हर कोई मोहित है,
अब घरों की पहचान नहीं...,
घर का पता पूछो तो पहले दुकान का नाम लेता है,
बाजार मॉटी का भी मोल लगाने में माहिर है,
अपनी मॉटी का मोल जाने बिना,
बाजार जा रहे हैं तो....
एक बार गौर से अपने आप को,
अपने घर को देख लीजिये।''[11]

बाजार की अवधारणा बहुत पुरानी है, भोजपुरी के प्रथम कवि कबीर से भी सम्भवतः उम्र में जेठी है। सुप्रसिद्ध आलोचक-चिन्तक डॉ. अजय तिवारी कहते हैं कि बाजार पहले भी था, बाजार से कवि का वास्ता भी था, लेकिन सम्बन्ध इतने बाजारी नहीं थे। सौदागरी पूँजी ने मानव-सम्बन्ध बदले थे, कवि इसकी साखी देते हैं। तोड़फोड़ विशेषज्ञ कबीर हाथ में लुकाठी लेकर बाजार में खड़े थे। देव उनसे कम ईमानदार नहीं थे। अपने को सीधे-सीधे 'सौदागार' कवि कहते थे। उन्हें कबीर की, तरह अपना घर जलाना नहीं था, चलाना था। मिर्जा ग़ालिब दोनों से न्यारे थे—'बाजार से गुजरा हूँ, खरीदार नहीं हूँ'। फिर सोचते थे, 'आजाद खयाल हूँ'। पहले के लोग शायद समझदार थे, 'स्वान्तः सुखाय' में। ढँककर अपना प्रयोजन पेश करते थे। उनके सुख की परिभाषा अलग-अलग हो सकती थी। किसी को रघुनाथ गाथा गाने में सुख मिलता था, किसी को नायिका-भेद गाने में, किसी के स्वान्तः सुखाय में 'सुरसरि सम सब कह हित' भी शामिल था, किसी के लिए सुख अशरफियों में परिवर्तनीय था—'लाखन खरचि रूचि आखर खरीदे हैं। यह नजारा अब आम हो गया है। वेदशास्त्र का 'प्रभु सम्मित उपदेश' शब्द प्रधान है, जिसका पालन अनिवार्य है। पुराण-इतिहास का 'सुहृत्सम्मित उपदेश' अर्थ प्रधान है, जिसे मानना लाभकर है। साहित्य-कला का 'कान्तासम्मित उपदेश' रस प्रधान है, जो अपनी रमणीयता से अनुकरणीय बन जाता है। प्रभुसम्मित उपदेश बाजार दे रहा है, जिससे बचना कठिन होता जा रहा है।[12]

सच तो यह है कि बाजार को न मनुष्य से मतलब है, न प्रकृति से। उसे तो महज मुनाफे से मतलब है। आज, व्यक्ति बाजार का मुखापेक्षी बन गया है। बाजार की महाठगिन आदमी को उपभोक्ता बनाकर 'सीकरी' की ओर बेतहाशा दौड़ा रही है। सम्प्रति बाजार की मायावी चकाचौंध ने सम्पूर्ण दुनिया में अपना साया डाल दिया है। साफ शब्दों में बाजारवाद का ढाँचा 'ग्लोबल' हो गया है। बाजारवाद का विस्तार घर बेड-रूम तक होने से केवल अर्जन और खर्च तक हमारा जीवन सीमित हो गया है। घर 'मॉल' में बदल रहे हैं। खरीददारी मोबाइल पर हो रही है। वस्तुएँ और सेवाएँ ड्राइंग-रूम में सीधे 'डिलीवरी', हो रही हैं। पूँजीवादी संस्कृति की कृत्रिमताओं ने मनुष्य को 'वस्तु' और 'बेजान ढेला' के रूप में बदल-ढाल दिया है। बाजार ने कृत्रिम जरूरतें पैदाकर मनुष्य को कृत्रिम कष्ट दिये हैं। मनुष्य भी बाजार का उपभोक्ता बन उसका शोषण-दोहन झेल रहा है। मनुष्य के तमाम मूल्य और सपने व्यर्थ होते चले जा रहे हैं। कहते हैं, हर चमकनेवाली चीज सोना नहीं होती। हर भारतीय इस तथ्य से वाकिफ है, लेकिन बढ़ते उपभोक्तावाद ने तमाम वर्जनाओं को तोड़ दिया है। फैशन के इस दौर में 'गारण्टी' चाहने की जैसे किसी की इच्छा भी नहीं हो रही है। आज हर आदमी उपभोक्ता

है। हर आदमी अपनी जरूरत की चीजें और सेवाएँ खरीद रहा है। आर्थिक तरक्की के साथ उसके संकुचित उपभोक्तावाद का दायरा बढ़ने लगा है। बढ़ती हैसियत के अलावा भी तमाम कारक हैं, उपभोक्तावाद की संस्कृति को हवा दे रहे हैं, जिसके चलते लोग अपने उपभोक्ता हितों की अनदेखी तक करते हुए खराब गुणवत्ता वाले उत्पादों को खरीद लेते हैं। इसमें उत्पादों का विज्ञापन करनेवाले हमारे सेलिब्रिटी की भी अहम् भूमिका होती है। भले ही उत्पाद की गुणवत्ता खराब हो, लेकिन भारी भरकम राशि पा रही ये हस्तियाँ उन्हें ऐसे प्रचारित करती हैं, जैसे इससे अच्छी चीज इस धरती पर दूसरी नहीं है। आकर्षक कैच लाइनें और जनता के दिलों पर राज करनेवाले हसीन चेहरे लोगों को लुभाने के लिए काफी होते हैं। यहीं उनका उपभोक्ता हित प्रभावित होता है और ग्राहक गुमराह होकर गलती कर बैठता है। अब ग्राहकों को गुमराह होने से बचाने के लिए ऐसे भ्रामक विज्ञापनों पर सेलिब्रिटी को जिम्मेदार ठहराने का प्रावधान किया जा रहा है।

(क) भ्रामक विज्ञापन और उपभोक्ता—एफ.एस.एस.ए.आई. के मुताबिक किसी उत्पाद को तब भ्रामक माना जाता है, जब उसे गलत तथ्यों, भ्रामक विज्ञापनों के सहारे प्रदर्शित या बेचा जाय। विज्ञापन में कही गईं बातें उत्पाद लेबल पर दी गयी जानकारी से मेल न खायें। लेबल पर खाद्य-पदार्थ के विषय में जानकारी न उपलब्ध हो। इस श्रेणी में आनेवाले सभी उत्पादों को भ्रामक माना जाता है। उदाहरण के लिए हाल ही में मैगी नूडल्स में मोनोसोडियम ग्लूकामेट एम.एस.जी. नामक तत्त्व की मात्रा सामान्य से कई गुना अधिक पायी गयी, जो इसे हानिकारक बनाती थी। इसकी सही मात्रा का जिक्र लेबल पर नहीं था, इतना ही नहीं, विज्ञापन में इसे स्वास्थ्य के लिए अच्छा बताया भी गया था। बस यहीं से नियम उल्लंघन का सारा किस्सा शुरु हुआ। इसके चलते नूडल्स का विज्ञापन करनेवाली अभिनेत्री माधुरी दीक्षित और अभिनेता अमिताभ बच्चन भी विवादों में आ गये। बहरहाल, भ्रामक विज्ञापनों के लिए हस्तियों को जिम्मेदार मानने में कई दिक्कतें होती हैं। मसलन, कोई माधुरी दीक्षित या अमिताभ बच्चन से कैसे उम्मीद कर सकता है कि वे लैब में जाकर उत्पाद की गुणवत्ता की जाँच करेंगे। निश्चिय रूप से गुणवत्ता के सम्बन्ध में कोई विशेषज्ञ ही बता सकता है, लिहाजा उत्पाद की गुणवत्ता भले ही कैसी हो, पर हस्तियों को वही मानना पड़ेगा, जो लैब की रिपोर्ट कह रही है। वस्तुतः विज्ञापनों का हमारे समाज पर काफी असर होता है। यहाँ तक कि कई बार सेलिब्रिटी को देखकर ही लोग उत्पाद का चुनाव करते हैं। इन्हें उस मुकाम तक पहुँचाने वाले आम लोग ही हैं। फिल्मी हस्तियाँ फिल्म के जरिये करोड़ों इसलिए कमा पाती हैं, क्योंकि उनके प्रशंसक अपनी गाढ़ी कमायी से टिकटें खरीद उनकी फिल्में देखते हैं। लिहाजा जब वे समाज से इतना लेते हैं तो समाज के प्रति उनका भी कुछ कर्त्तव्य बनता है। जिस प्रकार टी.वी. सीरियल में 'डिस्क्लेमर' लगाया जाता है कि धारावाहिक के सभी पात्र काल्पनिक हैं, इस तरह का प्रावधान विज्ञापनों में नहीं होता है। आजकल विभिन्न सेलिब्रिटी के बीच विज्ञापनों को लेकर प्रतिस्पर्द्धा चल रही है। यह एक और वजह है कि बिना उत्पाद की गुणवत्ता जाँच किये नामी-गिरामी हस्तियाँ उत्पादों का विज्ञापन करती हैं।

(ख) भ्रामक विज्ञापनों से सेलिब्रिटी को बचने की सलाह—अप्रैल, 2016 में एक बैठक में सी.सी.पी.सी. ने ध्वनिमत से फैसला लिया कि विज्ञापन करनेवाली किसी भी क्षेत्र की बड़ी-छोटी हस्तियाँ भ्रामक विज्ञापन के उत्तरदायी होंगे। इस बैठक में ब्राण्ड ऐम्बैसेडर के लिए भी दिशा-निर्देश तय किये गये। उत्पादों के विज्ञापन गलत होने पर **केन्द्रीय उपभोक्ता संरक्षण परिषद** (सी.सी.पी.सी.) ने निर्णय लिया है कि गुमराह करनेवाले

विज्ञापनों के लिए सेलिब्रिटी को जिम्मेदार मान उन्हें दण्डित किया जायेगा। सी.सी.पी.सी. की बैठक के बाद उपभोक्ता मामलों के तत्कालीन मन्त्री रामविलास पासवान ने कहा कि, ''परिषद का विचार है कि विज्ञापन भ्रामक होने पर सेलिब्रिटी को जिम्मेदार माना जायेगा। अतः किसी भी उत्पाद/सेवा का विज्ञापन करने से पहले सेलिब्रिटी को अच्छी तरह से विचार कर लेना चाहिए। परिषद् का यह भी कहना था कि हर किसी को विज्ञापन देखते हुए सामान्य बुद्धि का इस्तेमाल करना चाहिए। यदि विज्ञापन में कहा जाता है कि इस उत्पाद का इस्तेमाल करने से कोई व्यक्ति छह माँह में लम्बा हो सकता है तो विचार करें कि क्या यह सम्भव है?

सच तो यह है कि सेलिब्रिटी द्वारा विज्ञापन करने से उपभोक्ता प्रभावित होते हैं, इसलिए जरूरी है कि एक कड़े कानून द्वारा भ्रामक विज्ञापनों को रोका जाय। इन्हें प्रस्तुत करनेवाले सेलिब्रिटी को भी जिम्मेदार बनाया जाय। इधर, सेलिब्रिटी को भी किसी भी उत्पाद का विज्ञापन करने से पहले सत्यता-विश्वासनीयता जाँचनी चाहिए। उपभोक्ताओं को भी भ्रामक प्रचार से बचने के लिए अपने विवेक का इस्तेमाल करना चाहिए। दरअसल, उपभोक्ताओं में जागरूकता की कमी ही भ्रामकता को बढ़ावा देती है। लुभावने विज्ञापनों के लिए सेलिब्रिटी को जिम्मेदार ठहराने से एक परिणाम यह निकल सकता है कि वे पूर्णतः जाँच-पड़ताल करके केवल उन्हीं वस्तुओं का विज्ञापन करेंगे जो उच्च मानक पूरी करती हों। वस्तुतः असलियत तो यह है कि ऐसा शत-प्रतिशत तो हम नहीं कह सकते, लेकिन अधिकांश विज्ञापनों में होता है कि सेलिब्रिटी से लगाव होने के नाते उपभोक्ता उसके द्वारा विज्ञापित की गयी वस्तु पर विश्वास कर लेता है। खासकर, महिलाएँ और बच्चे ही अधिकांशतया ऐसे भ्रामक विज्ञापनों के जाल में फँस जाते हैं, क्योंकि दोनों ही किसी-न-किसी सेलिब्रिटी से प्रभावित होते हैं। असल में, भारत में किसी भी सेलिब्रिटी को इज्जत के साथ देखा जाता है, अतः जब ये लोग किसी उत्पाद के विज्ञापन से जुड़ते हैं तो लोग उस पर आँख मूँदकर भरोसा कर लेते हैं, किन्तु कभी-कभी विश्वास का परिणाम उलटा हो जाता है।

हाल के दिनों में भ्रामक विज्ञापन को लेकर कुछ सेलिब्रिटी आलोचना के दायरे में आ गये थे। मैगी का मामला सामने आने पर माधुरी दीक्षित और अमिताभ बच्चन निशाने पर आ गये थे भारतीय क्रिकेट टीम के तत्कालीन कप्तान महेन्द्र सिंह धोनी को अप्रैल, 2016 के प्रथम सप्ताह में आम्रपाली के ब्राण्ड ऐम्बैसडर से इस्तीफा देना पड़ा। नोएडा के एक आवासीय प्रोजेक्ट से नाराज निवासियों ने सोशल मीडिया पर अभियान चलाया और धोनी को बिल्डर से अलग होने की माँग की थी। इसका परिणाम हुआ मोदी की केन्द्र सरकार ने इस पर सख्त कदम उठाते हुए एक संसदीय समिति गठित की। तेलुगूदेसम पार्टी के सांसद जे.सी. दिवाकर रेड्डी की अध्यक्षता में गठित एक संसदीय समिति उपभोक्ता संरक्षण कानून में बदलाव की सम्भावनाओं पर पड़ताल करना शुरू की। समिति द्वारा तैयार रिपोर्ट को यदि संसद में मंजूरी मिल जाती है तो भ्रामक विज्ञापनों में वास्तविकता से परे का दावा करनेवाली सेलिब्रिटी के लिए कई तरह के संकट खड़े हो जायेंगे। यदि ऐसे मामलों में विज्ञापन में किये गये। दावे झूठ पाए जाते हैं तो सेलिब्रिटी को अधिकतम पाँच साल की सजा और पचास लाख रुपये का अर्थदण्ड हो सकता है। दुनिया के कई मुल्कों में ग्राहकों के हित को सुरक्षित रखने के तहत ऐसे कानून काम कर रहे हैं। इधर, उपभोक्ता मामलों की विशेषज्ञ पुष्पा गिरमा जी ने सेलिब्रिटी को खोखले दावों से बचने की सलाह दी है। उनका कहना है कि

सेलिब्रिटी भले ही क्रिकेटर या ऐक्टर हों, उनके ढेर सारे फैन होते हैं और इस कारण उपभोक्ता की पसन्द को प्रभावित करने की उनकी ताकत होती है और इस वजह से ही उनको

उत्पादों और सेवाओं के विज्ञापन का प्रचार करने के लिए मोटी राशि दी जाती है। हालाँकि इस ताकत के कारण उन पर इस जिम्मेदारी का भाव भी आता है कि वे सन्दिग्ध गुणवत्ता, हानिकारक या स्वास्थ्य के लिए नुकसानदेह उत्पाद या सेवा का प्रचार करने से बचें। इसके साथ ही जिस उत्पाद को खुद नहीं आजमाया है या भरोसा नहीं है, ऐसे उत्पाद के बारे में उसे महज खोखले दावे करने से बचना चाहिए।

लेकिन इन सबके बावजूद चन्द सम्मानित अपवादों को छोड़कर हमारे सेलिब्रिटी अपने लक्षित उपभोक्ताओं के प्रति जिम्मेदारी दिखाने के बजाय उनके प्रति पूरा असम्मान दिखाते हैं। वे फिल्मों के माध्यम से सिगरेट को खुल्लमखुल्ला और चुपके से प्रोत्साहित करते रहे जबकि यह कैंसर के कारण के लिए जिम्मेदार माना जाता है। यह सिलसिला सरकार द्वारा बन्द किये जाने के बाद रुका। आज रोके जा सकने वाले गैर-संक्रामक रोगों के मामले में तम्बाकू से भी गैर स्वास्थ्यकारी खान-पान का स्थान ऊपर हो गया है। इसके बावजूद यह देखा गया है कि सेलिब्रिटी निस्संकोच भाव से जंक फूड को बढ़ावा देने का प्रचार कर रहे हैं। अब वक्त आ गया है कि उनको पैसे से आगे इस पर विचार करने के लिए बाध्य किया जाये।

पिछले साल दिल्ली के कन्ज्यूमर फोरम ने एक मामले में इमामी लिमिटेड को उसकी फेयरनेस क्रीम 'फेयर ऐण्ड हैण्डसम' के गलत प्रचार का दोषी पाया और निर्माता से विज्ञापन को वापस लेने के साथ दण्ड के रूप में 15 लाख रुपये (निखिल जैन बनाम इमामी लिमिटेड, सीसी/53/2013 देने को कहा। क्या इसके साथ विज्ञापन का प्रचार करनेवाले अभिनेता शाहरुख खान को भी जिम्मेदार नहीं माना जाना चाहिए क्योंकि अधिकांश उपभोक्ताओं ने इस विज्ञापन के सम्बन्ध में उनके दावे के आधार पर ही उस उत्पाद को खरीदा था? दुर्भाग्य से फोरम में इस विषय पर विचार नहीं किया गया क्योंकि याचिका केवल निर्माता के खिलाफ थी। स्पष्ट है कि विज्ञापन की सत्यता के सम्बन्ध में प्राथमिक रूप से जिम्मेदारी निर्माता की है लेकिन यदि सेलिब्रिटी जंक खाने या अपौष्टिक या ड्रिंक का प्रचार कर रहा है और ऐसा जनहित के खिलाफ कर रहा है तो उसका खामियाजा भुगतने के लिए उसे जिम्मेदार क्यों नहीं माना जाना चाहिए? यदि कोई सेलिब्रिटी गलत, भ्रामक, झूठा दावा करता है और किसी उत्पाद का प्रचार करने से पहले पूरी पड़ताल नहीं करता है तो उसको क्यों जिम्मेदार नहीं ठहराया जाना चाहिए?

अमेरिका में संघीय व्यापार कमीशन (एफ.टी.सी.) उपभोक्ताओं को झूठे, भ्रामक विज्ञापनों से संरक्षण प्रदान करता है। इसके लिए उसने विज्ञापनों के प्रचार के लिए निश्चित दिशा-निर्देश बना रखे हैं। एफ.टी.सी. के मुताबिक जब भी कोई सेलिब्रिटी या व्यक्ति किसी विज्ञापन का प्रचार करे तो उसमें उसकी ईमानदार राय, विश्वास, अनुभव और निष्कर्ष दिखाना चाहिए। प्रचार करनेवाले को ऐसे किसी उत्पाद के बारे में बात नहीं करनी चाहिए जिसको उसने खुद नहीं आजमाया हो। ऐसा दावा नहीं करना चाहिए जिसका प्रमाण उसके पास उपलब्ध नहीं हो। पिछले साल रियलटी टी.वी. स्टार किम करदाशियाँ द्वारा सोशल मीडिया पर पेड पोस्ट के माध्यम से मोर्निंग सिकनेस के बारे में एक गोली का प्रचार करने के कारण अमेकिरी संघीय ड्रग प्रशासन ने पूछताछ की थी। दरअसल, उसमें उस दवा के साइड इफेक्ट के बारे में नहीं बताया गया था। लिहाजा संशोधन के साथ पोस्ट करने के लिए बाध्य किया गया। कुछ साल पहले किम और उनकी बहनों के खिलाफ डाइट पिल्स के सम्बन्ध में एक केस उपभोक्ताओं ने दायर किया था। उसमें उपभोक्ताओं का कहना था कि वे कारगर साबित नहीं हुई थीं।

देश में सेलिब्रिटी द्वारा विज्ञापन के प्रचार के सम्बन्ध में कानून अभी तक वास्तव में विकसित नहीं हो पाया है। यद्यपि गुमराह करनेवाले भ्रामक विज्ञापनों से उपभोक्ताओं की सुरक्षा के लिए कई कानून हैं। सेलिब्रिटी को भी उसके तहत गलत सूचनाएँ परोसने के कारण निश्चित रूप से घेरा जा सकता है और संशोधित विज्ञापन जारी करने के लिए बाध्य किया जा सकता है। पहले दी गयी गलत सूचना के लिए माफी मांगने के लिए कहा जा सकता है। अब तो सोशल मीडिया इतना शक्तिशाली हो गया है कि गैर-स्वास्थ्यकारी या असुरक्षित उत्पाद का प्रचार करनेवाले फिल्मी ऐक्टर और क्रिकेटर का बहिष्कार करने के लिए अभियान चला सकते हैं। 'धौनी ट्रोलिंग' तो बस एक शुरुआत है और अब वह वक्त दूर नहीं है जब सेलिब्रिटी किसी विज्ञापन का प्रचार करने से पहले सोचेंगे।

इसके साथ ही विज्ञापनों का जिम्मेदारी के साथ प्रचार के सम्बन्ध में कानून बनाने की जरूरत है। इसमें जंक फूड जैसे आइटम को शामिल करते हुए लिस्ट बनाई जानी चाहिए और सेलिब्रिटी द्वारा इस तरह का प्रचार करने पर पूर्ण रूप से पाबन्दी लगायी जानी चाहिए।

(ग) उपभोक्ता हित—देर से सही उ.प्र. सरकार ने एक उचित कदम उठाया है। सरकार सीधे दरवाजे पर दस्तक देकर उत्पाद बेचनेवाली यानी डाइरेक्ट सेलिंग संस्थाओं और विक्रेताओं के लिए दिशा-निर्देश तैयार कर रही है। मन्शा है कि दिशा-निर्देशों के माध्यम से ऐसी संस्थाओं और विक्रेताओं पर अंकुश लगाया जा सके जो मार्केटिंग स्किल के दम पर किसी को भी बलात उपभोक्ता बना कैसा भी सामान थमाकर निकल लेते हैं। सामान सही निकला तो ठीक अन्यथा उठा उपभोक्ता शून्य में हाथ पाँव मारता रह जाता है। कोई भी उत्पाद बेचते समय विक्रेता दस तरह के वादे करता है लेकिन, एक बार माल ग्राहक के यहाँ पहुँचा नहीं कि उसकी आँख में फर्क आ जाता है। लोग दौड़ते रह जाते हैं पर उन्हें न्याय नहीं मिलता। डायरेक्ट सेलिंग के मार्फत खरीदारी करनेवाले उपभोक्ता के पास न तो रसीद होती है और न विक्रेता का नाम, पता, ठिकाना। ऐसे में वह उपभोक्ता अदालत का भी दरवाजा नहीं खटखटा पाता है। सरकार दिशा-निर्देशों के जरिये इसी खामी को दूर करना चाहती है। उत्पाद व सेवाएँ बेचनेवाले व्यक्ति/वितरक (डाइरेक्ट सेलर) के लिए जरूरी होगा कि बिक्री के समय उपभोक्ता के अनुरोध पर उसे अपना नाम, पता, पंजीकरण संख्या, पहचान-पत्र व टेलीफोन नम्बर और संस्था का विवरण उपलब्ध कराए। बेचे जानेवाले सामान या सेवाओं का ब्योरा, बिल और रसीद भी मुहैया करानी होगी। इसी तरह कई अन्य निर्देश भी हैं।

सरकार की यह पहल सराहनीय है लेकिन उपभोक्ता हितों के वास्तविक संरक्षण के लिए इतने प्रयास नाकाफी है। कम्पनियाँ अपने उत्पाद बेचने के लिए जिस तरह की आक्रामक रणनीति अपना रही हैं उसमें आम उपभोक्ता के लिए चयन मुश्किल है। सिर्फ डाइरेक्ट सेलिंग ही नहीं हर तरह की खरीद-बिक्री में इतनी जबर्दस्त मार्केटिंग है कि उपभोक्ता अपनी जरूरत भूल मायाजाल में उलझता जा रहा है। कम्पनियाँ छल बल का भी इस्तेमाल कर रही हैं। तमाम तरह के आकर्षक जबानी प्रस्ताव दिये जा रहे हैं और लिखित प्रस्ताव लिये जा रहे हैं। उपभोक्ता जब तक सोचता समझता है तब तक ठगा जा चुका होता है। नियम-कानून पर्याप्त हैं लेकिन इन्हें लागू कराना सरकार की प्राथमिकता में नहीं आता। जरूरत इस बात की है कि कम्पनियों की मार्केटिंग रणनीति, उपभोक्ता की समझ को ध्यान में रखकर नये सन्दर्भों में नियम कानून बनाये जाएं और उतनी ही गम्भीरता से इनके क्रियान्वयन के लिए एजेन्सियों को ताकीद की जाए। तभी उपभोक्ता हितों का वास्तविक संरक्षण सम्भव है।

(घ) उपभोक्ता संरक्षण कानून की कुछ मुख्य बातें–देश में उपभोक्ता हितों के सुरक्षित और संरक्षित करने के लिए कई नियम-कानून हैं।

(क) फूड सेफ्टी ऐण्ड स्टैण्डर्ड सक्ट–यदि कोई सेलेब्रेटी किसी खाद्य पदार्थ का भ्रामक विज्ञापन करता है तो उसे इसके लिए जिम्मेदार माना जायेगा। फूड सेफ्टी ऐण्ड स्टैण्डर्ड एक्ट (एफ.एस.एस.ए.आई.) 2006 की धारा 2 (जेड.एफ.) में पर्याप्त प्रावधान है। कानून का उल्लंघन करने पर दोषी को दस लाख रुपये तक का जुर्माना देना पड़ सकता है। यह एकमात्र ऐसा कानून है जिसमें भ्रामक विज्ञापनों के लिए सेलिब्रिटी को जिम्मेदार ठहराने की व्यवस्था की गयी है।

ड्रग्स ऐण्ड कॉस्मेटिक्स एक्ट—किसी ऐसी दवा का विज्ञापन नहीं किया जायेगा जो डाइबिटीज, मोतियाबिन्द जैसी बीमारियों के रोकथाम या इलाज का दावा करती हो। इस श्रेणी में मोटापा, गाल ब्लैडर में पथरी, कम लम्बाई जैसी 50 बीमारियाँ शामिल हैं।

ड्रग ऐण्ड मैजिकल रैमेडीज (ऑब्जेक्शनेबल एडवरटाइजमेण्ट) एक्ट—इस कानून के अन्तर्गत दवाओं के इस्तेमाल से सम्बन्धित चार तरह के विज्ञापनों को प्रतिबन्धित किया गया है। इसमें गर्भनिरोधक दवाएँ और कैंसर, डाइबिटीज, मोतियाबिन्द, गठिया, ब्लडप्रेशर व एड्स जैसी बीमारियों के जाँच व उपचार से सम्बन्धित विज्ञापन शामिल हैं। उल्लंघन पर सजा का प्रावधान न होने की वजह से प्रभावशाली नहीं।

कञ्ज्यूमर प्रोटेक्शन एक्ट, 1986—यदि किसी उत्पाद के विषय में विज्ञापन के जरिये कुछ ऐसे दावे किये जाते हैं जिस पर यह खरा नहीं उतरता तो यह छलपूर्ण कारोबारी गतिविधियों में आयेगा। इस तरह के भ्रामक विज्ञापन की शिकायत करने पर इसे हटाने का आदेश दिया जा सकता है। इससे यदि कोई क्षति होती है तो विज्ञापनदाता को इसके लिए मुआवजा देना पड़ सकता है। सबसे अहम बात यह है कि विज्ञापनदाता को कोर्ट के द्वारा इसके सुधार के लिए दूसरा विज्ञापन जारी करने का आदेश दिया जा सकता है।

भारतीय मानक ब्यूरो—यदि कोई उत्पाद भारतीय मानक ब्यूरो से प्रमाणित है तो निर्माता इसके सम्बन्ध में किसी प्रकार का भ्रामक विज्ञापन नहीं चला सकता। यदि वह इसके सम्बन्ध में विज्ञापन चलाता है तो उत्पाद के विषय में वही बातें बतानी होंगी जिसके आधार पर इस ब्यूरो का सर्टिफिकेशन मिला हुआ है।

(ख) परदेस में प्रावधान–अमेरिका : यहाँ का फेडरल ट्रेड कमीशन किसी भी उत्पाद के विज्ञापन को लेकर बहुत सख्त है। इसने उत्पादों के प्रचार और विज्ञापनों के विवरण को लेकर दिशा-निर्देश जारी कर रखे हैं। हालाँकि वहाँ सामान्य नियम है कि विज्ञापनों में विज्ञापन करनेवाले की ईमानदार राय, तथ्य, नतीजे, भरोसे, मान्यताएँ की झलक होनी चाहिए। कई मामलों में यहाँ विज्ञापन करने से पहले सेलिब्रिटी द्वारा उत्पाद के इस्तेमाल किये जाने का भी नियम है। वास्तविकता से परे के दावे करनेवाले विज्ञापनों के मामले में अगर जाँच में झूठ पाया जाता है तो विज्ञापन करनेवाला जिम्मेदार होता है। भारत में सेलिब्रिटी द्वारा विज्ञापन से पहले उत्पादों के खुद इस्तेमाल का कोई प्रावधान नहीं है। खुद के इस्तेमाल को भूल ही जाएं, वे उसकी उस वैज्ञानिक जाँच को भी देखने की जहमत नहीं उठाते जिसके आधार पर बड़े-बड़े दावे किये जाते हैं। उनके विज्ञापन का समझौता पत्र इस तरह से तैयार किया जाता है जिससे उत्पाद के चलते किसी प्रकार की उत्पन्न हुई दिक्कत के लिए उन्हें कठघरे में न खड़ा किया जा सके।

चीन : यहाँ पर लागू किये गये नये उपभोक्ता संरक्षण कानून में भ्रामक विज्ञापनों पर सेलिब्रिटी पर नकेल कसने की व्यवस्था है। हाल ही में पूर्व एनबीए स्टार द्वारा फिश ऑयल कैप्सूल के लाभ को बढ़ा-चढ़ाकर किये गये विज्ञापन पर एक व्यक्ति ने मुकदमा कर दिया।

चीन के फूड सेफ्टी लॉ में गुमराह करनेवाले विज्ञापनों और सिफारिशों के लिए निर्माता, विज्ञापनदाता और विज्ञापनकर्त्ता को जिम्मेदार ठहराये जाने की व्यवस्था है। अब चीन खाद्य उत्पादों के अलावा अन्य उत्पादों के भ्रामक विज्ञापनों पर सेलिब्रिटी को जिम्मेदार ठहराये जाने की ओर कदम बढ़ा रहा है।

दक्षिण कोरिया : यहाँ की स्व नियमन संस्थाएँ भारत की ए.एस.सी.आई. की तुलना में बहुत ज्यादा संख्त हैं। इनके पास काफी सारे अधिकार हैं। इन संस्थाओं के पास यह तय करने की ताकत है कि निर्माताओं द्वारा किस उत्पाद का विज्ञापन किया जा सकता है और किसका नहीं। यहाँ पर मेडिकल दवाओं का कोई सेलिब्रिटी विज्ञापन नहीं कर सकता है। कानून के किसी भी उल्लंघन की सूरत में निर्माता और विज्ञापन करनेवालों को दण्डित करने के कड़े नियम हैं।

(ङ) उपभोक्ता संरक्षण कानून में पुनः बदलाव की आवश्यकता–प्रोफेसर श्री राम खन्ना, मैनेजिंग एडीटर, कञ्ज्यूमर वाइस और कॉमर्स, दिल्ली स्कूल ऑफ इकॉनामिक्स का विचार है कि उपभोक्ता संरक्षण कानून में, समय को देखते हुए, सम्प्रति कुछ बदलाव की दरकार है। उनका कहना है कि क्या खेल, फिल्म और कला क्षेत्र में नाम कमाने वाली लोकप्रिय हस्तियों को उत्पादों और सेवाओं का विज्ञापन करने देना चाहिए, भले ही वे भ्रामक क्यों न प्रतीत होते हों? यह मुद्दा हाल में चर्चा में तब आया जब आम्रपाली बिल्डर्स का प्रचार करनेवाले क्रिकेट कप्तान महेन्द्र सिंह धौनी के खिलाफ इस बिल्डर से फ्लैट खरीदनेवाले खरीदारों ने विरोध किया। ये खरीदार फ्लैट पर कब्जा मिलने में हो रही देरी का विरोध कर रहे थे। इसका नतीजा यह हुआ कि धौनी ने आम्रपाली बिल्डर्स से अपना नाता तोड़ लिया। वास्तव में खरीदारों ने उनकी समस्याओं का तत्काल निराकरण नहीं होने के कारण बिल्डर के खिलाफ शिकायत की थी। यह अधिकांश विरोध ऑनलाइन किया गया।

पिछले साल इसी तरह के आरोप मैगी नूडल्स का विज्ञापन करनेवाले मेगास्टार अमिताभ बच्चन के खिलाफ लगे थे। इस ब्राण्ड को तय खाद्य मानकों का उल्लंघन करते हुए पाया गया। इसके चलते मैगी नूडल्स को बाजार से हटाया गया। मुम्बई हाईकोर्ट के निर्णय के बाद यह दोबारा बाजार में आया। अब यह मामला सुप्रीम कोर्ट में है। केन्द्र सरकार ने खुद ही नेशनल कञ्ज्यूमर डिस्प्यूट्स रिड्रेसल कमीशन के समक्ष इसकी निर्माता नेस्ले कम्पनी की शिकायत की थी। लेकिन अमिताभ बच्चन के खिलाफ कोई शिकायत दर्ज नहीं की गयी।

इस सवाल के उठने के बाद जवाब केन्द्र सरकार की केन्द्रीय उपभोक्ता संरक्षण परिषद् (सी.सी.पी.सी.) ने दिया है। उसने सिफारिश की है कि 'भ्रामक विज्ञापन' करनेवाली सेलिब्रिटी को इसके लिए जिम्मेदार ठहराया जाना चाहिए। उपभोक्ता संरक्षण ऐक्ट, 1986 के तहत सी.सी.पी.सी. विशेषज्ञों की नामित बॉडी है और इसके मुखिया केन्द्रीय उपभोक्ता मामलों के मन्त्री होते हैं। कुछ दिन पहले इसकी बैठक में इस मुद्दे को उठाया गया और सुझाव दिया गया कि जिन विज्ञापनों से सेलिब्रिटी संबद्ध हैं, उनके सम्बन्ध में भी नियमन होना चाहिए।

यह सर्वविदित तथ्य है कि सेलिब्रिटी उत्पादों और सेवाओं का प्रचार करने के बदले मोटी फीस लेते हैं और कैमरे के समक्ष फिल्म स्क्रिप्ट की तरह विज्ञापनदाता की स्क्रिप्ट पढ़ते हैं। इसके जरिये विज्ञापनदाता का मकसद अपने उत्पाद या सेवा की बिक्री बढ़ाना होता है और उसे इसके लिए झूठे दावे और सूचनाएँ देने में कोई भय नहीं होता।

बेखबर उपभोक्ता सेलिब्रिटी द्वारा किये जानेवाले विज्ञापन के प्रचार से आकर्षित हो सकते हैं और इस चक्कर में खामी वाले उत्पाद या कमजोर सेवाओं के जाल में फँस सकते हैं। इससे उसको आसानी से नुकसान हो सकता है।

भ्रामक विज्ञापन को उपभोक्ता संरक्षण ऐक्ट, 1986 के सेक्शन 2 (1) (आर) के अन्तर्गत गैरकानूनी व्यापार अभ्यास माना जाता है। इस कानून में भ्रामक विज्ञापन के बारे में कहा गया है कि 'इसमें मौखिक, लिखित या दृश्य माध्यम का सहारा लेकर किसी बात के बारे में झूठा दावा किया जाता है।' ये जिन उत्पादों एवं सेवाओं का प्रचार किया जाना है उनके स्टैण्डर्ड, गुणवत्ता, संगठन स्तर, स्टाइल से सम्बन्धित हो सकते हैं। इस कानून के माध्यम से इस तरह के भ्रामक विज्ञापन के सम्बन्ध में सेक्शन 2 (1) (बी) और (सी) के तहत कञ्ज्यूमर कोर्ट में कोई ग्राहक या स्वैच्छिक उपभोक्ता एसोसिएशन शिकायत दर्ज करा सकती हैं। कञ्ज्यूमर कोर्ट को सेक्शन 14 के तहत उत्पाद में कमी को हटाने, बदलने, पैसा लौटाने और नुकसान या चोटिल होने की स्थिति में मुआवजे के सम्बन्ध में ऑर्डर देने का अधिकार है। ये विपक्षी पार्टी या विज्ञापनदाता के खिलाफ जारी किये जा सकते हैं। अभी सेलिब्रिटी को भ्रामक विज्ञापन के प्रचार के सिलसिले में कोर्ट में घसीटने के सम्बन्ध में कोई प्रावधान नहीं है। मौजूदा कानून के तहत सेलिब्रिटी की कोई जवाबदेही नहीं है।

गुमराह करनेवाले विज्ञापनों के सम्बन्ध में सेलिब्रिटी को जिम्मेदार ठहराए जाने के सी.सी.पी.सी. के सुझाव मानने के लिए मौजूदा नियम में संशोधन की दरकार होगी। उपभोक्ता संरक्षण एक्ट, 1986 में बिना संशोधन के यह सुझाव प्रभावी नहीं हो सकता। ये सुझाव भी एकदम उचित समय पर आया है क्योंकि उपभोक्ता संरक्षण, बिल, 2015 संसद के समक्ष लम्बित है। पिछले साल बिल नंबर 226 के रूप में केन्द्रीय उपभोक्ता मामलों के मन्त्री रामविलास पासवान ने इसे लोकसभा में पेश किया था। फिलहाल यह संसदीय स्टैण्डिग कमेटी के अधीन है और लोकसभा से पास किया जाना बाकी है। इस कमेटी के सुझावों में सी.सी.पी.सी. की सिफारिशों को आसानी से शामिल किया जा सकता है। कई ऐसे संसद सदस्य भी हैं जो सेलिब्रिटी द्वारा किये जानेवाले भ्रामक विज्ञापनों के सम्बन्ध में एक नियमन चाहते हैं। सी.सी.पी.सी. के सुझावों के चलते इसे प्रभावी बनाने के लिए बिल में संशोधन को स्वीकार करने में भी सरकार को कोई दिक्कत नहीं होनी चाहिए। इसके लिए रामविलास पासवान को केन्द्रीय कैबिनेट को संशोधन के लिए राजी करना होगा क्योंकि मूल कैबिनेट नोट में जब इस बिल पर सहमति दी गयी थी तब उसमें यह बात शामिल नहीं थी।[13]

(च) उपभोक्ता संरक्षण कानून और उपभोक्ता अदालतें–उपभोक्ता संरक्षण कानून को बने लगभग तीन दशक से ऊपर हो रहा है। संयोग से इस कानून के बनने के साथ ही देश में आर्थिक उदारीकरण और उपभोक्ता सामानों की क्रान्ति भी आयी। ऐसे में उपभोक्ताओं पर दबाव बढ़ा और उन्हें सहारा दिया उपभोक्ता अदालतों ने। मुफ्त और टिकाऊ न्याय दिलाने वाली यह व्यवस्था विश्व में अनूठी है। तमाम अन्य देश बड़ी जिज्ञासा से इस भारतीय प्रयोग पर नजरें लगाये रहे। 15 मार्च को अन्तरराष्ट्रीय उपभोक्ता दिवस मनाया जाता है। उपभोक्ता मामलों के बेहद जानकार श्री अनंत मित्तल ने इस कानून की समीक्षा बेहद बारीकी से की है, जिसे मैं अपने पाठकों के लिए उनसे साभार दे रहा हूँ,[14]—

कबिरा खड़ा बाजार में "सबकी मांगे खैर की तर्ज़ पर आज उपभोक्ता खड़ा बाजार में किससे बाँधे बैर' कहना शायद कुछ अटपटा नहीं होगा। यानी उसे लुभाने, रिझाने ओर मनाने के लिए बाजार पूरी ताकत से लगा हुआ है। साम-दाम दण्डभेद चारों उपादानों के जरिये

उपभोक्ता को अपना माल खरीदने के लिए तैयार करने की जंग छिड़ी हुई है। ऐसे में जाहिर है कि यदि उपभोक्ता समझदार और जानकार नहीं है तो उसके ठगे जाने के पूरे आसार हैं और ये बाजार होड़ यहीं रुकने नहीं जा रही। संचार क्रान्ति के जरिये दुनिया के बाजारों के एकीकरण और अर्थव्यवस्थाओं के खगोलीकरण के इस दौर में एक खगोलीय गाँव बस जाने की दिशा में बढ़ती दुनिया में सबसे ज्यादा दबाव उपभोक्ता पर है। बाज़ार में अपने माल और सेवाओं को ज्यादा-से-ज्यादा खपाने की होड़ का सारा दारोमदार उपभोक्ता के ही कन्धे पर तो है। ये बात दीगार है कि माल की परिभाषा आज बेहद फैल गयी है। माल आज फ्रिज, टेलीविजन, कार या मच्छर भगाने की मशीन, कपड़ा धोने या नहाने का साबुन, सिलेसिलाये कपड़ों और जूतों तक ही सीमित नहीं रह गया है। माल की नयी-नयी किस्में आती जा रही हैं। ये सिगरेट-शराब, बैंक जमा योजना, बीमा पालिसी, सेलूलर फोन सेवा, पर्यटन पैकेज, कंडोम, गाने का कैसेट या सी.डी., से लेकर टी.वी. चैनल फिल्म या समाचार बुलेटिन डेंगू और हेपेटाइटिस बी के इलाज का पैकेज या टी.वी. सीरियल तक कुछ भी हो सकता है।

कुल मिलाकर उपभोक्ता के बिना बाजार की अवधारणा ही नहीं हो सकती। लेकिन क्या भारत और ऐसे दूसरे देशों का उपभोक्ता बाजार के खगोलीय हमले को झेलने लायक समर्थ है? क्या उसकी जानकारियाँ सामयिक हैं और क्या उसे मुनासिब कानूनी संरक्षण मिला हुआ है? जहाँ तक सामर्थ्य का प्रश्न है तो भारत सरकार ही मानती है कि देश में 25 करोड़ लोगों के लिए आजादी के 50 साल बाद भी दो जून की रोटी नहीं जुट पाती और उनको सरकार रियायती दर पर अनाज मुहैया कराने जा रही है। इसलिए उनके समर्थ या जागरूक होने का तो सवाल ही नहीं है। यूँ भी बाजार होड़ में उनकी कोई गिनती नहीं है, क्योंकि ये सैलाब तो सिर्फ उन्हीं किनारों को छूता है जो उपजाऊ हैं। यानी देश के निम्न मध्यमवर्ग से लेकर अमीर-उमरा तबके तक फिलहाल कुल मिलाकर 30 करोड़ भारतीय बाजार होड़ के खगोलीय सौदागरों के निशाने पर हैं। भारत और उनके नजरिये से दूसरे अपेक्षाकृत कम तरक्कीयाफ्ता मुल्कों में अपनी पैठ बढ़ाने के लिए स्थानीय बाजार की बाजीगरी से लेकर विश्व व्यापार संगठन तक में वे सौदागर हर दाँव आजमा रहे हैं। उनकी नुमाइंदगी कर रही अमीर देशों की सरकारें एक तरफ भारत जैसे मुल्कों को आर्थिक उदारीकरण और निजी कम्पनियों को छुट्टा चरने देने की नसीहत दे रही हैं, दूसरी तरफ अपने दरवाजों पर उनके माल और कारीगरों के लिए ताले जड़ती जा रही हैं। विश्व व्यापार संगठन में अपने फायदे के लिए ये देश सूचना प्रौद्योगिक और दूरसंचार सेवाओं के बारे में समझौते कर रहे हैं। लेकिन दूसरी तरफ अपने से पिछली कतार के मुल्कों पर ये देश कपड़े के निर्यात सम्बन्धी पाबन्दियाँ और उनमें पूंजी निवेश को मजदूरी की दर और पर्यावरण संरक्षण जैसे निहायत देसी और सामाजिक महत्त्व के मुद्दों से जोड़ रहे हैं, ताकि उनके माल के लिए अपने दरवाजे बन्द रखने का बहाना तो बना ही रहे, उन देशों में पूँजी निवेश के लिए मनमानी शर्तें थोपकर जी चाहा मुनाफ़ा भी कमाया जा सके।

इन हालात में कम तरक्कीयाफ्ता मुल्कों के उपभोक्ताओं पर दबाव भी अमीर देशों से ज्यादा ही है। उनके सामने खगोलीय सौदागरों के इस अप्रत्यक्ष दबावी जैसी ही बड़ी चुनौती देशी अखाड़े में बेखौफ खम ठोकते धूर्त और भ्रष्ट नेताओं, नौकरशाहों और धन्धेबाज़ों से निपटने की भी है। इनके भ्रष्टाचार का यूं तो उपभोक्ता पर सीधा कोई असर नहीं दिखता, मगर यूरिया घोटाले के 133 करोड़ रुपये, दूरसंचार घोटाले के करोड़ों रुपये, सांसद रिश्वत काण्ड के करोड़ों रुपये और बोफोर्स दलाली काण्ड के 68 करोड़ रुपये भी आखिर गये तो

सरकारी खजाने से ही। और जाहिर है इस मद में होनेवाले सरकारी खजाने में घाटे की भरपाई सरकार बजट में कर बढ़ाकर ही करती है और करों की मार अन्ततः उपभोक्ताओं की दाल-रोटी से लेकर बिजली-पानी और उपभोक्ता सामानों तक सभी पर पड़ती है। लिहाज़ा महँगाई के भँवर में डूबते-उतराते उपभोक्ता को 15,000 रुपये मूल्य पर दस फीसदी दाम बढ़ाकर बेचे जा रहे साढ़े सोलह हजार रुपये के टेलीविज़न या रेफ्रिजरेटर के साथ मुफ्त मिल रहे 600 रुपये के टोस्टर या पंखे का लॉलीपॉप भी बड़ा मीठा नज़र आता है। उस बेचारे को ये पता ही नहीं चल पाता कि 600 रुपये मूल्य की चीज़ मुफ्त देने का चुग्गा डालकर सौदागर उसे 900 रुपये का चूना लगा रहा है। ये तो एक मिसाल है। उपभोक्ताओं के सामने रोज़मर्रा की ऐसी तमाम चुनौतियाँ मुँह बायें रहती हैं। वो चाहे मोटे ब्याज का लालच दे के रुपये बटोरकर चम्पत हो जानेवाली चिटफण्ड कम्पनी हो या फिर गारण्टी देकर माल बेचने और फिर गारण्टी से मुकर जानेवाला दुकानदार और या बीमे की मियाद खत्म होने पर भी पैसा लौटाने से कतराती बीमा कम्पनी हो या खपत से चार गुना बिल भेजने वाला बिजली बोर्ड और या फिर चिकित्सा के नाम पर मरीज़ों को लूटने वाले नर्सिंग होम।

इन चुनौतियों के सामने अस्सी के दशक तक ग्राहक बेज़ार थे। दवा और सौंदर्य प्रसाधन कानून, बाट और माप मानक कानून, खाद्य अपमिश्रण कानून, भारतीय दण्ड संहिता, निविदा कानून और एकाधिकार और अवरोधक व्यापारिक व्यवहार (एम.आर.टी.पी.) कानून वगैरह तमाम वैध प्रावधानों के बावजूद उपभोक्ता असहाय था। इन सभी कानूनों के तहत न्याय पाने को उसे दीवानी अदालतों में जाना पड़ता था जहाँ वकील को मुँहमाँगी फीस देने के बावजूद न्याय मिलना तो दूर मुकदमा निपटने की ही कोई गारण्टी नहीं थीं। हालाँकि एम.आर.टी.पी. कानून के तहत बने ए.आर.टी.पी. आयोग ने इस कमी को दूर करने की कोशिश की, लेकिन उसका दायरा सीमित होने से ये प्रयास अधूरा ही रहा। अलबत्ता उससे अखबार पढ़ने वाले तबके में थोड़ी जागरूकता की शुरुआत जरूर हुई।

इसे उपभोक्ताओं का सौभाग्य की कहा जायेगा कि उपभोक्ताओं की इस दिक्कत का संयुक्त राष्ट्र संघ को भी अपने दीगर मातहत संस्थाओं से इसकी जानकारी मिली। संयुक्त राष्ट्र ने अन्ततः 1985 में इस बाबत कुछ सामूहिक दिशा-निर्देश जारी कर दिये। उन्हीं के आधार पर भारत में भी 1986 में उपभोक्ता संरक्षण कानून के मसविदे को तब के प्रधानमन्त्री राजीव गाँधी की पहल पर संसद ने मंजूरी दे दी। कानून के नियम बनते-बनते साल भर बीता और अन्ततः 1987 में उपभोक्ता संरक्षण कानून लागू हुआ। शुरू में तो इस कानून की धार का किसी को अन्दाजा नहीं लगा, लेकिन धीरे-धीरे इसके तहत बनी तीन स्तरीय उपभोक्ता अदालतों ने जब लोगों की शिकायतों को मुफ्त और कम समय में निपटाना शुरू किया तो इसका महत्त्व बढ़ा। जाहिर है कि उससे जहाँ उपभोक्ताओं की ताकत और जागरूकता बढ़ी, वहीं व्यापारियों को ये खटकने लगा। ताज्जुब ये है कि इसका सबसे ज्यादा विरोध दुनिया के सबसे पाक धन्धे में लगे लोगों यानी डॉक्टरों ने किया।

उपभोक्ता संरक्षण कानून के तहत भारत में खास तौर पर बनी उपभोक्ता अदालतों की अवधारणा दुनिया-भर में अनूठी है और किसी भी देश में सिर्फ उपभोक्ताओं की शिकायतें सुनने और बिना किसी अदालती शुल्क के उनके हरजाने या मुआवजे के दावे निपटाने वास्ते अलग से अर्धन्यायिक संस्थाएं नहीं हैं। इस कानून के तहत देश में उपभोक्ता अदालतों का तीन स्तरीय ढाँचा है।

हरेक जिले में जिला उपभोक्ता विवाद निवारण फोरम है। उसमें पाँच लाख रुपये रकम तक के माल और सेवा के लेन-देन में विवादों और मुआवजे या हरजाने के दावों का निपटारा

करने का प्रावधान है। जिला फोरम के फैसले से असन्तुष्ट पक्ष राज्य आयोग में अपील कर सकता है। और राज्य आयोग के फैसले के भी रिवीजन के लिए राष्ट्रीय आयोग में जा सकता है।

हरेक राज्य में जिला फोरम चाहे कितने भी हों, राज्य आयोग सिर्फ एक ही है। राज्य की राजधानी में स्थित राज्य उपभोक्ता विवाद निवारण आयोग को 20 लाख तक की राशि के मामले निपटाने का अधिकार है। इनमें जिला फोरम के फैसलों की अपील के साथ ही पाँच लाख रुपये से ज्यादा राशि के माल या सेवा सम्बन्धी विवादों की शिकायत की जा सकती है। तमाम राज्य आयोगों के फैसलों से असन्तुष्ट पक्ष राष्ट्रीय आयोग में अपील कर सकते हैं। राष्ट्रीय उपभोक्ता विवाद निवारण आयोग के नाम से मशहूर इस आयोग का दफ्तर देश की राजधानी दिल्ली में जनपथ पर 'ओल्ड इंडियन आयल बिल्डिंग' के प्रचलित नाम वाली इमारत में है। इसमें बीस लाख रुपये से ज्यादा राशि वाले दावों की सीधी सुनवायी होती है। राष्ट्रीय आयोग में अधिकतम राशि की कोई सीमा नहीं है। राष्ट्रीय आयोग के फैसले के खिलाफ सीधे सुप्रीम कोर्ट में ही अपील की जा सकती है।

इस पूरी प्रक्रिया का सबसे महत्त्वपूर्ण पहलू इन अदालतों का लोकतांत्रिक चरित्र है। इनके अध्यक्ष मण्डल में अध्यक्ष तो न्यायिक सेवा से होते हैं, लेकिन सदस्य जनता के नुमाइन्दों में से ही बनाये जाते हैं और वे सदस्य पीड़ित उपभोक्ता की बात कानूनी भाषा में अध्यक्ष को समझाने में मदद भी करते हैं। इनमें शिकायत का तरीका भी सरल है। शिकायत साफ-सुथरे तरीके से हिन्दी या क्षेत्रीय भाषा या अंग्रेजी में भी भेजी जा सकती है। लेकिन उसकी तीन प्रति होनी जरूरी है। यदि उसे डाक से भेजना हो तो रजिस्टर्ड डाक से भी भेजा जाय।

अपनी शिकायत की पैरवी भी उपभोक्ता खुद ही कर सकता है। जरूरत समझे तो किसी रजिस्टर्ड उपभोक्ता संरक्षण संगठन या वकील की मदद भी ले सकता है। वकील की आमतौर पर जरूरत नहीं पड़ती क्योंकि ये कानून बेहद सरल और दो टूक है। इसके तहत माल, सेवा, कोताही वगैरह साफ-साफ परिभाषित है। फिर फोरम या आयोग के सदस्यों का रुख भी उसके प्रति सहानुभूति का होने से फर्क पड़ता है। कुल मिलाकर पूरी प्रक्रिया निहायत अनौपचारिक है। इनमें कोई कोर्ट फीस भी नहीं लगती। जिला फोरम में जिला जज के स्तर के न्यायाधीश अध्यक्ष बनाये जाते हैं। उनके साथ दो सदस्य भी नियुक्त किये जाते हैं। आम तौर पर इसमें एक महिला होती है। कानूनन, अध्यक्ष की राय से ये सदस्य मतभेद रख सकते हैं, लेकिन फैसला प्रभावी होने के लिए अध्यक्ष के साथ कम-से-कम एक सदस्य की राय मेल खानी चाहिए। राज्य आयोग का अध्यक्ष सुप्रीम कोर्ट के न्यायाधीश को बनाया जा सकता है। उनके साथ चार सदस्य होते हैं, ये अपने-अपने क्षेत्र के विशेषज्ञ, जनता की नुमाइन्दगी करते हैं। सदस्यों के चयन की प्रक्रिया भी अब निष्पक्ष है। फोरम या आयोग के अध्यक्ष की सदारत वाली समिति सदस्य छाँटती है। उसमें राज्य स्तरीय विधि सचिव और आपूर्ति सचिव सदस्य रहते हैं। राष्ट्रीय आयोग के लिए चयन समिति में आयोग के अध्यक्ष के अलावा विधि सचिव आपूर्ति सचिव सदस्य रहते हैं। इसके लिए बाकायदा विज्ञापन निकालकर अर्जी माँगी जाती है।

उपभोक्ता अदालतों के गठन में शुरूआती दिक्कतों का सिलसिला हालाँकि काफी लम्बा रहा, फिर भी हैरान-परेशान उपभोक्ता को अब आसानी से सस्ता और असरदार न्याय उपलब्ध है। उपभोक्ता संरक्षण कानून के तीस साला सफर में ग्राहक को सिर्फ आवाज ही नहीं, उसके अधिकार भी मिले हैं। दूसरी तरफ झूठ-मूठ शिकायत करके लोगों को परेशान

करनेवालों को भी इस कानून में सबक सिखाने की पर्याप्त व्यवस्था है। इस दौरान टेलीविजन, फ्रिज और मच्छर भगाने के बिजली के उपकरणों सहित घरेलू इस्तेमाल के तमाम उपभोक्ता सामानों से लेकर दर्जी, ड्राई क्लीनर, लोकल बस सेवा, बैंकों, बीमा कम्पनियों, बिजली बोर्डों, रेलवे, टेलीफोन सेवा, आवास प्राधिकरणों और दूसरी सेवाओं या एजेन्सियों से असन्तुष्ट ग्राहकों को उपभोक्ता/फोरम में जाने की व्यवस्था की गयी है।

(छ) ग्राहकों की आवाज बना 'वॉयस'–आज का उपभोक्ता बेहद जागरूक और सावधान है। उसकी आवाज़ को एक फोरम भी मिल गया है 'वॉयस'। वॉयस के मायने हैं 'वालेण्टरी आर्गनाइजेशन इन द इण्ट्रेस्ट आफ कञ्ज्यूमर एजुकेशन।' उपभोक्ता के हितों को ध्यान में रखते हुए एक स्वैच्छिक संगठन का निर्माण सिर्फ औपचारिकता ही नहीं है बल्कि यह संगठन पिछले एक दशक से उपभोक्ताओं के हित के लिए काम कर रहा है। उपभोक्ताओं के लिए सही दिशा-निर्देश का सशक्त जरिया बन चुके इस संगठन के दिल्ली कार्यालय में करीब 12 सदस्य काम कर रहे हैं। यह संगठन उपभोक्ता की जागरूकता और अपेक्षाओं को ध्यान में रखकर अपनी कार्रवाई शुरू करता है। पब्लिक सेक्टर का कोई भी आम नागरिक इस संगठन की सेवाएँ ले सकता है। चूँकि आज का उपभोक्ता देशी और विदेशी कम्पनियों के विज्ञापनों के मोहजाल में फँसता चला जा रहा है। हर निर्माता विज्ञापनों के जरिये बाजार में नित नये उत्पादन लाकर उपभोक्ता को भ्रमित भी कर रहा है। विज्ञापनों की चकाचौंध और खास तौर पर इलेक्ट्रॉनिक और गृहस्थी के सिन्थेटिक आइटमों, सौंदर्य प्रसाधनों और डिटरजेण्ट आदि जरूरत की चीजों के लिए तो विज्ञापनों की होड़ लगी है। खास तौर पर टी.वी. फ्रिज, स्टीरियो इलैक्ट्रानिक आइटमों के अनेक कम्पनी व ब्राण्ड होने से उपभोक्ता भ्रम में पड़ जाता है। पहले तो वह आसानी से खरीदारी नहीं कर सकता दूसरे खरीद गयी वस्तु से जब वह निराश होता है तो ऐसे में वह तय नहीं कर पाता कि उसे क्या करना चाहिए। कम्पनी को सीधे शिकायत करने के बावजूद उसकी सुनवायी नहीं होती। ऐसी स्थिति में उपभोक्ता को सही मागर्दशन देना ही 'वायस' का काम है। अपनी कारवाई शुरू करने के लिए वायस उपभोक्ता से एक सादे कागज पर शिकायती पत्र लेकर उस पर कारवाई शुरू करता है फिर तुरन्त कम्पनी को पत्र लिखकर उससे ब्यौरा माँगा जाता है। इस बीच वायस की कोशिश रहती है कि मामला अदालत तक न पहुँचे लेकिन जब कोई मामला अदालत तक पहुँचता भी है तो वायस के पैनल में काम कर रहे वकील ही इन मामलों को सुलझाते हैं। नब्बे दिन के भीतर मामले को पूरी तरह सुलझाने की यही कोशिश रहती है।[15]

(5) बाजार और मीडिया की जुगलबन्दी–

कहते हैं, आज के मीडिया का अपना स्वतन्त्र अर्थशास्त्र और समाजशास्त्र होता है, वस्तुओं या उत्पाद के विज्ञापन तथा प्रचार-प्रसार का मीडिया का अपना निजी व्याकरण होता है। अपने रंग-बिरंगे-प्रिण्ट और इलेक्ट्रॉनिक-माध्यमों द्वारा मीडिया का मूल लक्ष्य एक बड़ा बाजार तैयार करवा कर दोनों से बेखौफ और निर्ममतापूर्वक पैसा उगाहना है। सच तो यह है कि आज का मीडिया देश के चन्द घरानों की गिरफ्त में है। इन चंद घरानों ने मीडिया, सत्ता, पूँजी और बाजार चतुष्टय का अपने मुनाफे के हिसाब से उपयुक्त समन्वय कर लिया है। जिस मीडिया को लोकतन्त्र का मुकम्मल मंच होना चाहिए था, आज वह कारपोरेट घरानों और माफियाओं की पूँजीगत जरूरतों को पूरा करने का माध्यम बन गया है, क्योंकि वह साम्राज्यवादी पूँजी से पोषित है। मीडिया की प्राथमिक शर्त सम्प्रति जन सरोकार नहीं रह गया है, बल्कि पूँजी और मुनाफा हो गया है। पूरी तरह से व्यावसायिक हो चुके मीडिया को अब

लोगों की संवेदनाएँ दुःखदर्द, अकांक्षा और संघर्ष प्रभावित नहीं कर पाते। अब यह जनता का मीडिया नहीं रहा, हिंसक प्रवृत्तियों का प्रतिरोध और जनता के पक्ष में होनेवाले आंदोलन—ये सभी यहाँ से पलायित हो चुके हैं। स्पष्टतः यह कि अकिंचन प्राय लोगों की मुक्ति सम्बन्धी बहसों और जद्दोजहद पर आज का मीडिया फोकस कम डालता है। अब हस्तियों और उनकी जीवन शैली पर मीडिया का ध्यान ज्यादा रहता है।

'इण्टरनेशनल फेडरेशन ऑफ जर्नलिस्ट' (International Federation of Journalist) की 'प्रेस फ्रीडम रिपोर्ट फार साउथ एशिया' (Press Freedom Report for South Asia) 2010-11 में कहा गया है कि विज्ञापन विभागों के बढ़ते दबाव और राजस्व के स्रोत के तौर पर ग्राहकों से मिलने वाले शुल्क में कमी के कारण सूचना के मूल्यों में गिरावट आ गयी है और ज्यादातर खबरें जानीमानी हस्तियों और उनकी जीवन शैली तक सीमित रह गयी हैं। भारत में मीडिया उद्योग बढ़ते प्रतिस्पर्द्धात्मक माहौल में स्तरीय सूचनाएँ जुटाने की बाध्यता के साथ ही अपने राजस्व के स्रोत को लेकर द्वन्द्व का सामना कर रहा है। यह स्रोत काफी हद तक विज्ञापनों पर निर्भर है। रिपोर्ट में कहा गया है कि देखा जाय तो पारदर्शिता एक ऐसा मुख्य सवाल है, जिसका सामना मीडिया उद्योग ने पूरे साल किया। इसमें कहा गया है कि 'सतर्क मीडियाकर्मी यह सोचकर जनता के बीच गये। कि 2008 में चार राज्यों के विधान सभा चुनावों और खासकर 2009 के आम चुनावों की शुरुआत के साथ ही धन देकर समाचार छपवाने की प्रवृत्ति बढ़ती जा रही है। रिपोर्ट में नीरा राडिया के टेपों का भी जिक्र है, जिनमें उद्योग जगत् की एक लाबिस्ट की कई प्रभावशाली मीडिया कर्मियों के साथ फोन पर बातचीत का उल्लेख है। इसमें कहा गया है कि हालाँकि निजता के मुद्दे हैं, लेकिन राडिया की बातचीत से जो कुछ पता चला, वह जनहित से भी जुड़ा है।

आभिजात्य नैतिकताबोध की बखिया उधेड़नीवाली मीडिया की सामाजिक, सांस्कृतिक सम्पदा को उसकी पूँजी की ललक-लालच ने नष्ट कर दिया। वह धन बटोरू उपभोक्तावाद के लटके-झटके में उलझ गयी। हीनता और सुविधाओं की गलाकाट होड़ ने उसके सारे आदर्शों को चटका-दरका दिया। खबरों का स्वरूप, खबरों की भाषा, खबरों की जरूरतों आदि को मीडिया ने तहत-नहस कर दिया। खबरें बिक रही हैं। सारांशतः यह कि बाजार के आर्थिक कारोबार में मीडिया साझेदार है। पत्रकार, चिन्तक **ऋषिवंश**[16] मीडिया को माफिया बताते कहते हैं कि, मीडिया में पूँजी या पैसा लगाने वाले अधिकतर लोग व्यापारी हैं, न कि निष्पक्ष, विवेकवान, चिन्तक, देश-सेवक या सामाजिक विसंगतियों की चीरफाड़ करनेवाले कलमकार। न ही वीतरागी या लोक-कल्याण की भावना से व्याकुल संन्यासी। अतिशय लाभ और 'पॉवर सेन्टर' कहाने की लोभी प्रवृत्ति ने निःसंदेह मीडिया को भी माफिया बनाकर छोड़ा। अधिकतर पत्रकार, रिपोर्टर भी पंचतारा होटलों की बैठकों, अतिरिक्त आव भगत, मोटे वजनदार गिफ्ट पैक और "क्या-क्या छापना और हाईलाइट करना है" वाली प्रिण्टेड सामग्री के आदी हो चुके हैं। कुल मिलाकर मीडिया, पूँजी और बाजार का सम्प्रति पुख्ता गठजोड़ है। मीडिया ने विज्ञापन के माध्यम से बाजार को अपने अधीन कर रखा है, "पूँजीपतियों से विकास के नाम पर किसानों की जमीन जबरन हड़पी जा रही है, लेकिन इन पूँजीपतियों के खिलाफ मीडिया की आवाज नहीं निकलती, क्योंकि इनके चारे पर ही मीडिया के कई घराने चल रहे हैं। देश के चौथे स्तंभ के कर्त्तव्य पर प्रश्न चिह्न खड़ा होने लगा है। मीडिया विज्ञापन के नाम पर अश्लीलता परोसने में जरा भी नहीं हिचक रहा है। निचले स्तर पर पत्रकारों पर विज्ञापन वसूलने का इतना दबाव रहता है कि ये अधिकारियों के भ्रष्टाचार के खिलाफ कलम नहीं चला सकते। मीडिया समूहवादी होने के बजाय

व्यक्तिवादी बनकर रह गया है। पत्रकार नौकरी बचाने के चक्कर में अच्छी खबरें नहीं लिख पाते हैं। कुछ पत्रकार तो पुलिस की मुखबिरी भी करने से नहीं चूकते।[17] इधर, मीडिया की कलाबाजी पर **रमेश खत्री**[18] कहते हैं—

"पत्रकारों के रूप में दिखने लगे एजेण्ट
बिचौलिये के काम में माहिर
अकूत सम्भावनाओं का देश
सस्ते श्रमिकों की मंडी में तब्दील
लपक पड़े भूखे भेड़िये
आदमियों के रेवड़ को हकालने
काट सके पूँजी की फसल
भाषा के साथ किया जा रहा बलात्कार पूरी पीढ़ी को अन्धी सुरंग में धकेलने की
साजिश विश्व बैंक के खजाने से आता मुद्रा का बहाव परम्परागत उद्योग/व्यापार
खदेड़ने को तत्पर,
दूर-दराज के गाँव का मजदूर/किसान
आज भी उतना ही असहाय
मीडिया की कलाबाजी
आखिर कौन से गुल खिलाने को तत्पर।"

बताते हैं, बाजारवादी-पूँजीवादी व्यवस्था यूरोप के औपनिवेशिक मानस की उपज है। इन व्यवस्थाओं ने मनुष्य को भौतिक शरीर में तब्दील कर उसे खेत का निर्जीव ढेला बना दिया। आज व्यक्ति महज भौतिक सम्मान और साधन बन कर रह गया है। इन्होंने इस देश में लाभोन्मादी अर्थ व्यवस्था की बुनियाद रखी, उसका परिणाम हुआ कि व्यक्ति-व्यक्ति से और समाज से कटकर निपट भोगोन्मादी हो गया। लाभ-लोभ के आधुनिक मुहावरे ने व्यक्ति को अकेला बना दिया। बाजार ने व्यक्ति की निजता, स्वतन्त्रता, जीवन्तता को क्रूरता से छीन उसके सामने अवसाद, कुण्ठा, बेगानापन के साथ निर्जनता, एकाकीपन एवं सफ्फाक सन्नाटा परोस दिया। नगर, महानगर की बात छोड़िये, मेरी बात पर यकीन कीजिये, गाँव का परस्पर नैसर्गिक भाई चारा, सहज नाते-रिश्ते, दोस्त-मित्र, सभी सम्प्रति बाजारवाद की बलि चढ़ गये हैं। आज के बाजार ने निजता का तर्क गढ़ते हुए इन्हें अपने भीतर लीलकर गुमकर दिया। व्यक्ति की स्वायत्ता और आजादी चली गयी, बाजार की लपेट में आकर वह सारे सम्बन्धों को नकार बहरा हो गया।

दरअसल, आज के बाजार का एक स्पष्ट लक्ष्य है—अथाह उत्पाद, विज्ञापनी माध्यम से अथाह आमदनी और अथाह-अन्तहीन उपभोग। व्यक्ति आज इसी बाजारवादी दर्शन और व्याकरण के भयानक अन्त के हवाले हो गया है। परिणाम हुआ—व्यक्ति से प्रेम, न्याय, मनुष्यता, पारस्परिक विश्वास, साहचर्य इन सबको बाजारवाद के सतही वैचारिक जलजलों ने छीन लिया। आज भी बाजार हमें चारों ओर से घेर रहा है,—

"बाजार जाता हूँ
तो क्या चीजों का गुलाम होने से
बच पाता हूँ?[19]

(6) बाजार की भाषा के रूप में हिन्दी–

आज के बाजारवादी और तिजारती समय में जब जीवन की आर्द्रता सूख रही है, जहाँ विश्व की ढेरों भाषाएँ किचेन लैंग्वेज' अर्थात् रसोई की भाषा में तब्दील होने की स्थिति में पहुँच रही हैं, वहाँ हिन्दी ने विखण्डनवादियों और विरोधियों द्वारा समय-समय पर उत्पन्न यन्त्रणाओं और सन्तापों को डरावने रूपकों की तरह झेलती अपने भीतर जीवन जीने की लय और अपनी अस्मिता को बचाए रखा, बल्कि यह भी कहा जा सकता है कि तमाम तरह के ताप-मलूक को झेलती हिन्दी ने अपने भीतर की रचनात्मक आँच और ऊष्मा के बल पर अपनी अखिलदेशीय पहचान बना ली। विशिष्ट राष्ट्रीय-सांस्कृतिक मूल्यों को जीने की अपनी ताकत के आधार पर पहले यह भारतीय गाँवों के खेत-खलिहान की भाषा थी, कल कारखानों की भाषा थी, साधु-सन्तों की भाषा थी, फौजियों की भाषा थी, फिल्मों की भाषा थी और आज यह अपने लचर और वैविध्य-भरे स्वभाव के कारण विश्व-बाजार की भाषा बन गयी है, भूमण्डलीकरण यानी विश्वग्राम की गुलाबी भाषा बन रही है, साफ शब्दों में यह विचार की भाषा है, विमर्श की भाषा है और एक ठोस शब्द में आज यह बाजार पर राज करनेवाली बहुराष्ट्रीय कम्पनियों की अनिवार्य भाषा हो गयी है, बाजार और विज्ञापन के लिए इसके बरक्स विकल्प के रूप में चिराग से तलाशने पर भी दूसरी कोई भाषा दिखायी नहीं देती।

प्रबुद्धजन जानते हैं, भाषा गये वक्त की आवाज होती है। परम्परा और आधुनिकता के बीच वह पुल का काम करती है। वह संगति-विसंगति के साथ व्यक्ति के जीवन में घटित-उद्घाटित होनेवाले प्रति संसार का बिम्ब होती है। वह राह होती है तो गति भी होती है। हिन्दी ने भाषा के उक्त तमाम गुणों को बखूबी जिया है। विरोधों के घटाटोप अन्धकार में अपने अस्तित्व को बचाए रखने के लिए इसने काफी कशमकश, लश्करकशी और जद्दोजहद किया। वस्तुतः ऊहा और आत्मग्रस्तता से बड़ी हद तक मुक्त हिन्दी न कभी थकी है, न निराश हुई है, इसे न समकालीन बेहद डरावनी और नंगी चुनौतियाँ खण्डित और क्षरित कर पायीं और न विरोध का "विक्षिप्त तथा रक्त से सना एवं हिंसा से भरा हुआ अतीत" ही डगमगा और विचलित कर पाया। परिणामतः विरोध की जड़ धूर्त्तता से तीखी मुठभेड़ लेती और पोर-पोर बनबना देनेवाले दंश को झेलती हिन्दी इस समय हर प्रदेश की मुक्त रूप में पुरलुप्त सैर कर रही है। साफ शब्दों में हिन्दी बोलनेवाले इस समय देश में हर जगह फैले हुए हैं। आज यह विशाल भौगोलिक क्षेत्र की दुलरुई और प्रिय भाषा बन चुकी है। यह उपलब्धि इसे, इसके औघड़ अन्दाज और विलक्षण रचनात्मक संलग्नता की अकूत ताकत के कारण मिली हुई।

सौभाग्य से, भारतीय संविधान द्वारा खड़ी बोली हिन्दी को जब से राजभाषा स्वीकार किया गया है, इसका उत्तरदायित्व पूर्व की तुलना में बहुत बढ़ा है। इसके पारम्परिक रफ्तारे-कदीम, स्वरूप और अर्थ में तब्दीली आयी है। अब हिन्दी महज उपदेश की, स्नान-पर्व और तीर्थों की, देशाटनी सम्पर्क की, पूजा-पाठ और घण्टा-घड़ियाल की, सूक्तियों एवं कहावतों-मुहावरों की निखालिस भाषा नहीं रह गयी है, अब यह सौन्दर्यमूलक साधिका-मात्र नहीं है, अब यह सूर, तुलसी, कबीर, केशव की साहित्यिक अभिव्यक्ति की भाषा नहीं है, अब यह कविता, कहानी, उपन्यास, नाटक, निबंध आदि साहित्यिक रूपों या समीक्षापरक विधाओं की शृंखला में ही आबद्ध नहीं है, अब यह फ़कत प्रेमालाप में अन्धे प्रेमी-प्रेमिका द्वारा लिखी गयी पाती "कबूतर जा-जा-जा" की निठल्ली भाषा नहीं रह गयी है, बल्कि इसका व्यवहार और प्रयोग नयी शक्ल-शबीह में हमारे सामने आया है।

आज यह तमाम तरह की वैश्विक चुनौतियों को झेल, उन्हें ताल ठोंक रफ्तारे-वक्त बाजार की भाषा बन गयी है। आज के बाजार पर इसका पूरी तरह से नियन्त्रण हो गया है। एक शब्द में, आज के बाजार को यह हाँक रही है, बिना इसकी इमदाद के, भारत में कोई मुकम्मल और साबूत बाजार खड़ा नहीं हो सकता, क्योंकि यह प्रिण्ट और इलेक्ट्रॉनिक मीडिया अर्थात् पत्र-पत्रिकाओं, दूरदर्शन, रेडियो, कम्प्यूटर, इण्टरनेट, ई-मेल आदि सभी की लोकप्रिय भाषा बन गयी है। रउवा सभी जानते हैं, विज्ञापन बाजार की माँग का रक्ताभ सिन्दूर होता है, मुखपत्र और घोषणा-पत्र होता है। बाजारू वस्तुओं की—विभिन्न माध्यमों से—वही मुनादी करता है, यह हिन्दी उस विज्ञापन की भी सबसे-जिन्दा-जीवन्त ताकतवर भाषा बन गयी है। कुल मिलाकर, अब यह भाषा-विज्ञान तथा व्याकरण आदि माध्यमों को लाँघकर कलकारखाने की भाषा बन गयी है, कामकाज की भाषा हो चुकी है, रोजी-रोजगार, जीविका-मआश की भाषा हो गयी है। अब इसका चेहरा और चरित्र प्रयोजनपरक या प्रयोजनमूलक हो गया है।

साफ शब्दों में, अब यह सूचना प्रौद्योगिकी, विधि, विज्ञान, चिकित्सा, कृषि-विज्ञान, शेयर बाजार, बैंक, बीमा, पत्रकारिता, नाट्य-लेखन, अभियान्त्रिकी, भू-विज्ञान, मौसम-विज्ञान, शिल्प-उद्योग, खगोलशास्त्र, पर्यटन, पर्यावरण—इन सबकी भाषिक पैरहन बन गयी है। अब यह "पब्लिक स्कूल कल्चर" या हीन भावना से ग्रस्त लोगों की भाषा नहीं रह गयी है, बल्कि प्रयोगमूलक और व्यावहारिक क्षेत्रों में आज इसका एकाधिकार हो गया है। अब यह अनुवादजीवी भाषा मात्र नहीं रह गयी है, बल्कि प्रयोजनमूलक हिन्दी के रूप में इसका उस कोने-अँतरे में भी प्रवेश हो गया है, जो अब तक इसके लिए निषिद्ध था, यथा—काष्ठ कला, शिल्प कला, भवन निर्माण, सम्पादन कला, गोष्ठी-संगोष्ठी, फीचर, लेखन, समाचार कला, संयोजन कला, शब्दावली निर्माण, जिल्दसाजी कला तथा वित्तीय निगमों आदि की भी यह 'व्यावहारिक भाषा' बन गयी है। ले-देकर यह कि अब यह कॉलेजों, विश्वविद्यालयों, सरकारी-अर्द्धसरकारी कार्यालयों, चिट्ठी-पत्री, लेटरपैड, स्टॉक-रजिस्टर, लिफाफे, मुहरें, नामपट्ट, स्टेशनरी के साथ-साथ कार्यालय ज्ञापन, परिपत्र, आदेश, राजपत्र, अधिसूचना, अनुस्मारक, प्रेस-विज्ञप्ति, निविदा, अपील, नीलाम, केबलग्राम, मंजूरीपत्र तथा पावती आदि में भी सुभीता और बहुत आसानी से प्रयोग की जा रही है। आज बाजार और औद्योगिकता के दबाव के कारण इसने गाँव के हाट-बाजार, गली-चौराहे, कचहरी और सब्जी मण्डियों में भी अपने आगमन की आहट और सूचना दे दी है।

बाजार की मुख्य भाषा बनकर इसने बाजार का नक्शा और चरित्र तो बदल ही दिया है, राष्ट्र की सरहदों को भी लाँघ लिया है। हिन्दी के लिए चीन अब हिमालय पार नहीं रहा, पाकिस्तानी बाजार में भी पहुँच इसने अपने होने का परचम लहरा दिया है। समुद्र पार जाकर अब यह श्रीलंका और यूरोप के देशों में इण्टरनेट, ई-मेल और कम्प्यूटर के माध्यम से अपनी उपस्थिति दर्ज करा चुकी है। आज के बाजार के 'ग्लोब में रिन्दी पूरी तरह 'फिट' हो चुकी है। है। वस्तुतः भाषा सभ्यता की सबसे दुलारी बिटिया और रक्षक होती है। वही मानव जीवन की सर्वोपरि रचनात्मक विभूति होती है। इस भाषा-विभूति में ही दैनन्दिन व्यवहार-सरोकार से लेकर संस्कृति के विभिन्न विशिष्ट रूपों की रचना और विमर्श सम्भव होते हैं। अपने इन्हीं लोकोत्तर गुणों के कारण इसने धूसर बियाबान में भी अपनी मुकम्मल और पुख्ता जगह बना ली। अगर देखा जाय तो भूमण्डलीकरण की आँधी पिछले डेढ़-सौ साल से चल रही है, लेकिन हिन्दी का सृजनात्मक दीपक तो अपने सम्पूर्ण लौ-लपक के साथ विविध रंगी रूप

में अजस्त्रम निष्कंप जलते हुए सम्पूर्ण देश को हजारों साल से प्रकाशित कर रहा है, तभी तो महाराष्ट्र के सन्त नामदेव ने अपने पद खड़ी बोली और ब्रजभाषा में रचे। गुजराती भाषी स्वामी दयानन्द ने अपना अनुपम ग्रन्थ 'सत्यप्रकाश' हिन्दी में लिखा। उनके अधिसंख्य प्रवचन भी हिन्दी में होते थे। लोकमान्य तिलक मराठी भाषी थे, लेकिन उन्होंने घोषणा की कि, "राष्ट्रीय स्वाभिमान और सुविधा की दृष्टि से हिन्दी ही सबसे उपयुक्त सम्पर्क भाषा होगी।" बापू भी गुजराती भाषी थे, लेकिन उन्होंने अपने अनुभव के आधार पर कहा था कि, "राष्ट्रीय व्यवहार में हिन्दी को काम में लाना देश की एकता और उन्नति के लिए आवश्यक है। इसी तरह विनोबा भावे मराठी थे, लेकिन उन्हें 'भूदान आंदोलन' के लिए पदयात्रा करने के दौरान लगा कि हिन्दी भाषा का प्रयोग देश में एक सम्पर्क भाषा के रूप में किया जा सकता है। बापू के प्रयासों से सन् 1918 ई. में होमरूल कार्यालय में सी.पी. रामास्वामी आयंगर की अध्यक्षता में श्रीमती एनी बेसेण्ट ने प्रथम हिन्दी वर्ष का उद्घाटन किया। हिन्दी की इस घटना में जितने भी लोग थे, वे सब अहिन्दी भाषी थे। स्वतन्त्रता आंदोलन के समय जितनी भी महत्त्वपूर्ण सामाजिक संस्थाएँ थीं, उन सबने अपने कार्यक्रमों में हिन्दी को महत्त्वपूर्ण स्थान दिया। ब्रह्म समाज, आर्यसमाज, सनातन धर्म सभा, थियोसोफिकल सोसाइटी, प्रार्थना समाज, रामकृष्ण मिशन तथा राधास्वामी सम्प्रदाय आदि ने अपना सन्देश लोगों तक पहुँचाने के लिए हिन्दी का आश्रय लिया। दक्षिण भारत में इसका विकास 'दक्खिनी हिन्दी' के नाम से हुआ। अंग्रेजों ने दक्षिण भारत पर अपने राज्य का प्रसार करते समय गोरे फौजी अफसरों के लिए यह जरूरी कर दिया था कि वे हिन्दी सीखें। जॉर्ज ग्रियर्सन के अनुसार उन दिनों कुछ अंग्रेज सौदागर निस्सन्देह धड़ल्ले से हिन्दुस्तानी बोल सकते थे।[20] कुल मिलाकर हिन्दी इस देश की सांस्कृतिक एकता की भाषा रही है —"Thus we see that the installation of Hindi as the national language is merely a regeneration brought about through a removal of the adverse conditions created by political subjugation. Indeed this regeneration may justifiably be called self-deiverance, for the rlise of Hindi xxx In the background, there is the Sanskrit vocabulary, well organised and abundant in meaning and several dialects, spoken over a wide and extensive region xxx The time-honoured common speech of Madhyadesh is once again fast growing to be a medium of the cultural unity of India."

सच तो यह है कि हिन्दी कई विभिन्न धाराओं का समाहार है। हिन्दी भारत के सनातन अनुभव, ज्ञान, प्रज्ञा और मेधा वाले राष्ट्र जीवन की भाषा है। हिन्दी के पास सतत प्रवाही ऊर्जा देनेवाला संस्कृत का 'पॉवर हाऊस' है। यह संस्कृत से ऊर्जा लेती है। संस्कृत से जीवन रस पाती है।[21] यही हिन्दी आज भारतीय बाजार की नियामक भाषा बनी है। इसने कारपोरेट जगत की समस्त चुनौतियों को स्वीकार किया। सूचना प्रौद्योगिकी से इसका गहरा रिश्ता है। कोई भी देशी-विदेशी टी.वी. चैनल हिन्दी में ही विज्ञापन देकर अपने कारोबार और उद्योग को आगे बढ़ा पा रहा है। कुल मिलाकर राजभाषा का दर्जा देते समय शायद यह किसी ने सोचा भी न होगा कि हिन्दी में पचास हजार से लेकर पाँच लाख रुपये से अधिक की नौकरियाँ भी मिल सकेगी। आज हर मामले में हिन्दी का दायरा बढ़ा है। कई चैनल हिन्दी में चौबीस घण्टे का कार्यक्रम लेकर हाजिर हैं और बात कारपोरेट जगत की हो तो ऐसी कोई कम्पनी या बहुराष्ट्रीय कम्पनी नहीं, जो हिन्दी में विज्ञापन बनाये बिना अपना उत्पाद बेच लेती हो। सूचना प्रौद्योगिकी के सन्दर्भ में इसका कोई मुकाबला नहीं।

आज प्रिण्ट मीडिया, इलेक्ट्रॉनिक मीडिया, सिनेमा तथा चैनलों की चकाचौंध ने तो हिन्दी को एक नया बाजार दिया है और हिन्दी के कारण न जाने कितने लोगों को रोजगार मिला हुआ है। हिन्दी के बढ़ते दायरे का अन्दाजा इस बात से भी लगाया जा सकता है कि अंग्रेजी वर्चस्व वाले चैनल हिन्दी की तरफ तीव्र गति से बढ़ने लगे हैं। धर्म, दर्शन, अध्यात्म, बड़ों के लिए, बच्चों के लिए हर तरह के मनोरंजक व जानकारीपरक कार्यक्रम आपको हिन्दी में मिल जायेंगे। डिस्कवरी चैनल या W.W.F. हो या अन्य तमाम चैनल अंग्रेजी या किसी दूसरी भाषा में कार्यक्रम भी डब करके या जैसे भी हो, हिन्दी के लोगों तक हिन्दी में पहुँचाते हैं और तो और विदेशी लोगों द्वारा उत्पादों के प्रचार से सम्बन्धित कार्यक्रम भी 'डब' करके हिन्दी में ही प्रस्तुत किये जाते हैं। एक बात तो यह माननी ही पड़ेगी कि इस देश में जब भी अपनी बात वृहद पैमाने पर या जन-जन तक पहुँचानी होगी तो हिन्दी का सहारा लेना ही पड़ेगा और चौबीसों घण्टों चलने वाले इन चैनलों ने यह रहस्य समझ लिया है। एक-से-बढ़कर एक तेज तर्रार चैनल देश-दुनिया के कोने-कोने की हर पल की खबरें हिन्दी में दे रहे हैं। यह भी देखने में आ रहा है कि अंग्रेजी पढ़े लोग भी रोजी-रोटी के लिए इन हिन्दी चैनलों की शरण में आते जा रहे हैं। देश में हिन्दी में सर्वाधिक पत्र-पत्रिकाएँ निकलती हैं। हिन्दी सिनेमा का जादू तो पूरी दुनिया में सिर चढ़कर बोल रहा है। विदेशों में हिन्दी फिल्में खूब पसन्द की जा रही हैं। हिन्दी फिल्मों के बढ़ते कारोबार से इस बात का सहज अन्दाजा लगाया जा सकता है कि हिन्दी कितनी जीवन्त भाषा है।[22]

पर कष्ट होता है कि आज इलेक्ट्रॉनिक और प्रिण्ट मीडिया में भाषा के प्रति बेहद लापरवाही और उसके साथ अनाचार का एक नया युग आरम्भ हो गया है और सारी राजनीति उसका कोई प्रतिरोध करने की बजाय उसका अपने हितों के लिए लाभ लेने में लग गयी है। कोई भाषा शुद्ध नहीं होती और न ही रह सकती है। परिवर्तन भाषा की उत्तरजीविता का आधार होता है, लेकिन अगर ऐसे परिवर्तन बौद्धिक आलस्य, भाषिक लापरवाही और सांस्कृतिक शिथिलता के कारण आते हैं, जैसा कि इन दिनों आ रहे हैं, तो उनसे भाषा की अपनी पहचान के खो जाने का संकट पैदा हो जाता है। राजभाषा के निहायत गैर मुहावरेदार और अनुवादजीवी रूप ने अगर हिन्दी को एक स्तर पर उसकी मटमैली गंध से काटकर बनाने की कोशिश की तो आज का मीडिया अधिकांशतः उसे घटिया हालाँकि चिकनी-चुपड़ी अंग्रेजी का गरीब जोरू बनाने पर तुला है। अच्छी और साफ-सुथरी हिन्दी अब साहित्य के अलावा सार्वजनिक जीवन के प्रायः हरेक क्षेत्र से गायब होती जान पड़ती है।[23] यही नहीं, आज हिन्दी पत्र-पत्रिकाओं और टी.वी. समाचारों में आये दिन ऐसे शब्द प्रयोग किये जा रहे हैं, जो हिन्दी का मखौल ही अधिक उड़ा रहे हैं। अक्सर टी.वी. की खबरों में 'अन्तरराष्ट्रीय जगत' शब्द का इस्तेमाल होता है, मगर यह कोई ध्यान नहीं देता कि जगत भला अन्तरराष्ट्रीय कैसे हो सकता है? इसी तरह 'ग्लोबलाइजेशन' के हिन्दी अर्थ में अखबारों में प्रायः खगोलीकरण शब्द भी लिखा मिलता है? जिसका तात्पर्य पृथ्वी से न होकर 'रव' यानी आकाश से ही है। इसलिए इस सम्बन्ध में भूमण्डलीकरण या वैश्वीकरण जैसे शब्दों का प्रयोग ही उचित है।[24]

वस्तुतः इलेक्ट्रॉनिक माध्यमों ने हिन्दी को किसी मजबूरी के तहत ही अपनाया हुआ है, क्योंकि इसके बगैर उनका काम नहीं चलता। हिन्दी भाषी एक बड़ा बाजार, एक बहुत बड़ा उपभोक्ता वर्ग उसके हाथ से छूट जायेगा। इसलिए हर कोई एक अजीबोगरीब, एक नकली हिन्दी हिन्दुस्तानियों के हाथों में थमा रहा है। मुहावरे भी विज्ञापन की भाषा में नये-नये गढ़े

जा रहे हैं। आज 'ढूँढ़ते रह जाओगे' और 'कुछ पाने के लिए कुछ खोना भी पड़ता है' जैसे मुहावरे प्रचलन में हैं—रिजर्व बैंक के खोटे, मुड़े-तुड़े नोटों की तरह—क्योंकि नये नोटों (मुहावरों) का प्रचलन बंद हो गया है। 'जोर का झटका धीरे से लगे', 'ये दिल माँगे मोर' और 'ब्रेक के बाद' के समय में इलेक्ट्रॉनिक माध्यमों में 'सप्लाई चल रही है, आपूर्ति नहीं। 'एलाटमेन्ट' हो रहा है—आबंटन नहीं, 'डेमोस्ट्रेशन' बढ़ रहा है—प्रदर्शन नहीं, 'एअरकंडीशन' चल रहा है, वातानुकूलन नहीं, 'आर. के. पुरम्' चल रहा है, राम कृष्ण पुरम नहीं। लोगों, चीजों, जगहों के नाम 'शर्ट' में दिये जा रहे हैं, विस्तर में सुनने की किसी को फुर्सत नहीं है। चीजों को जल्दी सम्प्रेषित करने के लिए कई बार भाषा के अर्थ का अनर्थ कर दिया जाता है।[25] सच तो यह है कि जनसंचार माध्यमों में हिन्दी का जो रूप प्रचलित है, वह अलग-अलग कार्यक्रमों में अलग-अलग है। सूचनापरक कार्यक्रमों में मानक हिन्दी, बोलचाल की हिन्दी गीतों और धारावाहिकों में, अंग्रेजी मिश्रित हिन्दी विज्ञापनों में और हिन्दी के साथ अन्य भारतीय भाषाएँ फिल्मी गीतों में प्रयुक्त हो रही हैं। देश-विदेश में हिन्दी फिल्मों और गीत-संगीत की लोकप्रियता बढ़ी है। बाजार की ताकतों और इलेक्ट्रॉनिक मीडिया के कारण हिन्दी के तेवर तेजी से बढ़ रहे हैं। अगर विभिन्न क्षेत्रों के पेशेवरों की बात मानी जाय तो नये मोर्चे पर हिन्दी अपनी कुशलता बखूबी साबित कर रही है। विज्ञापन जगत् पर आज हिन्दी राज कर रही है। हर प्रमुख और लोकप्रिय विज्ञापन हिन्दी में दिखाया जा रहा है। हिन्दी एक जुझारू भाषा है, उसने इण्टरनेट, विज्ञापन, फिल्म और प्रौद्योगिकी के क्षेत्र में दिखा दिया है कि वह बाजार के बदलावों के मुताबिक अपने को ढालने में सक्षम है।[26] कुल मिलाकर तमाम विरोधाभासों के बावजूद हिन्दी अब पराजित और विफल भाषा नहीं, बल्कि बाजार की जीवन्त भाषा बन चुकी है।

सन्दर्भ

1. अमर उजाला में राजेश निशेश की 'बाजार एक छलावा' शीर्षक कविता, 6 दिसम्बर, 2015, वाराणसी संस्करण

   अब यह कैसे बताऊँ
   लेकिन छिपाऊँ भी तो क्यों
   कविता और बाजार की एक हल
   की-सी भी टक्कर
   रोमांचित करती है मुझे।"
   सुप्रसिद्ध कवि केदारनाथ सिंह की कविता, 'अपनी खबर' में

2. "जाना था बाजार
   मोमबत्ती की रोशनी में
   मैं लिखता रहा कविता
   क्यों
   कि सारे हिन्दुस्तान में
   बिजली गुल थी

3. राष्ट्रीय सहारा में रामसुजान अमर का लेख 'भूमंडलीकरण या राष्ट्रीय अस्मिता का अपहरण', 17 अक्टूबर, सन् 2000 ई. लखनऊ संस्करण।
4. जनसत्ता (बाजार में समाज) लेख, विवेक कुमार मिश्र, 23 जून, 2014, लखनऊ संस्करण
5. आज का मीडिया में ऋषिकेश राय का लेख 'मीडिया एवं सांस्कृतिक रूपान्तरण', पृ.-170

6. आज का मीडिया—सं. डॉ. शम्भुनाथ, पृ. 113
7. आज का मीडिया—में शिवकुमार मिश्र का लेख—'मीडिया का माया जगत', पृ.27
8. हिन्दी कुछ नयी चुनौतियाँ—डॉ. कैलाश नाथ पाण्डेय, पृ. 236, लोकभारती प्रकाशन, इलाहाबाद, प्रथम संस्करण, 2004 ई. मूल्य 300 रुपये। सुप्रसिद्ध उपन्यासकार डॉ. काशीनाथ सिंह के चर्चित उपन्यास काशी का अस्सी (पृ.-156) से साभार।
9. 'कदम' में रघुवंश मणि का लेख 'बाजार से गुजरते हुए', सम्पादक-जयप्रकाश धूमकेतु पृ.10, मऊनाथ भंजन, मऊ, अप्रैल-अक्टूबर सन् 1998 ई.
10. जनसत्ता, 30 अगस्त, सन् 2009
11. जनसत्ता की आलोचना—ध्रुवशुक्ल, पृ.92, सूर्य प्रकाशन मन्दिर, नेहरू मार्ग (दाउजी रोड), बीकानेर, मूल्य 150 रु. सन् 2013 ई.
12. जनसत्ता (साहित्य में प्रयोजन-लेख)—डॉ. अजय तिवारी, 21 फरवरी, 2010, लखनऊ संस्करण।
13. दैनिक जागरण से साभार, 24 अप्रैल, 2016, वाराणसी संस्करण
14. जनसत्ता में अनंत मित्तल का लेख 'कानून की कोख से निकला आन्दोलन', 9 मार्च, 1997, दिल्ली संस्करण।
15. जनसत्ता, 9 मार्च-1997, दिल्ली संस्करण
16. कथादेश—ऋषिवंश का लेख 'मीडिया-माफिया?, पृष्ठ-118, दिलशाद गार्डेन, दिल्ली, अगस्त 2009, मूल्य-60 रुपये
17. कथादेश—धनंजय कुमार का लेख
'भटक गया है लोकतन्त्र का चौथा स्तम्भ', पृ.118
18. कथादेश—रमेशखत्री, मीडिया की कलाबाजी', पृ.158
19. देखते न देखते—(काव्य संग्रह) मलय, पृ.61, परिकल्पना प्रकाशन, 69, बाबा का पुरवा पेपर मिल रोड, निशातगंज, लखनऊ
20. समकालीन साहित्य समाचार में डॉ. शंकर दयाल शर्मा का लेख, पृ. 10, किताब घर, अक्टूबर, 1997
21. भारतीय वाङ्मय में हृदय नारायण दीक्षित का लेख, पृ. 2 विश्वविद्यालय प्रकाशन, वाराणसी,दिसम्बर-2000
22. हिन्दुस्तान (दैनिक) रवि उत्सव में चैतन्य का लेख, पृ. 01, 14 सितम्बर, 2003 ई.
23. जनसत्ता—अशोक वाजपेयी, 28 मार्च, 2004, कोलकाता संस्करण
24. जनसत्ता—शरद तिवारी, 30 मई, 2001, दिल्ली संस्करण
25. आज का मीडिया में राजेन्द्र उपाध्याय का लेख 'इलेक्ट्रॉनिक माध्यमों की हिन्दी', पृ.166
26. जनसत्ता में कला जोशी का लेख 'बाजार में हिन्दी', 10 मार्च 2009, दिल्ली संस्करण

तृतीय पर्व

हिन्दी

तृतीय पर्व

हिन्दी

अध्याय-13

व्यापारिक, वाणिज्यिक या व्यावसायिक पत्र : स्वरूप और सिद्धान्त

(Commercial Letters : Scope and Principle)

हिन्दी की अन्य विधाओं की तरह पत्र-साहित्य भी हिन्दी की बेहद मूल्यवान विधा है। पत्र-लेखक समसामयिकता की तमाम जकड़बन्दी और उलझनों से घिरे होने के बावजूद इसमें सपनों का बड़ा संसार बुनता है, उम्मीदों का स्थापत्य रचता है, अपने समय की हर धड़कन को निजी तौर पर उसमें दर्ज करता है, साथ ही अपने सरोकारों, मूल्यों और दृष्टि को पाठक से साझा-संयुक्त करता है। वस्तुतः पत्र, पत्र-लेखक के अन्तर्व्यक्तित्व का नैसर्गिक प्रकाश-विकीर्णक होता है। कुल मिलाकर पत्र, भाव सन्निधि का अमोघ उपादान होता है। पत्र-सम्बन्धों से विनिर्मित संसार जागा हुआ संसार माना जाता है।

पर, सूचना क्रान्ति ने अद्यावधि पत्र-लेखन पर कई तरह के खतरे और बन्दिशें पैदा की हैं। पत्र लेखन का सातत्य-युत प्रवाह पूर्व की तुलना में थोड़ा अवरुद्ध एवं श्लथ हुआ है। सम्प्रति इण्टरनेट, मोबाइल एवं ब्लॉगिंग आदि की नयी बन रही दुनिया ने अभिव्यक्ति के अधिकार और भूगोल का अभूतपूर्व विस्तार किया है। इससे पत्र-लेखन पर आँच तो आयी ही है, तकनीक एवं प्रौद्योगिकी की नितांत नूतन मेझड़ा और विकृत शब्दावली ने 'हिंग्लिश', 'चिंग्लिश' आदि अंग्रेजी के नये संस्करण पैदा करने के साथ-साथ हिन्दी के पुराने शब्दों को उनके मूल कुलशीलत्व से दूर कर रोज एक नयी उलझन पैदा कर रहे हैं।

बहरकैफ, जहाँ तक व्यापारिक पत्र-लेखन का सवाल है, सफल व्यापार का सारा दारोमदार पत्र-लेखन पर ही निर्भर होता है। पत्रों के आने-जाने से व्यापार के नित नये कोण खुलते हैं। पत्र-लेखन की पुख्ता जमीन पर ही व्यापार का सुदृढ़ भवन खड़ा होता है। अभी हाल ही में कुछ प्रतिष्ठित बड़े कारोबारियों से 'सूचना संचार के क्षेत्र में जन्मे हुए कुछ नये तकनीकी संसाधनों और व्यापारिक पत्र-लेखन' पर मेरी बात हुई, तो इन लोगों ने बेलाग कहा कि व्यापार क्षेत्र में पत्र का महत्त्व तो परम्परागत है ही और रहेगा भी, लेकिन नयी सूचना तकनीक के आ जाने से व्यापार में वृद्धि हुई है, सुरक्षा तथा देश-विदेश में नये सम्बन्ध स्थापन साथ ही माल और वस्तुओं के प्रचार-प्रसार के लिए विज्ञापन में काफी सुविधा हुई है। बहरहाल, तमाम ना-नुकर के बावजूद असन्दिग्ध रूप से 'पत्र' ही व्यापार की आत्मा होते हैं, साथ ही दो कारोबारियों के बीच वस्तुओं के लेन-देन और मोल-भाव के सशक्त प्रमाण तथा दस्तावेज अक्षरों में टंकित ये पत्र ही होते हैं, सूचना तकनीक के यान्त्रिक और अलिखित उपकरणों से की गयी बातें नहीं, फिर अगली बात

यह कि व्यावसायिक पत्र-व्यवहार लिखित संचार का सबसे पुराना, सबसे विश्वसनीय और सबसे प्रभावशाली माध्यम है।

(1) व्यापारिक पत्र का अर्थ तथा परिभाषा (Meaning and Definition of Business Letters)—व्यापारिक पत्र-व्यवहार हर तरह के छोटे-बड़े उद्यम-उद्योगों की सांस तो होते ही हैं, व्यापारिक लेन-देन, बातचीत तथा अन्य अनेक तरह के साक्ष्यों-सबूतों के बयान भी होते हैं। इससे पुराने ग्राहकों से व्यापारिक रिश्तों को जुटाने में सहायता मिलती है, नये ग्राहक सम्बन्धों की परिधि में आते हैं। विक्रय क्षेत्र का विस्तार होता है, माल विक्रय में वृद्धि होती है, भावों की पूछताछ में सुविधा होती है, वस्तुओं के आदेश लिखित रूप में देने में सुविधा होती है। ऋण की वसूली, व्यापार सम्बन्धी नीतियों के प्रचार, प्रतिनिधियों की नियुक्ति आदि में पत्रों से सहायता मिलती है। पत्रों के अभाव में उत्तम या उच्च स्तर के व्यापार की कल्पना असम्भव है। व्यापारिक पत्र के अर्थ-आशय पर विद्वानों ने समय-समय पर प्रकाश डाला है। यदि इन अर्थों और परिभाषाओं को हिलोरा-पछोरा जाय तो हम कह सकते हैं कि लगभग सभी से आशय-अर्थ की समान ध्वनि निकलती है।

डॉ. रमेश चन्द्र त्रिपाठी तथा डॉ. पवन अग्रवाल लिखते हैं कि[1] व्यापार करनेवाले व्यवसायी एवं प्रतिष्ठानों के द्वारा अपने व्यापार में आपूर्ति के लिए, विस्तार के लिए, विभिन्न सरकारी या न्यायालयी वादों को निपटाने के लिए, माल की खरीद-फरोख्त के लिए, ग्राहकों की सन्तुष्टि आदि के लिए जिन पत्रकों द्वारा सूचनाओं, विचारों का आदान-प्रदान किया जाता है, उन्हें व्यावसायिक एवं वाणिज्यिक पत्र कहते हैं। डॉ. माधव सोनटक्के का विचार है[2] कि जो पत्र व्यापार व्यवसाय के सन्दर्भ में लिखे जाते हैं, वे व्यावहारिक पत्र कहलाते हैं। इसके दो उपभेद हो सकते हैं, (1) सामान्य व्यावहारिक पत्र तथा (2) विशेष व्यावहारिक पत्र। पूछताछ, आवेदन, आदेश, शिकायत, साख, तकाजे आदि से सम्बन्धित पत्र सामान्य व्यावहारिक पत्र कहलाते हैं। बीमा, बैंक, परिवहन आदि से सम्बन्धित पत्र विशेष व्यावहारिक पत्र कहलाते हैं। इधर, डॉ. हरिवंश तरुण कहते हैं[3] कि व्यावसायिक पत्र मुख्यतः दो व्यावसायियों अथवा दो व्यावसायिक घरानों के बीच व्यवसाय सम्बन्धी पत्राचार है। पारस्परिक मूल्य-जिज्ञासा, नमूना प्रेषण, माल खरीद-बिक्री, एजेन्सी तथा इन्हीं सन्दर्भों के अन्य पत्र व्यावसायिक पत्रों की श्रेणी में आते हैं। ग्राहकों, सरकार, उद्योग, घरानों तथा कृषि उत्पादकों से भी व्यापारिक पत्र-व्यवहार होते हैं। ऐसे सभी पत्र व्यावसायिक हैं। ऐसे पत्रों द्वारा व्यावसायी-व्यवसायी, उद्योगपति-व्यावसायी, उत्पादक-व्यावसायी तथा सरकारी गैरसरकारी व्यावसायिक प्रतिष्ठान-व्यावसायी के बीच सम्बन्ध स्थापित करने तथा व्यापार-वृद्धि में अत्यधिक सहायता प्राप्त होती है। दरअसल, व्यावसायिक पत्र व्यवसायी-व्यावसायी तथा ग्राहक-व्यावसायी के बीच एक मजबूत सेतु का काम करता है। आधुनिक व्यापार में तो इसका महत्त्व और भी बढ़ गया है। यह व्यावसाय की आत्मा है।

दरअसल, व्यवसाय की किसी भी क्रिया के संचालन के लिए व्यावसायिक पत्रों की आवश्यकता पड़ती है, इसके बिना व्यापारिक संचार-अधूरा रह जाता है। व्यवसाय चाहे छोटा हो या बड़ा, उसे अपने व्यावसायिक कार्यों के लिए पत्र लिखने की आवश्यकता पड़ती है। आज भले ही संचार क्रान्ति का युग है। प्रत्येक हाथ में सेल फोन है, फिर भी व्यापारी को माल मँगाने के लिए पत्र भेजना ही पड़ता है, कोई जानकारी प्राप्त करनी है, अनुमानित मूल्य जानना है, माल के सन्दर्भ में कोई शिकायत करनी है, भुगतान माँगना है—आदि सभी कार्यों के लिए पत्र-लेखन की आवश्यकता होती है। इन्हीं पत्रों को व्यावसायिक पत्र कहा जाता है अर्थात् जो पत्र किन्ही दो व्यापारियों के मध्य किसी व्यावसायिक प्रयोजन से लिखे जाते हैं, उन्हें ही व्यापारिक पत्र कहा जाता है।[4]

(2) व्यापारिक पत्र-लेखन भी कला-कौशल, तकनीक और हुनर है–

'कला' शब्द अपने आप में बेहद खूबसूरत और कशिशपूर्ण है। इस शब्द से मोहक बिम्ब और चित्ताकर्षक चित्र मन में उभरता है। अतः जीवन जीने से लेकर पत्र-लेखन तक में यदि कलात्मकता का ताजा-टटका आनन्द और स्वाद मिले तो फिर कहना ही क्या? दरअसल, व्यापारिक-व्यावसायिक पत्र-लेखन व्यापारियों के बीच एक ऐसा सेतु बन्धन है, जिसके बिना व्यापार के बढ़ाव-विकास की कल्पना सिफर-शून्य है। खासकर, आज की सूचना-सम्प्रेषण की नयी तकनीक और बाजारवादी व्यवस्था की सद्यः जन्मी चुनौतियाँ, जब पत्र-लेखन के समक्ष काल की तरह खड़ी हो,—ताल-ठोंक कर ललकार रही हों, तो ऐसी स्थिति में व्यापारिक पत्र-लेखन में पत्र-लेखक को यथासम्भव हर तरह की सजगता बरतनी चाहिए। पत्र को ध्यानाकर्षक बनाने के लिए पत्र-लेखक को चाहिए कि वह बहुत ही मनोयोग, निष्ठा और सजग-सतर्क होकर पत्र-लेखन का कार्य करे, जिससे अपेक्षित और प्रभविष्णु, प्रभाव प्रापक-पाठक के ऊपर पड़े।

पत्र में कथ्य के साथ-साथ भाषा का नपा-तुला प्रयोग हो। भाषा इतनी सरल हो कि कविवर बिहारी लाल के दोहे की तरह थोड़े में ही वह पत्र पाने वाले को आनी सारी बातें कह दे। पत्र में गन्दे जुमले और अल्फाज प्रयुक्त न हों। दुरुह, अपच-उबाऊ भाषा से पत्र के प्रति अरुचि एवं वितृष्णा की गंध पैदा होती है। अतः विचार-सम्प्रेषण में पूर्ण रूप से सफल भाषा ही पत्र में प्रयुक्त होनी चाहिए। चूँकि आज का व्यापारी अपने व्यापार हित-चिन्तन में निरन्तर व्यस्त रहता है, अतः पत्र ऐसा हो, जिसे वह आसानी से उक्त व्यस्त समय में भी समय निकालकर पढ़ सके। अगर पत्र में क्लिष्ट शब्दों का मजमूआ इकट्ठा होगा तो पत्र पढ़ने में उसे द्रविड़ प्राणायाम करना पड़ेगा। परिणाम यह होगा कि व्यापारी पत्र पढ़ने में कत्तई ध्यान नहीं देगा, जाहिर है, इसका उल्टा असर व्यापार के भविष्य पर पड़ेगा। अतः पत्र की भाषा पर पत्र-लेखक को बराबर ध्यान देते रहना चाहिए। भाषा में प्रापक के ध्यान को अपनी ओर खींचने का अद्भुत कौशल होना चाहिए। शिल्प परिपक्व तथा सिद्ध होना चाहिए, साथ ही भाषा में लावण्य तथा रवानी होनी चाहिए। ऐसी तरल भाषिक सजगता के मधुर संस्पर्श से लिखा गया पत्र व्यापार को मुकम्मल साधता है, उन्नति का रास्ता खोलता है।

वस्तुतः व्यापारी या व्यवसायी पत्रों के द्वारा ही लाखों-करोड़ों के लेन-देन का कार्य करते हैं। अनेक प्रतिष्ठानों तथा व्यक्तियों का सम्बन्ध केवल पत्र-व्यवहार से ही स्थापित हो पाता है। उनके पारस्परिक परिचय के लिए व्यक्तिगत स्तर पर साक्षात्कार बहुत आवश्यक नहीं रह जाता। व्यापार की सफलता बहुत-कुछ सार्थक एवं प्रभावशाली पत्र-व्यवहार पर ही आधारित रहती है। पत्र की भाषा-शैली पत्र-प्रेषक के मंतव्य तथा भावनाओं को पानेवाले तक सम्प्रेषित करती है। असावधानी से लिखे गये पत्रों का प्रतिफल व्यापारी के लिए अहितकर या अलाभकर सिद्ध होता है। पत्र के माध्यम से व्यापारी अपनी सामग्री की गुणवत्ता से दूसरे व्यापारी या फर्म को अवगत तो कराता ही है, साथ में उसके द्वारा प्रयुक्त भाषा उसके स्वभाव का भी परिचय दे देती है।[5] आशय यह कि पत्र अपने मंतव्य को स्पष्ट करे। वह भाषा, व्याकरण और पूर्ण-विराम आदि दृष्टियों से शुद्ध हो, यही पत्र-लेखन की कला है, —"Let your letter be writtem as accurately as you are able—I (Chesterfield) means as to language, grammar and of stops, but as to the matter of it, the less trouble you give yourself the better it will be. Letter should be easy and natural and convey to the person to whom we send just what we should say if we were with them." इस तरह से हम लब्बोलुबाब यह कह सकते हैं कि जो पत्र अपने व्यापारिक सरोकारों को सफल करने में सक्षम हो, पत्र-लेखक और प्रापक के बीच व्यापारिक

उद्देश्य और लक्ष्य की मजबूत पकड़ बनाने में सफल हो, वही पत्र कलात्मकता से लबरेज माना जाता है और यही पत्र-लेखन की कला भी है।

(3) व्यापारिक पत्र-लेखन की पद्धतियाँ—लखनऊ विश्वविद्यालय के हिन्दी तथा पत्रकारिता विभाग के वरिष्ठ तथा ख्यातिलब्ध लेखकों—आदरणीय डॉ. रमेश चन्द्र त्रिपाठी तथा डॉ. पवन अग्रवाल ने संयुक्त प्रयास से एक बहुत महत्त्वपूर्ण पुस्तक "प्रयोजनमूलक हिन्दीः विविध परिदृश्य" लिखा है। व्यापारिक पत्र-लेखन की पुरानी तथा नयी पद्धतियों पर मैं इनकी उक्त पुस्तक से कुछ सामग्री आपके सामने साभार प्रस्तुत कर रहा हूँ।[6] ये लिखते हैं कि व्यावसायिक पत्र-लेखन की विभिन्न पद्धतियाँ दिखायी पड़ती हैं, जिनमें दो पद्धतियाँ मुख्य हैं। पुरातन भारतीय पद्धति, द्वितीय अंग्रेजों के आगमन से, औद्योगिक संस्थानों के विकसित होने से निर्मित हुई आधुनिक भारतीय पद्धति।

(अ) पुरातन भारतीय पद्धति—यह पारंपरिक पद्धति है। इसके मूल में धार्मिक आस्था सन्निहित है। पत्र प्रारम्भ करने से पूर्व, ऊपर मध्य में श्री गणेशाय नमः, श्री लक्ष्मी जी सदा सहाय करें आदि वाक्य लिखे जाते हैं। उसके पश्चात् पत्र प्रारम्भ होता है, जिसकी प्रथम दो-तीन पंक्तियों में स्थान, प्रेषक-पावक के प्रतिष्ठानों का नामोल्लेख करते हुए औपचारिक अभिवादन होता है। इसके पश्चात् सम्बन्धित कार्य विशेष का उल्लेख किया जाता है और अन्त में दूसरे पक्ष की कुशलता ज्ञापित करते हुए तिथि अथवा दिनांक की चर्चा होती है। आजकल केवल कुछ बुजुर्ग व्यापारी ही इसका उपयोग करते हैं।

पुरातन भारतीय पद्धति के पत्र का प्रारूप

श्री गणेशाय नमः

"सिद्धि श्री बम्बई शुभ स्थाने श्री पत्री शाह जी भाई श्री बालमुकुन्द विवेक कुमार को लखनऊ से जगदीश प्रसाद अशोक कुमार की जयगोपाल पहुँचे। **श्री गणेश जी महाराज की कृपा से** यहाँ सब कुशल है। आपकी कुशलता के लिए **श्री गंगा जी से सदा नेक चाहते हैं।** आप का पत्र आया था, समाचार जाने। आपने 'अर्पण' घी के 100 टिन की माँग की है। इस समय **बाजार ऊँचा** बोल रहा है, क्योंकि बाजार में माल कम है। हालात सुधरने पर समाचार देंगे। अगर **रु. 1 लिवाली** हो तो बताइयेगा। माल भेज देंगे। हमारे लायक कोई काम हो, सो लिखना। सब को एक बार फिर **श्री जयगोपाल** वांचना। कार्तिक सुदी तीज संवत् 2057।"

उपरोक्त पत्र में मोटे छपे अक्षर ध्यान देने योग्य हैं,—

(1) श्री गणेश जी महाराज एवं श्री गंगा जी का उल्लेख क्षेत्रीयता के सम्मान का सूचक है। यह वाक्य धार्मिक भावुकता जाग्रत कर आकर्षित करते हैं।

(2) बाजार ऊँचा बोल रहा है, बाजार की सांकेतिक भाषा है, जो माँगे गये माल की मूल्य वृद्धि की ओर संकेत करती है।

(3) "रु. 1 में लिवाली"—वाक्य में यह संकेत दिया है कि बाकी की बड़ी रकम व्यापारी को ज्ञात है, जैसे—अगर घी का भाव 400 रु. था, उसमें 1 रुपये की वृद्धि हुई है। रु. 400 से सभी अवगत हैं, केवल नयी मूल्य वृद्धि का यहाँ संकेत किया गया है।

(ब) आधुनिक भारतीय पद्धति—कालान्तर में बाजारी प्रतियोगिता के बढ़ने से औद्योगिक संसाधनों के विकसित होने से और दिन-पर-दिन आकर्षक विज्ञापनों की चकाचौंध से व्यापार में पत्रों के कागज प्रस्तुतीकरण, छपाई आदि पर भी ध्यान दिया जाने लगा है। साथ ही एक लम्बी अवधि तक अंग्रेजों के अधीन रहने के कारण उनकी कार्य प्रणाली ने जन-मानसिकता को प्रभावित किया है। इसका प्रभाव व्यापारिक क्षेत्र पर भी पड़ा है। अन्य क्षेत्रों के अतिरिक्त पत्र-

लेखन की नवीन प्रणाली सामने आयी, जिसे दिन-पर-दिन अधिक सुरुचिपूर्ण एवं व्यवस्थित बनाया जा रहा है।

आधुनिक पद्धति की सबसे प्रथम माँग यह है कि एक आकर्षक पत्र-लेखन पत्रक (Letter Pad) का चुनाव किया जाय। इसके लिए भी एक निश्चित प्रारूप रूढ़ हो गया है। यह बात अलग है कि छपाई की नवीन प्रणालियाँ विकसित होने से इनका आकार, अक्षरों की मोटाई, डिजाइन आदि परिवर्तित होती रहती है।

पत्र-लेखन-पत्रक में निम्न लिखित शीर्षक अपेक्षित होते हैं, जो कलात्मक ढंग से लिखे अथवा छापे जाते हैं—

(1) व्यापारिक संस्थान का नाम

2. व्यापार का संक्षिप्त परिचय

3. पता (प्रतिष्ठान एंव निवास।

4. दूरभाष संख्या (प्रतिष्ठान एवं निवास)

5. तार का पता

6. प्रयुक्त कूट भाषा

7. दिनांक

8. सन्दर्भ संख्या

9. प्रमुख अधिकारियों के नाम (आवश्यक होने की स्थिति में)

पत्र-लेखन-पत्रक के आमुख का प्रारूप

दूरभाष—211515 (प्रति.) 220201 (निवास) कूट-अदब

तार : अंग्रेज

अग्रवाल एजेन्सीज

(दवाइयों के थोक विक्रेता

सन्दर्भ संख्या — 201, अमीनाबाद

हमारी... — लखनऊ-226001

आपकी... — दिनांक...

उपरोक्त प्रारूप के मध्यभाग में फर्म का नाम तथा दाहिनी ओर पतां अंकित किया गया है। अधिकांशतः व्यापारीगण अपने व्यवसाय का भी उल्लेख करना चाहते हैं जो नाम के नीचे कोष्ठक अथवा सादा रूप में दिया जा सकता है। कुछ व्यवसायी नाम के ही नीचे पता देना पसन्द करते हैं। प्रपत्र में नाम के ऊपर अथवा नीचे बाईं ओर तार-पता, टेलीफोन संख्या और दाहिनी ओर कूट भाषा का उल्लेख किया जा सकता है। दिनांक प्रायः दाहिनी ओर लिखते हैं। सन्दर्भ संख्या बायी ओर अथवा मध्य में लिखी जा सकती है। निवास का पता प्रतिष्ठान के पते के नीचे अथवा पत्रक के अन्त में विभाजन करके सबसे नीचे उल्लिखित किया जा सकता है। उपर्युक्त प्रारूप एक आदर्श प्रारूप कहा जा सकता है, किन्तु अपनी कलात्मक अभिरुचि से व्यवसायी कुछ परिवर्तन करना चाहें तो कर सकते हैं।

(4) व्यापारिक पत्र की उपयोगिता एवं महत्त्व—विद्वानों ने व्यावसायिक पत्रों को किसी भी व्यापार की नब्ज और प्राण कहा है। व्यापार का घटना-बढ़ना बहुत-कुछ इन पत्रों पर

ही निर्भर होता है। व्यापार-व्यवसाय में इन पत्रों के महत्त्व को बस इतने से ही आँका जा सकता है कि कुछ लोगों ने इसे 'व्यापारिक फर्म का प्रतिनिधि' कहा है। यह यहाँ-वहाँ जाकर नये बाजार को तलाशता है, नये ग्राहक तैयार करता है, व्यापारियों के बीच व्यापार के नये रिश्ते जोड़ता है, उत्पादों की बिक्री के लिए दिशा-निर्देश तैयार करता है। इसके महत्त्व की ओर इंगित करते हुए एक व्यापार विशेषज्ञ ने इसे "टाइप की हुई वार्त्ता" (A business letter isa typed out talk) तक कहा है। कुल मिलाकर, स्पष्टतः यह कि किसी दक्ष और कुशल व्यापारी की तरह यह पत्र भी व्यापारिक बढ़ाव-विकास में अपनी महत्त्वपूर्ण भूमिका में जीता है। मेरी निजी समझ के अनुसार व्यापारिक पत्र को "व्यापार का कुशल प्रवक्ता" कहा जा सकता है। वस्तुतः आज के दौर में व्यावसायिक पत्र-व्यवहार का महत्त्व बढ़ता ही गया है। जैसे-जैसे उत्पादन बढ़ता गया है, व्यावसायिक गतिविधियाँ बढ़ती गयी हैं। कच्चे माल की प्राप्ति, उत्पादन की बिक्री, व्यापारी और ग्राहक के बीच सम्बन्ध और मूल्य-वसूली से लेकर सारे शिकवे-शिकायतों के लिए पत्र-व्यवहार व्यापार का एक आवश्यक अंग बन गया है। इससे समय और धन की बचत होती है, साख के निर्माण में सहायता मिलती है और व्यापार को विस्तार मिलता है। व्यावसायिक पत्राचार व्यापार के वर्तमान को गति देता है और भविष्य का पथ प्रदर्शन करता है। इसी कारण व्यापारिक सम्वर्द्धन में व्यावसायिक पत्रों की भूमिका विशिष्ट है।[7] अब हम अति संक्षेप में इसकी उपयोगिता और महत्त्व पर संक्षेप में रोशनी डालेंगे,—

(1) व्यापारिक पत्र, व्यक्तिगत सम्पर्क की अपेक्षा अधिक प्रभावपूर्ण—आज के इस तकनीकी दौर में व्यापारिक 'पत्र-व्यवहार' उसी तरह के चलन में है, जैसा पहले हुआ करता था। इसे आज भी पहले की तरह महत्त्वपूर्ण और उपयोगी समझा जाता है, क्योंकि व्यापारिक लेन-देन का यह बेहद महत्त्वपूर्ण साक्ष्य है। यह सूचना देने के साथ-ही-साथ विक्रय-वृद्धि, ऋण-वसूली, व्यावसायिक साख प्रदान करने, शिकायतों का उचित समाधान करने का उचित साधन समझा जाता है। कभी-कभी दो व्यापारी परस्पर लेन-देन या व्यवसाय सम्बन्धी किसी महत्त्वपूर्ण बिन्दु पर संयोगवश सामने होने पर मुक्तमन से बात नहीं कर पाते, अतः ऐसी स्थिति में यह पत्र ही उनके बीच बातचीत या संवाद का पुख्ता माध्यम बनता है। बिना हिचक इसमें सारी बातें विन्दुवार लिखकर खुलासा की जाती हैं। कहते हैं, यहाँ जुबान चुप रहती है, कलम सब-कुछ कहती है।

(2) प्रमाण के रूप में उपयोग—व्यापारिक पत्र प्रमाण के रूप में भी उपयोग में लाया जा सकता है। वस्तुतः यह लिखित साक्ष्य होता है, जिसे भविष्य में किसी भी प्रकार का लेन-देन या अन्य किसी तरह का वाद-विवाद होने पर न्यायालय में प्रस्तुत किया जा सकता है।

(3) मितव्ययी साधन—व्यापारिक पत्र-व्यवहार संचार के साधनों यथा—तार, टेलीफोन, फैक्स या व्यक्तिगत सम्पर्क से कम खर्चवाला माध्यम है। कम खर्च और कम समय में इससे अधिक व्यक्तियों से सम्पर्क किया जा सकता है।

(4) शिकायतों का उचित समाधान—व्यापारिक पत्र-व्यवहार, व्यापारियों की शिकायतों का उचित समाधान करता है। व्यापारी अपनी शिकायतों को संक्षेप में लिखकर अपनी शंकाओं का समाधान पा सकते हैं।

(5) व्यवसाय के विकास में सहायता प्रदान करना—किसी भी व्यवसाय के विकास के लिए विज्ञापन एक महत्त्वपूर्ण साधन या माध्यम होता है। वस्तुओं का विज्ञापन कई माध्यमों से किया जा सकता है। इन माध्यमों में पत्र-व्यवहार विज्ञापन का एक पुख्ता या सशक्त माध्यम होता है। इसके द्वारा व्यवसायी अपनी बिक्री को प्रोत्साहित करते हुए अपने व्यवसाय क्षेत्र को

विकसित करता है। पत्र व्यवहार से व्यवसायी केवल अपने ही देश में नहीं, अपितु विदेशों में भी बिना व्यक्तिगत सम्पर्क के नये सम्बन्धों की स्थापना कर अपने व्यवसाय का विकास कर सकता है।

(6) पत्र-लेखन से रचनात्मक लेखन की कला का विकास—प्रभावपूर्ण लेखन के लिए पत्र को बार-बार सम्पादित करने से रचनात्मक लेखन की कला का विकास होता है। बिना व्यक्तिगत सम्पर्क में आये मनोभावों को ठीक-ठीक समझाने-समझने के लिए प्रभावपूर्ण लेखन नितान्त आवश्यक होता है।

(7) विषम परिस्थितियों में सही निर्णय लेने का अवसर प्रदान करना–अमूमन देखा जाता है कि किसी व्यवसाय में लेन-देन के अन्तर्गत् कालान्तर में विषम परिस्थितियाँ उत्पन्न हो जाती हैं। कई बार देखा गया है कि परस्पर वार्त्तालाप से भी दो व्यापारियों के बीच उत्पन्न होनेवाली विषम स्थितियों का समाधान नहीं हो पाता। व्यापारी अपनी मौखिक बात से इनकार कर देता है, वहाँ यह पत्र-व्यवहार ही प्रमाण-साक्ष्य सिद्ध होता है।

(8) पुराने सम्बन्धों में दृढ़ता एवं नवीन सम्बन्धों का सृजन—व्यापारियों के बीच पत्र-व्यवहार पुराने सम्बन्धों को दृढ़ता प्रदान करता है, साथ ही नवीन सम्बन्धों का सृजन भी करता है।

(9) व्यावसायिक ऋण-वसूली में सहायक—किसी भी व्यवसाय को सुदृढ़ बनाने, उसके विकास सम्वर्द्धन के लिए व्यावसायिक क्षेत्र में उधार और लेन-देन चलता रहता है और बिना इसके व्यवसाय-क्षेत्र का विकास सम्भव नहीं होता। व्यवसाय में ऋण-वसूली के लिए पत्र-व्यवहार स्पष्ट और सरल रास्ता प्रदान करता है।

(5) व्यापारिक पत्र के गुण या विशेषताएँ—यदि व्यापारिक पत्र अपने उद्देश्य प्राप्ति में सफल है, तो यही उसकी सफलता मानी जायेगी। व्यापारिक पत्र को श्रेष्ठ, उत्तम और प्रभविष्णु बनाने के लिए पत्र-लेखन सम्बन्धी कुछ निश्चित अनुशासनों को बरतना आवश्यक होता है, तभी वह विशिष्ट गुणों से लैस हो चित्ताकर्षक और असरकारक बनता है। श्रेष्ठ व्यापारिक पत्र-लेखन के लिए पत्र-लेखक को कुछ दोषों से बचना होता है। उसे वाग्जाल, घिसी-पिटी उबाऊ शैली, नीरस शब्दावली तथा अतिरंजना और कठिन बनावटी लेखन से तो बचना ही होगा, कुछ अन्य बिन्दुओं पर भी ध्यान देना होगा, तभी उसका व्यापारिक पत्र प्रभावकारी होगा, यथा—

(1) पूर्णता–पत्र-लेखक पत्र में जो भी कहना-लिखना चाहता है, वह अपने पूरेपन में मुकम्मल होना चाहिए। पत्र पढ़ने वाला किसी संशय-भ्रम में न पड़े। कथ्य पूरा हो। भाषा साफ और स्पष्ट होनी चाहिए। कुल मिलाकर यह कि पत्र-पढ़ने वाले को अपनी बात स्पष्ट ढंग से समझा सके। आवश्यक बिन्दुओं को क्रमबद्ध ढंग से लिखा होना चाहिए। पत्र ऐसा हो जो हर कोण पर पूर्ण हो। सभी आवश्यक बातें पत्र में समाहित होनी चाहिए। अपूर्ण पत्र, समय, पैसे की बरबादी के साथ-साथ पढ़ने वाले के मन में खीझ पैदा करता है। इन सारी बातों को निरन्तर ध्यान में रखना चाहिए।

(2) संक्षिप्तता—आज के इस बाजारवादी समय में लम्बा पत्र पढ़ने की फुर्सत बहुत कम लोगों के पास होती है। चारों ओर भागमभाग है। समय बहुमूल्य हो गया है, अतः ऐसी स्थिति में पत्र में अनावश्यक ब्योरों और आँकड़ों को लिखने से बचना होगा। पत्र आकार में छोटा होना चाहिए। सारी बातें ठोस, विश्वसनीय होनी चाहिए। पत्र में उलझन-उलझाव न हो। संक्षिप्तता का अर्थ यह भी नहीं है कि पत्र में महत्त्वपूर्ण बातें छूट जायँ। यहाँ ध्यान रखना चाहिए कि अपूर्ण तथ्य पाठक को उलझन में डाल सकता है।

(3) क्रमबद्धता—पत्र में विचारों की प्रस्तुति क्रमबद्ध अर्थात् शृंखलाबद्ध होनी चाहिए। यदि विचारों-सूचनाओं की अभिव्यक्ति में तारतम्यता का सातत्य एकरूप नहीं होगा तो पत्र में असन्तुलन पैदा होगा, विचार खण्डित होंगे, समझ का संकट पैदा होगा। अतः पत्र-लेखक को चाहिए कि एक तरह के समान विचार एक ही अनुच्छेद (Paragraph) में रखे जायँ, जिससे विचार पैबन्द की तरह न लगे, पत्र भी स्वस्थ और सुन्दर लगे।

(4) व्यावसायिक पत्र में नम्रता और संयम के अनुशासन का सन्तुलन—पत्र विनम्र मुद्रा में लिखा जाना चाहिए। भाषा शिष्ट-संयत और अनुशासित हो। पत्र में किसी तरह की बेजां बात का उल्लेख नहीं होना चाहिए। असन्तोष-आक्रोश की मुद्रा में कभी भी कड़ी भाषा का इस्तेमाल पत्र में नहीं होना चाहिए, क्योंकि इस तरह की खीझ भरी भाषा पत्र को बदशक्ल तो बनाती ही है, व्यापारिक रिश्ते के मधुर तन्तु को भी विच्छेद करती है। इसी तरह मिथ्या तथ्य भी व्यापार को हाँनि पहुँचा सकते हैं, अतः पत्र में हमेशा सही बात लिखनी चाहिए, क्योंकि सही तथ्य और विनम्र भाषा व्यापारिक बुनियाद को मजबूत करते हैं।

(5) पत्र की भाषा प्रभविष्णु होनी चाहिए—व्यापारिक पत्र की भाषा सरल-सहज तथा अनलंकृत होनी चाहिए। शब्द नपे-तुले और अर्थ को खोलने में सक्षम-समर्थ होने चाहिए। भाषा एकार्थी होनी चाहिए, पत्र में प्रयुक्त बहुलार्थी भाषा से पाठक अर्थ का अनर्थ लगा सकता है। कुल मिलाकर भाषा स्पष्ट, द्वैध रहित और नीले आसमान की तरह ऐसी साफ होनी चाहिए कि पत्र को बार-बार न पढ़ना पड़े—The clearest-writer Lord Chesterfields says, "That the dullest fellow in the world will not able to miss state it, nor be obliged to read it, twice in order to understand it."

(6) बात का पक्का और गाँठ का पूरा—पत्र यथार्थ की जमीन पर लिखा होना चाहिए। सत्यता और ईमानदारी चूँकि सफल व्यापार की मूल मन्त्र हैं, अतः पत्र में किसी तरह की कोई मिथ्या बात का उल्लेख नहीं होना चाहिए। पत्र में उल्लिखित वस्तु की दर सही एवं भरोसे की होनी चाहिए। कहते भी हैं, जिस प्रकार अच्छा शिष्टाचार सज्जन मनुष्य की सम्पत्ति होती है, उसी प्रकार यथार्थता या सत्यता किसी व्यापारी की सम्पत्ति होती है,—"What good manners are to the gentleman, Correctness is to the business man." बिक्री, चेक तथा लेन-देन आदि का हिसाब सही-सही लिखना चाहिए, क्योंकि कहा गया है कि सफल व्यापारी बात का पक्का तथा गाँठ का पूरा होता है।

(7) पत्र ललित और आकर्षक होना चाहिए—पत्र का भीतरी स्वरूप जितना विश्वसनीय और कशिशपूर्ण हो, उतना ही उसका बाहरी कलेवर भी चित्ताकर्षक होना चाहिए। पत्र यदि सुलेख से सुसज्जित और कलात्मक हो तो अति उत्तम होता है, अन्यथा उसे टाइप या कम्प्यूटर से छपवा लेना चाहिए। पत्र के ऊपर पत्र पानेवाले का पूरा पता साथ-साथ लिखा होना चाहिए। पत्र के ऊपर यदि पिन कोड अंकित हो तो पत्र जल्दी पहुँचने में सुविधा होती है। एक निश्चित आकार के लिफाफे में उसे भरकर ऊपर डाक टिकट लगाना नहीं भूलना चाहिए।

(8) पत्र की रोचकता निरन्तर बनी रहनी चाहिए—व्यापारिक पत्र की पाठकीयता के प्रति पाठक की रुचि निरन्तर बनी रहनी चाहिए। इसके लिए पत्र-लेखन को चाहिए कि वह पत्र में गागर में सागर भरे। कम शब्दों में ठोस तथ्य का समावेश करे। पत्र का आकार छोटा रखे, भाषा शिष्ट एवं विनम्र होनी चाहिए। सम्बोधनों का प्रयोग यथा—'धन्यवाद'! 'प्रणाम', 'नमस्कार' आदि उपयुक्त जगह प्रयुक्त होने चाहिए। पत्र में यदि किसी तरह की शिकायत करनी हो तो वह भी इतनी विनम्र भाषा में हो कि पाठक के ऊपर उसका कोई बुरा असर न पड़े। कहते भी हैं, श्रद्धा-प्रदर्शन में हमें अपनी जेब से कुछ खर्च नहीं करना पड़ता —Courtsey Costs nothing but wins every things". पत्र में लिखावट बहुत साफ और सुन्दर होनी चाहिए। पाठकीयता की लय निरन्तर बनी रहनी चाहिए।

(6) अच्छे व्यापारिक पत्र के अंग–

(1) शीर्षक (Heading), (2) टेलीफोन संख्या, तार का पता, कोड व फैक्स संख्या आदि (Telephone No. Telegraptic Address, Code and Fax No. etc), (3) दिनांक (Date), (4) सन्दर्भ संख्या या पत्र संख्या (Reference No. or Letter No.), (5) पाने वाले का नाम व पता (Name and Address of Addressee) (6) अभिवादन (Salutation) (7) विषय शीर्षक (Subject Heading) (8) पत्र का मुख्य भाग (Body of the Letter), (अ) प्रारम्भिक भाग (Introdnctory Part), (ब) वर्णित विषय (Subject Matter), (स) अन्तिम भाग (Last Part), (9) प्रसंशात्मक वाक्य (Complementary Clause), (10) हस्ताक्षर व पद (Signature and Designation), (11) संलग्न पत्र (Enclosuers), (12) टाइपिस्ट के हस्ताक्षर (Initials of the Typist), (13) पुनश्च (Post Script or P.S) तथा (14) संक्षिप्त हस्ताक्षर (Initials)।

(7) व्यावसायिक-व्यापारिक पत्र का प्रारूप

(Form of Business Letter)

(1) शीर्षक

व्यवसाय का प्रकार

(2) दूरभाष नम्बर पता

फैक्स नम्बर :

तार का पता :

कोड का नाम

(3) पत्र या सन्दर्भ संख्या :

(5) पाने वाले का नाम व पता

(4) दिनांक...

(6) अभिवादन :

(7) विषय शीर्षक

(8) पत्र का मुख्य भाग :

(i) प्रारम्भिक भाग...

(ii) वर्णित विषय...

(iii) अन्तिम भाग...

(9) प्रशंसात्मक वाक्य

(10) हस्ताक्षर व पद

(11) संलग्न पत्र...

(12) टाइपस्टि के संक्षिप्त हस्ताक्षर...

(13) पुनश्चत

(14) संक्षिप्त हस्ताक्षर

(8) व्यापारिक पत्रों के भेद या प्रकार (Kinds of Business Letter)—

(1) पृच्छा या पूछताछ सम्बन्धी पत्र तथा उदाहरण (Letters Regarding Enquiries) व्यापारियों द्वारा किसी वस्तु को क्रय करने के लिए उस वस्तु के मूल्य अथवा सेवा, मालभाड़ा

इत्यादि के विषय में जानकारी प्राप्त करने के लिए लिखे गये पत्र को पृच्छा या पूछताछ पत्र कहते हैं। इस तरह के पत्र यद्यपि अधिकांशतया पहले से परिचित व्यापारियों को ही लिखे जाते हैं, फिर भी कई सन्दर्भों में नये या अपरिचित व्यापारियों को भी यह पत्र लिखा जा सकता है। साफ शब्दों में, नयी वस्तु का नया विज्ञापन देखकर नया पत्र लिखा जा सकता है। वस्तु की खरीद के लिए, जिज्ञासाओं के उपशमन के लिए 'पत्र लेखन' तो बहुत पुराना और लोकप्रिय माध्यम रहा है, किन्तु आज कल अधिकांश व्यापारी वस्तु के बारे में दूरभाष, तार या निजी भेंट में ही जानकारी उपलब्ध कर लेते हैं।

पूछताछ-पत्र का उदाहरण–

गाजीपुर साहित्य संसद

(उच्चस्तर के सुप्रसिद्ध प्रकाशक तथा पुस्तक विक्रेता)

तार : पुस्तक वाराणसी-गाजीपुर मार्ग

दूरभाष : 011—23289रू, 777 नवकापुरा, लंका, गाजीपुर

सन्दर्भ संख्या : 172/यू./017 जनवरी, 2016

सर्व श्री प्रभात प्रकाशन

4/19, आसफ अली रोड

नयी दिल्ली—110002

विषय : पूछताछ का पत्र

प्रिय महोदय,

हम आपके अत्यन्त आभारी होंगे, यदि आप हमें नवीनतम् सूची-पत्र तथा नवीनतम मूल्य पत्र भेजने का कष्ट करेंगे। वाराणसी, गाजीपुर, सैदपुर तथा रामपुर, माँझा आदि बड़े-छोटे शहरों-नगरों में आपके यहाँ से प्रकाशित पुस्तकों की काफी माँग है। हम आपके यहाँ से प्रकाशित पुस्तकों का व्यापार करना चाहते हैं। यदि विक्रय शर्तें हमें उपयुक्त प्रतीत हुईं तो हम शीघ्र ही एक बड़ा आदेश आपको देंगे।

हमें विश्वास है कि आप इस पत्र पर ध्यान देंगे।

भवदीय

वास्ते—गाजीपुर साहित्य संसद

नवकापुरा, लंका, गाज़ीपुर (उ.प्र.)

(2) कोटेशन या निर्ख सम्बन्धी पत्र तथा उदाहरण (Letters of Ouotations)—

वस्तुओं की खरीद हेतु व्यापारियों अथवा उपभोक्ताओं द्वारा पत्र अथवा मौखिक रूप से पूछे गये मूल्य के प्रत्युत्तर में जब कोई व्यापारी अथवा प्रतिष्ठान अपनी शर्तों का उल्लेख करते हुए सम्बन्धित वस्तु का मूल्य जिस पत्रक द्वारा उपलब्ध अथवा प्रसारित करता है, उस पत्र को निर्ख पत्र कहते हैं।[8] वस्तुतः यह पत्र आदेश प्राप्त करने का आधार होता है, अतः इसकी भाषा बेहद विनम्र और शिष्ट होनी चाहिए। थोड़ी-सी भी किसी तरह की लापरवाही व्यापार सम्बन्धी नये खतरों को पैदा कर सकती है। कुल मिलाकर यह कि सजगता-सचेष्टता से लिखे गये पत्र के माध्यम से व्यापार-वृद्धि में बढ़ोतरी हो सकती है।

कोटेशन या निर्ख पत्र का उदाहरण

कुशल पब्लिकेशन्स एवं डिस्ट्रीब्यूटर्स
प्रकाशक एवं पुस्तक विक्रेता'
तार : 'कुशल
दूरभाष—0542-3091887
सन्दर्भ सं. 011/पूछताछ/16
28, ज्ञान मण्डल प्लाजा
मैदागिन, वाराणसी
25 सितम्बर, 2006

विषय - पूछताछ के पत्र का उत्तर

प्रिय महोदय,

हमें आपका पत्र सं. 25/पूछताछ/16 दिनांक 20 सितम्बर 2016 को प्राप्त हुआ, जिसके लिए मैं आपका आभारी हूँ!

आपकी आवश्यकतानुरूप हम इस पत्र में अपने यहाँ प्रकाशित पुस्तकों की मूल्य सूची भेज रहे हैं।

पुस्तक का नाम	मूल्य
1. व्यावसायिक सांख्यिकी—डॉ.ए.पी.सिंह,	200
2. वित्तीय लेखांकन—डॉ.ए.पी.सिंह	300
3. भारतीय अर्थव्यवस्था—डॉ. बी.के.सिंह	150
4. विपणन एवं विक्रय कला—डॉ. शुक्ल	100

हम पुस्तकों पर छपे मूल्य का 25% व्यापारिक छूट प्रदान करते हैं। यदि आपका आदेश 20,000 रु. से अधिक का हुआ तो हम मूल्य पर 2% अतिरिक्त छूट भी प्रदान करेंगे। मूल्य का भुगतान एक माह के भीतर अनिवार्य है। यदि आप नकद भुगतान करेंगे तो हम आपको 3% नकद छूट भी प्रदान करेंगे। डाक व्यय निः शुल्क होगा।

आशा है, आपको हमारी व्यापारिक शर्तें पसन्द आयेंगी और आप शीघ्र ही माल का आदेश प्रदान कर हमें अनुगृहीत करेंगे।

भवदीय
कुशल पब्लिकेशन्स एण्ड डिस्ट्रीब्यूटर्स
मदन लाल मेहरोत्रा
(मालिक)

(3) बीजक सम्बन्धी पत्र तथा उदाहरण (Letters to Invoice)—

विक्रेता द्वारा माल क्रेता को भेजने के बाद उसका मूल्य प्राप्त करने के लिए विक्रेता एक विवरण तैयार करता है। इस विवरण में वह मूल्य व खर्चे दिखलाता है। इसे ही वह क्रेता के पास भेजकर रकम की माँग करता है। यह विवरण ही 'बीजक' कहा जाता है। इस विवरण से क्रेता एवं विक्रेता दोनों को ज्ञात हो जाता है कि कितनी रकम का भुगतान होना है। इस बीजक सम्बन्धी पत्र में वस्तु की मात्रा, मूल्य तथा अन्य खर्चों का विस्तार से विवरण-ब्योरा होता है।

बीजक पत्र का उदाहरण

महेश सुरेश एण्ड ब्रदर्स

दूरभाष—45655

टेलीग्राम—चीनी

महोदय,

25, मालरोड

कानपुर

दिनांक 01 अक्टूबर 2012

195 बैग चीनी मेसर्स गनेश प्रसाद एण्ड ब्रदर्स, मुम्बई को मैं भेज रहा हूँ, जिसकी मात्रा एवं मूल्य इस प्रकार है—

बिल नं.	विवरण	दर	भाड़ा	राशि
1	195 बैग चीनी भाड़ा	100/प्रति बैग		8,000/-500/-
		85,000/=00		

वास्ते/महेश सुरेश एण्ड ब्रदर्स

श्यामदेव (पार्टनर)

(4) आदेश सम्बन्धी पत्र तथा उदाहरण (Order Letters)—

इस पत्र का पूरा नाम 'सामान या माल के आदेश सम्बन्धी पत्र' (Letters Regarding to offers and Orders) है। वस्तुतः मूल्य सूची-पत्र जब ग्राहक को हर तरह से सन्तुष्ट कर लेता है, तब वह विक्रेता को निस्संकोच माल भेजने का आदेश देता है। माँग मँगाने का अनुरोध 'आदेश-पत्र' कहलाता है, जिसमें वस्तु की किस्म, मात्रा, मूल्य, पैकिंग विधि, भेजने का साधन, समय, स्थान और भुगतान की सुविधा, बैंक का नाम-पता लिखना चाहिए।

आदेश पत्र का उदाहरण

राष्ट्र भाषा ग्रन्थालय

(पुस्तक प्रकाशन एवं विक्रेता)

तार : ग्रन्थ

दूरभाष नम्बर : 3243

पत्र संख्या : 78/10

श्रीमान् प्रबन्ध संचालक

साहित्य प्रकाशन,

इलाहाबाद नेहरू रोड नयी दिल्ली 6 मार्च, 2017

प्रिय महोदय,

निवेदन है कि निम्नलिखित पुस्तकें यथाशीघ्र रेल द्वारा भेजने का प्रबन्ध करें, :

भूले बिसरे चित्र, लेखक—भगवतीचरण वर्मा-25 प्रतियाँ

कविता के नये प्रतिमान, लेखक डॉ. नामवर सिंह—10 प्रतियाँ

कामायनी, कवि—जयशंकर प्रसाद—5 प्रतियाँ

झूठा सच—लेखक—यशपाल—10 प्रतियाँ

कर्म चारियों को सावधान करने की कृपा कीजियेगा कि वे पुस्तकें सावधानी से देखभाल कर ही पैंकिंग करें। माल की आर.आर. तथा हुण्डी पंजाब नेशनल बैंक, नयी दिल्ली द्वारा भेजें। कृपया तीन माह का मुद्दती बिल बनवाइयेगा।

सधन्यवाद!

शुभाकांक्षी

कृते राष्ट्रभाषा ग्रन्थालय

सुभाष सक्सेना

(व्यवस्थापक)

(5) आदेश की पुष्टि एवं पूर्ति सम्बन्धी पत्र तथा उदाहरण (Letter Regarding Confirmation and Axeution)—

जब किसी व्यापारी की ओर से विक्रेता को कोई आदेश पत्र प्राप्त होता है तो सर्वप्रथम उसे आदेश-पत्र की स्वीकृति की सूचना आदेश देनेवाले को भेजनी चाहिए। इसके साथ-ही-साथ विक्रेता को निर्ख सम्बन्धी पत्र के द्वारा आदेश सम्बन्धी पत्र का मिलान करके इसकी पुष्टि कर लेनी चाहिए कि आदेश-पत्र निर्ख पत्र के अनुसार है कि नहीं। इसके सम्बन्ध में वह जो पत्र क्रेता को लिखता है। उसे आदेश की पुष्टि सम्बन्धी पत्र कहते हैं। आदेश की पुष्टि हो जाने के बाद वह उस आदेश पत्र के आधार पर क्रेता को वस्तु भेजता है तथा इसके साथ ही वह क्रेता को वस्तु की पूर्ति सम्बन्धी पत्र भी लिखता है। इसे ही 'पूर्ति सम्बन्धी पत्र' कहते हैं।

आदेश की पुष्टि सम्बन्धी पत्र का उदाहरण

(साहित्य भवन पब्लिकेशन्स)

तार का पता : भवन

दूरभाष नम्बर : 2222557

क्रमांक संख्या : 13528/अ

श्री कैलाश नाथ मुखर्जी,

प्रोप्राइटर,

इण्डियन बुक डिपो

लखनऊ

अस्पताल रोड

आगरा

दिनांक 8 जून, 2012

विषय–आदेश की पुष्टि

प्रिय महोदय,

आपका आदेश पत्र संख्या 1702 दिनांक 16 जून 2017 को प्राप्त हुआ, जिसके लिए आपको बहुत-बहुत धन्यवाद! हमने आपके आदेश पत्र को अपने निर्ख पत्र से मिलान कर लिया

है, जो पूर्णतः अनुकूल है। हम आपका माल इस माह के अन्त तक माल गाड़ी द्वारा अवश्य ही भेज देंगे। व्यापारिक शर्त सम्बन्धी आपकी शर्त हमें स्वीकार है।

हमें पूर्ण आशा है, आप हमें भविष्य में आदेश भेजकर सेवा का अवसर देते रहेंगे।

भवदीय

साहित्य भवन लिमिटेड,

के. एल. बंसल

(प्रोप्राराइटर)

(6) आदेश अस्वीकृति तथा निरसन सम्बन्धी पत्र तथा उदाहरण (Letters Regarding Refusal And Cancelation of order)—

इसे कुछ विद्वान् 'निरस्ति पत्र' भी कहते हैं। कभी-कभी ऐसा होता है कि आदेशित माल उपलब्ध नहीं है या क्रेता की शर्तें अनुकूल नहीं हैं तो आदेश को अस्वीकृत कर दिया जाता है अर्थात् जब विक्रेता माल की पूर्ति करने में किन्ही कारणों से अपने को असमर्थ पाता है तो इस असमर्थता को वह क्रेता के सम्मुख शब्दों में व्यक्त करता है, जिसे अस्वीकृति का पत्र कहते हैं तथा जब क्रेता किन्ही कारणों से अपने द्वारा दिये गये आदेश को वापस लेता है तो उसे निरस्ति पत्र कहा जाता है। इन पत्रों को लिखते समय निम्नलिखित महत्त्वपूर्ण बातों को ध्यान में रखना चाहिए,—

(1) अस्वीकृति पत्र की भाषा ऐसी हो जो क्रेता को अप्रिय न लगे,

(2) अस्वीकृति पत्र में अस्वीकृति के कारणों का स्पष्ट उल्लेख किया जाना चाहिए,

(3) अस्वीकृति पत्र में क्षमा, याचना करते हुए भविष्य में सेवा के अवसर का आग्रह करना चाहिए,

(4) अस्वीकृति पत्र को भेजने में विलम्ब नहीं किया जाना चाहिए, जिससे क्रेता समय रहते अपनी व्यवस्था कहीं और से कर ले।[10]

आदेश अस्वीकृति पत्र का उदाहरण

कुमुद एण्ड कम्पनी

तार : 'कुमुद'

दूरभाष : 9428285105

सन्दर्भ सं. 201/2016

सर्व श्री नीरज ऐण्ड ब्रदर्स

स्टेशन रोड

बस्ती

मलदहिया

वाराणसी

दिनांक 15 जुलाई, 2016

विषय : आदेश की अस्वीकृति

प्रिय महोदय,

आपके पत्र दिनांक 15 जुलाई 2016 के लिए आपको धन्यवाद! हमें अत्यन्त दुःख के साथ आपको सूचित करना पड़ रहा है कि हम आपके द्वारा आदेशित माल को भेजने में असमर्थ हैं

क्योंकि इस समय माल की उपलब्धता हमारे यहाँ नहीं है। आशा है, आप इस बात का बुरा नहीं मानेंगे और भविष्य में पुनः हमें सेवा का अवसर प्रदान करेंगे।

हमारे माल में रुचि एवं विश्वास हेतु धन्यवाद्

भवदीय
कुमुद एण्ड कम्पनी के लिए
राजीव सिंह
(प्रोप्राराइटर)

(7) तकादे, संज्ञापन अथवा भुगतान का पत्र तथा उदाहरण (Dunning Letters या Letters of Collection and Payment)—

इस पत्र को 'रुपया वसूल करनेवाला पत्र' भी कहते हैं। खरीदी गयी वस्तु का मूल्य समय पर न चुकाने के कारण इस पत्र को लिखा जाता है। साफ शब्दों में, इस पत्र का मूल मकसद बकाया एवं अदत्त राशि वसूलना होता है। वस्तुतः व्यापार के मामले में ग्राहक को उसकी साख देखकर उधार माल देना पड़ता है। ग्राहक माल उधार लेते समय एक निश्चित समय में रुपया चुकता करने का वचन देता है, किन्तु समय पर रुपयों का भुगतान नहीं कर पाने की परिस्थिति में विक्रेता क्रेता को पत्र लिखता है। ऐसे पत्रों को तकादे का पत्र (Dunning Letters) कहते हैं।

इन पत्रों का लिखना एक कठिन कार्य है। सन्दर्भ पत्र और उपालम्भ पत्रों की ही भाँति, इन पत्रों को लिखते समय भी बहुत सावधानी की आवश्यकता होती है। यदि प्रथम पत्र में ही कठोर भाषा का प्रयोग किया गया तो सम्भव है, आपके रुपये तत्काल आ जाएँ, किन्तु आप अपने एक पुराने ग्राहक को खो बैठेंगे। इसके विपरीत यदि पत्र बहुत ही नम्र भाषा में लिखा गया तो सम्भव है कि वह समुचित प्रभाव भी क्रेता के ऊपर डाल पाए। तकादे का पहला पत्र बहुत ही नम्र भाषा में लिखना चाहिए जो एक सामान्य अनुस्मारक (Reminder) मात्र हो, उसमें उल्लिखित हो कि उनकी ओर (क्रेता का कुछ हिसाब निकलता है, जिसका निपटारा (Settlement) प्रशंसनीय होगा। दूसरे, पत्र की भाषा अपेक्षाकृत प्रभावशाली रहे और पत्र के साथ खाते का विवरण या बिल की प्रतिलिपि भेज दी जाय। साथ ही बिल का स्मरण दिलाते हुए मूल्य भुगतान करने का आग्रह किया जाय। तीसरे 'पत्र की भाषा दूसरे पत्र से भी अपेक्षाकृत कठोर किन्तु संयत रूप में प्रयोग की जाय और पिछले दो पत्रों का उल्लेख किया जाय। साथ ही पुनः हिसाब निपटाने का आग्रह किया जाय। यदि तीन पत्र पहुँचने पर भी ग्राहक या क्रेता रुपया नहीं चुकाता या समुचित उत्तर नहीं देता तो चौथे और अन्तिम पत्र में कानूनी कार्यवाही करने की धमकी देनी चाहिए।

तकादे के पत्र का उदाहरण

ज्ञान विद्या मन्दिर

(उत्कृष्ट साहित्य के प्रकाशन एवं विक्रेता)

365, एवेन्यू रोड

मंगलूर-2

15 अप्रैल, 19...

क्रमांक—302/अ/96

सर्व श्री रामा पुस्तक भण्डार

कचेहरी रोड

धारवाड़ (कर्नाटक)

प्रिय महोदय,

हमने आपके 28 मार्च के पत्र में बीजक सं. 445 दिनांक 10 मार्च, 1996 की प्रतिलिपि भेजते हुए 1860 रुपये के हिसाब की ओर आपका ध्यान आकृष्ट किया था, जिसका काफी अवधि से भुगतान नहीं हुआ है। कृपया उक्त राशि का चेक भेजकर कृतार्थ करें।

सधन्यवाद!

संलग्नक—लेखा विवरण की प्रतिलिपि

आपका विश्वासपात्र

रविकान्त गुप्त

भागीदार[11]

(8) शिकायत निवारण तथा समायोजन सम्बन्धी पत्र तथा उदाहरण (Letters of Complaint and Adjustment)—

व्यवसाय में कौन-सा ग्राहक कब और कैसी शिकायत लेकर आ जायेगा, कहा नहीं जा सकता। आदेश पत्र के आधार पर वस्तु की आपूर्ति करने के बाद क्रेता की ओर से अनेक किस्म की शिकायतों से भरे पत्र विक्रेता प्रतिष्ठान को मिलते हैं। माल समय पर न भेजने, कम या अधिक भेजने, आदेश। नमूने के अनुसार न भेजने, क्षतिग्रस्त माल भेजने, माल का मूल्य अधिक लगाने, माल के मूल्य पर कम बट्टा दिये जाने आदि स्थितियों में शिकायती पत्र लिखे जाते हैं। शिकायती पत्र में क्रोध या आवेश की जगह संयम और शान्ति से अपनी शिकायत लिखनी चाहिए। शिकायत चाहे कितनी भी बड़ी हो, पूरी विनम्रता के साथ सत्य का बयान होना चाहिए। विक्रेता के सम्मान को ठेस न लगे और क्रेता की शिकायत भी दूर हो, यही शिकायती पत्र का लक्ष्य होना चाहिए। इसलिए शिकायत दूर करने के सुझाव देते हुए कमियाँ समाप्त करने का आग्रह भी शिकायत पत्र में होना चाहिए। ऐसे शिकायती पत्र का एक उदाहरण इस प्रकार है, जिसमें क्षतिग्रस्त माल प्राप्त होने की शिकायत है,—

शिकायत निवारण पत्र का उदाहरण[12]

टेलीफोन—564002

पत्र सं. : 1226199

में गुडलक टेपेस्ट्री लि.

96, नया बाजार, कानपुर

प्रिय महोदय,

231, गण गौरी बाजार

जयपुर

दिनांक 20 अप्रैल, 99

हमें आपके द्वारा भेजा गया माल क्षतिग्रस्त अवस्था में प्राप्त हुआ, जिसका आदेश हमने दिनांक 20 मार्च, 99 के पत्र, क्रमांक 105/99 द्वारा दिया था। माल को खोलने पर पाया कि उसमें टेपेस्ट्री के 10 थान पानी से भींगे हुए व गली हुई अवस्था में है। शायद यह माल रास्ते में भींग गया है।

कृपया आप तत्काल इस माल को देखने व वापस माँगने की व्यवस्था करें तथा आदेशित माल शीघ्र भेजने का कष्ट करें।

भवदीय

एवन डिपार्टमेण्टल स्टोर के लिए

सोहनलाल (पार्टनर)

(9) अधिकोषीय बैंक एवं बैंकों के कार्य सम्बन्धी सम्पादन के पत्र तथा उदाहरण

(Letter Relating to Banks)—

आजकल आधुनिक युग में सभी व्यापारी बैंकों की सेवा का भी प्रयोग करते हैं। बैंक सम्बन्धी पत्र व्यवहार से तात्पर्य उन पत्रों से है, जो एक व्यापारी बैंकों से करता है। ये व्यापारी बैंकों में प्रायः तीन तरह के खाते खोलते हैं,—(1) बचत बैंक खाता, (2) चालू खाता, (3) स्थायी जमा खाता।

व्यापारियों के लिए प्रायः चालू खाता का ही अत्यधिक महत्त्व है, क्योंकि इस खाते के माध्यम से दिन में कई बार रुपया जमा करना पड़ता है तथा आवश्यकतानुसार निकालना पड़ता है। इसके अतिरिक्त, एक बैंक से दूसरे बैंक में पैसा हस्तान्तरित करना भी इसका प्रमुख कार्य है। इन्हीं सब उपर्युक्त कार्यों के लिए व्यापारियों को बैंकों से पत्र-व्यवहार करना पड़ता है।

बैंक सम्बन्धी पत्र के उदाहरण

बसन्त एण्ड कम्पनी

(बैंक में खाता खोलने के लिए पत्र)

प्रबन्धक महोदय,
पंजाब नेशनल बैंक
कोलकाता
प्रिय महोदय,
म्यूजियम रोड
कोलकाता

दिनांक 1 मई, 2005

हम आपके बैंक में एक चालू खाता खोलना चाहते हैं। अतः कृपा करके हमारे पास आवश्यक प्रपत्र हस्ताक्षर आदि के लिए भेज दें।

भवदीय
बसन्त एण्ड कम्पनी के लिए
रमेश चन्द्र
प्रबन्धक[13]

(10) बीमा सम्बन्धी पत्र तथा उदाहरण (Letters to Insurance Companies)—

वर्तमान समय में बीमा कम्पनी जीवन एवं सम्पत्ति को पूर्ण सुरक्षा प्रदान करती है। मनुष्य का जीवन तथा सम्पत्ति किसी भी संकट का शिकार हो सकती है। अतः प्रत्येक व्यापारी अपनी व्यापारिक सम्पत्ति की सुरक्षा के लिए बीमा कराना एक आवश्यक कर्त्तव्य समझता है। बीमा के लिए दिया गया प्रीमियम वास्तव में व्यय न होकर विनियोग है, जिसके फलस्वरूप निश्चिन्त होकर व्यापारी अपनी योजनाओं को कार्यान्वित कर सकता है। बीमा कराने के लिए किसी बीमा कम्पनी को पत्र लिखा जाता है, जो एक प्रस्ताव-पत्र भेज देती है। इस प्रस्ताव-पत्र में पूछी गयी बातों को सही-सही भरकर आवश्यक प्रीमियम राशि के साथ कम्पनी के स्थानीय कार्यालय में जमा करा दिया जाता है। कम्पनी प्रस्ताव-पत्र की जाँच करके उसे स्वीकार कर लेती है और जोखिम प्रारम्भ हो जाता है। बीमा-पत्र की भाषा सरल, स्पष्ट, होनी चाहिए। तथ्यों को छिपाना नहीं चाहिए। पत्र प्रभावशाली होना चाहिए।[14]

बीमा सम्बन्धी पत्र का उदाहरण

(बीमा कम्पनी से प्रस्ताव पत्र माँगना)

विजय पुस्तक सदन

दूरभाष—2534215

तार का पता : 'पुस्तक'

क्रम संख्या : 1121

श्री प्रबन्धक महोदय

दी न्यू इण्डिया जनरल इन्श्योरेन्स कं. लि.

बुलन्द शहर शाखा, खुर्जा

प्रिय महोदय,

30, तिलक बाजार

बुलन्द शहर

दिनांक 15 मार्च, 2006

हम अपनी पुस्तकों के स्टॉक के सम्बन्ध में 10,000 रु. का अग्नि बीमा-पत्र लेना चाहते हैं। कृपया आवश्यक प्रस्ताव-पत्र तथा अन्य विवरण भेजने का कष्ट करें।

आपके उत्तर की प्रतीक्षा में,

भवदीय

विजय पुस्तक सदन के लिए

विजय कुमार

पार्टनर

(11) सन्दर्भ एवं साख सम्बन्धी पत्र तथा उदाहरण (Letters Reqasding Trade Reference and Status Enquiries)—

आज का व्यावसायिक कार्य अधिकांशतः साख या उधार पर आधारित है। कम कार्यशील पूँजी होने के बावजूद व्यापारी साख के सहारे अधिकाधिक व्यवसाय कर लेते हैं, पर साख उन्हीं व्यापारियों की होती है, जिनमें चरित्र, क्षमता और सम्पत्ति का समन्वय हो। इनमें व्यावसायिक चरित्र सबसे महत्त्वपूर्ण गुण है, जिस पर साख का महल बनता है, व्यवसाय के क्षेत्र में जब कोई नया ग्राहक आता है, तब विक्रेता सबसे पहले उसकी साख या आर्थिक पहचान प्राप्त करने के लिए साख-पत्र लिखता है। इस साख-पत्र में ग्राहक दो प्रतिष्ठित व्यवसायियों या एक बैंक का नाम माँगता है, जो उसे जानते हों। यह सन्दर्भ माँगने का पत्र है जो विनम्र भाषा में लिखा जाता है और इससे यह ध्वनि निकलती चाहिए कि सन्दर्भ की यह जानकारी एक सामान्य औपचारिक भर है।[15]

सन्दर्भ में साख पत्र का उदाहरण

कमला इण्डस्ट्रीज

सुप्रसिद्ध गुल एवं गुड़ाखू के निर्माता एवं वितरक

चक्रधरपुर—833102 (बिहार)

पत्र संख्या—1442

एण्ड कम्पनी

मदनपुरा, वाराणसी, (उ.प्र.)

प्रिय महोदय,

दिनांक 16 मई 1999

हमें आपका क्रयादेश संख्या 56 दिनांक 10 अप्रैल 1999 प्राप्त करते हुए अत्यन्त हर्ष है तथा हम आपका ग्राहक के रूप में स्वागत करते हैं। हमने आपकी साख प्रदान करने तथा आपका व्यावसायिक खाता खोलने की माँग पर विचार किया है। हमें खुशी होगी, यदि हमें आप पते भेजें, जिनसे हमें आपकी फर्म की साख की जानकारी मिल सके। हमें आपकी साख के बारे में कोई शंका नहीं है, लेकिन यह हमारे प्रतिष्ठान की सामान्य परम्परा है कि नये ग्राहक से इस प्रकार के सन्दर्भ माँगते हैं।

कृपया ऐसी जानकारी हमें शीघ्र भेजें ताकि हम आदेशित माल तत्काल रवाना कर सकें।

भवदीय

साँवरमल केजरीवाल

वास्ते, कमला इण्डस्ट्रीज

(स्वामी)

(12) विक्रय तथा पत्र उदाहरण (Sales Letter)—

आज के इस प्रतिस्पर्द्धात्मक युग में सबसे बड़ी समस्या विपणन की है। पुरानी विचारधारा—'क्रेता सावधान रहो'—का स्थान अब नयी विचारधारा 'विक्रेता सावधान रहो'—ने ले लिया है। ग्राहक को इस बाजारवादी दौर में राजा माना जाता है। इसी कारण विक्रय या बिक्री सम्बन्धी पत्र को अधिक महत्त्व दिया गया है। बिक्री पत्र वस्तु अथवा सेवाओं में बेचने के लिए लिखे जाते हैं। इसे लिखने के लिए विशेष ज्ञान या योग्यता की आवश्यकता होती है। प्रतिस्पर्द्धा में किसी उत्पाद अथवा सेवा को बेचना बहुत आसान नहीं है, क्योंकि हर विक्रेता अपनी-अपनी वस्तु को बेचना चाहता है। अपनी सफलता के लिए प्रत्येक उत्पादक अथवा विक्रेता विभिन्न प्रकार के प्रलोभन, वस्तु तथा सेवा की गुणवत्ता का प्रदर्शन बढ़ा-चढ़ा कर करता है। अतः कामयाबी उसी विक्रेता को मिलेगी, जो इस कला में पारंगत हो। कुल मिलाकर विक्रय सम्बन्धी पत्र में विक्रेता अपनी वस्तु के बारे में इस प्रकार से लिखता व प्रचारित करता है, जिससे उसकी अधिक-से-अधिक वस्तु की बिक्री हो सके।

विक्रय पत्र का उदाहरण

(टेलीविजन की बिक्री के लिए पत्र)

ओनिडा टेलीविजन कम्पनी लि.

तार का पता : ओनिडा, दिल्ली

दूरभाष : 2255667

पत्र संख्या : 23468/05

पटेल नगर

दिल्ली

दिनांक, 10 जून, 2010

सेवा में,

श्री श्यामलाल बंसल
बंसल टेलीविजन विक्रेता
636, कचहरी बाजार
पानीपत

प्रिय महोदय

टेलीविजन खरीदने का विचार आते ही आप सर्वोत्तम टेलीविजन खरीदना चाहेंगे। ओनिडा टेलीविजन वास्तव में सभी अन्य टेलीविजनों का ताज है। कम मूल्य, टिकाऊ एवं चलने में सुविधाजनक तथा विविध मनमोहक रंगों से भरपूर ओनिडा टेलीविजन आज दुनिया के विभिन्न देशों में निर्यात किया जाता है। हमारा सुझाव है कि दीर्घकाल तक मनोरंजन का आनन्द लेने के लिए ओनिडा टेलीविजन ही खरीदें व बेचें।

हमें विश्वास है कि आपको हमारी सलाह पसन्द आयेगी और आप शीघ्र ही एक बड़ा आदेश हमें भेजेंगे।

भवदीय
वास्ते—ओनिडा टेली विजन कं.लि.
सोहन कपूर
मैनेजर

(13) एजेन्सी, आढ़त या अभिकरण सम्बन्धी पत्र (Agency Letters)—

बड़े-बड़े प्रतिष्ठान, व्यापारी अथवा उद्योगी अपने उत्पादों या माल की बिक्री बढ़ाने के लिए नगरों और कस्बों के प्रतिष्ठित एवं प्रभावशाली व्यक्तियों को एजेन्सी देते हैं। इस सम्बन्ध में एजेन्सी देने का उत्सुक उद्योगी या व्यापारी अपने उत्पादों की नवीनता और श्रेष्ठता का विज्ञापन देकर प्रमुख क्षेत्रों के व्यापारियों से आवेदन-पत्र आमन्त्रित करता है। एजेन्सी का प्रस्ताव कई बार व्यापारी की ओर से भी आता है। अपनी ओर से प्रस्ताव करने पर व्यापारी को अमुक क्षेत्र में माल की बिक्री की पर्याप्त सम्भावना और व्यापारिक क्षमता का उल्लेख करना चाहिए। यदि विज्ञापन के सन्दर्भ में आवेदन किया जा रहा है तो विज्ञापन का सन्दर्भ भी देना जरूरी है।

प्रस्तावक अपने आवेदन-पत्र में निम्नांकित विवरण दे—

1. प्रस्तावक साधारण एजेन्सी (Ordinary Agency) चाहता है या थोक एजेन्सी (Sale Agency) उसका सीमा क्षेत्र-नगर विशेष, जिला या प्रान्त।
2. उक्त क्षेत्र का व्यापारिक अनुभव और माल की बिक्री के साधन और सुविधाएँ।
3. व्यापारिक स्थिति, आर्थिक स्थिति का परिचय, सन्दर्भ हेतु एक-दो प्रतिष्ठानों के नाम।
4. एजेन्सी की शर्तें तथा रुपया भुगतान के लिए अवधि।

उद्योगी या व्यापारी इन सब विवरणों को देखकर और आर्थिक स्थिति के सम्बन्ध में पूछताछ करके सन्तुष्ट होने पर अपना सहमति पत्र भिजवा देगा फिर दोनों पार्टियों के बीच लिखित अनुबन्ध हो जायेगा और इस प्रकार एजेन्सी का कार्य सौंप दिया जाता है। यदि प्रस्तावक की स्थिति सन्तोषजनक नहीं लगती तो व्यापारी उसे नम्र शब्दों में अपनी असमर्थता प्रकट करते हुए पत्र लिख देता है।[16]

आढ़त सम्बन्धी पत्र का उदाहरण

(एजेन्सी देते समय) आर्थिक स्थिति के सम्बन्ध में

भारत प्लास्टिक इण्डस्ट्रीज

(प्लास्टिक उपकरणों के निर्माता एवं विक्रेता)

क्रमांक 185/सं./96

सर्व श्री अग्रहरि प्लास्टिक प्रोडक्ट्स,
पो. बाक्स नं. 10 नयी दिल्ली
पूना-2
25 मार्च, 19....

प्रिय महोदय,

सर्व श्री हिन्दूजा कम्पनी मुम्बई ने हमारे उत्पादनों की थोक एजेन्सी (Sole Agency) के लिए आवेदन-पत्र भेजा है। उन्होंने इस सन्दर्भ में आपके नाम का उल्लेख किया है। उनकी मासिक बिक्री लगभग 40,000 की होगी और दो माह के उधार पर वे माल चाहते हैं। क्या उन्हें इतना उधार आपकी दृष्टि में दिया जा सकता है।

हम आपको विश्वास दिलाते हैं कि इस सम्बन्ध में भेजे गये आपके विवरण हम पूर्णतः गोपनीय रखेंगे।

सधन्यवाद

आपका विश्वास-पात्र
हेतु भारत प्लास्टिक इ.
विजय शंकर दास
व्यवस्थापक

(14) नौकरी या सेवायोजन सम्बन्धी पत्र तथा उदाहरण (Letters Regarding Employment)—

नौकरी के लिए 'आवेदन पत्र' से आशय उस पत्र से है, जिसके माध्यम से आवेदक किसी कार्यालय, कारखाना, कम्पनी, बैंक या बीमा कम्पनी, स्कूल या कॉलेज अथवा किसी अन्य संस्था में काम या सेवा प्राप्त करना चाहता है। 'आवेदन-पत्र' एक तरह से विक्रय-पत्र होता है, क्योंकि जिस प्रकार विक्रता विक्रय-पत्र के माध्यम से अपना माल बेचना चाहता है, उसी प्रकार नौकरी के लिए 'आवेदन-पत्र' के माध्यम से आवेदक अपनी सेवाओं का विक्रय करना चाहता है। इस पत्र के माध्यम से आवेदन अपने गुण, कला, सेवाएँ, क्षमता, व्यक्तित्व आदि को बेचने का प्रयास करता है।

नौकरी सम्बन्धी पत्र का उदाहरण

(प्राध्यापक पद की नौकरी के लिए आवेदन-पत्र)

प्रतिष्ठा में,
प्राचार्य
झुनझुनवाला पोस्ट, ग्रेजुएट कॉलेज
घाटकोपर, मुम्बई

श्रीमान्

15 जनवरी, 2017 के लोकसत्ता में आपकी विज्ञप्ति के सन्दर्भ में **हिन्दी (रीडर पद)** हेतु निम्न विवरण आपके अवलोकनार्थ विचारार्थ सादर प्रस्तावित हैं:

1. नाम : (डॉ.) कैलाश नाथ पाण्डेय
2. जन्मतिथि : 15/1/1950
3. आयु : 62 वर्ष
4. राष्ट्रीयता : भारतीय
5. पता : (1) स्थायी पता : ग्रा.पो. रामपुर माँझा, जनपद—गाजीपुर, (उ.प्र.)
   (2) पत्राचार का पता : नवकापुरा, लंका, ग़ाज़ीपुर, 233001, (उ.प्र.)

6. शैक्षणिक योग्यताएँ–हाईस्कूल से एम. ए. तक की अनेक परीक्षाओं में प्रथम श्रेणी। बी.ए. (**हिन्दी साहित्य, अंग्रेजी साहित्य तथा संस्कृत साहित्य के साथ**) उच्च द्वितीय श्रेणी। अब तक 20 उच्च स्तरीय पुस्तकें देश के प्रतिष्ठित प्रकाशन समूह से प्रकाशित। राष्ट्रीय स्तर की कई हिन्दी पत्रिकाओं में कई चर्चित लेख प्रकाशित। आलोचक डॉ. नामवर सिंह से 'भाषा वैज्ञानिक उदयनारायण तिवारी सम्मान' तथा तत्कालीन मानव संसाधन मन्त्री डॉ. मुरली मनोहर जोशी से 'पाणिनि पुरस्कार'। संप्रति मीडिया, पत्रकारिता, अनुवाद, रंगमंच तथा सूचना का अधिकार कानून आदि पर गम्भीर लेखन सतत जारी।

भवदीय

डॉ. कैलाश नाथ पाण्डेय
पूर्व रीडर तथा अध्यक्ष, हिन्दी विभाग
पी.जी. कॉलेज, मलिकपुरा, गाजीपुर
(उ.प्र.)
दूरभाष—09451779235

सन्दर्भ

1. प्रयोजनमूलक हिन्दी : विविध परिदृश्य—डॉ. रमेश चन्द्र त्रिपाठी एवं डॉ. पवन अग्रवाल, पृ.243 अलका प्रकाशन, कानपुर, मूल्य 400 रुपये, प्रथम संस्करण सन् 2001
2. प्रयोजनमूलक हिन्दी—डॉ. माधव सोन टक्के, पृ.59
3. आधुनिक हिन्दी पत्र लेखन—डॉ. हरिवंश तरुण, पृ.69
4. व्यावसायिक संप्रेषण—डॉ. ए.पी. सिंह, पृ.138, कुशल पब्लिकेशन्स एण्ड डिस्ट्रीब्यूटर्स, द्वितीय तल, ज्ञानमण्डल प्लाजा, मैदागिन, वाराणसी, मूल्य—रु.105, सन् 2007
5. व्यावहारिक हिन्दी—डॉ. रामकिशोर शर्मा, पृ.1 लोकभारती, इलाहाबाद, मू.रु.025, सन् 2001
6. प्रयोजनमूलक हिन्दी : विविध परिदृश्य—डॉ. रमेश चन्द्र त्रिपाठी एवं डॉ. पवन अग्रवाल, पृ. 243, अलका प्रकाशन, रामादेवी, कानपुर, मूल्य रु.400, सन् 2001
7. प्रयोजनमूलक हिन्दी—सं. डॉ. बालेन्द्र शेखर तिवारी, पृ. 175
8. प्रयोजनमूलक हिन्दी : विविध परिदृश्य—डॉ. रमेश चन्द्र त्रिपाठी, डॉ. पवन अग्रवाल, पृ. 251
9. व्यावसायिक सम्प्रेषण—डॉ. ए.पी. सिंह, पृ.163
10. व्यावसायिक सम्प्रेषण—डॉ. ए.पी. सिंह, पृ.175
11. व्यावहारिक हिन्दी—डॉ. राम किशोर शर्मा पृ. 28-29
12. प्रयोजनमूलक हिन्दी—सं. डॉ. बालेन्दु शेखर तिवारी, पृ. 185
13. प्रयोजनमूलक हिन्दी की नयी भूमिका—डॉ. कैलाश नाथ पाण्डेय, पृ. 556
14. व्यापारिक संगठन—डॉ. एस. सी सक्सेना, पृ. 270
15. प्रयोजनमूलक हिन्दी—सं. डॉ. बालेन्दु शेखर तिवारी, पृ.187
16. व्यावहारिक हिन्दी—डॉ. राम किशोर शर्मा, पृ. 38

परिशिष्ट

सहायक ग्रन्थ सूची

हिन्दी ग्रन्थ

आधुनिक विज्ञापन : कला एवं व्यवहार—डॉ. अर्जुन तिवारी
आधुनिक विज्ञापन—डॉ. कृष्ण कुमार मालवीय
आज का मीडिया—सं. डॉ. शम्भुनाथ
जनसंचार माध्यमों में हिन्दी—डॉ. चन्द्रकुमार
जनसम्पर्क एवं विज्ञापन—सं. डॉ. संजीव भानावत
जनमाध्यम एंव मास कल्चर—डॉ. जगदीश्वर चतुर्वेदी
जनसम्पर्क : सिद्धान्त और व्यवहार—डॉ. सुशील त्रिवेदी, डॉ. शशिकान्त शुक्ल
जब मैं स्त्री हूँ—रंजना जायसवाल
जहाँ उजाले की रेखा खिंची है—नन्द चतुर्वेदी
जनता की आलोचना—ध्रुवशुक्ल
देखते-न-देखते—मलय
पत्रकारिता : परिचय और विश्लेषण—डॉ. प्रीता व्यास
पत्रकारिता और पत्रकारिता—डॉ. अरुण जैन
पत्रकारिता के सिद्धान्त—डॉ. रमेश चन्द्र त्रिपा55ी
प्रयोजन मूलक हिन्दी—डॉ. बालेन्दु शेखर तिवारी
प्रयोजन मूलक हिन्दी—डॉ. पी. लता
प्रयोजन मूलक हिन्दी—डॉ. माधव सोनटक्के
प्रयोजनमूलक हिन्दी : विविध परिदृश्य—डॉ. रमेश चन्द्र त्रिपा55ी, डॉ. पवन अग्रवाल
प्रयोजनमूलक हिन्दी की नयी भूमिका—डॉ. कैलाश नाथ पाण्डेय
भारतीय मीडिया : अन्तरंग पहचान—सं. डॉ. स्मिता मिश्र
भाषा का समाजशास्त्र—डॉ. राजेन्द्र प्रसाद सिंह
भारतीय डाक : सदियों का सफरनामा—अरविन्द कुमार सिंह
भाषा इतिहास की भाषा-वैज्ञानिक भूमिका—जे. वान्द्रियेज
मीडिया लेखन—डॉ. सुमित मोहन
रेडियो का कला पक्ष—डॉ. नीरजा माधव
विज्ञापन : व्यवसाय एवं कला—डॉ. रामचन्द्र तिवारी
विज्ञापन : तकनीक एवं सिद्धान्त—नरेन्द्र सिंह यादव
विज्ञापन की दुनिया—डॉ. कुमुद शर्मा
विज्ञापन : सिद्धान्त और प्रयोग—डॉ. विजय कुल श्रेष्ठ
विज्ञापन—डॉ. अशोक महाजन

विज्ञापन : निर्माण एवं प्रक्रिया—डॉ. निशान्त सिंह
विक्रय कला, विज्ञापन एवं विपणन—डॉ. आर. सी. अग्रवाल
विपणन के सिद्धान्त—डॉ. आर. सी. अग्रवाल
व्यावसायिक हिन्दी—डॉ. दिलीप सिंह
व्यावहारिक हिन्दी व्याकरण—डॉ. जगदीश प्रसाद कौशिक
सम्पादन कला एवं प्रूफ प555न—डॉ. हरिमोहन
हिन्दी पत्रकारिता : संवाद और विमर्श—डॉ. कैलाश नाथ पाण्डेय
हिन्दी : कुछ नयी चुनौतियाँ—डॉ. कैलाश नाथ पाण्डेय

पत्र-पत्रिकाएँ तथा कोश–

अनभै (मुम्बई)
भाषा (दिल्ली)
संचार माध्यम (दिल्ली),
वर्तमान सन्दर्भ
उत्तर प्रदेश वार्षिकी, लखनऊ
हिन्दी अनुशीलन (इलाहाबाद)
सम्भवा,
कदम (मऊनाथ भंजन)
कथादेश
जनसत्ता
अमर उजाला
दैनिक जागरण,
हिन्दुस्तान
राष्ट्रीय सहारा
गवर्नेंस नाउ
उ.प्र. राष्ट्रीय टण्डन मुक्त विश्वविद्यालय की पत्रिका
आदि वृहत् हिन्दी कोश
वृहत् हिन्दी पत्रकारिता कोश
हिन्दी शब्द सागर
मानविकी परिभाषा कोश
Times of India
Economic Times-1971
Media
Centre for Media Studies
A Snapshot of U.S.A. To-day
Advertising Age (American Journal)
Advertising Management
Encyclopaedia Britanica.

•••